Grundwissen Politik

Reihe herausgegeben von
L. Holtkamp, Hagen, Deutschland
V. Kaina, Hagen, Deutschland
S. Lütz, Hagen, Deutschland
M. Stoiber, Hagen, Deutschland
A. E. Töller, Hagen, Deutschland

Weitere Bände in der Reihe http://www.springer.com/series/12703

Rainer Tetzlaff

Afrika
Eine Einführung in Geschichte, Politik und Gesellschaft

 Springer VS

Rainer Tetzlaff
Politische Wissenschaft
Universität Hamburg
Hamburg, Deutschland

Grundwissen Politik
ISBN 978-3-658-20252-1   ISBN 978-3-658-20253-8 (eBook)
https://doi.org/10.1007/978-3-658-20253-8

Die Deutsche Nationalbibliothek verzeichnet diese Publikation in der Deutschen National-bibliografie; detaillierte bibliografische Daten sind im Internet über http://dnb.d-nb.de abrufbar.

Springer VS
© Springer Fachmedien Wiesbaden GmbH, ein Teil von Springer Nature 2018
Das Werk einschließlich aller seiner Teile ist urheberrechtlich geschützt. Jede Verwertung, die nicht ausdrücklich vom Urheberrechtsgesetz zugelassen ist, bedarf der vorherigen Zustimmung des Verlags. Das gilt insbesondere für Vervielfältigungen, Bearbeitungen, Übersetzungen, Mikroverfilmungen und die Einspeicherung und Verarbeitung in elektronischen Systemen.
Die Wiedergabe von Gebrauchsnamen, Handelsnamen, Warenbezeichnungen usw. in diesem Werk berechtigt auch ohne besondere Kennzeichnung nicht zu der Annahme, dass solche Namen im Sinne der Warenzeichen- und Markenschutz-Gesetzgebung als frei zu betrachten wären und daher von jedermann benutzt werden dürften.
Der Verlag, die Autoren und die Herausgeber gehen davon aus, dass die Angaben und Informa-tionen in diesem Werk zum Zeitpunkt der Veröffentlichung vollständig und korrekt sind. Weder der Verlag noch die Autoren oder die Herausgeber übernehmen, ausdrücklich oder implizit, Gewähr für den Inhalt des Werkes, etwaige Fehler oder Äußerungen. Der Verlag bleibt im Hinblick auf geografische Zuordnungen und Gebietsbezeichnungen in veröffentlichten Karten und Institutionsadressen neutral.

Verantwortlich im Verlag: Jan Treibel

Springer VS ist ein Imprint der eingetragenen Gesellschaft Springer Fachmedien Wiesbaden GmbH und ist ein Teil von Springer Nature
Die Anschrift der Gesellschaft ist: Abraham-Lincoln-Str. 46, 65189 Wiesbaden, Germany

Vorwort

Das vorliegende Lehrbuch ist das Ergebnis einer beinahe lebenslangen Beschäftigung mit einem faszinierenden Kontinent, den ich von 1963 bis 2015 auf zahlreichen Reisen und Forschungsaufenthalten in etwa 40 afrikanischen Ländern kennenlernen durfte. Vielfältige Begegnungen mit Afrikanerinnen und Afrikanern haben mich wohl davon abgehalten, über Menschen und politische Regime, über wirtschaftliche Praktiken und kulturelle Eigentümlichkeiten in afrikanischen Gesellschaften leichtfertige Pauschalurteile abzugeben. Dennoch sind zuweilen verallgemeinernde Aussagen unvermeidlich, um kontextspezifische *Muster von ‚Entwicklungen'* oder *‚Fehlentwicklungen'* benennen zu können. Dabei kann ich nicht ausschließen, dass ich als Historiker und Politologe mit einer sozialisationsbedingten Prägung als Europäer und Deutscher ‚wissenschaftliche Standpunkte' und Werturteile vertrete – sicherlich oft auch unbewusst –, die kultur- und genderspezifische Färbungen tragen. Man sieht die Realität fremder Kulturen durch ein *spezifisches, keineswegs universell gültiges Prisma* (Schulz & Seebode 2010, S. 24f.), und dieser Art von „historischer Verstrickung" kann man wohl nicht entgehen, so dass meine hier vorgenommenen Darstellungen und Deutungen gesellschaftlicher Wirklichkeiten Afrikas kaum mehr als ein Dialogangebot – ein begründetes allerdings – sein können. Um hier gegenzusteuern, habe ich mich bemüht, sowohl afrikanische Autorinnen und Autoren, wo immer möglich und angebracht, zu Wort kommen zu lassen, als auch Genderaspekte und die Forschungsergebnisse weiblicher Wissenschaftler gebührend zu integrieren. Zum Beispiel wird das beinahe allgegenwärtige Phänomen der *politischen Korruption* – das in den Fallstudien zu Gabun, Kenia, DR Kongo, Nigeria, Mali, Simbabwe oder Südafrika eine prominente Rolle spielt – von einigen afrikanischen Autorinnen und Autoren (M. F. Murove, African Ethics, Natal 2009) anders bewertet (nämlich im kulturellen Kontext solidarischer und moralischer Gemeinschaftswerte) als von vielen Autoren/innen mit westlicher Sozislisation, was Konsequenzen für den europäisch-afrikanischen Entwicklungsdialog haben dürfte.

Zu danken habe ich zahlreichen Menschen, deren Studien, Denkanstöße, Meinungen oder Kritiken in dieses Buch eingeflossen sind. Dazu gehören die afrikanischen Studentinnen und Studenten, die ich zwischen 2008 und 2015 an der *Jacobs University Bremen* unterrichten durfte, wie auch einige meiner Kollegen/innen und Seminarteilnehmer/innen an den Lehrveranstaltungen der Universitäten von Berlin, Hamburg, Konstanz und Eichstätt. Besonderen Dank schulde ich Christine Hoffendahl, Heike Watermuelder und Nadia Javanshir von der *Afrika-Bibliothek des GIGA Institut für Afrikastudien Hamburg (IAS)*, die mir bei der Nutzung der umfassenden Afrika-Literatur sehr behilflich waren. Notgedrungen ‚verzichte' ich darauf, mich bei allen Kollginnen und Kollegen, denen ich zu Dank für Rat und Tat verpflichtet bin, namentlich zu bedanken: denen der *Vereingung der Afrikawissenschaften in Deutschland (VAD)*, des *Instituts für Afrika-Kunde (IAK*, inzwischen umbenannt in *IAS, Institut für Afrika-Studien)*, des *Afrika-Kollegiums Hamburg*, des Hamburger *Sonderforschungsbereichs ‚Umbrüche in afrikanischen Gesellschaften und ihre Bewältigung'* (1998-2002), des *Instituts für Friedensforschung und Sicherheitspolitik Hamburg (IFSH)*, der *Hamburger Akademie der Weltreligionen* und des *Instituts für Politische Wissenschaft der Universität Hamburg*, an dem ich mit Unterbrechungen zwischen 1974 und 2006 als Professor für Politikwissenschaft tätig war. Aber ich bin mir bewusst, dass mir ohne das anregende akademische und politische Klima in der Freien und Hansestadt Hamburg für Dritte-Welt-Studien viele produktive Denkanstöße und Begegnungen entgangen wären.

Dank gebührt den drei Forschungsförderungs-Organisationen *Deutsche Forschungsgemeinschaft (DFG), Volkswagen-Stiftung (VWS)* und *Deutsche Gesellschaft für Friedens- und Konfliktforschung (DGFK)*, die materiell etliche Dritt-Mittel-Projekte für Afrika-Feldforschungen ermöglichten. Während eines langen akademischen Lebens verdankt man einer großen Anzahl von Kollegen/innen und Freunden/Freundinnen wertvolle Anregungen und Ermutigungen; aber wenigstens bei einigen möchte ich mich aufrichtig *namentlich* bedanken: Franz Ansprenger, Mohammed Ali Bakari, Sonja Bartsch, Rolf Benndorf, Joachim Betz, Helmut Bley, Oheneba Boateng, Jens Breitengroß, Lothar Brock, Stefan Brüne, Jörg Callies, Carola Donner-Reichle, Rolf Hanisch, Yero Haidara (+), Andreas Eckert, Hartmut Elsenhans, Georg Elwert (+), Ulf Engel, Gero Erdmann (+), Hans-Dieter Evers, Wolfgang Fengler, Mir Ferdowsi (+), Marc Frey, Belachew Gebrewold, Kurt Gerhard, Elke Gravert, Gerhard Grohs (+), Laura Gross, Mussie Habte, Rolf Hanisch, Cilja Harders, Leo Harding, Wolfgang Hein, Andreas Heuser, Key und Hans Hielscher, Manfred Hinz, Kurt Hirschler, Nicole Hirt, Rolf Hofmeier, Barbara und Fouad Ibrahim, Hans Illy, Cord Jakobeit, Robert Kappel, Volker Kasch, Sory Ketouré, Ulla und Heinrich Köhler, Jonas Koudissa, Uli Leffler, Alexanda Leiseder, Peter Lock, Volker Matthies, Andreas Mehler, Ulrich Menzel, Dirk Messner, Stefan Mair, Peter

Meyns, Peter Molt, Fritz Mühlenberg, Dieter Neubert, Charlotte Nguébong-Ngatat, Antonie Nord, Salua Nour, Franz Nuscheler, Emeka Nwokedi (+), Christian Peters, Ralph-Michael Peters, Sarah Perumalla, Almuth Schauber, Fred Scholz, Siegmar Schmidt, Gunter Schubert, Volker Seitz, Dieter Senghaas, Thomas Siebold, Wolbert Smid, Judy Smith, Michael Staack, Helmuth Strizek, Célestin Tagou, Sabine Tröger, Denis Tull, Barbara Unmüßig, Heribert Weiland, Wolfram Weiße, Marco Verwej, Karl Wohlmuth, Barbara Wüpper und Helmut Ziegert (+).

Zu ganz besonderem Dank bin ich meiner Frau Margrit v. Wantoch verpflichtet; ohne ihre intensive, unermüdliche sachkundige Unterstützung – unter anderem bei der digitalen Abfassung und Textgestaltung – wäre dieses Lehrbuch wohl kaum zustande gekommen. *Last but not least* danke ich meinem Freund und Lektor *Gebhard Kögler* für seinen beispiellosen Einsatz bei der stilistischen und inhaltlichen Überarbeitung des Manuskripts.

Rainer Tetzlaff im Februar 2018

Inhalt

Vorwort V
Abkürzungsverzeichnis XIII

1 Einleitung 1
  1.1 Erläuterungen zum Aufbau und Inhalt des Lehrbuchs 1
  1.2 Afrika – Europas Nachbar 2
  1.3 Hinweise zur Literatur über Afrika –
       einführende Anmerkungen 10

2 Entwicklungstheorien im Überblick 19
  2.1 Einführung in die Geschichte des Entwicklungsbegriffs 19
  2.2 Theorien des wirtschaftlichen Wachstums und der
       Modernisierung 24
  2.3 Dependenz-Theorien und Theorie der autozentrierten
       Entwicklung 26
  2.4 Sozialistische Theorien der nachholenden Entwicklung 30
  2.5 Bielefelder Verflechtungsansatz und *gender-studies* 31
  2.6 Good Governance und Washington Konsens 34
  2.7 Theorie der nachhaltigen Entwicklung: sustainable development ... 37
  2.8 Theorie des Developmental State (Entwicklungsstaates) 39
  2.9 Theorien über „Ressourcen-Fluch" und „Rentierstaat" 42
  2.10 Kulturkritische Entwicklungstheorien: *culture matters* 45
  2.11 Empowerment, Self-Efficacy und „kulturelle Anpassung" 48
  2.12 Mikrokredite – ein Rezept gegen die Armut? 54
  2.13 Postkoloniale Ansätze und *post-development* Ansätze 55
  2.14 Fazit: Entwicklung – die Diskussion geht weiter 58

3 Das Erbe von Sklavenhandel und Kolonialismus 61
3.1 Fünf Phasen der afrikanischen Geschichte 61
3.2 Kolonialgeschichte und Eurozentrismus 64
3.3 Transatlantischer Sklavenhandel und seine Überwindung 66

4 Die Phase der formellen Kolonisation (1880-1960) 73
4.1 Die Berliner Konferenz 1884/5 73
4.2 Motive und Interessen des europäischen Kolonialismus 77
4.3 Großbritannien als Kolonialmacht: ‚Teile und herrsche' 83
4.4 Südafrika: Diamanten- und Goldförderung, ‚Burenkriege' 87
4.5 Frankreich als Kolonialmacht – Grundzüge seiner Afrikapolitik ... 89
4.6 Frankreichs Verirrung in Algerien 91

5 Deutschland als Kolonialmacht in Afrika 95
5.1 Hinweise zum Studium der deutschen Kolonialherrschaft 95
5.2 Die deutsche Kolonialherrschaft 96
5.3 Deutsch-Südwestafrika/Namibia 98
5.4 Deutsch-Ostafrika/Tansania 102
5.5 ‚Rationale Kolonialpolitik' – die Reform-Ära Dernburg 104

6 Dekolonisation als Befreiung – Kontinuitäten und Wandel 109
6.1 Globale Triebfedern der Dekolonisation: Weltkriege,
     Panafrikanismus 109
6.2 Kontinuität und Wandel des postkolonialen Staates 113
6.3 Ghana – Der Kampf um politische Unabhängigkeit 122

7 Afrikanischer Sozialismus 129
7.1 Sozialistische Experimente 129
7.2 Tansania: Theorie und Praxis des Ujamaa-Sozialismus 131
7.3 Fazit: Lernprozesse und Entwicklungserfolge 138

8 Staatsbildung und Staatszerfall 141
8.1 Der schwache Staat: soziale Räume begrenzter Staatlichkeit 141
8.2 Governance-Leistungen der Staaten Afrikas 145
8.3 Somalia: Staatszerfall und islamistischer Terror 146
8.4 Simbabwe – selbstinszenierter Staatsterror 152
8.5 Ruanda: Genozid und staatlicher Neubeginn 158
8.6 Fazit: Politisierte Ethnizität 169

9   Demokratisierung: Demokratie unter Armutsbedingungen 173
    9.1 Demokratie und Entwicklung – theoretische Befunde 173
    9.2 Das SKOG-Modell von Schubert & Tetzlaff 177
    9.3 Die Renaissance der politische Parteien 186
    9.4 Benin – Erfolgreiche demokratische Transition 187
    9.5 Burkina Faso – Militärs an der Macht (Thomas Sankara) 197
    9.6 Ghana – auf dem Weg zur konsolidierten Demokratie 200
    9.7 Äthiopien – Kulturelle Grenzen für Demokratisierung 208
    9.8 Bilanz: Wahlen und politische Parteien 211

10 Bevölkerungswachstum, Armut, Hunger 215
    10.1 Bevölkerungswachstum und Theorie des demographischen
         Übergangs 216
    10.2 Niger – ein muslimisches Land in der Armuts-Bevölkerungs-
         Falle 220
    10.3 Agrarmodernisierung und ‚Landgrabbing' in Äthiopien 225
    10.4 Familienplanung – ein entwicklungspolitischer Imperativ 229

11 Rohstoffreichtum – Fluch oder Segen? 231
    11.1 Das *Paradox of Plenty*: Länder im Besitz von Coltan, Uran,
         Eisen, Bauxit 231
    11.2 Schattenseiten des Rohstoff-Booms: Verdrängung der
         Nahrungsmittelproduktion 236
    11.3 Der Erdölstaat Gabun – Beispiel für einen neokolonialen
         Rentierstaat 240
    11.4 Nigeria – Turbulente Geschichte eines Erdöl-Staates 243
       11.4.1 Nigeria – ein schwer regierbares Land 243
       11.4.2 Nigeria: Kämpfe um die Erdöl-Rente 245
       11.4.3 Nigeria: eine ‚strategische Konfliktanalyse' 248
    11.5 Botsuana – Ressourcen-Management statt ‚Ressourcenfluch' 252
       11.5.1 Die demokratische Kontinuität 252
       11.5.2 Botsuana – ein Modell nachhaltiger Entwicklung? 254
    11.6 Der internationale Kampf gegen ‚Blutdiamanten' 257

12 Krieg und Frieden: Kriegsursachen und Friedensbemühungen 261
    12.1 Kriege im postkolonialen Afrika 261
    12.2 Frauen – Opfer von Krieg und politischer Unsicherheit
         (Gender-Forschung) 266

12.3 Die Afrikanische Union: eine panafrikanische Organisation im Wandel 269
12.4 Mali: der Teufelskreis von Rebellion und gebrochenen Versprechungen des Staates 272
12.4 Fazit: Frieden in Afrika durch externe Interventionsmächte? 277

13 Korruption und Bad Governance 279
13.1 Korruption – ein universelles Übel mit kulturspezifischen Kontexten 279
13.2 Kenia – Das Krebsgeschwür der politischen Korruption (1963–2017) 283
13.3 Südafrika: Starke Wirtschaft, schwacher Staat 290

14 Internationale Entwicklungskooperation in Afrika 299
14.1 Strategische Partnerschaften 299
14.2 Die Entwicklungspolitik der Europäischen Union (EU) 300
14.3 Die Entwicklungspolitik der Weltbank 302
14.4 China in Afrika: Seine fünf Machtwährungen 306

15 Resümee und Ausblick: entwicklungspolitische Perspektiven 313
15.1 Afrika als fragmentierter Kontinent: sieben Regional-Welten 313
15.2 Afrika – eine Ländertypologie 316
15.3 Befunde und Entwicklungsperspektiven 317

Literaturverzeichnis 325

Abkürzungsverzeichnis

ADI	Ausländische Direktinvestitionen (Foreign Direct Investments)
AKP	Afrikanische, karibische und pazifische Staaten
ANC	African National Congress (Südafrika)
ASS	Afrika Südlich der Sahara
AU	Afrikanische Union (African Union)
BIP	Brutto-Inlandprodukt
BMZ	Bundesministerium für Wirtschaftliche Zusammenarbeit und Entwicklung
BRICS	Ländergruppe: Brasilien, Russland, Indien, China, Südafrika
BSP	Brutto-Sozialprodukt
BTI	Bertelsmann Transformation Index
COSATU	Congress of South African
DAC	Development Assistance Committee
DSE	Deutsche Stiftung für Entwicklungsländer
ECA	Economic Commission for Africa
ECOWAS	Economic Community of Westafrican States
EPAs	Economic Partnership Agreements (Wirtschafts-Abkommen mit der EU)
EPRDF	Ethiopian People's Revolutionary Democratic Front
EU	Europäische Union (European Union)
EZ	Entwicklungszusammenarbeit („Entwicklungshilfe")
FAO	Food and Agricultural Organisation
FDI	Foreign Direct Investment (Ausländische Direktinvestitionen)
FLN	Front de Libération Nationale (Algerien)
GIGA	German Institute of Global and Area Studies mit Sitz in Hamburg
GTZ	Deutsche Gesellschaft für Technische Zusammenarbeit
HDI	Human Development Index des UNDP
HIPC	Heavily Indebted Poor Countries

IAK	Institut für Afrika-Kunde (Hamburg)
IFIs	International Finance Institutions
IMF/IWF	International Monetary Fund/ Internationaler Währungsfonds
KfW	Kreditanstalt für Wiederaufbau
LDCs	Less Developed Countries (Weniger entwickelte Länder)
MDGs	Millennium Development Goals
NAM	Non-Alignment Movement (Bewegung der blockfreien Staaten)
NEPAD	New Partnership for Africa's Development
NGO	Non-Governmental Organisations (Nichtregierungs-Organisationen)
NIC	Newly Industrializing Countries
OAU	Organisation for African Unity (Organisation für Afrikanische Einheit)
ODA	Official Development Assistance (Öffentliche Entwicklungszusammenarbeit)
OECD	Organisation for Economic Cooperation and Developmment (Organisation für wirtschaftliche Zusammenarbeit und Entwicklung, mit Sitz in Paris)
PPP	Purchase Power Parities (Kaufkraftparitäten)
PRS	Poverty Reduction Strategy
SAP	Strukturanpassungs-Programm (Structural Adjustment-Programs)
SADC	Southern African Development Community mit Sitz in Gaborone/ Botsuana
SDGs	Sustainable Development Goals (Nachhaltige Entwicklungsziele)
TPLF	Tigray People's Liberation Front
UN	United Nations (Vereinte Nationen)
UNCTAD	United Nations Conference on Trade & Development
UP	University Press
VENRO	Verband Entwicklungspolitik deutscher Nichtregierungsorganisationen
WHH	Welthungerhilfe
WHO	World Health Organisation
WTO	World Trade Organisation (Welthandelsorganisation)

Einleitung

1.1 Erläuterungen zum Aufbau und Inhalt des Lehrbuchs

Dieses Lehrbuch besteht aus fünf Teilen, die aufeinander aufbauen, die aber auch – je nach Interesse des Lesers – als separate Einheiten gelesen werden können. Dem theoretischen Teil (Kapitel 2) folgen vier historische Themen (atlantischer Sklavenhandel und die Folgen; Kolonisation; England, Frankreich und Deutschland als Kolonialmächte; Dekolonisation). Anschließend werden in Teil drei vorrangig **politikwissenschaftlich** akzentuierte Kapitel präsentiert: sozialistische Experimente, postkoloniale Staatsbildung und Demokratisierung. Dem schließen sich fünf Kapitel an, die sich mit zentralen **entwicklungspolitisch und sozio-ökonomisch** bedeutsamen Aspekten der postkolonialen Entwicklung Afrikas im Zeitraum von ca. 1960 bis 2017 beschäftigen: Bevölkerungswachstum; Armut und Hunger; Rohstoff-Ökonomien; Krieg und Frieden; Korruption. Der vierte Teil nimmt die VR China, die Europäische Union und die Weltbank als wichtige **internationale Akteure** ins Visier. Das Schlusskapitel fasst die Erkenntnisse der vorangegangenen Erörterungen unter dem Gesichtspunkt der zukünftigen Herausforderungen für Afrika und Europa zusammen.

Der erste Teil des Lehrbuchs beginnt mit einer kurzen aktuellen Einführung in den Gegenstand – Afrika als Einheit in der Vielfalt –, um dann allen Lesern (nicht nur Wissenschaftlern und Studierenden) einen allgemeinen Überblick über die sozialwissenschaftliche *Literatur* zu Afrika sowie über einige ‚Klassiker' zu einem zentralen Aspekt dieses Lehrbuchs – Entwicklungstheorien und Entwicklungspolitik – zu vermitteln. An dieser Stelle kann nur auf wenige Handbücher und Standardwerke zum Studium Afrikas in Geschichte und Gegenwart hingewiesen werden, um den Studierenden den Zugang zu einem Kontinent mit heute 55 Staaten, der einst von sieben europäischen Staaten kolonialisiert worden ist, zu erleichtern. Dazu gehört auch der Hinweis auf eine Auswahl der vielen Afrika-bezogenen *Fachzeitschriften*. Aus Platzgründen war es nicht möglich (bis auf einzelne Hinweise auf aufschlussreiche Afrika-Romane), auch noch die **literari-**

schen Erzeugnisse der großen afrikanischen Schriftstellerinnen und Schriftsteller systematisch näher zu berücksichtigen, die ein vielseitiges, oftmals sehr kritisches Bild von den afrikanischen Realitäten vermitteln. Da sie häufig die politische Rolle mutiger Oppositioneller einnehmen (die den Berufspolitikern in ihrer Heimat von repressiven Regimen verwehrt wird), sind ihre Romane, Novellen und Erzählungen eine Fundgrube von Erkenntnissen über den afrikanischen Alltag. Zitate aus englisch- und französischen Quellen wurden von mir übersetzt.

In dem 30-seitigen Theorie-Kapitel werden bemerkenswerte *Entwicklungstheorien und Entwicklungsansätze*, in 16 Unterkapitel guppiert, skizziert, die seit den 1950er Jahren bis heute unter Sozial- und Wirtschaftswissenschaftlern diskutiert werden, darunter Dependenz- und Modernisierungstheorien, neo-liberale und postkoloniale Ansätze sowie das *developmental state*-Konzept. Die dabei vorgestellten **Begriffe und Definitionen** sollen dazu dienen, die in den empirischen Länderstudien verwendeten Bezeichnungen für Phänomene wie ‚Entwicklung', ‚Unterentwicklung', ‚sozialen Wandel', ‚Modernisierung', ‚Ethnizität', ‚Staatsklasse', ‚Patronage-Staat', ‚Korruption', ‚Rentenökonomie', ‚Fluch der Rohstoffe', ‚afrikanische Produktionsweise' usw. theoriegeschichtlich einzuordnen und tiefgründiger zu verstehen. Da sich das Lehrbuch nicht zuletzt auch an Studierende wendet, wurden hierfür immer jedem Hauptkapitel drei oder vier **Aufgaben** (zumeist in Frageform und mit Bearbeitungsaufträgen versehen) angehängt. Die zu erschließenden Antworten können dazu ohne weitere Recherchen aus der Textlektüre gewonnen werden. Die erste Version dieses Lehrbuchs wurde von Prof. Michael Stoiber an der Fernuniversität Hagen als Lehrskript 2016/2017 eingesetzt.

1.2 Afrika – Europas Nachbar

Afrika gibt es nur im Plural, und deshalb sind Pauschalurteile über Afrika – etwa als der ‚Krisenkontinent', als der ‚verlorene Kontinent', als das ‚Armenhaus der Welt' oder aber, im Gegenteil, als der ‚Kontinent der Zukunft' – wenig hilfreich (kritisch dazu: Böhler & Hoeren 2003, Go & Page 2008, Goldberg 2008, Padayachee 2010, Cichon, Hosch & Kirsch 2010, Tetzlaff 2011; Johnson 2013, Carmody 2016). Auch andere Großregionen der Welt wie etwa Westeuropa, Ost-Asien, die arabische Welt des Nahen und Mittleren Ostens oder die Andenstaaten Lateinamerikas sind politisch, wirtschaftlich und kulturell höchst *heterogene* Gebilde, aber in Afrika von der zwanzigfachen Größe Europas scheinen die Gegensätze zwischen den Klimazonen und den unterschiedlichen Entwicklungspfaden der 55 Staaten noch bedeutsamer als anderswo. Mit zwei Ausnahmen (Äthiopien und Liberia) sind alle heutigen Staa-

1.2 Afrika – Europas Nachbar

ten Afrikas einmal *Kolonien oder Protektorate europäischer Mächte* gewesen und sind von diesen jeweils unterschiedlich kulturell und sprachlich geprägt worden. Unsere imaginierten *Afrikabilder* sind bunt und widersprüchlich, manchmal konfus und rassistisch (Böhler & Hoeren 2003, Schulz & Seebode 2010, Köhler 2010, Danner 2012) – wie nicht zuletzt afrikanische Intellektuelle klagten (Mbembe 2010, Obenga 2010; Cichon, Hosch & Kirsch 2010). Gegenwärtig werden sie gerne von großen Persönlichkeiten, die Geschichte machten, im Guten wie im Schlechten, geprägt. Einerseits erinnern wir uns schnell an die bizarren Ungeheuer, im afrikanischen Volksmund auch als ‚Vampire-Eliten', ‚Krokodile' oder ‚Geier' tituliert (Nugent 2004, Ayittey 2005, Olopade 2014). Dazu gehören beispielsweise *Idi Amin*, Präsident von Uganda, der ca. 300.000 Landsleute umbringen ließ (und dem der Schauspieler Forest Whitaker im Film „Der letzte Kaiser von Schottland" ein Denkmal setzte); oder Präsident *Joseph Mobutu*, der in 37 Jahren kleptokratischer Präsidentschaft Zaire (heute DR Kongo) wirtschaftlich zugrunde richtete und dabei mehr als 4 Milliarden US$ Staatseinnahmen veruntreut haben soll; oder der nigerianische Putsch-Präsident *Sani Abacha*, der ebenfalls Milliarden Dollar Einnahmen aus den boomenden Erdölexporten seines Landes an sich gerissen hat (Ellis 2016) und der den mutigen Bürgerrechtler *Ken Saro Wiwa*, der sich gegen die ökologisch und sozial ruinöse Erdöl-Ökonomie im Nigerdelta empörte, im Gefängnis umbringen ließ; oder der vergreiste Diktator *Robert Mugabe*, der im November 2017 nach 37 Jahren im Amt von seinen Generälen entmachtet wurde und ein ruiniertes Land, aus dem ein Viertel der notleidenden Bevölkerung in Nachbarländer hatte fliehen müssen, hinterließ. All diese Tragödien gehören ebenso zu den vielfältigen Facetten afrikanischer Wirklichkeit wie die spektakulären afrikanischen Erfolgsgeschichten: Z. B. die der südafrikanischen Lichtgestalt *Nelson Mandela*, der nach 27-jähriger Haft als politischer Gefangener des *Apartheid-Regimes* seinen Peinigern die Hand zur Versöhnung ausstreckte; oder die Geschichte der kenianischen Umweltaktivistin *Wangari Maathai*, die im Jahr 2004 als erste Frau Afrikas den Friedensnobelpreis für ihren Kampf für ‚nachhaltige Entwicklung, Frieden und Demokratie' erhalten hat; oder die der südafrikanischen Afro-Pop-Sängerin *Miriam Makeba*, die mit ihrem bewegenden ‚*Pata-Pata*'-Song weltberühmt wurde. Im Dunkeln bleiben dagegen gewöhnlich die Leiden und Leistungen der Millionen von fleißigen Bäuerinnen, Händlerinnen und Erzieherinnen, die unter unsagbar schweren Lebensumständen in einer prekär gewordenen *Überlebens-Ökonomie* Tag für Tag damit beschäftigt sind, ihre Familien durchzubringen (Tröger 2004, Eberlei 2009, Sy 2010, Dilger & Luig 2010, Schulz & Seebode 2010, Collier 2010, Tandon 2016, Tekülve & Rauch 2017).

Daher ist es angebracht, stets zwischen der sozialen Klasse der Herrschenden, die in Afrika-Diskursen (als Machtelite, Staatsklasse, Patronage-Staat, neopatrimonialer Staat, Versorgungs-Agentur, *Gate-Keeper*-Staat etc.) die verschiedensten Bezeichnungen erfahren hat, einerseits und einer vielfältig ethnisch-politisch *fragmentierten* Masse der Erwerbsbevölkerung andererseits zu unterscheiden. Letztere adressierte der Schweizer Journalist *Georg Brunold* schon vor mehr als zwanzig Jahren mit der Einschätzung: Afrika sei der „grenzenlose" und „vitale" Kontinent, „der nicht nur Wunden schlägt, sondern auch heilt, der seine Millionen von Flüchtlingen nicht nur hervorbringt, sondern stets auch beherbergt und ... alle seine übrigen Probleme erträgt" (Brunold 1994, S. 22-23). Heute – ein Vierteljahrhundert später – darf und muss wohl die Frage gestellt werden, ob dieses heroische Bild von der unbegrenzten Solidarität und Leidensfähigkeit der afrikanischen Zivilgesellschaft noch überall zutrifft (Moyo 2009, Olopade 2014, Jakob & Schlindwein 2017, Theroux 2017). In *Libyen* etwa werden Flüchtlinge aus Westafrika auf gemeinste Art und Weise schikaniert, gefoltert und ausgebeutet; Millionen von Afrikanern sind real oder mental auf der Flucht aus ihrer Heimat in Richtung ‚Europa' – dem imaginierten Paradies der Verzweifelten und Schlecht-Informierten (Benndorf 2008; Gatti 2010). Mit den Enttäuschungen über den teilweise verunglückten ‚Arabischen Frühling' verstärkte sich die Absetzbewegung von Nordafrikanern in Richtung Norden, und diverse *Push- und Pull-Faktoren* bewirkten ein Anschwellen von Migranten/innen aus afrikanischen Ländern in die Europäische Union (Jacob & Schlindwein 2017). Der Publizist *Asfa-Wossen Asserate* warnte in seinem Buch *Die Völkerwanderung*:

> „Wir müssen die Lebensbedingungen der Menschen in Afrika verbessern, damit es nicht zu diesem Exodus kommt. Nur wenn sie eine Zukunft in ihrer Heimat finden, werden sie bleiben. Europa sollte sich nicht der Illusion hingeben, dass diese Völkerwanderung durch Patrouillen auf See, durch Zäune oder Mauern aufgehalten werden könnte" (Asserate 2015, S. 38-39).

Es gibt keinen Zweifel: Hunderttausende von meist jüngeren Afrikanerinnen und Afrikanern in Eritrea, Sudan, Ägypten, Libyen und in zahlreichen Ländern des sub-saharischen Afrika sitzen, bildlich gesprochen, auf gepackten Koffern und warten auf ihre Chance, nach ‚Europa' zu gelangen. Da ihnen meist ein legaler Weg verschlossen ist – auch ein Versäumnis der EU-Mitgliedsstaaten – bleibt ihnen kaum noch eine andere Wahl, als die Dienste von Schleppern in Anspruch zu nehmen. Dabei sind es nicht die Ärmsten, die sich unter großen Risiken auf den gefährlichen Weg durch die Sahara und über das Mittelmeer machen, sondern gerade immer mehr auch junge, gut ausgebildete Leute, die in ihren Ländern, wenn diese entwicklungspolitische Fortschritte gemacht haben (wie Tunesien, Senegal, Ghana, Elfenbeinküste, Nigeria), keine hinreichend verlockende Perspektive für ein besseres Leben für sich und ihre Kinder sehen.

Europäische Gesellschaften wissen in aller Regel nicht viel über Kultur und Gesellschaft derjenigen, die aus afrikanischen Ländern zu ihnen kommen. Das sollte

1.2 Afrika – Europas Nachbar

sich so schnell wie möglich ändern; denn ohne die Kenntnis einiger fundamental wichtiger Bestandteile der (auch im Wandel begriffenen) *afrikanischen Weltbilder* sind Denk- und Verhaltensweisen afrikanischer Zeitgenossen kaum zu entschlüsseln (Mugambi & Getui 2004; Schulz & Seebode 2010, Beer 2017). Dies soll hier an zwei Beispielen angedeutet werden. Religion, Kultur und soziales Leben sind im vorkolonialen wie auch heute im ‚postkolonialen' Afrika so eng miteinander verflochten, dass religiöse Praktiken nur im sozialen Gesamtkontext verstanden werden können. Und dieser ist durch das Gemeinschaftsziel geprägt, *das Leben zu erhalten*. Da dies zu erreichen oft nur als die Summe von Gemeinschaftsanstrengungen möglich ist, treten individuelle Ansprüche auf Selbstverwirklichung in den Hintergrund. Riten, Feste, Symbole (darunter beispielsweise auch Masken) und mythische Erzählungen festigen das Gemeinschaftsbewusstsein (Plankensteiner 2007; Heidemann 2011; Förster 2017); dabei helfen die allgegenwärtigen Ahnen, die Geister und die Gottheiten. Von besonderer Relevanz für die Konstruktion der eigenen Identität als Teil der Gemeinschaft ist der Glaube an die kausalen Beziehungen zwischen der Welt der Lebenden und der Welt der Toten (Chabal & Daloz 1999, S. 66f.; Beier 1999, S. 85 f.; Heuser 2015; Beer, Fischer & Pauli 2017, S. 183 f.): Die *Ahnen* stehen den Menschen am nächsten; nicht jeder Verstorbene wird automatisch zum Ahnen: „Man muss ein vorbildliches Leben geführt haben, rituell ordentlich begraben sein und eine angesehene Stellung gehabt haben" (Sundermann 2001, S. 521). Auch in Bezug auf den Begriff und die Praxis der *Menschenrechte* haben Afrikaner eine sehr eigene Vorstellung entwickelt, die stark auf Werte wie Solidarität und Gemeinwohl fokussiert sind (Bösl & Diescho 2009, Sandkühler 2011, Ruppel & Winter 2009).

Was Europäern oftmals auch nicht bewusst sein dürfte, ist die Tatsache, dass auch postkoloniale Gesellschaften ein bemerkenswertes Maß an *religiöser Toleranz* gegenüber anderen Glaubensgemeinschaften praktizieren. So hat der kenianische Politologe *Ali Mazrui* (1933-2014), der Direktor des Institutes für globale Kulturstudien der Universität Birmingham war, darauf hingewiesen, dass beispielsweise die muslimische Bevölkerung des *Senegal* einen christlichen Präsidenten gewählt und wiedergewählt hat (Leopold Sedar Senghor) und dass sich in Tansania katholische und muslimische Staatspräsidenten im Amt abwechseln (beispielsweise folgte auf den Katholiken *J. Nyerere* der Muslim *Ali Hassan Mwinyi*). Ferner erinnerte er an die historische Tatsache: „Afrika kannte keine Religionskriege, bevor Islam und Christentum Einzug hielten. Aber gegenwärtig, wo Afrika seine eigenen Ausdrucksweisen von Islam und Christenheit hervorgebracht hat, entwickelt es eine ökumenische Haltung zur Religion und ist dem Rest der Welt darin weit voraus. Afrikas *ökumenischer Geist* könnte zur Herausbildung einer *globalen Ethik* beitragen" (Mazrui 2009, S. 51; Hervorhebung von RT). Ebenso bewusstseinsfördernd ist die Erkenntnis, dass der Islam in Afrika nur selten „die Ursache der Konflikte"

sei, dass aber Religion oft „als beste Interpretationskraft diene, ohne dass Religion selbst den Konflikt generieren würde" (Schulze 2006, S. 8).
Deshalb gilt es, die in den vergangenen 50 Jahren bereits entwickelten Formen der *interkontinentalen Zusammenarbeit* zwischen Afrika und EU-Europa situationsgemäß weiterzuentwickeln – eine Zusammenarbeit auf folgenden fünf Handlungsebenen (siehe auch C. Hackenesch & N. Keijzer in Africa-Yearbook 2015, S. 21-33):

- Auf *wirtschaftlicher* Ebene: Nach wie vor besteht ein dominantes Eigeninteresse der Europäer an den reichhaltigen afrikanischen Bodenschätzen und Verbraucher-Märkten Afrikas. Auf afrikanischer Seite überwiegt das Interesse an Entwicklungskrediten, Budget-Hilfen, Handelsverträgen, Zugang zu Märkten und Teilhabe an technologischem und wissenschaftlichem Know-how. Der Umfang der Finanztransfers aus Arbeitseinkommen der afrikanischen Wanderarbeiter und Migranten an ihre Herkunftsländer ist bereits höher als die gesamte Entwicklungshilfe, die nach Afrika fließt, im Werte von ca. 50 Mrd. Euro jährlich. Der Wert der Finanztransfers wird allerdings durch die *Kapitalflucht* in entgegengesetzter Richtung in Frage gestellt: Zwischen 1970 und 2014 betrug die Kapitalflucht aus Afrika schätzungsweise 578 Milliarden US-$, davon 405 Mrd. $ aus Subsahara-Afrika (Ndikumana 2017, S. 6). Die Hauptursache dafür ist die Über- bzw. Unterfakturierung beim Güterhandel, oder mit den Worten von EZ-Minister Gerd Müller „die aggressive Steuervermeidung" multinationaler Konzerne (BMZ 2017, S. 8).
- Auf *entwicklungspolitischer* Ebene: Hier gibt es ein Interesse der Europäischen Union an der politischen Stabilisierung und wirtschaftlichen Entwicklung der afrikanischen Länder, wozu die Assoziierungsverträge (*Lomé-* und *Cotonou-*Abkommen) und *Economic Partnership Agreements* (*EPAs*) dienen sollten, während afrikanische Politiker ihr Interesse an finanziellen Budgethilfen, Handelsprivilegien und an der Unterstützung bei der Realisierung ihrer Entwicklungspläne und Wirtschaftsprojekte verfolgen. Im Jahr 2016 haben die OECD-Staaten insgesamt 142,6 Mrd. US $ Auslandshilfe für Entwicklungsländer budgetiert; davon ging der Löwenanteil an Afrika. Deutschlands Bundesministerium für Zusammenarbeit und Entwicklung (BMZ) lockte 2017 – in Konkurrenz zu China – mit einem ‚*Marshall-Plan mit Afrika*' und auch das Finanzministerium propagierte einen ‚*Compact with Africa*'; ob sich daraus wirksame Strategien entwickeln lassen, um den sieben *entwicklungspolitischen Hauptübeln* – nämlich Kriegen, Korruption, Handelsdiskriminierungen seitens der Industrieländer, Klimaturbulenzen, islamistischem Terror, organisierter Kriminalität sowie einem kaum gebremsten Bevölkerungswachstum – Einhalt gebieten zu können, wird sich erst noch zeigen müssen. Dadurch wird nur bei sehr wenigen Ländern mit

1.2 Afrika – Europas Nachbar

nachhaltigen Erfolgen zu rechnen sein. Im Grunde bedürfte es einer *konstruktiven Exitstrategie* der internationalen Entwicklungszusammenarbeit mit Afrika, um die giftigen Wirkungen der automatisch gewordenen Finanztransfers ohne eigene Gegenleistung (Stichworte *rent-seeking* und fehlendes *ownership*) schrittweise abbauen zu können. Ziel müsste es sein, einen einheimischen afrikanischen Kapitalismus mit lokalem Unternehmertum heranwachsen zu lassen, der auf globalisierten Märkten wettbewerbsfähig wäre.

- Auf der *migrationspolitischen* Ebene: Bis 2011 hatte ein Ring scheinbar stabiler Diktaturen im Maghreb die Länder der EU vor dem Einsickern von allzu vielen Flüchtlingen aus Afrika geschützt, jetzt besorgen Schlepperbanden das Geschäft mit den Flüchtlingen aus Afrika, darunter meistens ‚Wirtschaftsflüchtlinge'. Allein zwischen Januar und August 2016 haben 86.000 *Flüchtlinge* aus Afrika über den Seeweg lebend Italien und damit die Europäische Union erreicht: 22.329 aus *Nigeria* (Beweggründe dafür waren u. a.: Armut, Staatsversagen, Terror durch Boko Haram), 15.043 aus *Eritrea* (Diktatur; Wirtschafskrise), 8.066 aus dem *Sudan* (Diktatur und Bürgerkrieg), 7.750 aus *Gambia* (Diktatur; Einführung der Scharia); 7.676 aus der *Elfenbeinküste* (Unterdrückung der Opposition nach einem Bürgerkrieg); 7.468 aus *Guinea* (Unterdrückung der Opposition; Ebola-Epidemie); 6.025 aus *Somalia* (Staatszerfall, Bürgerkrieg; islamistischer Terror); 5.954 aus *Mali* (Staatsversagen, Bürgerkrieg, islamistischer Terror); und bemerkenswerterweise auch 5.884 Flüchtlinge aus *Senegal* (Demokratie; Regional-Konflikt um die *Casamance*) (Zahlen nach *Die Zeit vom 6.10.2016, Nr. 42, S. 2*). Die übrigen EU-Länder haben die italienischen Behörden und Gemeinden mit den Gestrandeten aus Afrika weitgehend allein gelassen.
- Nachdrücklich hat die *Europäische Union* die afrikanischen Staaten und Regionalorganisationen gedrängt, beim globalen Handel mitzumachen – allerdings zu ihren wirtschaftsliberalen Spielregeln. Mit den angebotenen Handelsabkommen wird von den afrikanischen Regierungen erwartet, dass sie ihre Märkte für europäische Produkte und Dienstleistunen öffnen, obwohl solche Maßnahmen Arbeitsplätze vernichten würden, die dann anderswo mit Entwicklungsgeldern wieder geschaffen werden sollten. „Von geschützten Grenzen und der Öffnung von Märkten träumt die EU. Von geschützten Märkten und offenen Grenzen träumt Afrika. Solange dieses Interessendilemma nicht gelöst ist, wird es keine echte Partnerschaft geben", schlussfolgern *Christian Jakob und Simone Schlindwein* in ihrem Buch „Diktatoren [in Afrika] als Türsteher Europas" (Jakob & Schlindwein 2017, S. 261).
- Auf *sozio-kultureller* Ebene gibt es ein starkes Interesse auf Seiten der gebildeten Jugend und der wachsenden urbanen ‚Mittelschichten' Afrikas, an den europäischen Angeboten der Bildungspolitik in Form von Stipendien und Ausbildungs-

plätzen zu partizipieren. Wichtig ist auch die *Schutz-Funktion* der europäischen Demokratien, die darin besteht, für politisch verfolgte Schriftsteller, Künstler und Wissenschaftler aus Afrika, die oftmals nur in der europäischen Diaspora sicher leben und schaffen können, eine sichere zweite Heimat zu ermöglichen. Europäische Gesellschaften ihrerseits profitieren von den Immigranten und Diaspora-Gemeinden in vielfältiger Weise: von ihren wissenschaftlichen Beiträgen, von afrikanischer Musik, von afrikanischer Kunst oder von afrikanischen Spitzensportlern im Fußball.

- Auf *militärischer* Ebene ist seit dem Ende des Kalten Krieges und dann verstärkt nach *nine/eleven* (der terroristische Angriff von Islamisten auf die *World Trade Towers* in New York und das Pentagon in Washington am 11. September 2011) das Bedürfnis europäischer Staaten gewachsen, nicht nur im eigenen Land für die Bürger mehr Sicherheit zu gewährleisten, sondern auch Bedrohungen aus dem ‚nahen Ausland' in Form von Piraterie, Drogenschmuggel, illegaler Einwanderung oder neuerdings terroristischer Infiltration abzuwehren. Daher sind Bemühungen um *Sicherheitspartnerschaften* entstanden, auch im Rahmen der Entwicklungszusammenarbeit. Heute gilt die Doktrin: ‚Ohne politische Sicherheit nutzen sozio-ökonomische Entwicklungserfolge wenig; ohne Entwicklungserfolge laufen Sicherheitsbemühungen ins Leere'. Außerdem ist es im beiderseitigen Interesse zu *Militäreinsätzen* aus Frankreich, England, Belgien und Deutschland in Staatszerfallsländern (Somalia, DR Kongo, Sierra Leone, Tschad, Mali) gekommen, um politische Hauptstadt-Regime zu stabilisieren und um Flüchtlingswellen als Resultat von Staatskollapsen zu vermeiden. Ob sie viel nützen werden, ist und bleibt eine berechtigte Frage.

In Wirklichkeit sind die *inter-kontinentalen Beziehungen* zwischen Afrika und Europa viel komplexer als hier skizziert, aber es soll an dieser Stelle erst einmal genügen, um deutlich zu machen, wie eng unser Schicksal in den Ländern der Europäischen Union mit den widersprüchlichen Entwicklungen und dramatischen Ereignissen in afrikanischen Ländern verbunden ist (siehe auch Köhler 2010). Seit Jahrhunderten ist Afrika ein Bestandteil der modernen Weltwirtschaft (als Lieferant von Arbeitssklaven und Rohstoffen) und seit Jahrzehnten Teil der sich allmählich herausbildenden Weltwirtschaft und Weltpolitik. Politologen sprechen von der wachsenden *Interdependenz* zwischen den Völkern als Ausdruck der heutigen *Globalisierung*, was auch wachsende Abhängigkeit und Verwundbarkeit der Menschen von ‚ausländischen' Kräften mit sich bringt. Die deutsche Bundeskanzlerin *Angela Merkel* hat diesen neuen komplexen Sachverhalt der *wechselseitigen Abhängigkeiten* im Oktober 2016 unter dem Motto „*Das Wohl Afrikas liegt im deutschen Interesse*" wie folgt formuliert:

1.2 Afrika – Europas Nachbar

„Vor zwanzig Jahren waren die Menschen dort [in Afrika] in der Regel noch ärmer [als heute]. Aber sie konnten nicht so gut sehen, wie wir leben, sie konnten nicht vergleichen. Und sie konnten nicht so leicht weg. Die Digitalisierung macht einen großen Unterschied. Heute kann sich nahezu jeder über jeden Ort der Welt informieren. Wenn man sieht, wie es anderswo zugeht, wachsen auch die Wünsche. Dann kommen Familien auf die Idee, wenigstens einen Angehörigen dorthin zu schicken, wo man ein gewisses Einkommen erreichen kann, das dann vielleicht der ganzen Familie ein besseres Auskommen gibt. So wie die Menschen in der Welt über uns immer besser Bescheid wissen, so müssen wir uns umgekehrt mehr mit ihnen beschäftigen. Wir müssen vielmehr über Afrika und die arabische Welt lernen. Stabilität in unserem Land hängt auch davon ab, dass wir dort Hoffnung geben. Andererseits müssen wir auch darüber aufklären, dass der scheinbar so schnelle und einfache Weg in ein besseres Leben mitnichten zwangsläufig zu eben diesem besseren Leben führt. Wir müssen Menschen helfen, wenn sie vor Krieg und Verfolgung fliehen, und noch mehr müssen wir ihnen dabei helfen, in oder nahe ihrer Heimat bleiben zu können... Eines ist vollkommen klar: Die ganze westliche Welt hat Afrika in früheren Epochen Entwicklungschancen geraubt, und zwar über Jahrhunderte... Natürlich wächst daraus eine Verantwortung für uns... Wenn ich als deutsche Bundeskanzlerin dafür sorgen will, dass es uns Deutschen gut geht, dass die Europäische Union zusammenhält, muss ich mich auch darum kümmern, dass es in Europas Nachbarschaft so zugeht, dass Menschen dort Heimat auch als Heimat empfinden können. Konkret heißt das in unserer Zeit, dass wir uns in neuer Weise mit Afrika befassen müssen. So ist das im 21. Jahrhundert" (Angela Merkel, „Das Wohl Afrikas liegt im deutschen Interesse", in: Die Zeit vom 6. Oktober 2016, S. 3).

Seitdem war die Bundeskanzlerin mehrfach in *Niger*, dem größten Durchreiseland für westafrikanische Flüchtlinge, das nun (gegen Bares) versprochen hat, weniger Migranten durchzuwinken; sie handelte mit *Tunesiern* aus, dass abgelehnte Asylbewerber zurückgenommen werden, kümmerte sich in *Algerien* und in *Libyen* um einen besseren Küsten- und Grenzschutz und sorgte als Gastgeberin dafür, dass beim G-20-Gipfeltreffen in Hamburg im Juli 2017 das Thema Afrikahilfe auf die Agenda kam (Jakob & Schlindwein 2017; Kappel & Reisen 2017). All das ist nicht verkehrt, aber die in Aussicht gestellte Unterstützung erscheint angesichts der Größe der Herausforderung – einschließlich der Klimaveränderungen mit ihren destabilisierenden Folgen (Welzer 2008; Leighton, Shen & Warner 2011) – ziemlich wirkungslos. Ein Hinweis auf die Not der Jugend soll das verdeutlichen: Jährlich müssten in Afrika 20 Millionen neue Arbeitsplätze für Schulabgänger geschaffen werden, wenn den jungen Menschen dort eine heimatliche Bleibeperspektive eröffnet werden sollte (BMZ 2017; Tetzlaff 2016; Mills, Herbst, Obasanjo & Davis 2017).

Für kritische Zeitbeobachter stellt sich somit die Frage, ob die Ziele der Fluchtursachenbekämpfung, die heute in Europa im Kontext von ‚Entwicklungshilfe' diskutiert werden, unter den heutigen Macht-Beziehungen in der Welt überhaupt erreichbar sind (Adukule 2016). *Thomas Scheen*, einer der erfahrensten Afrika-Korrespondenten Deutschlands, hatte dazu im Oktober 2016 folgende Einschätzung gegeben:

„Wenn Entwicklungshilfe in ihrer jetzigen Form je etwas genutzt hätte, dann würde heute über ihre Reduzierung diskutiert statt über ihre Erhöhung...Dass es Europa gelingen wird, den Flüchtlingsstrom aus Afrika zu stoppen, ist gleichwohl eine Illusion. Dafür sind die Probleme auf dem Kontinent zu groß, das Bewusstsein darum zu gering und die Zeit einfach zu knapp. Wir werden damit leben müssen, dass unsere Welt auf absehbare Zeit deutlich afrikanischer geprägt sein wird" (T. Scheen, „Wir werden afrikanischer", in: Frankfurter Allgemeine Zeitung vom 11. Oktober 2016, Seite 1).

Der anhaltende *Interessendissens* ist unübersehbar: Aus afrikanischer Perspektive wird Migration nach Europa als willkommener Beitrag zur wirtschaftlichen Entwicklung und als nützliches Ventil für die Abmilderung von sozio-ökonomischer Frustration betrachtet, während in Europa vielen Menschen Einwanderung aus Afrika als unerwünscht erscheint, die bekämpft werden muss.

1.3 Hinweise zur Literatur über Afrika – einführende Anmerkungen

Den Studierenden bietet sich eine große Auswahl an Primär- und Sekundärquellen, wenn er sich oder sie sich mit Politik und Wirtschaft, mit Kultur und Gesellschaft afrikanischer Länder beschäftigen möchte. Im Folgenden wird eine Reihe nützlicher Handbücher, Nachschlagewerke, Monographien, Reader und sozialwissenschaftlicher Journale zusammengestellt, um den Einstieg in das Studium von Afrikas Geschichte und Gegenwart zu erleichtern:

- Eine informative Darstellung der *politischen und wirtschaftlichen Entwicklung* der einzelnen afrikanischen Länder bietet das *Handbuch Afrika*, in drei Bänden, verfasst von dem österreichischen Historiker *Walter Schicho*, Frankfurt am Main 1999, 2001, 2004. Auf jeweils 20 bis 30 Seiten wird die Geschichte der Länder erzählt, beginnend mit der vorkolonialen Phase, über die Kolonialpolitik bis hin zur postkolonialen Entwicklung, endend etwa um das Jahr 2000. Ergänzend zu Schichos Handbuch Afrika empfiehlt sich das in packender Sprache dargebotene Werk: *The Fate of Africa. From Hopes of Freedom to the Heart of Despair. A History of Fifty Years of Independence* des englischen Historikers *Martin Meredith*, New York 2005 (752 S.).
- Für politische Informationen über alle Staaten des subsaharischen Afrika unverzichtbar ist das *Afrika Jahrbuch*, zunächst herausgegeben von *Rolf Hofmeier*. Seit 2004 wird es als englischsprachiges *Africa Yearbook* fortlaufend bis zur Gegenwart (2017) weitergeführt, herausgeben von *Andreas Mehler* (Arnold-Bergstresser-

Institut Freiburg), *Henning Melber* (*Nordic Africa Institute* in Uppsala/Schweden) &von *Klaas van Walraven* (African Studies Centre der Universität Leiden).
- Das **Institut für Afrikastudien**, Teil des **GIGA** (German Institute of Global and Areas Studies) in Hamburg, gibt die hierzulande wohl wichtigste sozialwissenschaftliche Zeitschrift zu Afrika heraus, das **Afrika Spectrum** (seit 2009 ganz in englischer Sprache als *Africa Spectrum*), dreimal im Jahr. Weitere Publikation des IAK sind der *GIGA Focus AFRIKA* – Analysen zu aktuellen Afrika-bezogenen Themen – sowie die GIGA Working Papers..
- Unter den **historischen Grundlagen** ist die 1995 veröffentlichte Monographie *The Africans* von **John Iliffe** von der Cambridge Universität zu nennen (in deutscher Übersetzung: *Geschichte Afrikas*, München 2000, 2. Aufl.). Es umfasst die Geschichte vom Beginn der menschlichen Evolution in den Steppen Ostafrikas bis hin zum südafrikanischen Apartheid-Regime (435 S.). Über Quellen und Literatur zum Afrika-Studium empfiehlt sich **Leonhard Harding**, *Geschichte Afrikas im 19. und 20. Jahrhundert*. Oldenbourg Grundriss der Geschichte, München 1999 (272 S.).
- Aktueller und thematisch umfassender ist die **Geschichte Afrikas. Von 1800 bis zur Gegenwart** des Historikers **Christoph Marx**, Paderborn etc. 2004, UTB (389 S.). Von großem Nutzen sind auch: *Kleine Geschichte Afrikas* des Historikers **Winfried Speitkamp**, bei Philipp Reclam jun. in Stuttgart 2009 in 2. Aufl. erschienen (516 S.); und *Afrika 1500 – 1900. Geschichte und Gesellschaft*, Wien 2010, herausgegeben von den Historikern **Andreas Eckert, Ingeborg Grau & Arno Sonderegger** (234 S.).
- Wer sich für die **vorkoloniale Geschichte Afrikas** interessiert, dem seien empfohlen: **Francois-Xavier Fauvelle**, *Das Goldene Rhinozeros. Afrika im Mittelalter*, München 2017 (319 S.) sowie **Adam Jones**, *Geschichte Afrikas vor 1850*, Frankfurt a. M. 2016. Die Sozial- und Kulturanthropologin **Barbara Plankensteiner** vermittelt in dem von ihr herausgegebenen Reader „*Benin. Kings and Rituals. Court Arts from Nigeria*", Wien & Gent 2007, fundierte Einblicke in eine afrikanische Kultur.
- Zum Verständnis der **deutschen Kolonialgeschichte** unverzichtbar ist der Reader des Hamburger Historikers **Jürgen Zimmerer** *(Hrsg.), Kein Platz an der Sonne. Erinnerungsorte der deutschen Kolonialgeschichte*, Frankfurt/New York 2013 (524 S.).
- Das von **Rainer Tetzlaff & Cord Jakobeit** verfasste **Lehrbuch** *Das nachkoloniale Afrika. Politik – Wirtschaft – Gesellschaft* in der Reihe Grundwissen Politik, das im Jahr 2005 im Verlag für Sozialwissenschaften erschien, behandelt u. a. sozialwissenschaftliche Grundbegriffe und Basisthemen zum Verständnis Af-

rikas (304 S.). Siehe dazu auch **Hermann Korte & Bernhard Schäfers** (Hrsg.), *Einführung in die Hauptbegriffe der Soziologie*, Opladen 2002, 6. Aufl. (269 S.).
- Der Politikwissenschaftler **Jürgen Osterhammel** – auch Autor des großartigen Werkes *Die Verwandlung der Welt. Eine Geschichte des 19. Jahrhunderts*, 2009, 3. Aufl., München (C.H. Beck) – hat eine **theoretische Einordnung** der Bildung und Herrschaft von Kolonialreichen vorgelegt: *Colonialism. A Theoretical Overview*, Princeton 2005 (147 S.).
- Zur **Dekolonisation Afrikas** seien als englisch-sprachige Werke empfohlen *The Decolonization Reader*, hrsg. von **James D. Le Sueur**, New York & London 2003 (462 Seiten). Er enthält Beiträge u. a. von Frederick Cooper, William Roger Louis, Ronald Robinson, Martin Shipway, John Londsdale und Crawford Young. Jüngeren Datums ist der Reader *Decolonization and its Impact. A Comparative Approach to the End of the Colonial Empires*, hrsg. V. **Martin Shipway**, Malden/USA etc. 2009 (269 Seiten). Von **Frederick Cooper** stammt die Monographie *Africa Since 1940. The Past of the Present*, Cambridge 2006 (216 S.).
- Für das Verständnis des **postkolonialen** Diskurses unverzichtbar ist **Peter Cichon, Reinhart Hosch, Fritz Peter Kirsch** (Hg.). *Der undankbare Kontinent? Afrikanische Antworten auf europäische Bevormundung*. Hamburg 2010 (285 S.). Siehe auch **Helmut Danner**, *Das Ende der Arroganz. Afrika und der Westen – ihre Unterschiede verstehen*, Frankfurt am Main 2012 (253 S.).
- Einen komprimierten **Überblick über die heutigen Probleme Afrikas** bietet die englische Politologin **Heather Deegan** in ihrem Lehrbuch *Africa Today. Culture, economics, religion, security*, London & New York 2009 (235 S.). Tiefe Einblicke in Eigentumsrechte, Wahlen und Landkonflikte in Afrika gewährt **Catherine Boone**, *Property and Political Order in Africa: Land Rights and the Structure of Politics*, Cambridge 2014 (409 S.). Afrika brauche gut funktionierende Institutionen ist das Leitmotiv in **Ali Mazrui & Francis Wiafe-Amoako**, *African Institutions*, Lanham 2016 (181 S.).
- Große Verbreitung hat zu Recht das **dtv-Taschenbuch des Ex-Diplomaten Volker Seitz** gefunden: *Afrika wird armregiert oder Wie man Afrika wirklich helfen kann*, München 2014, 7. Aufl. (215 S.). Der **aktuelle Reader** von Ex-Bundespräsident **Horst Köhler** (Hrsg.), *Schicksal Afrika. Denkanstöße und Erfahrungsberichte*, Reinbek bei Hamburg 2010 (381 S.) eignet sich als Einstieg, ebenso wie **Franz Ansprenger**, *Geschichte Afrikas*, München 2002: Beck (128 S.).
- Schlüsseltexte von 20 bedeutenden **Afrika-Wissenschaftlern** über „Politik, Entwicklung und Internationale Beziehungen" sind 2017 erschienen in: *The African Affairs Reader*, hrsg. von **Nic Cheeseman, Lindsay Whitfield & Carl Death**, Oxford University Press (372 S.).

- Als **wirtschaftswissenschaftliches Nachschlagewerk** mit Schwerpunkt auf Entwicklungstheorien und Entwicklungspolitik wird empfohlen **Adam Szirmai**, *The Dynamics of Socio-Economic Development. An Introduction*, Cambridge 2005 (711 S.). Siehe auch **Barbara Hahn**, *Welthandel. Geschichte – Konzepte – Perspektiven*. Darmstad 2009 (192 S.). Zur **Handelspolitik Europas** gegenüber Afrika siehe **Yash Tandon**, *Handel ist Krieg*. Köln 2014 (271 S.).
- Ein aktuelles Handbuch mit **wirtschaftswissenschaftlichem** Akzent stellt dar **Greg Mills, Jeffrey Herbst, Olusegun Obasanjo & Dickie Davis**, *Making Africa Work. A handbook for economic success*, London 2017 (317 S.). Über die internationalen und nationalen Hintergründe der **Rohstoffausplünderung** Afrikas informiert **Tom Burgis**, *Der Fluch des Reichtums. Warlords, Konzerne, Schmuggler und die Plünderung Afrikas*, Frankfurt a. M. 2017, 2. Aufl., (351 S.).
- Einen Zugang zu **religiösen und ethischen Vorstellungen** afrikanischer Völker ermöglichen **Theo Sundermann**, *Nur gemeinsam können wir überleben. Das Menschenbild schwarzafrikanischer Religionen*, 3. Aufl., Gütersloh 1997; **Munyaradzi Felix Murove (Ed.)**, *African Ethics. An Anthology of Comparative and Applied Ethics*, University of KwaZulu-Natal 2009 (450 S.); **Chandra Lekha Srinam & Suren Pillay (Eds.)**, *Peace Versus Justice. The Dilemma of Transnational Justice in Africa*, Cape Town (373 S.). Zum Zusammenhang von **Religion und Entwicklungspolitik** gibt es einen vielschichtigen Reader von **Jürgen Wilhelm und Hartmut Ihne** (Hrsg.), *Religion und globale Entwicklung*, Berlin 2009 (362 S.).
- Zum Thema **Islam und Afrika** führen ein **Johannes Harnischfeger**, *Demokratisierung und islamisches recht. Der Scharia-Konflikt in Nigeria*, Frankfurt & New York: 2006 (280 S.) sowie diverse Studien von **Ali A. Mazrui, Roman Loimeier** und **Reinhard Schulze**. Allgemein zum Islam siehe **Irene Schneider**, *Der Islam und die Frauen*, München 2011 (288 S.) und **Mathias Rohe**, *Der Islam in Deutschland. Eine Bestandsaufnahme*, München 2016 (416 S.).
- Die Vielfalt **kultureller Aspekte** und ihrer Rezeption in den Kultur- und Sozialwissenschaften bietet der Reader von **Ray Richard Grinker, Stephan C. Lubkeman & Christopher Steiner** *African: Perspectives. A Reader in Culture, History and Representation*, Chichester/Sussex and Malden USA 2010, 2. Aufl. (671 S.).
- Der **Philosoph Paulin Jidenu Hountondji** aus Côte d'Ivoire verfasste *Afrikanische Philosophie. Mythos und Realität*, Berlin 1993 (240 S.). Ebenso lesenswert ist *African Religions and Philosophy* des kenianischen Professors für religiöse Studien **John Mbiti**, Oxford 1990, 2. Aufl. (288 S.). Zu den Vordenkern des Postkolonialismus zählt der politische Philosoph **Achille Mbembe** aus Kamerun: *Kritik der schwarzen Vernunft*, Frankfurt (331 S.).

- Die **Ethnologie** als eine zentral wichtige Wissenschaft zum Verständnis afrikanischer **Gesellschaften** und **Kulturen** hat sich von einer kolonialen Wissenschaft zu einer dem Verstehen fremder Kulturen verpflichteten Sozialwissenschaft mit verschiedenen Teildisziplinen ausdifferenziert: **Frank Heidemann**, *Ethnologie. Eine Einführung*. UTB basics. Göttingen 2011 (284 S.); **Bettina Beer, Hans Fischer & Julia Pauli** (Hrsg.) (2017), *Ethnologie. Einführung in die Erforschung kultureller Vielfalt*. 9. Aufl. Berlin (484 S.); **Dorothea E. Schulz & Jochen Seebode** (Hrsg.) (2010). *Spiegel und Prisma. Ethnologie zwischen postkolonialer Kritik und Deutung der eigenen Gesellschaft. Festschrift für Ute Luig*, Hamburg (382 S.).
- **Ethnizität und ethnische Konflikte** werden behandelt in: **Andreas Wimmer et al.** (Hrsg.), *Facing Ethnic Conflicts*, Lanham 2004 (384 S.). **Bewaffnete Konflikte** in Afrika ist das zentrale Thema des 2017 erschienen Readers *Africa's Insugents. Navigating an Evolving Landscape*, herausgegeben von **Morten Boás & Kevin C. Dunn**, Boulder & London (285 S.).
- Zum Thema **Frauen und Kriege** bietet die Ethnologin **Rita Schäfer** in ihrem Meisterwerk *Frauen und Kriege in Afrika. Ein Beitrag zur Genderforschung*, Frankfurt am Main 2008, 520 Seiten umfangreiches Material. Zum **Gender**-Thema allgemein siehe die Neuerscheinungen *Under Development: Gender* von **Verschuur, Guérin & Buétat-Bernard**, Houndsmill 2014 sowie **Ali A. Mazrui & Francis Wiafe-Amoako**: *African Institutions*, Lanham etc. 2016 (181 S.).
- Das Thema **Gewalt, Krieg und Frieden** – dargestellt aus Sicht der deutschen **Friedens- und Konfliktforschung** – wird behandelt in: *Die Zukunft des Friedens. Eine Bilanz der Friedens- und Konfliktforschung*, hrsg. von **Astrid Sahm, Manfred Sapper & Volker Weichsel**, Wiesbaden 2006, 2. Aufl. (434 S.)
- Den engen Zusammenhang von **Entwicklung und Recht** thematisieren die Ökonomen **Robert D. Cooter & Hans-Bernd Schäfer** in: *Solomon's Knot. How Law Can End the Poverty of Nations*. Princeton & Oxford (325 S). U. a. analysieren sie die Kosten von Bestechung und **Korruption** sowie die Bedeutung von **Vertrauen** zwischen *innovators* und *investors*. Zum **Rechtspluralismus** in Afrika siehe: **Oliver C. Ruppel & Gerd Winter**, *Recht von innen: Rechtspluralismus in Afrika und anderswo*, Hamburg 2011 (636 S.)
- Aus **geographischer** Sicht hat **Fred Scholz** eine aktuelle Bestandsaufnahme der entwicklungspolitisch relevanten Themen über *Länder des Südens. Fragmentierende Entwicklung und Globalisierung* vorgelegt. Braunschweig 2017, (192 S.); siehe auch **Theo Rauch**, *Afrika im Prozess der Globalisierung*, Diercke Spezial, Braunschweig 2012 (127 S.).
- **Armut und Armutsüberwindung** steht im Zentrum der Studie des englischen Oxford-Professors für Sozialwissenschaften **Paul Collier** – auch Autor des Best-

1.3 Hinweise zur Literatur über Afrika

sellers *The Bottom Billion* (2008) – *Wars, Guns & Votes. Democracy in Dangerous Places*, London 2009 (255 S.).
- Zum **Standardwerk der Entwicklungspolitik** ist der Klassiker von **Franz Nuscheler** *Entwicklungspolitik. Lern- und Arbeitsbuch* geworden, das 2012 in der 7. Auflage erschienen ist (429 S.). Ergänzend dazu wird der Reader von **Reinhard Stockmann, Ulrich Menzel & Franz Nuscheler** *Entwicklungspolitik. Theorien – Probleme – Strategien*, München 2016, 2. Auflage empfohlen. Im ersten Teil gibt der Politologe *Menzel* einen ideengeschichtlichen Überblick über die Entwicklungstheorien; es folgt eine kritische Abhandlung von *Nuscheler* über „Weltprobleme". Schließlich rückt der Soziologe *Stockmann* die Wirksamkeit der internationalen Entwicklungszusammenarbeit in den Fokus der Analyse (528 S.).
- Grundlagen, zentrale Handlungsfelder, Instrumente, Erfahrungen und Probleme der **Entwicklungspolitik** finden Studierende in der *Einführung in die Entwicklungspolitik*, hrsg. von **Hartmut Ihne & Jürgen Wilhelm**, Münster 2006. Der Reader enthält 27 Beiträge von Wissenschaftlern unterschiedlicher Disziplinen und von Fachleuten der Entwicklungspraxis (412 S.). Nützlich ist auch das Lehrbuch *Entwicklungspolitik. Band I: Grundlagen* von **Werner Lachmann**, Professor für Volkswirtschaft, 2. Aufl., München und Wien 2004 (301 S.).
- Speziell mit der Frage der **Wirksamkeit der Entwicklungspolitik** beschäftigt sich der Reader *Wirksame Entwicklungspolitik. Befunde, Reformen, Instrumente*, hrsg. von **Jörg Faust & Susanne Neubert**, Baden-Baden 2010. Band 8 der Reihe Entwicklungstheorie und Entwicklungspolitik. Einblicke in die widersprüchliche **Praxis der Entwicklungspolitik** bietet der Reader „*Entwicklung als Beruf. Festschrift für Peter Molt*", 2009 hrsg. von **Theodor Hanf, Hans Weiler & Helga Dickow** vom Arnold-Bergstraesser-Institut Freiburg. Er enthält 48 Beiträge zum Thema Entwicklungspolitik, sowohl von Wissenschaftlern als auch von Praktikern und Politikern (541 S). Kritisch zu Theorie und Praxis **der Entwicklungspolitik** ist der facettenreiche Reader *Herausforderung Afrika. Gesellschaft und Raum im Wandel*, hrsg. von dem Geographie-Professor **Johannes Michael Nebe**, Baden-Baden. Hier kommen 33 Experten zu Wort (432 S.).
- Wer einen tieferen Einblick in die **Theorien der Klassiker der Entwicklungstheorien** sucht, dem öffnet sich mit dem *Klassiker der Entwicklungstheorie. Von Modernisierung bis Post-Development* (Wien 2008, 300 Seiten), hrsg. von den österreichischen Historikern **Karin Fischer, Gerald Hödl & Wiebke Sievers** ein interessantes Feld. Ergänzend dazu ist *Entwicklung und Unterentwicklung. Eine Einführung in Probleme, Theorien und Strategien* erschienen, Wien 2007, hrsg. von **Karin Fischer, Gerald Hödl, Irmi Maral-Hanak & Christof Parnreiter** (276 S.).
- Als **statistische Hilfsmittel** nützlich sind – neben den einschlägigen Publikationen von Weltbank und IWF (alle im Internet zugänglich) – auch die alljährlich

im September erscheinenden Almanache des Fischer-Verlags: **Der neue Fischer Weltalmanach**. Zahlen, Daten, Fakten. Der jüngste Band – Der neue Weltalmanach 2017 – enthält 735 Seiten und ist auch in digitaler Form erhältlich.
- Als ein besonders ergiebiger Einstieg in das Verständnis Afrikas kann die **afrikanische Erzähl- und Romanliteratur** betrachtet werden. Siehe dazu **A. Seiler-Dietrich**, *Afrika interpretieren. 50 Jahre Unabhängigkeit. 50 Jahre Literatur*, Heidelberg 2007 sowie **James Currey**, *Africa Writes Back. The African Writers Series & the Launch of African Literature*, Oxford 2008.
- Auch **Afrika-Journalistinnen & Journalisten** haben wertvolle Reportagen über afrikanische Ereignisse publiziert, so vor allem Andrea Böhm, Hans Dembowski, Johannes Dieterich, Markus Haefliger, Christiane Grefe, Bartholomäus Grill, Christian Jakob, Dominic Johnson, Ryszard Kapuscinski, Arne Perras, Keith B. Richburg, Thomas Scheen, Ute Schaeffer, Michaela Schießl, Simone Schlindwein, Thilo Thieke, Renate Wilke-Launer, Michela Wrong.

Was afrikarelevante **Zeitschriften und Reihen** anbelangt, so seien folgende genannt:

- **African Affairs**. The Journal of the Royal African Society. Herausgegeben von Oxford University Press. Es erscheint viermal im Jahr.
- **Africa Review**. Journal of African Studies Association of India, New Delhi, www.tandfonline.com/loi/rafr20
- **Africa Confidential**, mit Sitz in London. Allmonatlich erscheint seit 57 Jahren eine etwa 12-seitige Zusammenstellung aktueller Vorgänge in afrikanischen Ländern.
- **Blätter für deutsche und internationale Politik**, Berlin
- The **Canadian Journal of African Studies**/Revue canadienne des études africaines
- **E+Z**. Entwicklung und Zusammenarbeit, Bonn (euz.editor@fs-medien.de). Die Zeitschrift erscheint 2018 im 59. Jahrgang und wird vom Bundesministerium für wirtschaftliche Zusammenarbeit und Entwicklung finanziert.
- The **Journal of Modern African Studies**. Es wird seit 54 Jahren von Cambridge University Press in England herausgegeben. Das Monatsmagazin gilt als seriöse, wissenschaftlich hoch qualifizierte Zeitschrift für Afrika in Geschichte und Gegenwart.
- **KFW-Development Research**. In der Reihe ‚Meinungsforum' publiziert die Kreditanstalt für Wiederaufbau in Wiesbaden in lockerer Folge persönliche Stellungnahmen von renommierten Entwicklungsforschern zu aktuellen entwicklungspolitischen Themen. Häufige Autoren: Stefan Mair, Denis Tull, Annette Weber
- **Newsletter of African Studies at the University of Bayreuth (NAB)**. Die Zeitschrift erscheint jetzt im 16. Jahr und informiert über Lehre und Forschung an

1.3 Hinweise zur Literatur über Afrika

der Universität Bayreuth. An der **BIGSAS** (Bayreuth International Graduate School of African Studies) wurden bis 2015 bereits 172 Doktoranden und Alumni aus 37 Ländern ausgebildet, 55 % davon aus afrikanischen Staaten.
- **Peripherie. Zeitschrift für Politik und Ökonomie in der Dritten Welt**, herausgegeben von der Wissenschaftlichen Vereinigung für Entwicklungstheorie und Entwicklungspolitik e. V., Münster.
- **Wegweiser zur Geschichte**, herausgegeben vom Militärgeschichtlichen Forschungsamt. Es ist eine Publikation des Zentrums für Militärgeschichte und Sozialwissenschaften der Bundeswehr, publiziert im Verlag Ferdinand Schöningh, Paderborn etc.
- **Welthungerhilfe:** Jahresberichte; Das Magazin; Welthunger-Index (jährlich). Bonn
- **WeltTrends.** Zeitschrift für internationale Politik. Potsdam
- **Zeitschrift für Friedens- und Konfliktforschung (ZeFKo)**, hrsg. im Auftrag des Vorstands der Arbeitsgemeinschaft für Friedens- und Konfliktforschung (AFK). Marburg

Entwicklungstheorien im Überblick 2

2.1 Einführung in die Geschichte des Entwicklungsbegriffs

Entwicklung ist wie *Fortschritt* oder *Glück* ein nicht eindeutiger Begriff, dessen Inhalt sich durch den Standpunkt des Betrachters, seine kulturelle Sozialisation oder seine spezifischen Erfahrungen nur kontextbezogen bestimmen lässt. Erst im 18. Jahrhundert verdichtete sich der Begriff ‚Entwicklung' zur Vorstellung eines Prozesses der *Selbsterfahrung* eines europäischen Zeitalters, das auf Fortschritt angelegt zu sein schien. Die christliche Auffassung von Heilsgeschichte wurde nun säkularisiert, und als Ziel wurde die *Modernisierung* einer *aufgeklärten* Gesellschaft durch technologisch-wissenschaftliche Innovation ausgegeben. Im weitesten Wortsinn transportiert er auch heute noch in vielen Köpfen die Vorstellung der Veränderung eines Zustandes hin zu einem *irgendwie besseren* Leben. Er wird als ein *kulturabhängiges* Konstrukt verwendet, mit dem sich die Hoffnung auf die Aktualisierung von Potentialen eines Individuums, einer Gruppe von Menschen oder einer Nation verbindet. Gleichwohl gibt es seit 1945 politische Konvergenzen, die sich in der fast universellen Akzeptanz der Erklärung der universellen Menschenrechte vom 10. Dezember 1948 durch die Staaten der Vereinten Nationen niedergeschlagen haben. Im Oktober 1986 kodifizierte die UN-Generalversammlung sogar ein *Recht auf Entwicklung* als Menschenrecht (Nuscheler 1996; Tetzlaff 2000), um dem Verlangen nach mehr Entwicklungshilfe und besseren Welthandelsbedingungen seitens zahlreicher Dritte Welt-Staaten Ausdruck zu verleihen.

Ob es *Universalien der Entwicklung* gibt – wie z. B. von US-amerikanischen Sozialwissenschaftlern behauptet, die also für alle sich modernisierenden Gesellschaften in der Welt Gültigkeit hätten, war und ist wissenschaftlich umstritten und wird heute mehrheitlich von skeptisch gewordenen Entwicklungstheoretikern eher abgelehnt. *Talcott Parsons* (1902–1979), der über den Kapitalismusbegriff bei Marx, Weber und Sombart promoviert hatte, löste den *Evolutionismus* der 1920 und

1930er Jahre (demzufolge alle lebenden Systeme einer linearen Höherentwicklung zustreben) durch den *Strukturfunktionalismus* ab und begründete so ein Denken in *Funktionen* statt in Substanzen. *Entwicklung* verstand er als wachsendes Anpassungsvermögen eines sozialen Systems an seine Umwelt, ihre aktive Umgestaltung und nicht deren passive Erduldung. Die Differenz zwischen *traditionalen* und *modernen* Gesellschaften liege im unterschiedlichen Grad der Ausdifferenzierung gesellschaftlicher Rollen und den verschiedenen Anpassungskapazitäten zur Beherrschung der Welt. Dabei käme es zu universell notwendigen Anpassungsleistungen oder Erfindungen wie Rechts-, Markt-, Geld-, Religions- und Erziehungssystemen.

Modernisierung, die sich erstmals in Westeuropa seit dem 17. Jahrhundert als ein über Jahrhunderte gehender *Transformationsprozess* ereignete (Bayley 2004, Mitterauer 2004), hat bis heute seine globale Attraktion behalten (Tetzlaff 2011). Die wissenschaftlich-technische Zivilisation westlicher Prägung hat – vermittelt über Kolonialismus und Imperialismus – eine „singuläre Ausbreitungsdynamik" (Lübbe) entfaltet, deren Ergebnis die Globalisierung ist. Inzwischen sind die von ihr in die Welt transportierten Einrichtungen und Werte von sich modernisierenden Gesellschaften aufgenommen und teilweise selbstständig weiterentwickelt worden – „inzwischen weitgehend migrationsunabhängig" und „missionsunbedürftig": „Der globale Ausbreitungserfolg der wissenschaftlich-technischen Zivilisation verdankt sich der Evidenz der mit ihr sich verbindenden Lebensvorzügen" (Lübbe 2005, S. 68 – 69). Die überwältigende Mehrheit der Menschen auf diesem Globus würde wohl den folgenden sechs Behauptungen ihre Zustimmung nicht verweigern (nach Harrison 2002, S. 25), wobei einige radikalisierte religiöse Gruppen wie die *Whahabisten* davon auszunehmen sind (Lohlker 2017): Leben ist besser als Tod; Gesundheit ist besser als Krankheit; Freiheit ist besser als Knechtschaft; Wohlstand ist besser als Armut; Bildung ist besser als Unwissenheit; Gerechtigkeit ist besser als Ungerechtigkeit. Daraus lässt sich ein *normativer* Entwicklungsbegriff ableiten: Entwicklung liegt dann vor, wenn *erstens* Gewalt zwischen Menschen, Gruppen und dem jeweiligen Gesellschaftssystem abnimmt, wenn *zweitens* sozio-ökonomische *Gerechtigkeit* zwischen ihnen zunimmt und wenn *drittens* Männer und Frauen dadurch ihre *Wahlmöglichkeiten* für ein selbstbestimmtes Leben optimieren können. Die Frage ist nur, ob das Wirtschafts- und Gesellschaftsmodell, das diese allseits begehrten Lebensvorzüge als erstes hervorgebracht hat, auch unter veränderten internationalen Rahmenbedingungen auf andere kulturelle und historische Kontexte übertragbar ist. Angesichts einer weiterhin an sozialer Ungleichheit zunehmenden Weltgesellschaft, in der immer noch knapp eine Milliarde Menschen in der südlichen Hemisphäre in absoluter Armut leben muss, während eine winzige Minderheit der Reichen in Industrie- und in den erfolgreicheren Entwicklungsländern immer reicher wird, bestehen berechtigte Zweifel an der Hoffnung auf ein

2.1 Einführung in die Geschichte des Entwicklungsbegriffs

allgemein gültiges Leben in Würde für alle als Folge von *Entwicklung* (Altvater & Mahnkopf 1996; Behrens 2005). Die Soziologen *Dietmar Dirmoser* und *Reimer Gronemeyer* haben ‚Entwicklung' als gefährlichen Mythos diffamiert, als „einen kollektiven Aggressionsakt und kollektiven Wahn, dem Menschen und Kulturen hekatombenweise zum Opfer fallen" (Dirmoser, Gronemeyer & Rakelmann 1991, S. 11). Und der Schweizer UN-Sonderbotschafter *Jean Ziegler* spricht gar von einer „kannibalischen Weltordnung", die zulasse, dass jeden Tag 40.000 Kinder verhungern würden (Ziegler 2005).

Im Folgenden wird in aller Kürze die wechselvolle Geschichte der Entwicklungstheorien skizziert[1], die als notwendiges Orientierungswissen einen Einblick in die wechselhaften Erfahrungen und Erkenntnisse von Sozial- und Wirtschaftswissenschaftlern über *motors of change* (Bayly 2004, S. 473) und über Ziele, Erfolge und Misserfolge von Entwicklungsstrategien vermitteln soll. Dazu ist es nützlich, sich die leitenden Begriffe, Thesen und Irrtümer der Klassiker der Entwicklungstheorie anzueignen; denn solcherart Erkenntnisse können im Dialog mit anderen Menschen eingesetzt werden, um den eigenen Ideen Klarheit und Autorität zu verschaffen (Fischer, Hödl & Sievers 2008). Ein Leitbegriff, der in verschiedenen Entwicklungsdiskursen immer wiederkehrt, ist der schillernde Begriff der *Moderne*. Folgt man der Definition von *Jürgen Habermas*, so gehören zum Projekt der Moderne vier Bestandteile: *Erstens* Individualismus als die umfassende Entfaltung aller individuellen partikularen Eigentümlichkeiten; *zweitens* das Recht der Kritik, d. h. niemand solle etwas anerkennen, was er nicht selbst als berechtigt ansieht; *drittens* die Autonomie des Handelns, und *viertens* die idealistische (konstruktivistische) Philosophie selbst (Habermas 1988).

Theorien – auch Entwicklungstheorien – sind gedankliche Konstrukte über einen realen Gegenstand der Welt, die *idealiter* vier Funktionen haben oder haben können: *Erstens* sollen sie beobachtbare Phänomene benennen und die davon ‚relevanten' auswählen; *zweitens* sollen sie (wenn möglich) kausale Zusammenhänge aufzeigen

---

1 Als Ergänzung sei empfohlen Entwicklungspolitik, hrsg. von R. Stockmann/U. Menzel/F. Nuschheler, München 2010, 528 Seiten. Zu den wichtigsten Publikationen zu diesem Thema gehören ferner F. Müller, E. Sondermann, I. Wehr, C. Jakobeit & A. Ziai *PVS-Sonderheft 48 „Entwicklungstheorien" von 2014.* Siehe auch: W. Lachmann (2004); A. Szirmai (2005); U. Engel, C. Jakobeit, A. Mehler & G. Schubert (2005); D. h. Perkins, S. Radelet & D. L. Lindauer (2006); K. Fischer et al. 2008; J. Goldberg (2008); P. Meyns (2009); J. Faust & S. Neubert 2010; D. Acemoglu & J. A. Robinson (2012); F. Nuscheler (2012); Y. Tandon 2014 und F. Fukuyama (2015). Zu den schon etwas älteren, gleichwohl lesenswerten Arbeiten gehören U. Menzel (1992); D. Nohlen & F. Nuscheler (1993); W. Sachs (1993); E. Altvater & B. Mahnkopf (1996); M. Schulz (1997); K. Zapotoczky & P. C. Gruber (1997); W. Hein 1998; R. E. Thiel (1999); D. Landes (1999); U. Menzel (1995: Eine Bibliographie zur Geschichte der Entwicklungstheorie); D. Senghaas (1972, 1974, 1979).

und Phänomene ordnen und deuten, *drittens* sollen solche Deutungen (Erklärungen) auch Hinweise auf politisches Handeln geben. *Viertens* werden Theorien (im Sinne von Ideologien) oftmals konstruiert und gebraucht oder missbraucht, um interessengeleitetes politisches Handeln zu legitimieren. Nach neuerem Theorieverständnis in der Politikwissenschaft sind Theorien nicht mehr geschlossene Denksysteme, sondern offene *kontextabhängige Diskurse* oder *Landkarten*, zentriert um ein zentrales *Paradigma*. *Thomas Kuhn* hat in seiner viel beachteten Studie *Die Struktur wissenschaftlicher Revolutionen* gezeigt, dass wissenschaftlicher Fortschritt darin bestünde, dass ein Paradigma, das immer weniger im Stande sei, neue oder neu wahrgenommene Tatsachen zu erklären, durch ein neues Paradigma ersetzt würde, das diesen Tatsachen auf befriedigendere Weise gerecht werden könnte. „Um als Paradigma angenommen zu werden, muss eine Theorie besser erscheinen als die mit ihr im Wettstreit liegenden, sie braucht aber nicht – und tut es tatsächlich auch niemals – alle Tatsachen, mit denen sie konfrontiert wird, zu erklären" (Kuhn 1967, S. 37). Insofern können Theorien nicht „scheitern", sondern nur in ihrer Aussagekraft relativiert, überholt oder ersetzt werden. Dabei sollte bedacht werden, dass *Theorien* oftmals synonym mit *Paradigmen* oder *theoretischen Ansätzen* oder *theoretischen Konzepten* gebraucht werden und somit nicht den Anspruch stellen können, für alle beobachteten Phänomene eines Gegenstandes jenseits von Zeit und Raum gültig zu sein.

Im 19. Jahrhundert prägten zwei große Forscher den Entwicklungs-Diskurs mit Folgen bis in die Gegenwart: Der eine war der englische Naturforscher *Charles Darwin (1809-1882)*. Mit seiner Schrift *Die Entstehung der Arten* konnte er zeigen, wie die Anpassung von Lebewesen grundsätzlich an den Lebensraum durch Variation und natürliche Selektion stattfindet, wobei deren Gene mutieren. Geeignete Veränderungen setzen sich oftmals durch und führen zu neuen Lebensformen, während weniger angepasste Lebewesen im Konkurrenzkampf untergehen. Der Andere war der deutsche Geschichtsphilosoph, Ökonom und Gesellschaftstheoretiker *Karl Marx* (1818-1883). Beeinflusst von *Hegels teleologischer* Geschichtsphilosophie entwarf er eine *evolutionäre* Geschichtstheorie, nach der sich die Menschheit durch soziale Klassenkämpfe von einer Gesellschaftsstufe zur nächst höheren revolutionären weiterentwickeln würde. Immer dann, wenn die Produktionsverhältnisse einer Geschichtsepoche (in der Abfolge: Urgesellschaft, antike Sklavenhaltergesellschaft, Feudalismus, Kapitalismus, Sozialismus, Kommunismus) die ihr angemessenen Produktivkräfte voll herausgebildet hätten, komme es über die unvermeidbaren Widersprüche zwischen überholten Eigentumsverhältnissen und vorwärtsstrebenden Produktivkräften zur Geburt einer neuen humaneren Epoche. Das materielle Sein – die Produktionsverhältnisse – bestimme das menschliche Bewusstsein, den ideellen Überbau der Gesellschaft, d.h. ihre Kultur. Und die unterentwickelten,

2.1 Einführung in die Geschichte des Entwicklungsbegriffs

kolonisierten Völker würden dem Vorbild der entwickelten folgen, wie Marx in der berühmten (gleichwohl unzutreffenden) These proklamierte: „Das industriell entwickelte Land zeigt dem minderentwickelten nur das Bild der eigenen Zukunft", weil sich die kapitalistische Produktionsweise mit dem dominanten Profitmotiv überall auf der Welt durchsetzen würde, dabei alle kulturellen Hindernisse hinwegfegend (ausführlich dazu Menzel 2010, S. 56f.).

Dieses positiv *teleologische Geschichtsbild* fand nach dem Zweiten Weltkrieg zunächst seine Fortsetzung in den marktwirtschaftlichen Theorien eines stufenweise sich entwickelnden wirtschaftlichen Wachstums sowie der Modernisierung unterentwickelter, ehemals kolonialherrschaftlich unterdrückter Gesellschaften der *Dritten Welt*. Auf dem historischen Hintergrund des sich verschärfenden globalen Ost-West-Konflikts waren sowohl ‚Erste Welt' unter Führung der kapitalistischen USA und ‚Zweite Welt' unter Führung der sozialistisch-kommunistischen Sowjetunion bestrebt, die jungen Staaten Afrikas und Asiens auf ihre Seite zu ziehen. Als dafür geeignetes Mittel erschien beiden Seiten *Official Development Assistance (ODA)* oder ‚Entwicklungshilfe', d. h. finanzielle Kredite, personelle Hilfe (Entsendung von Experten) und technische Hilfe (Transfer von Know-how). Ein großer propagandistischer und ideologischer Aufwand wurde betrieben, um die jeweilige Entwicklungshilfepolitik zu rechtfertigen. Die anfänglichen Hoffnungen, dass sich Entwicklungshilfe der Industriestaaten bald selbst überflüssig machen würde, weil die Armut in den *Less Developed Countries* (welch eine terminologische Fehleinschätzung seitens der UN-Behörden!) besiegt und das von außen induzierte wirtschaftliche Wachstum zu ähnlichen Erfolgen wie in den Metropolen geführt haben würde, stellten sich bald als Illusion heraus. Dem Optimismus der frühen Jahrzehnte folgte ein tiefer Entwicklungshilfe-Pessimismus, besonders im akademischen Milieu; man sprach von den 80er Jahren als von einem ‚verlorenen Entwicklungsjahrzehnt' (in Afrika, Lateinamerika und Teilen Asiens), weil die Modernisierungsstrategien in der Praxis weitgehend versagt hatten. Afrika wurde als „verlorener Kontinent" stilisiert (Ferdowsi 2008).

Allerdings haben die historisch im Westen gewachsenen *Entwicklungsnormen* partiell eine gewisse Anziehungskraft für ehemalige Kolonien behalten (Landes 1999, Szirmai 2005, Lübbe 2005, Tetzlaff 2011, Acemoglu & Robinson 2012). Im Begriff der sich herausbildenden *Weltgesellschaft* (Sander & Scheunpflug 2011, Hein 1998) hat diese Erfahrung ihren wissenschaftlichen Niederschlag gefunden. Mit ihm soll das neue *Interdependenzbewusstsein* zum Ausdruck gebracht werden, das auf der Einsicht beruht, dass die Welt als *globale Risikogemeinschaft* angesichts begrenzter Natur-Ressourcen und ökologischer Katastrophen nur gemeinsam mittels *Weltpolitik* wird überleben können (Kaiser & Schwarz 2000; Stiftung Entwicklung und Frieden 2006). Um Globalisierung politisch gestalten zu können, hat *Inge Kaul*, die Mitbegründerin des *Human Development Index* (HDI), die Herstellung von zehn *global public goods* gefordert, darunter *universal access to basis education and health care; respect for national sovereignty; concerted management of the global natural commons to promote their sustainable use* (Kaul 2003, S. 44). Hier schimmert der Traum einer *verantwortungsethischen Weltregierung* durch. Noch allerdings triumphiert der rücksichtslose Wachstumsfetisch, und die Kluft zwischen Globalisierungsgewinnern und Globalisierungsverlierern wird keineswegs überall kleiner.

Als Aufgabe der *Entwicklungstheorie* definierte der Politologe *Franz Nuscheler* „den Geheimnissen (entwicklungspolitischer) Erfolgsgeschichten auf die Spur zu kommen" und dabei „über die Funktion von Kultur, von Traditionen, Werten, Einstellungen und Verhaltensweisen im Modernisierungsprozess" nachzudenken (Nuscheler 2001, S. 392). So sind im Verlauf der vergangenen sechzig Jahre etwa zwei Dutzend ‚Theorien', ‚Theoreme', ‚Paradigmen' oder ‚Modelle' der Entwicklung vorgestellt und diskutiert worden, von denen einige im Folgenden näher erörtert werden, weil sie für die Analyse afrikanischer Gesellschaften von besonderer Relevanz sein können.

2.2 Theorien des wirtschaftlichen Wachstums und der Modernisierung

In den 1950er und 1960er Jahren war die entwicklungstheoretische Debatte (im Westen) geprägt von Theorien des *wirtschaftlichen Wachstums* und der *sozialen Modernisierung* (ausführlich dazu Lachmann 2009, S. 57-194). Ausgehend von den USA als der neuen westlichen Führungsmacht, wurde Entwicklung als *nachholendes* wirtschaftliches Wachstum verstanden, dem in Entwicklungsländern mittels Zufuhr von Kapital aus dem Ausland eine Initialzündung zu verpassen sei; denn der zentrale Unterschied zwischen Erster und Dritter Welt sei die *Kapitallücke*. Unausgesprochen lag diesem optimistischen (und ahistorischen) Welterklärungsszenario der Gedanke zugrunde, dass die Entwicklungsländer nur *zurückgeblieben* seien (aus internen Gründen) und nur mit Hilfe der finanzstarken Industrieländer wirtschaftlich *aufholen* würden: und zwar von der Ebene der *traditionellen Subsistenzwirtschaftsebene* über die *take-off*-Phase (beginnende Industrialisierung) bis hin zum vorläufigem Endstadium des *Massenkonsums* (nach US-Vorbild). Weltbank, IWF und UN-Behörden sollten dabei die *infrastrukturellen* Voraussetzungen schaffen, damit die neuen Staaten in die bestehende kapitalistische Weltökonomie möglichst reibungslos integriert werden könnten. Wirtschaftliches Wachstum, das auf diese Weise zunächst in den modernen Sektoren (wo ausländisches Kapital in

Form der Multinationalen Konzerne und Banken dominierte) erzeugt würde und wodurch Gewinne und Einkommen erzielt werden könnten, würde – so die naive Annahme – im Laufe der Zeit nach unten zu den ärmeren Bevölkerungsschichten ‚durchsickern' (im Englischen das *trickle down*-Theorem genannt).

Die Problemfragen, über die die Entwicklungsökonomen der Pionierphase stritten (Cassen 1990), lauteten: Wie lässt sich die Beschleunigung des wirtschaftlichen Wachstums in ‚zurückgebliebenen' Ländern erreichen – über den Markt, durch Entwicklungspläne oder durch konjunkturabhängige Staatsintervention im Sinne des *deficit spending-Theorems* (nach *John Maynard Keynes*)? Den populärsten Beitrag zur Wachstumstheorie lieferte im Jahr 1960 *Walt Whitman Rostow* (1916-2003) mit seinen fünf *Stages of Economic Growth* (abgedruckt in Fischer et al. 2008, S. 39-52). Er war nicht nur Wirtschaftstheoretiker, sondern in seiner Eigenschaft als hochrangiges Mitglied der Regierungen der US-Präsidenten Kennedy und Johnson konnte er auch maßgeblichen Einfluss auf die US-amerikanische Entwicklungspolitik der 1960er Jahre nehmen. Seine (oben skizzierte) Stufentheorie war wegen ihrer Schlichtheit sehr einflussreich, obwohl sie keine praktischen Maßnahmen vorsah, wodurch eine Gesellschaft von der einen Wachstumsstufe zur nächsten gelangen könnte. Nur das Endziel stand fest: die Annäherung an das US-amerikanische Modell des *Massenkonsums* und des *Wohlfahrtsstaates*. In bewusster Antithese zu Marx lautete der Untertitel seines Buches: „Ein nicht-kommunistisches Manifest".

Parallel zu solchen Stufen-Theorien des wirtschaftlichen Wachstums, die vor allem von der Weltbank in praktische Projekte umgesetzt wurden, entstanden in den USA politikwissenschaftliche Theorien des politischen Wandels. *Almond* und *Pye* formulierten ein Kategoriensystem politischer Entwicklung, das politischen Wandel als einen krisenhaften Prozess des Gewinns von *Kapazitäten* definierte. Darunter fielen die Integrations-, Modernisierungs-, die Beteiligungs-, die Wohlfahrts- und Verteilungskapazität sowie (nach dem Systemtheoretiker *Karl Deutsch*) die internationale Anpassungs- und Selbststeuerungskapazität. Die Unterschiede zwischen den politischen Systemen konnten als Unterschiede in ihren Fähigkeiten aufgefasst werden, mit den sich entwickelnden Krisen mittels struktureller Differenzierung und Schaffung neuer Institutionen fertig zu werden. In der Kontroverse über *neoliberale* versus *staatsinterventionistische* Entwicklungsstrategien setzt sich die Suche nach dem besten Weg zur Beschleunigung von strukturellem Wandel bis heute fort (Szirmai 2005). Dabei geht es immer um die optimale Rolle des *Staates* im Entwicklungsprozess und um die Ursachen von Staatsversagen und Marktversagen, was beides möglich ist (Brown 1995; Easterley 2006; Goldberg 2008, Tandon 2014).

In Deutschland hat sich der *Bertelsmann-Transformations-Index* als anspruchsvolles Analyseinstrument erwiesen. Normatives Leitbild ist die Synthese von einer repräsentativen Demokratie mit einer sozialpolitisch flankierten Marktwirtschaft, die auf der Annahme beruht, dass sich beide Systemelemente wechselseitig bedingen. Mittels 17 Kriterien und 52 Indikatoren werden ein *Status-Index*, der den jeweils aktuellen Stand von Demokratie und Marktwirtschaft misst, und ein *Management-Index*, der die Qualität von Regierungs- und Steuerungsleistungen bei der Annäherung an das Leitbild beurteilt, erstellt und zwar bisher für 125 Entwicklungsländer. Eine Synopse aller Länder-Entwicklungen erscheint alle zwei Jahre in Form des *Bertelsmann-Transformation-Index* – eine wichtige Quelle für die Orientierung, wie sich einzelne Weltregionen und Länder entwickeln (BTI)

2.3 Dependenz-Theorien und Theorie der autozentrierten Entwicklung

Als während der 1970er Jahre die Entwicklungserfolge in den ehemaligen Kolonien weitgehend ausblieben, kamen *Dependenz-Theorien* und *Weltgesellschafts-Theorien* linker Autoren (Samir Amin, Armando Cordova, Fernando Henrique Cardoso, Immanuel Wallerstein, Dieter Senghaas) in Mode. Diese teilten die Auffassung, dass „Entwicklung" der Dritte-Welt-Länder solange nicht möglich sei, solange *strukturelle Abhängigkeit* und *ökonomische Ausbeutung* über *ungleichen Tausch* im Außenhandel im Rahmen der kapitalistischen Weltmarktordnung bestehen blieben. Autoren dieser Schule konnten sich auf die klassischen Imperialismus-Theorien von *Hobson, Lenin und Rosa Luxemburg* berufen, die meinten bewiesen zu haben, dass die europäischen Staaten nur via zwangsweisen Kapitalexport in die Kolonien noch eine Weile überleben könnten, ohne dort aber Fortschritt und Freiheit induzieren zu können. Dependenz-Theoretiker waren sich sicher, dass nur mittels einer *Abkoppelung* der einstigen Kolonien (der *Peripherien* des kapitalistischen Weltsystems) von den *Metropolen* Armut und Unterentwicklung überwunden werden könnten; denn die *nur* über Rohstoffexporte in die Weltwirtschaft integrierten Ex-Kolonien würden infolge ungleicher Handelsstrukturen kontinuierlich ausgebeutet bleiben (Senghaas 1972, Senghaas 1974; Lachmann 2004, S. 65f. und S. 230f.).

Einer der einflussreichsten Theoretiker der Dependenz-Schule und Gegner der Modernisierungstheorie war der Entwicklungsökonom *André Gunder Frank* (1929-2005). Er vertrat die These, dass die Entwicklung in den Zentren und die Unterentwicklung in den Peripherien Produkte ein und desselben historischen Prozesses der kapitalistischen Entwicklung seien, der sich so formierenden *Weltgesellschaft*. Deshalb würde *Modernisierung* der Peripherien mittels Handels mit den Industrienationen nur die *Entwicklung der Unterentwicklung* – so seine berühmte These – bedeuten können (Frank 2008). Dem widersprach ein lateinamerikani-

2.3 Dependenz-Theorien und Theorie der autozentrierten Entwicklung

scher Repräsentant der *Dependenz*-Schule, nämlich *Fernando Henrique Cardoso* (geboren 1935), der argumentierte, dass die Beziehung zwischen Zentrum-Nation und Peripherie-Nation nicht den Hauptkonflikt des kapitalistischen Weltsystems darstellen würde; denn diese simple Weltsicht würde die *inneren* Konflikte in den abhängigen Ländern (zwischen *parasitärer* Bourgeoisie und *marginalisierten* Massen) sowie deren innergesellschaftliche Dynamik außer Acht lassen. „Sie ignoriert die innere Spaltung dieser Länder und die Anziehungskraft, die die [moderne] Entwicklung auf verschiedene gesellschaftliche Schichten, nicht nur auf die *upper class* ausübt…Man muss begreifen lernen, dass in bestimmten Situationen Entwicklung und Abhängigkeit gleichzeitig vorkommen" (Cardoso 1974, S. 218-219). Damit war das passende Stichwort für die Zukunft gegeben: *abhängige Entwicklung* oder *Entwicklung trotz struktureller Abhängigkeit* von den industriellen-wissenschaftlich-technologischen Zentren (Cardoso 1974, S. 219).

Prominent wurde auch die *Prebisch-Singer-These* der fallenden *terms of trade*, d. h. der sich verschlechternden Austauschbeziehungen bezüglich des Niveaus der Preise für Einfuhren und Ausfuhren von Entwicklungsländern über einen bestimmten Zeitraum. Die Ökonomen *Raúl Prebisch* und *Hans Singer* konnten nachweisen, dass Entwicklungsländer in ihrer *Enklaven*-Ökonomie gefangen wären; denn der Geldwert, den sie für ihre Exporte (von Rohstoffen) erzielten, sinke im Laufe der Zeit, sodass sie für dasselbe Importprodukt (industriell gefertigte Waren) immer mehr eigene Waren (Rohstoffe) bzw. Devisen aufbringen müssten. Handel konnte demnach nicht mehr als *engine of growth* angesehen werden, was bei den Dependenz-Theoretikern zu *Export-Pessimismus* führte (Szirmai 2005, S. 283); denn ein permanenter *Wertetransfer* von den Peripherie-Ländern zu den Metropolen würde die Industrialisierung der Peripherien blockieren. Unterentwicklung wurde nicht als ein *Durchgangsstadium* auf dem Wege zu erfolgreicher Modernisierung verstanden (wie von Modernisierungstheoretikern behauptet), sondern als strukturelles Ergebnis *exogen* verursachter Defizite. Sie unterschätzten – wie wir heute klarer erkennen – die Bedeutung *endogener* Faktoren bei der Analyse von Unterentwicklungs- und Fehlentwicklungsprozessen sowie die Chancen, die der Welthandel, trotz ungünstiger Ausgangslage, den modernisierungswilligen Gesellschaften bieten würde. Tatsächlich sollte sich der kategorische Imperativ der Dependenz-Theorie ‚Keine Entwicklung ohne *Dissoziation* vom Weltmarkt' (siehe dazu Senghaas 1994) als *entwicklungspolitische Sackgasse* erweisen (Hein 1998; Acemoglu & Robinson 2012; Fukuyama 2015). Mit *Dissoziation* war die (vorübergehende) Abkoppelung eines Landes von äußeren Handelsbedingungen gemeint, so wie es der Wirtschaftshistoriker *Friedrich List* (1789-1846) in seiner Theorie der „Produktiven Kräfte" (mit „Erziehungszöllen" für *infant industries*, um sie international wettbewerbsfähig zu machen, begründet hatte (List 1961, Lachmann 2004, S. 67f.).

In den 1970er Jahren spaltete sich das Lager der dependenztheoretischen und imperialismustheoretischen Autoren in mehrere separate Diskussionsstränge auf, in denen oft nur noch einzelne Aspekte – *soziale Marginalisierung* der Peripherie-Länder, ungerechte Weltmarktstrukturen, Preisentwicklungen auf dem Weltmarkt, Verschuldung von Dritte-Welt-Ländern, das Wirken multinationaler Konzerne (und ihrer konzerninternen Verrechnungspreise) etc. – verfolgt wurden. Einige Beachtung erlangte die *Theorie der autozentrierten Entwicklung* seitens des Ägypters *Samir Amin*, nicht zuletzt wegen der Anschaulichkeit seiner Theorie, die sich als marxistisches Gegenmodell zu den westlichen Modernisierungstheorien verstand. Kurz skizziert, handelte es sich um folgende Deutung der von Kolonialismus und Imperialismus geprägten *Nord-Süd-Beziehungen*. Dabei unterscheidet sein Modell *vier Wirtschaftssektoren*: Exportsektor, Massenkonsumgütersektor, Luxuskonsumgütersektor und Ausrüstungsgütersektor *(capital goods sector)*. In den *peripheren* Gesellschaften hätte der Kapitalismus nur in verkrüppelter Form Einzug gehalten – so seine These. Nur in den Metropolen konnte sich eine *autozentrierte* (selbstgesteuerte) Reproduktionsstruktur entwickeln; denn deren entscheidende Verbindung sei die zwischen dem Sektor 2 (Produktion der Massen-Konsumgüter) und dem Sektor 4 (Produktion von Ausrüstungsgütern) gewesen. Hingegen sei die Grundverbindung im *peripheren abhängigen* Modell die Verknüpfung des Sektors 1 (Export von Rohstoffen) mit dem Sektor 3 (Produktion von Konsumgütern für höhere Einkommensschichten im eigenen Land). So konnte sich in den abhängigen Ländern der Dritten Welt kein konkurrenzfähiger Binnenmarkt entwickeln. In sozialer Hinsicht bringe das *peripher-abhängige Modell* der gesellschaftlichen Reproduktion die *Marginalisierung* der Massen hervor. *Amin* wie *Senghaas* plädierten daher für eine Politik der Erzeugung von *Massenkaufkraft zur Befriedigung von Massenbedürfnissen* durch die lokale Produktion von Massenkonsumartikeln – eine Strategie, die auch von dem Politologen *Hartmut Elsenhans* favorisiert wurde (Elsenhans 1981).

An die Dissoziations-Theorie schloss sich auch die *Weltsystem-Theorie* des US-amerikanischen Soziologen *Immanuel Wallerstein* (geboren 1930 in New York) an, der die „*Eine Welt*" (den Begriff Dritte Welt lehnte er ab) in drei Typen von Ländern einteilte, deren Rang nach ihrer *Position in der internationalen Arbeitsteilung* bestimmt würde. Erstens existieren die *Zentren*, die durch einen starken Staat, ein hohes technisch-wissenschaftliches Niveau und einen relativ hohen Lebensstandard seiner Bevölkerung gezeichnet sind; ihnen stehen zweitens die *Peripherien* gegenüber, die auf niedrigem technischen Niveau überwiegend Rohstoffe herstellen und exportieren und von einem fragilen schwachen Staat notdürftig zusammengehalten werden; und drittens nehmen die *Semi-Peripherien*, die funktional zwischen Zentren und Peripherien stehen, eine vermittelnde Position ein. *Semi-Peripherien* (wie z. B.

das vor-industrielle Portugal oder das zaristische Russland) spielten historisch als *stabilisierende* Zwischenglieder eines dynamischen Weltsystems eine wichtige Rolle, denn sie beuteten selbst nach Kräften die Peripherie-Länder aus und wurden selbst von den Zentren ausgebeutet und instrumentalisiert. Im Unterschied zu früheren Weltreichen sei das moderne *Weltsystem* nicht mehr von einem Machtzentrum (einem Hegemon) abhängig, sondern sei geprägt von der Logik kapitalistischer Marktverhältnisse und der Dynamik des internationalen Handels (Wallerstein 1979).

Wallersteins *struktur-funktionalistische* Theorie ist von Historikern als zu apodiktisch und unterkomplex kritisiert worden, denn es hätte sehr wohl in den Peripherien und Semi-Peripherien *autonome* soziale Räume gegeben, die nicht durch die Existenz eines exploitativen imperialistischen Systems determiniert gewesen wären. Kritisiert wurde ferner Wallersteins Fixierung auf Handelsströme und auf die Tendenzen der Selbstverstärkung von internationalem Machtgefälle durch Welthandel, wobei Gegentendenzen gegen die schlichte Reproduktion von Zentren-Peripherie-Gefällen vernachlässigt würden (Hein 1998, S. 190f.). Die empirische Vielfalt der vergangenen Jahrzehnte hat gezeigt, wie aus einstigen Peripherien (Süd-Korea, Taiwan, Singapur, Brasilien) blühende Handelszentren der globalisierten Welt werden können. Festzuhalten bleibt jedoch, dass uns Wallersteins Weltsicht den Blick für die funktionalen Zusammenhänge des „modernen Weltsystems" geöffnet hat (Hauck 2014, S. 376-377).

Der Berliner Geograph *Fred Scholz* hat die Weltsystem-Diskussion durch seine „*Theorie der fragmentierenden Entwicklung*" bereichert. Die von *global players* durchdrungene Welt habe über Staatsgrenzen hinweg die Erdteile in Zonen unterschiedlicher Kapital-Durchdringung fragmentiert: in *global places* als die Kommandozentralen der Weltwirtschaft, in *globalized places*, unterteilt in *‚affected global cities and regions,* und in „*die neue Peripherie",* den „*neuen Süden"* als „*Ozean der Armut"* (Scholz 2005, S. 5). *Scholz* kam zu dem radikal pessimistischem Schluss: „Nicht nachholende, sondern fragmentierende Entwicklung findet in Zeiten der Globalisierung statt (und zwar im Norden wie im Süden)...Niederschlag finden diese Vorgänge in der Gleichzeitigkeit und im räumlichen Nebeneinander inkludierender (einschließender) und exkludierender (ausschließender) Prozesse" (Scholz 2017, S. 33). So würde die Zahl der „Überflüssigen" in allen Regionen der Erde steigen: die Zahl der Menschen, die vom globalen Finanzkapital nicht gebraucht würden (Scholz 2017, S. 38; Stiglitz 2002).

2.4 Sozialistische Theorien der nachholenden Entwicklung

In den ersten zwei Jahrzehnten der nachkolonialen Entwicklung war „der Sozialismus als politische Ideologie, Gesellschaftsmodell und Entwicklungsstrategie in Afrika eine feste Größe" (Meyns 2001, S. 566). Unter Anleitung Moskaus hatten die Verfechter des Sozialismus – als Antwort auf die beiden Großtheorien des Westens (Modernisierung und Dependenzia) – die Theorie der *nicht-kapitalistischen Entwicklung* als Vorstufe zur sozialistischen Entwicklung hervorgebracht. Aus dieser Perspektive sollten die ‚rückständig gehaltenen' Länder der Dritten Welt mittels Entwicklungsmodellen *der zentralen staatlichen Planung* aus ihrer misslichen Lage befreit werden. Regierungen in Entwicklungsländern wurden dazu angehalten oder überredet, Staatsfarmen und staatlich gelenkte Fabriken ins Leben zu rufen. Der bürokratische Staat als Kontrolleur der Produktionsmittel wurde zum Katalysator für strukturellen Wandel heroisiert. Großer Wert wurde auf die Ausbildung von Fachpersonal gelegt; privatwirtschaftliche Initiativen wurden nicht gefördert; traditionelle afrikanische Einrichtungen galten als rückständig. Da die realen Klassenverhältnisse in den meisten Entwicklungsländern die Entstehung eines revolutionären Subjekts für die Befreiung aus eigner Kraft nicht möglich erscheinen ließen – was nach der Marx'schen Theorie die Rolle des Industrieproletariats zu sein hätte, das aber nur erst in Ansätzen vorhanden war – wurde die ‚internationale solidarische Hilfe' der sozialistischen Bruderländer als notwendiges Element konstruiert, um diese historische Lücke zu schließen. Dabei erschien einigen Führern von nationalen Befreiungsbewegungen die *Sowjetunion* als ein entwicklungspolitisches Vorbild, hatte es doch das rückständige Russland nach der Oktoberrevolution von 1917 vermocht, in relativ kurzer Zeit eine Landreform durchzusetzen und zu einem Industriestaat heranzuwachsen, der seiner Bevölkerung (nach den großen ‚Säuberungen' der 1930er Jahre, bei denen Millionen von Kulaken (Großbauern) und angebliche Regime-Gegner umgebracht worden waren) einen bescheidenen Wohlstand beschert hatte.

Vor dem Zusammenbruch der Sowjetunion, der zu einer Desillusionierung der Sozialisten fast überall in der Welt führte, war in Afrika die Überzeugung weit verbreitet, dass der Kampf gegen den Kolonialismus auch ein Kampf gegen den ausbeutenden Kapitalismus oder Neo-Kolonialismus wäre. *Kwame Nkrumah*, Ghanas erster Präsident, sprach vom „Neo-Kolonialismus" als dem letzten Stadium des Imperialismus (Nkumah 1965; siehe dazu auch Houtondji 1993, S. 149f.). Heute lässt sich bilanzieren, dass sich auch dieser Weg einer *sozialistischen* Entwicklungsalternative als Sackgasse erwiesen hat: Kuba und Nord-Korea ebenso wie Äthiopien, Somalia, Angola, Mosambik oder Guinea-Bissau, die diesem Weg (meistens nur einige Jahre) gefolgt sind, haben kaum wirtschaftliche Erfolge vorzuweisen. Die Planung von wirtschaftlicher und gesellschaftlicher Entwicklung unter den Bedingungen von Repression und bürokratischer Willkür, die keinerlei institutioneller Machtkontrolle unterworfen war, erwies sich als gefährliche Utopie – gefährlich deshalb, weil sie zu einer entwicklungshemmenden *Entfremdung* zwischen politischer Führung und der abgehängten Bevölkerung führen musste. Am Beispiel von *Julius Nyerere*, der in Tansania einen Weg des ‚afrikanischen Sozialismus' versuchte, wird dieses Dilemma zu zeigen sein (siehe unten Kapitel 7.1).

2.5 Bielefelder Verflechtungsansatz und *gender-studies*

In den 1980er Jahren erweiterte der ‚Bielefelder Verflechtungsansatz' die entwicklungstheoretische Diskussion um die Dimension der Subsistenz-Ökonomie. Autoren und Autorinnen um den Entwicklungssoziologen *Hans-Dieter Evers*, der an der Universität Bielefeld einen Schwerpunkt der Entwicklungsländer-Forschung etablieren konnte, kritisierten, dass bei herkömmlichen Wachstums- und Modernisierungstheorien ein großer Wirtschaftssektor ‚vergessen' würde, nämlich der *informelle Wirtschaftssektor*. Damit wird der Bereich der Reproduktion einer Gesellschaft bezeichnet, der nicht direkt dem kapitalistischen Verhältnis von Kapital und Lohnarbeit unterworfen ist, gleichwohl aber in vielen Entwicklungsländern für die Mehrzahl der Menschen existenziell wichtig ist. „Der Kampf um die Erhaltung der Existenz, um die Reproduktion menschlicher Arbeitskraft, erschien dabei als grundlegender Prozess gesellschaftlicher Entwicklung bzw. Unterentwicklung überhaupt" (Evers 1987). Durch Feldforschungen der Bielefelder wurde die bislang vorherrschende Vogelperspektive der Dritte-Welt-Forschung durch eine *Froschperspektive* sinnvoll ergänzt (Hanisch & Tetzlaff 1981; Hennings 2009, S. 252.)

Produktion zum Überleben von Verwandtschaftsgruppen oder Kleinfamilien schließt eine Vielzahl von Tätigkeiten in allen Sektoren und deren Kombination untereinander ein. Zum *informellen Sektor* gehören: Hausfrauenarbeit; die agrarische Subsistenzwirtschaft; Haus- und Hofarbeit; die als Familienunternehmen geführten Handwerksbetriebe; die unbezahlte Frauen- und Erziehungsarbeit; die Arbeit von Wanderarbeitern und Migranten. Mit dem Begriff der *Verflechtung* der Produktionsformen sollte die Erkenntnis zum Ausdruck gebracht werden, dass die Erwartung eines evolutionären Übergangs von der Subsistenzwirtschaft zur Marktwirtschaft im Prozess der Modernisierung unrealistisch sei. Vielmehr würden mit der Mischung und Verflechtung unterschiedlicher Produktionsformen im Rahmen der kapitalistischen Produktionsweise durchaus *dauerhafte* Formen der Reproduktion entstehen. Auch *Lohnarbeit* könne in diesen Verflechtungsmix mit einbezogen werden, wobei minimal vergütete Lohnarbeit in den Peripherie-Gesellschaften eine andere Qualität hätte als in den Metropolen, in denen Lohnarbeit mit von gewerkschaftlich erkämpften sozialen Mindeststandards und Schutzrechten verbunden wäre.

Dieser Ansatz hat dazu beigetragen, Entwicklung als gesamtgesellschaftlichen Prozess der Reproduktion zu sehen und komplexe Haushaltsanalysen zu erstellen. Erstmals wurden auch *feministische* Positionen systematisch in den Entwicklungs-Diskurs eingeführt. Mit ihren Studien zur Bedeutung subsistenzökonomischer Aktivitäten von Frauengruppen in marginalen Wirtschaftsbereichen erweiterten Forscherinnen wie *Veronika Bennholt-Thomsen, Maria Mies, Gudrun Lachenmann* und *Vandana Shiva* den Diskurshorizont (siehe dazu Zia 2014). Eine Wegbereiterin einer feministischen Entwicklungsforschung und -praxis war die Dänin *Esther Boserup* (1910-1999), die in ihrem Buch *Die ökonomische Rolle der Frau in Afrika, Asien, Lateinamerika* unter anderem aufzeigte, wie durch die Einführung von Maschinen die arbeitenden Bäuerinnen einen sozialen Statusverlust erlitten: „Normalerweise lernen die Männer mit den neuen Maschinen umzugehen, während die Frauen weiterhin die handbetriebenen Geräte verwenden" (zit. in: Fischer et al 2008, S. 112).

Seitdem hat die *feministische Entwicklungstheorie* eine bedeutsame Weiterentwicklung und Ausdifferenzierung erfahren. Im Jahr 1975 proklamierten die Vereinten Nationen das *UN-Frauenjahr* mit dem Ziel, „die Gewährleistung der vollständigen Integration der Frauen in die gesamten Entwicklungsanstrengungen bei Anerkennung ihrer Verantwortung und bedeutenden Rolle für die ökonomische, soziale und kulturelle Entwicklung" anzustreben. Forderungen der globalen Frauenbewegung wurden aufgegriffen, wie sie zuerst bei der Weltfrauenkonferenz der UN in Mexiko (1975) und später dann auch in Kopenhagen (1980), Nairobi (1985) und in Peking (1995) vorgetragen wurden. Ein Meilenstein der *gender*-bezogenen Normbildung war die *Convention on the Elimination of All Forms of Discrimination against Women* (CEDAW von 1981), die zum *Gender and Development-Ansatz (GAD)* führte. Ab Mitte der 90er Jahre galt *Gender-Mainstreaming* als Strategie der internationalen und europäischen Gleichstellungspolitik, deren zentrales Ziel darin bestand, auf allen Handlungsebenen Geschlechterdifferenzierungen zu reflektieren und Geschlechtergerechtigkeit zu verwirklichen (Zdunnek 1997; Burchardt & Tuider 2014, S. 382). Angesichts einer Situation krasser Ungleichheit zwischen den Geschlechtern – noch immer sind ca. 70 % der 1,3 Milliarden weltweit in Armut lebender Menschen Frauen – war dieser Gender-Theorieansatz mehr als überfällig.

Die Ethnologinnen *Ilse Lenz und Ute Luig* haben in ihrem Klassiker von 1990 *Frauenmacht ohne Herrschaft* Studien zum differenziellen Zugang von Frauen und Männern zu Ressourcen, die ökonomischer, politischer und rituell-religiöser

2.5 Bielefelder Verflechtungsansatz und gender-studies

Natur sein können, vorgelegt (Lenz & Luig 1990). Der Sammelband signalisierte eine „Verschiebung von früheren klassenbasierten Analysen von Herrschaftsverhältnissen zu Untersuchungen, die Machtverhältnisse zwischen den Geschlechtern fokussierten". Dabei galt *Ute Luigs* besonderes Interesse dem Feld *rituell-religiöser Praktiken* „als einem Aushandlungsort von Geschlechterkonkurrenz" (Schulz & Seebode 2010, S. 17; Dilger & Luig 2010).

Feministinnen aus Entwicklungsländern stellten den Anspruch feministischer Gruppen aus Industrieländern, für *alle* Frauen in der Welt sprechen zu können, in Frage. Bestehende Herrschafts- und Abhängigkeitsverhältnisse zwischen Feministinnen aus dem Norden und Frauen aus dem Süden wurden kritisch diskutiert und der angebliche *Universalismus* der Entwicklungstheorie im Spiegel konkret bestehender kultureller Vielfalt hinterfragt. In den postkolonialen feministischen Debatten wurde gefordert, dass die für subaltern gehaltene Frau im Entwicklungsland „von einem Objekt der Barmherzigkeit hin zu einer demokratischen Akteurin" einzuschätzen bzw. zu analysieren wäre (Burchhardt & Tuider 2014, S. 389). Lange Zeit wurde übersehen, dass Frauen nicht nur Opfer von *sozialen Exklusionsprozessen* sind, die durch *gender-blinde* Entwicklungsprojekte von Weltbank und OECD-Ländern oftmals noch zementiert wurden, sondern dass sie auch vielfach als Marktfrauen oder Gewerbetreibende des informellen Sektors *kreative Überlebenskünstlerinnen* darstellten (Gravert 1994, Ruppert 1995, Harders 2002, Schauber 2008, Bellows & Valente 2016; Mazrui & Wiafe-Amoako 2016).

Der *African Gender Equality Index*, der von der *African Development Bank* herausgegeben wird, stellte fest, das nur 15 % des Landes in Afrika Frauen gehören würden. Die afrikanische Frauen-, Familien- und Gender-Forschung belegt seit Jahren: *Das Private ist politisch*. Das „Unsichtbare" ist sichtbar zu machen, „um so lokale Realitäten und Kämpfe wiederherzustellen, aber auch um den Subalternen eine Stimme zu geben. Das schließt Frauen ein, die ignoriert, verachtet und von der Geschichte übergangen wurden" (Verschuur, Guérin & Buétat-Bernard 2014, S. 6). Der Sammelband *'Under Development: Gender'*, den 17 Soziologinnen, Regionalforscherinnen und mit *gender studies* befasste Wissenschaftlerinnen, überwiegend aus Holland, erstellt haben, bietet reichlich Anschauungsmaterial zu der These: „Gender rückt Macht wieder in das Zentrum der Analyse des sozialen Wandels; in dem die „zentrale Achse von Entwicklung" sichtbar gemacht wird: „die soziale Reproduktion" (Verschuur, Guérin & Buétat-Bernard 2014; S. 6).

Die Ethnologin *Rita Schäfer* benutzte die *Gender*-Perspektive, um auch die gesellschaftlichen Hintergründe und die verstörenden Brutalitäten der afrikanischen *Bürgerkriege* aufzuzeigen. Von zentraler Bedeutung seien gewaltbesetzte Maskulinitätskonzepte sowie Geschlechter- und Generationskonflikte. Kontextspezifisch ergründete sie in ihren Feldforschungen in *Sierra Leone, Simbabwe, Namibia* und *Südafrika* die unterschiedlichen, wandelbaren Rollen, mit denen Frauen am Kriegsgeschehen beteiligt waren – als Kombattantinnen, Kindersoldatinnen, Gewaltopfer oder Flüchtlinge. Massenvergewaltigungen in DR Kongo, Nigeria, Ruanda und Mosambik wurden als „Kriegswaffe bzw. pervertierte Form der non-verbalen Kommunikation" eingesetzt, um den sozialen Zusammenhalt von Gemeinschaften dauerhaft zu zerstören (Schäfer 2008, S. 510). Der aktuelle Gender-Diskurs hat nicht zuletzt das wichtige Thema *Demokratisierung und Frauen* in den Fokus genommen und die Rollenwandlung bei Frauen in modernen sozialen Bewegungen untersucht (A. Mazrui & F. Wiafe-Amoako 2016).

Abschließend lässt sich sagen, dass die große Vielfalt an interdisziplinären *gender studies* der internationalen Forschungsgemeinschaft den Blick für die Dynamik konstruierter Geschlechterrollen geöffnet hat (Luig 2017, S. 203f.), die sich mit den Kategorien von Differenz und Identität, Macht und Herrschaft, Produktion und Reproduktion, Privat und Politisch, Heterogenität und Hybridität erkenntnisfördernd analysieren lassen.

2.6 Good Governance und Washington Konsens

Nach dem Zusammenbruch des sozialistischen Lagers und mit der zunehmenden Verschuldung zahlreicher Entwicklungsländer rückten in den 1990ern zwei neue Paradigmen in den Vordergrund des Entwicklungsdiskurses: Zum einen *Good Governance* (entwicklungskonforme Regierungsführung), und zum anderen das *Theorem der nachhaltigen Entwicklung (sustainable development)*. Der Begriff *governance* umschreibt laut Oxford Dictionary „*the act or manner of governing*"; er umfasst – im Unterschied zu *government* – nicht nur staatliches Handeln sondern auch Entscheidungsprozesse jenseits des staatlichen Institutionensystems. Er beinhaltet auch Aktivitäten, die nicht aus formellen und gesetzlich definierten Zuständigkeiten hergeleitet werden können, vor allem die Beteiligung privater, zivilgesellschaftlicher Akteure an kooperativen Entscheidungsverfahren (nach Nuscheler 2009, S. 5-6). Das politische *good governance*-Konzept wurde von der Weltbank in dem historischen Moment öffentlichkeitswirksam ins Spiel gebracht, als man nach der Auflösung der Sowjetunion und der Warschauer-Pakt-Organisation glaubte, auf politische Empfindlichkeiten in Ländern der Dritten Welt weniger Rücksicht nehmen zu müssen. Angesichts der zahlreichen Enttäuschungen mit praktischer Entwicklungshilfe konnte man nun – auch zur eigenen Entlastung – unter Rückgriff auf Erkenntnisse der Neuen Institutionenökonomik von *Oliver E. Williamson* und *Douglas C. North* (deren Credo lautete: *institutions matter*) feststellen, dass intern verursachtes *bad governance* die zentrale Ursache für ausbleibende Armutsüberwindung gewesen sei, vor allem in Afrika südlich der Sahara. Das *Good governance-Postulat* enthält die folgenden sechs Reformforderungen an Entwicklungsländer (in Anlehnung an Nuscheler 2009, S. 13-14): (1) Aufbau von Rechtsstaatlichkeit *(rule of law)*; (2) Aufbau von funktionierenden Verwaltungen zum verbesserten Management des öffentlichen Sektors; (3) Transparenz des Regierungs- und Verwaltungshandelns, besonders bei der Verwendung von eigenen und externen Finanzmitteln; (4) Verantwortlichkeit *(accountability)* der Regierenden gegenüber der Bevölkerung und ihren gewählten Repräsentanten; (5) Bekämpfung der Korruption als besonders schwer wiegendes Systemelement von *bad governance;* (6) Respektierung der grundlegenden und im Völkerrecht verankerten politischen und sozialen Menschenrechte.

Von allen OECD-Staaten sowie von den UN-Organisationen ist das *good governance*-Konzept übernommen und weiterentwickelt worden. Oftmals sind weitere Forderungen nach Demokratisierung, Budgetdisziplin und Verringerung ‚übermäßiger Militärausgaben' hinzugefügt worden. Offen blieb dabei, wie man *good governance* gegen den erklärten Unwillen einer Regierung durchsetzen kann, die sich auf das Prinzip der nationalen Souveränität beruft und ‚äußere Einmischungen' in angeblich ‚innere Angelegenheiten' eines Staates vehement ablehnt. Angesichts der Entwicklungserfolge autoritärer Staaten (in Asien) kann das *good governance*-Paradigma universelle Gültigkeit nicht beanspruchen, aber für die Praxis der Nord-Süd-Politik hat es große Bedeutung erlangt. Als eine Anwendungsvariante von *good governance* kann die *Strukturanpassungs-Politik (SAP)* aufgefasst werden (Tetzlaff 1993). Zunächst einmal liegt ihr der plausible Gedanke zugrunde, dass überschuldete Entwicklungsländer zukünftig nur so viel Budget-Mittel ausgeben könnten, wie sie auf der Einnahmeseite zur Verfügung hätten. Oftmals lief diese Forderung der Gläubiger auf die Akzeptanz der vier Hauptkriterien des *Washington Konsenses* hinaus: (1) *Ausgaben-Reduzierung* der öffentlichen Haushalte, was vor allem durch Einsparungen bei den Personalkosten und durch Abbau der staatlichen Subventionen von Grundnahrungsmitteln (Mehl, Hirse etc.) und Benzin zu erreichen wäre; (2) *Liberalisierung* des Außenhandels und Abbau von politisch bedingten Handelslizenzen; (3) *Deregulierung* der Wirtschaft, was durch Auflösung oder Privatisierung von Staatsfarmen und Staatsunternehmen zu erreichen wäre; (4) Einführung *realistischer Wechselkurse*, was meist eine Abwertung der nationalen Währungen mit sich brachte. Dieser Ansatz des ‚schlanken Staates' zielte ab auf makro-ökonomische Stabilität durch marktfreundliche Politik, Abbau von Handelszöllen und Öffnung der Märkte für ausländische Direktinvestitionen. ‚*Getting the prices right*' – lautete das Mantra, mit dem die Experten der Weltbank die Regierungen in überschuldeten Ländern traktiierten (Tetzlaff & Nord 1996; Tetzlaff 2012). Diese Politik „spiegelte einen weltweiten Kurswechsel im politischen Klima wider und wurde von mächtigen Finanzinstitutionen wie dem IMF und der Weltbank gefördert" (Szirmai 2005, S. 343). In den hoch verschuldeten Entwicklungsländern löste die Anwendung von SAP-Rezepten Unmut und zuweilen Volksaufstände aus, weil die sozialen Kosten solcher Art Marktreformen unerträglich hoch erschienen (Körner, Maaß, Siebold & Tetzlaff 1994; Ayittey 2005; Goldberg 2008; Tandom 2014). Gerechtfertigt wurde die neo-liberaleLehre mit dem Postulat der *internationalen systemischen Wettbewerbsfähigkeit* als einer notwendigen Voraussetzung für gelingende Entwicklung in der Ära der Globalisierung (Messner 1995).

Für das häufige Scheitern des neo-liberalen good governance-Konzepts fand der aus Mali stammende Entwicklungsökonom *Ousmane Sy* folgende Erklärung: „Ein Governance-Modell ist nur wirksam, wenn es im kulturellen Bezugssystem der Gesellschaft oder des betroffenen Landes verankert ist. Wie denkt man sich die Beziehung zwischen Individuum und Kollektiv? Wie denkt man sich die Beziehung zur Macht? Wie denkt man sich die Beziehung zum Allgemeinwesen? Wie sieht man die Einordnung der Gesellschaft in ihr aktuelles und künftiges Umfeld? Das in einem Land und zu einem gegebenen Moment zu fördernde Modell von Governance muss der Widerschein des realen Kontextes sein, den es zu diesem Zeitpunkt zu managen gilt, und der dafür zur Verfügung stehenden Mittel" (Sy 2010, S. 134). Damit erinnerte Ousmane Sy an frühe Erkenntnisse von Sozialanthropologen wie Maurice Godelier und Catherine Coquery-Vidrovitch, die mit ihren Forschungen zur dörflichen, gemeinschaftlich-patriarchalischen Produktionsweise auf die Bedeutung der kulturellen Einbettung von Wirtschaftsprozessen hingewiesen hatten (siehe dazu Goldberg 2008, S. 158f.). In afrikanischen Gesellschaften war und ist vielfach bis heute die materielle Reproduktion „ins Ensemble des sozialen und religiösen Lebens integriert" (Coquery-Vidrovitch 1997, S. 70f.). Produktion ist damit nicht als rein ökonomisches Handlungsfeld zu begreifen, dem mit Appellen zur eigenen Nutzenmaximierung beizukommen wäre. *Abdel Kader Yéro Haidara* aus Mali hat am Beispiel der tòn-Genossenschaften in Mali die Komplexität kultureller und sozialer Normen aufgezeigt, die Produktionsentscheidungen bestimmen: Wichtiger als die Akkumulation von Kapital aus Ernteerlösen sei die Befriedigung sozialer Bedürfnisse von Jungen und Alten, von Frauen und Männern, um das Wirtschaftsgeschehen zu optimieren (Haidara 1992, S. 122f.).

2.7 Theorie der nachhaltigen Entwicklung: sustainable development

Mit der Nachhaltigkeits-Diskussion erhielt der Entwicklungsdiskurs endlich auch eine *ökologische* Dimension: *Nachhaltig* sei eine Entwicklung zu nennen, wenn sie den Bedürfnissen der heutigen Generation entspricht, ohne die Möglichkeiten künftiger Generationen zu gefährden, ihre eigenen Bedürfnisse zu befriedigen und ihren eigenen Lebensstil zu wählen. Sie zielt also auf die *Solidarität zwischen den Generationen* ab. Das Konzept geht zurück auf Erkenntnisse des 1972 erschienen *Berichts an den Club of Rome: Die Grenzen des Wachstums*, der von den US-Amerikanern *Denis* und *Margret Meadows* erstellt worden war und der die Endlichkeit der irdischen Rohstoffe und Energiereserven ins allgemeine Bewusstsein rücken wollte. Aber erst 1987 fand das plausible Theorem von den *Grenzen des Wachstums* Eingang in den entwicklungstheoretischen Diskurs der Vereinten Nationen in Form des *Brundtland-Reports* (benannt nach der norwegischen UNO-Beauftragten für Umwelt und Entwicklung), der die Frage nach einer ökologisch angemessenen Entwicklung in den Vordergrund stellte. Er wies auf die wechselseitige Abhängigkeit der drei gleichberechtigten Bereiche *Wirtschaft, Umwelt und Gesellschaft* hin: Wird einer der drei Bereiche einseitig und zu Lasten der anderen bevorzugt (wie das zurzeit durch die Idealisierung von permanentem Wirtschaftswachstum geschieht), muss das (gedanklich überzeugende) Projekt der *nachhaltigen Entwicklung* in der Praxis scheitern. In der gegenwärtigen Theoriediskussion stechen zwei unterschiedliche ökologische Strategieansätze hervor: das Theorem der *ökologischen Modernisierung* einerseits und das Theorem des *ökologischen Strukturwandels* andererseits (Fritz, Huber & Levi 1995; Eblinghaus & Stickler 1996). Beide verstehen sich, im Gegensatz zu Nachsorge- und Reparaturstrategien, als *präventive* Ansätze und beide können, im Sinne eines Kontinuums, ineinander übergehen und aufeinander aufbauen. Während das Theorem der *ökologischen Modernisierung* auf innovative technische Lösungen setzt, plädieren die Befürworter des *ökologisch bedingten Struktur- und Mentalitätswandels* für einen *Rückbau globaler Netzwerke* von Produktion und Konsumption zugunsten dezentraler und demokratischer Machtzentren. Eine Repräsentantin dieser Haltung ist die weltweit bekannte Inderin *Vandana Shiva*.

Seit der *UN-Konferenz für Umwelt und Entwicklung*, die als der erste *Earth Summit* 1992 in Rio de Janeiro abgehalten wurde, ist der Begriff *Nachhaltigkeit* als entwicklungspolitischer Leitbegriff international akzeptiert worden. Bei genauerer Betrachtung hat sich jedoch ein *Gerechtigkeits-Dilemma* aufgetan, das *Wolfgang Sachs* (Sozialwissenschaftler am Wuppertal-Institut für Klima, Umwelt und Energie) wie folgt formulierte: „Jeder Versuch, die Naturkrise zu mildern, droht die Gerechtigkeitskrise zu verschärfen und umgekehrt: Jeder Versuch, die Gerechtigkeitskrise zu mildern, droht die Naturkrise zu verschärfen". Das heißt, „wer immer für die Armen mehr Agrarfläche, Energie, Häuser, Medizin- und Schuldienste, kurz: mehr Kaufkraft fordert, setzt sich zu denen in Widerspruch, die Böden, Tiere, Wälder, Atmosphäre oder Gesundheit schützen wollen. Und wer immer um der Natur willen weniger Energie, weniger Transport, keine Waldrodung und keine Intensiv-Landwirtschaft fordert, setzt sich zu denen in Widerspruch, welche auf den gerechten Anteil an den Früchten der Entwicklung bestehen" (Sachs 2002, S. 88).

Auch das Konzept des *Ecodevelopment*', das u. a. von *Ignacy Sachs* und *Hans-Jürgen Harborth* favorisiert wird, sucht nach aus einem Ausweg aus dem Natur-Gerechtigkeits-Dilemma. Es enthält folgende Programmpunkte (Harborth, zit. in Eblinghaus & Stickler 1996, S. 31): (1) Befriedigung der Grundbedürfnisse; (2) Keine Kopie des Konsumstils der Industrieländer; (3) Entwicklung eines befriedigenden sozialen Ökosystems; (4) Vorausschauende Solidarität mit den zukünftigen Generationen; (5) Ressourcen- und Umweltschonung; (6) Energieeinsparung und Anwendung alternativer Energiequellen; (7) Wirkliche Partizipation der Betroffenen; (8) Vertrauen auf die eigene Kraft' (*Self-reliance*); (8) Begleitende Erziehungsprogramme. In die gleiche Richtung zielt die ‚grüne Umweltpolitik' der *Heinrich-Böll-Stiftung*, die argumentiert, dass „eine Abkehr vom *Business as usual* in der globalen Agrarpolitik angesichts der Knappheit von Land sowie der ökologischen und sozialen Folgen des industriellen Agrarmodells überfällig" sei. Information und Aufklärung über die globalen Folgen des Fleischkonsums seien *eine* zentrale Voraussetzung für „ein anderes ethisches und nachhaltiges Konsumverhalten" (Fatheuer, Fuhr & Unmüßig 2015, S. 44).

Die in Bonn ansässige *Stiftung Entwicklung und Frieden (SEF)* erklärte im Jahr 2009 die Weiterentwicklung der sozialen Marktwirtschaft zur *nachhaltigen Marktwirtschaft* zum „neuen Leitbild für das 21. Jahrhundert" und gab folgende Empfehlungen: Wirtschaftliches Wachstum sei nicht mehr allein nach ökonomischen Kriterien zu beurteilen, sondern in Hinblick auf seinen Beitrag zur Steigerung der *Lebensqualität*. Deshalb sollten die EU-Staaten von ihren Partnerländern der EZ fordern, dass auch deren Zivilgesellschaften in Dialoge eingebunden würden, so wie es in der *Accra Agenda for Action für eine bessere Wirksamkeit der Entwicklungszusammenarbeit* verabredet worden sei (SEF, Bonn 2009, S. 6-8).

Heute verdichteten sich die Anzeichen dafür, dass das (ursprünglich westliche) Entwicklungsmodell im Kern ein „ökologisches Katastrophenmodell" darstellen würde, nicht zuletzt deshalb, weil es zu viele fossile Energiequellen – zum Beispiel bei der Motorisierung der Landwirtschaft – verbrennen würde (Harborth 1993, S. 231f.). Nur eine *qualitative* Änderung unseres Lebensstils – d. h. der Abbau der ressourcen-intensiven ‚Überentwicklung' in den modernen Wachstumszentren der Welt – könnte noch eine Wende bewirken. Ob der Menschheit dafür noch genügend Zeit bleibt, ist strittig und wird beispielsweise von dem Oxforder Professor für *Computational Science, Stephen Emmot,* verneint: „Wenn wir eine globale Katastrophe verhindern wollen, müssen wir irgendetwas Radikales tun [Vermeidung weiterer Erderwärmung infolge zu hohen Verbrauchs fossiler Energieträger] – und ich meine wirklich *tun.* Aber ich glaube nicht, dass wir das machen werden" (Emmot 2013, S. 202).

2.8 Theorie des Developmental State (Entwicklungsstaates)

Die Theorie des *Developmental State* bzw. die Theorie des bürokratischen Entwicklungsstaates hat seit kurzem wieder Konjunktur – als Hoffnungsträger für Entwicklung auch in Afrika. Sie hatte schon den Aufstieg schnell wachsender Entwicklungsländer Asiens zu rasant fortschreitenden Schwellenländern begleitet. Während die Modernisierungstheorien die (ungleichen) wirtschaftlichen Austauschbedingungen vernachlässigt hatten, übertrieben die Dependenz-Theoretiker die angebliche politische Ohnmacht der einheimischen Eliten, – oftmals als abhängige oder parasitäre *Brückenköpfe* der Zentrum-Nationen diffamiert. Letztere erwiesen sich keineswegs in allen Fällen als hilflose *Gefangene struktureller Weltmarktzwänge.* Die Schwellenländer, angeführt von den *vier kleinen Tigern* (auch *vier kleine Drachen* genannt), nämlich *Hongkong, Singapur, Süd-Korea und Taiwan,* konnten den bestehenden Weltmarkt mit all seinen neo-kolonialen Strukturen und handelspolitischen Ungerechtigkeiten für sich gewinnbringend nutzen. Durch planmäßig vorangetriebene Exporte und intelligent gesteuertes wirtschaftliches Wachstum konnte für eine breite Mittelschicht Wohlstand erzeugt werden. Diese sozio-ökonomische Transformation hat man das *Asian miracle* genannt, weil sie in wenigen Jahrzehnten durch unorthodoxen *Staatsinterventionismus* gegen die Handlungslogik und Empfehlungen der Weltbank zustande gekommen sei (Amsden 2001; Szirmai 2005, S. 343 f., Tetzlaff 2012).

Die Verfechter der *Developmental State Theory* gehört zur Schule der *Steuerungstheoretiker* (oder auch *Interventionisten* genannt, im Gegensatz zur Schule der *Neo-Liberalen);* sie wurde begründet von Forschern wie *Chalmers Johnson,* der eine Pionierstudie über die positive Rolle des marktfreundlichen *Interventionsstaates* beim Aufstieg Japans vorgelegt hatte. Es ging und geht immer um die Frage der angemessenen, d. h. entwicklungsförderlichen Gewichtung von *vier Einflussgrößen* auf den Entwicklungsprozess: Staat(slenkung), Markt, Bürokratie (öffentliche Verwaltung) und Privatwirtschaft. In Teilen Asiens ist durch spezifische Formen der intelligenten Staatssteuerung und -interventionen im Dienste der Realisierung ehrgeiziger Entwicklungsziele *a different type of capitalism* entstanden (Amsden 2001; Messner 1995). Dazu gehörte die Schaffung einer Reihe von Instrumenten, um die einheimischen Geschäftsleute zu motivieren, internationale Effizienzstandards bei der Güterproduktion zu erreichen. Wesentlich dabei war der strategische, wenn auch selektive Gebrauch *protektionistischer* Maßnahmen, um Schlüsselindustrien im Inland die Existenz als *infant industries* zu ermöglichen. Alle erfolgreichen NICs haben eine vom Staat orchestrierte strategische Wende von der *anfänglichen Industrialisierung mittels Importsubstitution (ISI-*Strategie) zur *export-orientierten Industrialisierung (EOI)* vollzogen. Wo das früh genug geschehen sei – wie bei den *vier kleinen Tigern* sowie später auch in *Thailand, Malaysia und China* – seien hohe Wachstumsraten erzielt worden; da, wo der geeignete Zeitpunkt verpasst wurde (wie in Brasilien, Mexiko, Argentinien und Indien), hätten die Länder „relative Stagnation" geerntet (Szirmai 2005, S. 338-339; Perkins, Radelet & Lindauer 2006, S. 709f.).

Das Erfolgsgeheimnis besteht offenbar in einem glücklichen Mix aus zurückhaltender Staatslenkung und aktiv genutzter *Handlungsautonomie* auf sub-staatlicher Ebene, um *systemische Wettbewerbsfähigkeit* (wenigstens in einigen Branchen) zu erreichen. Dafür wird oftmals Preußens effektive und disziplinierte Bürokratie als historisches Beispiel angeführt (Fukuyama 2015, S. 75 f.). *Dirk Messner* (heute Präsident des *Deutschen Instituts für Entwicklungspolitik, DIE* in Bonn) betonte, dass die Fähigkeit der Manager, „ohne Zwang den eigenen Verantwortungsbereich (das Unternehmen, die Abteilung, die Gewerkschaft, die Forschungseinrichtung) gestalten zu können", eigenständige Lernprozesse bei ihnen selber ermöglichen würde. Erst ein Mindestmaß an Handlungsautonomie würde „verantwortungsbewusstes Verhalten im Sinne der jeweiligen Organisation hervorbringen" (Messner 1995, S. 205). Die funktionale Differenzierung zwischen Staat, Wirtschaft und Gesellschaft – d. h. „*die Kunst der Trennung*" – sei ebenso wichtig wie systemische Steuerung – „*die Kunst des Verbindens*". Dem Staat komme die Aufgabe des *zentralen Monitoring* zu, diese Interaktionsprozesse auf das gemeinsame Ziel der gesamtgesellschaftlichen Höherentwicklung auszurichten, z. B. mittels Fünf- oder Sieben-Jahr-Entwicklungsplänen (Messner 1995, S. 209f.).

Erstmalig in der Zwischenkriegszeit für Europa als Reaktion auf die Weltwirtschaftskrise 1929-1931 entwickelt, hat sich die Theorie des *intervenierenden Entwicklungsstaates* nach dem Zweiten Weltkrieg zunächst in Lateinamerika, später (nach 1989) auch für Ost- und Mitteleuropa und Afrika, als hilfreich erwiesen. Dabei haben die Überschuldung der Staaten und die Schwäche der Marktkräfte eine katalysatorische Rolle gespielt. *Charity Musamba*, leitender Direktor der *Foundation for Democratic Process* in Lusaka/Sambia, hat die Kernaussagen der

2.8 Theorie des Developmental State 41

Developmental State (DS) Theory in den folgenden vier Begriffen zusammengefasst, um deren praxeologisch-programmatische Bedeutung für Afrika zu demonstrieren:

- Erstens bedarf es für gelingende Befreiung aus Abhängigkeit und Armut einer *politischen Staatsführung*, die kollektiv und entschlossen eine auf Entwicklungsförderung fokussierte Politik betreibt. Dabei muss sie politische Stabilität und wirtschaftliche Entwicklung gleichzeitig gewährleisten *(developmental-oriented political leadership)*.
- Zweitens bedarf es einer selbstständig handelnden, professionell agierenden und leistungsstarken *Bürokratie* als vollziehende und planende Staatsgewalt, die fähig sein muss, eine Wirtschaftspolitik zu kreieren und durchzusetzen, Geschäfts-Allianzen zu schmieden und Staatsinterventionen in die Märkte zu organisieren.
- Drittens ist auch ein *produktions-orientierter Privatsektor* unerlässlich. Dieser muss sich durch hohe Flexibilität und Anpassungsfähigkeit an internationale Technikstandards auszeichnen.
- Viertens gehört *performance-oriented governance* zu den Bedingungen gelingender Entwicklung. Regierungen erstreben Respekt und Legitimität weniger durch Wahlsiege *(Input-Legitimität)*, sondern eher durch materielle Leistungen für die Bevölkerung *(Output-Legitimität)*.

Dieses Paradigma des autoritären, auf Beschleunigung des wirtschaftlichen Wachstums gerichteten Entwicklungsstaates ‚verzichtet' zunächst auf demokratische Legitimation durch freie und faire Wahlen, um mittels staatlicher Autorität soziale Disziplin bei den arbeitenden Massen (niedrige Löhne) zu erzwingen. Mittels erzwungener Kapitalakkumulation können mehr Anteile vom BSP produktiv investiert werden, was eine beschleunigte Industrialisierung und Modernisierung möglich machen würde. Hat die Wirtschafts- und Sozialstrategie des *developmental state* einen anfänglichen Erfolg, setzt zwangsläufig (in einer zweiten Phase) eine soziale Mobilisierung der urbanen Mittelschichten ein, die auf korporative Selbstbestimmung (Gewerkschaftsfreiheit) und Mitsprache drängen. So kann eine sich industrialisierende Gesellschaft in einer dritten Phase möglicherweise sogar eine Verfassungsänderung in Richtung auf Überwindung der ‚Entwicklungsdiktatur' und ihrer Ersetzung durch ein demokratisches Mehrparteiensystem erzwingen (siehe dazu die Fallbeispiele in Schubert, Tetzlaff & Vennewald 1994; Amsden 1989; Szirmai 2005; Menzel 2010; Acemoglu & Robinson 2012; Fukuyama 2015).

Kann Afrika von Asiens Entwicklungserfolgen lernen? Das ist nicht ausgeschlossen, aber es liegt auf der Hand, dass Länder mit dem Erbe *vorkolonialen Hochkulturen* es heute einfacher haben, diese hohen Hürden für autonom gesteuerte Entwicklungsprozesse zu nehmen als etwa afrikanische Kolonien ohne vergleichbare kulturellen Traditionen, die für moderne Machtkontrollen sorgen könnten. Als eine der möglichen Kontrollinstanzen kommt vor allem die Selbstkontrolle durch eine *Bürokratie-förderliche Ethik* infrage, wie sie etwa in den konfuzianischen Tugenden praktiziert und in China durch das Erziehungssystem gefördert wird. Wirksamer dürften heute Kontroll-Mechanismen durch Dritte sein, also etwa Parlamente, unabhängige Gerichte oder eine freie Presse. Nur wenn solche Kontrollinstanzen funktionieren, „dann kann die auch in bürokratischen Entwicklungsstaaten allgegenwärtige Gefahr der Korruption, des Nepotismus und des Partikularismus eingedämmt werden" (Menzel 2010, S. 144). Gleichwohl ist *Thandika Mkandawire* (früherer Direktor vom *Council for the Development of Social Science Research in Africa*) mit Hinweis auf *Mauritius* und *Botsuana* der Meinung, dass auch in Afrika die Einführung dieses *governance*-zentrierten Entwicklungsparadigmas Erfolg haben könnte (Mkandawire, Meyns & Musamba 2010). Am Beispiel *Botsuana* werden wir in Kapitel 11 diese optimistische Meinung überprüfen können.

Eine Vertiefung der Entwicklungsdebatte erbrachte die Studie von *Cooter & Schäfer*: Die beiden Ökonomen zeigten die entscheidende Bedeutung von Rechtssicherheit, Eigentumsschutz und Vertrauensbildung zwischen Innovatoren und Investoren auf. In ihrer *Rechtstheorie des wirtschaftlichen Wachstums* wird überzeugend dargelegt, wie Reichtum als Mittel zum Zweck der Entwicklung entstehen und entweder sinnvoll eingesetzt oder leichtfertig verspielt werden kann: Nachhaltiges Wachstum entstehe durch Unternehmen (*business ventures*), die Innovationen vornähmen; allerdings setze die Bereitschaft zu Innovationen *Vertrauen* der Investoren voraus, das nur durch praktische Erfahrungen mit einer guten (korruptionsfreien) Zusammenarbeit mit staatlichen Behörden und bei fairen Wettbewerbsbedingungen entstehen könne: „Würden die Vertrauens-Probleme gelöst, würden Recht und Rechtsstaatlichkeit den Rahmen schaffen, der wirtschaftlichen Innovationen Raum gäbe, um die Armut der Nationen zu beenden" (Cooter & Schäfer 2012, S. 222). Recht und soziale Normen müssten zu Institutionen verschmelzen und sich wechselseitig stärken – wie die einzelnen Fäden eines Stricks. So könnte *Solomon's Knot* (der gordische Knoten*)* der Armut zerschlagen werden.

2.9 Theorien über „Ressourcen-Fluch" und „Rentierstaat"

Aus globaler Sicht gehört der ungehinderte Zugang zu Afrikas Rohstoffen zu einem wichtigen Bestandteil der nationalen Sicherheitspolitik der Industriländer. Zugleich gilt er als ein unverzichtbarer Bestandteil einer erst noch zu implementierenden

Global Ressource Governance der Zukunft (Behrens 2005), um Rohstoffsicherheit der *Global Players*, einschließlich der VR China, Indien und Brasilien, möglichst zu gewährleisten und um drohende Rohstoffkriege zu vermeiden. Afrikas Situation wird oftmals mit dem ‚Paradox des Reichtums' belegt: Reiche Natur, arme Gesellschaften; oder anders gesagt: Warum ist es bisher höchstens im Ausnahmefall gelungen, den Reichtum an natürlichen Bodenschätzen in gesellschaftliches Wohlergehen umzumünzen? Ist hier gar ein *Ressourcenfluch* am Werke? Sozialwissenschaftler haben verschieden Modelle mit dem Anspruch vorgelegt, das Phänomen des angeblichen Ressourcenfluchs verständlich zu machen. Stets geht es dabei um die Aufdeckung von politischen Kausalzusammenhängen: zwischen staatlicher Politik einerseits und Struktur von Gesellschaft und Wirtschaft andererseits. Wegen der Komplexität des Gegenstandes ist es ratsam, beim Staat als Akteur zwischen drei staatlichen Funktionsbereichen zu differenzieren: dem der *Sicherheit*, dem der sozio-ökonomischen *Wohlfahrt* (für die Gesellschaft) und dem der *Legitimität* im Sinne von Rechtsstaatlichkeit (in Anlehnung an Schneckener 2006). Dabei wird von der Hypothese ausgegangen, dass es am Grad der Erfüllung *rechtsstaatlicher* Funktionen im Bereich von Sicherheit und Wohlfahrt hängt, ob ein Staat den Ressourcenreichtum seines Staatsgebiets zum Segen nutzt oder zum Fluch werden lässt. Der Funktionsbereich *Wohlfahrt* beinhaltet die Gewährleistung der notwendigen Rahmenbedingungen und die Bereitstellung öffentlicher Güter wie Gesundheit und Bildung als Voraussetzung für wirtschaftliches Handeln und soziale Sicherheit (nach Meißner 2013, S. 20). Warum aber *versäumen* die Regierungen von rohstoffreichen Ländern, mehr Ausgaben für *soziale* Wohlfahrtsleistungen zu tätigen, obwohl sie es leichter könnten als rohstoffarme Länder? Allein schon eigennützige Kalküle würden eine solche *präventive* Sicherheitspolitik ratsam erscheinen lassen.

Die Wirkung von Ressourcenreichtum – als Fluch oder als Segen – hängt von zahlreichen Kontext-Faktoren ab: a) von der Beschaffenheit der (mineralischen) Ressourcen; b) von der geographischen Lage ihrer Lagerstätten (an der Oberfläche oder tief unter der Erde); c) von der Nachfrage und den Preisen auf den in- und ausländischen Verbrauchermärkten etc. Experten unterscheiden zwischen *erneuerbaren oder regenerierbaren* Ressourcen (wie Getreide, Holz und Fisch) von *nicht-regenerierbaren* Ressourcen (wie Öl, Kupfer, Eisen oder Coltan), oder zwischen solchen, die von Rebellengruppen ohne großen Aufwand geplündert und auf Schwarzmärkten verkauft werden können (*lootable resources* wie Diamanten und Gold) und solchen Naturschätzen, die nur mittels technisch aufwendiger Verfahren gewonnen und vermarktet werden können, wie zum Beispiel Kupfer, Uran und Erdöl (Basedau & Mehler 2005). Gemeinsam ist ihnen die Eigenschaft, dass ihr finanzieller Wert steigt, je größer die Nachfrage und je knapper die Vorkommen sind.

Von einem ‚*Fluch* der Rohstoffe' *(resource curse)* kann man dann sprechen, wenn der natürliche Reichtum eines Landes der Bevölkerung oder Teilen von ihr einen vermeidbaren Schaden zufügt. Der Fall der *Dutch Disease* in Holland ist dafür ein klassisches Beispiel: Nach der Entdeckung von großen Erdgasvorkommen in Holland in den 1960er Jahren ist dieses Phänomen hier erstmals beobachtet worden. Es beruht auf einem Wechselkursmechanismus: Der Export großer Mengen von Rohstoffen lässt Außenhandelsüberschüsse entstehen, die zu einer Aufwertung der eigenen Landeswährung führen. Wegen der zunehmenden Importkonkurrenz sinkt der Absatz der Produkte des exportierenden Industrie-Gewerbes, das ohnehin durch die einseitige staatliche Förderung des Rohstoffsektors geschwächt ist. Es kommt so zu einer unguten Verschiebung der Wirtschaftssektoren: Infolge des Booms im Energiesektor werden knappe Produktionsfaktoren (Kapital und Fachkräfte) aus anderen Wirtschaftssektoren, aus produzierendem Gewerbe und auch aus der Landwirtschaft, abgezogen. Der tendenziellen De-Industrialisierung steht auf Grund des unverhofften Devisenstroms ein steigender Konsum von Import-Waren gegenüber. Notwendige Investitionen in Landwirtschaft und ländliche Infrastruktur werden vernachlässigt, so dass die Eigenversorgung der Bevölkerung mit einheimischen Nahrungsmitteln abnimmt. Die Konzentration auf den *einen Enklaven-Sektor* führt mittelfristig zu Wohlstandsverlusten in der Gesellschaft und damit zu einer ‚Krankheit' (Buchberger 2012; Meißner 2013; siehe unten Kapitel 11).

Eine Mehrheit von Sozialwissenschaftlern vertritt heute die Ansicht, dass zur Erklärung des *resource curse* (Ressourcenfluch) *politische* Variablen wichtiger seien als ressourcen-bezogene oder rein wirtschaftliche; denn *politic matters* (Meißner 2013, S. 33f.; Mosbacher 2016, S. 295-296). Deren These lautet, dass bei der Nutzung des Ressourcenreichtums das politische Verhalten der Staatsklasse im Zusammenhang mit vorhandenen gesellschaftlichen oder verfassungsmäßigen *Kontroll-Institutionen* (wie z. B. Parlamente, unabhängige Gerichte, eine kritische Presse oder eine wachsame Zivilgesellschaft) von ausschlaggebender Bedeutung sei. Da der *Ressourcenfluch* offensichtlich zwei Dimensionen hat – eine ökonomische und eine politische –, besteht die zentrale politische Herausforderung für rohstoffreiche Entwicklungsländer darin, die Rohstoff-Rente ‚richtig' zu verteilen bzw. klug einzusetzen, d. h. *umweltschonend, armutsorientiert und regional gerecht* (von Haldenwang 2012), so dass der soziale Friede gewahrt werden kann.

Unter den Varianten der Erklärungsversuche für *Staatsversagen* oder *bad governance* in rohstoffreichen Ländern genießt die Theorie des *Rentier-Staates* zu Recht große Beliebtheit (Ross 2001, de Soysa 2006, Meißner 2013, S. 31f.). *Rohstoff-Renten* sind (überwiegend) nicht verdiente Einkommen, die ihren Devisen-Wert jeweils durch ausländische Nachfrage erhalten. Zur Erzeugung dieses Wertes sind nur geringe Teile der einheimischen Erwerbsbevölkerung nötig: im

Fall der Erdöl- und Erdgasförderung betrifft das eine privilegierte, professionelle Minderheit von Ingenieuren und Facharbeitern, im Fall der Kupfer-, Eisen- oder Uran-Produktion ebenfalls nur wenige Spezialisten mit ihren Handarbeitern. Die Fülle der Deviseneinnahmen – bilanziert gegen nur geringe Eigenleistung – versetzt die Herrscher in die günstige Lage, die eigene Bevölkerung nicht oder kaum besteuern zu müssen, wodurch der (erstmals in den USA erprobte) Mechanismus der Demokratisierung – *no taxation without representation* – außer Kraft gesetzt wird. Vielmehr entsteht die Situation: ‚*no taxation and therefore no representation*'. Dieser fehlende finanzielle Nexus zwischen Staat und Erwerbsbevölkerung blockiert logischerweise die Entstehung eines *Gesellschaftsvertrages* auf Gegenseitigkeit (Steuern der Bürger gegen Gewährleistung von Sicherheit und Bereitstellung von öffentlichen Gütern). So bleibt der Druck von unten auf das politische Regime, sich über Partizipationsrechte und Output-Leistungen zu legitimieren, gering. Sollte es doch mal zu einer *Legitimationskrise* kommen, so wird eine finanzstarke Regierung aus Gründen des Selbsterhalts finanzielle Geschenke an einflussreiche Personen verteilen und Oppositionspolitiker zu kaufen versuchen. Wird eine solche Praxis zur Gewohnheit, kann sich eine *rent-seeking mentality* auch in Ober- und Mittelschichten entwickeln, was auf Dauer eine *rent-seeking society* ergibt, in der jede Form der Solidarität mit den ärmeren sozialen Unterschichten schwindet. Im Extremfall – wie in Simbabwe, Sudan und Nigeria geschehen – verstrickt sich die Staatsklasse in die Fallstricke des „organisierten Verbrechens" (Burgis 2015; Ellis 2016). Für *Kleptokratien* hat diese Form der Einkommensgewinnung noch den Vorteil, dass Staatspräsidenten an große Summen von Devisen herankommen, ohne dass diese Gelder an irgendwelche Konditionen seitens der Geld- und Kreditgeber gebunden wären.

2.10 Kulturkritische Entwicklungstheorien: *culture matters*

Seit den Zeiten von *Adam Smith* beschäftigt Sozialwissenschaftler die Frage, warum einige Länder reich werden konnten und andere arm geblieben sind. Volkswirtschaftler und Anthropologen gehören zu den Wissenschaftlern, die eher eine gewisse Skepsis gegenüber *kulturalistischen* Erklärungen von Entwicklung an den Tag legen – im Unterschied zu Historikern, Politologen und Soziologen. Für letztere bedeutet *Max Webers* Schrift *Die protestantische Ethik und der Geist des Kapitalismus* von 1904/05 (überarbeitet 1920) einen nützlichen Zugang zum Verständnis des westlichen Entwicklungsweges. Weber formulierte den berühmten Lehrsatz, der bis heute eine erste passende Orientierung für gesellschaftliche Analysen abzugeben vermag: „Interessen (materielle und ideelle), nicht Ideen, beherrschen unmittelbar das Handeln der Menschen. Aber: die ‚Weltbilder', welche durch ‚Ideen' geschaffen werden, haben sehr oft als Weichensteller die Bahnen bestimmt, in denen die Dynamik der Interessen das Handeln fortbewegte". Nach dem Weltbild richtete es sich ja, „‚wovon' und ‚wozu' man ‚erlöst' sein wollte und – nicht zu vergessen – konnte" (Max Weber, Wirtschaft und Gesellschaft, 1989, S. 101; siehe auch Wehler 1998, S. 96f.). In seinen „Beobachtungen der Moderne" fügte der Soziologe *Niklas Luhmann* die (von Bourdieu beeinflusste) Erkenntnis bei, dass Kultur wichtig sei, um Unterscheidungen und Differenzen zu *legitimieren* (Luhmann 1992). In der Weberschen Tradition formulierte der US-Historiker *David S. Landes*, in *Wohlstand und Armut der Nationen,* sein Forschungsergebnis, dass kulturelle Faktoren zur Erklärung von reichen und armen Nationen von zentraler Wichtigkeit seien: „Wenn wir aus der Geschichte der wirtschaftlichen Entwicklung etwas lernen, dann dies: Kultur macht den entscheidenden Unterschied aus" (Landes 1999, S. 517; siehe auch Geertz 1993).

Wenn man das Wort „*Bahnen*" in dem oben wiedergegebenen Zitat Max Webers mit „*Institutionen*" als notwendige Vermittler zwischen Ideen und Interessen gleichsetzt, findet man leicht den Zugang zu den heute viel beachteten Entwicklungstheorien, die die Bedeutung von *Institutionen als kulturelle Produkte von Gesellschaften* in den Vordergrund rücken. So haben die beiden Institutionalisten *Douglass C. North & Robert Paul Thomas* aus dem einzigartigen Aufstieg der westlichen Welt die entwicklungstheoretisch relevante Lehre gezogen, dass erst die Evolution geeigneter, kulturell eingebetteter *Institutionen* wirtschaftliches Wachstum und sozialen Fortschritt ermöglicht hätte. Dabei wurde die autoritative Garantie *individueller Eigentumsrechte* als ein überragend wirksamer Ansporn für wirtschaftlich kreative Aktivitäten herausgestellt: Indem der Staat gesetzliche Garantien für *intellectual property including new ideas, inventions, and innovations* gegeben hätte, seien individuelle Investitionsanreize geschaffen worden, die auch der Allgemeinheit zugute gekommen wären. „*In the absence of such property rights, few would risk private resources for social gains*" (North &Thomas 2008, S. 3). So überzeugend die Argumente von *North & Thomas* sein mögen, so wenig taugt eine *monokausale* Erklärung über Eigentumsverhältnisse zu einer allgemeinen Entwicklungstheorie. Umfassender angelegt ist daher die große materialreiche Studie der beiden US-amerikanischen Ökonomen *Daron Acemoglu & James Robinson* mit dem Titel *Why Nations Fail – The Origins of Power, Prosperity and Poverty* von 2012. In ihr demonstrieren die Autoren anhand zahlreicher Beispiele aus den vergangenen Jahrhunderten, dass der entscheidende Faktor, der über Armut oder Reichtum einer Nation entscheidet, die *Art der öffentlichen Institutionen* gewesen sei: Entwicklung würde durch Anreize bewirkt, die *Institutionen* hervorrufen. Dabei unterscheiden die Autoren zwei Typen von Institutionen: zum einen „extraktive Wirtschaftsinstitutionen" und zum anderen „inklusive Wirtschaftsinstitutionen". *Extraktive Wirtschaftsinstitutionen* seien solche, die bei bestehenden Verhältnissen den Gewinn aus überkommenen Einrichtungen maximieren würden – z. B. die afrikanischen Bergwerke und Plantagenbetriebe während der kolonialen und postkolonialen Phasen. Solche Institutionen wurden als „*extraktiv*" definiert, „weil sie geschaffen wurden, um Einkommen und Reichtum von einem Teil der Gesellschaft zum Nutzen eines anderen Teils zu transferieren" (Acemoglu & Robinson 2012, S. 76). Solche Gesellschaften seien hochgradig ungleich und konfliktreich und trügen deshalb den Keim des Untergangs in sich. Im Prozess des Niedergangs käme es zu einem *Teufelskreis*: Um ihre Macht zu sichern, würden Oligarchien die für sie nützlichen extraktiven Wirtschaftsinstitutionen aufrechterhalten und sowohl Innovationen wie andersdenkende Konkurrenten abwehren, wodurch sie die ökonomische Stagnation perpetuieren würden. Dies sei für das Verhalten postkolonialer Eliten in Sub-Sahara-Afrika typisch (Acemoglu & Robinson 2012, S. 345).

Hingegen seien *inklusive Wirtschaftsinstitutionen* solche, „die privates Eigentum sichern, ebenso ein unparteiisches Rechtssystem und öffentliche Dienstleistungen, die gleiche Wettbewerbsbedingungen herstellen, unter denen Menschen Handel treiben und Verträge schließen können. Sie müssen zudem den Eintritt neuer Geschäfte zulassen und Menschen erlauben, ihre Karrieren selbst zu wählen" (Acemoglu & Robinson 2012, S. 74-75). Dagegen ist einzuwenden, dass eine Gesellschaft, in der solche „inklusiven Wirtschaftsinstitutionen" bereits vorhanden sind, es leicht haben wird, wirtschaftliches Wachstum und soziale Modernisierung unter optimalen Voraussetzungen weiter zuentwickeln, weil sie ‚das Schlimmste' schon hinter sich hat, d. h. die institutionell notwendigen Reformen der Anpassung an marktwirtschaftliche Wettbewerbsbedingungen. Relevanter ist daher die Frage, *wie* kommt eine Gesellschaft, in der *status-quo*-orientierte Herrschaftsinteressen dominieren und extraktive Wirtschaftsinstitutionen im Eigeninteresse solcher Machtzentren liegen, in einen Zustand, in dem sich inklusive Wirtschaftsinstitutionen entwickeln können. Dieses – so die Autoren – könne nur bei Gestaltung einer neuen sozialen Klassenlage eintreten. *Entwicklung* wird hier also verstanden als das Zusammenspiel von drei Faktoren: (1) von innovationsfähiger politischer Führung, (2) einer auf Veränderungen pochenden Wirtschafts- und Zivilgesellschaft und (3) von Institutionen, die einer innovationsbereiten Elite erlauben, aus alten Bahnen auszubrechen und Reformen durchzusetzen. Das Ergebnis würde dann eine gesellschaftlich ziemlich breite Selbstermächtigung sein (Acemoglu & Robinson 2012, S. 458).

2.11 Empowerment, Self-Efficacy und „kulturelle Anpassung"

Selbstermächtigung, *empowerment, self-efficacy* – das sind Stichworte einer aktuellen Debatte unter Sozialwissenschaftlern, die einen modernisierungskritischen Mentalitätswandel fordern (Nebe 2011; Wallacher, Scharpensel & Kiefer 2008). Der Kenianer *James Shikwati* (dem 2008 in Davos der Titel ‚Young Global Leader' verliehen wurde) kritisiert die westliche neokoloniale Entwicklungshilfepolitik und beschwört seine Landsleute, sich einem kreativen „*Gandhi spirit*" zu verschreiben, um Produktivität und Partizipation der breiten Massen zu steigern, ohne sich dabei westlichen Wachstums- und Entwicklungsmodellen zu unterwerfen (Shikwati 2011, S. 167-172). Und immer mehr AfrikanerInnen fordern selbstbewusst das Recht auf Teilhabe und Mitgestaltung des öffentlichen Lebens (Kihiu 2011).

Hier setzt auch die moderne *Self-Efficacy*-Theorie an, die individuelles intentionales Handeln auf den Glauben an die eigenen Fähigkeiten (Selbstwirksamkeit) zurückführt. Entwickelt in den 1970er Jahren von dem kanadischen Entwicklungspsychologen *Albert Bandura*, wurde dieser Ansatz seitdem extensiv in verschiedenen Anwendungen empirisch getestet und wirksame Methoden zur Förderung von *Self-Efficacy* entwickelt (Bandura 1997, Wüpper 2017, Drosten 2017). Er rückt die kulturelle und psychologische Lern- und Handlungsfähigkeit des einzelnen Menschen in das Zentrum von Entwicklung. *Self-Efficacy* sei entscheidend für die Befähigung zum Wandel, indem sie Menschen zu Agenten im Sinne von *Amartya Sen* macht; sie beeinflusst Kooperation, Innovationsdiffusion, Risikobewertung, Investitionsverhalten, Zeitdiskontierung, Persistenz, Zielsetzung, politische Partizipation. *Self-Efficacy* entsteht als Reaktion auf Umweltsignale: die natürliche und soziale Umwelt fordert, bestraft, ignoriert oder belohnt menschliche Intervention und Handeln in unterschiedlicher Weise. Muss der Mensch sich anstrengen, planen, investieren, lernen, um (gut) zu überleben und ist die Umwelt verlässlich in ihren Reaktionen, lernt der Mensch, dass diese Aktivitäten ‚richtig' sind und entwickelt so eine entsprechende Handlungsneigung. Diese wird vertikal und in der Regel unkritisch als Heuristik von Eltern zu Kindern weitergegeben. Was in stabilen Lebensbedingungen den Vorteil der Ersparnis von Informations- und Entscheidungskosten beinhaltet, ist ein großes Problem bei plötzlichen klimatischen oder anderen Veränderungen wie Migration: Die eigene *Self-Efficacy* sowie die erlernten Heuristiken sind einer vertrauten historischen Lebenswirklichkeit angepasst, nicht aber einer neuen, modernen oder gar fremden. *Self-Efficacy* als Grundmotiv menschlichen Handelns zu optimieren, biete sich deshalb als entwicklungspolitische Zielgrösse für alle *empowerment-* Strategien an (Drosten 2017).

2.11 Empowerment, Self-Efficacy und „kulturelle Anpassung"

Schließlich soll noch der kultur-betonende Ansatz des kamerunischen Entwicklungsexperten *Daniel Etounga-Manguelle* vorgestellt werden. Als Mitglied des Symposiums der *Harvard Academy* vom Jahr 2000 über das *kulturelle Paradigma* erregte seine These ‚*Afrika brauche ein kulturelles Anpassungsprogramm*' einige Aufmerksamkeit, erntete gleichzeitig aber auch harsche Kritik. Die kulturelle Wirklichkeit Afrikas zu Beginn des 21. Jahrhunderts – verallgemeinert im Begriff „der Afrikaner" – sah *Etounga-Manguelle* durch folgende *neun Merkmale* bestimmt, die hier mit einigen Strichen angedeutet werden sollen:

- *Hierarchische Distanz*: Untergebene halten ihre Vorgesetzten „für etwas Besonderes – sie haben das Recht auf Privilegien. Da Stärke vor Recht geht, ist die beste Methode zur Veränderung eines sozialen Systems der Sturz derer, die an der Macht sind" (S. 107).
- *Kontrolle der Ungewissheit*: Gesellschaften haben drei Möglichkeiten, ihren Mitgliedern zu Sicherheit zu verhelfen, durch Technologie, Recht und Religion. Für Afrikaner sei die „Unterwerfung unter einen ubiquitären, unerbittlichen göttlichen Willen" typisch… Der Afrikaner bleibt ein Sklave seiner Umwelt. Die Natur ist seine Herrin und bestimmt sein Schicksal" (S. 107).
- Die *Tyrannis der Zeit*. Der Afrikaner, „in seinem Ahnenkult verankert, ist so sehr davon überzeugt, dass sich die Vergangenheit lediglich wiederholen kann, dass er sich nur wenig Sorgen um die Zukunft macht" (S. 108).
- *Einheit von Macht und Autorität*: „In Afrika lastet die Macht der Religion noch immer auf dem Individuum wie auf dem kollektiven Schicksal. Es ist keine Seltenheit, dass afrikanische Führer sich auf magische Kräfte berufen. Es ist schwer, die afrikanische Passivität anders zu erklären als durch die Furcht vor jenem Gott, der im Gewand eines jeden afrikanischen Häuptlings verborgen ist…Wir klagen über die Schwierigkeit, in unseren Staaten den Privatsektor zu fördern. Diese Schwierigkeiten wurzeln in der neidischen Eifersucht, die alle persönlichen Beziehungen beherrscht und die sich weniger in dem Wunsch äußert, zu besitzen, was ein anderer besitzt, als in dem Bestreben, jede Veränderung des sozialen Status zu verhindern" (S. 109).
- Die *Gemeinschaft* dominiert das Individuum… Wie können wir dem Individuum jenes Maß an Autonomie zurückerstatten, das für seine Selbstbehauptung als politisch, wirtschaftlich und sozial Handelnder notwendig ist, und gleichzeitig diese gesellschaftliche Bindung bewahren, die das Wesen der Existenz des Afrikaners ausmacht?" (S. 110).
- *Exzessive Geselligkeit und Scheu vor offenen Konflikten*: „Der Afrikaner zeigt eine Vorliebe für das Feiern… Alles bietet einen Vorwand für ein Fest: Taufe, Heirat, Geburtstag, Beförderung, Wahl in ein Amt, Rückkehr von einer kurzen

oder langen Reise...Ob man gut oder bescheiden verdient, ob die Scheuern voll oder leer sind, das Fest muss auf jeden Fall schön sein, und es muss die maximale Anzahl von Gästen anziehen...Differenzen, die sonst die Grundlage des sozialen Lebens sind, werden entweder nicht wahrgenommen oder aber ignoriert, um den Schein eines sozialen Zusammenhalts aufrechtzuerhalten" (S. 111-112).
- *Ineffizienter Homo oeconomicus*: „Abgesehen von einigen sozialen Gruppen wie den *Bamileke* in Kamerun oder den *Kamba* in Kenia sei der Afrikaner ein schlechter *Homo oeconomicus*. „Durch die eigentümliche Beziehung des Afrikaners zu der Zeit hat für ihn das Sparen für zukünftige Zwecke geringere Priorität als der sofortige Konsum. Um nur ja nicht in Versuchung zu geraten, Reichtum anzuhäufen, müssen die Bezieher regelmäßiger Einkünfte das Studium von Brüdern, Vettern, Neffen und Nichten finanzieren, Neuankömmlinge unterbringen und für die zahlreichen Feierlichkeiten aufkommen, die das soziale Leben prägen" (S. 112).
- *Hohe Kosten des Irrationalismus*: „Eine Gesellschaft, in der Magie und Hexerei florieren, ist heute eine kranke, von Spannungen, Ängsten und moralischer Verwirrung beherrschte Gesellschaft. Zauberei ist ein kostspieliger Mechanismus, um Konflikte zu regeln und den Status quo zu erhalten – und gerade hierauf kommt es der afrikanischen Kultur vor allem an...Hexerei ist sowohl ein Instrument des sozialen Zwanges (sie trägt dazu bei, die Treue der Individuen zu ihrem Clan zu erhalten und womöglich zu stärken) als auch ein sehr bequemes politisches Instrument zur Eliminierung jeder Opposition, die sich etwa regen könnte. Hexerei ist für uns ein psychologischer Zufluchtsort, wo all unsere Unwissenheit Antwort findet und unsere wildesten Phantasien Wirklichkeit werden" (S. 113; siehe auch Signer 2004).
- *Kannibalische Gesellschaften*: „Was Afrikaner einander antun, ist unglaublich. Völkermord, blutige Bürgerkriege und grassierende Gewaltverbrechen legen nahe, dass afrikanische Gesellschaften auf allen Ebenen in einem gewissen Umfang kannibalisch sind. Dieselben Leute, die Gesetze verfassen und für ihre Durchsetzung verantwortlich sind, treten sie mit Füßen...Ist der afrikanische Totalitarismus mit der Unabhängigkeit entstanden? Natürlich nicht! Er war schon immer da, eingesenkt in die Fundamente unserer Stammeskulturen. Autoritarismus beherrscht unsere Familien, unsere Dörfer, unsere Schulen, unsere Kirchen. Er ist für uns eine Lebensweise...Wir sind dazu verdammt, uns zu ändern oder unterzugehen" (S. 115; siehe auch Richburg 1998).

Deshalb müssten heute afrikanische Gesellschaften „eine friedliche Kulturrevolution im Bildungswesen, in der Politik, in der Wirtschaft und im sozialen Leben durchführen". Was das postkoloniale Bildungswesen anbelangen würde, so böte

2.11 Empowerment, Self-Efficacy und „kulturelle Anpassung"   51

dieses System „den Kindern wenig Anreize, ihre Fähigkeiten auszubauen, innovativ zu sein oder etwas besser zu machen als ihre Eltern" (Etounga-Manguelle 2002, S. 116). Auch die Rolle der *afrikanischen Frau* – „des missachteten Rückgrats unserer Gesellschaften" – müsse umgestaltet und aufgewertet werden; denn Frauen hätten „heute keinen Zugang zu Bankkonten, Kredit und Eigentum. Sie haben zu schweigen. Sie produzieren einen großen Teil unserer Nahrung, haben aber trotzdem kaum Zugang zu landwirtschaftlicher Ausbildung, Kredit, technischer Hilfeleistung und so fort" (Etounga-Manguelle 2002, S. 117). Abschließend fordert er – wie schon zwanzig Jahre vor ihm die kamerunische Intellektuelle *Axelle Kabou* – eine *kulturelle Erneuerung Afrikas (Kabou 1993)*, um den Herausforderungen der Globalisierung gewachsen zu sein:

> „Wir brauchen mehr Selbstbewusstsein, mehr Vertrauen zueinander und das Engagement für einen Fortschritt, der allen zugutekommt. Wir brauchen unbedingt mehr Disziplin und ein systematisches Herangehen an die Erarbeitung von Strategien beziehungsweise die Durchsetzung einmal gefällter Entscheidungen…Wir müssen bis ins Innerste unserer Moralvorstellungen und Gebräuche vorstoßen, um jene Schlammschicht abzutragen, die unseren Gesellschaften den Weg in die Moderne verlegt. Wir müssen diese Revolution in den Köpfen – ohne die es keinen Technologietransfer geben kann – selbst vollbringen. Wir müssen auf unsere Intelligenz setzen; denn wenn sie fähige Führer haben, sind die Afrikaner sehr wohl fähig, Abstand zu nehmen von der neidischen Eifersucht, der blinden Unterwerfung unter das Irrationale und der Lethargie, die unser Verderben sind" (Etounga-Manguelle 2002, S. 118; siehe auch ähnliche Argumente bei Sye 2010 und Adukule 2016).

Mit Sicherheit werden zahlreiche Afrikanerinnen und Afrikaner dieses hier gezeichnete konservative, statische Weltbild ablehnen und auf die Existenz eines *kulturellen Anpassungswandel* hinweisen, der längst im Gange sei, der auch immer bestanden hätte (Beier 1999) und der sich bereits in vielfältige Formen, Institutionen und Symbolen ausdifferenziert hätte (Beer 2017, S. 71f. und Schulz & Seebode 2010). Auch der Journalistin *Bettina Gaus* sind bei ihren Reisen zur allmählich entstehenden „Mittelschicht Afrikas" ganz andere Menschen begegnet als diejenigen, die von Etounga-Manguelle als „typisch afrikanisch" beschrieben wurden (Gaus 2011), – nämlich Kaufleute, Rechtsanwälte, Lehrer, Künstler, Bräute oder Verwaltungsangestellte, alles moderne Menschen, die ganz ähnliche Träume von einem besseren Leben hätten, wie auch die meisten Europäer (Siehe auch die Berichte der ugandischen Rechtsanwältin *Winnie Adukule*; Adakule 2016). Die US-amerikanische Anthropologin *Kelly M. Askew* hat anhand der ostafrikanischen Suaheli-Kultur die Dynamik der afrikanischen Stadtgesellschaften aufgezeigt, in der die Bipolarität *modern-traditionell* längst überwunden und durch permanenten sozio-kulturellen Wandel verdrängt worden sei. Seit zweitausend Jahren hätten

Händler der Suaheli-Küste (im heutigen Tansania und Kenia) mit den Staaten Indiens Handel getrieben und dabei gelernt, ausländische Einflüsse in heimische Kulturmuster innovativ einzufügen und so einen relativen Vorsprung zu nutzen: „Sie eigneten sich fremde Elemente an, aber gleichzeitig arbeiteten sie intern bestehende Elemente in neue Kompositionen um. Und da sie vertraut waren mit Wettbewerb, besiegten sie potentielle Rivalen – mit ihrem kunstvollen Sprachgeschick. Mit anderen Worten, die ästhetischen Prinzipien, die wir in *ngoma* [Tänze traditioneller Herkunft] und *dansi* [modernere Tänze] identifizierten, waren in wirtschaftlicher Hinsicht nützlich und konnten den wirtschaftlichen Erfolg der Suaheli erklären helfen" (Askew 2003, S. 632). Zudem muss man sich heute afrikanische Städte als vibrierende *melting pots* (Schmelztiegel) der Kulturen und Völker vorstellen, in denen Menschen unterschiedlicher Herkunft, oftmals jeweils in eigenen Stadtvierteln lebend, einen regen Austausch pflegen, weil sie jede sich bietende Möglichkeit nutzen, um ihr Einkommen zu vergrößern und um an sozialen und familiären Netzwerken, die allein das Überleben sichern, teilnehmen zu können (Locatelli & Nugent 2009; Beer, Fischer & Pauli 2017: Stadtethnologie, S. 317-334).

Vor allem muss dem Eindruck entgegen getreten werden, dass afrikanische Volkskulturen statisch und nicht veränderlich seien (Harding 1999, S. 126-162). Ohne die „geistige Erstarrung" post-kolonialer Eliten in Nigeria und anderswo abzustreiten, hat der Romanautor *Chinua Achebe* von der Kultur der *Yoruba* und der *Igbo* Nigerias ein ganz anderes Bild gezeichnet: Heranwachsende wurden traditionell im Geiste der Toleranz, der Ehrfurcht vor Eltern und Älteren und der Eigenverantwortlichkeit erzogen. ‚Absolute Wahrheiten' waren eher verpönt; man glaubte „an die Möglichkeit gleichzeitiger Wahrheiten" und war konditioniert, pragmatische Lösungen für Probleme zu finden, vornehmlich im Kreis der *extended family*, die sich von Göttern und Ahnen teils beschützt, teils bedroht sah (*Chinua Achebe*, *Wole Soyinka* und *Rowland Abiodun* in Gesprächen mit dem Anthropologen und Künstler *Ulli Beier*; Beier 1999, S. 13). Erst durch die Begegnung mit dem Westen und seiner modernen Konsumwirtschaft seien afrikanische Kulturen in die Krise geraten: Nun sei „eine Situation entstanden, in der das Geld höher bewertet wird als der Mensch... Das elitäre Denken reicher Yoruba-Geschäftsleute und Politiker hat extreme Ausmaße angenommen. Sie isolieren sich von der Gemeinschaft. Sie bauen sich riesige Betonburgen, um ihre unrechtmäßig erworbenen Gewinne zu schützen. Hier kommt es zu den schwersten Konflikten. Wir haben eine Klasse, die täglich reicher wird und uns einen fremden Lebensstil aufnötigt" (Beier 1999, S. 158-160). *Ulli Baier*, der in den 1990er Jahren an der Universität Bayreuth das *Iwalewa*-Haus als Ort der Begegnung mit afrikanischen Wissenschaften und Kulturen gründete, beschrieb die Yoruba-Kultur, um deren Erhalt er sich – nicht ganz vergebens – bemühte, wie folgt: „Was die Yoruba-Kultur so schön und so lebendig macht, ist ihre Flexibilität und Anpassungsfähigkeit. Sie lässt sich nicht auf Regeln verkürzen, und es gibt kein heiliges Buch, das von Gott diktiert zu sein behauptet. Es gibt keine zehn Gebote. Und da die Yoruba keinen Katalog von Geboten und Verboten aufgestellt haben, hieß es, die Yoruba wäre unmoralisch!" (Beier 1999, S. 164). Heute sind Kultur und Kunst der Yoruba – vor allem der *Osun-Hain in Osogbo* – als Weltkulturerbe anerkannt worden, und der weltberühmte Maler *Twins Seven Seven*, der aus der Künstlerkolonie von *Osogbo* hervorgegangen ist, gehört heute zu den gefeierten Repräsentanten der afrikanischen Moderne.

Mit Sicherheit werden die Stereotypen von *Etounga-Manguelle* auch nicht den Afrikanern in der europäischen und amerikanischen *Diaspora* gerecht, die gelernt haben, sich in fremden Kulturmilieus zurechtzufinden, und die Mitglieder der globalen Moderne geworden sind. Untersucht man kritische Schilderungen vom kulturellen Verhalten von Afrikanern im zeitgenössischen Kontext, so finden sich aber tatsächlich häufig empirische Belege für Gesinnungs- und Verhaltensweisen, die man wohl als *nicht kontext-gemäß* bezeichnen kann (Kabou 1993; Chabal & Daloz 1999; Ayittey 2005, Calderesi 2006, Tetzlaff 2008, Mbeki 2009, Wrong 2009, Sy 2010). Allerdings dürfen die aktuellen Glanzleistungen moderner afrikanischer Kultur nicht unerwähnt bleiben – in Literatur und plastischer Kunst, in Malerei und Musik (Asserate 2010), in Sport und Wissenschaft. Afrikanische Romane beispielsweise spiegeln höchst einfühlsam eine sehr komplexe Realität postkolonialer Gesellschaften wider – eine Fundgrube für jeden, der hinter die Kulissen des lärmenden Alltags schauen möchte (Schraeder 2000, S. 194 -216; Seiler-Dietrich 2007).

Auch jüngere Untersuchungen, die sich mit *Kultur und Religion* beschäftigen, erhärten die Erkenntnis, dass religiöse Vorstellungen die Entwicklungsperspektiven einer Gemeinschaft sehr oft stark beeinflussen. Das gilt zum Beispiel für die Vielzahl von muslimischen Moscheegemeinschaften und christlichen Pfingstkirchen (*pentecostal churches*), die Afrika zu einem ‚Kontinent der boomenden Kirchen' gemacht haben (Heuser 2015). So hat *Birgit Meyer* (Lehrstuhlinhaberin für Religionswissenschaften an der Universität Utrecht) den seit Jahren anhaltenden *Boom der Pfingstkirchen* in Westafrika als Reaktion auf sozio-ökonomische Veränderungen im Kontext der Globalisierung interpretiert und den erneuerten Glauben als pragmatische Lebenshilfe gedeutet: „Die Pfingstkirchen helfen dem einzelnen Gläubigen bei der Ablösung von althergebrachten Sozialstrukturen, zu denen auch die alten Götter gehören. Der Heilige Geist werde oft als Messer dargestellt, das die alten Blutsbande trennt und die Herauslösung des Individuums ermöglicht. ‚Brich mit deiner Vergangenheit', riefen die Prediger den Gläubigen zu, ‚sei ein wiedergeborener Mensch ohne alte Prägungen'. Insofern sind die Pfingstkirchen ein Projekt der Moderne" (Meyer 2013, S. 30-31).

2.12 Mikrokredite – ein Rezept gegen die Armut?

Der Wirtschaftswissenschaftler *Prof. Muhammad Yunus*, Friedensnobelpreisträger des Jahres 2006 und Gründer der *Grameen Bank* in Bangladesch, überraschte die Welt mit der Vision, bis 2030 die Armut in der Welt vollständig ausrotten zu wollen (Yunus 1999, Yunus 2006). Als Mittel wurden Mikrokredite angepriesen, die eine „ländliche Bank" (die Übersetzung von *Grameen Bank*) an eine Gruppe von jeweils sieben Kleinstunternehmerinnen vergeben würde, um diese vor unseriösen Kredithaien zu schützen. Auch Mikrokredite der *Grameen Bank* müssen vom Kollektiv der Schuldnerinnen zurückgezahlt werden, aber die Kreditzinsen sind weitaus niedriger als die üblichen Wucherzinsen der lokalen Zwischenhändler und Geldverleiher: Erstere liegen bei 20 % und mehr in Bangladesch und zwischen 15 % und 70 % in Subsahara-Afrika. Die ungünstige Kostenstruktur in Afrika – die zuweilen geringe Bevölkerungsdichte und die schlechten Verkehrsverhältnisse – macht die Betreuung der Kunden extrem mühsam und kaum rentabel: Zwei Drittel der Zinserträge eines Kredits werden in Extremfällen von den Verwaltungskosten aufgezehrt. Gleichwohl ist das Potential für Mikrokredite in Afrika groß, weil der wachsende *informelle Sektor* noch lange nicht gesättigt ist.

Als *informeller Sektor* wird derjenige Wirtschaftssektor bezeichnet, in dem nicht die üblichen Regeln einer Marktwirtschaft oder einer staatlichen Planwirtschaft gelten; denn die Beschäftigten im informellen Sektor haben weder geregelte Arbeitszeiten, noch festgelegte Vergütungen, noch eine qualifizierte Schulbildung oder Berufsausbildung. Daher ist die Annahme gut begründet, dass in diesem Sektor die Nachfrage nach Mikrokrediten tendenziell hoch ist, weil das als die einzige Chance für talentierte, unternehmungsmutige Kleinunternehmer und Angestellte erscheinen muss, sich aus der Armut herauszuarbeiten. Nur unter dieser Bedingung ist auch die Annahme berechtigt, dass der informelle Sektor nicht ein trostloses *Abstellgleis* für nicht-vermittelbare Arbeiter und Arbeiterinnen im formellen Privat- oder Staatssektor ist, sondern als *Sprungbrett* für Mutige, denen bisher nur das Startkapital fehlte. Da Mikrokredite oftmals für Nahrungsmittelproduktion und andere Grundbedürfnisse vergeben werden, sind ihre Nutznießer von Schocks und Schwankungen der globalen Wirtschaft weniger abhängig und verwundbar als andere Schuldner. Exzeptionell sind die sehr geringen Ausfallquoten bei der Vergabe von Mikrokrediten. Sie liegen nach Angaben der Vereinten Nationen bei 2 %. Frauen gelten als zuverlässigere, sozialverantwortlichere Schuldner mit hoher Zahlungsmoral, denn sie wissen, dass sie nur einmal eine Chance bekommen. Wer einmal die fälligen Zinsen nicht zahlen kann, erhält keinen weiteren Kredit. Mikrokredite sind an konkrete Projekte gebunden und werden vielfach an Dorfgemeinschaften vergeben, „was nicht zuletzt den sozialen Druck auf jede einzelne Kreditnehmerin erhöht. Da die Gruppe zudem gesamtschuldnerisch für die fristgerechte Rückzahlung aller Kleinstkredite haftet, ist die Kreditdisziplin auch deshalb hoch" (HWWI 2010, S. 75).

Idee und Praxis der *Grameen Bank* haben sich inzwischen auch in China, Indien, Afrika und in weiteren Weltregionen ihren Platz erobert, so dass geschätzt wurde, dass zwischen 1980 und 2010 etwa 500 Millionen Menschen solche Mikrokredite in Anspruch genommen hätten, davon knapp 12 % Afrikaner (HWWI 2010, S. 74). Die Summe aller Mikrokredite belief sich im Jahr 2009 auf schätzungsweise 45 Mrd. US$ (HWWI 2010, S. 76). Anders als offizielle *EZ-Programme* versteht sich Mikrofinanz als Hilfe von unten – d. h. als ein ‚*bottom-up*-Ansatz'. Die durchschnittliche Größe eines Mikrokredits betrug in Asien 150 US$ und in Afrika rund 300 US$, bei einer Frauenquote von 80 % in Südasien und etwa 60 % in Afrika. Mikrokredite sind also im Einzelfall nützliche Hilfen, sollten aber nicht als ‚die' Lösung des Armutsproblems idealisiert werden.

2.13 Postkoloniale Ansätze und *post-development* Ansätze

Schon in den 1990er Jahren verschafften sich Kritiker der gängigen, weitgehend als erfolglos wahrgenommenen Entwicklungshilfepolitik der OECD-Staaten und der Weltbank Gehör mit Studien, die dem Entwicklungs-Paradigma grundsätzlich seinen Nutzen absprachen und eher nach *Alternativen zur Entwicklung* als nach alternativen Entwicklungstheorien suchten. Damit verbunden war oftmals eine Kritik am „*entfesselten Kapitalismus*", der heute von vielen als Bedrohung wahrgenommen wird – speziell in Ländern der Dritten Welt mit Hinweis auf die Allmacht globaler Konzerne (Jessen 2006). Gerade auch Forscher aus Lateinamerika perzipierten „Entwicklung" nicht als *Hilfe zur Selbsthilfe*, wie die offizielle Rechtfertigungsformel der OECD-Mitgliedsländer lautete, sondern als irreführende Ideologie des Westens (Ziai 2014, S. 405). Sie rügten den *Ethnozentrismus* der Westler, „der das Fremde nur als zurückgebliebene Form des (als positive Norm gesetzten) Eigenen, als ‚weniger entwickelt', als „defizitär", zu begreifen in der Lage gewesen sei. Die Kritik bestritt mithin zum einen die Überlegenheit der ‚entwickelten' Gesellschaften, zum anderen aber auch die Möglichkeit des Vergleichs kulturell unterschiedlich geprägter Lebensweisen anhand einer universellen Werteskala. Sie beharrte auf der *Pluralität* und *Diversität* gleichgewichtiger Werte (Ziai 2014, S. 408).

Postkoloniale Ansätze weisen auf die Fortdauer kolonialer Differenzen hin, die für die Aufrechterhaltung von Herrschaft wichtig waren und sind (Siehe die Beiträge von J. Comaroff, A.-M. Brandstetter, G. Hauck & R. Kößler in Schulz & Seebode 2010,

S. 29 – 86). So knüpft die postkoloniale Entwicklungszusammenarbeit (EZ) an Muster an, die in der Spätphase der europäischen Kolonialherrschaft als *developmental colonialism* zum Einsatz kamen, als selbstsüchtige Kolonialherren endlich „ihre" Schutzgebiete „*in Wert setzen*" („entwickeln") wollten (siehe unten Kap. 5.5). Hier haben auch Studien Platz, welche die koloniale Prägung von Repräsentation und Identitäten auch nach formeller Dekolonisation untersuchen. Ihr Erkenntnisinteresse richtet sich darauf, wie auch in gegenwärtigen Diskursen Herrschaftswissen über ‚die Anderen' produziert wird und wie weniger eurozentrisch vergiftete Wissensformen aussehen könnten (Ziai 2010). *Ideengeber* dieses kritischen Verständnisses von modernen Herrschaftsformen waren *Mahatma Gandhi* in den 1930er Jahren (Ideal des einfachen Lebens; Idee der Dorf-Republiken); *Karl Polanyi* (Kritik an der Verselbständigung des Marktsystems gegenüber Gesellschaft und Natur in „Great Transformation"); *Ivan Illich* (Abkehr vom wirtschaftlichen Wachstumsidol durch Selbstbegrenzung des Menschen; milieugemäße Begrenzung von Technik, Industrie und Bürokratie); *Michel Foucault* (Alles Wissen sei „machtverstrickt" und müsse „dekonstruiert" werden); *Edward Said*, der Autor von „Orientalism" (kulturelle Identitäten seien vom Westen „essentialistisch" definiert und verzerrt worden); *Stuart Hall* (Hybridität von Identitäten und Kulturen sei der Normalfall in der Geschichte). Postkolonialisten wehren sich heute gegen die Entpolitisierung sozialer Ungleichheit als „Entwicklungsproblem", oftmals als Mangel an Kapital, Technik und Expertenwissen fehlinterpretiert. Marxistische Kritiker haben eingewandt, dass die Analyse der materiellen Verhältnisse oftmals vernachlässigt würde, „zugunsten von bloßen Repräsentationen" (Siehe dazu *Peripherie Nr. 120* (November 2010) mit dem Schwerpunkt: Postkoloniale Perspektiven auf „Entwicklung" sowie *Ashcroft, Griffiths & Tiffin* 2007).

Die Anhänger des *Post-Development*-Ansatzes sehen in der generell praktizierten Politik von *Entwicklung* weder ein erstrebenswertes, noch ein für die Menschheit als Ganzes realisierbares Ziel. Vielmehr sehen sie darin ein Konstrukt, das vor allem das Ziel verfolgen würde, die Vorherrschaft der industriellen Metropolen über den Rest der Welt zu festigen (Sachs 1993). Als geistiger Urvater der *Post-Development*-Befürworter gilt der französische Philosoph *Michel Foucault*, der die *diskurstheoretische* Überzeugung ins Spiel brachte, dass die Moderne durch alle möglichen Formen von unheilvollen, einseitig kontrollierten Machtbeziehungen geprägt sei. *Macht*, so glanzvoll und furchterregend sie auch erscheinen möge, sei keine Substanz, sondern nur eine bestimmter *Typus von Beziehungen* zwischen Individuen, wobei der Staat mit seinem Ensemble von Institutionen, Prozeduren, Analysen und Reflexionen die komplexeste und wichtigste Form politischer Steuerung darstellen würde (zitiert nach Reese-Schäfer 2000, S. 239; siehe auch Heidemann 2011, S. 131f.). Diskurse würden das Denken bestimmen, und wer den Diskurs über Wahrheit und Gesellschaft bestimme, der übe Macht aus; so würden *alternative Formen des Wissens* ausgeschlossen, was somit die Autonomie nicht-westlicher Gemeinschaften bedrohen würde (Ziai 2014, S. 408-409). Freilich ist hier zu hinterfragen: Autonomie wozu? Ist kulturelle Autonomie in der Ära der Globalisierung noch möglich?

Auch *Ulrich Menzel* hat in seiner Kritik an Entwicklungstheorien und Entwicklungspolitik dem Entwicklungsbegriff die Qualität als ein emanzipatorisches, aufklärerisches Projekt abgesprochen, das etwa die Durchsetzung der Moderne in den Süd-Ländern der Erde verfolgen würde. Vielmehr ginge es heute „nur noch um die Linderung der krassesten Fälle von Armut, Hunger, Bürgerkrieg, Flüchtlingselend, Menschenrechtsverletzungen, Zerfall von Staaten und Auflösung staatlicher Ordnung schlechthin". Es drohe sogar eine „*De facto-Rekolonialisierung*" in manchen Teilen der Welt, „sei es durch die Auflagen des IMF, die Blauhelme der Vereinten Nationen, die diversen Konditionen der Entwicklungszusammenarbeit (Menschenrechtsauflagen, Umweltverträglichkeit, Frauenkomponente etc.)" (Menzel 2010, S. 155).

Zusammenfassend kann mit *Aram Ziai* festgehalten werden: In den Augen der *Post-Development*-Autoren ist der gängige Entwicklungsdiskurs als „eurozentrisch, machtverstrickt, ökonomistisch und herrschaftsförmig" zu kritisieren und erfülle zudem eine ideologische Funktion (Ziai 2014, S. 414). Diese ablehnende Haltung ist jedoch bei zahlreichen Autoren auf Kritik gestoßen, die etwa auf Erfolge bei der Armutsbekämpfung durch Entwicklungspolitik oder auf den unerwarteten Anstieg der Lebensqualität in den asiatischen Schwellenländern hinweisen konnten. Eine überzeugende Alternative zu den gängigen Entwicklungstheorien und Entwicklungsparadigmen wurde bislang nicht vorgelegt, wobei die zentrale Erkenntnis der *Post-Development*-Kritiker nicht kleingeredet werden soll, dass nämlich das westliche Wirtschaftsmodell (mit dessen Fetischisierung des wirtschaftlichen Wachstums um jeden Preis) weder eine globale Anwendbarkeit noch eine globale Akzeptanz für sich in Anspruch nehmen kann (Goldberg 2008; Hennings 2009; Tandon 2016). Dementsprechend hat der aus Ghana stammende Ökonom *George Ayittey* in seinem Buch „*Africa Unchained. The Blueprint for Africa's Future*" eine „neue Entwicklungsstrategie" konzipiert, die um die Vision einer *partizipativen Dorf-Entwicklung* in einer befriedeten Gesellschaft kreist (Ayittey 2005; siehe auch Olopade 2014). Der Test ihrer Praxistauglichkeit steht hier allerdings noch aus.

2.14 Fazit: Entwicklung – die Diskussion geht weiter

Am Ende dieses Überblicks über einige lehrreiche Entwicklungstheorien und Entwicklungsdiskurse soll festgehalten werden, dass es bei den international geführten *developmental debates* zahlreiche Ansätze, Perspektiven, Paradigmen und Theoreme gibt, die sich oftmals widersprechen und jeweils unterschiedliche empirische Befunden beleuchten. Eine Meistererzählung hat sich nicht finden lassen, wohl aber einige plausible Erfahrungswerte. Vor zwanzig Jahren schon hatte *Wolfgang Hein* drei länderübergreifende „*Grunderkenntnisse*" formuliert: *Erstens*: Eine Strategie zur Überwindung von Armut müsste an einer breiten Förderung verbesserter *Einkommenschancen auf dem Lande* ansetzen. Zweitens: Arme Gesellschaften müssten die Voraussetzungen schaffen, selbst die wirtschaftlichen Strukturen für eine kontinuierliche *Verbesserung der Bedürfnisbefriedigung* zu schaffen, „ohne Abhängigkeit von externer Hilfe". Hierzu habe sich „die Kombination marktwirtschaftlicher Allokationsmechanismen mit einer gezielten Förderung wesentlicher Verknüpfungen der internen Wirtschaftsstruktur sowie einiger, den lokalen Möglichkeiten angemessener Exportsektoren im allgemeinen als sinnvoll erwiesen". Auch der Ausbau der sozialen und physischen Infrastruktur sei „von zentraler Bedeutung". *Drittens* solle die „*ökologische Nachhaltigkeit der Entwicklung* nicht aus dem Auge verloren werden". Allerdings, fügte *Hein* warnend hinzu, würde jede Entwicklungstheorie in der Praxis scheitern, die nicht die *spezifischen Merkmale* und Dynamiken der lokalen Gesellschaft und ihrer Position in der Weltgesellschaft berücksichtigen würde (Hein 1998, S. 374). Auffallend war, dass der externen Entwicklungshilfe keine wesentliche Rolle beigemessen wurde. Etwa zur gleichen Zeit veröffentliche der Bremer Kulturwissenschaftler *Dieter Senghaas* seine Thesen zur Entwicklungstheorie, die in der Erkenntnis gipfelten, dass ohne eine die *Industrialisierung* begleitende Produktivkraftentwicklung im landwirtschaftlichen Sektor eine gedeihliche Entwicklung nicht zu erwarten sei und dass es im Zuge der Modernisierung der Gesellschaft „erweiterter Möglichkeiten der politischen Partizipation" bedürfe (Senghaas 1979 und Senghaas 1998). Wer wollte dem widersprechen? Inzwischen aber ist die Diskussion detaillierter und breiter geworden (Szirmai 2005, Goldberg 2008, Hennings 2009, Hahn 2009, Stockmann 2010, Faust & Neubert 2010, Schulz & Seebode 2010, Nebe 2011, Meyns 2011, Nuscheler 2012, Tandom 2014, Rauch et al 2016, Mills, Herbst, Obasanjo & Davis 2017) und hat meines Erachtens folgende Zwischenergebnisse und Denkanstöße hervorgebracht.

ERSTENS. Angesichts der fortschreitenden Differenzierung der „Dritten Welt" unter den gegenwärtigen Bedingungen der Globalisierung sollte von *Generalisierungen* Abstand genommen werden; denn die ‚Großtheorien' haben sich fast alle als defizitär oder als nur partiell zutreffend erwiesen. Zu den inzwischen wider-

2.14 Fazit: Entwicklung – die Diskussion geht weiter

legten Lehrsätzen von einst gehören beispielsweise die Hypothese, dass Exporte von Rohstoffen (Bergbauprodukte und Landwirtschaftsgüter) aus armen Ländern zur wirtschaftlichen Entwicklung nichts Wesentliches beitragen könnten (Szirmai 2005, S. 5-6), oder die Hypothese, dass die Produktion für den Weltmarkt, dem *Less Developed Countries* (*LDCs*) auf Grund ihrer *strukturellen Abhängigkeit* von technisch-wissenschaftlichen Metropolen auf Gedeih und Verderb ausgeliefert seien, eine *Sackgasse* der Entwicklung darstellen würde. Als ebenso mangelhaft hat sich die Annahme der Modernisierungstheoretiker erwiesen, dass Kapitalmangel das alles entscheidende *missing link* der Entwicklung sei (was aber *Jeffrey Sachs* heute noch behauptet; Sachs 2005) und deshalb ‚mehr Entwicklungshilfe' den Weg aus der ‚Armutsfalle' weisen könnte (kritisch dazu: Calderesi 2006, Easterley 2006, Goldberg 2008; Mills, Herbst, Obasanjo & Davis 2017).

ZWEITENS: ‚Entwicklung' als Bestandteil der Moderne ist heute sinnvollerweise nur „im Plural möglicher Entwicklungswege zu denken".(Goetze 1997, S. 436). Durch die differenzierten kritischen Entwicklungsdiskurse, wie sie nicht zuletzt von Repräsentanten des *Post-Development* und der (feministischen) *Gender-Forschung* geführt werden, ist eine heilsame *Sensibilisierung* für ungerechte, asymmetrische Gesellschaftsstrukturen und Geschlechterbeziehungen möglich geworden, die auch dem Lokalen mehr Bedeutung beimisst (Haidara 1992; Harding 1999; Schiefer 2002; Goldberg 2008; Hennings 2009; Meyns 2009). Heute ist *cultural diversity* Trumpf (Heidemann 2011; Verschuur, Guérin & Guétat-Bernard 2014; Mersmann & Kippenberg 2016).

DRITTENS: Diese Auflösung der Moderne in mannigfaltige, sich teils überlappende, sich teils widersprechende Modernitäten ist aber mit einer weit verbreiteten *Verunsicherung bezüglich der Begriffe, Normen und Praktiken* im Umfeld von Entwicklungspolitik und Gesellschaftanalyse erkauft worden. Jede Aussage kann auf unentdeckte Botschaften und ‚Fallen' hinterfragt werden, so dass Entwicklungskonzepte, die eines Mindestmaßes an Generalisierung bedürfen, wenn sie einer bestimmten Zielgruppe dienen sollen, auch immer angreifbar sind. Eine solche berechtigte Sensibilisierung darf aber nicht zu Handlungsohnmacht führen, womit Menschen in Entwicklungsländern wohl kaum gedient wäre. Es genügt nicht, ‚Entwicklung' als Mythos zu verunglimpfen oder als Ausdruck von Eurozentrismus ‚dekonstruieren' zu wollen. Wer politisch etwas bewegen will, muss „sich theoretisch anstrengen" (Altvater & Mahnkopf 1996, S. 575). Nicht zuletzt im Bereich der *Ethnologie*, in der es um „ein Verstehen der Bedingungen, Möglichkeiten und Grenzen menschlicher Lebensweisen (Kulturen) geht" (Fischer 2017, S. 28) sowie in den *Gender-Studien* haben solche theoretische Anstrengungen ihren *sensibilitätsfördernden* Niederschlag gefunden (Schulz & Seebode 2010; Verschuur, Guérin & Guétat-Bernard 2014; Luig 2017). Benötigt werden demnach kontextbezogene Politiken, die jeweils spezifische lokale Gesellschaftsbedürfnisse durch Mobilisierung eigener Potentiale zu befriedigen geeignet sind.

VIERTENS: Bei Analysen über Länder der Dritten Welt sollte m. E. als erster Schritt die Bestimmung des Typs des Entwicklungslandes stehen, wobei *ordnungspolitisch vier Typen* zu unterscheiden sind[2]:

1. *Gelenkte Marktwirtschaften* als *Newly Industrializing Countries (NICs)* oder auch ‚Schwellenländer'.
2. Die *Renten-Ökonomien*. Ihnen geht es um die Maximierung von Exporterlösen (*Renten*), die aus der staatlichen Kontrolle über wirtschaftliche Ressourcen erzielt werden, deren Wert auf Weltmärkten realisiert wird.
3. Klassische *Rohstoff-Ökonomien*, abhängig vom Export von zwei oder drei Rohstoffen und ohne wettbewerbsfähige Industrien. Konjunkturell bedingt, können sie wirtschaftliches Wachstum generieren oder auch nicht.
4. *Gewaltökonomien*, die sich durch illegale und/oder kriminelle Aktivitäten wie Piraterie, Diamanten- und Drogenschmuggel, Menschenhandel und Plünderung reproduzieren. Die vom *Staatszerfall* heimgesuchten Menschen überleben durch Rückzug auf die *Subsistenzökonomie*, durch Migration oder mittels internationaler Katastrophenhilfe.

Aufgaben

1. Nennen Sie die Unterschiede zwischen Modernisierungs- und Dependenz-Theorien.
2. Worin unterscheidet sich der Bielefelder Verflechtungsansatz von anderen Theorien?
3. Beschreiben Sie zentrale Fragestellungen und Themen der Gender-Forschung.
4. Erläutern Sie die kontroversen Aussagen über den Zusammenhang von Kultur und Entwicklung.

---

2 Im Schlusskapitel habe ich diese vier Typen von ökonomischen Systemen mit vier Mustern politischer Systeme kombiniert, was eine Matrix von 13 möglichen *Typen von Entwicklungsländern* ergibt.

Das Erbe von Sklavenhandel und Kolonialismus

3.1 Fünf Phasen der afrikanischen Geschichte

Es gibt wohl nur wenige SozialwissenschaftlerInnen, die die Erkenntnis verdrängen oder kleinreden würden, dass der Kontinent Afrika mit seinen Großreichen und Tausenden von kleineren Gemeinden seit dem atlantischen Sklavenhandel (d. h. unter dem Einfluss *externer* Mächte) stark geprägt worden ist, – mit Auswirkungen bis heute (zur Debatte siehe Rodney 1976; Harding 1999; Iliffe 1969; Iliffe 2000; Ansprenger 2002; Marx 2004; Nugent 2004; Meredith 2005; Speitkamp 2005; Parker & Rathbone 2007; Bayart 2009; Osterhammel 2003; Nugent 2004; Osterhammel 2009; Eckert, Grau & Sonderegger 2010; Fukuyama 2015). Betrachtet man zunächst die jüngere Geschichte Afrikas, konzentriert aus der Vogelperspektive, so lassen sich *fünf Phasen* unterscheiden:

- Phase 1: Die lange Phase des *atlantischen Sklavenhandels* mit seinem Höhepunkt zwischen der Mitte des 17. Jahrhunderts und dem Ende des 18. Jahrhunderts: Sie begann, nachdem europäische Kolonialisten entdeckt hatten, dass die karibischen Inseln für den Anbau von Zuckerrohr sehr geeignet waren und dazu große Mengen von Arbeitskräften ‚importiert' werden mussten. Sie endete mit der Bewegung in Europa zur Abschaffung der Sklaverei (genannt die „Abolitionisten") und mit dem Bürgerkrieg in den USA 1861-1865.
- Phase 2: Das 19. Jahrhundert als eine *Zeit großer Umbrüche*, einerseits ausgelöst durch Reformen von afrikanischen Gesellschaften selbst, andererseits durch die Frühphase der Politik der allmählichen Inbesitznahme und *Penetration* afrikanischer Gebiete durch Kaufleute, Handelsgesellschaften und Militärexpeditionen aus Europa. Letzteres geschah namentlich in Ägypten (beginnend mit Napoleons ‚Nordafrika-Expedition' 1799), in Algerien (seit 1830, wobei Algerier drei Jahrzehnte lang Widerstand leisteten), in vier Hafenstädten des Senegal sowie in Südafrika, wo die Funde von Gold und Diamanten Begehrlichkeiten

weckten. Gleichwohl war das 19. Jahrhundert „*im Wesentlichen ein Jahrhundert von Afrikanern selbst gestalteter Geschichte, gekennzeichnet in allen Regionen des Kontinents durch räumliche Erweiterung politischer Systeme zu Flächenstaaten... Viele dieser Staaten führten neue Formen der gesellschaftlichen Organisation ein. Das bedeutete nicht nur schlagfähigeres Militär, wie z. B. bei den Zulu, sondern auch neue Wirtschaftsweisen (an der Westküste Export von Palmöl als Ersatz für Sklaven) und besonders bei den vom Islam beeinflussten Völkern Reformbewegungen zur Reinigung und Vertiefung des Glaubens sowie Aktivierung der von ihm geforderten Taten*" (Ansprenger 2002, S. 64-65).

- Phase 3. Es ist die Zeit der *formellen Kolonisation:* Durch imperialistische Rivalitäten zwischen England und Russland (Afghanistan, Indien) sowie durch interne Spannungen in den sich industrialisierenden Staaten Europas war ein *Kolonialfieber* ausgelöst worden, das schließlich seit den 1880er Jahren zu einer großflächigen allgemeinen *Balgerei um Afrika* und seine Rohstoffe und Märkte führen sollte. Hauptbeteiligte waren England, Frankreich, Portugal, Belgien, Italien und Deutschland. Diplomatischer Höhepunkt war die Berliner Kongo-Konferenz 1884/85 unter Leitung des deutschen Reichskanzlers *Otto von Bismarck*. Man hat sie auch als die „Hochphase des Imperialismus" (1880-1960) bezeichnet (Osterhammel & Petersson 2003).
- Phase 4: Die Phase der *Dekolonisation* begann nach dem *Zweiten Weltkrieg* mit der Erlangung der staatlichen Unabhängigkeit von Libyen (1951), Tunesien (1956), Sudan (1956) und der Goldküste/Ghana (1957), und erreichte im Jahr 1960 den ersten Höhepunkt mit der Befreiung von 17 Kolonien, darunter fast aller *frankophonen* Gebiete. Sie endete schließlich mit der letztlich doch noch gewaltarmen verhandelten Dekolonisation von Namibia im Jahr 1990 – der Lostrennung von ‚Südwestafrika' von Südafrika, das selbst vier Jahre später mit dem Wahlsieg des *African National Congress* unter der Führung von *Nelson Mandela* das Apartheitssystem überwand. Während die sieben weißen Siedler-Kolonien (Algerien, Kenia, Rhodesien/Simbabwe, Namibia, Südafrika, Mosambik und Angola) nur mittels militärischem Widerstand seitens afrikanischer Befreiungsbewegungen befreit werden konnten, vollzog sich der Regimewechsel in allen anderen Kolonien als Prozess des politischen Aushandelns von Herrschaftskompromissen zwischen zögerlichen Kolonial-Europäern und nach Freiheit verlangenden afrikanischen Eliten (Le Suer 2003; Shipway 2008).
- Phase 5: Die *post-koloniale Phase* umfasst die sechs Jahrzehnte seit der Erlangung der politischen Unabhängigkeit (von 1956/1960 bis heute). Bezeichnend für sie waren a) zunächst die Abhaltung von freien Parlamentswahlen zur Unabhängigkeit; b) die Zentralisierung von politischer Macht durch autoritäre Präsidialregime im Namen von *nation-building* und *state-building*, gegen die häufig

das eigene Militär putschte; c) die vielfältigen Anstrengungen der nun befreiten Länder, um ihre kolonial deformierten und rückständigen Ökonomien durch Entwicklungshilfe-Projekte zu ‚entwickeln'; und d) die relativ hohen nationalen Investitionen in das bislang vernachlässigte Bildungswesen und andere Bereiche der Infrastruktur. Der Begriff *post-kolonial* bringt die noch nicht überwundene Kontinuität der Einflüsse aus der Zeit der kolonialen Fremdherrschaft auf Kultur, Wirtschaft und Gesellschaft afrikanischer Länder zum Ausdruck (Hall 1996; Ashcroft/Griffiths/Tiffin 1998; Mbembe 2014). Diese Phase umfasst auch die jüngere Generation der *born-free people*, die den Kolonialismus nur noch vom Hören-Sagen kennen.

Imperialismus bezeichnet eine gewaltsame Herrschaftsform, die von einem territorialen oder nationalen Kern – dem Imperium – ausgeht und angrenzende Völker unterwirft, ausbeutet und beherrscht. Dabei werden ethnozentrische oder rassistische Klischees bemüht, um Unterwerfung und Ausbeutung zu rechtfertigen. „Imperialismus ist durch einen besonderen Stil von Politik gekennzeichnet: Grenzen überschreitend, den Status quo nicht achtend, interventionistisch, das Militär schnell einsetzend, Krieg riskierend, Frieden diktierend. Imperialistische Politik geht von einer Hierarchie der Völker aus, immer einer von Starken und Schwachen, meist kulturell oder rassisch abgestuft. Imperialisten sehen sich als zivilisatorisch überlegen und daher zur Herrschaft über andere berechtigt" (Osterhammel 2009, S. 621). Hingegen bezeichnet *Kolonialismus* die formelle Herrschaftsform eines sich als ‚überlegen' empfindenden Landes gegenüber einem anderen Volk, das unterdrückt und dessen Land den ökonomischen und politischen Zwecken des Mutterlandes untergeordnet und ausgebeutet wird. Imperialismus ist also der umfassendere Begriff von Fremdherrschaft.

Über die Ursachen für die Entstehung von Imperialismus und kolonialer Expansion haben vor allem „linke" Ökonomen (*Hilferding*) und Marxisten (*Lenin, Rosa Luxemburg*) Theorien entwickelt. Während die einen sagten, Imperialismus sei hauptsächlich auf den Zwang zum *Kapitalexport* der Metropolen in Überseegebiete zurückzuführen, behaupteten andere, dass die ‚hohen Profitraten' in Übersee die Unternehmen zum Kolonialerwerb verlockt hätten (Mommsen 1977). In Wirklichkeit verlief die Einverleibung afrikanischer Gebiete durch den Westen komplizierter und facettenreicher; einig ist man sich jedoch in einem: Kolonialismus bedeutete aus der Perspektive der Afrikaner vor allem Gewalt und rassistische Diskriminierung, Verleumdung der *autochthonen* Kultur und Zwang zur (partiellen) Modernisierung (Fanon 1966; Mamdani 1996; Mbembe 2014).

3.2 Kolonialgeschichte und Eurozentrismus

Die Aufarbeitung der gewaltsamen Transformationen und Brüche, die Kolonialeuropäer in Afrika bewusst oder ungewollt ausgelöst haben, hat auch in der *Historiographie* westlicher Staaten ihren Niederschlag gefunden, und zwar in der jeweiligen *Kolonialgeschichte*. Zur Charakterisierung dieses vielschichtigen Prozesses verwendet der Kasseler Historiker *Winfried Speitkamp* den Begriff der *Kolonialgeschichte*, den er wie folgt definiert: *„Kolonialgeschichte in diesem Sinne ist erstens die Geschichte von Gewalt, Eroberung und Durchdringung ebenso wie von Selbstbehauptung und Widerstand. Kolonialgeschichte ist zweitens die Geschichte der ‚kolonialen Situation', und zwar in Übersee ebenso wie in der Metropole. Das umfasst Wahrnehmungen, Begegnungen und Austauschprozesse. Hier gilt es, eine bloß dichotomische Betrachtung von Tätern und Opfern zu vermeiden und die Handlungsmöglichkeiten der Kolonisierten einzuschließen, Felder von Beteiligung, Kooperation und Kollaboration zu berücksichtigen. Kolonialgeschichte ist drittens die Geschichte der von der Kolonisierung ausgelösten gewollten und ungewollten Effekte, von Zerstörung und Niedergang ebenso wie von Entwicklung und Modernisierung, von ethnischer Zersplitterung und Auflösung ebenso wie von sozialer Rekonstruktion und Nationsbildung in kolonialer und nachkolonialer Zeit. Schließlich ist Kolonialgeschichte viertens die Geschichte der Erinnerung an Kolonialherrschaft, die Geschichte der Kämpfe um Deutungen und Bewertungen kolonialer Erfahrung. Dabei sind Metropole und ehemalige Kolonien stärker aneinander gebunden als dies heute meist wahrgenommen wird. Gerade in dieser Hinsicht ist die Kolonialgeschichte noch nicht beendet"* (Speitkamp 2009, S. 11-12).

Während früher meistens eine *eurozentrische* Sichtweise der Kolonialgeschichte zugrunde gelegt wurde (so z. B. beim Standardwerk über deutsche Kolonien von Horst Gründer), nehmen in jüngerer Zeit Studien breiten Raum ein, die der Kolonialzeit aus der Sicht der Afrikaner gerecht zu werden versuchen (so Marx 2004; Eckert, Grau & Sonderegger 2010; Zimmerer 2014, Parker & Rathbone 2007). *Eurozentrismus* bedeutet die bewusste oder unbewusste Methode einseitiger Weltbetrachtung, bei der europäische Werte und kulturelle Institutionen Europas als die natürlichen und universell gültigen dargestellt werden. Dabei werden wertbesetzte *Selbstbilder und Fremdbilder* oftmals *erfunden* oder *konstruiert*, d.h. sie entsprechen nicht immer einer objektiven Einschätzung. Die eigene Kultur wird aufgewertet, fremde Kulturen werden tendenziell abgewertet (Van Reybrouk 2012).

Lange Zeit herrschte in Europa die Meinung vor, dass Afrika ein ‚geschichtsloser', ‚dunkler' Kontinent sei, auf dem sich eigentlich nichts für die Welt Wichtiges ereignet hätte, bis zur Ankunft der Weißen (Martin 1993). In gewisser Weise ist

3.2 Kolonialgeschichte und Eurozentrismus

‚Afrika' von den Europäern erfunden bzw. konstruiert worden – als ein *Paradigma der Differenz*, des Anderssein. Der Kongolesische Philosoph V. Y. Mudimbe meinte, dass Afrika als „*ein exotisches Prisma*" gedient hätte, durch das Ausländer, meistens Europäer, gebrochene Bilder vom ‚Anderen' und von sich selbst produziert hätten (zit. nach Parker & Rathbone 2007, S. 5). Die *ethnozentrische* Methode der Geschichtsbetrachtung, eine Variante des Eurozentrismus, ist heute durch eine differenzierte, polyzentrische oder pluri-kulturelle Betrachtungsweise ersetzt worden (Harding 1999; Zimmerer 2013; Eckert 2015). Demnach waren Afrikanerinnen und Afrikaner nicht nur hilflose Opfer anderer Völker und/oder kuriose Studienobjekte von Ethnologen, sondern in vielerlei Hinsicht auch aktive Mitgestalter ihrer eigener Geschichte. Sie handelten als Feldherren, Herrscher über große Königreiche und Sultanate, als Jäger, Kaufleute, Händler und Bäuerinnen, als Goldgräber, Kunstschmiede, Gelehrte und Diplomaten. Westafrika z. B. war seit Jahrtausenden durch den legendären Goldhandel durch die Sahara mit den Handelsmächten der übrigen Welt (vor allem mit den Mittelmeeranrainern) verbunden, und nicht erst seit der angeblich so segensreichen *Erschließung* des Kontinents durch Entdecker, Kolonialpioniere und christliche Missionare aus der Welt der Weißen. Es gibt, wie überall in der Welt, auch in Afrika eine Fülle von Lokalgeschichten und Regionalereignissen, die zum kulturellen Erbe von Menschen gehören und Erinnerung und Verhalten prägen (Braudel 1993). Diese werden jetzt immer mehr erforscht oder künstlerisch gestaltet, nicht zuletzt von afrikanischen Wissenschaftlern (Nugent 2004) und Künstlern selbst (z. B. des kenianischen Schriftstellers *Ngugi wa Thiong'o*).

Zu den *eurozentrischen Klischees* über Afrika gehört die Behauptung, dass afrikanische ‚Stämme' oder ‚Horden' keine Kultur gehabt hätten. Erst durch die Begegnung mit den kulturell überlegenen Vertretern der ‚weißen Rasse' seien Afrikaner ‚kulturell gehoben' worden, d. h. durch große Mühen der Weißen seien sie auf eine ‚höhere Kulturstufe' gestellt worden. Dabei wurde auf Schulen, Missionsstationen, harte Zwangsarbeit auf Farmen, Plantagen und Bergwerken sowie auf den Eisenbahnbau verwiesen. *Aus Negern Menschen machen!* – so lautete um 1900 die Rechtfertigungsformel für die europäische Kolonialherrschaft in Afrika. Nach heutigem Weltbild würden wir sagen, unsere Vorfahren waren ungewollt-gewollt daran beteiligt, *aus Menschen Neger zu machen*, d. h. Menschen, die eine eigene Kultur besaßen, so zu verbiegen, dass sie dem eurozentrischen Bild des Weißen vom ‚Neger' entsprachen (Fanon 1980; Mbembe 2014). Da Afrikaner nun mal von Natur aus faul, träge und ungebildet seien und nur zu harter körperlicher Arbeit fähig, müssten sie zur Kultur gezwungenermaßen erzogen werden (Zimmerer 2013, S. 414f.).

Beim Prozess der formalen Kolonialisierung haben – neben Geographen, Ethnologen und Kaufleuten – auch die christlichen Missionare im 19. Jahrhundert eine wesentliche Rolle gespielt: die Basler Mission, die Norddeutsche Missionsgesellschaft mit Sitz in Bremen, die in Barmen gegründete Rheinische Missionsgesellschaft, die Gossner-Mission mit Sitz in Berlin, die französischen katholischen Väter vom heiligen Geist, um nur einige zu nennen. Nach ihrem Selbstverständnis wollten sie den in Aberglauben, Magie und Finsternis lebenden Afrikanern ‚das Licht der Zivilisation' und den ‚wahren' Glauben der christlichen Religion bringen. Nicht alle Missionare benahmen sich wie willige Helfer der europäischen Kolonialherrschaft; nicht wenige gerieten in Konflikt mit den landhungrigen weißen Siedlern und verfolgten „das konservative Ziel, aus den Afrikanern selbständige Bauern und Handwerker mit Familienbetrieben und damit Produzenten für den Weltmarkt und Nachfrager nach europäischen Waren zu machen" (Reinhard 2013, S. 291). Aber man kann wohl generell festhalten, dass kolonisierte Afrikaner christliche Missionare als den ‚weichen Teil' des kolonialen Unterdrückungssystems betrachtet haben. Objektiv gesehen waren sie nolens volens Vermittler europäischer Werte, die einen kulturellen Generalangriff auf die Lebenswelten afrikanischer Dorfgemeinschaften darstellten.

3.3 Transatlantischer Sklavenhandel und seine Überwindung

Sklaverei als *Beraubung der Freiheitsrechte des Menschen* hat es in verschiedenen Formen seit Jahrtausenden gegeben, und zwar überall auf dem Globus, wo Menschen unterschiedlicher Kulturen gewaltsam aufeinander stießen. Meistens wurden sie als Opfer von Kriegen als Beute, als Kriegsgefangene in die Sklaverei verkauft oder zu Fronarbeiten (d. h. Arbeit für den Herrn) gezwungen. Zweck der *Versklavung* war die kostengünstige Ausnutzung der fremden Arbeitskraft. In der frühen Neuzeit, als in Brasilien und in der Karibik robuste Arbeitskräfte für Zuckerrohr-, Tabak- und Baumwollplantagen in großer Zahl benötigt wurden, begann eine Ära der Zerstörung afrikanischer Lebensräume. Das Zerstörungswerk wurde mit der raschen Expansion des *Raub- und Plünderungskolonialismus* bis ins 18. und 19. Jahrhundert fortgesetzt; die ungebremste Nachfrage nach Arbeitskräften in den kolonialen Tropengebieten hat der Institution der Sklaverei in Form des *atlantischen Sklavenhandels* ihre monströse Dramatik verliehen. Sie gilt als größtes kollektives Menschheitsverbrechen der Moderne – Opfer waren damals fast ausschließlich Menschen aus Afrika (Braudel 1986, S. 479-491; Hochschild 2002; Postma 2003; Osterhammel 2009; Eckert 2010; Campbell 2010; Schicho 2010).

Beim Thema Sklaverei unterscheidet man die relativ erträgliche *Hausssklaverei,* bei der die Festgehaltenen gewisse Rechte hatten und oft auch als weiteres Familienmitglied angesehen wurden (wie etwa in der Antike), von der *Handelssklaverei,* bei der Menschen *als Ware* eingekauft, verkauft und exportiert wurden und wie völlig rechtlose *leibeigene* Arbeitskräfte behandelt wurden, denen die menschliche Würde aberkannt war. Seit den Kreuzzügen des Mittelalters gab es diese abscheuliche Praxis auch in Zentraleuropa und im Orient: Christen wie Muslime versklavten jeweils ihre Kriegsgefangenen oder verkauften sie in die Fremde, während sie darauf bedacht waren, ihren eigenen Glaubensbrüdern und -schwestern dieses fürchterliche Schicksal zu ersparen. Für Afrika hat die Sklaverei in Form des *atlantischen Sklavenhandels,* der drei Jahrhunderte dauerte (16.-19. Jahrhundert), eine ganz besonders destruktive Rolle gespielt; denn zwischen 11 und 12 Millionen Menschen sind über die Ozeane nach Nord- und Südamerika verschleppt worden. Rechnet man die große Anzahl der unterwegs in Afrika durch Erschöpfung und Krankheiten verstorbenen Menschen hinzu, erhöht sich der *Menschenverlust* des afrikanischen Kontinents auf fast 14 Millionen (nach Postma 2003; Marx 2004, S. 19).

Die Periode von 1726 bis 1850 gilt als der Höhepunkt der transatlantischen *Exportsklaverei,* die Afrika in ein globales Migrationssystem integrierte – mit indirekten Folgen bis weit ins Innere des Kontinents hinein. Jedes Jahr wurden durchschnittlich 76.000 Menschen aus Afrika exportiert; 40 % aller Sklaven gingen nach *Brasilien,* insgesamt etwa 4 Millionen. Sie stammten aus *Angola* und dem *Kongo-Becken,* kamen ferner aus der Region der *Guinea-Küste,* der „*Goldküste*" (dem heutigen *Ghana*), der *Elfenbeinküste* und anderen Regionen Westafrikas. Wegen der Schrecken der *middle passage* (während der Atlantiküberquerung auf den Segelschiffen waren Sklaven nackt und angekettet bei minimaler Ernährung) „lag die Zahl der Ankommenden um 10 bis 20 % niedriger (vergleichbar mit Verlusten von maximal 5 % auf europäischen Auswandererschiffen"; Osterhammel 2009, S. 230).

Auch der sogenannte *Orientalische Sklavenhandel* hatte desaströse Folgen für Afrika. In den Empfängerländern des orientalischen Sklavenhandels wurden Sklaven auf Plantagen oder in den Haushalten und Harems von Wohlhabenden eingesetzt. *Mohammed Ali* z. B., der als Herrscher Ägyptens nach Napoleons Einfall in seinem Land eine Art *Entwicklungsdiktatur* etablierte, benötigte Nachschub für seine Sklavenarmee, die seit den zwanziger Jahren des 19. Jahrhunderts aufgebaut wurde und die eine alte osmanische Tradition der Militärsklaverei fortsetzte. Auf dem Höhepunkt dieser Nachfrage trafen um 1838 jährlich 10.000 bis 12.000 solcher militärischer Sklaven in Ägypten ein. Dies war die große Zeit der arabischen Sklavenjagden im östlichen Sudan, am Horn und in Ostafrika: Von Khartum oder Darfur aus drangen Trupps muslimischer Sklavenjäger in die Gebiete von ‚Ungläubigen' vor, die ihnen schutzlos ausgeliefert waren. Mörderische Gefangenenkarawanen marschierten manchmal tausend Kilometer, bis sie das Rote Meer erreichten" (Osterhammel 2009, S. 230-231). Nach *Johannes Postmas* Berechnungen starben etwa 25 % der gejagten Sklaven auf dem Weg an die Küste des *Sultanats Oman* und zu den benachbarten muslimischen Herrschaftsgebieten, die bereits seit dem 9. Jahrhundert Sklaven importierten, – insgesamt etwa 9 Millionen Afrikaner (Postma 2003, S. 78f).

Europäische Kaufleute konnten sich beim Erwerb der begehrten Arbeitskräfte der afrikanischen Zwischenhändler und *Chiefs* von den Küstenregionen bedienen, mit denen sie auch andere Geschäftsbeziehungen – Handel mit Palmöl, Kakao, Erdnüssen etc. – pflegten. Denn diese Mittler ‚besorgten' das *schwarze Elfenbein* aus dem Innern des Kontinents, das den Europäern lange verschlossen blieb (allein wegen der Tropenkrankheiten und der militärisch stark gesicherten Territorialreiche). Diese Tatsache, dass Afrikaner der Küstenregionen (um selbst verschont zu bleiben) andere Afrikaner von benachbarten Stämmen und aus dem Landesinneren professionell jagten und dann die ‚Ware' als Zwischenhändler weiterverkauften, gehört zu den großen Tragödien der afrikanischen Geschichte (Braudel 1986, S. 482f.; Davidson 1992). Dabei haben Kolonialeuropäer wohl den größten Schuldanteil an der Verschleppung, weil es deren Gier und der Logik der frühkapitalistischen Produktionsweise entsprach, dass der Kontinent Afrika im Zuge des imperialen *Dreieckshandels* auf unterster Stufe in die Weltwirtschaft integriert werden sollte (Hahn 2009, S. 17f.).

Das gelang nur auf gewaltsamem Wege, da Afrika nicht primär als ebenbürtiger Handelspartner angesehen wurde, sondern als Lieferant von Arbeitskräften und Trägern für Rohstoffe wie Elfenbein, Gold, Salz und Kautschuk. Später kamen andere *Kolonialwaren* hinzu, wie Kaffee, Kakao, Erdnüsse und vor allem Baumwolle, letztere der begehrte Rohstoff für die europäische Textilindustrie. Der interkontinentale Dreieckshandel bestand darin, dass Afrika neben Gold und Elfenbein vor allem den *Rohstoff Mensch* lieferte, für den es (im späten 19. Jahrhundert) vor allem Feuerwaffen (Gewehre, Kanonen, Munition), Glasperlen und Schnaps erhielt. Die Empfängerländer der Sklaven – die beiden Amerikas sowie die Karibischen Inseln *Kuba, Haiti, San Domingo* etc.- exportierten Zucker, Gewürze, Tabak, Palmöl, Baumwolle und andere *Kolonialwaren* nach Europa, das im Gegenzug Textilien (‚Manchester'-Stoffe) und andere Konsumgüter in neu erschlossene Märkte nach Übersee verkaufte. Europäische Hafenstädte wie etwa Venedig, Genua, Lissabon, Marseille, London, Manchester, Bristol, Rotterdam und Hamburg profitierten in starkem Maße von diesem ungleichen internationalen Warenhandel.

Es gibt nicht viele Dokumente aus afrikanischer Feder, die über die Ursprünge und Praktiken der europäischen Gier nach dem *schwarzen Gold* Auskunft geben können. Desto bemerkenswerter sind die Beschwerdebriefe des zum Christentum übergetretenen Königs namens *Nzinga Mbemba Affonso*, Herrscher des *ManiKongo*-Reiches,

3.3 Transatlantischer Sklavenhandel und seine Überwindung

der im Jahr 1506 den Thron bestiegen hatte und fast vierzig Jahre lang als *Affonso I.* regierte. Er wehrte sich nach Kräften gegen die schleichende Zerstörung seines Reichs durch Bittbriefe an den portugiesischen König *Joao III*. So schrieb er z. B. im Jahr 1526: „Tag für Tag schnappen und entführen die Händler Leute aus unserem Volk – Kinder dieses Landes, Söhne unserer Edlen und Vasallen, sogar Leute aus unserer eigenen Familie...Dieses Verderbnis und Schlechtigkeit ist so verbreitet, dass unser Land völlig entvölkert wird...Wir benötigen in diesem Königreich nur Priester und Lehrer und keine Handelsgüter, außer wenn es sich um Wein und Mehl für die Messe handelt...Wir wünschen, dass dieses Königreich kein Ort für Handel oder den Transport von Sklaven sei" (zit. bei Hochschild 2002, S. 24). König *Affonso I.* kam immer wieder auf die Verführung seiner eigenen Landsleute durch die Glitzerwelt der portugiesischen Waren (Stoffe, Schmuck, Werkzeuge) zurück: „Diese Handelsgüter", schrieb er, „ üben auf einfache und unwissende Menschen einen solchen Reiz aus, dass sie zum Gegenstand ihres Glaubens werden und der Glaube an Gott in Vergessenheit gerät...Mein Fürst, eine ungeheure Gier treibt unsere Untertanen, sogar Christen, dazu, die Angehörigen ihrer eigenen Familien und der unseren zu ergreifen, um Geschäfte zu machen und sie als Gefangene zu verkaufen" (Hochschild 2002, S. 25). Am Königshof von Lissabon war man leider nicht bereit, auf die Klagen und Bitten des Mani-Kongo-Herrschers einzugehen und führte das Zerstörungswerk weiter.

Jürgen Osterhammel hat in seiner facettenreichen *Geschichte des 19. Jahrhunderts* die These aufgestellt, dass „das wichtigste Erbe des Sklavenhandels die Sklaverei selbst" gewesen sei. Sklaverei hatte es „bereits vor dem Eintreffen europäischer Sklavenhändler im 16. Jahrhundert gegeben, doch bewirkte der Sklavenhandel eine Verallgemeinerung dieser Institution und ließ Gesellschaften entstehen, deren Logik das Sklavenmachen in Kriegszügen war. Zwischen 1750 und 1850 mochte sich etwa ein Zehntel der afrikanischen Bevölkerung in einem Sklavenstatus befunden haben...Die Stadt Banamba im heutigen Mali z. B. wurde erst in den 1840er Jahren gegründet und fungierte bald als Mittelpunkt eines weitgreifenden Sklavenhalternetzes; sie war von einem 50 Kilometer breiten Gürtel von Sklavenplantagen umgeben...Vieles spricht dafür, dass Sklaverei keineswegs bloß ein archaisches Relikt der Vormoderne war, sondern dass eine sklavenbasierte Produktionsweise (*slave mode of production*) sich den neuen Möglichkeiten des 19. Jahrhunderts gut anpassen ließ...In Westafrika waren es Staaten wie das Sokoto-Kalifat, Asante und Dahomey, die Sklaven oft von weither importierten, um sie auf Plantagen oder im Handwerk arbeiten zu lassen. Die Bevölkerung der Stadt Lagos soll in den 1850er Jahren, also am Vorabend der Unterstellung unter britisches Protektorat (1861), zu neun Zehnteln aus Sklaven bestanden haben" (Osterhammel 2009, S. 232-233).

Vermutlich ist den Menschen in den christlichen Gesellschaften wie auch denen der islamischen Gesellschaften frühzeitig bewusst geworden (im Unterschied zu den Menschen der griechischen Antike), dass Sklaverei ‚Sünde' (vor Gott) oder ein ‚Verbrechen gegen die Menschlichkeit' sei. Wer sich als Fremder zum Beispiel taufen ließ oder zum Glauben übertrat, der durfte nicht mehr versklavt werden. Auch deshalb war z. B. der Übertritt zum Islam bei Menschen aus Unterschichten (z. B. in Indien) sehr beliebt, weil das mit der Hoffnung auf ein besseres Leben verbunden war. In der Forschung wird bis heute kontrovers diskutiert (Postma 2003, Marx 2004, Osterhammel 2009, Eckert 2010), welche der beiden Hauptmotive und Interessen zur *Abschaffung* der Sklaverei im 19. Jahrhundert geführt haben – moralische Bedenken oder materielle Eigeninteressen. Die Einen können darauf verweisen, dass das Erbe der Aufklärung und die christliche Verpflichtung zur Gleichbehandlung aller Menschen immer mehr politisch einflussreiche Gruppen für die Abschaffung der Sklaverei und des Sklavenhandels plädieren ließen. Die Anderen hingegen machen darauf aufmerksam, dass die Gewinnraten im internationalen Sklavenhandel mit zunehmenden ‚Lieferschwierigkeiten' nachließen und der Einsatz entlohnter Kontraktarbeiter auf den karibischen und brasilianischen Plantagen auf die Dauer kostengünstiger war. Sklaven haben oftmals Ausbrüche versucht und Widerstand geleistet, was erhöhtes Wachpersonal erforderlich machte. Außerdem kam nur ein kleinerer Anteil von geraubten und verschleppten Sklaven in der neuen Zwangsheimat in Übersee an (schätzungsweise 30 % bis 50 %). Inspiriert von wahren Horrorgeschichten über die katastrophalen hygienischen Bedingungen auf Sklavenschiffen und Sklavenplantagen, die in London, Paris, Berlin, Wien, Den Haag und anderswo die Runde machten, haben europäische Humanisten für die Abschaffung des Sklavenhandels und der Sklaverei gekämpft. Zu nennen ist hier vor allem ein frommer Prediger aus England, namens *William Wilberforce* (1759-1833). Er brachte im Jahr 1789 als Anführer der *Abolitionisten* die erste von 12 Resolutionen im britischen Parlament zur Abschaffung der Sklaverei ein; doch es sollte weitere 28 Jahre dauern, bis im Jahr 1807 die Abschaffungs-Resolution vom britischen Parlament angenommen wurde. Die USA sind das einzige Land, in dem es 1861-1865 wegen der Abschaffung der Sklaverei zu einem Bürgerkrieg gekommen ist. Die Südstaaten wollten die Sklavenwirtschaft beibehalten und sich vom Rest der Union trennen (Sezessionskrieg). Präsident *Abraham Lincoln* (1860-1865) sprach im Jahr 1863 in der so genannten Emanzipationserklärung alle Sklaven im Gebiet der Südstaaten (der „Konföderierten") frei. Zwei Jahre später wurde er dafür ermordet.

Im Jahr 1888 schaffte auch Brasilien endlich die Sklaverei ab. Allerdings gingen der illegale internationale Sklavenhandel und die Ausbeutung von Sklavenarbeitern bis zum Ersten Weltkrieg weiter. In Westafrika übten mächtige Herrscher noch lange Widerstand gegen die Abschaffung der für sie lukrativen Sklaverei, die zur

Grundlage einer eigenen Produktionsweise geworden war. In *Ibadan*, der mit 70.000 Einwohnern größten Stadt Westafrikas im 19. Jahrhundert, gab es in den 1860er und 1870er Jahren mehr als einhundert Unternehmer, von denen jeder über 500 Sklaven besaß. Die afrikanische Plantagenwirtschaft war also in diesem Punkt vergleichbar mit der in den Südstaaten Nordamerikas vor dem Bürgerkrieg. Beide Produktionsformen beruhten auf Sklavenarbeit und sind mittlerweile von der Forschung „als eine spezifisch moderne, kapitalistische Wirtschaftsform erkannt worden, die in ein System modernisierter politischer Herrschaft eingebettet war". Diese Wirtschaftsform lässt sich als *endogene Modernisierung* verstehen: d. h. als Übergang der afrikanischen Gesellschaften von einer Subsistenz-Ökonomie zu einer marktgesteuerten Form kommerzieller Produktion. Aber auch dieser Versuch sei dann später vom „Kolonialismus abgewürgt" worden (Marx 2004, S. 29); denn schwarze Konkurrenz war bei den weißen *Herrenmenschen* unerwünscht.

Die Verbrechen des atlantischen Sklavenhandels wurden öfters mal mit denen des *Holocaust* durch die deutschen Nationalsozialisten verglichen (Postma 2003, S. 81): in beiden Fällen sei eine brutale Variante des Rassismus zum Vorschein gekommen. Gleichwohl sollte der Unterschied nicht übersehen werden, dass das Ziel der Ermordung von sechs Millionen Juden Europas der Auslöschung eines Volkes diente – eine monströse Wahnidee also; während Zweck und Ziel des Sklavenhandels deren maximale Ausbeutung ihrer Arbeitskraft waren – mithin einer von hemmungsloser Gier gespeisten Wirtschaftsweise folgend. Sollte sich der Westen heute dafür bei den Nachkommen des atlantischen Sklavenhandels entschuldigen und eventuell Wiedergutmachungszahlungen leisten? Es gibt afrikanische Intellektuelle, die diese Frage bejahen. Als US-Präsident *Bill Clinton* im Jahr 1996 auf seiner Afrikareise den Afrikanern sein *Bedauern* über die mit dem Sklavenhandel verbundenen Grausamkeiten an Afrikanern aussprach, ohne die umstrittene *Kompensationsfrage* anzusprechen, waren viele enttäuscht. Ein Argument für die Wiedergutmachung an Afrikaner ist in der langen traumatischen Nachwirkung des transatlantischen Sklavenhandels zu sehen. Aber an wen sollte man was in welcher Höhe zahlen? Der nigerianische Schriftsteller *Wole Soyinka*, der 1986 als erster schwarzafrikanischer Autor den Literaturnobelpreis bekam, vertrat dazu in seinem Buch *Die Last des Erinnerns* die Meinung, dass Kompensationszahlungen Europas an heute amtierende Regierungen Afrikas wegen der ebenso verheerenden Folgen der „arabisch-muslimischen Dimension" des Sklavenhandels nicht angebracht wären (Soyinka 2001, S. 55 und S. 73-74).

Wir können festhalten: Aus weltgesellschaftlicher Sicht hat eine Verkettung von vier Prozessen – der atlantische Sklavenhandel, die Sklavenwirtschaft in den beiden Amerikas und im islamischen Orient, die innerafrikanische Sklaverei sowie der auf der Exportsklaverei beruhende frühimperialistische koloniale Dreieckshandel – die organische Entfaltung von Entwicklungschancen in afrikanischen Gesellschaften stark behindert und teilweise gänzlich blockiert (Rodney 1976); denn ganze Regionen wurden entvölkert, die Herausbildung größerer Siedlungen und Binnenstädte wurde behindert, viele Menschen hielten sich vor den Sklavenjägern versteckt, und die allgemeine Unsicherheit und die Sorge, von feindseligen Nachbar-Ethnien oder Fremden versklavt zu werden, beförderten traumatische Ängste. Zudem setzte eine afrikanische Binnendifferenzierung nach dem Muster Herr-und-Knecht, Jäger-und-Gejagter ein, die es erschwert zu erkennen, wer Opfer und wer Täter war. Auch heute ist die Sklaverei (in Form der Haussklaverei und des Kaufs von unfreien Menschen, die so zum Eigentum des Käufers werden) in Ländern wie Mauretanien und Sudan noch immer nicht ganz überwunden.

Aufgaben

1. Welche Arten von Sklaverei werden im Text genannt? Worin unterscheiden sie sich??
2. Wie waren afrikanische Herrscher am atlantischen Sklavenhandel beteiligt?
3. Sklavenhandel und Holocaust – kann man die beiden Menschheitsverbrechen miteinander vergleichen? Arbeiten Sie zunächst die Ereignisse in ihren historischen Kontexten heraus.

Die Phase der formellen Kolonisation (1880-1960)

4.1 Die Berliner Konferenz 1884/5

Kolonialismus ist ein kulturelles Herrschaftsphänomen, das sich mit der *europäischen Expansion* seit ca. fünfhundert Jahren in verschiedenen Kontexten und Formen entwickelte und in der Form des *Postkolonialismus* bis heute einen wichtigen Zugang zum Verständnis der Nord-Süd-Beziehungen eröffnet. Kolonialismus lässt sich im allgemeinsten Sinne definieren als die Herrschaft einer (ursprünglich) ortsfremden Macht über eine ortsansässige Bevölkerung, deren Ressourcen zum Zwecke der Selbstbereicherung und der eigenen Machtfestigung ausgebeutet werden. Dabei werden ideologische Rechtfertigungen konstruiert, die auf der behaupteten eigenen rassischen oder kulturellen Überlegenheit beruhen, z. B. der weißen ‚Kolonial-Herren' über die als ‚exotisch-fremd' oder ‚unzivilisiert' abgewerteten kolonialen Untertanen (Osterhammel 2006, S. 21, Zimmerer 2013, S. 15). Der einflussreiche US-amerikanische Afrika-Forscher *Frederick Cooper* hat als das Alleinstellungsmerkmal kolonialer Herrscher das Bestreben genannt, soziale und kulturelle Differenzen zwischen den Eroberern und den Unterworfenen zu reproduzieren (Cooper 2002, S. 16).

In der kollektiven Erinnerung bei Europäern wie bei Afrikanern lebt die 80-jährige Phase des *formellen Kolonialismus 1880-1960* bis zur Gegenwart fort: Bei Afrikanern ganz sicher mehrheitlich als kollektive Erinnerung an eine schmerzvolle Zeit der Demütigungen und der Ausbeutung (Fanon 1966, van Reybrouck 2012, Mamdani 1996, Mbembe 2014), bei den beteiligten Europäern eher als Erinnerung an die heroische ‚gute alte Zeit', in der die europäischen Kolonialmächte als Großmächte noch etwas in der Welt galten und von ihrer jeweiligen Zivilisierungsmission in Übersee ihre Landsleute überzeugen konnten. *Koloniale Erinnerungsorte* zeugen noch in der Gegenwart von einem weit verbreiteten Bewusstsein kultureller Überlegenheit. Der in Hamburg lehrende Historiker *Jürgen Zimmerer* hat in einem Sammelband über *koloniale Erinnerungsorte* die plausible These vertreten, dass der Kolonialismus ein gesamteuropäisches Projekt gewesen wäre und noch immer sei und deshalb auch „als gesamteuropäische Erinnerung ausgelotet werden" sollte (Zimmerer 2013, S. 32). Auch der deutsche Kolonialismus sei „intensiv mit dem europäischen Kolonialismus verbunden" gewesen, wofür die internationale *Balgerei um Afrika* (der *scramble for Africa*) sowie die Berliner Kongo-Konferenz augenfällige Belege seien. *Erinnerungsorte* können als Kristallisationspunkte des kollektiven Gedächtnisses einer Bevölkerung verstanden werden, wobei diese kontextabhängig dekonstruiert und somit auch verändert werden könnten. Populäre koloniale Erinnerungsorte sind z. B. ‚die treuen Askaris von General Lettow-Vorbeck' in Deutsch-Ostafrika, oder die ‚Zivilisationsleistung' der deutschen Siedler in ‚Südwest' (siehe die Beiträge von Stefanie Michels, Henning Melber, Volker Langbehn und Gordon Uhlmann in Zimmerer 2013).

In der zweiten Hälfte des 19. Jahrhunderts hatten Entdecker, Geographen, Forschungsreisende und christliche Missionare Phantasie und Interesse der Menschen in Europa am *dunklen Kontinent* geweckt, von dem man bislang nicht viel wusste. Nicht alle Forscher ließen sich vor den Karren kolonialpolitischer Interessen spannen, wie an zwei Beispielen – *Heinrich Barth* und *Gustav Nachtigal* – angedeutet werden soll. Der Historiker, Philologe und Geograph *Heinrich Barth*, 1821 in Hamburg geboren, zählt zu den bedeutendsten Vertretern unter den deutschen Afrikaforschern. Er unternahm ausgedehnte Forschungsreisen nach West- und Zentralafrika, verweilte auch sieben Monate lang in der islamischen Kulturmetropole *Timbuktu*, wo er seine ethnologischen Studien betrieb. Dabei beschrieb er deren Menschen und deren autochthone Kulturen mit Respekt und erkannte sie als gleichrangig mit den Bewohnern der westlichen Welt an. Das passte freilich nicht zur Euphorie der Kolonialbewegung im Wilhelminischen Reich. Im Gegensatz zu Barth unterstützte der Afrikaforscher *Gustav Nachtigal* (1834-1885), der sich durch seine Erkundungsreisen nach Nord- und Westafrika große wissenschaftliche Meriten erworben hatte, die Kolonialpropaganda seiner Zeit. Er ließ sich vom deutschen Reichskanzler *Fürst Bismarck* zur Errichtung der Kolonialherrschaft in Togo und Kamerun gewinnen und wurde somit zum kolonialen Eroberer.

Noch größere politische Wirkung ging von dem US-amerikanischen Forscher *Henry Morton Stanley* aus. Er hatte mit der Durchquerung Afrikas von West nach Ost und der Erforschung des Kongo-Beckens (seit 1874) den letzten großen *weißen Flecken* von der Landkarte Afrikas getilgt. Von 1879 bis 1884 reiste *Stanley* erneut nach Afrika, diesmal im Auftrag von *König Leopold II von Belgien*, um in geheimer Mission durch angebliche ‚Verträge' mit lokalen Herrschern eiligst koloniale Handelsstationen zu gründen (Hochschild 2002 und van Reybrouck 2012). Eile war geboten, denn seine Furcht, dass andere ihm zuvorkommen könnten, war nicht unbegründet. Im Süden beanspruchte Portugal ‚seine' alte Kolonie (an der

Kongo-Mündung); im Dienste der französischen Armee reiste der Offizier *Piere Brazza* in das westliche Kongo-Becken und hisste dort im Jahr 1881 die französische Flagge und nannte den Ort *Brazzaville*. Er wurde die Hauptstadt der von *Brazza* auf eigene Faust gegründeten Kolonie ‚Republik Kongo'. Der Wettlauf um Afrika hatte begonnen. Frankreich besetzte 1881 Tunesien, drei Jahre später Guinea; Großbritannien besetzte 1882 das nominell auch weiterhin zum Osmanischen Reich gehörige Ägypten, das sich in eine Schuldenfalle verstrickt hatte und das selbst wiederum Herrschaft über den Sudan und Teile Somalias beanspruchte; Italien nahm Teile von Eritrea in Besitz; und das Deutsche Kaiserreich stellte nach einigem Zögern die Küsten von Togo und Kamerun unter seinen *Schutz* ebenso wie *Lüderitz-Land*, das spätere Deutsch-Südwestafrika, und das *Schutzgebiet* Deutsch-Ostafrika.

Aus afrikanischer Sicht bedeutete die gewaltsame Invasion der Kolonialeuropäer einen Zivilisationsbruch, der nicht klaglos hingenommen wurde. In den 1880er Jahren zum Beispiel ereignete sich ein solcher *clash of civilizations* in der englisch-ägyptischen Halbkolonie *Sudan* (in der heutigen Provinz Kordofan), als ein Derwisch[3], der sich *al Mahdi* (der Erlöser) nannte, eine starke religiöse Bewegung ins Leben rief, die sich gegen Sklaverei, Fremdherrschaft und fremdkulturelle Einflüsse wandte. Er organisierte einen Aufstand gegen die ägyptisch-englische Verwaltung, ließ 1885 Khartum stürmen und den englischen Gouverneur General *Gordon* ermorden. Sein Reich der frommen, fanatischen Muslime (eine Art militanter Religionsstaat unter Leitung eines Kalifen) bestand bis 1898, als es von einem englischen Heer vernichtet wurde (Pleticha 1981).

König Leopold war bemüht, seinen Erwerbungen in Afrika eine internationale Anerkennung zu verschaffen; gleichzeitig stellte sich heraus, dass die wachsende Rivalität zwischen den europäischen Staaten in Sachen Afrika neue Spielregeln erforderte. Deshalb rief der deutsche Reichskanzler *Otto von Bismarck* 14 Staaten in Berlin zusammen. Vom 15. November 1884 bis zum 26. Februar 1885 tagte die sogenannte *Berliner Konferenz* im Reichskanzlerpalais in der Wilhelmstrasse. Angeblich sollte Afrika für Freihandel und Zivilisation geöffnet werden; aber am Ende wurde nicht die territoriale Aufteilung Afrikas kodifiziert – wie oftmals fälschlich behauptet –, sondern die sogenannte *Kongo-Akte* beschlossen. Ihre wichtigsten Regelungen, auf die sich alle 13 europäischen Staaten und die USA verständigten (nur das Osmanische Reich lehnte sie ab), waren die folgenden: (1) Im gesamten Einzugsgebiet des Kongos und des Njassasees (heute Malawi) sowie östlich davon bis hin zu Kamerun im Westen (insgesamt in 18 afrikanischen ‚Staaten') genießen alle Signatarstaaten Handelsfreiheit; (2) Die Flüsse Niger und Kongo sind für die

---

3 Ein Derwisch ist Mitglied eines islamischen religiösen Ordens, zu dessen Riten Musik und rhythmische Tänze gehören.

Schifffahrt freigegeben; (3) Wenn ein Staat ein Territorium beanspruchte, musste es sich um eine ‚effektive Besitzergreifung' handeln, worunter Investitionen zum Ausbau einer handelstauglichen Infrastruktur zu verstehen waren; (4) Der Sklavenhandel galt nun als international verboten. Die Berliner Konferenz „steht für europäische Bevormundung und Arroganz, für Megalomanie [übersteigerte Selbsteinschätzung] und Fehleinschätzungen…Für viele Afrikaner ist die Berliner Afrika-Konferenz, ist Berlin zum Symbol für den Beginn der Dauerkrise des Kontinents" geworden (Eckhart 2013, S. 148).

Parallel dazu wurden Verhandlungen über den Anspruch König Leopolds geführt, den *Kongo-Freistaat* – ein Gebiet so groß wie Westeuropa – als Privatbesitz der königlichen *Kongo-Gesellschaft* international anzuerkennen, was dann tatsächlich auch geschah. Fürst *Bismarck*, die englischen und französischen Diplomaten – sie alle waren blind angesichts der Gefahr, Millionen von Afrikanern einem habgierigen Despoten auszuliefern. *König Leopold II*, in Belgien ein konstitutioneller Monarch, in Afrika nun, wo er kaum mehr als eine Handvoll Handelsstationen am Kongo-Fluss besaß, ein skrupelloser Ausbeuter, herrschte 23 Jahre über den *Freistaat*, bis dieser, inzwischen völlig ruiniert, im November 1908 vom belgischen Staat als Kolonie übernommen werden musste (Hochschild 2002, S. 183).

Die Festlegung von Kriterien für die völkerrechtliche Anerkennung von Kolonialbesitz („*effektive Besetzung*") löste einen Wettlauf um die noch nicht besetzten Gebiete und die definitive Abgrenzung des bisherigen Besitzstandes aus. Innerhalb weniger Jahre war Afrika, bis auf *Liberia* und das christliche Kaiserreich *Äthiopien*, unter den europäischen Mächten aufgeteilt. Mehr als zehn Millionen Quadratmeilen afrikanischen Bodens und über hundert Millionen Afrikaner gelangten in etwas mehr als zwei Jahrzehnten unter europäische Fremdherrschaft. Aus heutiger Sicht ist es nicht einfach zu verstehen, warum es die sieben europäischen Staaten am Ende des 19. Jahrhunderts auf sich genommen haben, jeden Zipfel des afrikanischen Kontinents in Besitz zu nehmen. Die territorialen Eroberungen waren doch wegen des zu erwartenden Widerstandes afrikanischer Reiche und Völker, die bereits in den Besitz von Feuerwaffen gekommen waren, voraussichtlich sehr mühsam, verlustreich und teuer. Hätte nicht auch die Fortsetzung der *informellen Herrschaft* genügt, um Afrikas Rohstoffe weiterhin ausbeuten zu können? Die Geschichte der Völker verläuft nun einmal nicht rational und logisch, etwa nur von ökonomischen Interessen und anderen Nützlichkeitserwägungen bestimmt, sondern sie ergibt sich oft ungeplant als Verkettung von zeitgebundenen Umständen und menschlichen Kalkülen, die mal rational, mal irrational erscheinen mögen. Offenbar beflügelte der imperialistische Zeitgeist das Bedürfnis von Machteliten in konkurrierenden Industriestaaten, sich von nationalem Prestigedenken leiten zu lassen. Im wilhelminischen Deutschland war ein solches Interesse auch in konservativen Kreisen der Gesellschaft weit verbreitet, z. B. bei ‚Kolonialvereinen', ‚Flottenvereinen' und einzelnen Vertretern von Militärs, Kirchen, Industrieverbänden und Universitätskollegien. Mittels des Erwerbs von eigenen Kolonien meinte man, sein nationales Ansehen in der Welt als imperialistischer Staat demonstrativ mehren zu können.

4.2 Motive und Interessen des europäischen Kolonialismus

An der Aufteilung Afrikas in *Schutzgebiete, Protektorate, Kronkolonien, Übersee-Gebiete* und *Kolonien* im 19. Jahrhunderts haben sich sieben europäische Staaten beteiligt: England, Frankreich und Deutschland, sowie Portugal, Belgien, Italien und Spanien. Bemerkenswerterweise fehlten Österreich-Ungarn, die Niederlande und Russland. Mit wenigen Ausnahmen ist Gesamtafrika von Europäern gewaltsam kolonialisiert worden (von Albertini 1976; Ki-zerbo 1981, Marx 2004, Cooper 2006). Die afrikanischen Kolonien waren flächenmäßig achtmal größer als der europäische Kontinent. Dabei sind mindestens zwei Phasen des formellen Kolonialismus (1880 bis 1960) zu unterscheiden: In der ersten besonders gewaltsamen Phase (bis etwa 1900) ereignete sich in recht kurzer Zeit die endgültige Aufteilung des riesigen Kontinents unter die Kolonialmächte. Diese *Balgerei* war geprägt von gewaltsamer und meist betrügerischer Landnahme durch private „Kolonialpioniere" wie *Adolf Lüderitz* in Südwestafrika, *Gustav Nachtigal* in Kamerun und Carl *Peters* in Ostafrika zum einen und durch erbitterte Abwehrkämpfe der einheimischen Bevölkerung zum anderen. In der zweiten Phase, die nach der Niederschlagung des afrikanischen Widerstandes (dem afrikanischen *Primär-Widerstand*) einsetzte, wurden von den Europäern systematischere Anstrengungen unternommen, eine funktionierende Verwaltung aufzubauen und aus den Kolonien auch etwas ‚herauszuholen'. Man nennt das die *In-wert-setzung* der Kolonien (als hätte das Land zuvor für die dort lebenden Menschen keinen „Wert" gehabt!).

England hatte mit 24 Kolonien und Protektoraten (ein *Protektorat* ist ein Schutzgebiet; es im rechtlichen Status weniger als eine *Kolonie*, in der die ‚Eingeborenen' direkt von der Regierung des kolonialen Mutterlandes verwaltet wurden) den größten Kolonialbesitz. Die wirtschaftlich wichtigsten Kolonien waren die Kap-Kolonie und Natal in *Südafrika, Nigeria* und *Goldküste* in Westafrika. Sie waren Teil der *Pax Britannica* – eine Bezeichnung für eine gar nicht so friedliche Weltherrschaft, die im Namen des Freihandelsimperialismus andere Völker in Asien, Lateinamerika und im Osmanischen Reich in ein globales Netz kapitalistischer Warenproduktion einspannte. Nach dem Zusammenstoß mit dem napoleonischen Frankreich war

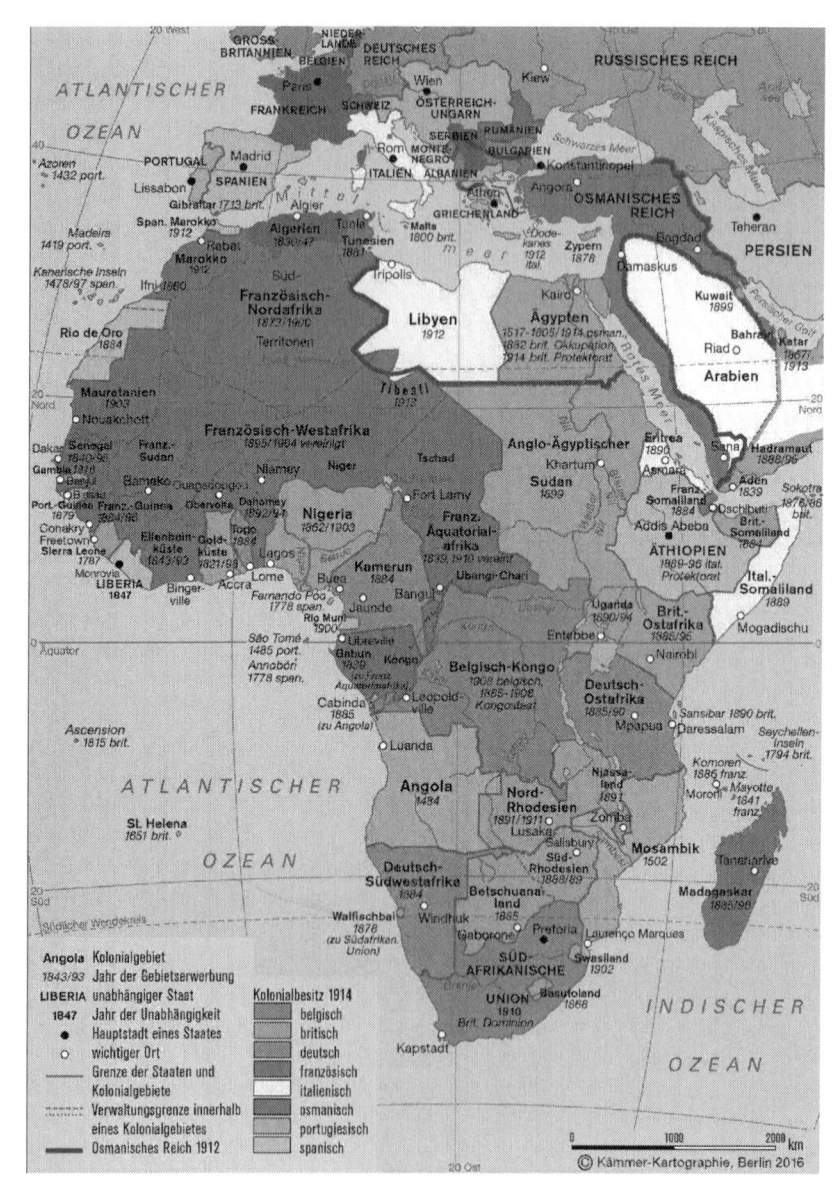

Abb. 4.1 Afrika – Koloniale Aufteilung bis 1914 (Maßstab 1 : 60 Mio., 6.5.2009)
Quelle: Kämmer-Kartographie, Berlin 2016

4.2 Motive und Interessen des europäischen Kolonialismus

Großbritannien „als Besitzer der einzigen weltweit operationsfähigen Kriegsflotte" hervorgegangen (Osterhammel 2009, S. 650), die nun eigesetzt wurde, um das Inselreich zur reichsten Nation der Welt zu machen. Britanniens Handelspartner mussten durch Unterzeichnung von Freihandelsverträgen zwischenstaatliche Zölle abschaffen und den Außenhandel liberalisieren, damit das zum *workshop of the world* gewordene Großbritannien seine Industrieprodukte unbehindert absetzen konnte. Zudem träumte das *Empire* davon, einen durchgehenden Besitz vom *Kap nach Kairo* zu bekommmen.

Frankreich hatte ebenfalls einen gewaltigen Kolonialbesitz (18 Kolonien) zusammenraffen können. In wenigen Jahren hatte Frankreich von den kleinen und wenig bedeutenden Küstenniederlassungen in *Senegal* aus ein Kolonialreich erobert, das von Dakar über den Tschadsee bis zur Kongomündung reichte. Zur gleichen Zeit erfolgten die Eroberungen *Indochinas*, *Tunesiens* und *Madagaskars*. Die Regierungen in Paris hatten die Expansion der Militärs teils gedeckt, teils gezielt vorangetrieben, aber die finanziellen Belastungen der Kolonialmetropole sollten – wie in England – möglichst gering ausfallen. So wurde 1895 die *Föderation von Französisch West Afrika (AOF)* mit *Dakar/Senegal* als Verwaltungszentrum gegründet, und 1910 entstand die *Föderation Äquatorial-Afrikas (AEF)* mit Hauptsitz in *Brazzaville/Kongo*. Gesetze zur Verwaltung der Kolonien wurden vom Kolonialministerium in Paris vorbereitet und per Dekret vom Staatspräsidenten in Kraft gesetzt. Eine Sonderstellung hatte dabei *Algerien*, das schon seit 1830 gewaltsam in Besitz genommen worden war und das als integraler Teil des französischen Mutterlandes betrachtet wurde (bis 1962) (von Albertini 1976, S. 273f.).

Das kaiserliche *Deutschland* war unter Kaiser Wilhelm I und seinem Reichskanzler Fürst von Bismarck, der zunächst wenig Interesse an eigenen Kolonien in Afrika gezeigt hatte, relativ spät in den Kreis der Kolonialmächte eingetreten. Es hat daher auch nur wirtschaftlich unattraktive Länder (solche ohne Gold, Kupfer, Diamanten und andere mineralische Rohstoffe) erwerben können: *Tanganjika* bzw. Deutsch-Ostafrika mit der Hauptstadt Dar Es Salaam (plus die Zwergstaaten Ruanda und Burundi im Innern des *dunklen Kontinents*) im Osten; *Namibia* bzw. *Deutsch-Südwest-Afrika* mit Windhoek als Hauptstadt im Süden; und *Kamerun* (Duala) und *Togo* (Lomé) in Westafrika (Gründer 1985, Speitkamp 2009).

Die *Portugiesen* als erste Seefahrenation Europas hatten weite afrikanische Küstenlandschaften und vorgelagerte Inseln (nützlich für den Sklavenexport) besetzen können, insgesamt sechs Kolonialgebiete von der mehrfachen Größe des Mutterlandes (*Angola, Portugiesisch-Guinea* und *Mosambik* sowie die winzigen Inseln *Kapverden, Sao Tomé und Principe*). Das Königreich *Belgien* hat nur im Kongobecken Kolonialbesitz erworben. *König Leopold II* (1865-1909) hatte 1884 den Freistaat Kongo gegründet und ließ seitdem dessen Bewohner auf brutalste Weise ausbeuten. Seine Methoden sind als so genannte *Kongo-Gräuel*, zu denen auch das Abhacken der Hände gehörte, wenn Steuerpflichtige nicht genug Kautschuk gesammelt und abgeliefert hatten, in die Kolonialgeschichte eingegangen (De Witte 2001; Hochschild 2002; van Reybrouck 2012). Eine nicht minder unrühmliche Rolle als Kolonialmacht hat *Italien* gespielt. Zwischen 1927 und 1935 stritt sich Italien mit England, Frankreich und dem Kaiser von Äthiopien um die Territorien am Roten Meer, mit dem Ergebnis, dass der Lebensraum der Nomaden-Stämme der *Somalis* in vier koloniale Protektorate bzw. Reichsteile aufgeteilt wurde. Großbritannien sicherte sich den Hafen *Berbera* und Umgebung (*Britisch-Somalia*), Frankreich erhielt den Hafen *Dschibuti* zugesprochen (heute ein unabhängiger Ministaat gleichen Namens); *Äthiopien* eroberte den *Ogaden* und verleibte sich das von Somalis besiedelte Gebiet als Staatseigentum ein, was bis in die Gegenwart zu kriegerischen Konflikten geführt hat (Matthies 2005). Und Italien erhielt den Löwenanteil mit *Mogadishu* als Hauptstadt: *Italienisch-Somalia*. Diese ‚Balkanisierung' (Zerstückelung in zahlreiche kleinere Territorien) des Siedlungsgebiets der *Somali* (überwiegend Nomaden) ist nur ein besonders markantes Beispiel für die Praxis der Kolonialherren, willkürlich Grenzen zu ziehen – unabhängig von organisch gewachsenen Lebensräumen der Einheimischen.

Alle europäischen Kolonialmächte sind der Logik der *In-Wert-Setzung* der eroberten Territorien gefolgt, um Staatseinnahmen zu erzeugen, mit denen dann die Kolonien möglichst kostengünstig verwaltet, infrastrukturell erschlossen und ausgebeutet werden konnten. Die Pflicht, Kopf- oder Hütten-Steuern an den kolonialen Staat zahlen zu müssen, war – neben der Fronarbeit – das wirksamste wirtschaftliche Zwangsmittel, um die relativ autonome Subsistenz-Ökonomie der Afrikaner aufzubrechen und einen Teil der Gesellschaft in das kapitalistische Marktsystem zu integrieren. Was die *Verwaltungstypen von Kolonien* angeht, so lassen sich mindestens vier Grundformen unterscheiden, die für die betroffenen Afrikaner unterschiedliche Rollen vorsahen:

Erstens: Anfangs war die *Handels-Kolonie* der dominante Typus: Kolonialeuropäer waren hier nicht als Siedler nach Afrika gekommen, sondern betätigten sich als Jäger, Abenteurer, Händler oder Verwalter. Viele waren vor allem daran interessiert, sich die natürlichen Reichtümer wie Kautschuk, Elfenbein, Tierfälle, Gold und Palmöl anzueignen und nach Europa zu verschiffen. Afrikaner wurden hier vor allem als Arbeiter für den Straßen- und Eisenbahnbau eingesetzt und als Lastträger der ‚Kolonialwaren' (zum Teil als Ersatz für Sklaven) gesucht und zwangsverpflichtet. Wo möglich, konnten sich daraus später auch Plantagen-Kolonien entwickeln.

Zweitens *Plantagen-Kolonien*: Diese sollten *cash crops* (im Unterschied zu *food crops*, die nur für den Eigenbedarf angebaut wurden) für das ‚Mutterland' erzeugen. Dazu mussten genügend Afrikaner für die Fron-Arbeit in europäisch geführten

Betrieben aquiriert werden – durch Arbeitsverträge oder notfalls mittels Gewalt. Da es sich dabei immer um *Bodenbewirtschafter* handelte, die als Bauern, Hirten und Jäger selbst als Arbeitskräfte zur Reproduktion der Familien eingespannt waren, ergaben sich ständig Konflikte: die sprichwörtliche ‚Arbeiterfrage'. *Christoph Marx* hat diesen Typ von kolonialer Produktionsweise wie folgt beschrieben: „Plantagen …waren meist Enklaven intensiver kapitalistischer Produktion inmitten einer bäuerlichen Umwelt. Weil Plantagen ausgesprochen arbeitsintensive Produktionsstätten waren, zogen sie jedoch große Teile der Bevölkerung des Umlandes entweder als Arbeitskräfte oder als Dienstleister, Kleinhändler, Transporteure, Prostituierte und in anderen Funktionen [Tätige] in das Umfeld der Plantage hinein. So betrieben weiße Pflanzer im Süden der Elfenbeinküste gutgehende Kakao- und Kaffeeplantagen mit Wanderarbeitern aus Obervolta, was zu dauerhafter Ansiedlung vieler Menschen aus dem Norden in Abidjan und der Küstenregion führte…Daneben gab es staatlich initiierte Großprojekte wie das riesige Baumwollanbaugebiet *Gezira* im Sudan, das ab etwa 1920 mit künstlicher Bewässerung auf ca. 400.000 ha Land südlich von Khartum durch kleinbäuerliche Pächter betrieben wurde. Baumwollplantagen waren für Angehörige der ägyptischen Oberschicht schon im 19. Jahrhundert lukrative Unternehmungen, während der Weinanbau in Algerien oder die Zuckerproduktion in Südafrika in der Hand weißer Siedler lagen. Andere Plantagenkolonien standen weitgehend unter Kontrolle überseeischer Monopolunternehmen, z. B. Liberia, wo der amerikanische Reifenhersteller Firestone seit 1926 Kautschuk-Plantagen auf 400.000 ha Land betrieb und als Gläubiger der Regierung starken Einfluss ausübte" (Marx 2004, S. 170).

Drittens gab es *Bergbau-Kolonien*, die auf Grund natürlicher Ausstattung mit den begehrten mineralischen Rohstoffen wie Eisen, Kupfer, Gold, Silber, Platin und später Erdöl und Uran hauptsächlich als Lieferanten von mineralischen Rohstoffen für das koloniale Mutterland funktionalisiert wurden. Dazu gehörten beispielsweise *Belgisch-Kongo* (Kupfer), *Nord-Rhodesien* (Kupfer), *Südwest-Afrika* (Kupfer) und *Süd-Rhodesien* (Kohle und Platin). Hier mussten Afrikaner, formal als *Kontraktarbeiter* angestellt, unter haarsträubenden Arbeitsbedingungen die Erze aus dem Boden holen und zu den Märkten transportieren. Der afrikanische Bergbau – zuerst in der *Kap-Kolonie*, wo die größten Diamantenlagerstätten (1867) und dann auch die größten Goldlagerstätten der Welt (1886) entdeckt wurden – brachte „eine besondere Städteform hervor, die monokulturell ausgerichtet war, d. h. ihr Dasein einzig dem Bergbau verdankte und ihre ganze Infrastruktur darauf abstellte": die *Minen-Städte* (Marx 2004, S. 171).

Viertens gab es die kleine Gruppe von *Siedler-Kolonien*, die von einer weißen Minderheit von Europäern dominiert wurden, die hofften, dort ‚für immer' als ‚Herren-Menschen' auf Plantagen und Viehfarmen leben und arbeiten zu können.

„Kolonialpolitik war Landpolitik. Erwerb von Land, Verfügung über Land und Nutzung von Land standen im Mittelpunkt, begründeten Erfolge und Probleme der Kolonisation" (Speitkamp 2005, S. 73). Unter diesem Typ von Kolonien hatte die afrikanische Landbevölkerung am meisten zu leiden, weil sie in großer Zahl von ihren Anbaugebieten vertrieben wurden, um den expansiv vorgehenden Siedlern Platz machen zu müssen – was deren Überlebensfähigkeit bedrohte. Es ist daher nicht verwunderlich, dass es fast ausschließlich in solchen Siedler-Kolonien zu anhaltenden militanten ‚Aufständen' (aus Sicht der Weißen) bzw. ‚Widerstands- und Befreiungs-Kriegen' (aus Sicht der Afrikaner) gekommen ist.

Als fünfte Gruppe kann man noch den Typ ‚*Kolonie mit gemischter Wirtschaft*' anführen, in dem es eine (meist unfriedliche) Koexistenz zwischen weißen Siedlern und afrikanischen *Cash-Crop*-Produzenten gab: Beide Gruppen produzierten Güter für den Weltmarkt. Afrikanische Kleinbauern reagierten auf Marktsignale und stellten ihre Produktionsweise auf den Anbau von lukrativen *Kolonialwaren* (bzw. *cash crops*) um. Es waren „kleinbäuerliche, quasi schollengebundene Existenzen, die marktorientiert wirtschafteten und dabei zugleich in ihrer Gemeinschaft verwurzelt blieben". Sie waren eher als Proletarier auch für christliche Gesinnung und Obrigkeitstreue zu gewinnen (Speitkamp 2005, S. 83).

Der ‚koloniale Staat' als Verwaltungssystem besaß – im Unterschied zum Staat in den kolonialen ‚Mutterländern' – nur eine geringe vertikale Tiefe; denn er reichte nur in den wenigsten Fällen bis hinunter auf die Dorfebene. Zudem waren die Verwaltungshierarchien flach: Zwischen dem Gouverneur an der Spitze und dem *District Commissioner* (Britisch-Afrika) bzw. dem *Commandant de cercle* (in Französisch-Afrika) bzw. dem Bezirksamtmann (Deutsch-Afrika) an der Basis gab es als Zwischenstufe nur noch den Provinzkommissar. Kolonialverwaltung sollte billig sein, so dass die europäischen Distrikt-Beamten als für alle Belange des Lebens Zuständige eine enorme Machtfülle hatten. Gleichzeitig bedeutete dies – mangels Gewaltenteilung – eine institutionelle Einladung zu *despotischer* Verhaltensweise. Im Gebrauch der Prügelstrafe kam sie zur Geltung, was im postkolonialen Afrika bis heute nicht vergessen ist.

Dem ‚kolonialen Staat' der Europäer gemeinsam war das Bestreben, einem geringen Teil der afrikanischen Kolonialbevölkerung ein Minimum an formaler Bildung zu vermitteln. Die hauptsächlichen Nutznießer dieser *Kolonialschulen*, die entweder von christlichen Missionaren aufgebaut und betrieben wurden (in britischen und deutschen Kolonien) oder von staatlicher Seite (in französischen Kolonien und Protektoraten), waren die Söhne von Häuptlingen. Neben der Vermittlung von Basiskenntnissen im Lesen, Schreiben und Rechnen, die für die Ausübung einer Tätigkeit als Messdiener, Schreiber, Aufseher, Fahrer, Koch, Gärtner oder Gehilfe bei der Erstellung von Zeitungen notwendig waren, sollten die Kolonialschulen auch

‚europäische' Werte vermitteln wie *Pünktlichkeit, Fleiß, Zuverlässigkeit und Demut*. Der Afrikaner sollte zu dem Weißen aufschauen, als „zu einem höheren Wesen" (Tetzlaff 1970, S. 200). Den afrikanischen Traditionen, die meist mit Klischees der Barbarei, Wildheit und Rohheit assoziiert wurden, wurde ein Wert abgesprochen. Erst in der letzten Phase der Kolonisation änderte sich diese chauvinistisch-rassistische Einstellung ein wenig. Ein integraler Bestandteil des ‚kolonialen Staates' war das sogenannte *Eingeborenen-Strafrecht*, das in den verschiedenen nationalen Varianten die körperliche Züchtigung und die Zwangsarbeit der ‚Eingeborenen' regelte. Berüchtigt wurde die Nilpferdpeitsche – *Kiboko* in Deutsch-Ostafrika (Speitkamp 2005, S. 68f.). Nur für Afrikaner wurde eine Rechtsform ins Leben gerufen, die sich auf afrikanische Traditionen bezog, das sogenannte *Customary Law*, das Gewohnheitsrecht. Dabei wurden lokale Rechtsbräuche gesammelt, homogenisiert und schriftlich fixiert (Marx 2004, S. 165). „Der Kolonialismus nimmt dir die Initiative; du wirst aus deiner eigenen Geschichte in die Geschichte eines anderen geworfen" – so drückte es später *Chinua Achebe* aus (Beier 1999, S. 22).

Zu Recht ist immer wieder auf die nicht-intendierten Folgen der Kolonialschulen hingewiesen worden (Grohs 1967, Mbembe 2014): Indem Afrikaner in ihrem Bildungsprozess mit westlichen Werten, christlichen Lehren der Nächstenliebe und europäische Erfahrungen wie der Aufklärung und Reformation in Berührung kamen, lernten sie die geistigen Waffen kennen, mit denen die junge Bildungselite nach 1945 ihre Forderungen nach Freiheit, Gleichheit und Respekt im Dekolonisationskampf begründen konnte. Die Kolonialherren wollten unterwürfige Diener und gehorsame Gehilfen; was sie dabei nicht verhindern konnten, war deren politische Emanzipation als Reaktion auf den erlittenen Kulturschock. Ein Großteil der afrikanischen Anführer der nationalen Unabhängigkeitsbewegungen nach 1945 waren ehemalige Missionsschüler wie z. B. *Julius Nyerere in Tansania, Jomo Kenyatta in Kenia, Kenneth Kaunda in Sambia* oder *Patrice Lumumba in Belgisch-Kongo*. Sie lernten, sich in zwei recht unterschiedlichen Welten zurechtzufinden, ohne ihren Traum von einem besseren Leben in Freiheit aufzugeben.

4.3 Großbritannien als Kolonialmacht: ‚Teile und herrsche'

Wegen seiner langen Tradition als imperiale Macht mit großem Überseebesitz (vor allem in Indien) galt um 1900 das Vereinigte Königreich als die erfahrenste Kolonialmacht der Welt (Winkler 2011, S. 470f.; Osterhammel 2009). Die Briten waren auf Nahrungsmittelimporte aus klimatisch günstigeren Zonen der Erde angewiesen und hatten mittels einer starken Flotte ein Weltreich gegründet, was in dem stolzen Slogan *Britannia rules the waves* zum Ausdruck kam. Dabei hat das britische Königreich diverse Methoden zur Beherrschung fremder Völker ausprobiert. Es praktizierte im 19. Jahrhundert die Doktrin des *Freihandels* und regierte in den Protektoraten und Kronkolonien mittels *indirekter* Herrschaftsmethoden. Ein vielsagendes Dokument über das politische Selbstverständnis Großbritanniens als Kolonialmacht mit Zivilisationsauftrag ist die Schrift *The Dual Mandate* aus dem Jahr 1922 von *Lord Frederick Lugard* (1858 – 1945). Lugard, in England geboren, hatte das berühmte *Royal Military College* in Sandhurst besucht, bevor er als Kolonialoffizier und -beamter in verschiedenen asiatischen Kolonien Dienst tat. Im Jahr 1894 wurde er nach *Uganda* und danach nach *Nordnigeria* versetzt, um dort für die britische Krone *Protektorate* (Schutzgebiete, in denen englisches Recht galt) in den alten einheimischen Herrschaftsgebieten einzurichten. Zwischen 1922 und 1936 war *Lord Lugard* auch Mitglied des Völkerbunds und hat in der Kommission für Mandate (Protektorate) seine Ideen auch in die Arbeit des Völkerbunds mit hineintragen können. Mit dem Grundsatz vom „*doppelten Mandat*" war gemeint, dass Großbritannien seine Kolonien so verwalten sollte, dass sie sowohl dem kolonialen Mutterland materiell nutzen als auch seine kolonialen Untertanen fördern sollten:

> „Sowie das Römische Kaiserreich die Grundlagen der modernen Zivilisation gelegt hat und so die wilden Barbaren dieser Inseln [Britannien] auf den Pfad des Fortschritts führte, so zahlen wir heute in Afrika unsere Schulden zurück. Wir bringen den dunklen Orten der Erde, wo Barbarei und Grausamkeit zu Hause sind, die Fackel der Kultur und des Fortschritts. Dabei dienen wir den materiellen Bedürfnissen unserer eigenen Nation. In dieser Aufgabe haben sich die Nationen Europas zur Zusammenarbeit in einem heiligen Bündnis verpflichtet. Um das gemeinsame Ziel zu erreichen, wird jede Nation mittels der Methoden voranschreiten, die ihrem Genius gemäß sind…Britische Methoden haben Glück und Wohlstand der primitiven Rassen gefördert. Wer das bezweifelt, sollte die Ergebnisse unparteiisch untersuchen. Wenn es Unruhen gibt und ein Verlangen nach Unabhängigkeit, wie in Indien und Ägypten, dann geschieht das, weil wir diese Völkern den Wert der Freiheit gelehrt haben, den sie seit Jahrhunderten nicht gekannt hatten. Ihre Unzufriedenheit ist ein Maßstab ihres Fortschritts. Wir hielten diese Länder in unserem Besitz, weil es den Genius unserer Nation ausmacht zu kolonisieren, Handel zu treiben und zu regieren" (Lugard 1922/1965, S. 618-619).

In Afrika sollte sich bald zeigen, dass imperiale Rhetorik und kolonialherrschaftliche Realität weit auseinanderlagen. *Indirect rule* in *Nigeria* wurde kostensparend auf mehreren Ebenen ausgeübt: auf der obersten Ebene stand der britische Gouverneur mit seinen Kolonialbeamten, die die allgemeinen Verwaltungsrichtlinien definierten. Auf der mittleren Ebene standen afrikanische Vermittler und unfreiwillige Kollaborateure (z. B. kooperationsbereite Häuptlinge), die die meist unangenehmen

4.3 Großbritannien als Kolonialmacht: ‚Teile und herrsche'

Anordnungen und Befehle von oben (Steuerzahlung und Fronarbeit) im Tausch gegen einige Privilegien ausführen mussten. Am unteren Ende der Hierarchie standen die einfachen *natives* (‚Eingeborene'), die unterschiedliche Strategien des passiven Widerstands und der Parodierung der Weißen entwickelten, um den schwer erträglichen Alltag als *subject* der britischen Krone zu überstehen. So sollte die behutsame Modernisierung der Kolonien ‚von innen heraus' unter Erhalt traditioneller Strukturen in Gang gesetzt werden. Die einheimischen Herrscher teilten Land zu, erhoben Steuern für sich und für die Kolonialverwaltung und hielten selbständig Gericht. Nur Mordfälle mussten von Kolonialbeamten verhandelt werden. So sind 10 Millionen Nordnigerianer von nur 250 britischen Verwaltungsbeamten in der Zwischenkriegszeit (1919-1933) verwaltet und „regiert" worden (von Albertini 1976, S. 247) – eine preiswerte Form der *In-wert-Setzung* fremder Territorien.

Aus afrikanischer Sicht erfuhr die britische Politik der *indirect rule* eine weniger glorreiche Bewertung. So hat der in Uganda gebürtige Historiker und Harvard-Absolvent *Mahmood Mamdani* aufgezeigt, wie durch kolonialherrschaftliche Instrumentalisierung die traditionellen Autoritäten Afrikas zwar erhalten und funktional erweitert wurden, dass sie sich aber in ihrem Kern (als bisher eingebettet in die herkömmliche Kultur) veränderten, so dass am Ende ein *„dezentralisierter Despotismus"* stand. Ursache dafür war die Tatsache, dass die traditionellen Kontrollmechanismen der Macht, durch das Volk zum einen, durch die *Peer-Group* zum anderen, verschwanden, weil die Autorität der Chiefs letztlich von der kolonialen Ober-Macht des Gouverneurs abhing. Damit war dann eine Delegitimierung der Tradition verbunden (Mamdani 1996, S. 43). In dieselbe Richtung wirkte sich die wahnhafte Praxis der Briten aus, überall *tribes* und *native authorities* in den Dienst zu nehmen, auch wenn es dort (z. B. bei den *Kikuyu* in Kenia, den *Igbos* in Nigeria oder in Teilen der Bevölkerung von Rhodesien) gar keine ‚Stämme' gab: „Die Bevölkerung wurde in *separate Container* eingeteilt, jeder in der Obhut einer *Native Authority*, von der behauptet wurde, sie sei der rechtmäßige Repräsentant jahrhundertealter Sitten und Traditionen" (Mamdani 1996, S. 49). So wurden gelegentlich afrikanische Stammestraditionen regelrecht „erfunden" (Hobsbawm & Ranger 1983).

Auch im östlichen Afrika, in *Uganda*, sorgte *Lord Lugard*, der selbst an der Eroberung des Landes beteiligt gewesen war, dafür, dass das intakt gebliebene, gut organisierte Königreich von *Buganda* nicht zerschlagen, sondern zu einem britischen Protektorat möglichst reibungslos umgebaut wurde. So hat es sechzig Jahre lang als „indirektes" Herrschaftsgebiet der Briten einigermaßen funktioniert, – ohne aber ein organisches *nation-building* zu ermöglichen. Nach Erlangung der Unabhängigkeit Ugandas ist das Königreich *Buganda* von Präsident *Milton Obote* und seinem grausamen Nachfolger *Idi Amin* (damals noch ein Unteroffizier der britischen Kolonialarmee) zerstört worden. Die beiden postkolonialen Präsidenten bevorzugten aus Angst vor Rivalen den afrikanischen Zentralismus als Herrschaftsmethode, in der für Föderalismus (etwa im Sinne von amerikanischen Bundesstaaten) kein Platz war. Jeder von ihnen hat während seiner Amtszeit etwa 300 000 Landsleute umbringen lassen; sie haben somit ihre kolonialen Vorgänger weit übertroffen.

Ein Fall soll exemplarisch für das direkte kolonialherrschaftliche *Sich-Einmischen* in gewachsene afrikanische Gesellschaftssysteme geschildert werden: die Zerstörung des einst mächtigen Königsreichs des Volks der *Ashanti* im westafrikanischen Waldgürtel (in der alten Königsstadt Kumasi im heutigen Ghana). Es begann im Jahr 1874, als die Briten die so genannte *Goldküste* zum Protektorat erklärten. Sie bekundeten damit ihren Willen, im Interesse des Handels die politische Kontrolle dort aufrechtzuerhalten und auszubauen. Da den *Ashanti* der Zugang zum Meer verwehrt wurde, griffen sie zu den Waffen, unterlagen aber – wie überall – der überlegenen Feuerkraft moderner Schnellfeuergewehre der Europäer. Dennoch weigerte sich der geschwächte *Ashanti*-König, der Aufforderung des Gouverneurs nachzukommen, „freiwillig britischen Schutz" zu akzeptieren (Albertini 1976, S. 245). Im Jahr 1895 marschierte der Gouverneur mit 3000 Mann nach Kumasi, der Haupt- und Königsstadt der *Ashanti*, und besetzte, ohne zunächst auf Widerstand zu stoßen, die Stadt. Der König sollte viel Gold und den ‚Goldenen Stuhl' der *Ashanti* – für die *Ashanti* Symbol ihrer Nation – abliefern, was dieser aber verweigerte. So wurde er gefangen genommen und kurzerhand deportiert. Als die Briten dann auch noch eine koloniale Besteuerung einführten und Traditionen wie Sklaverei und Zwangsarbeit für den König unterbanden, rebellierten die *Ashanti* noch einmal, wiederum vergeblich. Erst 1902 war das Land endgültig ‚befriedet' – wie die Kolonialherren sich auszudrücken beliebten –, und *Ashanti*-Land wurde zur britischen Kronkolonie erklärt. Heute – mehr als hundert Jahre später – gehört das bergige *Ashanti*-Land mit Kumasi als zweitwichtigster Stadt des Landes zu den wohlhabendsten Agrarregionen Afrikas; denn hier ist der Kakaoanbau zu voller Blüte gelangt und hat den fleißigen Bauern einigen Wohlstand gebracht. Kumasi, inzwischen mittels geteerten Allwetterstrassen mit den Küstenstädten verbunden, ist heute auch Ort einer tüchtigen Universität, die eine neue Generation intelligenter Fachkräfte ausbildet.

Was die *wirtschaftliche* Dimension angeht, so haben die Briten in den Handels-Kolonien Westafrikas wirtschaftliches Wachstum extern induziert, d. h. durch die Nachfrage der großen Handelshäuser. Es basierte auf der erzwungenen Expansion von drei *cash crops*: Palmöl, Kakao und Erdnüsse. Dabei haben afrikanische Bauern eine aktive Rolle als Produzenten für den Markt gespielt: Als sie erkannt hatten, dass sie mit ihren Feldprodukten Gewinne machen konnten, intensivierten sie Anbau und Handel; so wurden weite Teile der Küstenzone und des Hinterlandes in die Geldwirtschaft eingefügt und damit auch von den Preisfluktuationen der Weltwirtschaft abhängig gemacht (von Albertini 1976, S. 262; Goldberg 2008, S. 80f.; Hahn 2009).

Schließlich ist hervorzuheben, dass die Briten seit den 1920er Jahren damit begannen, erste Schritte in Richtung auf *Self-Governance* der afrikanischen Bevölkerung in Form der *Legislative Councils* einzurichten, an denen teils gewählte und teils vom Gouverneur ernannte afrikanische Ratsmitglieder mitwirkten und die sich beratend an der *Native Administration* beteiligen sollten. Der städtischen Elite, die sich auch gegenüber den traditionalen Chiefs behaupten musste, wurde so erst einmal ein Sprachrohr verschafft. Auch war somit der Politisierung der Gesellschaft eine Arena eröffnet worden. Ein weitsichtiger Gouverneur (*Frederick Gordon Guggisberg*, 1919-1927) trieb die Modernisierung des Landes voran, u. a. durch Gründung des *Achimota College* im Jahr 1927, das er selbst als den Kern einer westafrikanischen Universität ansah (Schicho 2001, S. 186.). Schließlich wurden auch *Executive Councils* mit afrikanischer Beteiligung eingerichtet – ein weiterer Schritt auf dem Weg zur Vorbereitung der nationalen Unabhängigkeit der Kolonien (Meredith 2005, S. 19f.). Auf ethnischer Basis entstanden nun Berufsvereinigungen, Schulungszentren, Jugend-Klubs und Ansätze von politischen Parteien, die „gewissermaßen eine Brücke vom vorkolonialen zum nachkolonialen Afrika" schlugen (von Albertini 1976, S. 268). Das Ergebnis war aber nicht eine einheitliche Nation (nach europäischem Muster, geeint durch Klassenkämpfe und in Jahrhunderten gewachsenen Rechts-Institutionen), sondern eher ein fragmentierter *ethnischer Nationalismus*, der von jedem Bürger eine doppelte Loyalität forderte: zur Herkunftsethnie zum einen, zur neu sich formierenden Nation zum anderen (Mamdani 1996; Cooper 2006). Konnte das gutgehen?

4.4 Südafrika: Diamanten- und Goldförderung, ‚Burenkriege'

Die Geschichte Südafrikas (der Südafrikanischen Union) ist der konsequente Versuch einer weißen Minderheit von Eingewanderten aus Europa, die politische und wirtschaftliche Kontrolle über fremde Völker auszuüben, um für sich die Reichtümer des Landes zu nutzen. Dabei stieß sie permanent auf Widerstand der an den Rand gedrängten Bewohner. Je stärker dieser wurde, desto rücksichtsloser wurden die Methoden der Eindringlinge, die Mehrheit der Afrikaner in Schach zu halten, sie räumlich, kulturell und politisch zu *separieren*. Zuvor jedoch gab es mehrjährige Kriege zwischen zwei europäischen Völkern (Buren und Engländern) um die Bodenschätze, was in der Geschichte der Kolonisation einzigartig ist – nicht zuletzt wegen der praktizierten Kriegsmethoden.

Früh hatte hier die Verdrängung der verschiedenen Völker am Kap durch aus Holland stammende Buren und andere Europäer begonnen. Schon 1652 hatte *Jan van Riebek* am Kap die erste europäische Niederlassung als Versorgungsstützpunkt der *Holländischen Ostindien-Kompanie* gegründet. Die verschiedenen Völker der *Khoikhoi* (,Hottentotten') und *San* (,Buschmänner'), auf die die holländischen Einwohner stießen, wurden verdrängt, versklavt, ausgerottet oder vermischten sich mit den Eingewanderten. Bauern mit christlichem Glaubensbekenntnis „machten sich zu Herren über ein Land, das ihnen nach ihrer Denkweise Gott zugedacht hatte. Es war ihr Gott, in dessen Namen sie Menschen anderer ‚Rasse' und Ideologie unterdrückten, ausbeuten und entrechten durften" (Schicho 1999, S. 138). Da vom Norden her Bantu-Völker auf der Suche nach Lebensraum in die südafrikanischen Gefilde eindrangen und die Buren mit ihren Ochsenkarren in der gleichen Absicht nach Norden ‚treckten' (auch um den Engländern zu entkommen), kam es im 19. Jahrhundert zu mehreren Kriegsgefechten, in denen sich die Buren nach erheblichen Verlusten schließlich durchsetzen konnten. „Beide Seiten bewährten sich als Pioniere, Räuber und Viehdiebe" (Schicho 1999, S. 138). Waffentechnische Überlegenheit und das geschickte Ausnutzen der Rivalität zwischen einigen Bantu-Völkern ermöglichten es schließlich den Buren, sich immer mehr Siedlungsland anzueignen und drei Buren-Republiken zu gründen: *Natal, Oranje Free State* und *Transvaal*.

Die bestehenden Spannungen zwischen Buren und Briten, z. B. wegen des Verbots der Sklaverei (Sklaven waren von den Buren z. B. im Weinbau der Kap-Provinz eingesetzt) intensivierten sich, als die Funde von Diamanten und Gold am *Witwatersrand* (einer Hügelkette im Süden des Transvaal) in den 60er und 70er Jahren des 19. Jahrhunderts verstärkt die Aufmerksamkeit der Briten auf die natürlichen Reichtümer am Kap lenkten. Der Abbau der größten Goldvorkommen der Welt erwies sich als schwierig und kostenintensiv. Nur wenige britische Konzerne konnten den Abbau von Gold – damals das begehrteste Metall der Welt – mit großem Kapitaleinsatz in die Wege leiten. Der Goldbergbau wurde „zum Industrialisierungsmotor Südafrikas, der Einwanderer in großer Zahl in die bis dahin ländlich geprägte Burenrepublik zog" (Marx 2004, S. 120). Vor dem Hintergrund ständiger politischer und militärischer Auseinandersetzungen vollzog sich die Gründung einer Weltfirma, die bis heute nahezu ein Monopol in der Förderung und Vermarktung von Diamanten hat: *De Beers*. Mit der Errichtung von *compounds* genannten Arbeiterlagern, „deren Zugang rigoros überwacht wurde, der Einführung strenger Arbeitszeiten und der Intensivierung der Arbeitsleistung, wurde *De Beers* beispielgebend für die Disziplinierung und Ausbeutung afrikanischer Arbeitskraft" (Schicho 1999, S. 142).

Da die Bergbaukonzerne Arbeitskräfte in großer Zahl benötigten, erzeugten sie Konflikte mit den burischen Farmern, die ebenfalls viele Hände für die Bearbeitung ihrer Felder brauchten. Imperialisten vom Typus eines *Cecil Rhodes*, der von einem englischen Kolonialreich vom Kap im Süden des Kontinents bis nach Kairo im Norden träumte, trieben die Interessenparteien in einen Krieg, der im Oktober 1899 ausbrach. Letztlich war es die Gier nach Gold und Macht, die den reichsten Industriestaat des 19. Jahrhunderts in einen kolonialen Unterwerfungskrieg, den ‚Burenkrieg' (1899 – 1902), trieb:

> Großbritannien konnte „nur mit riesigem militärischen Aufwand und brutalen Methoden die Republiken [der Buren] niederringen... Im Jahr 1900 gingen die Buren zu einem höchst effektiven Guerillakrieg über, den die Briten nur mit Hilfe eines gigantischen Zerstörungswerks in den ländlichen Regionen gewannen. Der Krieg wurde wegen der von Lord Kitchener angewandten Strategie der ‚verbrannten Erde' und auch wegen der Konzentrationslager, in denen insgesamt 26.000 Frauen und Kinder an Seuchen starben, zu einem Skandal. Dabei wurde geflissentlich übersehen, dass hier nur Methoden gegen Weisse angewandt wurden, die gegen Afrikaner seit 1811 gang und gäbe waren und allseits für legitim erachtet wurden...Die Buren kapitulierten am 31. Mai 1902 aus denselben Gründen, aus denen die taktisch den Briten haushoch überlegenen Xhosa 1853 die Waffen gestreckt hatten: Ihre Lebensgrundlage war so gefährdet, dass sie verhungert wären, hätten sie weitergekämpft" (Marx 2004, S. 121).

Mit dem Ende des Burenkriegs war die Kolonialeroberung im südlichen Afrika erst einmal abgeschlossen. Die Goldproduktion konnte wieder hochgefahren werden. Die vier Kolonien *Transvaal, Orange River, Natal* und *Kap-Kolonie* schlossen sich im Jahr 1910 zur *Union von Südafrika* zusammen. Buren und Briten mussten nun *nolens volens* in einem Staat zusammenleben. Zwei Jahre später gründete sich der *African National Congress (ANC)*, Afrikas älteste Partei, der sich später auch *Nelson Mandela* anschloss. Es sollte noch einmal acht Jahrzehnte bis zur endgültigen Befreiung der schwarzen afrikanischen Mehrheit dauern.

4.5 Frankreich als Kolonialmacht – Grundzüge seiner Afrikapolitik

Frankreichs Kolonialpolitik entwickelte sich von der Anfangsphase der gewaltsamen Unterwerfung der autochthonen Bevölkerung hin zu einer Politik der zentralen Verwaltung und Ausbeutung seiner Kolonien und Protektorate, einschließlich des Versprechens, anpassungsbereiten Afrikanern die kulturelle *Assimilierung* in Aussicht zu stellen. Im Vergleich zur englischen (und deutschen) Kolonialpolitik in

Afrika weist der Rivale Frankreich mit seiner anfangs verfolgten Politik der kulturellen Assimilation von Afrikanern eine Besonderheit auf: Wer sich der französischen Kultur anschloss und die französische Sprache zu beherrschen gelernt hatte, der konnte hoffen, vom Status des kolonialen Untertans (*sujet*) zum gleichberechtigten Bürger (*citoyen*) aufzusteigen. Das erschien zunächst als ein attraktives Angebot für junge bildungshungrige Afrikaner. Frühzeitig wurde in den Kolonien ein Grundschulsystem aufgebaut. Die französische Kolonialdoktrin der *Assimilation* zielte darauf ab, die Afrikaner im Sinne der französischen Zivilisation ‚zu heben', zu erziehen. Sie sollten gewissermaßen zu schwarzen Franzosen umgebildet werden, und ihr sozialer Status wurde von der Erreichung dieser (utopischen) Ziele abhängig gemacht. So ist schon im Jahr 1659 ein kultureller Brückenkopf der Franzosen in Westafrika errichtet worden – in der Mestizen-Siedlung *St. Louis* am Senegal-Fluss. Hier wurde, bedingt durch den Sklavenhandel, eine formelle Kolonialherrschaft errichtet, während die übrigen französischen Besitzungen an der Westküste Afrikas bis in die 70er Jahre des 19. Jahrhunderts nur Stützpunkte (für Handels- und Kriegsschiffe) blieben. Vier Gemeinden, die so genannten *Quatre Communes*, nämlich *Gorée, St. Louis, Dakar* und *Rufisque*, erhielten zwischen 1848 und 1851 jeweils das französische Staatsbürgerrecht. Eine Besonderheit *französischer* Kolonialpolitik war auch die Dominanz der *Militäroffiziere* vor Ort. Die Gouverneure mit ihren Kolonialoffizieren waren nicht lediglich ausführendes Organ einer in Paris konzipierten Kolonialpolitik, sondern sie waren im Wesentlichen selbst Motor einer kolonialen Expansionspolitik. Als Beispiel soll der Kommandant, später General und Gouverneur, *Louis Léon César Faidherbe* (1818 – 1889) angeführt werden. Er besetzte den *Senegal*, machte *Dakar* zum neuen Verwaltungssitz, von dem aus später das gesamte Gebiet des westlichen Afrika erobert wurde. Kein Wunder, dass Frankreich dabei in Konflikt mit den so genannten *Jihad*-Reichen geriet. Mit dieser Zielsetzung, der islamisch gewordenen Bevölkerung der Sudanzone neue Impulse zu verleihen, sind in verschiedenen Regionen der Sahelzone islamische Prediger aufgetreten, die zugleich Kriegsherren waren und gegen fremdkulturelle Einflüsse vorgingen. Es war eine Zeit großer sozialer Umbrüche, in der sich ein *clash of civilizations* – ein Aufeinanderprallen der Kulturen und Religionen – ereignete (Iliffe 2000, S. 214f.).

Als eine weitere Besonderheit kolonialpolitischer Praxis ist die Tatsache zu würdigen, dass ein Afrikaner als Repräsentant einer afrikanischen Kolonie (aus dem überwiegend islamischen *Senegal*) in die französische Nationalversammlung gewählt werden konnte – was im Jahr 1945 dem Dichter Leopold Senghor (1906 – 2001) vergönnt war. Von 1960 bis 1980 war er dann der erste Staatspräsident Senegals. Ebenso ist ein kulturell assimilierter Afrikaner aus Côte d'Ivoire (Elfenbeinküste) – *Felix Houphouet-Boigny* (1905 – 1993) – zum Abgeordneten und sogar zum stellvertretenden Minister in Paris gewählt worden (1945 – 1946), bevor er Jahrzehnte später erster Staatspräsident der Elfenbeinküste wurde – ein Amt, das er 33 Jahre lang bis zu seinem Tod innehatte. Aber dieses Privileg des französischen Wahlrechts ist nur einer winzigen Bildungselite zugutegekommen. Hätte man alle 100 Millionen Afrikaner, die in französischen Kolonien lebten, als Assimilierte gleichgestellt, hätte es im *Mutterland* eine Mehrheit schwarzer Franzosen gegeben – was verständlicherweise in Paris nicht beabsichtigt war.

Die (illusionäre) Kolonialdoktrin der kulturellen Assimilation ist bald durch die der *Assoziation* ersetzt worden. Assoziation bedeutete die direkte Eingliederung eines Kolonialgebiets in das europäische Mutterland, wobei stärker auf bestehende soziale und politische Strukturen Rücksicht genommen wurde, ohne aber ganz auf kulturelle Assimilation einer Bildungselite zu verzichten. *Indirect Rule*, wie sie Großbritannien in Nordnigeria und Uganda praktizierte, blieb in Französisch-Afrika eher die Ausnahme. Paris setzte mehr auf Zentralismus und verfolgte die Absicht, mit seiner autoritären Verwaltungsstruktur bis auf Dorfebene vorzudringen (Harding 1999, S. 52). Frankreich hat viel stärker als ihr britischer Konkurrent von oben in die gewachsenen Strukturen der afrikanischen Gesellschaften rigoros eingegriffen und so den Prozess ihrer inneren Auflösung beschleunigt. Dazu diente nicht zuletzt die *französische Sprache* als *das* Herrschaftsinstrument: Wer sie zu beherrschen gelernt hatte, konnte einen Seitenwechsel wagen und sich als Teil der neuen sozialen Klasse der Arrivierten fühlen, weil er nun zum *Evolué* (d. h. zum Entwickelten, zum Zivilisierten) geworden war. Mit der Aneignung der fremden Sprache als Teil der Herren-Kultur verblasste die Bedeutung der einheimischen Sprachen, was zur *Entfremdung* zwischen der neuen Französisch lesenden und sprechenden Elite einerseits und der weniger gebildeten, teilweise analphabetischen, dazu ethnisch hochgradig fragmentierten Bevölkerung andererseits beigetragen hat. Für das postkoloniale *Nation-Building* sollte sich das als belastende Hypothek erweisen (Fanon 1966, Brüne 1995, Ayittey 2005, Bayart 2009).

4.6 Frankreichs Verirrung in Algerien

Die französische Expansion in nordafrikanische Gefilde folgte keinem einheitlichen Muster: Algerien 1830, Tunesien 1881 und Marokko erst 1912. Während Algerien formell Teil des nationalen Territoriums wurde, blieben Tunesien und Marokko Protektorate mit unterschiedlichen Zoll- und Handelsbestimmungen. Gemeinsam war allen drei *Maghreb-Staaten* (*Maghreb* ist der arabische Sammelname für diese drei westlichen Mittelmeerstaaten) ihre Bedeutung als potentielle Siedlungsgebiete für auswanderungswillige Franzosen (Elsenhans 1974; Albertini 1976, S. 207f.; Meredith 2005). Wie hatte das französische Algerien-Abenteuer begonnen? Um sich außenpolitisch einen Prestigezuwachs angesichts bevorstehender Wahlen in Paris zu verschaffen, war der bedrängte König *Charles X* auf die Idee gekommen, durch ein außenpolitisches Abenteuer von innenpolitischen Problemen abzulenken. So schickte er 1830 eine Expedition von Soldaten nach Algier, die die Stadt besetzten und den dort regierenden *Bey*, den Statthalter des Osmanischen Reichs, entmachten sollten. Daraufhin entwickelte sich ein jahrzehntelanger Widerstand gegen die französische Besatzung. Besonders erbittert wehrte sich das Volk der *Berber* in den Bergen der *Kabylei* (bis 1857). Zunächst war nur eine Herrschaft über die Städte geplant, die ländlichen Regionen wollte man indirekt kontrollieren. Doch die anhaltende Feindseligkeit der Muslime löste eine Eigendynamik der gewaltsamen territorialen Inbesitznahme aus. So ist Algerien schon 1848 zu einem integralen Bestandteil des französischen Staates erklärt und in drei *Departements* aufgeteilt worden. Militäroffiziere spielten bei der Erschließung und Verwaltung Algeriens eine große Rolle; sie schufen ab 1844 die *Bureaux Arabes* als Form direkter Herrschaft über die indigene Bevölkerung (Marx 2004, S. 57). Den Franzosen des 19. Jahrhunderts erschien Algerien als Verlängerung des Mutterlandes jenseits des Mittelmeeres und damit als Teil eines *Größeren Frankreichs.*

Seit Jahrhunderten war Algerien für Frankreich von wirtschaftlicher Bedeutung. Zu Zeiten Napoleons exportierte der *Bey*, d. h. der Herrscher von Algier, Getreide nach Marseille. Hundert Jahre später hatten sich ca. 200.000 französische Siedler knapp 40 % des landwirtschaftlich nutzbaren Areals von Nordalgerien (d. h. 2,3 Mio. ha von insgesamt 5,9 Mio. ha) angeeignet; die einheimische Bevölkerung hatte sich von der wenig ertragreich gewordenen Getreidewirtschaft auf den Intensivanbau von Hülsenfrüchten und Gartenpflanzen umstellen müssen. Schon bald nach dem ersten Weltkrieg entstanden Nationalbewegungen verschiedener Richtungen, die zunächst nur die Verwirklichung der vollen Bürgerrechte für Muslime anstrebten. Die 1930 von *Ferhat Abbas* geführte „Föderation der französisch gebildeten Muslime" forderte die Integration mit Frankreich auf der Basis völliger Gleichberechtigung. Als der Plan der Volksfrontregierung *Léon Blums* von 1938, etwa 30.000 Algeriern die Bürgerrechte zu gewähren, im französischen Parlament gescheitert war, begannen die algerischen Nationalisten vom Konzept der Assimilation abzurücken und stattdessen Autonomie im Sinne von nationaler Unabhängigkeit anzustreben. Als dann auch noch 1945 bei Ende des Weltkriegs Proteste in *Sétif* ausbrachen und diese von Frankreich blutig unterdrückt wurden (wobei 15.000 Algerier starben), zerplatzte die politische Utopie einer friedlichen Koexistenz von Europäern und Afrikanern in einem französischen Territorialstaat: Kolonialer Rassismus ließ Gleichberechtigung zwischen den Völkern nicht zu.

4.6 Frankreichs Verirrung in Algerien

So kam, was kommen musste: Auch diese weiße Siedlerkolonie (ähnlich wie in Kenia und Rhodesien) war nicht bereit, den Afrikanern freiwillig die nationale Unabhängigkeit zu gewähren. In der Verblendung, den Zeitgeist der nationalen Befreiung als Forderung aller Kolonialvölker ignorieren zu können, führten die Franzosen acht Jahre lang einen verlustreichen und letztlich sinnlosen Krieg. Im Jahr 1954 war die *Nationale Befreiungsfront (Front de Libération National, FLN)* gegründet worden, deren Anführer *Achmed Ben Bella* die bäuerlichen Guerilla-Einheiten gegen eine gut gerüstete französische Armee (die schließlich 500 000 Mann aufbieten konnte) antreten ließ – mit Erfolg. Im Jahr 1960 anerkannte der französische Staatschef *Charles de Gaulle*, inzwischen von der Ausweglosigkeit des Krieges der Franzosen überzeugt, das Recht der Algerier auf nationale Selbstbestimmung öffentlich an, was bei einem Teil der weißen Siedler als ‚Verrat' interpretiert wurde (und beinahe in Frankreich einen Militärputsch gegen *de Gaulle* ausgelöst hätte). Im März 1962 kam es im schweizerischen *Evian* zu Verhandlungen zwischen der französischen Regierung und den Führern der FLN, die mit dem *Abkommen von Evian* endeten. Die FLN erhielt das Recht, einen eigenen souveränen Staat zu errichten, und Frankreich erhielt außer einigen wirtschaftlichen Privilegien (Rechte zum Abbau der Uranvorkommen) das Recht, den Flottenstützpunkt *Mers el-Kebir* für 15 und das Atomtestgelände in der Sahara für fünf Jahre weiter zu nutzen.

In der für den 3. Juli 1962 festgesetzten Volksabstimmung stimmten 91 % der Algerier für die Unabhängigkeit (und damit auch für eine weitere begrenzte Zusammenarbeit mit Frankreich). Was fast zufällig als begrenzte Militäraktion 1830 begonnen hatte, sollte nach 130 Jahren leidvoller und im Kern verfehlter Kolonialpolitik kläglich enden: Der Algerienkrieg kostete über einer Million Menschen das Leben; er zerstörte gewachsene wirtschaftliche und soziale Strukturen; denn ein Drittel der Bevölkerung war aus Sicherheitsgründen umgesiedelt worden. 70 % der Bevölkerung waren 1962 arbeitslos geworden. Mit der überstürzten Flucht bzw. Auswanderung von knapp einer Million Europäern verlor das Land fast alle Unternehmer, Techniker, Facharbeiter, Verwaltungsbeamte, Ärzte und Lehrer. Die weißen Siedler hatten 40 % der landwirtschaftlichen Nutzfläche unter ihrer Kontrolle, und über 80 % der Industrie, Banken und Versorgungsbetriebe waren in französischer Hand. All diese Betriebe standen bei Kriegsende erst einmal leer und verwaist da (Elsenhans 1974, Marx 2004, Meredith 2005). Schlimmer noch erging es den *Harkis*, den algerischen Hilfstruppen, denen Paris die legale Übersiedlung nach Frankreich verwehrte. Etwa 150.000 *Harkis* wurden von rachsüchtigen algerischen Landsleuten umgebracht, und etwa 67.000 *Harkis* konnten sich mit ihren Angehörigen nach Frankreich retten (wo sie bis heute ein armseliges Dasein als Verfemte führen). Für die Kriegsverbrechen (Folter und Unterdrückung) hat sich Frankreich bis heute nicht bei den Algeriern entschuldigt.

Deutschland als Kolonialmacht in Afrika 5

5.1 Hinweise zum Studium der deutschen Kolonialherrschaft

Obwohl die deutsche Kolonialherrschaft in Afrika nur ca. eine Generation lang gedauert hat (1885-1919), hat sie im deutschen Bewusstsein, sowohl in Westdeutschland als auch in der damaligen *Deutschen Demokratischen Republik (DDR)*, Spuren hinterlassen. Zum einen gab es im Westen bis in die 1960er Jahre hinein eine koloniale Traditionspflege und heroische Erinnerungskultur, zum anderen geißelten DDR-Historiker (wie Helmut Stoecker, Thea Büttner, Heinrich Loth und Horst Drechsler) die imperialistischen Machenschaften der europäischen Länder in ihren Afrika-Kolonien. Letztere warfen ein neues Licht auf die europäisch-afrikanischen Beziehungen, was auch von den Historikern im Westen anerkennend registriert wurde. Im Zuge der Studentenbewegungen und der anti-imperialistischen Solidaritäts-Gruppen entwickelte sich zunehmend eine Bereitschaft, sich kritisch mit dem deutschen Erbe in Afrika auseinanderzusetzen. So entstanden – parallel zu den bahnbrechenden Studien der anglo-amerikanischen Kollegen wie beispielsweise *John Iliffe* und *T. O. Ranger* – die historischen Pionierarbeiten von *Franz Ansprenger* (Auflösung der Kolonialreiche, 1966), *Rudolf von Albertini* (Dekolonisation, 1966 und europäische Kolonialherrschaft, 1880-1940), *Gerhard Grohs* (Stufen afrikanischer Emanzipation, 1967); von *Helmut Bley* (Deutsch-Südwest/Namibia, 1968), *Detlef Bald* (Deutsch-Ost-Afrika, *1970); Rainer Tetzlaff* (Deutsch-Ost-Afrika, 1970), *Karin Hausen* (Kamerun, 1970), und *Albert Wirz* (deutsche Kolonien in Afrika, 1976).

Im Jahr 1985 erschien dann die erste Gesamtdarstellung mit dem Werk von *Horst Gründer*, Geschichte der deutschen Kolonien, das bis 2005 fünf Auflagen erlebte. Aus afrikanischer Feder erschien 1981 die erste Gesamtdarstellung der Geschichte Schwarzafrikas des aus *Burkina Faso* (früher Obervolta) stammenden Historikers *Joseph Ki-Zerbo*. Als unverzichtbare Lektüre haben sich das dreibändige ‚Handbuch Afrika' des österreichischen Historikers *Walter Schicho* (1999-2004) sowie `The Fate of Africa. A History of Fifty Years of Independence` des Engländers *Martin Meredith* (2005) erwiesen. Seitdem sind zahlreiche weitere Studien zum Thema (deutsche) Kolonialherrschaft erschienen, wobei die Studien von *Leo Harding (1999), Christoph Marx (2004), Sebastian Conrad (2004), Winfried Speitkamp (2005), van der Heyden & Zeller (2007), Andreas Eckert (2010) und Jürgen Zimmerer (2013)* als besonders nützlich hervorgehoben werden sollen. Anhaltende Diskussionen über die fällige Umbenennung von Straßen und Plätzen, die noch immer die Namen von dubiosen Gestalten der Kolonialherrschaft tragen, belegen die Notwendigkeit einer genaueren Beschäftigung mit diesem Teil der europäischen Geschichte. Dazu gehört aktuell auch die Diskussion über die afrikanischen Artefakte in *deutschen Museen*, die großenteils während der Kolonialzeit auf oftmals dubiosen Wegen nach Europa gelangt waren. Während die einen sie als rechtlich erworbene Kunstgegenstände betrachten, problematisieren fortschrittliche Antropologinnen wie die Kuratorin der Bremer Kunsthalle, *Julia Binter*, Leiterin der Ausstellung „Der blinde Fleck" von 2017, diese als Raubkunst und plädieren, zusammen mit Kollegen und Kolleginnen des Berliner Humboldt-Forums, für eine *Dekolonialisierung* der europäischen Museen.

5.2   Die deutsche Kolonialherrschaft

Ob Deutschland überhaupt eigene Kolonien brauchte, war in den 80er Jahren des 19. Jahrhunderts bei Politikern, staatstragenden Persönlichkeiten und Bürgern noch sehr umstritten. Hamburger Kaufleute zum Beispiel lehnten einen solchen Erwerb mit Hinweis auf die hohen Kosten und die Vorteile des *Freihandels*[4] rundweg ab. Aber gegen die Kolonialbegeisterung des Mittelstandes – dazu gehörten der *Flottenverein* mit ca. zwei Millionen Mitgliedern und die verschiedenen *Kolonialvereine* in den deutschen Landen – konnten sich die Kolonialgegner schließlich nicht behaupten. Auch Reichskanzler *Otto von Bismarck* hatte sich lange Zeit gegen das *Kolonialfieber* der deutschen Koloniallobby gesträubt. Dazu gehörten all jene, die in der Öffentlichkeit und im Parlament für den Erwerb eigener Kolonien Propaganda machten. Bismarck hatte gemeint: „Meine Karte von Afrika liegt hier in Europa" (Wehler 1969). Dennoch sah er sich Mitte der 80er Jahre veranlasst, als ‚ehrlicher Makler' – so die damalige Presse – bei der Lösung internationaler Konflikte um die Aufteilung Afrikas unter den Kolonialmächten aufzutreten. So eröffnete er am 15. November 1884 in Berlin die Afrika-Konferenz, um die unterschiedlichen

---

4   Freihandel ist die Wirtschaftsform, nach der alle Wirtschafts- und Handelsunternehmen freien Zugang zu allen Märkten haben.

5.2 Die deutsche Kolonialherrschaft

Interessen der europäischen Kolonialmächte im Bereich des Kongo – daher die gebräuchliche Bezeichnung *Kongo-Konferenz* – durch Verhandlungen zum Ausgleich zu bringen (s. o. Kapitel 4.1).

Unter *Kaiser Wilhelm II*, der 1888 den erfolgreichen Kanzler entließ, strebte Deutschland ungeduldig und ungeschickt nach ‚Weltgeltung' und verlangte seinen „*Platz an der Sonne*" (- so *Reichskanzler von Bülow* am 6.11.1897 im Reichstag; Van der Hyden & Zeller 2002, S. 69). Ohne den Erwerb von Kolonien war die Erreichung dieses imperialistischen Ziels kaum denkbar. *Wilhelms II.* ehrgeizig betriebener Flottenausbau und die von ihm tatkräftig unterstützte Kolonialpolitik bedeuteten eine deutliche Abkehr von den bisherigen Prinzipien Bismarck'scher Politik. Auch die oppositionellen Sozialdemokraten relativierten später ihren anfänglichen Widerstand gegen ‚*imperialistische Kolonialpolitik*'; so bekannte *August Bebel* in der Reichstagssitzung vom 1. Dezember 1906:

> „Meine Herren, dass Kolonialpolitik getrieben wird, ist an und für sich kein Verbrechen. Kolonialpolitik zu treiben kann unter Umständen eine Kulturtat sein, es kommt nur darauf an, wie die Kolonialpolitik getrieben wird… Kommen die Vertreter kultivierter und zivilisierter Völkerschaften, wie es zum Beispiel die europäischen Nationen und die nordamerikanischen sind, zu fremden Völkern als Befreier, als Freunde und Bildner, als Helfer in der Not, um ihnen die Errungenschaften der Kultur und der Zivilisation zu überbringen, um sie zu Kulturmenschen zu erziehen, geschieht das in dieser edlen Absicht und in der richtigen Weise, dann sind wir Sozialdemokraten die ersten, die eine solche Kolonisation als große Kulturmission zu unterstützen bereit sind" (van der Hyden & Zeller 2002, S. 68).

Die Wirklichkeit sah anders aus. Gegen das vergiftete Angebot der ‚Zivilisierung' wussten sich Afrikaner zu wehren. Es gab nicht nur bewaffneten Widerstand, sondern auch eine rechtsstaatlich argumentierende Petitionsbewegung. Zum Beispiel überreichten 1913 Könige und Amtsträger des Volkes der *Duala* aus Kamerun unter Leitung von Prinz *Manga Bell* dem deutschen Reichstag Beschwerden. Sie erklärten, dass durch den mit den Vertretern der Firmen *C. Woermann* und *Jantzen & Thormählen* abgeschlossenen Vertrag vom 12. Juli 1884 „das Deutsche Reich keineswegs die volle absolute Souveränität über die Machtsphäre der Duala erworben" hätte. „Eine rechtliche Basis für die Okkupation" [ihres Grund und Bodens] bestünde also nicht[5]. Nicht weniger bemerkenswert war die Eingabe aus Togo an den Staatssekretär des Reichskolonialamtes in Berlin im Herbst 1913. In dem Schreiben verlangten die afrikanischen Beschwerdeführer unter anderem „die Beseitigung der Kettenhaft und der Prügelstrafe, die Zulassung einer Vertretung

---

[5] Manga Bell wurde 1914, wegen ‚Hochverrats', hingerichtet – ein Justizmord (Bommarius 2015).

der [Einheimischen] in die Gouvernements-Sitzung" sowie die „Einführung eines allgemeinen Landesgesetzbuches" und „Frei-Handel für die [Einheimischen]". (Zimmerer 2014).

Im Folgenden sollen drei Aspekte der deutschen Afrikapolitik näher beleuchtet werden, die einerseits ein Licht auf die Herrschaftsmethoden im Umgang mit kolonisierten Afrikanern werfen und die andererseits wegen ihrer nachhaltigen Bedeutung für die Gegenwart von besonderer Relevanz erscheinen: die Kolonialkriege in den beiden größten Kolonien *Deutsch-Südwestafrika* und *Deutsch-Ostafrika* sowie der Beginn des ‚wissenschaftlichen Kolonialismus' in der *Ära Dernburg* (1906-1910), – eine Politik, die als ein Vorläufer heutiger Entwicklungshilfe-Politik interpretiert werden kann.

> Kolonialkriege – definiert Jürgen Osterhammel – waren „‚außersystemische' Kriege jenseits des europäischen Staatensystems. Daher wurden sie ohne Rücksichten auf die balance of power und ebenso ohne (oder mit geringer) Beachtung jener spärlichen Regeln des humanitären Völkerrechts geführt, die es damals schon gab. In Kolonialkriegen wurden also ‚keine Gefangenen gemacht', und die Gefangenen, die es dennoch gab, hatten nichts Gutes zu erwarten" (Osterhammel 2009, S. 698).

5.3 Deutsch-Südwestafrika/Namibia

Die deutsche Kolonialverwaltung betrieb eine zweideutige Politik: Einerseits war ihr an Landkäufen gelegen, weil sie die *Herero* – ein Volk von Viehhirten – zu Sesshaftigkeit und Lohnarbeiten überreden wollte. Andererseits wollte sie aber auch die Verelendung und Proletarisierung der einheimischen Bevölkerung (wenn möglich) vermeiden. Dazu begann sie auf Anraten der *Rheinischen Mission* mit der Einrichtung von *Reservaten* auf ziemlich unfruchtbarem Gelände. Durch den Bau der Eisenbahnlinie von *Swakopmund* (am Atlantik) nach *Windhuk*, der weitere deutsche Siedler ins Herero-Land zog, ist dieser Verdrängungsprozess beschleunigt worden. Für den Herero-Oberhäuptling *Samuel Maherero*, der von den Deutschen zunächst an der Macht gehalten und alimentiert wurde, war so eine ökonomisch höchst prekäre Situation entstanden. Die Viehherden der Herero, Basis ihrer Nomadenexistenz und auch symbolischer Ausdruck von Rang und Status, waren durch die verheerende Rinderpest von 1896/97 ohnehin schon schwer dezimiert worden,

5.3 Deutsch-Südwestafrika/Namibia

und nun bedrohten die Kolonial-Deutschen mittels ihrer schikanösen Verdrängungspolitik weiter ihren Lebensraum (Bley 1968; Speitkamp 2005, S. 123-128).

Im Jahr 1904 befanden sich insgesamt 40 % des Schutzgebietes in den Händen von neun Konzessions- oder Charter-Gesellschaften. Der Häuptlingssohn *Samuel Maharero* hatte sich von Gouverneur *Leutwein* verleiten lassen, den Weißen immer mehr Stammesland abzutreten; doch ließen sich die unterschiedlichen Eigentumsbegriffe nicht zur Deckung bringen: „Die Afrikaner kannten keine Form eines verbrieften Eigentumsrechts an Grund und Boden, sondern allenfalls einen zeitlich befristeten Nießbrauch. Doch nun machten sich deutsche Siedler, meist Veteranen der „Schutztruppe", in immer größerer Zahl auf dem Land breit, auf dem bislang die Rinderherden der Herero geweidet hatten" (Marx 2004, S. 144). So kam es zu einem Aufstand der Verzweifelten – mit zahlreichen Überfällen auf deutsche Farmer (123 Deutsche starben). Der anfangs erfolgreiche Krieg der *Herero* (Chief *Maharero* hatte die Seiten gewechselt) gegen die endlos scheinende Expansion deutscher Siedler überraschte die Deutschen und bewog Gouverneur *Leutwein* zu dem Versuch, einen Verhandlungsfrieden mit *Maharero* zu erreichen, was in Deutschland mit Empörung aufgenommen wurde. Daraufhin schickte die Reichsregierung in Berlin *General Lothar von Trotha* (1848-1920), der sich bereits bei der gewaltsamen Niederschlagung des ‚Boxer-Aufstands' im Jahr 1900 in China ‚bewährt' hatte[6], nach Südwestafrika. *Von Trotha* forderte und erhielt massive Truppenverstärkung aus Deutschland. Knapp 4000 deutsche Soldaten gingen im August 1994 an Land, ausgerüstet mit über 30 Geschützen und 12 Maschinengewehren. Nun konnte *von Trotha* einen Vernichtungskrieg führen „in einer Weise, wie er in Afrika bis zum Ende der Kolonialzeit einzigartig bleiben sollte" (Marx 2004, S. 145). *Von Trotha* wollte nicht nur den Sieg über die Streitmacht der *Herero* (und der *Nama* unter ihrem Führer *Hendrik Witbooi*, die sich einige Wochen später dem Aufstand der *Herero* angeschlossen hatten), sondern die Ausrottung des Volkes. *Von Trothas* berüchtigter Befehl vom 2. Oktober 1904 lautete:

> „Ich, der große General der deutschen Soldaten, sende diesen Brief an das Volk der Herero. Herero sind nicht mehr deutsche Untertanen…Das Volk der Herero muss das Land verlassen…Innerhalb der deutschen Grenze wird jeder Herero mit oder ohne Gewehr, mit oder ohne Vieh, erschossen. Ich nehme keine Weiber und Kinder mehr auf, treibe sie zu ihrem Volk zurück oder lasse auf sie schießen" (zit. nach Marx 2004, S. 146).

---

6 Der ‚Boxer'-Aufstand war ein Wiederstandskrieg der chinesischen „Faustkämpfer für Recht und Einigkeit" gegen europäische Fremdherrschaft, vom Westen als „Boxer" lächerlich gemacht.

Sieben Monate nach den ersten Überfällen kam es am *Waterberg* im Nordosten der Kolonie zu einer Einkesselung der Herero. *Hauptmann Franke* von der Deutschen Schutztruppe verdanken wir folgenden Bericht über das Massaker:

> „Die Herero hatten sich mit Frau, Kind und Vieh am Waterberg-Massiv versammelt – schätzungsweise um die 35 000 Menschen und 10 000 Stück Vieh. Rund 1500 Schutztruppler mit 30 Geschützen und 12 Maschinengewehren standen auf deutscher Seite…Hier ging es nicht um eine Entscheidungsschlacht gegen einen Kriegsgegner, sondern um die angestrebte Vernichtung eines ganzen Volkes, das jeden Handbreit Boden verzweifelt und tapfer verteidigte…Ein ganzes Volk kämpfte um sein Land, um sein Vieh, um sein Überleben. Hinter den Kampflinien standen die Herero-Frauen, feuerten ihre Männer an und skandierten immer und immer wieder: ‚Wem gehört Hereroland? Uns gehört Hereroland'" (Augenzeuge Hauptmann Franke, zit. in: Graichen & Gründler 2005, S. 144-145).

Es war eine gezielte und kompromisslose Vernichtungsstrategie. Von Trothas Plan, die *Herero* einzukesseln und zu vernichten, war gescheitert; denn die meisten konnten sich der Einkesselung durch Flucht in die fast wasserlose *Omaheke-Wüste* entziehen. Von Trothas frustrierte und heruntergekommene Soldaten besetzten die wenigen Wasserlöcher und töteten, wer sich ihnen näherte. Sie verweigerten den Flüchtlingen auch die Rückkehr. Es gab ein Massenmord an Frauen, Männern und Kindern – Akte „entgrenzter Gewalt" (Häußler & von Trotha 2012, S. 79f.), wobei nur wenige *Hereros* die Flucht überlebten. *Maherero* konnte sich mit einer kleinen Schar von Gefolgsleuten ins benachbarte *Bechuana-Land* (Botsuana) retten. Von denen, die überlebt hatten, landeten Tausende in Kriegsgefangenenlagern oder Konzentrationslagern; dort mussten sie jahrelange Zwangsarbeit verrichten. So sind damals ca. 75 %-80 % des Volkes der Herero und 35 %- 50 % der Nama, früher ‚Hottentotten' genannt, ausgerottet worden. *Lothar von Trotha* meldete im Oktober 1904 nach Berlin: „Diese halb verhungerten und verdursteten Banden […]sind die letzten Trümmer einer Nation, die aufgehört hat, auf eine Rettung und Wiederherstellung zu hoffen" (zit. nach Melber 2013, S. 475).

Als die Methoden des Generals in Deutschland bekannt wurden, kam es im Reichstag und in der empörten Öffentlichkeit zu Tumulten. Weitere Schutzgebietsanleihen (Kredite) an Deutsch-Südwest wurden vom Reichstag verweigert, der schließlich zu Neuwahlen (den so genannten *Hottentottenwahlen* vom Dezember 1907) aufrief. Wirtschaftlich betrachtet war die deutsche Kolonialherrschaft über ‚Südwest' ein Verlustgeschäft. Die Niederwerfung der Aufständischen hatte dem Reich 585 Millionen Reichsmark gekostet. Von den 14.000 nach Afrika entsandten deutschen Soldaten waren rund 2000 gefallen oder an Krankheiten gestorben. Auf die Frage, ob der Krieg gegen die Herero und Nama auch als *Genozid* bezeichnet werden muss, hat das offizielle Nachkriegs-Deutschland bis heute keine eindeutige Antwort

5.3 Deutsch-Südwestafrika/Namibia

gefunden, während die Mehrheit der Historiker diese Frage inzwischen bejaht (Bley, Eckert, Marx, Melber; Speitkamp, Van der Heyden, Zeller, Zimmerer). Ein *Genozid* liegt dann vor, wenn nachweisbar ist, dass eine politische Absicht bestanden hat, ein Volk oder einen Teil eines Volkes auszulöschen. Diese Absicht ist zwar nicht der Regierung im fernen Berlin zu unterstellen – im Gegenteil, Reichskanzler *Fürst von Bülow* hat das Vorgehen von *General von Trotha* missbilligt und auf sofortige Einstellung des Vernichtungskrieges gedrängt (im November 1905 musste *von Trotha* seinen Dienst quittieren) –, wohl aber dem verantwortlichen General *Lothar von Trotha*, dessen Absicht, die Herero zu vernichten, nicht bezweifelt werden kann (Zeller & Zimmerer 2016). Dennoch gab und gibt es ernst zu nehmende ForscherInnen, die meinen, eine differenzierte Position einnehmen zu müssen (Zu ihnen gehörte die 1996 verstorbene *Brigitte Lau*, Leiterin des namibischen Nationalarchivs in Windhoek). Der Afrika-Korrespondent des ‚Spiegels', *Bartholomäus Grill*, hat 2016 dazu folgenden Standpunkt eingenommen:

> „Der Vorwurf eines unter seiner Regie durchgeführten Völkermordplanes der Reichsregierung lässt sich ebenso wenig erhärten wie die These [die z. B. von dem Hamburger Historiker Jürgen Zimmerer], dass Deutschland damals einen Sonderweg eingeschlagen habe, der in den Faschismus mündete und im Holocaust gipfelte. Alle Kolonialmächte überzogen die eroberten Territorien mit Mord und Terror: die Spanier auf Kuba, die Belgier im Kongo, die Briten im Sudan, in Südafrika oder Tasmanien. Im Zeitalter der kolonialen Gewaltexzesse sei die Vernichtung von Zivilisten ‚Teil von Unterwerfung und Herrschaft' gewesen, es habe keinen deutschen ‚Tabubruch' gegeben, befindet der Militärhistoriker Robert Gerwarth" (Grill, Der Spiegel, Nr. 24/2016. S. 58).

Auch wenn man diesem Narrativ folgt, dann wäre die Frage noch nicht entschieden, ob sich die deutsche Regierung heute nicht bereitfinden sollte, sich für den Völkermord gebührend (d. h. verbal und monetär) bei den Namibiern zu entschuldigen. Bisher hat nur die ehemalige sozialdemokratische Ministerin für wirtschaftliche Zusammenarbeit und Entwicklung *Heidemarie Wieczorek-Zeul* im August 2004 bei einer Gedenkfeier am *Waterberg* um Entschuldigung gebeten. Entschädigungszahlungen konnte auch sie nicht versprechen und gelobte, mehr Entwicklungshilfe zu mobilisieren. Inzwischen ist im Sommer 2016 diplomatische Bewegung in diese ungeklärte Angelegenheit gekommen: Auf deutscher Seite ist der CDU-Politiker *Ruprecht Polenz* als Sonderbeauftragter ernannt worden, der mit dem namibischen Bevollmächtigen *Zedekia Ngavirue* eine gemeinsame Völkermord-Erklärung erarbeiten sollte (bislang erfolglos). Damit wären allerdings nicht automatisch auch die aktuellen Entschädigungsforderungen von Seiten der Herero (*Chief Vekuii Rukoro*), der Nama (*Chief Gaob David Frederick*) und anderer Ethnien anerkannt, die sich auf einige Milliarden Euro summieren. Die Bundesrepublik Deutschland hat seit der Unabhängigkeit *Namibias* Entwicklungshilfe von insgesamt 870 Mio. €

geleistet – mit 348 € der höchste Pro-Kopf-Betrag an afrikanische Staaten. Namibia ist heute unter den Subsahara-Staaten (nach Südafrika und Mauritius) mit 10.800 US$ Durchschnittsvermögen das dritt-reichste Land, und die Zahl der Millionäre wird für 2016 mit 3.300 angegeben (Namibia-Magazin, Nr. 2/2017, S. 6).

5.4 Deutsch-Ostafrika/Tansania

Ein Jahr nach Beginn des *Herero-Nama*-Krieges gegen die Deutschen begann in Deutsch-Ostafrika ein Abwehr- und Befreiungskrieg von großen Teilen der verzweifelten Kolonialbevölkerung gegen die deutsche Kolonialherrschaft. Hier waren vor allem der forcierte Anbau von *Baumwolle* auf Gemeinschaftsfeldern, die Erhöhung der Hütten- und Kopfsteuern sowie die Zwangsarbeit die Auslöser für organisierten Widerstand. Die Krieger hatten das von einem Propheten und Magier geheiligte *Maji-Maji* (das Kisuaheli-Wort für Wasser) auf ihre Körper aufgetragen, in der Hoffnung, dass die Kugeln der Weißen wie Wasser auf Ölhaut abtropfen würden. Von den Europäern unbemerkt, hatte es der charismatische Prophet *Kinjikitile* fertiggebracht, im Umkreis von 100 km zahlreiche Clanführer davon zu überzeugen, sich an der geplanten Rebellion zu beteiligen – im Vertrauen auf die magische Wirkung des geheiligten Wassers, das auch als Symbol für Fruchtbarkeit und Wohlstand verstanden wurde. Die Ursachen und lokalen Hintergründe der Tatsache, dass sich 1905 etwa vierzig Ethnien im südlichen und südwestlichen Tanganyika (wie die *Ngoni, Matumbi, Pangwa*) zum bewaffneten Widerstand entschlossen, sind äußerst komplex (Iliffe 1969, Gwassa 1973; Becker & Beez 2005; Pesek 2005; Deutsch 2006).

Schon der Auftakt zur Gründung des Schutzgebietes Deutsch-Ostafrika hatte unter keinem guten Stern gestanden. Nachdem der ‚Kolonialpionier' *Dr. Carl Peters* 1884 einige ‚Verträge' mit Häuptlingen des ostafrikanischen Hinterlandes abgeschlossen hatte, begannen die Agenten der von ihm mitgegründeten *Deutsch-Ostafrikanischen Gesellschaft (DOAG)* mit ihrer ‚Arbeit' des Sammelns von Handelsprodukten wie Elfenbein und Kautschuk (Peters 1906). Der Sultan von Sansibar war gezwungen worden, auf einen Großteil seiner territorialen Ansprüche auf das gegenüberliegende Festland zu verzichten, doch die Küstenbewohner wehrten sich gegen den Landraub. Die ‚Rebellen' des so genannten *Bushiri-Aufstands von 1888*, deren ‚Verbrechen' darin bestanden hatte, sich gegen die rabiaten Ausbeutungsmethoden der *DOAG* zur Wehr zu setzen, wurden gehängt. Nun sah sich das Deutsche Reich genötigt, nach dem Versagen der privatwirtschaftlichen DOAG, selbst direkt die Verwaltung des Schutzgebietes zu übernehmen. Die *Charta* – ein Brief, in dem die Regierung

5.4 Deutsch-Ostafrika/Tansania

die private Erwerbsgesellschaft mit dem Recht zur Nutzung und der Pflicht zur Verwaltung des Schutzgebietes ausgestattet hatte – wurde annulliert. Aber mit der Übernahme der vollen Verantwortung durch das Deutsche Reich, das nun seine Kolonien von jeweils einem Gouverneur (Regierungschef) als Stellvertreter des Kaisers verwalten ließ, änderte sich für die Einheimischen zunächst wenig: Diese spezielle Form der Gewaltherrschaft wurde unter dem Namen ‚Befriedung' fortgesetzt und systematisch ausgebaut.

Es folgten weitere 84 bewaffnete Konflikte (von 1888 bis 1905) zwischen Kolonialverwaltung und einheimischer Bevölkerung, die zu ‚Strafexpeditionen' der Schutztruppe führten. Den stärksten Primärwiderstand leistete das Volk der *Wahehe* (bis 1898). Deutschlands Ziel war es, seine ostafrikanische Besitzung zur Siedlerkolonie auszubauen und zum Rohstofflieferanten für das Mutterland zu machen. Zur *In-Wert-Setzung* der Kolonie wurde eine 1250 km lange Eisenbahnlinie von der Küste (Daressalam) bis an den Tanganjikasee (Kigoma) gebaut und durch Reichsanleihen finanziert. Ab 1900 kamen deutsche Farmer und Pflanzer in die ökologisch und klimatisch günstigen Gebiete (z. B. in die *Usambara-Berge*) – bis 1914 etwa 5.000 Europäer, darunter etwa 800 Siedler (Tetzlaff 1970). Angebaut und exportiert wurden Sisal (zur Produktion von Schiffstauen), Kaffee, Baumwolle und Tee. Niemals erlangte die Produktion dieser *Kolonialwaren* für die Versorgung Deutschlands eine wirtschaftliche Relevanz, die die hohen Kosten der gewaltsamen ‚Befriedung' gerechtfertigt hätte.

Der langfristig vorbereitete *Maji-Maji*-Aufstand begann am 20. Juli 1905 als Bauernerhebung in den *Matumbi-Bergen* im Süden der Kolonie, als eine von *Maji-Maji*-Heilern angeführte kleine Gruppe von Afrikanern sich auf den Weg zu einer der berüchtigten ‚Kommunal-Schamben' (*shamba* ist die Kisuaheli-Bezeichnung für Feld) machte, um dort die unter Zwangsarbeit angebauten Baumwollpflanzen auszureißen – für sie das Symbol für Fremdherrschaft, Ausbeutung und Unterdrückung. Anfangs brachten die unerschrocken kämpfenden *Maji-Maji*-Krieger den Verteidigern der deutschen Stationen, Missionen und Plantagen durch Frontalangriffe erhebliche Verluste bei. Als dann die aufgeschreckte Reichsregierung auf Anforderung des Gouverneurs *Gustav Adolf Graf von Götzen* Hunderte von Marine-Soldaten nach Deutsch-Ost entsandte und Geschütze und Maschinengewehre zum Einsatz brachte, begann eine Massenvernichtung. Die angewandte *Strategie der verbrannten Erde* – das systematische Abbrennen von Getreidefeldern und Viehställen – machte keinen Unterschied zwischen Kombattanten und Zivilisten und entzog beiden die Lebensgrundlage. Die Clanführer der Ethnien, die sich am Befreiungskrieg beteiligt hatten, mussten, so man ihrer habhaft werden konnte, ausgeliefert werden; sie wurden umstandslos gehängt. Die genaue Zahl der Opfer ist niemals genau ermittelt worden. Wurden früher 75.000 bis 130.000 direkte

Kriegsopfer geschätzt, so gehen tansanische Historiker heute eher von 300.000 direkten und indirekten Opfern aus, einschließlich der Hungertoten (Majura 2005, S. 201). Zu einem überregionalen oder gar nationalen Widerstandsbündnis von ostafrikanischen Völkern ist es nicht gekommen, da die Ethnien und Clans „zurück zu ihrer traditional kleinteiligen Struktur strebten" (Speitkamp 2005, S. 130-131).

Tansanische Historiker haben eine andere Einschätzung der Bedeutung des *Maji-Maji*-Krieges zur Diskussion gestellt, – seitdem der erste Präsident Tansanias, *Julius Nyerere*, den Krieg als Beginn des Kampfes des tansanischen Volkes um *Uhuru* (das Kisuaheli-Wort für Freiheit) bezeichnet hatte, der im Jahr 1961 darin mündete, dass das damalige *Tanganyika* seine Unabhängigkeit bekam. So vertrat jüngst der tansanische Gymnasiallehrer *Alfred Fuko* in einem Essay „Die schwierige Suche nach historischer Wahrheit" folgende Ansicht:

> „Für die Menschen Tansanias hat die Maji-Maji-Lehre eine spezielle Bedeutung. Für uns ist sie eine Philosophie, die unsere Vorfahren verwendeten, um sich Mut zu machen zum Angriff auf die Truppen, die ihr Land besetzt hielten. Für die Deutschen dagegen war der Maji-Maji-Krieg der Akt einer zivilisierten Nation, die die Wilden disziplinierte...Als TANU [Tanganyika African National Union, die Staatspartei, die das Land 1961 unter ihrem Vorsitzenden Julius Nyerere in die Freiheit führte] auf den Plan trat, wurde das Ziel der Einheit zur Grundlage einer nationalen Ethik. In diesem Sinne war die Maji-Maji-Bewegung mit ihren unterschiedlichen Völkern ein Vorspiel zu der Einheit und dem Frieden, die Tansania in der Gegenwart genießt" (Fuko 2005, S. 179 und S. 183).

5.5 ‚Rationale Kolonialpolitik' – die Reform-Ära Dernburg

Die beiden großen Widerstandskriege der Afrikaner in *Deutsch-Südwest* und *Deutsch-Ost*-Afrika gegen die rücksichtslose Verdrängungspolitik der Kolonialdeutschen bewirkten in Berlin ein politisches Umdenken. Der kolonialen Begeisterung war Ernüchterung gefolgt. Die Skandale um General *Lothar von Trotha* und *Carl Peters*, die mageren Erfolge bei der Nutzbarmachung der Kolonien und die hohen Kosten hatten Reichstags-Abgeordnete und Teile des Bürgertums ‚kolonialmüde' gemacht. So entschloss sich Reichskanzler *Bernhard von Bülow* (1849-1929) zu einer grundlegenden Reform: Im Herbst 1906 berief er einen Mann der Wirtschaft, den ehemaligen Direktor der Darmstädter Bank, *Bernhard Dernburg*, zum Staatssekretär im Reichskolonialamt. In Reden und Publikationen hatte *Dernburg* seiner Überzeugung Ausdruck verliehen, dass „Kolonisieren eine Wissenschaft und Technik sei wie jede andere". Die Wahlen vom Januar 1907 brachten den kolonial-freundlichen Parteien die erhoffte absolute Mehrheit im Reichstag. Nun konnte

5.4 Deutsch-Ostafrika/Tansania

Staatssekretär *Dernburg*, inzwischen zum Leiter einer unabhängigen Reichsbehörde (dem *Reichs-Kolonialamt*) avanciert, beginnen, seine Reformpläne umzusetzen. „Kolonisieren" – so Dernburg in seinen „*Zielpunkten des deutschen Kolonialwesens*" vom Jahr 1907 – „heißt Nutzbarmachung des Bodens, seiner Schätze, der Flora, der Fauna und vor allem der Menschen zugunsten der Wirtschaft der kolonisierenden Nation, und diese ist dafür zur Gegengabe ihrer höheren Kultur, ihrer sittlichen Begriffe, ihrer besseren Methoden verpflichtet". Wenn man allerdings gewaltsam in die überkommenen Strukturen eingreife, wenn man deutsche Rechtsbegriffe ohne Weiteres auf Afrika übertrage und zum Beispiel deutsche Arbeitsvorstellungen von Afrikanern erzwinge, dann provoziere man allenfalls Aufstände. Früher hätte man mit „*Zerstörungsmitteln*" kolonialisiert, mit Alkohol und Waffen, jetzt könnte man mit „*Erhaltungsmitteln*" kolonialisieren, wozu „ebenso der Missionar wie der Arzt, die Eisenbahn, die Maschine, also die fortgeschrittene theoretische und angewandte Wissenschaft auf allen Gebieten" gehörten (zit. nach Steltzer 1984, S. 21 & Speitkamp 2009, S. 243).

Während seiner vierjährigen Amtszeit (1906/7 – 1910) waren *Dernburgs* Bemühungen in erster Linie darauf gerichtet, die Erzeugung tropischer Produkte durch afrikanische Familienbetriebe zu fördern, auch um das Reich vom Import ‚fremder Rohstoffe' (Baumwolle, Kautschuk, Früchte) unabhängiger zu machen. Dazu diente auch der Ausbau des Eisenbahn-Netzes in den deutschen ‚Schutzgebieten', das von knapp 1000 km im Jahr 1906 bis zum Ausbruch des Ersten Weltkriegs auf 4.600 km Länge erweitert wurde. Der 1906 nach dem Desaster des *Maji-Maji*-Aufstands eingesetzte Gouverneur *Freiherr Albrecht von Rechenberg* war derselben Ansicht wie sein Chef; auch er machte sich bei den weißen Siedlern unbeliebt, als er daran ging, sogenannte afrikanische ‚Volkskulturen' zu favorisieren. Dabei sollten afrikanische Bauernfamilien selbst zu Produzenten für den Markt werden (Iliffe 1969, Steltzer 1984, Speitkamp 2009) – ein *frühes Konzept entwicklungspolitischer Förderung*.

Die Dernburgsche Kolonialpolitik, soweit sie in Deutsch-Ostafrika von Freiherr *Albrecht von Rechenberg* umgesetzt wurde, konnte nach einiger Zeit wirtschaftliche Erfolge vorweisen. Die Produktion von *cash crops* wie Kaffee und Tee, Baumwolle und Palmöl auf afrikanischen Feldern hatte beträchtlich zugenommen (Tetzlaff 1970), was eine deutliche Bestätigung der Annahme war, dass afrikanische Familienbetriebe positiv auf Marktanreize reagierten, – auch unter den Bedingungen kolonialer Herrschaft. Auch auf dem *Bildungssektor* gab es beachtliche Erfolge: der Schulbesuch seitens afrikanischer Kinder nahm zwischen 1910 und 1914 sprunghaft zu. Im Jahr 2014 besuchten 155.000 Schüler 1852 Missionsschulen, und 6100 Schüler gingen auf die 99 Regierungsschulen (Afoláyan 2007, S. 250).

Zum Dernburgschen Reform-Programm hatte auch der Plan gehört, in *Hamburg* als Seehandelsstandort (nicht in Berlin) die kolonialpolitische Praxis durch die

Einrichtung von Lehrstühlen für ‚koloniale Wissenschaften' zu begleiten, um die für den Kolonialdienst vorgesehenen Beamten zu qualifizieren. Bis dahin waren diese am *Seminar für orientalische Sprachen* in Berlin ausgebildet worden, ohne dadurch fundierte Sachkenntnisse über Land und Leute der Schutzgebiete zu erhalten. Schon 1901 war das *Institut für Schiffs- und Tropenkrankheiten* in Hamburg (das heutige *Bernhard-Nocht-Institut*) eingerichtet worden, aber erst 1908 reiften endlich die Pläne von Hamburger Kaufleuten (allen voran von *Edmund Siemers*, 1840-1918, von Bildungspolitikern sowie von denen des Senators *Werner von Melle* (1853-1937), des Präses der Oberschulbehörde und späteren Bürgermeisters), in Hamburg ein Kolonialinstitut zu gründen (aus dem 1919 die *Universität Hamburg* erwachsen ist). Im Vordergrund stand hier „der kolonialreformerische Anspruch, nämlich die organisatorische und räumliche Verbindung von Kolonialausbildung und Kolonialwissenschaften durch „praktisch-technische Unterweisung und wissenschaftlichen Unterricht"" zu schaffen (Ruppenthal 2013, S. 263). Die ab dem Wintersemester 1908/09 am Kolonialinstitut abgehaltenen praktischen und wissenschaftlichen Lehrveranstaltungen wurden von insgesamt 35 haupt- und nebenamtlichen Dozenten aus verschiedenen Wissenschaftsdisziplinen geleitet.

Der Erste Weltkrieg machte diesem ‚Entwicklungsexperiment' ein Ende. Seitdem assoziierten Deutsche gerne mit *Deutsch-Ostafrika* die angeblichen Heldentaten von General *Paul von Lettow-Vorbeck* (1870-1964). Der Kolonial-Mythos von dem im Felde unbesiegten *Lettow-Vorbeck*, dem bis zuletzt seine *Askaris* treu gedient hätten, gehört zu den zentralen *Erinnerungsorten* der deutschen Bevölkerung: In Wirklichkeit bedeutete das vierjährliche Hinauszögern der Kapitulation seiner Schutztruppe (2500 afrikanische Askari und 260 deutsche Offiziere) auf einem Nebenschauplatz des Weltkrieges eine ungeheure Belastung für die afrikanische Zivilbevölkerung, auf deren Kosten sich ja die Fremden ernähren mussten. In dem vierjährigen Abnutzungskrieg sollen in Ostafrika etwa 700.000 Afrikaner, meistens Zivilisten, ums Leben gekommen sein (Michels in Zimmerer 2013, S. 379f.).

Somit lässt sich zusammenfassen, dass sich die mit den Kolonialerwerbungen in Afrika verbundenen Hoffnungen des Wilhelminischen Kaiserreichs nicht erfüllten. Außer der angeblichen ‚Musterkolonie' Togo waren alle Kolonien für das Deutsche Reich finanzielle Zuschussgeschäfte, was an den Investitionen für Eisenbahn-, Straßen- und Hafen-bau sowie für Verwaltungs- und Schulgebäude lag, aber auch an den enormen Kosten für die militärische ‚Befriedung' der Schutzgebiete. Die deutsche Kolonialpolitik hat in ihrer Schlussphase nach dem Muster des *pathologischen Lernens* einen Lern- und Anpassungsprozess durchgemacht: Nach der ersten gewaltsamen Reaktion auf die ‚unerhörte' Herausforderung der ‚schwarzen Wilden', die es wagten, sich gegen die koloniale Unterdrückung zu wehren, kam die erzwungene Einsicht, dass nur *mit* den afrikanischen Untertanen Frieden zu erreichen und Profit zu machen wäre. Und auch die Afrikaner haben sich in dieser Zeit durch den von ihrem Widerstand erzeugten *Wandel der kolonialen Verhältnisse* verändert: Überall dort, wo materielle Anreize und faire Marktbedingungen geschaffen wurden, ist es schon in der Vorkriegszeit zu einem spürbaren Wachstum der afrikanischen Land- und Konsumwirtschaft gekommen.

„Wenn es ein kleines Geheimnis der Kolonie gibt, so liegt es also in der Unterjochung des Eingeborenen durch sein Begehren [der von den Europäern importierten Konsumgüter] ... Dadurch tritt der Kolonisierte in ein anderes Sein ein und erlebt seine Arbeit, seine Sprache und sein Leben nun als Prozess der Verzauberung und Verkleidung" – schrieb der Kameruner Historiker und politische Philosoph *Achille Mbembe* im Jahr 2014 (Mbembe 2014, S. 224). Tatsächlich hat es wohl seit den Tagen des Mani-Kongo-Herrschers *Alfonso II* – neben den kolonialen Gräueltaten – auch immer wieder „Prozesse der Verzauberung und Verkleidung" gegeben.

Aufgaben

1. Worin bestanden die Gemeinsamkeiten, worin die Unterschiede in der Kolonialpolitik seitens der drei europäischen Länder Großbritannien, Frankreich und Deutschland?
2. Was versteht man unter der Politik der *indirect rule?*
3. Was versteht die jüngere Geschichtsforschung unter dem Begriff *developmental colonialism?*

Dekolonisation als Befreiung – Kontinuitäten und Wandel

6.1 Globale Triebfedern der Dekolonisation: Weltkriege, Panafrikanismus

Die Dekolonisation Afrikas erreichte nach dem Zweiten Weltkrieg ihre dynamische Phase und lässt sich am besten als ein Teil der internationalen Systemveränderung verstehen, die nach 1945 im Zeichen des Kalten Krieges und der die ganze Dritte Welt beeinflussenden Blockfreien-Bewegung (*Non-Alignment Movement*) stattfand (Grohs & Tibi 1973; Kühnhardt 1992; Kaiser & Schwarz 2000; Martel 2010). Aber begonnen hatte die Dekolonisation als globales Phänomen mit dem Befreiungskampf der englischen Kolonien in Nordamerika gegen die britische Krone, aus dem 1776 die *Vereinigten Staaten von Amerika* hervorgingen. Als junger Staat entwickelten die USA eine grundsätzlich kolonialpolitisch-kritische Haltung, auch deshalb, weil die europäischen Kolonialmächte durch ihre exklusiven Handelsverträge mit ihren eigenen Kolonien für US-Unternehmen lästige Wirtschaftsbarrieren errichtet hatten. Im Ersten Weltkrieg hatte *US-Präsident Woodrow Wilson* mit seinem berühmten 14-Punkte-Plan als Vision für eine friedliche Nachkriegsordnung eine gedankliche Initialzündung für Forderungen von Nationalisten aus den Kolonien gegeben. *Wilson* proklamierte das Recht der Völker auf nationale Selbstbestimmung und warb für den Verzicht auf territoriale Annexionen. Diese für viele damalige Zeitgenossen unglaublich progressive Stimme „ist auch im kolonialen und halbkolonialen Bereich gehört worden; von China bis Marokko beriefen sich die Nationalisten auf das Selbstbestimmungsrecht und richteten sich damit gegen die Kolonialmächte" (von Albertini 1996, S. 15).

Während die Friedensverträge nach dem Ersten Weltkrieg die berechtigten Anliegen der asiatischen, orientalischen und nordafrikanischen Kolonialvölker unberücksichtigt ließen, brach sich mit dem *Mandatssystem* des Völkerbunds eine neue Idee Bahn: Die koloniale Fremdherrschaft sollte nur für eine Übergangszeit dauern, in der die Völker zur ‚Reife' der Selbstregierung geführt und ‚erzogen' werden sollten. „Es waren vor allem britische Pazifisten, Sozialisten und Kolonialreformer, deren Bemühungen nun um einen dauerhaften Frieden dahin gingen, die Kolonial-Rivalität der Großmächte durch eine Internationalisierung der Kolonien zu beenden und dabei gleichzeitig auch neue Formen der Verwaltung ‚primitiver‘, noch nicht zur Unabhängigkeit befähigter Völker zu entwickeln. Indem die Kolonialmacht zum Mandatsträger einer internationalen Behörde wurde und sich deren Kontrolle unterstellte, sollte eine Ausbeutung der Eingeborenen verhindert werden und die Verwaltung im Sinne eines wirksamen *Trustees* erfolgen" (von Albertini 1996, S. 16). Da der Völkerbund als Internationale Organisation aber nicht über Sanktionsmittel verfügte (im Unterschied zu seinem Rechtsnachfolger, der UNO), um auf eingereichte Beschwerden von Kolonisierten angemessen reagieren zu können, bewirkte das Mandatssystem für die Kolonisierten keine spürbare Verbesserung ihrer Situation: Z. B. wurden alle deutschen Kolonien völkerrechtlich in britische, französische und belgische Völkerbundmandate umgewandelt und deren Bewohner wurden kaum besser behandelt als die der klassischen Kolonien.

Im selben Jahr, als *Woodrow Wilson* die Welt mit seinen Reformideen in Aufregung versetzte, erklang mit der *Russischen Oktoberrevolution* von 1917 eine zweite Fanfare der Freiheit: Auch *Wladimir Lenin* proklamierte das Selbstbestimmungsrecht der Völker, und er und seine *Bolschewiken* erkannten im *Anti-Kolonialismus* der Völker (vor allem in Asien) ein wirksames Mittel, um deren Entwicklung zur kommunistischen Weltrevolution zu beschleunigen. So wurde die zweite *Kommunistische Internationale (KOMINTERN)* gegründet, die auch den Parteien und Befreiungsbewegungen in der kolonialen Welt helfen sollte, ihren anti-imperialistischen Kampf siegreich zu vollenden (Hobsbawm 1994, S. 69f.). Vor allem die nationalen Kräfte in *China, Vietnam, Afghanistan* und *Persien*, ebenso wie die auch in *Ägypten, Algerien* und *Marokko* wurden in der Zwischenkriegszeit unterstützt.

Großbritannien reagierte auf die neue internationale Lage geschickt mit dem Umbau seines Empires in ein *Commonwealth of Nations*. Als die vier britischen *Dominions* Kanada, Südafrika, Australien und Neuseeland mehr politische Autonomie verlangten, schuf London im Dezember 1931 mit dem *Statut von Westminister* eine neue Form der Organisation zwischen gleichberechtigten Staaten, die miteinander konstitutionell nur durch ein freiwilliges Bekenntnis zur ‚Treue zur Krone‘ verbunden waren (Winkler 2011, S. 470f.). Nach dem Zweiten Weltkrieg sollte sich das *Commonwealth* zu einem erfolgreichen multi-kulturellen ‚Club‘ weiterentwickeln: *British-Indien* wurde 1947 mit der Unabhängigkeit gleichzeitig Mitglied im *Commonwealth*, ebenso *Ceylon* 1948, *Pakistan* 1949 und mit der *Goldküste/Ghana* 1957 als erstes Land ‚Schwarzafrikas‘. Es folgten 1960 *Nigeria* und dann ausnahmslos alle anglophonen Kolonien, mit dem Beitritt *Mosambiks* 1995 sogar ein portugiesisch-sprechendes Land und mit *Ruanda* 2009 eine ehemalige belgische Kolonie. Heute hat das *Commonwealth of Nations* 53 Mitglieder, davon 48 frühere Kolonien; es fungierte auch als ein zwischenstaatliches Forum, das sich für das Ende der weißen Herrschaft in *Rhodesien, Südafrika* und *Namibia* einsetzte und das bis heute seinen Mitgliedern diverse technische und wissenschaftliche Dienstleistungen anbietet. Im Jahr 1991 nahmen die *Heads of States*, die sich alle zwei Jahre treffen, eine Prinzipienerklärung an, in der man sich die Förderung von Demokratie, Respekt der Menschenrechte und Umweltschutz auf die Fahnen schrieb.

Der *Zweite Weltkrieg*, in dem auch die Kolonialmächte Frankreich und England schwerste Schäden erlitten hatten, hat in den Kolonien nationale Bestrebungen nach Unabhängigkeit beflügelt (Le Sueur 2003). Der sorgsam gepflegte Mythos von der zivilisatorischen Überlegenheit der weißen Völker war angesichts der raschen militärischen Kapitulation der französischen Armeen vor der deutschen Wehrmacht zerbröckelt. Der geflüchtete *General Charles de Gaulle* hatte sich in Äquatorialafrika eine territoriale Basis für das ‚Freie Frankreich' geschaffen und veranlasst, dass 1944 in *Brazzaville/Kongo* eine ‚fortschrittliche' Nachkriegsordnung für das französische Afrika in Aussicht gestellt wurde. Auch Großbritannien hatte im Krieg eine spektakuläre Niederlage, nicht in Europa, sondern im eigenen Kolonialbereich durch Japan erlitten:

> „Der Fall Singapurs, dieses mächtig ausgebauten Flottenstützpunktes – der zum Symbol für das wirtschaftliche Interesse, die militärische Präsenz und den Herrschaftswillen Großbritanniens in Asien geworden war –, muss in welthistorischer Perspektive als Ereignis ersten Ranges und als Markstein im Dekolonisationsprozess gewertet werden. Und zwar nicht nur, weil er den Verlust Malaysias und Burmas nach sich zog und die japanische Eroberung Holländisch-Indiens ermöglichte, sondern weil dieser für unmöglich gehaltene Zusammenbruch eines wenn nicht verhassten, so doch als fremd empfundenen Herrschaftssystems diese Völker tief beeindruckt hat" (von Albertini 1966, S. 34-35; siehe auch Farrell 2017).

Aus Britisch-Afrika mussten 372.000 Afrikaner im Zweiten Weltkrieg Dienst in der britischen Armee tun, von denen 166.000 außerhalb ihres eigenen Territoriums eingesetzt wurden, auch außerhalb Afrikas. Aus Französisch-Afrika kamen weitere 141.000 Soldaten hinzu, die in den Weltkrieg geschickt wurden (Geiss 1968, S. 283). Der westafrikanische Historiker *Joseph Ki-Zerbo* sah die Bedeutung des Zweiten Weltkriegs für die Dekolonisation Afrikas aus einer anderen Perspektive, gemäß der *bottom up*-Weltsicht seitens der am Kriegsgeschehen direkt beteiligten afrikanischen Soldaten (siehe auch van Reybrouck 2012). Es waren Hunderttausende von Afrikanern, die auf den verschiedenen Kriegsschauplätzen in Libyen, im Orient, in Indochina und in Burma, aber auch in Italien, Deutschland und in der Normandie kämpfen mussten:

„Bedeutend mehr als im Ersten Weltkrieg nahm Schwarzafrika unter den allgemein erschütterten Verhältnissen zum ersten Mal mit der ganzen Welt Kontakt auf. Im Jahr 1940 kämpften 127.320 senegalesische Scharfschützen aus Französisch-Westafrika, 15.500 Soldaten aus Äquatorialafrika und 34.000 aus Madagaskar [gegen die Feinde Frankreichs]. Beim Waffenstillstand hatte sich die Zahl der ‚Senegalesen' um 24.271 verringert, die der Madegassen um 4.350! Hunderttausenden von Schwarzen bot dieser Krieg die Gelegenheit, das wahre Gesicht des weißen Mannes schonungslos aufzudecken, ohne imperialistische Maske, ohne prokonsularisches Beiwerk. Die Weißen arbeiteten mit ihren Händen, sie schwitzten, sie liebten, sie hatten Hunger und Durst. Andere zitterten vor Angst, folterten, begingen Verrat und brachten sich vor Raserei gegenseitig um. Manche waren auch Helden. ‚Die Schwarzen sind weder besser noch schlechter als die Menschen irgendwo sonst auf der Erdkugel', schrieb David Livingstone. Dieser einfache Satz, für das 19. Jahrhundert ein revolutionärer Satz, bekam im Jahr 1942 für Millionen von Afrikanern einen klaren, eindeutigen Sinn. Die Weißen, die in Afrika gleichermaßen um Herrschaft und koloniale Gewalt rangen, offenbarten sich untereinander nicht selten als reißende Wölfe. In der rohen Verachtung, in der Hitler die anderen Weißen und die Schwarzen umfasste, entdeckten die Schwarzen auf einmal ihren eigenen Wert. Gleichzeitig erreichten sie Statur und Status von Rittern, hier zeigte sich die wahre Unterscheidung zwischen den Menschen: die menschliche Würde. Die afrikanischen Soldaten waren die Begründer der afrikanischen Emanzipation" (Ki-Zerbo 1981, S. 517).

Afrikanische Kriegsteilnehmer, die mit solchen Erfahrungen in ihre Dörfer und Städte heimkehren konnten, waren einerseits desillusioniert, andererseits höchst motiviert, die Kolonialherrschaft der Europäer so rasch wie möglich abzuschütteln. Sie fanden in den schnell wachsenden Städten neue quasi-politische Organisationen vor, ausgestattet mit einem geschärften politischen Bewusstsein und einer kritischen Presse. In den Häfen und Fabriken sowie bei Eisenbahnen und Bildungseinrichtungen der afrikanischen Kolonien mehrten sich die Streiks gegen ungerechte weiße Vorherrschaft. Hinzu kam, dass 1946-1947 *Indonesien, Indien* und andere asiatische Kolonien in die Unabhängigkeit entlassen wurden; und die Sowjetunion unter Diktator Stalin alles tat, um den Ruf afrikanischer Sozialisten und Intellektueller nach einem Ende der Kolonialherrschaft – ‚der Imperialisten des Westens' – zu verstärken.

Der Weltkrieg gab auch der Bewegung des *Panafrikanismus* neuen Auftrieb. Intellektuelle begannen verstärkt, auf ihre schwarze Hautfarbe stolz zu sein. In der weltweiten Trotzbewegung des *Panafrikanismus* wurden sich nun immer mehr Menschen schwarzer Hautfarbe in den USA, in der Karibik und in den afrikanischen Kolonien ihrer gemeinsamen Herkunft von ‚Mutter Afrika' bewusst. Die Anfänge von Idee und Politik des *Panafrikanismus* lassen sich auf das späte 19. Jahrhundert zurückführen, als bei der schwarzen Bildungsschicht im historischen Kontext der globalen Antisklaverei-Bewegung die Forderung *Afrika den Afrikanern* aufkam. Er war eine Bewegung kollektiver Selbstfindung solcher Opfer des transatlantischen Sklavenhandels – aufbauend auf der rassistischen Illusion der globalen ‚Einheit der schwarzen Rasse' (Geiss 1968). In Manchester wurde 1945 der V. Panafrikanische Kongress abgehalten (im Jahr 1900 hatte der erste Kongress stattgefunden); er wirkte nun als Triebfeder für konkrete politische anti-koloniale Forderungen (Speitkamp 2009, S. 332).

An der Goldküste stieg 1948 der charismatische *Kwame Nkrumah* zum Führer des afrikanischen Freiheitskampfes auf. Er wurde zu einem der führenden Politiker, die die Gründung der *Organisation for African Unity (OAU)* in Addis Abeba im Jahr 1963 zustande brachten. Dieser Club von Staats- und Regierungschefs umfasste zwei rivalisierende Gruppen: Während die ‚*Casablanca-Gruppe*' unter Führung von *Kwame Nkrumah* und *Julius Nyerere* von Tansania für die *Unions-Idee* warb, präferierte die ‚*Monrovia-Gruppe*' (als der Zusammenschluss der frankofonen Länder) eine nur lose Zusammenarbeit (Geiss 1968). Die OAU-Charter basierte auf zwei Kernprinzipien – auf dem der staatlichen *Souveränität* aller Mitglieder, die die Unantastbarkeit der (kolonialen) Grenzen einschloss, und auf dem Gebot der *Nicht-Einmischung* in ‚innere Angelegenheiten'. Erst mit der Umwandlung der OAU in die African Union im Jahr 2002 sollte sich diese Selbstbeschränkung ändern (Tetzlaff 2015).

6.2 Kontinuität und Wandel des postkolonialen Staates

Die *koloniale Situation* war, wie oben gezeigt wurde, grundsätzlich von rassischer Diskriminierung geprägt, aber gleichzeitig enthielt sie auch für einige Unterworfene einen Fächer von Möglichkeiten, eigene Interessen offen oder heimlich zu verfolgen. Artikulationsmuster waren keineswegs einheitlich: Während sich einige Repräsentanten von ethnisch-kulturellen Gemeinschaften oder sozialen Interessengruppen weigerten, mit Kolonialinstanzen zu kooperieren, waren andere eher geneigt, die sich bietenden Chancen zum Erwerb von formaler Bildung und technischen Fertigkeiten zu nutzen (Grohs 1967; Küper 2001; Adick 2009; Thomson 2010). Speziell letztere Verhaltensweisen trugen zur Beschleunigung des Abnabelungsprozesses bei, den die *Dekolonisation* bedeutete. Eine afrikanische Bildungs- und Funktionselite war allmählich durch den Besuch von christlichen Missionsschulen oder staatlich geförderten Einrichtungen sowie durch Auslandsaufenthalte herangewachsen und war mit dem europäischen Kulturgut, einschließlich der Ideale der Französischen Revolution (Freiheit, Gleichheit, Geschwisterlichkeit) und der christlichen Nächstenliebe, in Berührung gekommen. Angesichts der realen kolonialen Situation entdeckte man

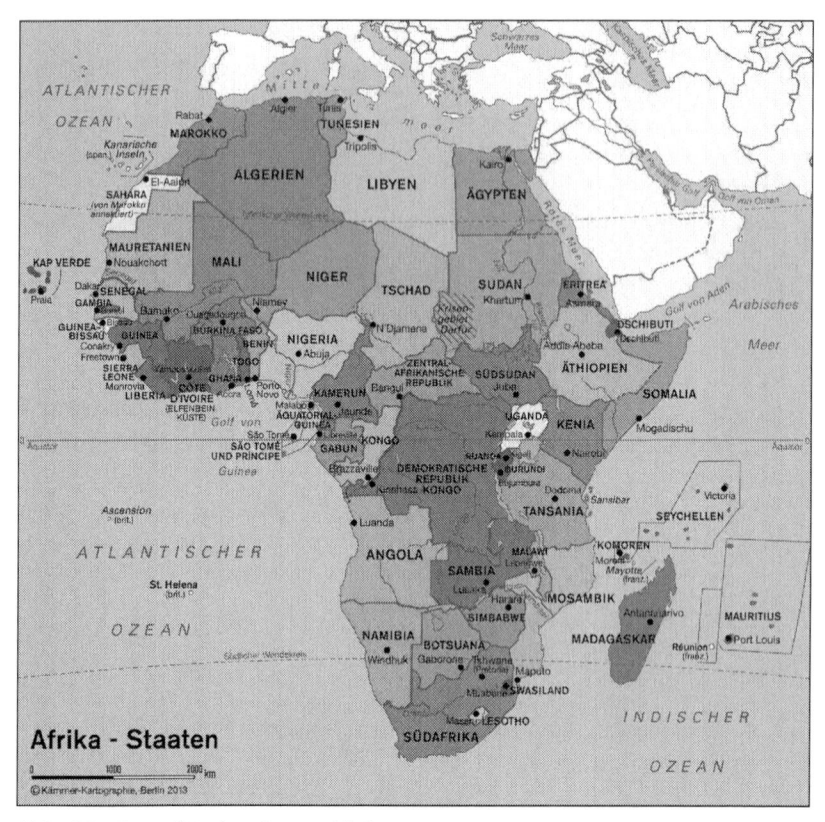

Abb. 6.1 Die politischen Staaten Afrikas
Quelle: Kämmer-Kartographie, Berlin 2013

zwangsläufig Widersprüche zwischen humanistischen Idealen und kolonialer Praxis, so dass sich immer mehr gebildete Afrikaner, in Vereinen, Gewerkschaften, später dann in politischen Parteien und nationalen Befreiungsbewegungen zu organisieren begannen. Sie lernten, ihre Unterdrücker mit deren eigenen geistigen Waffen herauszufordern: Wenn Menschenrechte und Nächstenliebe universelle Werte sein sollten, dann mussten sie auch für Afrikaner gelten; insofern war die Einsicht unabwendbar: Kolonialismus ist – in Theorie und Praxis – moralisch gesehen, *Unrecht,* wenn nicht *Sünde,* und berechtigt zum Widerstand (Grohs & Tibi 1973; Nugent 2004; Schipway 2008).

6.2 Kontinuität und Wandel des postkolonialen Staates

Als *Dekolonisation* kann der teils friedliche, teils gewaltsame Prozess der Befreiung afrikanischer Kolonialvölker von europäischer Fremdherrschaft bezeichnet werden. Dazu gehören auch die Konflikte und Kriege *in den Siedler-Kolonien*, in denen sich eine gewaltsamere Befreiungsdynamik entwickelte. In *Madagaskar* beantwortete die Französische Republik den Volksaufstand von 1947 mit der Ermordung von ca. 70.000 Madegassen. Eine relativ gewaltarme, verhandelte Variante der Dekolonisation verlief idealtypisch in *drei kurzen Phasen der Interaktion* zwischen Afrikanern und europäischen Kolonialherren und enthielt folgende Merkmale: Auf massive *zivile Proteste der einheimischen Bevölkerung* hin reagierten die Kolonialverwaltungen nach längerem Sträuben schließlich mit Zugeständnissen an die afrikanischen Wortführer im Kampf für mehr Rechte der ‚Eingeborenen': von der Mitwirkung in *legislative councils* (im Fall der Britischen Kolonien) bis hin zur Beteiligung an neuen Gesetzen und an einer demokratischen Verfassung. War die Zustimmung zur Gründung von politischen *Parteien* und zur Abhaltung von freien *Wahlen* erreicht, war die erste Phase der Dekolonisation abgeschlossen. Des Öfteren mussten inhaftierte politische Parteiführer und Repräsentanten von zivilen nationalen Befreiungsbewegungen aus dem Gefängnis entlassen werden, weil sie nun gebraucht wurden, um an Wahlkämpfen teilnehmen zu können (die sogenannten *prison graduates*). Nachdem die *politischen Wahlen*, noch unter Aufsicht der scheidenden Kolonialmacht, jeweils die erste frei gewählte afrikanische Regierung ins Amt gebracht hatten (zweite Phase), begann schon bald nach den Siegesfeiern der *Umbau des politischen Systems*, – die *dritte und wegweisende Phase der Dekolonisation*. Europäische Fachleute und erfahrene weiße Kolonialbeamte wurden durch einheimische Kader ersetzt, was als Politik der *Afrikanisierung* des Regierungs- und Verwaltungssystems bezeichnet wird. Damit verbunden war oftmals eine Politik der *Verstaatlichung* der aus der Kolonialzeit stammenden Wirtschaftsbetriebe.

Das Konzept des demokratischen Pluralismus im Gewand einer konstitutionellen Wettbewerbsordnung – ein Spätprodukt europäischer Entwicklung – wurde als ‚unafrikanisch' abgelehnt. Das politische Ideal bestand nicht in der Vorstellung von *Macht* als eines zeitlich begrenzten Mandats des Volkes, für das man dem Souverän (Volk) gegenüber Rechenschaft abzulegen hatte, sondern es beruhte eher im Gegenteil auf der Konstruktion von politischer Macht als eines zeitlich unbegrenzten ‚Rechts auf Herrschaft' eines Staatspräsidenten, der ohne lästige Kontrollen durch eine Verfassung der Gewaltenteilung regieren sollte. So lautete beispielsweise in *Sambia* der Slogan der Einheitspartei (*United Independence Party*, UNIP): *One Country, One Nation, One Party'*.

Mit Erlangung der politischen Unabhängigkeit gab es in weiten Kreisen der Bevölkerung so etwas wie die *Revolution der steigenden Erwartungen*, d. h. starke

Hoffnungen auf ein besseres Leben, frei von rassistischer Demütigung und frei von Armut, niedrigem Einkommen und mangelhafter Bildung (Grohs & Tibi 1973; Le Sueur 2003; Shipway 2008; van Reybrouck 2012). Objektiv gesehen, als Erbe kolonialer und rassistischer Herrschaft, standen die afrikanischen Gesellschaften vor *vier zentral wichtigen Herausforderungen*:

Erstens, die zu erfüllende Aufgabe des *state-building*: Wie sollte in einem von den Kolonialherren übernommenen Kolonialstaat, der ja auf Unterdrückung, Ausbeutung und *divide-et-impera*-Strategien gepolt war, angemessen regiert werden? Sollte man, konnte man den ‚ererbten Staat' auflösen, umbilden, neu gründen oder mit anderen Staaten verschmelzen, wie es einigen *Pan-Afrikanisten* als Ideal vorschwebte?

Zweitens, die Aufgabe des *nation-building*: Wie sollten die Dutzende, wenn nicht gar Hunderte von Stämmen, Ethnien, Völkern, Königreichen, Emiraten, Nomadengruppen etc. (klare Definitionskriterien haben sich nicht durchgesetzt; siehe aber Harding 1999, S. 136; Tetzlaff & Jakobeit 2005, S. 59-80 und Korte & Schäfers 2002) zu einer Nation mit einer von allen akzeptierten Staatsverfassung zusammengefasst und vereinheitlicht werden, ohne dabei traditionelle Rechte und Privilegien der Völker zu verletzen? Häufig ging es auch darum, schon lange schwelende Interessenkonflikte zwischen ethnisch und religiös-kulturell unterschiedlichen Gruppen zu mildern und diese in einem nationalen Gemeinschaftsgefühl aufgehen zu lassen, – wenigstens bei der jungen Generation, z. B. mittels kluger staatliche Bildungsofferten (Adick 2009).

Drittens, die Aufgabe der *wirtschaftlichen Entwicklung* und *infrastrukturellen Integration* des ganzen Landes: Dieses war bislang dualistisch fragmentiert, indem einem *modernen* enklavenartigen Exportsektor ein rückständiger Subsistenzwirtschaftssektor im Hinterland gegenüber stand. Nach welcher Wirtschafts- oder Entwicklungsstrategie sollten die kolonialwirtschaftlich deformierten Länder rekonstruiert, modernisiert oder entwickelt werden: a) nach kapitalistischem Muster? b) nach sozialistischem Vorbild? oder c) nach staatskapitalistischen Rezepten, wie sie etwa in Indien und anderen ‚blockfreien' (neutralen) Ländern ausprobiert wurden? Welche Rolle sollten oder konnten dabei *externe* Kräfte spielen, d. h. die Institutionen des ehemaligen kolonialen Mutterlandes, die UN-Behörden oder die *International Finance Institutions* wie IWF und Weltbank?

Und *viertens* galt es, gleichzeitig auch die Aufgabe der sozio-kulturellen Modernisierung der Gesellschaft in Angriff zu nehmen: Wie konnte angesichts der großen Bildungsdefizite der Massen rasch ein funktionsfähiges Bildungs- und Gesundheitswesen aufgebaut werden, das den Bedürfnissen der überwiegend analphabetischen ländlichen Massen gerecht würde? Wie konnten dabei Prozesse einer *mentalen Dekolonisierung* angestoßen werden, um zu einer eigenbestimmten

6.2 Kontinuität und Wandel des postkolonialen Staates

Synthese aus bewahrenswertem Eigenen und nützlichen Elementen der westlichen Moderne zu gelangen?

All diese Aufgaben waren objektiv gravierend und daher schwer zu lösen, was das Können von Experten auf vielen verschiedenen Gebieten erforderlich gemacht hätte. Aber afrikanische Kolonien waren von Europäern auf Selbstregierung und Ausübung staatlicher Souveränität sehr schlecht vorbereitet worden (Le Sueur 2003; Nugent 2004; Marx 2005; Cooper 2006; Shipway 2008) und auch deshalb hat es so zahlreiche Fehlschläge gegeben (Ansprenger 2002; Meredith 2005; Ayittey 2005; Bayart 2009; Thomson 2010; Padayachee 2010). Das Phänomen der mehr oder weniger gelungenen *Dekolonisation* – ihr Beginn, ihre Triebfedern, ihre internen und externen Bedingungsfaktoren, ihre Nutznießer und Opfer – wird seit Jahren von Sozialwissenschaftlern in aller Welt *kontrovers* diskutiert. Während eine Gruppe von Historikern und Politologen die Aktionen und imperialistischen Interessen der europäischen Kolonialmächte in den Vordergrund stellte und der Frage nachging, ab wann England, Frankreich, Belgien und Portugal bereit waren, dem Freiheitsdrang der Afrikaner nachzugeben und ihn zu gestalten (Ansprenger, von Albertini, Iliffe) , fokussiert die neuere Forschung die lokalen und regionalen sozialen Prozesse vor Ort in den Kolonien (Le Sueur 2003; Cooper 2006; Shipway 2008; Ziai 2010). Sie sehen den Prozess der Dekolonisation als den Höhepunkt einer Dialektik zwischen Kolonialherren und den Kolonisierten an, als die Geschichte des Zusammenspiels und der Konflikte zwischen beiden Lagern, von *externen* Vorgängen beeinflusst und von *internen* Strukturen bestimmt (Shipway 2008, S. 5). Dabei lassen sich *top down*-Analysen von *bottom-up*-Analysen unterscheiden: Während erstere die politischen Vorgänge in den imperialen Metropolen unter dem Gesichtspunkt des Endes einer imperialen Epoche betrachten, ergründen letztere auch und vor allem die sozialen lokalen Wurzeln (die *grass roots*) anti-kolonialer nationaler Bewegungen (Kennedy 1988; Shipway 2008; Le Sueur 2003; Cooper 2003).

In vorkolonialer Zeit hatte es eine Fülle von unabhängigen oder halb-autonomen Herrschaftsformationen gegeben, eine elastische Netzwerkstruktur bildend, die von Kolonisation und Dekolonisation stark verändert wurde. Die nachkoloniale Ära bescherte den Bürgerinnen und Bürgern der *new states* nicht etwa die plötzliche Abkehr von den Institutionen und Praktiken der europäischen Kolonialherrschaft, sondern im Gegenteil, die dynamische Fortsetzung und Weiterentwicklung gesellschaftlicher Reproduktionsmuster mit großer historischer Tiefe. Der Historiker *Frederick Cooper* hat im Bild des *gatekeeper-state* die politische Kontinuität als einen Trend in der afrikanischen Geschichte vor und nach dem Zweiten Weltkrieg veranschaulicht:

Der koloniale Türhüter-Staat hatte nur „schwache Institutionen, um in den sozialen und kulturellen Raum der Afrikaner einzudringen, aber er saß rittlings auf der Nahtstelle zwischen kolonialem Territorium und der Außenwelt. Ihre Haupteinnahmequelle bestand in den Steuern auf Importen und Exporten von Waren in den Häfen; sie [die staatlichen Herrscher] konnten entscheiden, wer das Land zwecks Ausbildung verlassen durfte und welche Art von Bildungseinrichtungen hereinkamen; sie setzten Regeln und Lizenzen fest, die bestimmten, wer nach innen und außen Handel treiben durfte…Die meisten Herrscher [nach Erlangung der Unabhängigkeit] bemerkten von Anfang an, dass ihre eigenen Interessen mittels derselben Strategie des ‚gatekeeping' bedient wurden wie die des kolonialen Staates vor dem Zweiten Weltkrieg: begrenzte Möglichkeiten zum Vorwärtskommen, die von Staats wegen kontrolliert wurden, wären weniger riskant als weit geöffnete Kanäle, die Kristallisationspunkte für Opposition werden könnten. Aber der post-koloniale Türhüter-Staat, dem die externe Zwangsgewalt seines Vorgängers fehlte, war ein verwundbarer Staat, nicht ein starker Staat" (Cooper 2006, S. 5).

In diesem gelungenen Narrativ spiegelt sich im Kern die überwiegend tragische Geschichte der afrikanischen Unabhängigkeitsphase von etwa 1960 bis zur Gegenwart wider: Noch immer wachen die politischen Machthaber ängstlich über die lukrativen „Türen" zur auswärtigen Welt und ersticken so Konkurrenz und Zukunftshoffnung nachdrängender Talente (so auch Mbeki 2009 und Mill 2010). Die gleiche Ansicht hatte vierzig Jahre früher schon *Frantz Fanon* vertreten, der noch Gelegenheit gehabt hatte (bevor er 1961 starb), als zeitweiliger Botschafter der provisorischen algerischen Regierung in *Accra/Ghana* das Verhalten der neuen Herren im postkolonialen Afrika kennenzulernen. Sein vernichtendes Urteil über die *Ignoranz, Inkompetenz und Selbstherrlichkeit* der afrikanischen Befreiungsführer hat er in seinem berühmten Hauptwerk *Die Verdammten dieser Erde* wie folgt artikuliert:

„Die klassische, gleichsam angeborene Schwäche des nationalen Bewusstseins der unterentwickelten Länder ist nicht nur die Folge der Verstümmelung des kolonisierten Menschen durch das Kolonialregime. Sie ist auch das Ergebnis der Trägheit der nationalen Bourgeoisie, ihrer Mittellosigkeit, der zutiefst kosmopolitischen Bildung ihres Geistes.... In ihrem *voluntaristischen Narzissmus* hat sich die nationale Bourgeoisie leicht davon überzeugt, dass sie die Bourgeoisie des Mutterlandes vorteilhaft ersetzen könne. Aber die Unabhängigkeit, von der sie schlankweg in die Enge getrieben wird, löst katastrophale Reaktionen aus und zwingt sie zu angstvollen Appellen an die Adresse des ehemaligen Mutterlandes.... Die nationale Bourgeoisie der unterentwickelten Länder ist nicht auf Produktion, Erfindung, Aufbau und Arbeit ausgerichtet; sie ist ausschließlich an *Vermittlungstätigkeiten* interessiert... Und es trifft wohl zu, dass die Habgier der Kolonialherren und das durch den Kolonialismus errichtete Embargo-System ihr kaum eine andere Wahl gelassen haben…Diese unterentwickelte, zahlenmäßig schwache, kapitallose Bourgeoisie, die den revolutionären

6.2 Kontinuität und Wandel des postkolonialen Staates

Weg ablehnt, wird nach der Unabhängigkeit jämmerlich stagnieren" (Fanon 1966, S. 116-117; Hervorhebung kursiv von RT).

Mit seiner prophetischen Warnung vor narzistischer Selbsttäuschung der afrikanischen Staatspolitiker sollte *Fanon* Recht behalten: Mit wenigen Ausnahmen (Mauritius, Botsuana, Tansania, Burkina Faso) ist es im Verlaufe der knapp sechs Jahrzehnte nach seinem Tod nirgends gelungen, volksnahe, selbstbestimmte Volkswirtschaften aufzubauen, aber seine Vorstellung, dass die junge afrikanische Bildungs- und Politiker-Elite *„den revolutionären Weg"* hätte einschlagen sollen und können, ist eher als verständliches Wunschdenken denn als realisierbare Utopie einzuschätzen. Um einen „revolutionären" Umsturz der bestehenden Verhältnisse in einem ökonomisch außenabhängigen und unterentwickelten Land einleiten zu können, hätte es nicht nur eines revolutionären Subjekts bedurft, sondern auch einer hinreichenden Menge von Druck- und Kampfmitteln zur Überwindung der zu erwartenden Widerstände sowie starker internationale Unterstützung. *Fanon* glaubte an die befreiende Wirkung eines Klassenkampfes „unter dem Druck und der Führung des Volkes, das heißt unter Missachtung der Interessen der Bourgeoisie" (Fanon 1966, S. 127). Bekanntlich war die Sowjetunion bereit, eine Handvoll „revolutionärer Regierungen" (in Guinea, Mali, Somalia, Äthiopien, Angola, Mosambik) zu unterstützen, aber nirgends haben diese es vermocht, die Vision Fanons von einer echten Volksherrschaft ohne Entfremdung zwischen Regierung und Volk zu realisieren. Im Gegenteil, *Fanon* kritisierte die sich herausbildende Form der postkolonialen Einheitspartei als „die moderne Form der bürgerlichen Diktatur ohne Maske, ohne Schminke, skrupellos und zynisch" (Fanon 1966, S. 127).

Immerhin gab es einen afrikanischen Präsidenten, der dies vier Jahre lang versucht hat, bis er von der Kleinbourgeoisie seines eigenen Landes umgebracht wurde, die er zu enteignen begonnen hatte – *Thomas Sankara* von Burkina Faso, Präsident von 1983 bis 1987 (siehe unten Kapitel 9.7). Auch dieser tragische Fall unterstreicht die Erkenntnis, dass es die *Stunde null* bei Erlangung der Unabhängigkeit nicht gegeben hat, weil die Dynamik der *Kontinuitätslinien* aus der Vergangenheit viel zu wirkmächtig war. *Paul Nugent* hat darauf aufmerksam gemacht, dass die wahren Profiteure der Dekolonisierung nicht die wenigen afrikanischen Unternehmer waren, die den Platz der Weißen einnahmen, sondern die *Libanesen* in Westafrika und die *Asiaten* (meistens Inder) in Ostafrika, weil sie gebildeter, besser vernetzt und wettbewerbsfähiger als Afrikaner waren. Daher blieb die afrikanische Unternehmer-Bourgeoisie zahlenmäßig ziemlich klein und war „weitgehend auf den Zugang zu politischer Patronage durch das Machtzentrum" beschränkt. Situationsbedingt nahm so der afrikanische Wettbewerb im Geschäftsleben die Form „eines Nebenprodukts des Kampfes um die Macht im Staat" an, was aus seiner Sicht „die fundamentale Schwäche" des afrikanischen Unternehmertums ausmachte (Nugent 2004, S. 63).

Vierzig Jahre nach *Fanon* kam der Berliner Afrika-Historiker *Franz Ansprenger* zu einer in der Substanz gleichlautenden Einschätzung über die fatale Fehlentwicklung des postkolonialen Afrikas durch korrupte Diktaturen:

> „Die für fast alle Zivil- und Militärregierungen des Kontinents von Mitte der 1960er Jahre bis Ende der 1980er Jahre typische Mischung von populistisch übertünchter Diktatur und Korruption, die sich nach dem Abwurf demokratischen ‚Ballasts' durchsetzte [gemeint war die Abschaffung freier Wahlen, „die reale Chancen für Minderheiten boten, zur Mehrheit zu werden" (S. 21)], hat die Putsche und Bürgerkriege, seit neuestem auch unkontrollierbare zwischenstaatliche Kriege zu verantworten. Sie hat Afrikas Wirtschaft ruiniert, die einstmals solidarische Gesellschaft auseinander gerissen, den Staat zerfallen lassen" (Ansprenger 2003, S. 22).

Mit Erlangung der politischen Unabhängigkeit bekam die jeweils ins Amt gewählte afrikanische Regierung alle Lasten, Pflichten und Privilegien eines formal souveränen Mitglieds der Staatengemeinschaft aufgebürdet. Im Jubel der Unabhängigkeitsfeiern blieb zunächst verborgen, dass es sich bei den neuen Staaten um *künstliche* Gebilde von noch geringer Lebenskraft handelte. Die fragilen Staatsgebilde waren ja – von ihrer Herkunft her – kolonialpolitische Ableger-Staaten, deren Grenzen nicht durch eigene Kraft sondern durch völkerrechtliche Normen garantiert wurden (Shipway, 2008, S. 12). *Robert H. Jackson* und *Carl G. Rosberg* haben eine nützliche Unterscheidung zwischen dem *juridical state* und dem *empirical state* gemacht, zwischen der *rechtlichen Idee* des modernen Staates als Träger nationalstaatlicher Souveränität zum einen und der *empirischen Wirklichkeit* der einzelnen Staatsgebilde zum anderen, von denen die Bürger konkrete Sozialleistungen erwarten können aber nicht erhalten. Damit verbunden sind zwei unterschiedliche Formen politischer *Legitimität:* Während der Staat als Völkerrechtssubjekt nur eine *äußere Legitimität* beanspruchen kann, weil seine formale Existenz durch die Schutzgarantien anderer Staaten gesichert ist, kann der *empirische Staat* nur durch eigene Leistungen gegenüber seinen Bürgern Legitimität für sich erwerben (Jackson & Rosberg 1984). So wird auch verständlich, dass *the late colonial state*, der sich anschickte, eine politisch handlungsfähige Einheit nach innen und außen zu werden, zunächst von *präzedenzloser Labilität* geprägt war; denn ihm fehlte, im Unterschied zum kolonialen Staat, die automatische Rückgriffsmöglichkeit auf die Gewaltmittel des Mutterlandes. Eingedenk dieser Labilität, haben zahlreiche Regierungen (vor allem frankophone) beim Übergang in die Unabhängigkeit mit dem kolonialen Mutterland *Verträge über militärische Stützpunkte* abgeschlossen – zur Sicherung

6.2 Kontinuität und Wandel des postkolonialen Staates

gegen Militärputsche und Sezessionsbewegungen (Schraeder 2000, S. 244-266; Nugent 2004; Meredith 2005; Falola & Njoku 2010).

Ein weiterer Aspekt des labilen schwachen Staates bezieht sich auf die Frage *who governs*? Zum Zeitpunkt der Unabhängigkeit, die noch unter der politischen Kontrolle der Kolonialmächte stand, war das *Mehrparteiensystem* (hervorgegangen aus Gründungswahlen) das Standardmodell gewesen. Aber fast überall wurde es nach kurzer Zeit von den Staatspräsidenten in das typisch werdende *Einparteien-Regime* umgewandelt. „Dafür gab es subjektiv ‚gute Gründe': Der Erhalt der Macht stand ganz oben auf der politischen Agenda, genährt von der Angst, von den Rivalen und Gegnern bei den nächsten Wahlen wieder vertrieben zu werden. Auch war die Sorge um den Schutz des frisch gebackenen Staates vor regionalistischen, gar *sezessionistischen* Tendenzen – Stichworte und Stichdaten sind Südsudan (1955), Katanga (1960), Biafra (1967) – nicht unbegründet. Diese Krisenherde bildeten sich in Staaten, die mit einem mehr (Nigeria) oder weniger (Zaire) erprobtem Mehrparteiensystem in die Unabhängigkeit gelangt waren. Beide Ziele – Modernisierung' und ‚Anti-Tribalismus', wurden unter der Chiffre *nation-building* zusammengefasst (Ansprenger 1999, S. 80).

Dass sich die *new states* des postkolonialen Afrikas in Richtung auf Einparteien-Systeme entwickelten, war auch eine Reaktion auf die illusionäre Politik der Kolonialeuropäer in der Phase der überstürzten Dekolonisierung. In der Mehrzahl der Fälle hatte sich die *Verhandlungslösung* als Schlüssel zur politischen Unabhängigkeit der Kolonie erwiesen. Diese wurde von der scheidenden Kolonialmacht in Aussicht gestellt, wenn a) eine demokratische Verfassung vom Parlament verabschiedet würde und wenn b) Wahlen zum Parlament mit mehreren Parteien stattfinden würden. Diese Bedingungen sollten eine pluralistische Demokratie und die Rechtsstaatlichkeit garantieren – eine Illusion, die der Politologe *Alex Thomson* „als die ultimative Ironie kolonialer Herrschaft" verspottet hat: „Imperiale Mächte wollten ein Erbe der verfassungsmäßigen liberalen Demokratie hinterlassen", wo sie doch selbst während ihrer Regierungszeit „autoritär, bürokratisch und interventionistisch" regiert hätten (Thomson 2010, S. 21). Aber die Verweigerung der afrikanischen Staatsklassen, sich auf das demokratische Spiel von *checks and balances* einzulassen und stattdessen den *Patronage-Staat* auszubilden, hatte tiefer liegende Ursachen, die auch in kulturellen Traditionen und institutionellen Defiziten zu suchen sind (s. u. Kap. 9).

Der postkoloniale Staat war auch in finanzieller Hinsicht ein fragiler Staat, gemessen an dem Vermögen, seine Bevölkerung angemessen zu besteuern. Die tatsächlich eingezogenen Steuern bestanden überwiegend aus Zollgebühren und indirekten Steuern aller Art (Mehrwertsteuern) und weniger aus Einkommenssteuern; somit mussten Staatsbudgets durch externe Quellen finanziert werden (Padayachee 2010, S. 110-131; Fukujama 2015, S. 289-290). Dabei erzeugten die ersten postkolonialen

Regime eine entwicklungspolitisch relevante Paradoxie: Während sich deren politische Entwicklung im Streben nach Handlungsautonomie (independence) ausdrückte, nahm deren finanzielle Abhängigkeit von externen Kräften zu, vor allem von der ‚Entwicklungshilfe' (dependence). Letzteres wurde in der zunehmenden Verflechtung afrikanischer Länder mit Weltmarkt, Weltpolitik (Kalter Krieg) und internationalen Institutionen wie UNO, IWF und Weltbank sichtbar. Als integraler Bestandteil einer sich globalisierenden Staatenwelt eröffneten sich den postkolonialen Staaten Afrikas neue Handlungsperspektiven, ohne aber dem „Schatten der Globalisierung" entkommen zu können (Stiglitz 2002; Osterhammel 2003; Ferguson 2006; Tetzlaff 2008).

Zusammenfassend können wir festhalten: Die Dekolonisation Afrikas war Bestandteil einer allgemeinen *Emanzipation* der kolonisierten Völker, der so-genannten ‚*Dritten Welt*'. Für die Bewältigung der vier großen postkolonialen Herausforderungen – Staatskonsolidierung, Nationwerdung, sozio-ökonomische Entwicklung und kulturelle Modernisierung – waren die Regierungen Afrikas schlecht vorbereitet. Allerdings drängten junge Nationalisten in den Kolonialstädten ungeduldig danach, nun selbst so rasch wie möglich die Geschicke ihres Landes selbst in die Hand nehmen zu können. „*Seek ye first the political kingdom and all other things will follow*" – in dieser berühmten Forderung des jungen Aktivisten *Kwame Nkrumah* von der *Goldküste* kommt die große *Illusion* der ersten Generation afrikanischer Politiker zum Ausdruck: Das ersehnte ‚politische Königreich' entpuppte sich rasch als autoritäres präsidiales Einparteiensystem, in dem verfassungskonforme Gewaltenteilung, freie Presse und politische Oppositionsparteien meist keinen Platz hatten (Tetzlaff 1973, S. 229). Vielerorts machten sich Inkompetenz und narzistische Selbstüberschätzung der afrikanischen Präsidialregime breit, die sich dem geerbten *Gatekeeper-Staat* ihrer kolonialen Vorgänger *anverwandelten*, um so zum Zwecke des eigenen Machterhalts Gesellschaft und Wirtschaft kontrollieren und materiell schröpfen zu können.

6.3 Ghana – Der Kampf um politische Unabhängigkeit

Als die britische Kolonie *Goldküste* im März 1957 als erstes schwarzafrikanisches Land auf dem Verhandlungsweg ihre politische Unabhängigkeit erreichte – ein Vorgang von großer internationaler Wirkung –, änderte die neue Regierung unverzüglich den Namen in Ghana. ‚Ghana' war der Name des alten Reichs der *Mande* westlich *von Timbuktu* im heutigen Staat Mali gewesen, dessen Macht 1076 durch die muslimischen *Almoraviden* gebrochen worden war. Damit knüpfte der neue

6.3 Ghana – Der Kampf um politische Unabhängigkeit

Staat an eine glorreiche Tradition der Reichsbildung *vor* den beiden großen *externen Einmischungen*, Islamisierung und Kolonialisierung, an. Die Herstellung einer politisch handlungsfähigen Einheit im Rahmen einer nun erforderlichen modernen Verfassung stellte sich als große Herausforderung dar, war die Goldküste doch noch ein Ensemble von 108 selbständigen Mini-Staaten (nach *Adu Boahen* 1975, zit. bei Schicho 2001, S. 182). In den 1950er Jahren hatten verschiedene Protestaktionen der mobilisierten Menschen an der Goldküste eine explosive Atmosphäre entstehen lassen; daran beteiligt waren einheimische Kakao-Farmer, die sich ungerecht behandelt fühlten; politisierte Gewerkschaftler, die höhere Löhne forderten; enttäuschte Soldaten, die aus den Fronten des Zweiten Weltkriegs zurück gekehrt waren; arbeitslose Jugendliche mit abgebrochener Schulbildung (die berühmten *veranda boys*); Absolventen der christlichen Missionsschulen, die nun als Schicht der *intelligentia* politische Mitsprache forderten; Familienväter und Frauen in den Städten, die unter steigenden Konsumpreisen, diktiert von ausländischen Handelsfirmen, litten.

Die erste politische Partei (die sich nur *Convention* nennen durfte) war die *United Gold Coast Convention (UGCC)* unter Leitung von *Dr. Danquah* und *Dr. Busia*, die zunächst nicht sofort die politische staatliche Unabhängigkeit forderten, sondern sich für ‚Selbstregierung' der afrikanischen Bildungselite und Chiefs einsetzten, – für *responsible government* für innere Angelegenheiten der Kolonie. Hierin vereinigten sich *men of property and standing*, also Kaufleute, Anwälte, prosperierende Kakao-Farmer und auch Chiefs (Cooper 2002, S. 50). Die Reden eines radikalen Nationalisten namens *Kwame Nkrumah*, der mit der kühnen politischen Parole *independence now* die Massen zu begeistern begann, durchkreuzten die am grünen Tisch ersonnenen Pläne des britischen Kolonialsekretärs in London für eine geordnete graduelle Machtübergabe. Der junge Aktivist, der zwölf Jahre lang in den USA und England Ökonomie, Soziologie und Philosophie studiert hatte, gründete 1947 seine eigene Partei, die *Convention People's Party (CPP)*. Die CPP – eine Abspaltung von der UGCC, dessen Generalsekretär *Nkrumah* gewesen war – wurde von dem Gewerkschaftsverband *Trade Union Congress* (TUC) unterstützt und rekrutierte kleinbürgerliche, ungeduldige Jugendliche aus den städtischen Unterschichten. Anfang 1950 startete sie eine Kampagne des ‚bürgerlichen Ungehorsams' (nach dem Vorbild *Gandhis*) in Form von Streiks und Boykotts englischer Waren (Nkrumah 1958).

Nkrumah schaffte es, die CPP in eine moderne politische Maschine umzuwandeln und gewann mit ihr 1951 zur Überraschung aller 34 von 38 öffentlich umkämpften Parlamentssitzen, während die politisch gemäßigte Honoratioren-Partei seines Rivalen *Dr. Danquah* nur drei Sitze erringen konnte. Dem Gouverneur blieb nichts anderes übrig, als den Wahlsieger aus dem Gefängnis zu entlassen (in das er ein Jahr zuvor wegen seiner Streikaktionen gebracht worden war) und den Wahlsieger 1952 zum *Premierminister* zu ernennen. Schon bald machten sich Korruption,

Nepotismus und Personenkult bemerkbar, die das *Nkrumah*-Regime bis zu seinem Untergang kennzeichnen sollten. Die britische Kolonialverwaltung hatte 1947 den *Cacao Marketing Board* (CMB) gegründet, eine Vermarktungsbehörde für Kakao, die den afrikanischen Farmern ihre Ernten zu einem Fixpreis (oftmals weniger als die Hälfte des Weltmarktpreises) abkaufte und zu den Häfen transportieren ließ. Von der Differenz wurden die Verwaltungskosten der Kolonie bestritten und Geldreserven angelegt. Unter Premierminister *Nkrumah* wurde der CMB in eine *Cocoa Purchasing Company* umgewandelt, die zum einen die einheimischen Zwischenhändler aus dem Geschäft drängte und die zum anderen den loyalen Funktionären der Regierungspartei den Zugriff auf die Einnahmen aus dem Kakaogeschäft eröffnete. Kaum war *Nkrumah* als Premierminister im Amt, gab er Weisung, dass das CMB den Kakaopreis so niedrig wie möglich halten sollte, um mit dem Geld, das man somit den Farmern vorenthielt, die geplanten Entwicklungsprojekte und die eigene Klientel finanzieren zu können. So wurden die Einnahmen der CMB/CPC zweckentfremdet benutzt, um Kredite, Verträge, Aufträge, Lizenzen und Jobs an CPP-Unterstützer vergeben zu können (Meredith 2005, S. 25).

Durch solche Praktiken wuchs im Lande die oppositionelle Stimmung. Zum offenen Konflikt kam es wegen der versuchten *Verfassungsänderung*: Während die *CPP* ein *zentralistisches* Regierungssystem präferierte, setzten sich die Kakao produzierenden *Asante*-Regionen (Ashanti) für ein *föderalistisches* Modell ein, dabei auf Nigeria verweisend. *Asante* aus allen sozialen Klassen sowie oppositionelle Kleinparteien aus anderen Regionen der Kolonie schlossen sich bald zum *National Liberation Movement (NLM)* zusammen und liebäugelten mit der Sezession. Jedoch waren weder die Kolonialverwaltung noch die CPP bereit, der Idee einer föderativen Verfassung zuzustimmen. Bei den Wahlen zur vollen Unabhängigkeit im Jahr 1957 konnte sich *Nkrumahs CPP* mit 72 gewonnenen Parlamentssitzen von insgesamt 104 Sitzen (bei einem Anteil von nur 57 % der abgegebenen Stimmen) als stärkste politische Kraft behaupten (Meredith 2005, S. 25).

Schon am Abend der Unabhängigkeit war also das Land politisch und regional gespalten, und ‚die Einheit der Nation' war keineswegs das einzige politische Ideal der Freiheitskämpfer. Die Feier der Unabhängigkeit für Britanniens erste schwarzafrikanische Kolonie im März 1957 wurde weltweit mit großer Anerkennung und Neugierde verfolgt. Ein halbes Jahr zuvor, im Oktober 1956, hatte das Vereinigte Königreich in der *Suez-Kanal-Krise* eine schmerzliche diplomatische Niederlage hinnehmen müssen, die das Ende des britischen Empire einläutete. Auf Druck der beiden Supermächte USA und Sowjetunion hatte Premier *Anthony Eden* seine Invasionstruppen aus der Suez-Kanalzone zurückrufen müssen, die (zusammen mit Frankreich und Israel) den neuen Star der arabischen Welt – Präsident *Abdel Nasser* von Ägypten – hatten stürzen sollen. Nun zeigte sich London unter Edens

6.3 Ghana – Der Kampf um politische Unabhängigkeit

Nachfolger *Harold Macmillan* großzügig: Die *Herzogin von Kent* als Vertreterin von Königin Elisabeth II erschien zur Feier, ebenso wie der US-amerikanische Vizepräsident *Richard Nixon* sowie Delegationen von weiteren 54 Ländern; Glückwünsche kamen von *Zhou En-lai* (China), *Nehru* (Indien), *Bulganin* (UdSSR) sowie von dem US-Präsidenten *Eisenhower* (Meredith 2005, S. 26).

Die Aussichten auf einen raschen wirtschaftlichen Aufstieg des jungen Staates, dem die Briten 200 Mio. Pfund aus den Kakaoverkäufen hinterlassen hatten und angesichts eines freundschaftlichen Klimas in der Welt gegenüber dem Neuling, schienen gut, wenn nicht gar rosig. Doch die Freude über den friedlich verlaufenen Rückzug der Briten von der Goldküste, die nun *Ghana* hieß, währte nicht lange; denn die CPP unter ihrem Premierminister *Nkrumah*, der sich bald „Erlöser" nennen ließ, begann mit der Rücknahme der Maßnahmen, die die Opposition (und das britische Kolonialministerium) in den Jahren zuvor erzwungen hatten. Zu *Regional Commissioners* ernannte man Mitglieder der Regierungspartei; die Regionalparlamente wurden entmachtet und ihre Aufgaben schließlich dem nationalen Parlament übertragen. Nkrumah löste den *Kumasi State Council* auf und beschlagnahmte dessen Vermögen. Er setzte den Paramount Chief der Akyem, *Nana Ofori Atta*, ab und besetzte Posten der Chiefs mit ‚Sympathisanten'. Der *Preventive Detention Act* vom Sommer 1958 gab der Regierung die Macht, Personen ohne richterliche Zustimmung und Verurteilung bis zu fünf Jahren einzusperren. Der *Industrial Relations Act* von 1958 schrieb die Regelung von Arbeitskonflikten durch Schlichtungsstellen vor, womit Streiks weitgehend ausgeschlossen wurden (Schicho 2001, S. 195).

Was die *wirtschaftspolitische* Orientierung des jungen Staates anging, so gab es für den afrikanischen Präsidenten folgende Alternative: Entweder er kooperierte aufs engste mit ausländischen Unternehmen und den ‚Beratern' des einstigen Mutterlandes und versuchte als Juniorpartner dabei, wenigstens einen Anteil am kommerziellen Erfolg der fortgeführten Betriebe zu bekommen, oder aber er drängte ausländische Geschäftsleute und Firmeneigentümer an die Seite, um auf dem Wege der *Afrikanisierung* alleine die Kommandoposten zu besetzen. Während frankophone Länder wie die Elfenbeinküste, Gabun oder Senegal den *pragmatischen* Weg der Kooperation als Juniorpartner ausländischer Firmen präferierten, ging das Nkrumah-Regime den tollkühnen Weg der *Konfrontation* im Umgang mit Auslandsinteressen, die strukturelle Verwundbarkeit einer klassischen Rohstoff-Ökonomie ignorierend. Doch die eher marktfeindliche Wirtschaftspolitik seiner Regierung – so wurden Goldminen des Landes verstaatlicht, Staatsfarmen gegründet, Gewerkschaften entmündigt, streikende Hafenarbeiter und Marktfrauen niedergeknüppelt – verschreckte ausländische Investoren. Solange das Regime noch über Devisen verfügte, investierte es in ehrgeizige Infrastruktur- und Energieprojekte. Der Bau des *Voltastaudamms*, der Elektrizität für die Bauxitverarbeitung liefern sollte, gehörte zu den hoffnungsvollsten Investitionen dieser Ära. Gleichzeitig konzentrierte *Nkrumah* immer mehr Macht auf seine Person; im Jahr 1964 ließ der ‚Präsident auf Lebenszeit' das Land offiziell zum Einparteienstaat erklären, und der staatlich gelenkte ‚Sozialismus' wurde als die für Ghana geeignete Wirtschaftsform deklariert.

Den wirtschaftlichen Niedergang beschleunigte der Sturz der *Weltmarktpreise von Kakao*: Während sie zum Zeitpunkt der Unabhängigkeit Ghanas mit 460 Pfund pro Tonne ein Maximum erreicht hatten (1954), fielen sie bis 1960 auf 222 Pfund und erreichten gegen Ende der Nkrumah-Ära nur noch 138 Pfund (im Jahr 1965, Zahlen nach Nugent 2004, S. 70). Es ist des Öfteren spekuliert worden, ob der Preissturz von Kakao von westlichen Industrieländern beeinflusst oder gar herbeigeführt worden sei. Klare Beweise dafür liegen nicht vor; aber da ja Ghana der größte Lieferant von Kakao war und da der Konsum dieses Tropenprodukts nicht abgenommen hatte, spricht einiges für diese Annahme. Das *Nkrumah*-Regime wehrte sich einige Monate lang mit einem Kakao-Lieferboykott (‚*cocoa hold-up*'), konnte aber den Wettkampf gegen finanzstarke US-Schokolade-Firmen (als den Abnehmern von ghanaischem Kakao) nicht gewinnen. Auf die Schrumpfung der staatlichen Einnahmen reagierte die Regierung trotzig mit weiterer Kreditaufnahme im Ausland, bis auch das nicht mehr möglich war, weil IWF und Weltbank als Voraussetzung für weitere Unterstützung harte Strukturanpassungsmaßnahmen verlangten (Siebold 1988, S. 35f.).

Zwischen 1961 und 1965 vergrößerten sich die *Auslandsschulden* um das 30-fache. Im Jahr 1966 hatte Ghana mehr als 511 Mio. $ Auslandsverbindlichkeiten (Siebold 1988, S. 45). Mit der Abkoppelung vom britischen Pfund und der Einführung der Binnenwährung *Cedi* konnte die Regierung über die Ausgabe immer neuer Banknoten scheinbare Handlungsfähigkeit demonstrieren, aber höheren Raten der Inflation (40% im Jahr 1966) waren damit Tür und Tor geöffnet, was besonders die städtischen Unterschichten traf. Die Preise für Nahrungsmittel stiegen in den beiden letzten Jahren der *Nkrumah*-Ära um 23,5% (Schicho 2001, S. 198). Neun Jahre nach Erlangung der Unabhängigkeit wurde im Februar 1966 das *Nkrumah*-Regime durch einen Militärputsch zu Fall gebracht, genau in dem Augenblick, als die Auslandsverschuldung des Landes zum brennenden Problem geworden war, für das es keine politisch akzeptable Lösung mehr gab. Als *Bilanz der Nkrumah-Ära* hat der Hamburger Politologe *Thomas Siebold* ein differenziertes Urteil gefällt:

> „Als am 24. Februar 1966 eine Gruppe von Offizieren der Armee und der Polizei putschte…, war dies in erster Linie ein Coup zum Schutz der Korporativinteressen der Militärs. Sie mussten befürchten, dass der gegenüber der regulären Armee immer misstrauischer werdende Nkrumah durch den Ausbau eines nur ihm unterstellten Regiments (‚President's Own Guard Regiment') ihre Privilegien weiter beschnitt und

schließlich ihre Existenz bedrohte...War die desolate wirtschaftliche Lage nicht der Anlass des Putsches (sie betraf die Armee nur mittelbar), so wurde er doch durch sie ermöglicht. Durch die Weigerung, dem bedrängten Land Hilfe zu leisten (was in der Weigerung Nkrumahs, sich den Disziplinierungsmaßnahmen des IWF zu beugen, seine Entsprechung fand), hatten die westlichen Industrieländer, IWF und Weltbank ihren Teil dazu beigetragen, die innenpolitische Situation ‚putschreif' zu machen. Mit der schweren Versorgungskrise und der Einkommensverluste verursachenden hohen Inflationsrate hatte das Regime die Unterstützung immer größerer Teile der ursprünglich loyalen Unterschichten verloren, die Feindlichkeit der Mittelschichten gegenüber Nkrumah war unterdessen noch gewachsen. Dass der Westen einen Regierungswechsel begrüßen würde, war offensichtlich" (Siebold 1988, S. 44).

Auf den Sturz *Nkrumahs* reagierte die Stadtbevölkerung überwiegend mit freudiger Erleichterung, während die Menschen auf dem Lande, „wie immer, den Wechsel ungerührt zur Kenntnis nahmen" (Schicho 2001, S. 198). *Nkrumah*, der sich zum Zeitpunkt des Putsches gerade mit einer 200-köpfigen Delegation in Vietnam aufhielt, um vermeintlich einen Beitrag zum Frieden in Indochina leisten zu können, floh ins Exil nach *Conakry*, der Hauptstadt Guineas, zu seinem sozialistischen Freund, Präsident *Sékou Touré*. *Nkrumah* hinterließ hohe Auslandsschulden, verbitterte Kakao-Farmer, eine enttäuschte Jugend und eine verarmte städtische Unterschicht. Als er 1972 einsam und verbittert im Exil starb (und später als toter Held feierlich heimgeholt wurde), waren bei vielen Ghanaern die Missetaten ihres ersten Präsidenten verdrängt und von einem nostalgischen Helden-Mythos überwölbt. „Nie hat die Karriere eines Ghanaers so vielversprechend begonnen und so verheerend geendet wie die Karriere des *Osagyefo* [Erlösers] Kwame Nkrumah" – schrieb 1975 der ghanaische Historiker *Prof. Adu Boahen* (Boahen 1975, S. 225; zit. bei Schicho 2001, S. 199). Erst zwanzig Jahre später sollte Ghana erneut aus einer selbst fabrizierten Misere herausfinden, – diesmal durch einen pragmatisch denkenden Putsch-Offizier namens *Jerry Rawlings*, der schließlich die Tür für eine echte Demokratisierung des Landes aufzustoßen in der Lage war (siehe unten Kapitel 9.8).

Aufgaben

1. Welche internationalen Ereignisse beeinflussten Entstehung und Verlauf der *Dekolonisation* in Afrika?
2. Was bedeutet Frederick Cooper Begriff *Gatekeeper-Staat*? Inwiefern war Ghana unter Präsident *Nkrumah* ein solcher Türwächter-Staat?
3. Was kritisiert *Franz Fanon* am Verhalten der politischen Eliten Afrikas?

Afrikanischer Sozialismus 7

7.1 Sozialistische Experimente

In ihrem Kampf um *Uhuru* (Freiheit) und politische Unabhängigkeit hatten afrikanische Politiker *populistische* Massenbewegungen gegen die Kolonialherrschaft ins Leben gerufen und die Bevölkerung in den Städten mit weit reichenden Versprechungen mobilisiert (Ansprenger 1999, S. 114f.; Bayart 2009, S. 119f.). Viele von ihnen – wie *Kwame Nkrumah* (Ghana), *Leopold Senghor* (Senegal), *Jomo Kenyatta* (Kenia), *Felix Houphouet-Boigny* (Elfenbeinküste) und *Hastings Banda* (Malawi) – kannten westliche Länder und waren nicht unbeeindruckt von deren sozialen Errungenschaften. Diesen Politikern war die Schwäche des Kolonialstaats, dessen Erben sie nun wurden, durchaus bewusst, weshalb sie anfangs bestrebt waren, ihre politische Herrschaft auch durch Wohltaten für die Bevölkerung abzusichern. Nicht wenige afrikanische Politiker haben deshalb mit sozialistischen Ideen experimentiert:

- *Kwame Nkrumah* an der Goldküste/Ghana (1909-1972), der als erster Präsident Ghanas eine eigene sozialistische Konzeption *Consciencism* vorlegte und sich für die panafrikanische Einheitsvision einsetzte. Er wurde 1966 durch einen Militärcoup gestürzt und starb im Exil.
- *Sékou Touré* in Guinea (1922-1984), der sich als Gewerkschaftler, Muslim und Staatspräsident schroff vom französischen Mutterland abwandte und aus Guinea eine „revolutionäre sozialistische Volksrepublik" machte, die politische Gegner maßlos verfolgte und Millionen Bürger in die Flucht trieb. Seine Wirtschafts- und Entwicklungspolitik war für die Bevölkerung desaströs; der Diktator starb 1984 an einer Herzoperation in Ohio/USA.
- *Mobito Keita* in Mali (1915-1977), der als erster Präsident Malis für einen afrikanischen Sozialismus und eine Föderation mit den ‚progressiven' Staaten Westafrikas (Ghana und Guinea) eintrat. Er wurde 1968 durch einen Militärcoup gestürzt und starb 1977 in einem Arbeitslager in der Sahara.

- *Julius Nyerere* in Tansania (1922-1999), der 1962 erster Staatspräsident seines Landes wurde. Mit dem *Ujamaa-Konzept* brachte er eine eigene Theorie des *afrikanischen Sozialismus* ins Gespräch und praktizierte sie ab 1967 – ohne Erfolg. Es war eine Synthese aus sozialistischem Planungsmodell und dem Gemeinschaftsgeist der vorkolonialen Dorfgemeinschaft.
- *Ahmed Ben Bella* in Algerien (1918-2012), der im Jahr 1962 der erste Staatspräsident Algeriens wurde und die *Front de Liberation National (FLN)* zu einer sozialistischen Einheitspartei umwandelte, die sich zu Schulden kommen ließ, den bäuerlichen Agrarsektor zu vernachlässigen (Tibi in Grohs & Tibi 1973). Im Jahr 1964 wurde ihm der Orden *Held der Sowjetunion* verliehen; ein Jahr später wurde er durch einen Militärputsch gestürzt und unter Hausarrest gestellt. Sein Nachfolger wurde *Houari Boumedienne*.
- *Amilcar Cabral* in Portugiesisch-Guinea (1924-1973), politischer und intellektueller Führer der Befreiungsbewegung *PAIGC* von Guinea und Kapverden, der einen kulturell basierten, basisdemokratischen afrikanischen Sozialismus anstrebte. Im Jahr 1963 – ein Jahr vor Erlangung der Unabhängigkeit der Kapverden – wurde er bei einem Militärputsch von politischen Gegnern aus den eigenen Reihen ermordet.
- *Patrice Lumumba* in Belgisch-Kongo (1925-1961), der als erster gewählter Präsident des Kongo offen für einen afrikanischen Sozialismus eintrat und Hilfe von der Sowjetunion erwartete. 1961 wurde er in einer Geheimaktion von belgischen und US-amerikanischen Geheimdiensten ermordet (De Witte 2001; Hochschild 2002, Van Reybrouck 2012).
- *Léopold Senghor* im Senegal (1906-2001), der erste Staatspräsident des Landes (1960-1980) und Gründer der Ideologie der *Négritude*. Er wollte „den Marxismus als Methode und als Humanismus für den Kosmos der Weltkultur fruchtbar machen – einen Kosmos, in den der Afrikaner seiner Natur nach als religiöser, an Gott glaubender Mensch eintreten muss" (Ansprenger 1961, S. 342; Senghor 1967). 1980 trat er von seinem Amt freiwillig zurück, zugunsten seines Premierministers *Abdou Diouf*.
- *Eduardo Mondlane (1920-1969)*, der Präsident der Volksbefreiungsbewegung von Mosambik, *Frente da Libertacao de Mocambique (FRELIMO)*. Nachdem die FRELIMO nach einem 11-jährigen Befreiungskrieg 1975 die Unabhängigkeit von Portugal erreicht hatte, wurde sie zur marxistischen Einheitspartei erklärt. Es folgte ein Bürgerkrieg zwischen FRELIMO und einer von Südafrika unterstützten Oppositionspartei RENAMO, der erst 1992 beendet werden konnte.
- Mit der Flucht des äthiopischen Diktators *Mengistu Haile Mariam* (geb. 1937) im Jahr 1991 nach Simbabwe verlor der „wissenschaftliche Sozialismus" marxistisch-leninistischer Prägung für Afrika gänzlich an Bedeutung. Die seit 1977

regierende Militärjunta, genannt der *Derg*, hatte ein brutales sozialistisches Experiment errichtet (Staatsfarmen, Landreformen, Zwangsumsiedlungen, entschädigungslose Enteignung von Auslandsfirmen; ‚Roter Terror' gegen 100.000 ‚Klassenfeinde' etc.). Auch mit massiver militärischer Unterstützung der Sowjetunion gelang es dem Militär-Regime nicht, den Bürgerkrieg gegen die Befreiungsorganisationen der Tigrayer und Eritreer zu gewinnen (Brüne 1986; Kreuter 2010; Uhlig et al. (2017).

Im Folgenden soll ein Sozialismus-Experiment näher betrachtet werden: Tansania's *ujamaa*-Modell. Es war Ausdruck einer internen Willlensbildung unter der Führung eines *big man* – des ehemaligen Missionszöglings, Lehrers und Parteipolitikers *Julius Nyerere*. An ihm kann gezeigt werden, dass ein *politischer Handlungsspielraum*, trotz der bestehenden *externen* Begrenzungen (‚Schatten der Globalisierung'), auch für die ‚neuen Staaten' bestanden hat: Er konnte intern geschickt *genützt* oder aber auch *vergeudet* werden, er konnte kurzfristig oder nachhaltig *erweitert* werden oder durch eigene Fehlleistungen weiter *verengt* werden. Ein *Determinismus* des Handels (die Willensfreiheit verneinend) lag nicht vor. Während *Tansania* mit Theorie und Praxis eines *afrikanischen Sozialismus* experimentierte, was eine Abkehr von der Marktwirtschaft bedeutete, bevorzugte das Nachbarland *Kenia* unter seinem ersten Präsidenten *Jomo Kenyatta* die Fortsetzung des kapitalistischen Entwicklungsweges, der von den britischen Siedlern und Kolonialbeamten eingeschlagen worden war und der von Kenyattas Gegnern als ‚neo-kolonialistisch' verunglimpft wurde (s. u. Kapitel 13.2). Der Einparteienstaat *Tansania* war politisch stabil und wurde bis 1994 von seinem charismatischen Präsidenten *Julius Nyerere* beherrscht; erst seine Abdankung öffnete den Weg zu einer Abkehr von dem inzwischen gescheiterten *Ujamaa*-Sozialismus. Welches System – so lautet eine oft gestellte Frage – hat den Bürgerinnen und Bürger ein besseres Leben ermöglicht – Tansania oder Kenia? (siehe unten Kapitel 14.3).

7.2 Tansania: Theorie und Praxis des Ujamaa-Sozialismus

In der Ära seines ersten Präsidenten *Julius Nyerere* bildete Tansania das Beispiel eines selbst definierten afrikanischen Sozialismus, – einer Ideologie, die weniger als eine wissenschaftliche Methode denn als ein modernes Glaubensbekenntnis zu verstehen ist, das – in den Worten von *Aristide Zollberg* – „den Eingeweihten die Geheimnisse der wirtschaftlichen Entwicklung" enthüllen würde (Zollberg, zit. nach Thomson 2010, S. 38). Da afrikanische Führer in der Ära des Kalten Krieges von den Politikern und Experten der sozialistischen Staaten in Europa in diesem Glauben bestärkt wurden, war die breite Rezeption sozialistischer Ideen in Afrika (und anderen Regionen der Dritten Welt) als Alternative zu Kapitalismus und Kolonialismus ein Stück weit auch dem *Zeitgeist* zu verdanken. Erst in den 1990er Jahren – nach der Zerstörung der Illusion über den real existierenden Sozialismus – kam es auch in Afrika zu einer politischen Wende: zu mehr Demokratie, zu mehr politischer Partizipation von unten und zu mehr Respekt vor marktwirtschaftlichen Gesetzen.

Von vorneherein setzte der tansanische Präsident auf *nation-building* als oberste politische Aufgabe, um ethnische Spannungen und Machtkämpfe wie in den Nachbarländern möglichst gar nicht erst entstehen zu lassen. Dazu sollte auch die wirtschaftliche Entwicklung beitragen: In den ersten fünf Jahren nach der Unabhängigkeit (1961/62 bis 1966/67) setzte die Regierung in *Tanganjika/Tansania* die von den Kolonialmächten Deutschland und England begonnene Politik der auf Landwirtschaftsgütern beruhenden *Exportwirtschaft* (Sisal, Kaffee, Baumwolle, Pyrethrum und Cashewnüsse) – so gut es eben ging – fort. Aus *Sansibar* wurden die weltweit begehrten Gewürznelken exportiert. Zielgruppe der Entwicklungspolitiker waren die *progressive farmers*, die, staatlich gefördert und von der Partei gegängelt, den Rest der Landbevölkerung zu größeren Anstrengungen mitreißen sollten. Bis 1967 verlief die wirtschaftliche Entwicklung relativ zufriedenstellend; bei einem durchschnittlichen Wirtschaftswachstum von jährlich 5,9 % blieb, nach Korrektur (d. h. unter Berücksichtigung von Inflationsrate und Bevölkerungswachstum) noch ein reales Wachstum von 1,5 %. Auf der anderen Seite arbeitete die Verschlechterung der *terms of trade* gegen eine wirtschaftliche Verbesserung: die Preise für Baumwolle, Kaffee und besonders Sisal fielen, die Kosten für Importe, Verbrauchs- wie Investitionsgüter, stiegen (nach Schicho 2004, S. 327). Und vor allem machte dem Flächenstaat die Erhöhung der Benzinpreise als Folge der drastischen Preiserhöhung für Rohöl durch die OPEC-Staaten in den 1970er Jahren große Finanzsorgen.

Präsident *Nyerere*, enttäuscht über diese geringfügigen Entwicklungserfolge und inspiriert vom chinesischen Agrarsozialismus unter Führung von *Mao-Tse-tung*, überließ eine Weile das Regieren seinem Vizepräsidenten *Rashidi Kawawa* und erarbeitete im Jahr 1966 die Schrift *Ujamaa – Grundlagen eines Afrikanischen Sozialismus*, die die ideologische und organisatorische Grundlage für die zukünftige Orientierung von Partei und Staat werden sollte. *Nyereres* ideologisches Konzept *Ujamaa* war eine der vielen Varianten des *Afrikanischen Sozialismus*; so war die tansanische von dem Geist beseelt, die Bildung sozialer Klassen durch eine Rückbesinnung auf die dörfliche Gemeinschaft der vorkolonialen Zeit zu vermeiden. Bei den Parteikadern hatten sich bereits elitäre und parasitäre Verhaltensweisen bemerkbar gemacht, die *Nyerere* nicht dulden wollte. *Ujamaa* – so schrieb er – be-

7.2 Tansania: Theorie und Praxis des Ujamaa-Sozialismus

deute *family-hood* und sei als afrikanisches Wort ein Anzeichen dafür, „welchen Weg wir in Zukunft gehen wollen: die Idee der gegenseitigen Beteiligung an der Familie, wie wir sie kennen":

> „Für uns bedeutet Sozialismus auf den Grundlagen unserer Vergangenheit die Zukunft gemäß unserer Vorstellungen zu bauen. Wir importieren keine fremde Ideologie ... Wir haben entschieden, als Gesellschaft aus unseren Wurzeln zu wachsen, aber in einer besonderen Richtung und hin auf ein besonderes Ziel. Wir tun dies, indem wir besondere Charakteristika unserer traditionellen Organisation betonen und erweitern, so dass sie die Möglichkeiten der modernen Technologie einschließen können, um so die Herausforderung des Lebens im 20. Jahrhundert bestehen zu können" (Nyerere 1969, S. 28).

Nicht Individualismus, sondern egalitärer Kommunalismus sollte das gesellschaftliche Leben bestimmen. *Land* sei ein unveräußerliches Geschenk Gottes, der ganzen Gemeinschaft zur Nutzung anvertraut; in der neu zu errichtenden Gesellschaft würde es daher kein individuelles Eigentum an Boden, kein Recht auf Ausbeutung fremder Arbeitskraft und keine Ungleichbewertung verschiedener Arbeiten geben. In der traditionellen Gesellschaft sei jeder ein ‚Arbeiter' gewesen, soziale Klassen hätte es nicht gegeben und soziale Gleichheit in der Gemeinschaft der Großfamilie sei die ethische Norm gewesen. „Der erste Schritt unserer moralischen Erneuerung müsse darin bestehen, uns selbst neu zu erziehen und sich die frühere Gesinnung wieder anzueignen". Daher sei es nur konsequent, dass sich Afrika „auf die eigenen Kräfte" verlassen müsse, was mit dem Wort *Self-Reliance* umschrieben wurde. Ausländische Entwicklungshilfe könne deshalb nur eine *ergänzende* Rolle spielen (Othman 2000; Meredith 2005, S. 252; Fukuyama 2015, S. 331).

In der *Arusha-Erklärung* von 1967 fasste Präsident *Nyerere* diese Ideen zusammen und ließ sie – ohne dass zuvor eine öffentliche Debatte über den politischer Kurswechsel des Landes stattgefunden hätte – von der Staatspartei TANU (*Tanganyika African National Union*) als offizielle Entwicklungs-Ideologie des Staates verabschieden[7]. Zentraler Bestandteil der *Arusha-Declaration* war der *Leadership Code*, eine Art Verhaltenskodex für TANU-Funktionäre: Personen, die im Staat und in der Partei führende Positionen innehatten, war es nunmehr untersagt, mehr als ein Gehalt zu beziehen, Immobilien oder Aktien zu besitzen oder Stadthäuser zu vermieten. Während tansanische Politiker, Geschäftsleute und die relativ wohlhabende Schicht indischer Kaufleute mit wenig Begeisterung und Verständnis auf

---

[7] Die TANU wurde 1977 nach dem Zusammenschluss mit der auf Sansibar dominierenden *African Shirasi Party* zur Einheitspartei in CCM (*Chama cha Mapinduzi*, ‚Revolutionspartei') umbenannt (Bakari 2001).

die neue Staatsdoktrin reagierten, zeigte sich das Ausland, vor allem die beiden Deutschlands und die skandinavischen Länder, von ihr begeistert; denn es schien, als wollte ein afrikanisches Entwicklungsland mit dem vom Westen propagierten Hilfsprogramm – Entwicklungshilfe sei lediglich ‚Hilfe zur Selbsthilfe' – einmal Ernst machen. Konnte man *Nyereres* Bekenntnis zur *self-reliance* nicht in diesem Sinne verstehen? Jedenfalls belohnten Weltbank und zahlreiche Geber-Staaten im Rahmen bilateraler und multilateraler Entwicklungshilfe-Programme das Land in so großzügiger Weise, dass schließlich Sinn und Zweck von *self-reliance* in sein Gegenteil verkehrt wurden (Donner-Reichle 2005; vgl. auch Rolf Hofmeier in den Afrika-Jahrbüchern der 1970er Jahre).

Nun also wurden TANU-Funktionäre beauftragt, das ethisch anspruchsvolle Konzept ihres *Mwalimu* (das Kisuaheli-Wort für Lehrer) in die Tat umzusetzen. *Ujamaa-Dörfer* mit moderner Infrastruktur wurden gegründet und die Bauern, die seit Generationen ihre Felder im Familienbetrieb bewirtschaftet hatten, wurden mit Nachdruck angehalten, Produktions- und Konsum-Genossenschaften zu gründen und Gemeinschaftsfelder zu bestellen. Der Einsatz von ‚Experten' und Partei-Funktionären sollte das Funktionieren der Genossenschaften sichern und die Ernteerträge verbessern helfen. Anfangs hatte *Nyerere* versprochen, dass weder Staat noch Partei Zwang anwenden würden, um Kleinbauern von der *Ujamaa*-Politik zu überzeugen. Als die Erfolge aber ausblieben – bis Mitte 1973 waren erst 5000 *Ujamaa*-Dörfer für ca. zwei Millionen Menschen gegründet worden, was 15 % der Bevölkerung entsprach (Meredith 2005, S. 254) – , änderte der Präsident die Strategie und ließ zwischen 1973 und 1977 etwa elf Millionen Bauern mit ihren Familien zwangsumsiedeln. Es war die größte Umsiedlungsaktion im postkolonialen Afrika. Da sich des Öfteren Bauern weigerten, freiwillig die hohen Risiken einer *Zwangsumsiedlung* auf ökologisch ungeeignete Böden einzugehen, wurden sie von ortsunkundigen Parteifunktionären dazu gewaltsam gezwungen, was den Widerstand an der sozialen Basis gegen das schlecht geplante Sozialisierungsprogramm nur weiter verstärkte. Angesichts des bäuerlichen Widerstandes gegen die Arbeit auf Gemeinschaftsfeldern verfielen die Funktionäre der öffentlichen Verwaltung auf ähnlich rücksichtslose Zwangsmethoden wie die, die einstmals die koloniale Verwaltung eingesetzt hatte. Gleichzeitig mit der Landreform wurden auch Industriebetriebe, Banken, Geschäfte und Versorgungsbetriebe verstaatlicht oder in para-staatliche Betriebe unter Leitung eines Bürokraten umgewandelt – ein idealer Nährboden für Klientelismus und Korruption. Bis 1979 sollen es um die 300 Verstaatlichungen gegeben haben (Meredith 2005, S. 257; Donner-Reichle 2005). Das galt vor allem für die diversen *Marketing-Boards*, die die Exportprodukte der Bauern aufkauften und vermarkteten, wobei die Spanne zwischen Aufkaufpreis, der dem Erzeuger bezahlt wurde, und dem erzielten Verkaufspreis, den der Staat auf dem Weltmarkt erhielt, beträchtlich war und in einigen Jahren etwa 50 % betrug.

An sich war die Idee, verstreut siedelnde Bauern in kommunale Zentren mit Schule, Hospital, Brunnenanlage und Marktplatz zusammenzufassen, nicht verkehrt, zumal *Tansania* ein dünn besiedeltes Land war, in dem Bauernfamilien seit Generationen auf Subsistenzebene ein eher kümmerliches Leben in struktureller Armut und – latent bedroht von Dürren – leben mussten (Tröger 2004). Und die Behauptung, dass diese bäuerlichen Gemeinden konfliktfrei, harmonisch und selbstgenügsam gelebt haben sollten, hat sich inzwischen als Mythos entpuppt. Aber die gewünschte Transformation durch eine zwangsweise Verdörflichung (*villagisation*) sollte nicht gelingen und endete in einer wirtschaftlichen Katastrophe: Die Nahrungsmittelproduktion fiel so stark zurück, dass zwischen 1974 und 1977 ein Defizit von einer Million Tonnen Mais entstand, welches durch Importe aus dem Ausland ausgeglichen werden musste, was wiederum die Devisenreserven des Landes schrumpfen ließ. Das Gegenteil von *self-reliance* war eingetreten: Eine zunehmende *Abhängigkeit* des Landes vom Ausland war erfolgt, und die Regierung musste enttäuscht zur Kenntnis nehmen, dass die Idee der *Gemeinschaftsfelder* als ein Fremdkörper für die lebensweltliche Praxis afrikanischer Bauern empfunden wurde, die überall den Familienbetrieb als Produktionsform präferierten. Der in Daressalam lehrende Professor *Goran Hyden* prägte dafür die klassisch gewordene Formulierung von der *uncaptured peasantry* (wörtlich: die ungezähmte und vom Staat nicht vereinnahmte Bauernschaft): Solange es dem Staat nicht gelingen würde, die Kleinbauern vom Nutzen moderner Produktionsverfahren zu überzeugen, würden sie auch nicht bereit sein, einen *Surplus* (Mehrprodukt) zu erwirtschaften, das den Beginn der *take-off*-Phase anzeigen würde. Dazu bedürfte es dann aber einer kapitalistischen Mentalität der *progressive farmers*, die auf dem Weg zum Sozialismus nicht übersprungen werden könnte (Hyden 1983; Hyden 1996).

Zehn Jahre nach der Verkündung der *Ujamaa*-Politik führte Präsident *Nyerere* den Misserfolg seiner Politik in einer Geheimrede des Jahres 1977 auf das Versagen seiner Manager und besonders auf die Schlamperei der Angestellten in den para-staatlichen Unternehmen zurück. Zu einer Revision der offensichtlich verfehlten Wirtschaftspolitik kam es noch nicht, und eine innerparteiliche Rebellion gegen den hoch verehrten *Mwalimu*, der als weithin geachteter Sprecher der Blockfreien-Bewegung in der Welt großes Ansehen genoss, wagte niemand anzustoßen. Hier kann man eine Parallele zur Passivität der Genossen der KP Chinas sehen, als der Parteivorsitzende *Mao Tse-tung* die Politik des ‚Großen Sprungs nach vorn' (1958-1961) angeordnet hatte, durch die mehr als 30 Millionen Bauern verhungerten, und keine Parteifraktion ihn daran zu hindern wagte. Die Folgen für die tansanische Bevölkerung waren allerdings nicht mit denen in China zu vergleichen, und in

Tansania erhöhte das Versagen der staatlichen Einheitspartei immerhin den Druck in der Gesellschaft auf die Regierung, die fällige Kurskorrektur vorzunehmen. Auf einem Sonderparteitag im Februar 1992 stimmten die *CCM*-Politiker einer Verfassungsänderung zu, die die Abschaffung des Einheitsparteisystems zum Inhalt hatte. Sie wurde umgehend von 46 Gruppen genutzt, die sich nun jeweils als politische Partei registrieren lassen konnten (Schicho 2004, S. 332).

Erheblicher Druck kam allerdings auch von den Experten der *Weltbank* und des *Internationalen Währungsfonds*, die immer dringlicher mahnten, die erfolglose *Ujamaa*-Politik aufzugeben und nun endlich mit der Politik der marktkonformen Strukturanpassung zu beginnen (Tetzlaff 1980, S. 484-497; Holtom 2007). Im Kern bestand die *Strukturanpassungspolitik (SAP)* aus: Privatisierung der Staatsbetriebe, Liberalisierung des Außenhandels, Deregulierung der Wirtschaft, Abwertung der einheimischen Währung (des tansanischen Shillings) zur Förderung der Exporte; Einsparungen im Staatsbudget, einschließlich der Entlassung von Mitarbeitern in den Ministerien. Immerhin hatte das Ausland dem Land während der 1970er Jahre mehr als drei Milliarden US-Dollar Nothilfe zukommen lassen, wovon der größte Teil aus westlichen Ländern stammte (Calderisi 2006, S. 108f.). In einigen Regionen des Landes, die schlecht von der Katastrophenhilfe zu erreichen waren, hungerten die Menschen, und auch die gewerbliche Produktion ging angesichts des Mangels an Ersatzteilen, die aus Devisenmangel nicht eingeführt werden konnten, drastisch zurück.

Die Jahre zwischen 1979 und 1985 waren vom Kampf gegen Schwarzmarkt und überhöhte Profite im Handel gekennzeichnet. Im Jahr 1982 – auf dem Höhepunkt der Krise – brauchte das Land Auslandshilfe von 600 Millionen US $, aber es dauerte noch bis 1985, bis Julius Nyerere als *Staatspräsident* zurücktrat und seinem Nachfolger *Hassan Mwingi* (ein Politiker aus Sansibar) die fällige Umkehr seiner Politik überließ. Nun wurden *nolens volens* von der Regierung die *Strukturanpassungspostulate* der Geberländer akzeptiert. Seitdem entwickelte sich Tansania, langsam aber kontinuierlich, in Richtung auf marktkonforme Erschließung der natürlichen Reichtümer des Landes, wobei neben Gold (während der meisten Jahre der größte Devisenbringer) vor allem Kaffee, Tee, Cashewnüsse und Baumwolle größere Bedeutung erlangten. Aber auch die Nahrungsmittelproduktion für den Eigenbedarf konnte durch vom Zwang befreite Bauern intensiviert werden, so dass das Land bei guten Witterungsbedingungen sogar Überschüsse erzielte. Zu einer *Durchkapitalisierung* der Volkswirtschaft ist es auch in der Nach-Nyerere-Phase nicht gekommen; denn um das Jahr 2000 war noch jeder dritte Haushalt vom ‚informellen Sektor' abhängig (Hirschler & Hofmeier im Afrika-Jahrbuch 2003, S. 317; Goldberg 2008, S. 156f.).

7.2 Tansania: Theorie und Praxis des Ujamaa-Sozialismus

Mit und nach der Beendigung des sozialistischen Experiments ist ein altes Übel – die *Korruption* im Staatsapparat – wieder aufgeblüht. Während der CCM-Herrschaft hatte sich die etwa 300.000 *public servants* umfassende Staatsbürokratie mittels verschiedener *dirty tricks* bereichert. Mit der Privatisierung von Staatsbetrieben (vornehmlich im Energiesektor) sind etwa 122 Mio. US$ auf Schwarzgeldkonten hoher Staatsbeamter überwiesen worden, wie ein parlamentarischer Untersuchungsbericht im November 2014 enthüllte (Gray 2015, S. 383). *Hazel S. Gray* konnte zeigen, dass es innerhalb der allmächtigen Staatspartei CCM eine etwa gleiche Machtverteilung zwischen vier Fraktionen gegeben hätte, von denen jede ein korporatives Interesse an der Aufrechterhaltung der illegalen Geldströme gehabt hatte. Alle vier hätten davon etwa in gleicher Weise profitiert, „so dass es für den Staatspräsidenten oder irgendeine Gruppe innerhalb der Regierungspartei schwierig gewesen wäre, die *grand corruption* zu stoppen" (Gray 2015, S. 385). Allerdings hätten auch die von den Gläubigern durchgesetzten neo-liberalen Wirtschaftsreformen mit ihrer Betonung von *Privatisierung* der Staatsbetriebe, einschließlich von Hotels, sowie der *Deregulierung* der Wirtschaft die Korruption der Staatsbeamten erleichtert (Gray 2015). Auch nach dem Übergang zum demokratischen Mehrparteiensystem gewann die Staatspartei CCM alle Parlamentswahlen, so dass die offiziell verkündete Politik der Korruptionsbekämpfung folgenlos blieb. Die Ursache davon lag auf der Hand: die Urheber des Übels saßen und sitzen in den Staatsapparaten. Dies galt nicht nur für *Tansania*, sondern auch in Ländern wie *Nigeria*, für *DR Kongo, Simbabwe, Angola, Malwai, Gabun, Mali* oder für *Kenia*. Der *Patronage-Staat* funktionierte als das, was Burgis die *looting machine* (Plünderungsmaschine) genannt hat (Burgis 2015).

Im Jahr 2015 stand *Tansania* auf dem *Korruptionsindex von Transparency International* auf Platz 117 (von 168 gelisteten Ländern), – im Vergleich zu *Kenia*, das auf Platz 139 rangierte. In *Tansania* hatte eine lebendige Zivilgesellschaft einen Rechtfertigungsdruck für Politiker erzeugt und so für Reformen gesorgt. Im September 2016 verkündete Präsident *John Magufuli* eine Kampagne gegen die Korruption in den eigenen Reihen. Er ließ 120 höhere Staatsbeamte vom Dienst suspendieren und einige wegen Korruption anklagen; außerdem wurden 17.000 `Geisterarbeiter' von den Gehaltslisten gestrichen. Die Steuerbehörden wurden angehalten, von Firmen und Geschäftsleuten die nicht gezahlten Steuern in Millionenhöhe einzutreiben und dem Finanzamt zu überweisen, um damit *Tansanias* ehrgeizige Industrialisierungsvorhaben realisieren zu können (*Africa Confidential: „Tanzania. Push-ups and push-backs"*, vom 23.09.2016, S. 5).

7.3 Fazit: Lernprozesse und Entwicklungserfolge

Tansania gehört heute zur Kategorie der ‚defekten Demokratien' (vgl. unten die Länder-Typologie in Kap. 15.2). Verglichen mit *Kenia, Uganda, Nigeria, Elfenbeinküste, Guinea* oder *Sudan* verlief der Weg *Tansanias* hin zu einer heute relativ florierenden *Volkswirtschaft neokolonialen Typs* zwar holprig und mit Rückschlägen, aber ausgesprochen friedlich. Es hat nie einen Militärputsch oder ethnische Massaker gegeben (abgesehen von dem internen Sansibar-Konflikt). Die volkswirtschaftliche Reformanstrengung des Landes nach Überwindung des verunglückten *Ujamaa*-Experiments der 1970er Jahren zeigte Kontinuität. Der Systemfehler der *Ujamaa*-Politik – Kollektivierung der Agrarwirtschaft im Namen eines realitätsfernen, nostalgischen ‚afrikanischen Sozialismus' – ist unter *Nyereres* Nachfolgern korrigiert worden. Seit der ersten Dekade des 20. Jahrhunderts gehört *Tansania* nun in die Gruppe der am schnellsten wachsenden und kontinuierlich sich entwickelnden Volkswirtschaften Afrikas. Gleichwohl ist der absolute Entwicklungsstand, gemessen an der materiellen Armut der großen Mehrheit, noch immer gering: Das Pro-Kopf-Einkommen stieg von 290 US $ im Jahr 2003 auf 910 US $ im Jahr 2015, womit das Niveau eines *middle income country* (1045 US $ pro Kopf und Jahr) noch nicht ganz erreicht war. Gemessen in *ppp*-Dollars (*power-purchasing-parities*) bedeutete das ein BNE je Einwohner von 2620 $ (verglichen mit 3060 ppp-$ für Kenia 2015). Wie stark das viel ressourcenärmere *Tansania* gegenüber *Kenia* (mit seiner Schicht reicher weißer und afrikanischer Großfarmer) sozio-ökonomisch aufgeholt hatte, zeigte sich an den *HDI*-Werten für 2015: Für *Tansania* betrug er 151 (von 188 Ländern), für *Kenia* 145. Im Jahr 2003 hatte die Differenz zwischen den beiden noch 12 Rang-Punkte betragen.

In struktureller Hinsicht besteht das zentrale Defizit des tansanischen Entwicklungsweges darin, dass es bisher nicht gelungen ist, einen einheimischen afrikanischen Kapitalismus mit lokalen Unternehmertum hervorzubringen, der sich auf globalen Märkten behaupten könnte (Brown 1995, S. 190f.). Dazu hätte es „der Entwicklung effizienter *rent management capabilities* bedurft, um die internen politischen Fraktionen disziplinieren zu können. Auf diese Weise hätte es gelingen können, beträchtliche Renteneinnahmen gemäß spezieller Entwicklungskriterien einzusetzen, was wiederum einen „ganz anderen Diskurs über Governance-Kriterien vorausgesetzt hätte (Gray & Khan 2010, S. 353). Betrachtet man das Erbe der Regierung von Präsident *Nyerere* unter dem Gesichtspunkt des *nation-building*, so ist eine positive Bilanz zu ziehen (Holtom 2007; Harrison 2008). Sie beruht auf drei Errungenschaften. *Erstens* diskreditierte *Julius Nyerere* als weithin verehrter *Mwalimu* alle Ansätze von *tribalism* und ethnischem Egoismus; er betrieb eine bewusste Politik der ethnischen Durchmischung bei der Berufung von Partei-

7.3 Fazit: Lernprozesse und Entwicklungserfolge

und Staatsfunktionären, die jeweils unabhängig von ihrer regionalen Herkunft eingesetzt wurden. *Zweitens* hat das Land beachtliche Erfolge bei der *Alphabetisierung* der Bevölkerung vorzuweisen, was vor allem dem kostenlosen Zugang zu Primarschulen (allerdings auf Kosten der Sekundarschulen, die nur wenig gefördert wurden) zu verdanken war. Heute haben beide Länder – *Tansania* und *Kenia* – eine Einschulungsrate bei Grundschulen von 82 % für Jungen und von 85 % für Mädchen (durchschnittlich für die Jahre 2007-2014) vorzuweisen. *Drittens* vermied das *Nyerere-Regime* die ansonsten weit verbreitete Unsitte des *urban bias* (d. h. dass der Löwenanteil der staatlichen Haushaltsmittel zur Förderung der Städte und ihrer Bevölkerung eingesetzt wird, um somit politischen Unruhen entgegenwirken zu können): Es verlagerte die Hauptstadt von der Küste ins Landesinnere, von Daressalam nach *Dodoma*, und sorgte sich im Rahmen der finanziellen Möglichkeiten für die Entwicklung der ländlichen Infrastruktur, beispielsweise im Bereich der Gesundheitsfürsorge. Die große Beliebtheit des Präsidenten in der Bevölkerung, der noch bis 1990 Parteiführer blieb, hatte also handfeste Gründe. Gescheitert ist er wegen der irrigen Annahme, dass in einer Welt der kapitalistischen Marktverlockungen eine egalitäre sozialistische Mentalität bei Menschen entstehen könnte, die mehrheitlich in ländlicher Armut leben. Man musste einsehen, dass arme Dorfbewohner ihre (konkreten) Familieninteressen einem (abstrakten) Gemeinwohl-Ideal vorziehen. Das *Ujamaa-Experiment* war nicht nur ein politischer Irrtum, sondern auch eine moralische Überforderung.

Aufgaben

1. Was bedeutet der Begriff Patronage-Staat?
2. Weshalb scheiterte der Versuch in Tansania, im Land eine Variante des afrikanischen Sozialismus (*Ujamaa*) einzuführen?
3. Worin sehen Sie die besonderen Leistungen von Präsident *Julius Nyerere* in Hinblick auf die Konsolidierung von Staat und Gesellschaft?

Staatsbildung und Staatszerfall

8.1 Der schwache Staat: soziale Räume begrenzter Staatlichkeit

„Europa hat den Staat erfunden" – so beginnt der deutsche Klassiker über die *Geschichte der Staatsgewalt* des Historikers *Wolfgang Reinhard* (Reinhard 2002, S. 15). In der Weltgeschichte hätte es zahlreiche Gesellschaften ohne Staat gegeben, aber während der Ära des europäischen Kolonialismus (1880-1960) seien alle Kolonien der Herrschaftslogik des modernen Verwaltungsstaates unterworfen worden. Zum Verständnis des nachkolonialen Afrikas ist die Erkenntnis von grundlegender Bedeutung, dass trotz der Ähnlichkeit der Formen (Regierung, Ministerien, Wahlen) der europäische Staat und der afrikanische Staat wenig gemeinsam hatten und haben. In Europa ist der moderne Staat in Jahrhunderte langen Ausscheidungskämpfen zwischen Territorialherren (Königen, Herzögen, Bistümern) entstanden, bis sich ein Territorialherrscher als Monopolherr gegen seine Rivalen durchsetzen konnte. Mit dem militärischen Monopol ergab sich die Chance, auch das Steuermonopol zu erlangen, in dem der König als Gegenleistung für seine Aufgabe der Landesverteidigung die *Besteuerung* seiner Landsleute durchsetzen konnte. Damit war die materielle Basis für die Soziogenese der abendländischen Zivilisation mit ihrer aufblühenden Stadtkultur entstanden (Elias 1978/1979).

Der Bremer Politologe und Friedensforscher *Dieter Senghaas* hat in seiner Theorie des *Zivilisatorischen Hexagons* idealtypisch die Genese des europäischen Staates in sechs Schritten oder Innovationen nachgezeichnet. Demnach begann der Prozess der Zivilisation mit der Monopolisierung der Staatsgewalt (Innovation 1); damit Diktatur und Tyrannei vermieden werden könnten, müssten sich im Prozess der Gewaltenteilung *Rechtsstaatlichkeit* und die Unabhängigkeit der Justiz herausbilden (Innovation 2). Erst diese stabile politische Struktur ist eine geeignete Grundlage für die Ausbildung von *Interdependenzen* in Handel und Wirtschaft, über Staatsgrenzen hinweg, was seine Entsprechung auf der individuellen Ebene in der Herausbildung von *Affektkontrollen* erfährt. Der ‚höfische' Mensch wird der ‚höfliche' Mensch und lernt rational zu kalkulieren (Innovation 3). Erst dann – also relativ spät – kommt es zu einer *demokratischen Partizipation* einer mobil gewordenen Gesellschaft (Innovation 4). Soll eine demokratische rechtsstaatliche Gesellschaft langfristig stabil bleiben, ist eine Antwort auf *soziale Ungleichheit und Ungerechtigkeit* notwendig, was der Sozialpolitik und vereinzelt auch der sozialen Marktwirtschaft zum Durchbruch verhilft (Innovation 5). Seinen Abschluss findet der hier idealtypisch skizzierte Prozess der Zivilisation darin, dass es gelingt, auftretende Spannungen und Konflikte zwischen Interessengruppen gewaltfrei und durch Verhandlungen zu lösen (Innovation 6). Misslingt Staatsbildung in solch einem Zivilisationsprozess, kommt es zu dem, was man als *Hexagon der Ent-Zivilisierung durch Staatszerfall* bezeichnen kann (siehe Abb. 8.1).

Modernisierungstheoretiker und Entwicklungsplaner haben zunächst den Staat auch in Afrika eher instrumentell verstanden, als Agentur, die universell anzutreffende Funktionen moderner Staaten auszuüben hätte. Weil damit aber spezifische Erscheinungsformen afrikanischer Staatlichkeit wie informelle, *neo-paternalistische Netzwerke, endemischer Nepotismus* (Vetternwirtschaft) oder *Korruption* nicht zu erfassen waren, rückten soziale und kulturelle Faktoren in den Vordergrund, die geeignet schienen, die Disfunktionalität des Staates zu erklären. So wurden Begriffe geprägt wie *Patronagestaat, Kleptokratie* (Herrschaft der Diebe), *Politik des Bauches* (Jean-Francois Bayart) oder gar *Vampire-Staat* (Ayittey 2006). Sie bringen zum Ausdruck, dass die Beziehung zwischen Staat und sich modernisierender Erwerbsgesellschaft anders verlaufen ist als im neuzeitlichen Europa, wo sich ein *Gesellschaftsvertrag auf der Basis wechselseitiger Nützlichkeit* – Steuerzahlung der Bürger für Regierungshandeln, öffentliche Sicherheit für die Gewährung von Gewerbefreiheit – herausbilden konnte. Dadurch konnte sich bei den Bürgern allmählich eine politische Haltung entwickeln, die *Immanuel Kant* als den ‚Austritt aus der selbstverschuldeten Unmündigkeit' des modernen Menschen bezeichnet hat – *die Formel* für die Revolution der westlichen Aufklärung (Landes 1999, Reinhard 2004, Mitterauer 2004). Das krasse Gegenteil von gesellschaftlicher Zivilisierung und Rechtsstaatsbildung ereignet sich heute in Räumen zunehmenden Staatszerfalls, wo Entzivilisierung der Gesellschaft und Entfunktionalisierung von Staatsgewalt Hand in Hand gehen und sich wechselseitig verstärken. Am Ende stehen *Privatisierung* von Gewalt und das Faustrecht des Stärkeren, ein Rückfall in *Subsistenzwirtschaft* und *Raubökonomie, Diktatur* und *Affektexplosion* bei Kampfgruppen, einschließlich Massenvergewaltigungen von Frauen als Mittel des Krieges, sowie ein *Zerfall* der Gesellschaft in sich gegenseitig bekämpfende Fraktionen.

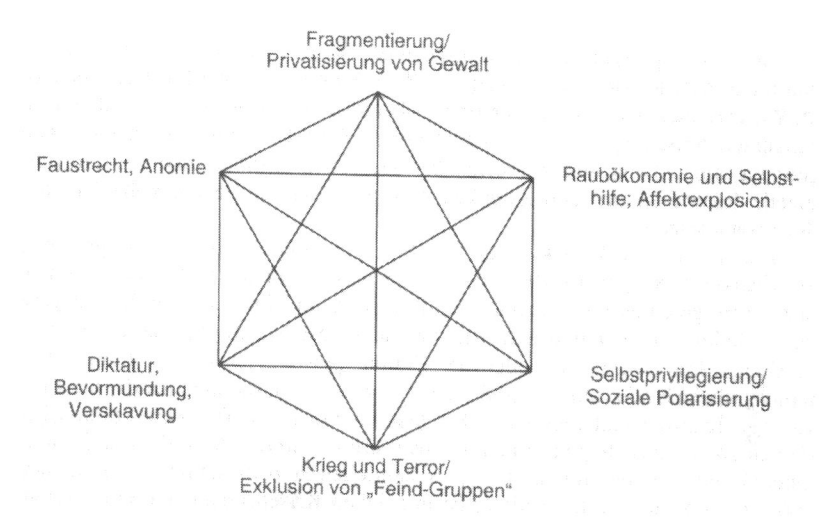

Abb. 8.1 Das Hexagon der Ent-Zivilisierung durch Staatszerfall
Quelle: eigene Darstellung: Rainer Tetzlaff & Cord Jakobeit, Das nachkoloniale Afrika. Wiesbaden 2005, S. 151

Afrikanischen Gesellschaften ist dieser zivilisatorische Reifungsprozess nicht vergönnt gewesen – vielleicht mit einer Ausnahme, *Äthiopien* (Uhlig et al. 2017). Eine Besonderheit des postkolonialen afrikanischen Staates besteht in seiner schwachen finanziellen Basis, was hauptsächlich darauf zurückzuführen ist, dass die Fähigkeit, seine Bürgerinnen und Bürger angemessen zu besteuern, um eigene, vom Ausland unabhängige Finanzquellen als Investitionsfonds zu erschließen, sehr schwach ausgebildet ist. Je mehr die Import- und Exportsteuern schwinden (wenn der Außenhandel zurückgeht), desto wichtiger werden – theoretisch – Einkommens- und Gewerbesteuern für den Staat. In diesem Punkt haben alle sub-saharischen Staaten einen großen Reformbedarf (Jonathan Di John in Padayachee 2010, S. 110 – 131). Würde eine angemessene gesetzmäßige Besteuerung der wohlhabenden Schichten erfolgen, würde auch der soziale Druck in der Bevölkerung, informelle Netzwerke der Korruption zu unterhalten, die als Parallelordnung zum Staat funktionieren, schrittweise nachlassen. Dann könnten z. B. die staatlichen Ausgaben für den Gesundheitssektor erhöht werden; allein die Kosten für die Eindämmung der HIV/AIDS-Seuche betragen in manchen Ländern ca. 3 % vom BSP (Lule & Haacker 2010, S. XI und S. 42; Rüb (o. J.)).

Die dritte globale Welle der Demokratisierung (Huntington 1991), die gegen Ende des Ost-West-Konflikts entstanden war, erreichte um 1990 auch Afrika südlich der Sahara. In wenigen Jahren machten etwa zwei Drittel aller 48 Länder demokratische Transitionsprozesse durch: Mehrparteiensysteme entstanden, Verfassungen wurden geändert, freie und faire Wahlen durchgeführt und nicht wenige Diktatoren durch Volksaufstände und/oder Wahlen gestürzt. In einigen Fällen missglückten angestrebte Reformen, und demokratische Experimente endeten in Gewalt: so z. B. in *Somalia, Ruanda, Burundi, Elfenbeinküste, Guinea, Burkina Faso, Liberia, Sierra Leone, Sudan und Simbabwe*. Dann geriet der Demokratisierungsprozess ins Stocken, und das autoritäre präsidentielle Herrschaftsmodell gewann wieder an Attraktivität. Dabei spielte zuweilen (nachweislich in *Äthiopien, Ruanda, Simbabwe und Tansania*) die *VR China* als *Entwicklungsmodell* eine Rolle als Vorbild für demokratie-resistente Machthaber. Es lässt sich wie folgt charakterisieren: monopolartige politische Verhältnisse im Machtzentrum, plus marktfreundliche Wirtschaftspolitik mit Chancen zur persönlichen Bereicherung aller Art, gefördert von einem autoritären Staat auf Kosten der Respektierung von Menschenrechten (Halper 2010; siehe auch unten Kap. 14.4). Doch vieles spricht heute dafür, dass das chinesische Wachstumsmodell eine historische Ausnahme darstellt, dem nicht einmal die übrigen BRIGS-Länder folgen können. Die Weltpolitik wird in Zukunft vielleicht weniger vom Gegensatz zwischen demokratischen und autokratischen Staaten bestimmt sein als vom Gegensatz zwischen funktionierenden Staaten und schwächelnden oder gar versagenden Staaten (Tetzlaff 2016a).

Der *Mo-Ibrahim-Index of African Governance (IIAG)*, benannt nach dem erfolgreichen sudanesischen Geschäftsmann *Mo Ibrahim*, der den *Mo Ibrahim*-Preis für exzellente politische Leistung stiftete, misst mittels vier Kriterien *(Safety & Rule of Law, Participation & Human Rights, Sustainable Economic Opportunity, Human Development)* die afrikanischen *Governance*-Erfolge. Auf einer Skala von Null bis Hundert – die erzielten Werte reichten von 81,7 Punkte für die beste Leistung in *Mauritius* bis hin zu 8,6 Punkten für die schlechteste Leistung in *Somalia* – wurden im Jahr 2014 elf Länder ermittelt, die mindestens sechzig Punkte erreichten und die alle im Verlauf der vergangenen fünf Jahre (2009-2014) *Governance*-Fortschritte erzielt hatten (in Klammern Zuwachs an Punkten):

8.2 Governance-Leistungen der Staaten Afrikas

Tab. 8.1 Governance-Leistungen der Staaten Afrikas

Staat	Governance Leistungen nach Punkten
Mauritius	81,7 Punkte (plus 1,3)
Kapverden	76,6 Punkte(plus 1,3)
Botsuana	76,2 Punkte (plus 1,3)
Südafrika	73,3 Punkte (plus 0,5)
Seychellen	73, 2 Punkte (plus 2,7)
Namibia	70,3 Punkte (plus 1,1)
Ghana	68,2 Punkte (plus 1,6)
Tunesien	66,0 Punkte (plus 2,2)
Senegal	64,3 Punkte (plus 4,6)
Lesotho	62,3 Punkte (plus 3,8)
Ruanda	60,4 Punkte (plus 4,6)

Quelle: Mo-Ibrahim-Index 2014

Der Durchschnitt aller 54 Länder lag bei 51,5 Punkten – insgesamt keine Leistung, mit der die politische Leitung der *Mo-Ibrahim-Foundation* zufrieden sein konnte. Diese vergibt seit 2006 den *Mo-Ibrahim-Preis* für exzellente *Governance*-Leistungen an afrikanische Präsidenten: Der gekürte Preisträger erhält 5 Millionen US Dollar für die ersten fünf Jahre und danach jährlich 200.000 US $ auf Lebenszeit. Der erste Preisträger war *Nelson Mandela* aus Südafrika; im Jahr 2007 erhielt *Joachim Alberto Chissano* den Preis, der Präsident von Mosambik, für seinen Einsatz für den Frieden. Ein Jahr später wurde *Festus G. Mogae,* der Präsident von Botsuana, für seinen Beitrag zur Festigung der Demokratie im Land gewürdigt, und im Jahr 2011 bekam *Pedro De Verona Rodrigues Pires* den Preis für seine Rolle bei der Transformation der *Kapverden* in ein Modell für Demokratie, politische Stabilität und Wohlstand. In den Jahren 2010 bis 2014 fand das *Mo Ibrahim*-Komitee beschämenderweise keinen geeigneten Kandidaten für die Preisverleihung. Erst 2015 wurde der Preis wieder verliehen, diesmal an den scheidenden Präsidenten *Namibias: H. Lucas Pohamba.*

8.3 Somalia: Staatszerfall und islamistischer Terror

Der Zerfall postkolonialer Staaten „stellt in vielerlei Hinsicht das größte Sicherheitsproblem unserer Zeit da", schrieb US-Verteidigungsminister *Robert Gates* in *Foreign Affairs 2015*. Bis 2015 war ihre Zahl auf 15 gestiegen[8]. Es sieht heute nicht danach aus, dass sich die Zahl bald reduzieren würde. Zum einen sind bereits *Libyen* und *Mali* in die Liste der *failed states* aufzunehmen, und zum anderen stehen auch politisch instabile Staaten wie *Äthiopien, Eritrea, Burundi, die Elfenbeinküste, Nigeria* und *Niger* vor ernsthaften Sicherheitsproblemen. Was aus einer Gesellschaft wird, die im 21. Jahrhundert nicht mehr zu einer staatlich verfassten Einheit finden kann, weil keiner der Bürgerkriegsparteien es in einem zwanzigjährigen Zerfallsprozess geschafft hat, das Land gewaltsam oder friedlich zu einen, das kann eindrücklich am Schicksal Somalias am Horn von Afrika studiert werden.

Somalia, die einstige Kolonie Italiens, ist zum Synonym für *Staatskollaps* als der extremen Variante von Staatszerfall geworden. *Somalia* war von alters her eine Gesellschaft nomadisierender Clans, die keinen zentralen Staat hatten, weil sie für ihr Leben als Nomaden keinen Staat brauchten. Erst durch die Kolonialeuropäer und ihre afrikanischen Erben machten sie Erfahrungen mit moderner Staatlichkeit; die Clans erfuhren sie als Instrument der Enteignung und Unterdrückung, zuletzt im Gewand einer repressiven Militärherrschaft von Putsch-General *Siad Barre* (1968-1991). Seit dessen Sturz nach 23-jähriger Mißwirtschaft ist die Gesellschaft in diverse clanbasierte, politisch-religiöse Gruppen zerfallen, die sich untereinander bekriegen. Aus materieller Not haben sich einige Gruppen der Piraterie verschrieben und bedrohen seitdem den internationalen Seeverkehr im Roten Meer. Anfang 2011 hatten sie 40 Schiffe mit etwa 800 Seeleuten in ihre Gewalt gebracht; bisdahin sollen sie mehr als 100 Millionen Dollar Lösegeld von den Schiffseignern erpresst haben. Nur ein kleiner Teil davon kommt den notleidenden somalischen Familien zugute, den großen ‚Rest' vereinnahmen transnationale Netzwerke von kriminellen Geschäftsleuten mit Sitz im Jemen und in Mombasa/Kenia (Wiese 2010).

Wie ist es zum *Staatszerfall* in diesem einstigen Kolonialgebiet der Italiener und Engländer gekommen? Hierbei wirkten strukturelle (Klima), endogene (Fragmentierung der Clans) und exogene Faktoren (Kolonialismus, Ost-West-Konflikt) zusammen. Die Bevölkerung Somalias besteht aus zahlreichen größeren und kleineren Abstammungsgruppen, für die die Bezeichnungen *Clans, Sub-Clans* und/oder *lineage-groups* gebräuchlich geworden sind. Allianzen und Rivalitäten zwischen Clans und Großfamilien kamen häufig vor. Von jedem Kind von acht

---

8 Es handelt sich um Somalia, Süd-Sudan, Zentralafrikanische Republik, Sudan, Tschad, DR Kongo, Guinea, Nigeria, Burundi und Simbabwe, nach Failed States Index 2015.

Jahren – so meinte der somalische Sozialwissenschaftler *Ion Lewis* – wird erwartet, dass es fähig sei, die Genealogie der Familie des Vaters bis zu zehn oder zwanzig Generationen zurück bis zu einem Stammvater zu rezitieren (zit. nach Meredith 2005, S. 465). Eine *nationale Identität* zwischen allen Clans und Untergruppen hat sich demzufolge nie wirklich entwickeln können. Zur Großgruppe der *Somal* oder *Samal* gehören die *Darod, Dir, Hawiye* und *Isaq*, die insgesamt die Mehrheit der Bevölkerung ausmachen, die als Nomaden hauptsächlich von der Rinder- und Ziegenhaltung leben.

Als *externe Störfaktoren* wirkten die europäische Kolonialpolitik, die Rivalität zwischen Italien, England und Frankreich um maritime Stützpunkte sowie die Expansionspolitik Äthiopiens. Zwischen 1884 und 1910 schlossen diese vier Mächte zahlreiche Okkupations-Verträge, ohne jemals die *Somali* nach ihren Wünschen gefragt zu haben. Während sich *Italien* das südliche Somalia mit *Mogadishu* einverleibte, beanspruchte *Großbritannien* das nördlich gelegene Somalia-Land mit *Hargeisa* als Mittelpunkt, um sicherzustellen, dass die britische Garnison im gegenüberliegenden *Aden/Jemen* ausreichend mit Fleisch versorgt werden konnte. *Frankreich* sicherte sich die Hafenstadt *Dschibuti* am Roten Meer als Kohlestation für seine Flotte. Hinzu kam, dass auch im Nordosten der britischen Kronkolonie *Kenia* zahlreiche Somali lebten, im *Northern Frontier District*, die im Zuge der Dekolonisierung auch gerne zum viel diskutierten *United-Somalia-Projekt* gehören wollten. Als vierter politischer Akteur spielte das *äthiopische Kaiserreich* eine nicht unwichtige, ja verhängnisvolle Rolle, da es im Grenzgebiet *Ogaden* von Somali besiedelte Gebiete für sich reklamierte und diese dann ihrer militärischen Kontrolle unterwarf. Weil die Trockengebiete am Horn von Afrika wenig ergiebig waren, wurde kaum in die Entwicklung der Infrastruktur investiert, nur die Italiener betrieben einigen Aufwand, indem sie Bananen-Plantagen und Zuckerrohr-Kulturen in Eritrea förderten.

Im Zuge der Dekolonisierung entstand eine *pansomalische Bewegung*, die den Anspruch erhob, alle von Somali bewohnten Territorien in einem neu zu gründenden Einheitsstaat zusammenzuschließen. Doch die UNO entschied 1949, Italien für zehn Jahre die Treuhandverwaltung seiner früheren Kolonie zu übertragen, mit der Auflage, bis 1960 das Land in die Unabhängigkeit zu führen. Damit wurde die territoriale Aufteilung der Region fortgeführt und vertieft. Als *Somalia* schließlich auf Druck der UN-Generalversammlung im Juli 1960 unabhängig werden sollte, beschlossen die somalischen Politiker des italienischen und des britischen Teils, jeweils in unterschiedlichen politischen Parteien organisiert, den Zusammenschluss zum *Staat Somalia*. Nun bestanden innerhalb des neuen Staates „zwei verschiedene Systeme der Gesetzgebung und der Rechtsprechung, getrennte Gehaltsschemata für Beamte und Soldaten, unterschiedliche Steuer- und Abgabesysteme, Tarife und Zölle etc." (Schicho 2004, S. 252). Eine ethnisch ausgewogene Koalition aus Vertretern der Nord- und Südparteien bildete die Regierung; sie setzte sich zum Ziel, alle Somali in einem neu zu schaffenden Einheitsstaat zusammenzuführen.

Diese Einheits-Idee ließ sich nicht verwirklichen. Ein Drittel der vier Millionen Somali lebten außerhalb des somalischen Staates. Die französische Enklave *Dschibuti* wurde zu einem eigenen Mini-Staat; und die Nachbarstaaten *Kenia* und *Äthiopien* waren zu Abtretungen von Gebieten mit somalischer Bevölkerung an den neuen Staat Somalia nicht bereit. Neun Jahre später brach das politische System der rivalisierenden Parlamentsparteien zusammen, der gewählte Präsident wurde ermordet, und im Oktober 1969 übernahm die Armee in einem Staatsstreich die Macht. Von nun an (bis 1991) bestimmte ein 24-köpfiger Militärrat, unter Führung von General *Mohamed Siyad Barre* die Geschicke des Landes. Die demokratische Verfassung wurde aufgehoben, und der ‚wissenschaftliche Sozialismus' wurde zur Grundlage der staatlichen Entwicklung erklärt. Damit begann die erste Phase des Staatszerfalls, weil sich die diversen segmentären Gesellschaftsverbände der *Somali* auf dieses fremdländische Gesellschafts- und Wirtschaftsmodell mit seiner zwanghaften Tendenz zur Zentralisierung von Macht und Ressourcen nicht anfreunden konnten. Der somalische Schriftsteller *Nuruddin Farah* hat in seinem Roman *Staatseigentum* (Athenäum 1980) die bedrückende Atmosphäre geschildert, welcher die Menschen während der Ära von *Siyad Barre* leidvoll ausgesetzt waren.

Das Regime des Diktators *Siyad Barre*, der ein Mitglied des *Darod*-Clans war, sorgte dafür, dass politisch einflussreiche Posten mit Mitgliedern seiner Verwandtschaft besetzt wurden, was zu Frustration der an den Rand gedrängten Clans führte. Mit Hilfe der Sowjetunion vergrößerte *Siyad Barre* seine Armee von ca. 3000 auf 37.000 Mann im Jahr 1977. Schwerer noch wog der Fehler, den seit 1963 schwelenden Konflikt im *Ogaden* im Jahr 1977 zu einem Krieg eskalieren zu lassen, – gerade in dem Augenblick, als das äthiopische Regime infolge innerer Machtkämpfe geschwächt erschien. Die UdSSR, durch Verträge an *Äthiopien* wie *Somalia* gebunden, stellte sich zunehmend auf die Seite des sozialistischen Regimes des Putschisten *Mengistu*, des Präsidenten von *Äthiopien*. Die Folge war der Abbruch der sowjetisch-somalischen Beziehungen im Oktober 1977 durch *Siyad Barre*. Binnen Wochenfrist mussten 6000 sowjetische Experten mit ihren Familien das Land verlassen, was zu einer weiteren Schwächung des Landes führte. Nachdem *Siyad Barre* notgedrungen die politischen Fronten wechseln musste, warb er nun um westliche Unterstützung, die ihm auch gemäß der sprichwörtlichen Logik ‚der Feind meines Feindes ist mein Freund' in reichlichem Maße gewährt wurde – bis zum Kollap des Regimes im Jahr 1991.

Im April 1978 war es zu einer Rebellion der aus dem *Ogaden* zurückkehrenden Einheiten der somalischen Armee unter der Führung von Generälen aus dem

Clan der *Majerteyn* gekommen. Auch das von den *Isaq* getragene *Somali National Movement (SNM)* machte sich in den 1980er Jahren als Opposition gegen das *Barre*-Regime bemerkbar. Die Regierung, damit beschäftigt, alle Oppositionsgruppen gnadenlos zu unterdrücken, konnte den Absturz der Wirtschaft des Landes nicht aufhalten: Während der Anbau von Nahrungsmitteln und die Produktion von Zucker zurück gingen, nahmen illegale Transaktionen, Schmuggel, Schwarzmarkt und schmutzige Geschäfte mit Flüchtlingen zu. Angesichts der drohenden Anarchie verschärften sich die regionalen Gegensätze bis zum Beginn eines Bürgerkriegs, der 1988 offen ausbrach. In einem Bericht des *Africa Watch Committee* (1990) hieß es: „Es ist schwierig, die Brutalität der somalischen Regierung gegen ihr eigenes Volk zu übertreiben oder die Auswirkung ihrer mörderischen Politik zu ermessen" (zit. bei Schicho 2004, S. 257).

Im Jahr 1989 starteten Rebellen den Angriff auf das Machtzentrum in *Mogadishu*, was die Streitkräfte des Diktators mit Massakern an der Bevölkerung quittierten. Doch Anfang 1991 musste *Siyad Barre*, der sich zuletzt nur noch auf seinen Clan (die *Marehan* der *Darod*-Gruppe) stützen konnte, kapitulieren und ins Exil fliehen. Die Reste der Armee flohen südwärts in einem gepanzerten Konvoi, „beladen mit Goldbarren, ausländischer Währung und Beutegut, die aus westlichen Botschaften geplündert worden waren" (Meredith 2005, S. 469-470). Der Großteil der Bevölkerung in den Hungergebieten überlebte nur dank der internationalen Nahrungsmittelhilfe; Hunderttausende aber verhungerten in dem Chaos, das der Staatskollaps angerichtet hatte. Zur tragischen Bilanz der ersten dreißig Jahre somalischer Unabhängigkeit gehört die Tatsache, dass das Land, das als Selbstversorger mit Nahrungsmitteln in die Unabhängigkeit gestartet war, nun von Importen von Nahrungsmitteln dauerhaft abhängig geworden war.

Was nach der *Implosion* des somalischen Staates folgte – die 25 Jahre bis 2017 –, war eine Phase der politischen *Anarchie* und der *sozialen Anomie*: die Auflösung jeglicher Ordnung. Für die Bevölkerung bedeutete sie eine Kette von Katastrophen: latente Hungersnot, Bedrohung der Sicherheit, Vertreibung und Flucht, Tyrannisierung durch Milizen und immer wieder enttäuschte Hoffnungen, dass ausländische Mächte vielleicht doch eine Wiederherstellung der politischen Ordnung zu Wege bringen könnten. Im Mai 1991 erklärte sich der Norden des Landes – das frühere *British-Somaliland* – für unabhängig; doch der leidlich gut funktionierende Zwergstaat ist international bis heute nicht anerkannt worden. Auch das benachbarte *Punt-Land* erklärte seine Unabhängigkeit. Die restlichen Regionen des Landes wurden von den jeweils dort dominanten Clans und deren Milizen kontrolliert und drangsaliert, wobei Hunderttausende in die Nachbarländer fliehen mussten. In der Hauptstadt Mogadishu lieferten sich der *Somali United Congress (SUC)*, dessen Führer *Ali Mahdi Mohamed* sich zum Präsidenten erklärt hatte, und *General Muhammed*

Farah Aideed, der militärische Führer des *United Somali Congress (USC)*, der diese Machtusurpation nicht anerkannte, heftige Kämpfe. Versuche der Nachbarstaaten und der USA, die verschiedenen Rebellengruppen zu Friedensverhandlungen zu bewegen, brachten nicht das erhoffte Ende der gewaltsamen Auseinandersetzungen. In der *Baidoa*-Region waren bereits etwa 200.000 Menschen verhungert – auch deshalb, weil somalische Milizen internationale Hilfslieferungen blockierten und *food aid* als Waffe einsetzten (Clay & Stokke 2000, S. 125 f.).

Erst als der UN-Sicherheitsrat auf Drängen des UN-Generalsekretärs *Boutros Boutros Ghali* eine humanitäre Intervention zur Rettung der vom Hungertod bedrohten Somali in *Mogadishu* und *Baidoa* beschloss, keimte neue Hoffnung auf. Im Rahmen der von US-Präsident *George Bush* so benannten *Operation Restore Hope,* die jetzt mit einem *peace enforcement*-Mandat ausgestattet wurde, beging die UN-Truppe unter militärischer Führung des früheren Admiral *Jonathan Howe* den Fehler, sich bei dieser zweiten humanitären Intervention *(Unosom II)* in den internen Machtkampf zwischen *Ali Mahdi Mohamed* und *Muhammad Farah Aideed* einzumischen. In dem Versuch, *Aideeds* Unterstützer zu entwaffnen, wurden 23 pakistanische Blauhelme getötet. *Aideed*, der als Hindernis für eine neu zu bildende nationale Regierung angesehen wurde, wurde mit *Black Hawk*-Hubschraubern von US-Soldaten durch *Mogadishu* gejagt, um ihn zu liquidieren, wobei zahlreiche unbeteiligte Somali getötet wurden, was das Ansehen der UNO schwer beschädigte. „Die UN hatte ihre Neutralität in dem Konflikt verloren" – hieß es bald darauf (Thomson 2010, S. 183, Debiel 2003).

Am 3. Oktober 1993 wurden US-Soldaten in einen Hinterhalt gelockt und 18 von ihnen getötet; zwei Leichen wurden triumphierend durch die Straßen von Mogadishu gezerrt. Die entsprechenden Fernsehbilder gingen um die Welt. Der Milizenanführer *Aideed* war wieder einmal entkommen, und dessen Anhänger zogen plündernd und randalierend durch die Straßen der in untereinander verfeindete Stadtviertel aufgeteilten Hauptstadt. Daraufhin beschloss die US-Regierung unter Präsident *Bill Clinton* am 6. Oktober 1993, unverzüglich den US-Einsatz in Somalia abzubrechen und alle US-Soldaten bis zum März 1994 nach Hause zu bringen. Auch andere Nationen, die sich am Versuch der UNO beteiligt hatten, in *Somalia* den Frieden zu erzwingen, zogen ihre Soldaten zurück. *UNOSOM II* war damit beendet (Pape 1997, S. 183 – 208), und das Land war wieder den rivalisierenden *war lords* und den von Niemandem mehr zu kontrollierenden Milizionären ausgeliefert. Ca. 4 Milliarden US $ waren für die beiden gescheiterten UNOSOM-Missionen ausgegeben worden, die ein spektakuläres Versagen von UN- und USA-Politik symbolisierten (Meredith 2005, S. 4). Die tragischen Konsequenzen sollten noch im selben Jahr sichtbar werden: Die US-Regierung weigerte sich, angesichts des massenhaften Abschlachtens der *Tutsi* in *Ruanda* eine erneute ‚humanitäre Intervention' zur

Verhinderung des dortigen Genozids zu beschließen, wozu sie eigentlich durch das Völkerrecht verpflichtet gewesen wäre (Des Forges 2010; Debiel 2003).

Knapp zehn Jahre nach den verunglückten UN-Missionen in *Somalia* 1992/1993 hat man im Oktober 2002 in Kenia erneut versucht, zu einer friedlichen Beendigung des Bürgerkriegs zu kommen – diesmal unter Führung der Regionalorganisation *Inter-governmental Authority on Development (IGAD)*, der *Kenia, Äthiopien, Eritrea, Somalia, Dschibuti* und *Uganda* angehören. Doch die 22 Kriegsparteien unter Leitung ihrer Clan-Führer konnten sich nicht auf die Zusammensetzung und Kompetenzen eines föderalen Übergangsparlaments (*Transitional National Assembly, TNA*) einigen. Das entstandene Machtvakuum wurde bald von der islamistischen *Al-Shabaab-Miliz* genutzt, deren Terroraktionen im Süden des Landes sowie in der Hauptstadt die prekäre Sicherheitssituation im Lande noch weiter verschärften: Hunderttausende verzweifelter Zivilisten machten sich auf den Fluchtweg über die Grenze nach Kenia – ins Flüchtlingslager *Dadaab*. Schließlich gelang es Vertretern der internationalen Diplomatie, unter Einschluss der ins Feld geschickten UN-Blauhelme, in dem somalischen Rumpfstaat eine Übergangsregierung in Mogadishu zu installieren – mit bislang geringem Erfolg. Der seit Juli 2012 amtierende Staatspräsident *Hassan Scheich Mohamud* bekämpfte zuerst den amtierenden Regierungschef *Abdiweli Scheich Ahmed* und nach dessen Abwahl durch das Parlament den neuen Regierungschef *Omar Abdirashid Ali Sharmake*, der bereits 2009-2010 das Amt des Ministerpräsidenten bekleidet hatte. Rund ein Drittel der Somalier sind nach UN-Angaben auf humanitäre Hilfe angewiesen, und mehr als eine Million Somalia-Flüchtlinge warten bis heute auf ihre Heimkehr (Der neue Fischer Weltalmanach 2016, S. 420-421).

Die Politologin *Jutta Bakonyi* hat die These aufgestellt, dass die somalische Gesellschaft seit Ausbruch des Bürgerkriegs 1988 infolge der andauernden Gewalterfahrung „hochgradig militarisiert" worden sei und deshalb Konflikte „häufig gewaltsam ausgetragen" würden. Zivile Mechanismen der Konfliktschlichtung – zum Beispiel durch das Aushandeln von Vergleichen und Schadensersatz durch die Ältesten – seien weitgehend außer Kraft gesetzt worden (Bakonyi in Afrika-Jahrbuch 2003, Somalia, S. 300). Dass es sich tatsächlich um einen Rückfall in *anomische* (gesetzlose) Zustände handelt, ist auch daran abzulesen, dass Fraktions- und Milizenführer über Kombattanten und selbst ernannte Gotteskrieger kaum noch Kontrolle auszuüben vermögen. Fest steht, dass die Implosion des Staates (mit Armee, Polizei, Gerichten) ein Machvakuum geschaffen hat, das vor allem jungen Männern aus verarmten Familien verlockend erscheint, es gewaltsam für eigene Zwecke zu nutzen. Es ist damit zu rechnen, dass es einen konsolidierten somalischen Nationalstaat auf absehbare Zeit nicht wieder geben wird, – nicht nur deshalb, weil die Gräben zwischen den rivalisierenden Clans noch tiefer geworden sind, sondern hauptsächlich deshalb, weil sich die ‚Gesellschaft' als solche durch die Kriminalisierung ihrer fragmentierten Segmente (Clans, Milizen, Warlords) verändert hat: Die internationale Caritas sorgt zwar dafür, dass die Folgen permanenter Hungersnöte etwas gemildert werden, aber Menschen in Gesellschaften, die durch internationale *food aid* künstlich am Leben gehalten werden, verlieren mit ihrer Erwerbsarbeit auch ihre Würde und ihre Werte (Clay & Stokke 2000; Caparros 2015).

8.4 Simbabwe – selbstinszenierter Staatsterror

Im Folgenden wird die Chronik des Staatszerfalls von *Simbabwe* präsentiert – ein besonders tragischer Fall, weil hier im Unterschied etwa zu Somalia und zur Zentralafrikanische Republik (ZAR) die *strukturellen* (geographischen und ökologischen) Faktoren für eine gedeihliche Entwicklung als günstig anzusehen waren. Als *Robert Mugabe*, der aus der Haft entlassene *Freedom Figther*, im Jahr 1980 an die Macht kam (zunächst als Premierminister, ab 1988 als Staatspräsident), galt Süd-Rhodesien als *Kornkammer* des südlichen Afrika, mit einer gut entwickelten Landwirtschaft und einer für afrikanische Verhältnisse leistungsstarken Industrie. Davon ist nach 37-jähriger Misswirtschaft nicht mehr viel übriggeblieben (Ayittey 2005, S. 214-218; Lloyd 2006, S. 133-154; Roschmann & Brandmeier 2012). Gestützt auf Armee, Polizei und Schlägergruppen seiner Staatspartei *Zimbabwe African National Union- Patriotische Front (ZANU-PF)* widersetzte sich Mugabe mehrfach dem Wählervotum und ließ jedes Mal Polizeikräfte und Schlägertrupps gegen Oppositionsparteien antreten. In der ersten Runde der Präsidentschaftswahlen des Jahres 2008 hatte der Amtsinhaber Mugabe 43,7 % der Stimmen erhalten, seine beiden Herausforderer *Morgan Tsvangirai* und *Simba Makoni* dagegen 47,9 % bzw. 8,3 %. Bevor es zu Stichwahlen kommen konnte (das Wahlgesetz sah eine absolute Mehrheit für die Wahl des Präsidenten vor), wurden *Tsvangirai* und ca. 300 seiner Mitarbeiter verhaftet, seine Parteizentrale verwüstet und ca. 200 Oppositionsanhänger in ländlichen Gebieten ermordet. Mehr als 200.000 Menschen wurden vertrieben. In Distrikten mit einer Mehrheit von Oppositionswählern ließ das Regime die Nahrungsmittelhilfe aus dem Ausland einstellen – eine widerliche Strafaktion. Daraufhin nahm *Tsvangirai* seine Kandidatur zur Stichwahl zurück und floh in Todesangst in die holländische Botschaft in *Harare*. Das Regime aber bestand auf der Durchführung der Stichwahl und *Mugabe* erzielte einen ‚überwältigenden' Sieg mit 85,5 % der Stimmen gegen 9,3 % für *Tsvangirai* (Amin Kamete in Africa Yearbook 2008, S. 508). Im August 2016 demonstrierte ein breites Bündnis von 19 Parteien und Oppositionsgruppen in Harare gegen den greisen Präsidenten, angeführt von der ehemaligen Guerilla-Kämpferin *Joice Mujuru*. Ungeachtet der Proteste ließ sich der 90-jährige Präsident *Robert Mugabe* ein weiteres Mal zum Parteivorsitzenden und Spitzenkandidaten für die Präsidentschaftswahlen 2018 küren. Gleichzeitig ließ seine 41 Jahre jüngere Frau *Grace Mugabe* – im Volksmund wegen ihrer exzessiven Einkaufsreisen nach Paris als *Guzzi-Grace* verhöhnt – ihre Absicht erkennen, dass sie die Nachfolge ihres senilen Ehemanns antreten würde.

Um ihr dies zu ermöglichen, entließ *Mugabe* seinen treuen Weggefährten und Vize-Präsidenten *Emmerson Mnangagwa*. Damit hatte er den Bogen überspannt; denn nun putschte Mitte November 2017 das Militär und stellte Mugabe und seine Ehefrau unter Hausarrest. Die Führungsgremien von ZANU-PF entzogen ihrem Chef die Mitgliedschaft – eine besonders demütigende Handlung – und übertrugen ihre Loyalität dem ‚Krokodil', wie Vize-Präsident *Mnangagwa* in Simbabwe wegen seiner begangenen Grausamkeiten gegen politische Gegner genannt wird. In Harares Straßen tanzten die Bewohner vor Freude und Erleichterung. Nur zwei Tage später, am 23.11.2017, wurde *Mnangagwa* zum neuen Präsidenten vereidigt. Eine 37-jährige Ära des selbst-inszenierten Niedergangs eines reichen Landes durch einen Kleptokraten war blamabel zu Ende gegangen.

Die Simbabwe-Tragödie hat eine lange Vorgeschichte. Begonnen hatte der Konflikt um das fruchtbare Land im Südwesten des Kontinents Ende des 19. Jahrhunderts, als *Cecil Rhodes* nach Südafrika kam und die *British South Africa Company (BSAC)* gründete. Im Jahr 1890 wurde er Premierminister der Kap-Provinz und beschloss, sich ein wirtschaftliches und politisches Imperium aufzubauen. Durch Krieg, Raubzüge und Betrug gegenüber dem Reich der *Matabele* (unter ihrem König *Lobengula*) entstanden so die beiden *Rhodesien*-Kolonien. Die weißen Siedler der britischen Kolonie Süd-Rhodesien bekamen 1923 das Privileg *responsible government* zugesprochen – aber nicht die von diesen zusätzlich begehrte politische Unabhängigkeit als Staat, – einen Status, den die weißen Siedler Südafrikas eine Generation vorher von Großbritannien erhalten hatten. Die Verwaltung der Afrikaner war und blieb Sache des britischen *Department of Native Affairs* und seiner von London entsandten *commissioners*. Der 1930 erlassene *Land Appointment Act* teilte 50 % des Landes den wenigen weißen Siedlern zu, während etwa die Hälfte der afrikanischen Bevölkerung in enge ‚Eingeborenen-Reservate' gepfercht wurde. *Süd-Rhodesien* wurde dann eine Kolonie mit blühender Landwirtschaft auf der Grundlage von Mais, Tabak, Rindfleisch, Zucker und Baumwolle und exportierte Gold, Asbest, Nickel, Kupfer, Chrom und Kobalt. Als sich in den 1960er Jahren die inzwischen auf 220.000 angewachsene weiße Bevölkerung dem allgemeinen Trend der Dekolonisation widersetzte, kam es im November 1965 zur *Unilateral Declaration of Independence (UDI)* seitens der Siedler. Die einseitig gegen den Willen der britischen Regierung erklärte ‚Unabhängigkeit' wurde von *Ian Smith* verkündet, dem Sprecher der weißen Farmer und Führer der *Rhodesian Front*, der Sammlungspartei der Rechten. Er war 1962 auf der Grundlage einer rassistischen Verfassung von der weißen Bevölkerung zum Ministerpräsidenten gewählt worden. UDI wurde international nicht anerkannt und von den Vereinten Nationen mit Wirtschaftssanktionen bestraft, die allerdings nur halbherzig befolgt oder bewusst unterlaufen wurden (vor allem von Südafrika).

Fünfzehn Jahre konnte sich das weiße Siedler-Regime unter *Ian Smith* halten, dann hatten die Kämpfer der beiden afrikanischen Befreiungsbewegungen die Oberhand gewonnen. Es handelte sich um die *Zimbabwe African National Union (ZANU)*, 1963 in Dar es Salaam von *Ndabaningi Sithole* gegründet, und um die *Zimbabwe African Peoples Party (ZAPU)*, deren Führer *Joshua Nkomo* war, der politische Sprecher des Volkes der *Ndebele*. Beide Parteien waren lange Zeit verboten gewesen und kämpften im Untergrund gegen die Fremdherrschaft, zunehmend erfolgreich. Als der Bürgerkrieg zwischen dem Smith-Regime der weißen Siedler und den Befreiungskämpfern von ZANU und ZAPU seinem Ende entgegen ging, mussten deren Führer aus dem Gefängnis entlassen werden, wovon auch der mitinhaftierte *Robert Mugabe* profitierte. Die Bilanz des Krieges war bedrückend: 25.000 Menschen waren in den sieben Jahren des Kampfes gestorben, davon 15.000 afrikanische Zivilisten, 7.700 Kämpfer der Widerstandsbewegungen; ferner 1.500 Soldaten der rhodesischen Armee (davon 950 Afrikaner) und 800 weiße Zivilisten (*Jeune Afrique* vom 24.12.1979, zit. nach Schicho 2004, S. 386). Was sollte nun mit den Tausenden von ausgemusterten Kämpfern geschehen?

Schon 1976 hatten in Genf *Verfassungsgespräche* zwischen Großbritannien, dem rebellischen Siedlerregime von *Ian Smith* und vier miteinander rivalisierenden afrikanischen Befreiungsbewegungen begonnen; sie konnten aber erst 1979 in London erfolgreich zu Ende geführt werden. Noch unter britischer Verwaltung wurden Ende Februar 1980 Parlamentswahlen durchgeführt, die *Robert Mugabes* ZANU-Fraktion mit 63 % der Stimmen und 57 von 100 Parlamentssitzen gewann. Es war nicht überraschend, dass sich das Mehrheitsvolk der *Shona* (77 % der Gesamtbevölkerung) mehrheitlich für den Shona-Politiker *Robert Mugabe* entschied, der durch radikale Forderungen populär geworden war. Sein politischer Rivale, der weitaus bekanntere *Joshua Nkomo*, als Repräsentant einer ethnischen Minderheit der *Ndebele* (mit ca. 19 % Anteil an der Gesamtbevölkerung), hatte nur 20 Parlamentssitze erringen können. So kam die erste Regierung durch eine Koalition der beiden stärksten Parteien zustande, in der *Mugabe* Premierminister wurde. Bei seinem Amtsantritt hatte er elf Jahre Haft und einige schwierige Jahre als keineswegs von allen akzeptierter Guerillaführer hinter sich. Der Sieg an den Wahlurnen verschaffte ihm und seinen Gefährten die Macht über ein reiches Land, die sie unter keinen Umständen mehr bereit waren, aufzugeben. In der Hauptstadt *Salisbury*,

8.4 Simbabwe – selbstinszenierter Staatsterror

die nun *Harare* hieß, raufte sich die neue schwarze Elite um Immobilien, Farmen und Unternehmen. Mugabe regierte das Land „durch ein komplexes System von Patronat, belohnte loyale Helfer und Spießgesellen mit Ämtern und Aufträgen des Staates und ignorierte die sich immer mehr ausbreitende Seuche der Korruption" (Schicho 2004, S. 386).

Schon im Oktober 1980 unterzeichnete *Mugabe* ein Abkommen mit der kommunistischen Regierung von *Nord-Korea* über die Hilfe bei der Ausbildung einer speziellen Armeebrigade, die die internen ‚Dissidenten' ausschalten sollte. Wer damit gemeint war, sollte sich bald in *Matabele*-Land zeigen. Im November 1980 begann die erste Welle der Verfolgung von Anhängern der ZAPU, im Februar 1981 starben mehr als 300 ZAPU-Mitglieder, ehemalige Freiheitskämpfer Nkomos, und 1983 und 1984 verwüstete die von Nord-Koreanern gedrillte ‚Fünfte Brigade' die Provinz, die dem Ministerpräsidenten *Mugabe* als politische Hochburg des Rivalen *Nkomo* galt: Hunderte von *Matabele*-Dörfern wurden zerstört, Tausende von Zivilisten wurden verprügelt, Nahrungsmittel-Depots wurden geschlossen, so dass Tausende von Bauern verhungerten. Als in den Parlamentswahlen von 1985 *Nkomos* ZAPU wieder alle 15 Parlamentssitze in *Matabele*land gewonnen hatte, ließ Mugabe in einer Operation blinder Wut das Haus seines Konkurrenten verwüsten, seine Anhänger zu Hunderten willkürlich verhaften, darunter elf Ratsmitglieder des Stadtrats von *Bulawayo*, den Bürgermeister und etwa zweihundert Verwaltungsangestellte (Thomson 2010, S. 265). Etwa 10.000 Zivilisten sind von Mugabes Schlägertruppen in *Matabeland* bis 1987 ermordet worden. Ein zu Tode erschrockener *Joshua Nkomo* unterzeichnete im Dezember 1987 den *Unity Accord* mit *Mugabe*, der ZANU und ZAPU zur Einheitspartei *ZANU-PF (Patriotische Front)* vereinigte (Meredith 2005, S. 620-626). Im Jahr 1988 ließ sich Mugabe zum Präsidenten ernennen und konnte sich nun, nach der endgültigen Lösung der Machtfrage, an die zweite Aufgabe machen: die Lösung der *Landfrage*.

Gutes Acker- und Weideland war auch in Simbabwe knapp geworden, und es war ungleich verteilt. Anfang der 1980er Jahre lebten rund 780.000 Familien in den *communal areas*, dem früheren *tribal trust land*, wobei das Land nur geschätzte 325.000 Familien ernähren konnte. Der größte Teil des *commercial farmland* (das waren Farmen im Privatbesitz) wurde noch von 4.800 weißen Farmern bestellt, die etwa vier Fünftel der landwirtschaftlichen Produktion erzeugten. Die Regierung kaufte nach 1980 Farmland auf und verteilte es, so dass am Ende der ersten Freiheits-Dekade ca. 52.000 Familien (416.000 Menschen) auf ehemals ‚weißem Farmland' angesiedelt worden waren. Aber ca. 300 Großfarmen, die unter afrikanischen Kleinbauern verteilt werden sollten, waren Ministern und höheren Beamten zugeschanzt worden (Meredith 2005, S. 631). Ein innerer Kreis der Macht um Mugabe nutzte seine privilegierte Stellung dazu, selbst Besitz auf Kosten der verarmten Landbevölkerung an sich zu reißen, etwa 8 % des *commercial farmland*. Nur wenige dieser Farmen wurden so geführt, dass sie wirtschaftlichen Nutzen erbrachten. Beispielsweise erwarb *Solomon Mujuru*, Oberbefehlshaber der Armee, im Jahr 1985 „zwei nebeneinanderliegende Farmen in Shamva, ein Hotel in Bindura, eine Supermarktkette und einige Immobilien in der Gegend von Bindura, alles mit dem Segen Mugabes…Als er sich 1992 von der Armee pensionieren ließ, um sich ganz seinen Geschäften zu widmen, war er zu einem der reichsten Menschen in Zimbabwe geworden, all das in nur zwölf Jahren" (Meredith 2002, S. 82, zit. nach Schicho 2004, S. 388). Großbritannien, das seit der Unabhängigkeit 44 Mio. Britische Pfund für *land resettlement* zur Verfügung gestellt hatte, stellte 1997 weitere Zahlungen ein: Der Staat Simbabwe war unten den neuen Herren zur *looting machine* (Tom Burgis) degeneriert.

Die verfehlte Wirtschaftspolitik der Regierung Mugabe führte seit den 1990er Jahren zum Absinken der Wachstumsraten, zu steigender Auslandsverschuldung, Abwertung des Simbabwe-Dollars und zu hohen Inflationsraten. Zudem verschlang Simbabwes Teilnahme am Krieg im Kongo an der Seite des Rebellenführers *Laurent Kabila*, der Präsident *Mobutu* stürzte, knappe Devisen, eröffnete aber ihm, seinen Offizieren und einigen Geschäftsleuten dunkle Wege der Bereicherung im Minengeschäft (Burgis 2015, S. 219f.). Qualifizierte Fachkräfte verließen das Land, arbeitslos gewordene Arbeiter streikten immer häufiger; nur ein kleiner Teil der etwa 200.000 Schulabgänger pro Jahr fand einen bezahlten Arbeitsplatz. Unter dem Generalsekretär des Gewerkschaftsverbandes *Morgan Tsavangirai* bildete sich 1999 eine neue Oppositionspartei, *Movement for Democratic Change (MDC)*, die bei den Parlamentswahlen 2000 der Regierungspartei nur knapp unterlag. „Belege für Manipulationen und Gewalttaten gab es genug, so dass der Präsident gezwungen war, das Wahlergebnis per Dekret abzusichern" (Schicho 2004, S. 390). Die Unterstützung der Opposition durch maßgebliche Teile der weißen Bevölkerung löste schließlich eine Kampagne Mugabes gegen die weißen Farmer aus: Landbesetzungen und Enteignungen sollten den landhungrigen afrikanischen Kleinbauern eine Existenz sichern und auf diese Weise *Mugabe* den Verbleib an der Spitze der Macht ermöglichen. Angesichts der exzessiven Militärausgaben reduzierten die großen Geldgeber – Weltbank, IWF und die EU – ihre finanzielle Unterstützung des Regimes und drangen auf eine Politik der *Strukturanpassung (SAP)*. Im Februar 2000 lehnte die Bevölkerung, zu 70 % arbeitslos geworden, mit 55 % überraschend deutlich in einem Referendum den Entwurf zu einer neuen Verfassung ab: Sie sollte die präsidialen Befugnisse (bezüglich Wiederwahl) erweitern und gleichzeitig die radikale, entschädigungslose Enteignung von weißem Landbesitz ermöglichen (Schicho 2004, S. 390; Marx 2017).

8.4 Simbabwe – selbstinszenierter Staatsterror

Um von den wahren Ursachen seiner Unpopularität abzulenken, reagierte der Präsident mit einer Strategie der *permanenten Schmähung* der weißen Siedler sowie der *illegalen Besetzung und Zwangsenteignung* weißen Farmlandes. Es erschienen Listen mit den Namen von Farmen, die zum illegalen Erwerb – ohne Kompensationszahlung – freigegeben waren. Mitglieder und angebliche Mitglieder der *War Veterans Association* wurden von Mugabes Helfern auf weiße Farmen geschickt, um deren Besitzer zur Aufgabe zu drängen, sie zu verprügeln, zu berauben und einigen Fällen zu ermorden. Die 400.000 schwarzen Farmarbeiter auf weißen Farmen fürchteten um ihre Existenz, und die meisten von ihnen sind im Laufe der bis heute anhaltenden Krise arbeitslos geworden. Diejenigen Wahlbezirke, in denen mehrheitlich für die Opposition abgestimmt worden war, wurden erneut mit dem Entzug der Nahrungsmittelhilfe bestraft; denn der staatlich kontrollierte *Grain Marketing Board* besaß das Monopol des Imports und der Verteilung von Mais an die Gemeinden und praktizierte aufgrund eines Regierungserlasses den Maisboykott. Aufsehen erregte 2005 die *Operation Clear the Filth*, als Sicherheitskräfte in den Townships Harares die Hütten und Häuser von mehr als 700.000 Bewohnern der Armutsvierteln zerstörten.

Die ca. 220.000 weißen Siedler mit ihren etwa 6.000 Großfarmen, die bis 1980 das Land dominiert hatten, bildeten lange Zeit das wirtschaftliche Rückgrat Rhodesiens/Simbabwes. Sie sind bis auf einen Rest von einigen Hundert Farmern enteignet und außer Landes getrieben worden. Immerhin ist es zu einem berühmt gewordenem *Rechtsstreit* gekommen: Ein Gericht, das 2008 die Klage des Farmers *Mike Campbell* wegen rechtswidriger Enteignung seiner Farm vor dem SADC-Tribunal (dem Gerichtshof der ‚Südafrikanischen Entwicklungs-Gemeinschaft'), dem sich 77 weitere Kläger anschlossen, zu verhandeln hatte, gab dem Kläger Recht. Aber die Regierung Mugabe, unterstützt von einer gleichgeschalteten Justiz, ignorierte das bindende Rechtsurteil. Dieser international viel beachtete Rechtsstreit, ‚*Mike Campbell gegen die Republik Simbabwe*', bedeutete einen Höhepunkt in der Entwicklung Simbabwes zur Rechtsstaatslosigkeit (Roschmann & Brandmeier 2012). Eine friedliche Koexistenz von Schwarz und Weiß ist hier – im Unterschied zu den beiden anderen britischen Siedlerkolonien *Kenia* und *Namibia* (Leys & Saul 1995) – gescheitert. Während der Hungerjahre war ein Drittel der Gesamtbevölkerung (d. h. ca. 15 Millionen Simbabwer) auf internationaler Nahrungsmittelhilfe angewiesen; ca. 90 % der Bevölkerung waren arbeitslos (im formellen Wirtschaftssektor) geworden; Millionen flohen in Nachbarländer, um Verfolgung, materieller Not und Perspektivlosigkeit zu entkommen.

Bis zu seiner Entmachtung im November 2017 ist Mugabe von einem eng gewobenem Netz von Parteifunktionären, Regierungsbeamten und privaten Unternehmern unterstützt worden, das ein auf Korruption basierendes Patronagesystem mit Mugabe im Mittelpunkt darstellte. Obwohl das Mugabe-Regime sowohl vom Commonwealth als auch von den USA, den EU-Staaten, von Weltbank, IWF und von UN-Organisationen gemieden und kritisiert wurde, genoss es in Teilen Afrikas, vor allem unter ANC-Politikern in Südafrika, durchaus auch einige Sympathien. Man sah in Mugabe den mutigen Freiheitskämpfer, der auch gegen ‚superreiche' weiße Farmer zugunsten landloser afrikanischer Kleinbauern zu Felde zog, und ignorierte dabei die Tatsache, dass unter der Misswirtschaft des kleptokratischen Mugabe-Regime hauptsächlich die eigenen Bürgerinnen und Bürger zu leiden hatten. Eine ganze Generation junger Menschen ist um ihre Zukunft betrogen worden – dank des Regimes eines obszönen Gewaltfanatikers ohne Verantwortungsbewusstsein und Anstand (Marx 2012, S. 311f.). Angesichts dieses selbst inszenierten Niedergangs eines afrikanischen Landes, das allerbeste Voraussetzungen für die Entwicklung zu einer diversifizierten Volkswirtschaft mit hohem Produktionsniveau gehabt hatte, tun sich politische Erklärungen schwer, die auf neokoloniale Klischees setzen. Die brutale Misswirtschaft der simbabwischen Kleptokratie hat nichts mehr mit dem situativ begründbaren Verhalten einer *bürokratischen Staatsklasse* zu tun, die an einem schweren ‚kolonialen Erbe' zu leiden gehabt hätte, sondern hier hatte sich ein obszöner Patronage-Staat auf Kosten der großen Mehrheit der eigenen Bevölkerung bereichert und nur soziales Elend hinterlassen. Dieses Verhalten lässt sich vielleicht am besten mit dem bezeichnen, was der gebürtige Ghanaer *George Ayittey* die Misswirtschaft von *vampire elites* genannt hat (Ayittey 2005, S. 21 und S. 365).

8.5 Ruanda: Genozid und staatlicher Neubeginn

Auch in dem kleinen *land-locked country* Ruanda hat es ein eklatantes Politikversagen gegeben, aber im Unterschied zu *Simbabwe* und *Somalia* hat es hier nach einer nationalen Katastrophe im Jahr 1994 einen erstaunlichen staatlichen Wiederaufbau gegeben. Er zeigt exemplarisch an, was in einem ressourcenarmen Land an entwicklungspolitischen Leistungen möglich ist, wenn eine autoritäre Regierung mit dem *developmental state*-Ansatz Ernst macht (siehe Kap. 2). Motor der Entwicklung ist die kleinbäuerliche Intensiv-Landwirtschaft mit den Exportprodukten Tee und Kaffee. Das Land verfügte im Jahr 2016 über eine funktionierende Bürokratie und ein im Vergleich zu den Nachbarländern geringes Maß an Korruption. Mit einem Pro-Kopf-Einkommen in Höhe von 700 US $ bzw. 1530 PPP $ (im Jahr 2015) sowie einem HDI-Rang von 151 (im Vergleich zu *Kenia* mit HDI-Rang 147, *Kamerun* mit Rang 152, *Tansania* mit Rang 159, *Simbabwe* mit Rang 160, *Malawi* mit Rang 174 oder *DR Kongo* mit Rang 186; Zahlen für 2014), gehört *Ruanda* zu den wenigen

8.5 Ruanda: Genozid und staatlicher Neubeginn

afrikanischen Staaten, die sich mit eisernem Willen aus der Armut herausarbeiten wollen. Das Regime des Präsidenten *Paul Kagame* (Sieger im Bürgerkrieg), dessen Staatsbudget zu 40 % vom Ausland in Form von Budgethilfe finanziert wird, investierte bislang massiv in den Bildungs-, Transport- und Energiesektor sowie in die Modernisierung der Landwirtschaft. In seinem Entwicklungsplan *Vision 2020* setzt das Regime in *Kigali* einen Schwerpunkt in den Ausbau der Informations- und Kommunikationstechnologie, um das Land nicht nur zu einem Zentrum des Bergtourismus (Gorillas in den *Virunga*-Vulkan-Bergen), sondern auch zu einem solchen der internationalen Konferenz-Diplomatie zu machen.

In der jüngeren Geschichte *Ruandas* hat es *drei Großereignisse* gegeben: *Erstens* die politische Unabhängigkeit des Landes von belgischer Kolonialherrschaft am 1. Juli 1962, begleitet von der ‚Hutu-Revolution' (in der die numerische *Hutu*-Mehrheit bei den Unabhängigkeitswahlen die regierende *Tutsi*-Minderheit besiegte); *zweitens* der Genozid an den *Tutsi* im Jahr 1994, – langfristig geplant und durchgeführt von einem radikalisierten, machtgierigen *Hutu*-Regime und ausgelöst durch den nie aufgeklärten Abschuss des Flugzeugs von Staatspräsident *Juvenal Habyarimana* am 6. April 1994. Dem Genozid fielen in 100 Tagen etwa 800.000 *Tutsi* und gemäßigte *Hutu* zum Opfer. Und *drittens* ist der straff organisierte staatliche Wiederaufbau unter dem starken Mann des neuen von *Tutsi* dominierten Regimes von *Paul Kagame,* Staatspräsident seit 2000, zu nennen. Die endgültige Versöhnung zwischen Tätern und Opfern – wenn sie denn überhaupt politisch gewollt und auf breiter Front sozial-psychologisch ermöglicht wird – steht allerdings noch aus. Auf den heute gültigen Pässen sind die seit der belgischen Kolonialherrschaft eingetragenen ethnischen Bezeichnungen *Tutsi* oder *Hutu* entfernt worden. Zu einer wirklichen Überwindung des ethno-politischen Jahrhundertkonflikts bedürfte es wohl noch größerer Anstrengungen.

Seit Jahren erfreut sich nun der ressourcenarme Staat *Ruanda* eines jährlichen Wirtschaftswachstums von durchschnittlich 6 – 8 % und einer geringen Arbeitslosigkeit (unter 3 %). Überschattet wird der wirtschaftliche Erfolg des *Kagame*-Regimes von dem latenten Misstrauen des Regimes gegenüber tatsächlichen oder eingebildeten Regimegegnern, gegen die auch mit außerlegalen Mitteln brutal vorgegangen wird (Amnesty International Report 2015/2016, S. 382-385). Wegen des weiterhin schwelenden Gegensatzes zwischen den beiden Hauptethnien *Hutu* (84 % der Gesamtbevölkerung) und *Tutsi* (14 %), der von offizieller Seite ignoriert wird, ist *Ruanda* heute als repressive *Fassaden-Demokratie* zu bezeichnen. Obwohl es mehr als zehn politische Parteien im Parlament gibt, hat die regierende *Front Patriotique Rwandais (FPR)* seit 1994 die Mehrheit in allen Verfassungsorganen, weil eine echte Oppositionspartei aus traumatischer Angst vor einer Wiederkehr der Machtansprüche der Mehrheits-Ethnie vom *Kagame*-Regime nicht geduldet wird.

Exilorganisationen von Ruandern betreiben den Sturz des *Kagame*-Regimes ebenso wie ruandische *Hutu*-Milizen, die nach dem Genozid in den Kongo geflohen sind. Internationale Irritationen löste 2012 der Bericht einer UN-Expertengruppe aus, der aufzeigte, wie das *Kagame*-Regime die im Ost-Kongo operierende bewaffnete Rebellengruppe *Mouvement du 23 Mars (M23)* mit Waffen und Munition beliefert hatte, was vorübergehend zur Einstellung der Finanztransfers aus USA, Großbritannien, Deutschland, Niederlande und Schweden führte. Im Dezember 2015 stimmte die Bevölkerung mit 98,3 % Ja-Stimmen, bei einer Wahlbeteiligung von angeblich 98,3 %, für eine Verfassungsänderung, die dem amtierenden Präsidenten *Paul Kagame* eine dritte Amtszeit ermöglichte. Nach Meinung von Beobachtern vor Ort befürchteten viele Ruander ein Machtvakuum, falls *Kagame* nicht mehr antreten dürfte. Für den mit harter Hand regierenden Präsidenten ist bisher noch kein Nachfolger in Sicht.

Im Folgenden sollen die Entstehung und die Folgen des *Genozids in Ruanda* näher betrachtet werden, der zwar hauptsächlich interne und kolonialgeschichtliche Ursachen hatte, dessen mörderische Dimensionen aber nicht ohne das unglaubliche Versagen der Vereinten Nationen und der Veto-Mächte des Weltsicherheitsrates, vor allem der USA, zu begreifen sind. Die damalige *Clinton*-Regierung wollte ‚kein zweites Somalia' und versagte sich deshalb der völkerrechtlichen Pflicht zur Unterbindung des vor aller Welt stattfindenden Völkermordes. Ein zeitiges diplomatisches Eingreifen der Weltmächte durch Entsendung von Blauhelmen, die der in *Kigali* stationierte kanadische Kommandeur der UN-Blauhelme, *Romeo Dallaire,* mehrfach dringend in New York einforderte, dort aber auf taube Ohren stieß, hätte das Blutbad mit einiger Sicherheit frühzeitiger stoppen können.

Die Gründe und Hintergründe der singulären Geschehnisse während der drei Monate April, Mai, Juni 1994 sind zahlreich und außerordentlich komplex (Harding 2005, Reyntjens 2014, S. 637f.). Durch die 1000-seitige Studie von *Africa Watch*, herausgegeben von der US-amerikanischen Professorin für Geschichte an der State University of New York, *Alison Des Forges*, ist eine Fülle von detaillierten Informationen ans Tageslicht gekomen, die doch etliche eindeutige Erkenntnisse zulassen. Wie fast immer bei staatlich verübter politischer Gewalt im postkolonialen Afrika ging es auch in *Ruanda* ursächlich um drei Dinge: um die Frage des politischen Machterhalts, um die Verteidigung der eigenen (ethnischen) Identität gegen Bedrohungen durch Konkurrenten, und um das materielle Interesse, sich die natürlichen Ressourcen des Landes – in diesem Fall knappes Siedlungsland – für die eigene Wir-Gruppe zu sichern. Im Falle *Ruandas* aber stellt sich die Frage, wie es geschehen konnte, dass friedliche Bürger massenhaft zu Mördern werden konnten, die selbst ihre Nachbarn, die oftmals Mitglieder derselben christlichen Kirchengemeinde waren oder zum engeren Freundeskreise zählten, mit der Machete in der Hand umbrachten. Unbestritten ist die Tatsache, dass bei der Bürgermobilisierung durch die *Hutu*-Machtelite das *ethnische Propaganda-Argument* – alle *Tutsi* seien „*Kakerlaken*" – eine prominente Verursachungsrolle gespielt hat, weshalb die Betrachtung der Entstehung der *ethnischen* Konfliktlage ein Schlüssel zum Verständnis des Genozids sein kann.

Als Belgien nach dem Ende des Ersten Weltkriegs vom Völkerbund das Mandat erhielt, das frühere deutsche Schutzgebiet Ruanda zu verwalten, zu ‚entwickeln' und schließlich zur Unabhängigkeit zu führen, gab es den scharfen Gegensatz zwischen *Tutsi* und *Hutu* als eindeutig definierbare Ethnien noch nicht. Die Menschen der Region, die wir heute *Ruander* nennen, hatten in den vergangenen (vorkolonialen) Jahrhunderten gemeinsam den komplexen, hierarchisch gegliederten Staat Ruanda aufgebaut. Sie schufen eine einheitliche, hochentwickelte Sprache, *Kinyarwada*, teilten gemeinsame religiöse und philosophische Überzeugungen „sowie eine Kultur, in der Gesang, Tanz, Poesie und rhetorischen Fähigkeiten große Wertschätzung zukamen. Sie verehrten dieselben Helden. Selbst während des Völkermordes sangen die Mörder und ihre potentiellen Opfer Lieder von den gemeinsamen Führern der Vergangenheit" (Des Forges 2002, S. 55). Die Wörter *Tutsi* und *Hutu* waren zunächst keine *ethnischen Kategorien*, sondern sozio-ökonomische Termini: So bezeichnete Tutsi „einen Menschen mit großem Viehreichtum" und „wurde schließlich zu einem Begriff für die Elite als Ganzes", während *Hutu* „ursprünglich für einen Untergebenen oder Gefolgsmann einer mächtigeren Person stand und schließlich für die Masse der gewöhnlichen Leute" (Des Forges 2002, S. 57). Die Bestimmung der *Tutsi*-Viehzüchter als Machthaber mit einem König an der Spitze und die Bezeichnung der *Hutu*-Bauern als Untertanen, die dem königlichen Hof und seinen Chiefs und Sub-Chiefs Frondienste zu leisten hatten, wurde erst allgemein gebräuchlich, nachdem gegen Ende des 19. Jahrhunderts die ersten Europäer nach Ruanda gekommen waren.

Aus praktischen Erwägungen veränderten die Belgier das politische System insofern, als sie die ‚Tutsi' zu den (rassisch und kulturell) überlegenen Menschen erhoben und ihnen eine Monopolstellung im öffentlichen Leben des Mandatsgebiets einräumten. Es war die in Kolonialkreisen beliebte *divide-et-impera*-Methode. „Die einzigen Hutu, die ihrer Verbannung in die arbeitende Masse entkamen, waren die wenigen, die in Priesterseminaren studieren durften" (Des Forges 2002, S. 61). So wurde durch Exklusion des historischen Beitrags der *Hutu* beim gemeinsamen Aufbau des Staates der Geschichtsmythos von der *Überlegenheit der Tutsi als Rasse* geschaffen. „Die Angehörigen beider Gruppen lernten zu glauben, dass bei jeder größeren Auseinandersetzung in Ruanda die Tutsi die Gewinner und die Hutu die Verlierer waren" (Des Forges 2002, S. 62). So kam es zu einem Triumvirat aus belgisch dominierter Kolonialverwaltung, *Tutsi*-Adel und christlicher Mission, das mit Zustimmung des *Tutsi*-Königs (der den Titel *Mwami* trug) die Ausbeutung und Unterdrückung der bäuerlichen Bevölkerung organisierte. Diesen Prozess kann man als *Ethnogenese* bezeichnen – die Schaffung ethnischer Grenzziehungen real und mental –, und dessen Ergebnis als *politisierte Ethnizität* (vgl. auch Strizek 1996, S. 74f.).

Die koloniale Inwertsetzung des Mandatsgebietes durch Einführung von *cash crops* – Kaffee und Tee, später auch von Tabak, Baumwolle, Chinarinde und Pyrethrum – stieß angesichts der Landknappheit und hoher Bevölkerungsdichte bald an Grenzen. Von 1890 bis 1945 soll es 12 Hungersnöte im Land gegeben haben, wobei die von 1942 bis 1944 mit etwa 300.000 verhungerten Menschen wohl die schlimmste gewesen ist (Schicho 1999, S. 244). Bis kurz vor ihrem Ende setzte die belgische Mandatsverwaltung auf die Unterstützung der ethnischen Minderheit der *Tutsi*: Im Jahr 1959 waren von 530 *sous-chefs* (Unterhäuptlingen) 520 *Tutsi*, und unter den 45 *chiefs* befand sich kein einziger *Hutu*. Auch war die Armee von *Tutsi*-Offizieren dominiert. Als nun aber die Vereinten Nationen auf baldige Dekolonialisierung der Mandatsgebiete Ruanda und Burundi drängten und allgemeine Wahlen zur Rekrutierung nationaler Regierungen forderten, waren Verwaltung und Mission mit einem Problem konfrontiert: Wenn die bislang unterdrückte Mehrheit würde wählen dürfen, würde sie mit Sicherheit mittels ihrer Wahlzettel ihre bisherigen Peiniger (die Tutsi) zum Teufel jagen.

Schon die ersten Kommunalwahlen brachten die Umkehrung der politischen Kräfteverhältnisse mit sich. Im September 1961 stimmten rund 80 % der Ruander für die Abschaffung der Tutsi-Monarchie und für eine Republik mit einem Mehrparteiensystem, in der die ethnische Mehrheit auch die demokratische Mehrheit und damit die politische Macht beanspruchte. „Zu Beginn griffen die Hutu nur die Machthaber an und ließen ihre einfachen Tutsi-Nachbarn in Ruhe. In der Regel versuchten sie lediglich, die Tutsi zu vertreiben, nicht aber, sie zu vernichten. Den Norden, wo die Kolonialverwaltung drei Jahrzehnte zuvor Verwaltungsbeamte der Tutsi eingesetzt hatte, ‚säuberten' sie nahezu vollständig von der Tutsi-Bevölkerung" (Des Forges 2002, S. 65). So entstand die erste Flüchtlingswelle von *Tutsi* ins Exil. Einige dieser Flüchtlinge kamen bewaffnet zurück und versuchten – insgesamt zehnmal in den Jahren 1961-1967 – eine Restauration der alten politischen Verhältnisse zu erreichen, – allerdings vergeblich. Zu dieser Zeit schufen die *Hutu*-Politiker auch eine Verbindung zwischen angeblichem Patriotismus und eigenem Gewinnstreben: Die angeblichen Feinde der Nation wurden attackiert und deren Eigentum geplündert. Dieser *Plünderungsmechanismus* schuf für die neuen Herren in Verwaltung und Armee einen ständigen Anreiz, den Kreis der unschädlich zu machenden *Tutsi* auszuweiten. Nach den Angaben des belgischen Historikers *Gérard Prunier* sollen in dieser politisch unruhigen Anfangsphase der

8.5 Ruanda: Genozid und staatlicher Neubeginn

Republik Ruanda ca. 20.000 *Tutsi* getötet worden sein; und mehr als 30.000 sahen sich gezwungen, ins Ausland zu flüchten (Prunier 1995, S. 62). Bis zur Invasion der aus Uganda kommenden *RPF* im Jahr 1990 sollte die Zahl der ins benachbarte Ausland geflohenen *Tutsi* auf etwa 600.000 angewachsen sein.

Im Juli 1973 ergriff *Juvénal Habyarimana*, der ranghöchste Offizier der Streitkräfte, die Macht und versprach, die wachsenden Spannungen innerhalb der *Hutu*-Bevölkerung (zwischen den *Hutu* im Norden und den mächtigen *Hutu*-Clans im Süden) zum Ausgleich zu bringen. Er schuf die Zweite Republik mit einem Staatsstreich, der zunächst ohne Blutvergießen verlief, obwohl später etwa fünfzig prominente Führungspersönlichkeiten der Ersten Republik hingerichtet wurden oder im Gefängnis umkamen. Er schuf einen Einparteienstaat, in dem Regierung und Einheitspartei *MRND (Mouvement Révolutionnaire Nationale pour le Développement)* eng miteinander verwoben wurden (Des Forges 2002, S. 69). Im Ausland wurde das politisch so stabil erscheinende Land als Modellstaat in Afrika geschätzt, und so kam es in den 1970er und 1980er Jahren in den Genuss beträchtlicher ausländischer Unterstützung, mit der die *Habyarimana*-Regierung eine *eindrucksvolle Infrastruktur* aufbaute, insbesondere in den Bereichen Straßenbau, Telefon- und Stromversorgung. „Die wahre Natur des ruandischen Apartheidregimes wurde ignoriert" (Melvern 2004, S. 22). Übersehen wurde dabei auch die steigende Not der weiter verarmenden bäuerlichen Bevölkerung:

> „Mehr als 90 % der Bevölkerung lebten vom Landbau, und während sie weiter wuchs, blieb die bebaubare Fläche gleich groß. Die den einfachen Bauern zur Verfügung stehende Landfläche schrumpfte sogar noch weiter, da örtliche Behördenvertreter Felder für Entwicklungsprojekte freigaben und Angehörige der städtischen Elite das Land der Armen aufkauften, um sich selbst als Pachtherren zu etablieren, die weitab von ihrem Land lebten. Einer Studie der Regierung aus dem Jahre 1991 zufolge besaßen die reichsten 16 % der Landeigentümer 43 % des Bodens, während die ärmsten Haushalte ihren kümmerlichen Lebensunterhalt einem Besitz von einem Viertel bis drei Hektar oder sogar weniger als einen Morgen abtrotzen mussten. In den am dichtesten bevölkerten Gegenden konnten einige junge Menschen nicht einmal heiraten, weil sie kein Land zum Bebauen finden konnten und es Brauch war, dass ein Mann ohne Landbesitz auch keine Frau heiraten durfte. In der Gemeinde Ngoma in der Präfektur Butare war die Situation so prekär, dass viele junge Menschen unverheiratet zusammenlebten und Kinder zeugten, was als schwerer Verstoß gegen althergebrachte Verhaltensmaßregeln galt" (Des Forges 2002, S. 72-73).

Man stelle sich vor, was Menschen in dieser verzweifelten Lebenssituation empfinden mussten, wenn sie hören würden, dass eine Armee von ‚Feinden' (*Tutsi*) die Staatsgrenze überschritten hätte und sich in Richtung auf die Hauptstadt vorkämpfen würde, um sich Macht und ‚ihr' Land zurückzuholen? Würden die Eindringlinge Erfolg haben, könnte das mit einiger Sicherheit den Untergang der eigenen Existenz (Hutu) bedeuten. Damit ist m. E. für die unteren sozialen Schichten der *Hutu*-Bevölkerung der wichtigste Grund genannt, sich an der von oben befohlenen Verteidigung ihrer Überlebensinteressen zu beteiligen, notfalls mit allen Mitteln bis hin zur Ermordung der *Inyenzi* ('Kakerlaken'). Als Hauptfeind wurden von der Armee die ‚extremistischen Tutsi' definiert, „die sich nach der Macht sehnten, die *niemals* die Realitäten der sozialen Revolution von 1959 anerkannt haben und sie *niemals* anerkennen werden und die mit allen notwendigen Mitteln, auch mit Waffengewalt, die Macht wieder an sich reißen möchten" (Des Forges 2002, S. 91).

Der Angriff der *Ruandischen Patriotischen Front (RPF),* von 1990 aus dem ugandischen Exil heraus, hatte eine Vorgeschichte, die die These von der *Landknappheit der Bauern* als Ursache für ihre existenzielle Selbstverteidigung bis zum Massenmord weitere Evidenz verleihen kann. Im Jahr 1982 hatte die ugandische Regierung von Präsident *Yoweri Museveni* Tausende Flüchtlinge nach *Ruanda* abgeschoben, die nur kurze Zeit später wieder über die Grenze nach *Uganda* zurückgeschickt wurden; denn die Behörden in *Ruanda* erklärten, dass das Land überbevölkert sei und daher den Flüchtlingen die Rückkehr nicht gestattet werden könnte (Des Forges 2002, S. 75). In *Uganda* nahm der Groll gegen die Flüchtlinge aus *Ruanda* zu, und die Regierung beschloss nun, alle Nicht-Ugander, einschließlich der Flüchtlinge aus *Ruanda*, vom Landbesitz auszuschließen. „Dies soll der Auslöser für die Invasion und den Versuch der Flüchtlinge gewesen sein, das Staatsbürgerrecht in ihrem Ursprungsland wiederzuerlangen" (Melvern 2004, S. 24-25). Doch die beginnende Invasion von 1990 wurde von der ruandischen Armee rasch mit Hilfe französischer Militärs gestoppt; das *Habyarimana*-Regime reagierte darauf mit einer „Strategie der ethnischen Spaltung" (Des Forges): Zwischen 1990 und 1994 ordnete es fünfmal Massaker an, denen jeweils zahlreiche inländische *Tutsi* zum Opfer fielen; unter der *Hutu*-Bevölkerung wurde die Doktrin der *Hutu Power* verbreitet. Ethnische Diskriminierung und staatlicher Terror wurden vom Ausland ignoriert oder – im Fall *Frankreichs* – wohlwollend geduldet. Die christlichen Kirchen unterstützten – von Ausnahmen abgesehen – das *Habyarimana*-Regime bis zuletzt, wohl aus Opportunismus.

In den 1990er Jahren verschlechterte sich die materielle Situation der Bevölkerungsmehrheit Ruandas immer mehr. Die Überschuldung des Landes im Ausland erzwang unpopuläre Strukturanpassungsmaßnahmen der Weltbank. Mehr als eine Million Menschen, vor allem im Süden Ruandas, waren laut Auskunft des Internationalen Roten Kreuzes 1993 vom Hunger bedroht. Viele von ihnen meldeten sich als Rekruten bei Armee und privaten Milizen (Schicho 1999, S. 252). Drei weitere Faktoren trugen in der Vorkriegsphase 1990 bis 1994 zur weiteren Zuspitzung der Interessenwidersprüche bei: *Erstens* der massive *Preisverfall von Kaffee* auf den

8.5 Ruanda: Genozid und staatlicher Neubeginn

internationalen Märkten, – ein Produkt, mit dem Ruanda 75 % des Außenhandels bestritt. Plötzlich zählte Ruanda zu den vielen Schuldnerländern, die die oktroyierten finanzpolitischen Maßnahmen der Weltbank und der Geberländer akzeptieren mussten. *Zweitens* hatten die *Geberländer* sowie die ruandische Zivilgesellschaft den Druck auf das Regime so erhöht, dass sich der wirtschaftlich geschwächte Alleinherrscher auf Verhandlungen über die Rückkehr zum *demokratischen Mehrparteiensystem* und zur Machtteilung mit der Opposition, einschließlich der an der Grenze stationierten Exil-Ruander, einlassen musste. Und *drittens* führten die ständigen Massaker an den *Hutu* im Nachbarstaat *Burundi*, wo es nicht zu einer Ablösung der Herrschaft der *Tutsi* gekommen war, den *Hutus* vor Augen, was ihnen bei einer Rückkehr der Unterdrücker von einst blühen könnte. Am 21.10.1993 war der erste Hutu-Präsident Burundis, *Ndadaye,* ermordet worden (Strizek 1996, S. 230-231).

Am 6. April 1994 trafen zwei Raketen das Flugzeug im Landeanflug auf *Kigali*, in dem der ruandische Präsident *Habyarimana* und sein burundischer Kollege *Ntaryamira* den Tod fanden, als sie sich auf dem Rückflug von Friedensverhandlungen im tansanischen *Arusha* befanden. Die Verantwortlichen für dieses Verbrechen – waren es *Tutsi* auf Geheiß von *Paul Kagame* oder extremistische *Hutu*, die die Kompromisspolitik von Habyarimana verhindern wollten? – sind niemals identifiziert worden. Fest steht nur, dass eine kleine Gruppe der engsten Gefährten von *Habyarimana* nur wenige Stunden nach dem Attentat entschied, die seit Jahren geplante Vernichtungsaktion durchzuführen. Sowohl in der Hauptstadt *Kigali* als auch in den Provinzen standen Soldaten und Milizen bereit, um die avisierten Opfer, die vorab in Listen aufgeführt worden waren, anzugreifen. Mit Rückendeckung der Milizen ermordeten Angehörige der Präsidentengarde und Truppen unter Hauptmann *Théoneste Bagosora* (Kabinettschef im Verteidigungsministerium unter *Habyarimana*) zahlreiche ‚Feinde' und ‚Verräter'. Soldaten und Milizen zogen von Haus zu Haus und holten *Tutsi* aus ihren Häusern, um sie in Regierungsgebäude, Kirchen, Schulen oder in anderen öffentlichen Gebäuden unterzubringen, wo man sie später in groß angelegten Operationen mit Macheten niedermetzelte. Eine wichtige Rolle spielten dabei die Rekruten der *Interahamwe* („*Diejenigen, die gemeinsam angreifen*"), die vom Regime Monate vor dem Genozid ausgebildet worden waren und die sich bei der Ermordung der *Tutsi* besonders hervortaten. Die Behörden boten jedem, der sich am kollektiven Morden beteiligte, materielle Anreize: Sie gaben hungrigen und arbeitslosen jungen Männern Nahrung, ferner Alkohol und andere Rauschmittel; sie ermutigten Bauern, Vieh, Ernten und Baumaterial zu plündern. Für die nahezu 60 Prozent der Ruander im Alter von unter 20 Jahren, von denen Zehntausende kaum hoffen konnten, jemals eigenes Land bebauen zu können, war das Landversprechen eine starke Motivation für das Mitmachen (Des

Forges 2002, S. 28). Bedrohlich standen die RPF-Kämpfer *Kagames* in den nördlichen Grenzregionen des Landes, um bald darauf auf die Hauptstadt vorzurücken. Doch aus dem Ausland kamen keine Appelle, dem Morden ein Ende zu setzen, ganz im Gegenteil: Franzosen und Belgier zogen ihre Blauhelme zurück, obwohl der kanadische General *Roméo Dallaire*, Befehlshaber der UN-Friedenstruppe, von *Kigali* aus das UN-Generalsekretariat bereits im Januar 1994 in einem Telegramm gewarnt hatte, dass in *Ruanda* ein großes Blutbad vorbereitet würde. Er hielt die Abwendung des sich anbahnenden Genozids bis zum 8. April noch für möglich und bat eindringlich das Hauptquartier der Vereinten Nationen, nicht die wenigen Blauhelme abzuziehen, sondern das Kontingent zu verstärken und mit einem robusten UN-Mandat auszustatten. Doch die permanenten Mitglieder des UN-Sicherheitsrats leugneten oder ignorierten die Genozid-Gefahr und dann den Genozid selbst; Belgien zog seine Soldaten ganz ab (nachdem zehn belgische Blauhelme ermordet worden waren); die US-amerikanische Regierung unter Präsident *Clinton* wollte nach der Katastrophe in *Somalia* von 1993 keine weiteren ‚humanitären Interventionen' in Afrika finanzieren; und Frankreich war wie gelähmt, hatte es doch das *Hutu*-Regime Jahrzehnte lang mit Waffen versorgt und politisch bis zuletzt unterstützt.

Als die RPF-Kämpfer Mitte Juli 1994 endlich *Kigali* erreichten, war es mit der *Hutu power* vorbei. Der irrwitzige Traum der extremistischen *Hutu*-Politiker, eine Nation von solidarischen Tätern zu schaffen, die durch das gemeinsam verübte Morden zu einer neuen starken Identität hätte geführt werden sollen, zerschellte angesichts eines Gegners, der selbst zum Äußersten entschlossen war. Die *RPF* mit etwa 700.000 ehemaligen Flüchtlingen im Gefolge tötete auf dem Weg zur Beendigung des Genozids in ihrem Herkunftsland etwa 60.000 Hutu (Des Forges 2002, S. 35). Ein zwei Millionen *Hutu* umfassender Exodus von Flüchtlingen aus *Ruanda* nach der *DR Kongo* sowie nach *Tansania* und *Burundi* setzte ein. Die für den Genozid verantwortlichen *Hutu-Gruppen* reorganisierten sich rasch in den Flüchtlingslagern der Nachbarländer, ohne von ihrer Politik der ethnisch-politischen Säuberung abzulassen. In den fünf großen Lagern um *Goma/Zaire* mit insgesamt 850.000 Flüchtlingen organisierten die Drahtzieher des Genozids die Bevölkerung neu, monopolisierten die Verteilung der Nahrungsmittelhilfe, kauften erneut Waffen in China, Südafrika und anderswo, um Einfälle nach *Ruanda* planen und durchführen zu können (Prunier 2009, S. 25f.). Die gestürzte Regierung war nach Zaire geflohen und hatte alles Geld aus der Zentralbank mitgenommen. In Ruanda irrten 300.000 elternlose Kinder auf der Suche nach Essen herum (siehe dazu den Augenzeugenbericht von Englebert Munyambonwa, in Hatzfeld 2016).

Das *historische Urteil* über den Genozid von *Ruanda* ist von *Human Rights Watch* mit den Worten von *Alison Des Forges* wie folgt gesprochen worden:

8.5 Ruanda: Genozid und staatlicher Neubeginn

„Der Völkermord war das Ergebnis einer bewussten Entscheidung, getroffen von einer modernen Elite, die sich durch Verbreitung von Hass und Angst den Machterhalt zu sichern suchte. Diese kleine, privilegierte Gruppe brachte zunächst die Mehrheit gegen die Minderheit auf, um der zunehmenden Opposition innerhalb Ruandas Herr zu werden. Dann jedoch, angesichts der sowohl auf dem Schlachtfeld als auch am Verhandlungstisch erzielten Erfolge der RPF, änderten die Machthaber die Strategie der ethnischen Teilung und setzten stattdessen auf den Völkermord. Sie glaubten, ein Vernichtungsfeldzug könne die Solidarität der Hutu unter ihrer Führung wiederherstellen und ihnen dabei helfen, entweder den Krieg zu gewinnen oder zumindest ihre Chancen auf ein für sie günstiges Ergebnis der Friedensverhandlungen zu verbessern. Sie rissen die Kontrolle über den Staat an sich und bedienten sich seiner Maschinerie und seiner Autorität, um ihr Blutbad durchzuführen" (Des Forges 2002, S. 16).

Ebenso wie die Organisatoren des Völkermords waren auch die Täter „keineswegs Dämonen oder Marionetten, die Kräften ausgesetzt waren, denen sie sich nicht entziehen konnten. Sie waren Menschen, die sich entschieden hatten, Böses zu tun. Zehntausende von Furcht, Hass oder der Hoffnung auf Profit getriebene Menschen trafen eine schnelle und leichte Wahl. Sie begannen zu töten, zu vergewaltigen, zu rauben und zu zerstören. Bis zum Schluss fielen sie immer wieder über Tutsi her – ohne Zweifel oder Reue. Viele von ihnen ließen ihre Opfer entsetzlich leiden und freuten sich daran. Hunderttausende entschlossen sich nur zögerlich zur Beteiligung am Völkermord, einige unter Zwang oder aus Angst um ihr Leben... Dass vermeintlich legitime Behörden zu Angriffen anstachelten oder diese anordneten, machte es den Zweifelnden leichter, Verbrechen zu begehen und dennoch zu glauben oder vorzugeben, sie hätten nichts Unrechtes getan" (Des Forges 2002, S. 16)

Der Soziologe *Dieter Neubert* und die Ethnologin *Anna-Maria Brandstetter* haben die Komplexität der Genozid-Ursachen wie folgt zu beschreiben versucht: (1) Massiver sozialer Sprengstoff durch die Existenzgefährdung und Perspektivlosigkeit der jungen Landbevölkerung; (2) regionale Spannungen als Kritik an der Dominanz des ruandischen Nordens in der Regierung; (3) Fraktionskämpfe innerhalb der Machtelite bei knapper werdenden Ressourcen; (4) erzwungene Demokratisierung durch die Industriestaaten als Gläubiger und Geber; (5) Druck der ugandischen Regierung, die ruandischen Flüchtlinge zu repatriieren sowie (6) eine militärische und politische Bedrohung durch die RPF (Neubert & Brandstetter 1996, S. 418). Der Genozid in Ruanda hatte für ganz Afrika destabilisierende Wirkungen, die hier nur angedeutet werden sollen. Drei bis vier Millionen Menschen, darunter auch viele *Ruanda-Flüchtlinge*, starben in *Ost-Kongo (Zaire)* – an Unterernährung und Hunger, als Folge der militärischen Einfälle aus *Ruanda*, als Folge des Bürgerkriegs in *Zaire*, der zum Sturz des maroden *Mobutu*-Regimes 1997 führte, was wiederum den ersten kontinentalen Krieg in Afrika auslöste. Der französische Afrika-Historiker *Gérard Prunier* vertrat die Ansicht, dass der ruandische Genozid wie ein Katalysator gewirkt hätte, der eine „enorme afrikanische Krise" im gesamten Seengebiet Afrikas und darüber hinaus sichtbar gemacht hätte (Prunier 2009).

Auch die Aufarbeitung des Traumas des Genozids von 1994 ist auf halbem Weg stecken geblieben. Angesichts der zunächst chaotischen Verhältnisse war der Neuanfang für die neue Regierung unter Führung des starken Mannes *Paul Kagame* – bis heute Staatspräsident (im Jahr 2000 ernannt und 2003, 2010 und 2017 wiedergewählt) – schwer und wäre ohne die umfangreiche finanzielle und politische Unterstützung aus dem Ausland nicht möglich geworden. Noch schwerer tat sich das neue Regime, wie auch die internationale Staatengemeinschaft, mit der Frage der Bestrafung der Täter und der nationalen Aussöhnung. Hervorzuheben sind die Bemühungen, mittels *Gacaca-Gerichten*[9] eine Versöhnung zwischen Tätern und (überlebt habenden) Opfern auf lokaler Ebene zu bewerkstelligen (wobei Anklagen gegen Mord nicht verhandelt werden durften). Auf nationaler Ebene ist eine wirkliche Versöhnung zwischen *Tutsi* und *Hutu* unter Präsident Kagame blockiert worden. Zwar hat das ruandische Parlament mit dem *Gacaca*-Gesetz von 2001 die legalen Voraussetzungen für eine Bestrafung von Verbrechern und für eine Aussöhnung zwischen Tätern und Opfern geschaffen, aber für eine wirkliche Aussöhnung auf nationaler Ebene zwischen den antagonistischen Parteien ist es wohl noch zu früh. Ab März 2005 arbeiteten zwar rund 13.000 *Gacaca*-Gerichte über das ganze Land verteilt, die eine protokollierte Aussprache zwischen Tätern und Opfern unter Beteiligung der Gemeinde und bei Anhörung von Zeugen ermöglichten, bis hin zur Verurteilung der überführten Täter. Aber im Juni 2012 sind die *Gacaca*-Gerichte eingestellt worden, ohne dass alle inhaftierten Genozid-Beteiligten ein Urteil erfahren hätten. Die Strafverfolgung auf internationaler Ebene begann 1995 mit der Errichtung des *International Criminal Tribunal for Rwanda* (*ICTR*) mit Sitz in *Arusha/Tansania*, das Rechtsgewalt über das Delikt des Völkermords, Verbrechen gegen die Menschlichkeit und Kriegsverbrechen nach Artikel 3 der Genfer Konventionen zugewiesen bekam. Seit der Aufnahme seiner Tätigkeit im November 1995 sprach es bis Anfang April 2014 in 75 Fällen Urteile, zwölf davon waren Freisprüche, und 16 der 75 Verfahren befanden sich in Berufung. Darüber hinaus wurden zehn Fälle an nationale Gerichte überwiesen, zwei Angeklagte verstarben vor Prozessende, zwei Anklagen wurden fallengelassen (nach https://

---

9   Gacaca bedeutet ‚weiches Gras', wie das Gras unter den Bäumen, unter denen von alters her die dörflichen Schiedsgerichte tagten. Ab 2002 wurden Gacaca-Gerichte zur Ergänzung des staatlichen Justizapparats eingerichtet. Sie sollten der Aussöhnung zwischen Tätern und Opfern durch mündliche Gegenüberstellung dienen.Sie gelten nicht als besonders erfolgreich.

de.wikipedia.org/wiki/Internationaler_ Strafgerichtshof_f%C3%BCr_Ruanda, abgerufen am 16.10.2016; Tull & Weber 2016).

Heute betreibt *Ruanda* eine ‚*Top-Down Politik*' nach dem Muster asiatischer Tigerstaaten: ehrgeizig, zielorientiert und gesteuert, doch „demokratische Spielregeln bleiben fürs erste auf der Strecke" (Schaeffer 2012, S. 216). *David Booth* und *Frederick Golooba-Mutebi* haben diese Politik passend als „*developmental patrimonialism*" charakterisiert: Diese liegt vor, „wenn eine regierende Elite ein zentrales Renten-Management oktroyiert, was eine Eigenart des Frühkapitalismus ist, und dieses langfristig einsetzt" (Booth & Golooba-Mutebi 2011, S. 1).

8.6 Fazit: Politisierte Ethnizität

Betrachtet man in vergleichender Sicht die hier analysierten Fälle von Staatszerfall – *Somalia, Simbabwe und Ruanda* –, so fallen drei Gemeinsamkeiten besonders ins Auge: Erstens das Ausmaß an *politischer Gewalt*, das afrikanische Herrscher gegenüber Teilen ihrer eigenen Bevölkerung anzuwenden bereit sind, wenn es gilt, ihre eigenen Machtinteressen und Privilegien zu verteidigen. Zweitens die gezielte Politik der *Diskriminierung und Instrumentalisierung* von *ethnischen Differenzen* in der Bevölkerung als Mittel des politischen Kampfes, was ein rechtsstaatliches *nation-building* verhindert. Drittens die berechtigte Sorge der unteren Schichten der Landbevölkerung um den Zugang zur *primären Überlebensressource*, nämlich *Acker- und Weideland* (Barrett, Carter & Little 2008, Oya 2010). Angesichts des starken Bevölkerungswachstums werden Landknappheit und Landmangel, die Grundlage für Ernährungsunsicherheit und Hunger, in zahlreichen Ländern Afrikas zu einem materiellen Motiv für Gewaltanwendung und ethnisch-politische Diskriminierung (Boone 2014; Becher 2016). Wer afrikanische Geschichte verstehen will, muss sich vor allem auch mit den Mechanismen, Entstehungszusammenhängen und Folgen der *politisierten Ethnizität* beschäftigen – einer oftmals unterschätzten Realität (Tetzlaff 1992). Wer heute über Ethnizität in Afrika schreibt – meinte im Jahr 2001 die Ethnologin *Carola Lenz* – stehe vor „einem Paradox":

> „Auf der einen Seite sind sich westliche Historiker und Ethnologen weitgehend einig, dass das vorkoloniale Afrika nicht aus den gegenwärtig bekannten ethnischen Gruppen bestand, zwischen denen sich klare kulturelle, sprachliche und politisch-territoriale Grenzen hätten ziehen lassen. Prägende Charakteristika der meisten afrikanischen Gesellschaften waren (und sind noch heute) Mobilität, überlappende Netzwerke, multiple Gruppenmitgliedschaften und kontextabhängige Grenzziehungen. Auf der anderen Seite haben ethnische Gemeinschaftsideologien aber inzwischen in Afrika

so stark Fuß gefasst, dass die Vorstellung, die heute bekannten ethnischen Gruppen existierten schon seit Jahrhunderten, weit verbreitet ist. Ob nun Ethnizität positiv als Festhalten an kulturellen Traditionen oder negativ als illegitime politische Vetternwirtschaft bewertet wird, sie ist fester Bestandteil des öffentlichen politischen Diskurses in Afrika und auch in Europa" (Lenz 2001, S. 161–162).

In ihrer Habilitationsschrift „Die Konstruktion von Ethnizität. Eine politische Geschichte Nord-West-Ghanas 1870-1990" konnte *Carola Lenz* aufzeigen, dass die Verknüpfung von vorkolonialen und kolonialen Mustern der Gemeinschaftsbildung ein komplexes Geflecht von verschiedenen Möglichkeiten geschaffen hatte, „Grenzen zu ziehen, Zugehörigkeiten zu definieren und gemeinsames Handeln zu begründen". Diese Möglichkeiten brachten „ethnische Gemeinschaften" hervor, soweit sie sich auf Abstammung und eine geburtsrechtlich definierte Mitgliedschaft berufen konnten. Aber diese „ethnischen Gemeinschaften" seien je nach Handlungskontext „unterschiedlich inklusiv und nicht nach ein und demselben Bauprinzip konstruiert" worden: „Territorium/*native state*, Sprache/Kultur und Verwandtschaft/Patrilinearer Klan" seien die *drei grundlegenden Konstruktionsprinzipien*, nach denen „ethnische Gemeinschaften" in diesen Regionen Ghanas gebildet wurden. „In allen scheinbar eindeutigen ethnischen Kategorien schwingen diese drei Modelle mit, wobei jedes eine etwas andere Grenzziehung impliziert. Just diese Mehrdeutigkeit macht ‚Ethnizität' zu einem erfolgreichen Idiom der Gemeinschaftsbildung" (Lenz 1998, S. 644; siehe auch Heidemann 2011, S. 138f.).

Bei der Betrachtung von *kulturellen Traditionen* – worunter in Afrika auch Stämme (englisch: *tribes*), Clans, Häuptlingstümer und ethnisch-religiöse Gruppen firmieren (Beer 2017, S. 80f.) – gab und gibt es in der Fachliteratur zwei kontroverse analytische Ansätze – die Primordialisten und die Konstruktivisten. Während *Primordialisten* von erblichen oder sonst wie „gegebenen" (natürlichen) Merkmalen der sozialen Unterscheidung von Gruppen ausgehen – wie vor allem gemeinsame Sprache, physische Ähnlichkeit oder gemeinsame Herkunft von einem Ahnherren – und somit einen *essentialistischen* Kulturbegriff zugrunde legen, betonen *Konstruktivisten* ganz im Gegenteil die Relativität kultureller Merkmale, die kontextabhängig und somit veränderbar sind (Fischer 2017, S. 27f.). *Konstruktivistische Ansätze* betonen vor allem, dass Ethnizität keine überhistorische und quasi-natürliche Gruppenzugehörigkeit sei, sondern eine in spezifischen historisch-politischen Konstellationen konstruierte soziale Zuschreibung. Ethnische Gruppen, so die Grundannahme aller Konstruktivisten, existieren nur als ein „wir" in Relation zu „anderen" (Geertz 1987; Elwert 1989; Beck 2001; Beer 2017).

Diese Kontroverse ist inzwischen in den Sozialwissenschaften sehr eindeutig zugunsten der Konstruktivisten entschieden worden (Taylor 1993; Schulz & Seebode 2010; Schönhuth 2017, S. 362f.). *Eric Hobsbawm* und *Terence Ranger* konnten in ihrem Klassiker *The Invention of Tradition* aus dem Jahr 1983 zeigen, dass im südlichen und östlichen Afrika vor der Ankunft ‚des weißen Mannes' Gesellschaften fluide Gebilde waren, die durch überlappende Netzwerke, vielfältige Gruppenmitgliedschaften und kontextabhängige Grenzziehungen charakterisiert waren. Erst das Opportunitäts- und Machtdenken der Kolonialeuropäer hätte aus einer Fülle verschiedener kollektiver Identitäten ethnische Gemeinschaftsideologien „fabriziert"; d. h. „tribale Traditionen" seien regelrecht *„erfunden"* worden. Dabei konnten die Erfinder von ‚Stämmen' zum einen europäische Kolonialbeamte gewesen sein, die aus Kostengründen leicht überschaubare Häuptlingsdistrikte brauchten, mit einem verantwortlichen *Chief* an der Spitze, und wenn keiner zu finden war, wurde jemand zum traditionellen *Chief* ernannt. Und zum anderen konnten auch kolonisierte Afrikaner selbst es für nützlich gehalten haben, zu einem starken, als ‚edel' angesehenen *tribe* mit kulturell einflussreicher Vergangenheit zu gehören. Notfalls wurde ein ‚Gründungsvater' und mythischer Ahnherr eines Volkes ‚erfunden' – gewissermaßen die früheste Form der politisierten Ethnizität.

Oftmals sind ethnisch-kulturelle Kleingruppen erst durch *politischen Druck von außen* zu größeren Interessenverbänden zusammengeschweißt worden, die sich dann als *Volk* oder *Ethnie* selbst verorteten. Das Bewusstsein ethnischer Zugehörigkeit bildet so eine wichtige Orientierung, wenn auch nicht die einzige (Waldmann & Elwert 1989). Der Ethnologe *Thomas Zitelmann* hat am Beispiel der 200 Untergruppen und Clans der Äthiopier, die durch eine gemeinsame Sprache und eine Gesellschaftsordnung auf der Basis von Altersklassen verbunden waren, gezeigt, wie erst durch die Modernisierung und Demokratisierung des monarchischen Staates ein gemeinsames *Oromo*-Bewusstsein als politische Bewegung im Kampf um Selbstbehauptung entstanden ist, das es früher nicht gegeben hatte. Es ging um die Abwehr des Herrschaftsanspruchs der *Amharen*, welcher von *Oromo*-Führern als „schwarzer Kolonialismus" bekämpft wurde. In den Flüchtlingslagern in *Somalia* entstand unter den Äthiopienflüchtlingen eine „Selbstidentifikation" als Oromo, wobei die jüngere Generation (Schüler und Studenten) den Ton angaben (Zitelmann 1989, S. 71). In der britischen Kolonie *Kenia* waren es in erster Linie die Absolventen der Missionsschulen, die die *Kikuyu* als eigenständigen *tribe* ‚entdeckten' bzw. erfanden und mit dieser zweckoptimistischen Behauptung ihre Ideologie proklamierten (weitere Beispiele in Tetzlaff & Jakobeit 2005, S. 84f.). Der Ethnologe *Georg Elwert* definierte Ethnien als „familienübergreifende und familienerfassende Gruppen, die sich selbst eine (u. U. auch exklusive) kollektive Identität zusprechen. Dabei sind die Zuschreibungskriterien, die die Außengrenze setzen, wandelbar. Sie beanspruchen jedoch Dominanz gegenüber anderen Zuordnungskriterien. Der Begriff der Ethnie, wie ihn eine gegenüber dem ‚völkischen' Alltagsverständnis dissidente Sozialanthropologie verwendet (Mühlmann 1965, Barth 1969), ist weiter [zu fassen] als der der Nation. Es fehlen der Bezug zu einer Zentralinstanz und das Element exklusiver 'Staatsbürgerschaft'" (Elwert 1989, S. 32).

Ethnizität meint also vor allem das Bewusstsein, zu einer exklusiven Gruppe zu gehören. Es wird im Umgang mit anderen Menschen und Gemeinschaften erfahren und durch Grenzziehung aktualisiert. Das ist der in den Köpfen und Herzen vor sich gehende Vorgang: die fiktive oder reale Grenzziehung, die sich im Alltag in vielerlei Form äußern kann, zum Beispiel negativ durch Ausschluss ‚Fremder' von gemeinsamen Institutionen, Festen oder Mahlzeiten. Da wir es in Afrika in der Regel mit nicht-konsolidierten Staaten zu tun haben, findet die Besetzung der entstandenen Leerstellen des politischen Raums durch die Artikulation (und Begriffsbestimmung) von ethnischer oder religiöser Identität statt. Da sich aber stets mehrere Bevölkerungsgruppen auf ihre spezifisch kulturelle Identität berufen, wenn es um Eigentumsrechte, Verteilungskonflikte oder um Zugangsrechte auf Ressourcen geht, besteht die eigentliche Aufgabe in modernen Zivilisationen darin, die natürlicherweise entstehenden Gesellschaftskonflikte auszuhalten und einer friedlichen Regelung durch Aushandeln von Kompromissen zu unterstellen (siehe auch unten Kapitel 12 ‚Frieden durch soziale Inklusion').

Aufgaben

1. Nennen Sie die endogenen, exogenen & strukturellen Ursachen der *somalischen* Tragödie.
2. Wie lässt sich das Staatsversagen in *Simbabwe* unter Präsident Mugabe erklären?
3. Der Genozid in *Ruanda* 1994 hatte mehrere Ursachen. Versuchen Sie mit einem Ranking der Ursachen einen (möglicherweise kontroversen) Bedingungs- und Begründungszusammenhang herzustellen.

Demokratisierung: Demokratie unter Armutsbedingungen   9

9.1 Demokratie und Entwicklung – theoretische Befunde

Die Demokratisierung afrikanischer Gesellschaften und Regierungen ist ein historisch noch recht junger *Prozess der sozialen und politischen Transformation*. Er begann am Ende der Kolonialzeit im Zuge der Dekolonialisierung, als kleine soziale Gruppen der *Intelligentia*, von Gewerkschaftsmitgliedern und von Menschenrechtsaktivisten anfingen, politische Reformen zu fordern (Ansprenger 2002). Doch ist er schon bald während der ersten Ära der Befreiung von Einparteienregierungen oder Militärputschisten erstickt worden. Um 1989/90 erreichte dann die „dritte Welle der Demokratisierung" auf Weltebene (Huntington 1991) auch Afrika, so dass wir heute auf eine fast dreißigjährige Geschichte der demokratischen Experimente in Afrika zurückblicken können[10].

Die Fachliteratur zum Begriff der Demokratie ist unendlich umfangreich, vielschichtig und anregend. Als Grundlage vieler Studien der *Transitionsforschung* hat sich die Minimaldefinition von *Robert Dahl* bewährt, der Demokratie (die er *Polyarchie* nennt) mit den Grundprinzipien *Wettbewerb und Partizipation* verband. Damit hatte er einen Kriterienkatalog für die Qualifizierung demokratischer Systeme verknüpft (Dahl 1971). Zu ihnen gehören: 1. Die Assoziations- und Koalitionsfreiheit;

---

10 Zum Thema Systemtransformation liegt mit der Studie des Berliner Politologen Wolfgang Merkel aus dem Jahr 1999 ein systematisch angelegtes Standardwerk vor (Merkel 1999). Es ergänzt die klassische Studie von Manfred Schmidt (1995) über „Demokratietheorien. Eine Einführung". Wichtig sind auch die Studien von Michael Bratton und Nicolaus van de Walle von der Michigan State University: „Democratic Experiments in Africa", 1997. Ihr Ausgangspunkt ist der institutionalisierte Neopatrimonialismus, der Afrika in die Sackgasse führte und interne Reformen notwendig werden ließ. Siehe auch Mehler 1993, Nwokedi 1995, Berg-Schlosser 1997, Schubert & Tetzlaff 1998, Temelli 1999, Basedau 2003, Nord 2004, Buchberger 2012, Diouf 2013, Riedl 2014, Cheeseman 2015, Becher 2016, Smidt 2017, Heyl 2017 sowie die Beiträge in der Zeitschrift ‚Democratization'.

2. Das Recht auf freie Meinungsäußerung; 3. Das Recht zu wählen und gewählt zu werden; 4. Das Recht politischer Eliten, um Wählerstimmen und Unterstützung zu konkurrieren; 5. Existenz alternativer, politischer Informationsquellen (Informationsfreiheit); 6. Institutionen, die die Regierungspolitik von Wählerstimmen und Bürgerpräferenzen abhängig machen (siehe auch Merkel 1999, S. 31 und Nord 2004, S. 20). Bis in die 80er Jahre des 20. Jahrhunderts war die These weit verbreitet, dass Demokratie als politische Herrschaftsform eigentlich nur in entwickelten Industriegesellschaften Fuß fassen könnte. Gerechtfertigt wurde diese Ansicht mit dem Verweis auf gesellschaftliche Voraussetzungen (*social pre-requisits*), die erst im Laufe von Generationen heranreifen, bevor politische Machthaber bereit sein würden, sich von dem Souverän, d. h. dem wählenden Volk, auch wieder *abwählen* zu lassen. Dem liegt der Gedanke der Machtteilung und des Wettbewerbs zwischen politischen Parteien zu Grunde. In diesem Zusammenhang spielte die These des Modernisierungstheoretikers *Seymour Martin Lipset* eine große Rolle: „*The more well-to-do a nation, the greater the chance that it will sustain democracy*" (Lipset 1961, S. 48). Gemessen an fünf Indikatoren für sozio-ökonomische Entwicklung – nämlich Pro-Kopf-Einkommen, Massenkommunikation, Industrialisierung, Verstädterung und Schulbildung – konnte *Lipset* empirisch nachweisen, dass in der angelsächsischen Welt, in Europa und Lateinamerika ein solcher Zusammenhang große Plausibilität beanspruchen könne. Durch den Erfolg der asiatischen Schwellenländer (*Taiwan, Süd-Korea, Hongkong, Singapur, Malaysia* etc.), die alle erst als Folge wirtschaftlicher Entwicklungserfolge dann auch demokratische Reformen in Richtung auf Rechtsstaatlichkeit und Mehrparteiensystem in Angriff nahmen, gewann die Lipset-These zunächst weitere Anerkennung. Als dann Mitte der 1980er Jahre weltweit eine „dritte Welle der Demokratisierung" entstand (Huntington 1991), die auch ärmere Entwicklungsländer wie die Philippinen, Benin und Mali erfasste, musste nach passenden Erklärungen für diese ‚untypischen' Entwicklungspfade gesucht werden.

Für Afrika als Kontinent mit zahlreichen sehr armen Staaten stellte sich um 1990 das herrschaftliche Grundproblem prinzipiell anders dar, als es im Oben erwähnten *Lipset-Szenario* zugrunde gelegt war: Nach einer ersten Phase neo-patrimonialer Herrschaft präsidentieller Diktaturen, die meist (bestenfalls) politische Stabilität, aber nur wenig ‚Entwicklung' gebracht hatten, entstanden demokratische Bewegungen aus dem Kreis der frustrierten urbanen Eliten, angeführt von konfliktbereiten oppositionellen Gruppen, die einfach nur einen *Systemwechsel* erreichen wollten, – quasi als die Negation der bestehenden repressiven Ordnung. Es war ein Schrei nach Freiheit und nach Respekt vor Menschenrechten, verbunden mit der Hoffnung auf ein materiell besseres und chancenreicheres Leben (Mehler 1993; Schubert, Tetzlaff & Vennewald 1994; Temelli 1999; Basedau 2003; Nord 2004; Deegan 2009, S. 76-95).

Vorreiter der Demokratisierung in Afrika wurden nicht die relativ reichen Rohstoffstaaten *Nigeria, Kongo/Zaire, Angola oder Gabun*, sondern einige bettelarme Staaten wie *Benin* und *Mali*. Zwischen 1989 und 1994 haben dann in etwa 40 afrikanischen Staaten erstmals oder seit langer Zeit wieder *Wahlen mit Wettbewerbscharakter* stattgefunden, entweder zum Parlament oder für das Amt des Staatspräsidenten oder für regionale Gebietskörperschaften (Bratton & van de Walle 1997). Während in 16 Fällen der amtierende Präsident irgendwie im Amt bestätigt wurde, wurden 15 Amtsinhaber auf der Grundlage einer neuen demokratischen Verfassung *abgewählt*. Dies war bis dahin in den drei Jahrzehnten nach Beginn der Unabhängigkeit nur ein einziges Mal geschehen: auf *Mauritius* im Jahr 1982/83, das schon seit Jahren ein gut funktionierendes Mehrparteiensystem für seine multikulturelle Gesellschaft entwickelt hatte (Leffler 1988). Im selben Fünfjahreszeitraum hat es 14 sog. *Gründungswahlen* gegeben, worunter die *Transitionsforschung* Wahlen versteht, die nicht nur zu einem *Regierungswechsel* sondern auch zu einem *qualitativen Regime-Wechsel* führen (Engel, Hofmeier, Kohnert & Mehler 1994).

Unter Sozialwissenschaftlern gibt es seit Jahren eine Debatte über die Frage, ob es nicht schon im vorkolonialen Afrika *autochthone Formen der Demokratie* gegeben hätte, an die man heute wieder anknüpfen könnte. Berühmt wurde die These des 1999 verstorbenen tansanischen Staatspräsidenten *Julius Nyerere*, die besagte: „Die traditionale afrikanische Gesellschaft, ob sie nun einen Häuptling hatte oder nicht oder auch mehrere, war eine Gesellschaft von Gleichen und besorgte ihre Angelegenheiten durch Diskussion…*They talk till they agree*. Das war der Kerngehalt der traditionellen afrikanischen Demokratie" (Nyerere 1966, zit. nach Nord 2004, S. 24). Der Anthropologe *Herbert S. Lewis*, der zwischen 1958 und 1991 in Äthiopien geforscht hat, vertrat die Ansicht, dass die *Oromo* mit der *gada-Ideologie* eine politische Kultur der sozialen Partizipation und Egalität entwickelt hätten, „die demokratisch, ja sogar republikanisch im klassischen Sinne" genannt werden könnte (Lewis 1995, S. 26). Das *gada-System*, das im Verlaufe von 400 Jahren an mehreren Orten des heutigen Äthiopiens praktiziert wurde und teilweise noch wird, bezeichnet ein Rangfolge von Klassen, bei der die regierende Klasse ihre funktionalen Ämter nach acht Jahren an die nach ihr kommende jüngere Altersklasse übergeben muss, was mit einer formalen Zeremonie des Machttransfers gefeiert wird (Lewis 1995, S. 27). Dieser Brauch könne als das Gegenteil der hierarchisch strukturierten Kultur der *Amharen* bezeichnet werden. *Gada* umfasste folgende Prinzipien: 1. Lokale Selbstregierung erfolgt durch freie Wahl von Genossen und von Mitgliedschaft in Genossenschaften; 2. Wahl von Führern, die im Auftrag der Gemeinde handeln; 3. Die Zeit von Amtsträgern wird durch die Einrichtung von *Altersklassen* begrenzt. Zum spirituellen Gehalt der *Oromo*-Kultur gehörten ferner die Idee des Rechts, sowohl Gewohnheitsrecht als auch positives Recht betreffend;

die Wertschätzung von Frieden und Versöhnung und die Idee der Gleichheit (aller Oromo-Mitglieder). Allerdings sei – das musste *Lewis* einräumen – das egalitäre *grassroot*-System durch die wachsende Macht von Kriegsherren, Großgrundbesitzern und Königen sowie durch den Einfluss des Islams und auf dem Wege der Eroberung durch *amharische* Krieger weitgehend aufgelöst worden (Lewis 1995, S. 27; siehe auch Ezekiel Gebissa in Uhlig et al. 2017, S. 56-61).

Der kenianische Historiker *Vincent Simiyu* hat kritisch geltend gemacht, dass das Ideal der freien Beteiligung aller an Gemeinschaftsentscheidungen eine Illusion gewesen sei. Bei vielen der angeblich als *egalitär* bekannten vorkolonialen Gesellschaften wie den *Kikuyu* und *Massai* habe ein hierarchisches System der *Altersklassen* bestanden, welches Frauen und jüngere Männer von dem öffentlichen Palaver ausgeschlossen und die Klasse der älteren und reicheren Männer bevorzugt habe (Nord 2004, S. 25). Akzeptieren muss man allerdings das Argument, dass es in solchen vorkolonialen Herrschaftsverbänden zuweilen Kontrolleinrichtungen gegeben hat, um Macht und Machtmissbrauch von Häuptlingen zu begrenzen – z. B. durch die Befolgung von Riten und Gebräuchen, durch die Rücksichtnahme auf rituell vorgeschriebene Ratgeber und ‚Königsmacher' und durch ethische Verpflichtungen zur Bewahrung des internen Friedens (Beier 1999; Harding 1999, S. 129-148; Plankensteiner 2007). Der oft ins Spiel gebrachte *Kommunitarismus* mit seinen *vier ethischen Grundnormen* – *Respekt* vor Amtsträgern und Hierarchien; *Restraint*, d. h. Zurückhaltung individueller Ansprüche vis-à-vis den Ansprüchen der Gemeinschaft; *Responsibility*, d. h. Verantwortung des Einzelnen für sein Handeln gegenüber dem Kollektiv; *Reciprocity*, d. h. Verpflichtung zu solidarischer Hilfe nach dem Prinzip der Wechselseitigkeit von Leistung und Gegenleistung (Cobbah 1987) – stellt zwar eine edle ‚regulative Idee' da, hat aber heute nur noch wenig Bezug zur Realität. Die Ethnologin *Carola Lenz* hat das Häuptlingstum in Ghana als keineswegs homogen, monolithisch oder gar idyllisch beschrieben:

> „Es existiert wohl kaum ein Dorf oder eine paramouncy [Herrschaft eines Oberhäuptlings] , wo nicht eine opponierende Fraktion den Amtsinhaber absetzen will oder wo z. B. Dorfhäuptlinge die Konkurrenz zwischen den paramount chiefs ausnutzen, um ihren eigenen Status zu erhöhen. Die meisten solcher Konflikte gehen weit in die Kolonialzeit zurück und wurden durch nachfolgende (partei)politische Instrumentalisierung und wirtschaftliche Interessen verstärkt, bis hin zu bürgerkriegsähnlichen Auseinandersetzungen wie z. B. 1969 in Yendi und 1978/80 in Wa im Norden des Landes [Ghana] oder 1993 und 1994 in Winneba, Ajumako, Assin Akropong und Akuapim im Süden" (Lenz 1996, S. 4).

Die vergleichende Demokratieforschung hat inzwischen mit einiger Evidenz herausgearbeitet, dass es einen *eindeutigen* Zusammenhang zwischen wirtschaftlicher

Entwicklung (Industrialisierung) und politischer Entwicklung (Demokratisierung) nicht gibt (Berg-Schlosser 1997; Bratton & van de Walle 1997; Bendel, Croissant & Rüb 2002; Basedau 2003, Tetzlaff & Jakobeit 2005, Deegan 2009, Cheeseman 2015) und dass es auch „keine grundsätzlichen Hindernisse gibt, in Afrika demokratische Regierungsformen zu verwirklichen und dauerhaft zu praktizieren" (Berg-Schlosser 1997, S. 91). Gleichwohl gibt es zu bedenken, dass heute – knapp 30 Jahre nach dem Beginn des zweiten Anlaufs zur Demokratisierung – nur etwa 16 Prozent der Staaten Afrikas – neun von 55[11] – als *kompetitive Demokratien* (auf dem Weg zur Konsolidierung) gelten können. Demokratisierung afrikanischer Länder ist – wie an einigen Beispielen genauer aufgezeigt werden soll – ein sehr komplexer und im Resultat stets gefährdeter Prozess der Transformation von der Diktatur zu einem Mehrparteiensystem – ein Prozess, der sich jeder deterministischen Logik entzieht.

9.2 Das SKOG-Modell von Schubert & Tetzlaff

In der Transitionsforschung sind zwei methodische Ansätze zu unterscheiden, *system- bzw. strukturorientierte Ansätze* und *akteursorientierte Ansätze*. Während *systemorientierte* Ansätze die demokratische Transition primär aus Veränderungen des sozio-ökonomischen Systems (Industrialisierung, Urbanisierung, Einfluss von global players etc.) und den damit verbundenen Rückwirkungen auf Gesellschaft und Politik (z. B. Entstehung sozialer Aufsteigerschichten) herleiten, betonen *akteursorientierte* Ansätze stärker die Motivationen und Strategien von oppositionellen Gegeneliten, die das autoritäre System herausfordern (Schubert 2005, Nohlen 2005). Im Folgenden soll anhand des *SKOG-Modells* dargestellt werden, wie sich beide Ansätze verbinden lassen, ohne den Primat des hier favorisierten *akteursorientierten* Ansatzes aufzugeben. Das von *Gunter Schubert & Rainer Tetzlaff* entwickelte SKOG-Modell betrachtet Demokratisierungsprozesse als das Resultat sich verändernder Kräfteverhältnisse zwischen so genannten *strategischen* Gruppen an der Macht zum einen und *konfliktfähigen und konfliktbereiten Gruppen* (SKOG) der Opposition zum anderen. Beide Akteurgruppen besitzen spezifische Macht- und Handlungsressourcen, die sie auf strategische Weise zur Realisierung ihrer jeweiligen Gruppeninteressen einsetzen. Daraus ergeben sich bestimmte Figurationen von Kooperation und Konflikt, die die Einleitung einer Transition ebenso

---

[11] Im Jahr 2017 können zu den demokratischen Ländern Afrikas gezählt werden: Mauritius, Botsuana, Namibia, Südafrika, Senegal, Ghana, Benin, Kap Verde, Seychellen und möglicherweise noch Gambia (seit Januar 2017). Vgl. auch Grauvogel & Heyl 2017.

bestimmen wie den Verlauf und die Qualität einer demokratischen Konsolidierung. Aus diesem Blickwinkel ist Demokratisierung also als Konsequenz strategischen Handelns und einer daraus resultierenden Neuverteilung von Zugriffsmöglichkeiten auf staatlich kontrollierte Ressourcen zu verstehen. Dabei lehnt sich dieser akteurtheoretische Ansatz an den von der *Bielefelder Schule* der Entwicklungssoziologie um *Hans-Dieter Evers* entwickelten Theorie der strategischen Gruppen an, die *strategische Gruppen* wie folgt definierte: Sie bestünden aus Personen, „die durch ein gemeinsames Interesse an der Erhaltung oder Erweiterung ihrer gemeinsamen Aneignungschancen verbunden sind" (Evers und Schiel 1988, S. 10). Da auch die in Opposition zur Regierungspartei stehenden Kräfte insofern *strategisch* handeln, als sie ihre materiellen wie ideellen „Aneignungschancen" (Zugang zu Staatsämtern und Staatsfinanzen, Einfluss auf Medien, auf ausländische Partner und auf zivilgesellschaftliche Vereine) zu erweitern streben, ergibt sich eine gesellschaftliche Dynamik, deren Ausgang nicht allein von subjektiven Absichten und personalen Motiven bestimmt wird. Die die Gesellschaft verändernde Interaktion zwischen *strategischen* Gruppen an der Macht (auch ‚Staatsklasse' oder Herrschaftsbündnis genannt) und ihren *konfliktfähigen* (auf Grund ihrer Verfügung über Ressourcen) und *konfliktbereiten* (auf Grund ihrer Entschlossenheit und organisatorischen Stärke) Herausforderern wird durch *weitere Einflussfaktoren* bestimmt (nach Schubert, Tetzlaff & Vennewald 1994, S. 31f. und Schubert 2005, S. 357-358):

- *Subjektiv-personale Faktoren*, vor allem die Gewaltbereitschaft bzw. Kompromissfähigkeit der führenden Repräsentanten der Regimekoalition und der Regimeopposition. Dazu gehören auch das *Charisma* der Führer und ihre Fähigkeit, ethnisch-regionale Klientelnetzwerke zu mobilisieren und Mittel des Widerstandes geschickt einzusetzen.
- *Strukturelle Faktoren* wie das historische Erbe des Kolonialismus mit seinen Erfahrungen von Gewalt oder kooperativer Problemlösung. Besonders gehört dazu die *path dependency* der Institutionen, oder anders gesagt, die historisch bedingte Verfasstheit und Qualität der politischen Institutionen.
- *Sozio-strukturelle* Faktoren, d. h. die soziale, ethnische oder religiöse Homogenität bzw. Heterogenität und Fragmentierung der Bevölkerung.
- *Ökonomische Faktoren*, insbesondere die natürliche Ressourcenausstattung und das wirtschaftliche Entwicklungsniveau einer Gesellschaft mit den damit verbundenen Möglichkeiten der materiellen Revenue-Abschöpfung bzw. Umverteilung.
- *Kulturelle Faktoren* wie der Einfluss klientelistischer oder patrimonialer Traditionen, der Bedeutung von (religiös oder ethnisch bestimmtem) Charisma oder von überkommenen Vorstellungen von Konflikt und Kooperation.

9.2 Das SKOG-Modell von Schubert & Tetzlaff

- *Externe Einflüsse und Interessen*, vor allem durch die im Rahmen der Entwicklungshilfe von internationalen Gebern oktroyierte politische Konditionalität, die zum Handeln ermutigt oder entmutigt und den Aufbau bzw. Abbau bestimmter Institutionen fördert.

Dieselben Faktoren gilt es nicht nur beim Gelingen von demokratischer Transition (Konsolidierungschancen) zu berücksichtigen, sondern auch bei der Erklärung von Blockadeprozessen oder gar autoritärer Regression (Schubert & Tetzlaff 1998; Schubert 2005, S. 358-359). Eine solche Perspektive billigt dem Staat eine nur begrenzte Handlungsautonomie zu und versteht diesen eher als flexible Verdichtung eines gesellschaftlichen Herrschaftsverhältnisses. *Konfliktfähige Gruppen* müssen insofern zu *strategischen Gruppen* werden und sich Zugang zum Staat mit seinen Revenue-Quellen und zu der von ihm ausgehenden politischen Gestaltungsmacht verschaffen, als sie ihre Interessen gesellschaftlich absichern müssen, um Erfolg haben zu können. Insofern bleiben Staat und Gesellschaft miteinander verschränkt und stehen sich nicht als *getrennte* Sphären mit unterschiedlichen Handlungslogiken gegenüber. Idealtypisch lässt sich der notwendige Wandlungsprozess zur pluralistischen und demokratischen Transition als Prozess der Veränderung in *fünf Phasen* beschreiben, der als *Machtkampf* zwischen dem *Interessenbündnis an der Macht*, das solange wie möglich den *Status quo* verteidigen will, und einer *sozialen Oppositionsbewegung von Konkurrenten und Gegnern*, die den Amtsinhaber ablösen und selbst die Ressourcen des Staates für sich und ihre Klientelnetzwerke zu nutzen beansprucht, abläuft (siehe Abb. 9.1):

- Die *Inkubationsphase*, in der sich der Wunsch nach Wandel in der Bevölkerung aus Unzufriedenheit mit den bestehenden Verhältnissen bei einzelnen Gruppen allmählich herausbildet: Es ist die Zeit der Erosion der Herrschaftslegitimität und der Destabilisierung autoritärer Herrschaftsverhältnisse, oftmals ausgelöst durch einen Riss in der regierenden Herrschaftsallianz oder durch wirtschaftliche und finanzielle Krisen.
- Die Phase der *Liberalisierung* des alten Systems: Entweder deklariert die Regierung aus aufgeklärtem Selbstinteresse am Erhalt der Regierungsmacht Reformen von oben, oder aber sie wird von unten genötigt, d. h. von unzufriedenen, konfliktfähigen Gruppen (von Studenten und Lehrern, von schlecht entlohnten Angestellten und Arbeitern des öffentlichen Dienstes, von Anwälten, Menschenrechtsaktivisten und Kirchenvertretern etc.), *Verfassungsänderungen* vorzunehmen und die Einschränkung der *Menschenrechte* schrittweise zurückzunehmen. Entscheidend ist in dieser Phase, ob das *Militär* mit seiner Verhinderungsmacht der Öffnung des Systems zustimmt oder nicht.

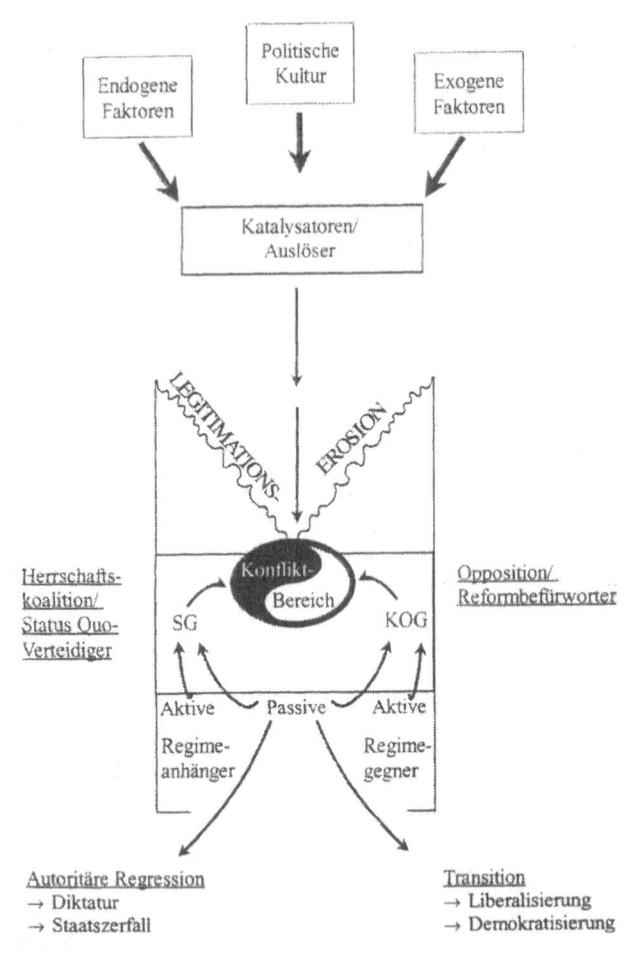

Abb. 9.1 Das SKOG-Modell
Quelle: Eigene Darstellung

- Auf dem Höhepunkt der *Legitimationskrise* beginnt die Phase der *Verhandlungen* zwischen Regierung und ihren Herausforderern über eine neue Wahlrechtsordnung, über die Modalitäten eines fairen Wettbewerbs um die Wählerstimmen und über ein Referendum zu einer neuen (rechtsstaatlichen) Verfassung. Es ist der heikle Zeitpunkt, in dem das alte brüchig gewordene autoritäre System nicht

9.2 Das SKOG-Modell von Schubert & Tetzlaff

mehr stark genug ist, Reformforderungen repressiv abzublocken, und in dem gleichzeitig aber die Herausforderer in Wartestellung noch nicht konfliktfähig und etabliert genug sind, um die Macht im Staat zu übernehmen.

- In der vierten Phase – vorausgesetzt es ist nicht schon zum Kollaps des kaum steuerbaren Veränderungsprozesses gekommen – finden die *politischen Wahlen* mit Wettbewerbscharakter statt. Sie sind die Voraussetzung für die *Neuverteilung der staatlichen Macht* (Regierungs- und Parlamentsbildung) und für die Etablierung neuer Institutionen nach erfolgreicher Bestellung einer Regierung.
- Schließlich – fünftens – mündet der Prozess – sollte es keine *Regression* geben – idealtypisch in die lange Phase der *Konsolidierung* der Demokratie. Zunächst wird die demokratisch gewählte Regierung versuchen, *Vertrauen und Legitimation* bei der Zivilbevölkerung durch entwicklungspolitische Leistungen zu erwerben (*Output-Legitimation*). Daraufhin müssen die lange Zeit unterdrückte *civil society* sowie die *politischen Parteien* als verantwortliche Akteure Gelegenheit haben und nutzen, demokratische Werte und Verhaltensweisen zu verinnerlichen und zu erproben.

Im SKOG-Modell wird also von der Prämisse ausgegangen, dass es ohne einen politischen Kampf der oppositionellen konfliktfähigen Gruppen aus Staat und Zivilgesellschaft gegen die herrschende Staatsklasse nicht zu einer Demokratisierung kommen kann, die *nachhaltige* Ergebnisse zeitigen würde; denn es hat sich immer wieder gezeigt, dass ein amtierender Präsident, gestützt auf Armee und seine legalen oder illegalen Klientelnetze, den politischen Status quo mit Klauen und Zähnen verteidigt oder höchstens zu Schein-Reformen bereit ist. Dass es afrikanischen Präsidenten oftmals gelingt, sich trotz ihrer mangelnden Popularität lange im Amt zu halten, ist häufig auch einer zerstrittenen Opposition geschuldet, die sich in interne Machtkämpfe ihrer Führer verstrickt oder sich teilweise mit attraktiven Versprechungen vom Präsidenten kooptieren lässt. In solchen Fällen ist eine notwendige Voraussetzung für eine demokratische Transition des politischen Systems nicht gegeben: *organisierte Konfliktfähigkeit*. Das wohl wichtigste Mittel, diese zu erreichen, ist die Organisation von oppositionellen Interessen in *Parteien*, die bei Präsidentschafts- und Parlamentswahlen mittels Mobilisierung von bislang passiven Regimegegnern die Legitimität des Amtsinhabers in Frage stellen. *Ethno-nationalistische Mobilisierung* von oppositionellen Gruppen, die die Angst vor dem *big man* an der Spitze des Staates überwinden, sind häufig eine solide Voraussetzung für das Gelingen einer Transition. Kaum zu vermeiden sind dabei Situationen, in denen politische Mobilisierung zu Gewalttaten sowohl auf Seiten des Regimes wie auch – wenn auch seltener – auf Seiten der Opposition führt (Vorrath 2013; Becher 2016).

Der Prozess der demokratischen Transition ist voller Risiken und kann in jeder der fünf Phasen scheitern oder blockiert werden (siehe auch Schraeder 2000, S. 267-290; Hartmann 2002; Becher 2016). Aus empirischen Studien lassen sich mindestens fünf *Demokratisierungsverläufe* bzw. *Demokratisierungsanläufe* mit unterschiedlichen Handlungslogiken zwischen der Koalition der Herrschenden (Regierung plus Unterstützer-Netzwerke) und den unzufriedenen politischen konfliktfähigen Gruppen (außerparlamentarische Opposition) und mit dementsprechend unterschiedlichen Ergebnissen unterscheiden (nach Schubert & Tetzlaff 2005, S. 176):

- *Erstrittene Demokratisierung von unten* als Resultat des Protestes konfliktfähiger Gruppen gegen unpopuläre, unfähige Einparteien- oder Militärdiktaturen (z. B. Benin unter Präsident Kérékou);
- *Zugelassene Demokratisierung von oben* (inszenierte Demokratie) als Reaktion autoritärer Regierungen, um Forderungen der einheimischen Opposition oder des Auslands formal zu entsprechen, wobei der Ablauf so gestaltet (manipuliert) wird, dass nach der Wahl alles beim Alten bleibt (z. B. Côte d'Ivoire unter Präsident Houpouët-Boigny);
- *Verhandelte Demokratisierung* in einer Pattsituation, in der weder die strategischen Gruppen an der Macht weiterregieren, noch ihre oppositionellen Herausforderer siegen können (Südafrika in der Endphase des Apartheidsystems unter Präsident *Patrik de Klerk* und dem Oppositionsführer *Nelson Mandela*; vgl. Lapierre 2009);
- *Fingierte Demokratisierung* (Fassadendemokratie) durch Inszenierung von Wahlen, die nicht ‚frei und fair' sind, sondern das bestehende Regime formal legitimieren sollen (*Äthiopien unter Meles Zenawi, Kamerun unter Paul Biya, Togo unter Gnassinbé Eyadéma*).
- *Verweigerte bzw. annullierte Demokratisierung* als Ergebnis des Widerstands der regierenden Militärs, die Regierungsmacht nach verlorenen Wahlen politisch unerwünschten Kräften zu übergeben (*Nigeria unter Babangida 1993*; Algerien nach dem nicht anerkannten Wahlsieg der Islamisten 1990, was diese zu einer militanten Gegenwehr mit bürgerkriegsähnlichen Terroraktionen verleitete).
- *Hybride Demokratisierung als Ergebnis von power sharing* zwischen dem (vermeintlichen) Wahlsieger und dem (vermeintlichen) Wahlverlierer (Bendel et al. 2002). Mehrfach ist es vorgekommen (*Kenia, Simbabwe, Nigeria, Elfenbeinküste, Burundi*), dass abgewählte Präsidenten, gestützt auf das Militär und/oder ethnische Milizen und auf parteieigenen Schlägertrupps, die Bühne der Macht nicht verlassen und so höchstens einen faulen Kompromiss zwischen zwei konträren Parteien zulassen. Die Kosten dieser *Politik der erzwungenen Machtteilung* können

9.2 Das SKOG-Modell von Schubert & Tetzlaff

sehr groß sein: Zum einen wird der Wählerwille missachtet (was nachteilige Folgen für die Wahlbeteiligung haben dürfte), zum anderen ist von einer solchen *hybriden* Regierung (weder rein demokratisch, noch rein diktatorisch) nicht zu erwarten, dass dringend notwendige Reformschritte vorgenommen werden, weil eine Partei immer von ihrer Veto-Position Gebrauch machen kann (siehe die Beiträge in *Africa Spectrum* 3/2009: „Power Sharing in Africa").

Daraus wird deutlich, dass kein Faktor allein den (begrenzten) Erfolg der Demokratie in Afrika garantieren kann. Der Politologe *Matthias Basedau* definierte fünf notwendige *Erfolgsbedingungen* für eine *dauerhafte, konsolidierte Demokratie*: ein Mindestmaß an Staatlichkeit; ein Mindestmaß an demokratischer Integrität der (regierenden) Eliten; ein geringes Maß an gesellschaftlicher, nicht ethnischer Violenz; ein Mindestmaß an prodemokratischer politischer Kultur; und die Abwesenheit einer demokratiefeindlichen auswärtigen Interventionsmacht (Basedau 2003, S. 442-444). Wie vorsichtig jedoch solche Ergebnisse zu bewerten sind, beweist der Fall *Gambia*. Hier waren nach *Basedau* alle fünf notwendigen Erfolgsbedingungen erfüllt, und dennoch kam es 1994 zu einem Militärputsch, der den gewählten Präsidenten *Dawda Kairabe Jawara* ins Exil trieb. Als im Jahr 2002 Parlamentswahlen wieder zugelassen wurden, boykottierten die wichtigsten Oppositionsparteien wegen anhaltender politischer Repressionen die Wahl. So entfielen 33 von 48 Wahlkreisen kampflos an die Kandidaten der Regierungspartei. Seitdem ließ sich Putschpräsident *Yahya Jammeh* im Amt als Staats- und Regierungschef zwei weitere Male im Amt (zuletzt 2011) bestätigen, erklärte im Dezember 2015 das Land zur Islamischen Republik, kündigte die Einführung der Scharia an und ließ Demonstranten willkürlich verhaften. Scharenweise verließen frustrierte und verängstigte Jugendliche das Land, flohen in den *Senegal* oder machten sich auf den beschwerlichen Weg nach Europa. Im Jahr 2016 gelang es der endlich vereinten Opposition, den Langzeit-Diktator nach 22 Jahren aus dem Amt zu wählen (mit 43,3 % gegen 39,6 %). *Jammeh* weigerte sich, das Wahlergebnis anzuerkennen, drohte mit Krieg gegen alle politischen Gegner, musste sich dann aber Anfang 2017 dem Druck der ECOWAS beugen: Er musste abtreten und flüchtete ins Ausland, – nicht ohne zuvor die Staatskasse geplündert zu haben. Hochrangige Militärs und Polizisten hatten in dieser heiklen Übergangsphase die Schlüsselrolle der ‚konfliktfähigen Gruppen' übernommen und sich zur neuen Regierung unter Staatspräsident *Adama Barrow* bekannt. So erhielt die Gesellschaft *Gambias* im Januar 2017 eine neue Chance für eine demokratische Entwicklung.

Afrikanische Beispiele bestätigen die Erkenntnis, dass die liberale Demokratie von *kulturellen Voraussetzungen* lebt, die sie selbst nicht schaffen kann, wenigstens nicht kurzfristig. Bei Staatspräsidenten der ersten Generation nach Erlangung der

Unabhängigkeit war ein *paternalistisches Amtsverständnis* tief verwurzelt. In der Tradition des *Neo-Patrimonialismus* betrachteten sie sich, oftmals darin unterstützt von einer Clique von Höflingen, als vom Schicksal erwählte Herrscher auf Lebenszeit, als Inkarnation und Schutzherr der werdenden Nation und nicht etwa funktional als Träger eines politischen Mandats auf Zeit. So ist vom malischen Diktator *Moussa Traoré* bekannt, dass er noch kurz vor seinem Sturz die Forderungen der Regimekritiker nach Demokratisierung als einen illegitimen persönlichen Angriff auf seine eigene Person wahrgenommen hatte (Hanke 2001, S. 205). Eine ähnliche Haltung ist von Kaiser *Haile Selassie* von Äthiopien und von Präsident *Mobutu Sésé Séko* in Zaire bekannt (Kapuscinski 1986; Wrong 2000). Neben der persönlichen Eitelkeit von Politikern und den afrikanischen Traditionen des auf Dauer angelegten Herrscheramtes besteht ein weiteres strukturelles Problem darin, dass für Staatspräsidenten außer Diensten *kaum* eine angemessene berufliche Alternative im Lande existiert – etwa als eine hoch geehrte und gut bezahlte Repräsentationsfigur in der Privatwirtschaft; und ein Leben im Exil ist für einen entmachteten Politiker (und für seine Familie) meistens auch keine verlockende Perspektive. So kommt es zu den *gnadenlosen Machtbehauptungskämpfen* um fast jeden Preis, – auch nach erfolgreich durchgeführten Wahlen, wenn nämlich der Wahlverlierer das Votum des Volkes nicht anerkennt und den Vorwurf der Wahlmanipulation erhebt.

Wie aus den Ergebnissen des *Afrobarometer* abzulesen ist, hat es seit Beginn der zweiten Phase der afrikanischen Demokratisierung beachtliche Fortschritte im Bewusstsein der Bürgerinnen und Bürger Afrikas gegeben. Auf der Grundlage von 56.000 Interviews in 12 afrikanischen Ländern in den Jahren 2000 und 2005 haben drei Forschungsinstitute *(Institute for Democracy in South Africa, Ghana Centre for Democratic Development, Michigan State University, Department of Political Science)* unter anderem folgende Ergebnisse gewonnen (Afro-Barometer, Working Paper No. 61, 2006, S. 1-17)[12]:

- 81 % der Befragten (79 % im Jahr 2002) waren der Meinung, dass „wir unsere Führer durch regelmäßig stattfindende, offene und ehrliche Wahlen auswählen sollten".
- 66 % (62 % im Jahr 2002) der Befragten sprachen sich für die Autonomie des Parlaments gegenüber der Exekutive aus: *the national assembly should make laws for this country.*
- 63 % der Befragten (55 % im Jahr 2002) favorisierten ein politisches System mit mehreren Parteien.

---

12 Siehe auch die Ergebnisse von Afro-Barometer 2014, die diesen Trend bestätigen; Grauvogel & Heyl 2017, S. 7.

9.2 Das SKOG-Modell von Schubert & Tetzlaff

Dabei hat es zwischen den Ländern große Unterschiede gegeben: Während es in neun (von zwölf untersuchten Ländern) zwischen 2002 und 2005 einen Zuwachs an Vertrauen in das demokratische Mehrheitssystem gegeben hatte, überwog in drei Ländern die Enttäuschung (Südafrika, Namibia, Tansania). Der *Transformation Index* der *Bertelmann-Stiftung*, der sowohl die Fortschritte und Rückschritte der demokratischen Transformation in Richtung auf eine *liberale Mehrparteiendemokratie* misst, als auch die wirtschaftliche Transformation in Richtung auf eine *kapitalistische Marktwirtschaft*, kam im Jahr 2014 zu dem Ergebnis, dass von den 18 *west- und zentralafrikanischen* Ländern neun als halbwegs „demokratisch" bezeichnet werden konnten, während neun als „Autokratien" mit Tendenz zum Staatszerfall (DR Kongo, Tschad, ZAR) zu bewerten waren (BTI 2016, S. 80). In den zwanzig Ländern *Ost- und Südafrikas*, die vom BTI erfasst wurden, ergab sich ein ähnlich heterogenes Bild: Zwei konsolidierten Demokratien (Mauritius und Botsuana) und zehn „defekten Demokratien" (s. Tabelle 9.1) standen acht „Autokratien" und Staatszerfallsländer gegenüber (s. u.). Zu den fünf *hard line autocracies* gehörten Ruanda, Südsudan, Äthiopien, Eritrea und das Staatszerfalls-Land Somalia.

Dazu kommentierten die Herausgeber des BTI 2016: Das schlechte Ergebnis der Region Subsahara-Afrika sei nicht nur auf die mangelhafte Qualität der Präsidentschafts- und Parlamentswahlen zurückzuführen, sondern eher auf „den typischerweise harten Griff der Exekutive auf die Verfassungsorgane, trotz der verfassungsmäßig garantierten Trennung der Staatsgewalten". Vor allem werde die *Unabhängigkeit der Justiz* bedroht und *in praxi* oftmals abgeschafft. Sogar in den vier parlamentarischen Demokratien *Botsuana, Lesotho, Mauritius und Südafrika* könnten die *Parlamente* ihre Funktion der Regierungskontrolle oftmals nicht wahrnehmen, wegen der engen institutionellen Verknüpfung von Partei- und Staatsämtern: „Patronage und Klientelnetzwerke unterlaufen die Logik des demokratischen Wettbewerbs, selbst wenn Schlüsselfiguren ausdrücklich demokratische Institutionen akzeptieren" (BTI 2016, S. 93).

Der BTI unterteilt die Länder der Welt nach *fünf politischen Kategorien*: *Democracy in Consolidation; Defective Democracies; Highly Defective Demokracies; Moderate Autocracies* und *Hardline Autocracies*. Um die 56 einzelnen Indikatoren von Länderexperten ermitteln zu lassen, werden die erreichten Punkte der demokratischen Transition auf einer Skala von 10 (konsolidierte Demokratie) bis Null (Staatszerfall) aufgetragen. Die Tabelle zeigt die Spreitzung der politischen Entwicklung (BTI 2016):

Tab. 9.1 „Demokratische Transition" in 18 Staaten West- und Zentralafrikas

Scores 10 to 8	Scores 8 to 6	Scores 6 to 4	Scores 4 to 2	Scores <4
Ghana	Benin, Senegal, Niger, Sierra Leone, Liberia	Burkina Faso, Nigeria, Côte d'Ivoire	Guinea, Togo, Mauretanien, Mali, Kamerun	Rep. Kongo, Tschad, ZAR, DR Kongo
Democracy in consolidation	Defective democracies	Highly defective democracies	Moderate autocracies	Hard-line autocracies
1	5	3	5	4

Quelle: Bertelsmann-Transformations-Index 2016, S. 82

9.3 Die Renaissance der politische Parteien

Politische Wettbewerbswahlen sind im subsaharischen Afrika zu einem gewohnten Ereignis geworden. Wahlen sind und bleiben auch in Afrika ein wichtiger Bestandteil des liberalen Friedensmodells (Stroh 2014; Smidt 2017). Damit wuchs auch die Bedeutung politischer Parteien: Angesichts der sich sozial differenzierenden Gesellschaften sind sie als *Sammelbecken von Gruppeninteressen* unverzichtbar. Unabhängig von ihren ganz unterschiedlichen ‚Gesichtern' erfüllen sie zwei funktional notwendige Kernaufgaben: Zum einen artikulieren sie *Interessen* von Bürgerinnen und Bürgern und bündeln sie zu Parteiprogrammen und Wahlbündnissen, zum anderen beteiligen sie sich an der *Rekrutierung von politischem Personal*, aus dem Amtsträger staatlicher Macht als auch Repräsentanten der Opposition erwachsen können. Dabei ist es sinnvoll, in Afrika zwischen *acht Partei-Typen zu unterscheiden* (vgl. Erdmann 1999; Tetzlaff & Jakobeit 2005, S. 170f.; Elischer 2008):

- *Inklusive Regierungsparteien oder Staatsparteien,* die vorgeben, die ‚ganze Nation' zu repräsentieren und oftmals aus nationalen Befreiungsbewegungen hervorgegangen sind;
- *Ethno-Parteien oder Regionalparteien,* die vorzugsweise die Sonderinteressen einer Region mit einer dominanten Ethnie vertreten;
- *Klientel-Parteien,* die Ressourcen an politisch nahestehende Interessengruppen verteilen und dabei ethnische Grenzen überschreiten;
- *Substitutive Oppositionsparteien* aus den Kreisen der konfliktfähigen Gruppen, die sich als politische *Alternative* zur Regierung anbieten oder aufdrängen;

- *Fundamentale Oppositionsparteien,* deren Initiatoren sich nicht nur den Regierungswechsel, sondern auch den Systemwechsel zum Ziel gesetzt haben – als echte *Transitionsparteien;*
- *Programmatische Oppositionsparteien,* die sich die Durchsetzung bereichsbezogener (alternativer) politischer und sozialer Ziele auf die Fahnen geschrieben haben;
- *Klassenparteien,* deren Gründer für die Interessen einer bestimmten sozialen Klasse eintreten;
- *Scheinparteien, Quasi-Parteien, Taxi-Parteien oder Sofa-Parteien,* d. h. Kleinstparteien, deren wenige Gründungsmitglieder, bildlich gesprochen, auf einem Sofa oder in einem Taxi Platz haben würden. Sie stellen oft nichts weiter als Präsidenten-Wahlvereine dar.

Afrika-typisch ist wohl die Parteienbildung durch politische ‚Dissidenten'; das sind Politiker, die zuvor Mitglieder der herrschenden Staatspartei gewesen waren, dann in Ungnade fielen und schließlich durch Abspaltung eine neue Partei gründeten, um so weiterhin am lukrativen Kampf um die staatlichen Pfründen teilnehmen zu können. Es liegt in der Logik von Demokratisierung als Wettbewerbsveranstaltung, dass ethnisch-kulturelle Gruppenidentitäten eine neue Bedeutung – im Vergleich mit der Situation im Einparteienstaat – erhalten, was nicht selten zu gewaltsamen Formen der Auseinandersetzung führt. Dabei können *politisierte Ethnizität, Chauvinismus* und die *Politisierung religiöser Differenzen* als politische Störfaktoren im Kampf um Anhänger und Wählerstimmen auftreten (Hanischfeger 2001; Loimeier 2002; Schlee 2002; Basedau, Erdmann & Mehler 2007; Collier 2009; Cheeseman 2015; Becher 2016; Smidt 2017). Bei defizitärem rechtsstaatlichem Bewusstsein ist politische Gewalt oftmals der Preis für demokratisches Engagement.

9.4 Benin – Erfolgreiche demokratische Transition

Benin, das bis 1975 *Dahomey* hieß, war der erste afrikanische Staat, in welchem im Zuge der globalen ‚dritten Welle der Demokratisierung' ein ziviler *coup d'état* stattgefunden hat: Im Jahr 1990 stürzte eine Zivilgesellschaft aus Frust über die katastrophale wirtschaftliche Lage einen Militärdiktator, der im Zeitraum von 18 Jahren das Land heruntergewirtschaftet hatte. Die Protestaktionen der Zivilgesellschaft führten zur Verabschiedung einer demokratischen Verfassung (mit einem Mehrparteiensystem). Diese Errungenschaft ist bis heute in Kraft, wird von allen politischen Gruppen respektiert und von den konfliktfähigen Gruppen der Zivilgesellschaft entschlossen verteidigt. Virulent wird die Verfassungsliebe der Beniner immer dann, wenn ein amtierender Präsident versucht, sich eine dritte Amtszeit zu ‚sichern', was die Verfassung nicht erlaubt. Dies ist ein bei afrikanischen Präsidenten weit verbreitetes Übel, weil diese fürchten müssen, dass ihr Amtsnachfolger gegen den Vorgänger Klage wegen Amtsmissbrauch und Korruption erheben könnte (was auch oft genug geschehen ist).

Benin ist ein westafrikanischer Kleinstaat mit 10,9 Mio. Einwohnern im Jahr 2016 (im Jahr 1990 waren es erst 4,4 Mio. Einwohner gewesen) und rund 60 Ethnien, wobei die *Fon* mit einem Anteil von ca. 46 % den Löwenanteil ausmachen. 43 % der Bevölkerung sind Christen, 22 % Muslime und 13 % sind Anhänger indigener Religionen. Außerdem lebten um 1990 noch 30.000 Franzosen im Lande. Es hat mit einem jährlichen Bevölkerungszuwachs von 3,1 % (im Zeitraum 1990 bis 2015) eine der höchsten Zuwachsraten Afrikas. Im Folgenden wird die dramatische Erfolgsgeschichte einer afrikanischen Demokratie unter schwierigen wirtschaftlichen Bedingungen skizziert.

Im Unterschied zum Typus der Demokratisierung in asiatischen Schwellenländern, deren politische Transition von der Diktatur zur Demokratie als eine Konsequenz *wirtschaftlicher Erfolge* zu interpretieren ist, ereignete sich die demokratische Wende in Westafrika als alternativlose *Negation der Negation*, oder anders gesagt, als verzweifelter Widerstand gegen Not, Misswirtschaft, Korruption und Entmündigung. Die Gegner des korrumpierten Regimes waren aber nicht mehr die oppositionellen Parteipolitiker der 1960er und 1970er Jahre, sondern Sprecher von Kleinbürgertum und Proletariat, als dessen Vorkämpfer sich einst Präsident *Mathieu Kérékou* selbst ausgegeben hatte. In Opposition zum Regime standen auch Teile des Militärs, „die in einer Zeit des immer härter werdenden Verteilungskampfes um die kleiner werdenden Staatseinnahmen und Privilegien selbst an die Macht kommen wollten" (Schicho 2001, S. 118). Nach 17 Jahren sozialistischer Einparteienherrschaft im Namen von Marxismus/Leninismus war das Land wegen Politikversagens zahlungsunfähig geworden.

Die schleichende *Legitimationskrise* des seit 1974 an der Macht befindlichen marxistisch-leninistischen Revolutionsregimes unter Leitung des Diktators *Kérékou* hatte im Jahr 1988/89 ihren Höhepunkt erreicht, nachdem schon im Vorjahr zwei Putschversuche gegen das verhasste Militärregime versucht worden waren. Im Herbst 1988 waren die beiden staatlichen Banken illiquide geworden, so dass nicht einmal mehr die Angestellten, Lehrer, Soldaten und Studenten bezahlt bzw. unterstützt werden konnten. Lang anhaltende Streiks in allen Bereichen des Staatsdienstes und verzweifelte Bemühungen der Regierung um eine Begleichung der Zahlungsrückstände dominierten daraufhin das gesamte Jahr 1989, das im Januar mit einem Lehrer- und Schülerstreik begonnen hatte, dem sich rasch Studenten und später auch Bankangestellte und gewerkschaftlich organisierte Berufsgruppen anschlossen. Die 22.000 Lehrer stellten die weitaus größte konfliktfähige *pressure group* unter den Staatsbediensteten dar, deren Gesamtzahl sich in zwanzig Jahren etwa verfünffacht hatte, von 9000 auf 47.000. Außerdem standen Gehaltszahlungen an 13.000 Militärangehörige aus. Zusammengenommen bildeten diese konfliktfähigen, gut organisierten Gruppen der urbanen Zivilgesellschaft eine so starke politische Kraft, dass sie den Machtkampf mit dem hoch verschuldeten, außenabhängigen und delegitimierten Regime wagen konnte. Das den Widerstand artikulierende Volk forderte den politischen Wechsel (Bratton & van de Walle 1997).

Dessen ungeachtet fanden im Juni 1989 turnusgemäß noch die dritten Wahlen zur ‚Revolutionären Nationalversammlung' (Parlament) statt, bei der die Bevölkerung nur mit „Ja" oder „Nein" zu der offiziellen Einheitsliste des Regimes stimmen durfte. Bei einer Wahlbeteiligung von (angeblich) 86 % stimmten 89 % der Wähler angeblich mit „Ja". Das Parlament wählte daraufhin am 2. August *Kérékou* für eine weitere fünfjährige Amtszeit zum Präsidenten; doch nur sechs Monate später wurde er von einer kampfbereiten Zivilgesellschaft politisch entmachtet – ein Lehrstück über die Fragilität und Belanglosigkeit manipulierter Wahlen angesichts einer strukturellen Legitimationskrise. Die Zeichen der Zeit nicht verstehend, erklärte der wiedergewählte Diktator trotzig, dass ein Mehrparteiensystem unter Hinweis auf Gefahren des *‚Tribalismus'* und eingedenk der negativen Erfahrungen mit dem Mehrparteiensystem[13] in den 1960er Jahren nicht in Frage käme; die ‚Demokratie' in Benin sei ja bereits vorhanden (Rolf Hofmeier in Afrika-Jahrbuch 1989, S. 88-91).

Die Legitimationskrise des *Kérékou*-Regimes spitzte sich zu, nachdem im Juli 1989 der langjährige Vertraute des Staatspräsidenten *Amadou Mohamed Cissé* wegen des Verdachts krimineller Finanztransfers im Zusammenhang mit der *Banque Commerciale du Bénin* in Paris verhaftet worden war. Im August 1989 hatte der Expräsident *Emile Zinsou* in der Zeitung *Le Monde* eine vernichtende Kritik an dem Beniner Regime veröffentlicht. Sie gipfelte in dem Vorwurf eines „Systems des staatlichen Banditentums" und der Beschreibung von „korrupten Führern, die der häufigen und umfangreichen Veruntreuung öffentlicher Mittel schuldig" seien (Afrika-Jahrbuch 1989, Benin, S. 90). Im fernen Versailles traten unterdessen oppositionelle Exilkräfte aus einem breiten Spektrum zu einem „Runden Tisch" zusammen und verabschiedeten – genau 200 Jahre nach dem Beginn der Französischen Revolution – eine sog. *Versailles Charta* mit Forderungen nach einem politischen Neubeginn unter pluralistischem Vorzeichen. Hinter den Kulissen übten wichtige Geber wie IWF, Weltbank und insbesondere Frankreich massiven Druck auf die zahlungsunfähig gewordene Regierung mit dem Ziel durchgrei-

---

13 Vor dem Militärcoup von *Kérékou* im Jahr 1972 hatte es bereits acht Regierungen gegeben, darunter fünf Militärregierungen.

fender Strukturreformen aus. Frankreich zeigte wenig Interesse, das bankrotte marxistische Regime in Benin zu retten. Auch ein Hirtenbrief der sieben Bischöfe *Benins* forderte unmissverständlich eine politische Wende. In der Hauptstadt fanden am 6./7. Dezember 1989 eine gemeinsame Sondersitzung von Regierung, Zentralkomitee der Partei und dem Lenkungskomitee des Parlaments statt sowie parallel dazu ein Treffen der Militärführung. Überraschend wurde die Aufgabe des Marxismus-Leninismus als offizielle Ideologie, die Beendigung der Führungsrolle der Partei und die Einberufung einer nationalen Konferenz unter Beteiligung aller aktiven Kräfte der Nation beschlossen, – unabhängig von deren jeweiligen politischen Überzeugungen. Ziel war die Erarbeitung einer neuen Verfassung. „Damit war nach genau 15 Jahren der Marxismus-Leninismus als Leitideologie ebenso unvorbereitet beendet, wie er ursprünglich eingeführt worden war" (Rolf Hofmeier in Afrika-Jahrbuch 1989, S. 90-91.). Zu Beginn des Jahres 1990 wurden die Streiks der Lehrer und Studenten, der Speerspitze der konfliktbereiten Opposition, wieder aufgenommen, denen sich rasch Mitarbeiter von Ministerien und Provinzverwaltungen anschlossen. Ein Ultimatum der Regierung, die Arbeit am Tag nach Neujahr wiederaufzunehmen, wurde ignoriert. Die Bevölkerung hatte aufgehört, aus Angst vor der Staatssicherheit politisch gelähmt zu sein.

Am 19. Februar 1990 lud die Regierung *Kérékou* rund 500 prominente Staatsbürger aus allen Landesteilen zu einer *Nationalversammlung* ein, deren Vorsitz einem angesehenen Bischof übertragen wurde (dem späteren Erzbischof von *Cotonou, de Souza*). Am sechsten Tag erklärte sich die Konferenz zum Souverän des Volkes mit exekutiven Vollmachten – *un coup d'Etat civil* – nach dem Vorbild der französischen Ständeversammlung zweihundert Jahre zuvor. Man beschloss ein neues Grundgesetz (das später in einem Referendum angenommen wurde) und erklärte Präsident und Regierung für abgesetzt – was diese über Radio erfuhren, ohne jedoch Widerstand zu leisten. Zum Interimspräsidenten wurde *Nicéphore D. Soglo* ernannt (Jahrgang 1934), ein Wirtschaftswissenschaftler, der nach dem Militärcoup von 1972 ins Exil gegangen war und eine Zeit lang bei der Weltbank und dem IMF gearbeitet hatte. General *Kérékou* blieb zwar nominell noch Staatschef und Oberkommandierender der Armee bis 1991, wurde aber faktisch weitgehend seiner politischen Macht enthoben. Für seine Staatsverbrechen wurde er amnestiert, so dass er sich später doch wieder – dann in der Rolle eines *zivilen* Parteipolitikers – am Kampf um die Macht im Staat beteiligen konnte.

Die letzte Phase der demokratischen Transition verlief geräuschlos und schnell. Die neue Regierung unter *Soglo* erhielt wieder finanzielle Unterstützung von außen und konnte den Gehaltsforderungen der Beamten und den Finanzzuschüssen an Studenten nachkommen. Das *Referendum über die neue Verfassung* am 2. Dezember 1990, die siebte in 31 Jahren, löste das ‚sozialistische' Einparteiensystem durch ein demokratisches Mehrparteiensystem endgültig ab. Es wurde mit 93 % „Ja"-Stimmen bei einer Wahlbeteiligung von 63,5 % der wahlberechtigten Beniner angenommen. Unter denjenigen, die sich für die Annahme des Verfassungsentwurfs aussprachen, stimmten 73 % für die Beschränkung des Alters zukünftiger Präsidentschaftskandidaten, womit die Rückkehr der drei ehemaligen Staatschefs aus der Zeit vor der Militärdiktatur in das höchste Staatsamt ausgeschlossen werden sollte (Dirk Kohnert in Afrika-Jahrbuch 1990, S. 88). Die Parlamentswahlen vom Februar 1991 und die Präsidentenwahlen vom April 1991 ermöglichten eine völlige Neugestaltung der politischen Landschaft. Die Wahlen zeigten jedoch auch ein deutliches Fortbestehen des regionalen und ethnischen *Nord-Süd-Gegensatzes* an. Im zweiten Wahlgang stimmten im Norden 95 % für den gerade entmachteten Militärdiktator *Kérékou*, während *Soglo* im bevölkerungsmäßig weit stärkeren Süden 67 % der Stimmen erhielt und damit neuer Premierminister wurde. Die 64 Sitze im neu gewählten *Parlament* teilten sich 21 der insgesamt 23 zur Wahl angetretenen Parteien unter sich auf – mehrheitlich politische Gruppierungen mit stark regionaler Basis und ohne spezielles politisches Programm, meist fokussiert auf einen *big man*. Eine neue politische Generation von Führern übernahm schließlich die Regierungsgeschäfte, die Professionalität, Exilerfahrung und persönlich erfahrenes Leid vorzuweisen hatten, aber freilich auch das Bedürfnis hatten, sich an der „*Politik des Bauches*" (Bayart) angemessen zu beteiligen.

Neuer Premierminister wurde *Nicéphore Soglo*, der von 1965 bis 1967 Finanzminister *Benins* gewesen war, nachdem er sich im März 1991 bei einer notwendig gewordenen Stichwahl gegen seinen Vorgänger *Mathieu Kérékou* hatte durchsetzen können. Eine der ersten Amtshandlungen der neuen Regierung war die Freilassung aller politischen Gefangenen, die Auflösung des Konzentrationslagers in *Ségbana (Parakou)* und die Gründung einer regierungsunabhängigen Beniner Menschenrechtsorganisation. Im September ratifizierte der Hohe Rat der Republik die internationale Konvention zur Abschaffung jeglicher Diskriminierung der *Frauen* sowie weitere internationale Abkommen zum *Schutz der Menschenrechte*. Durch den weitgehenden Erlass der beninschen Auslandsschulden von Frankreich, USA und anderen Gläubigern wurde dem neuen politischen Regime in *Cotonou* der Start in eine demokratische Zukunft erleichtert.

Insgesamt sind die Beniner Wahlen von 1991 als erster Triumph der Demokratie in Westafrika gewertet worden – als Hoffnungsschimmer für eine Renaissance der Demokratie in Afrika (Nwokedi 1995, S. 78f.). Erstmals war eine Militärdiktatur durch eine konfliktbereite mutige Zivilgesellschaft zur Aufgabe gezwungen und dann zu freien Wettbewerbswahlen genötigt worden, und zwar ohne Gewalt. Nun kam auch eine Armeereform zustande, die die Abschaffung der ca. 1.500 Mann starken Miliz, die Ausgliederung von Polizei, Zoll und Forstdienst aus der Armee, die Reform der Nachrichtendienste und die Zusammenlegung von Infanterie und Präsidialwache umfasste. Insgesamt wurde der aufgeblähte Beamten- und Angestelltenapparat auf Druck der Gläubiger (im Rahmen von Strukturanpassungsprogrammen) reduziert.

Eine pikante Pointe der Beniner Erfolgsgeschichte gab es jedoch bei der darauf folgenden Wahl (im Jahr 1996), als der demokratisch gewählte Präsident *Soglo* von einer unzufriedenen Bevölkerung wieder abgewählt und durch den Diktator von einst – *Kérékou* – ersetzt wurde. Der Wirtschafts- und Finanzexperte *Soglo* war an der Aufgabe gescheitert, einen nationalen Konsens für die notwendig gewordenen *Strukturanpassungsprogramme* zu erreichen, die das hoch verschuldete Land auf *Druck der westlichen Gläubigerstaaten* und der *Weltbank* durchführen musste. Diese muteten den ärmeren Schichten enorme Belastungen zu (z. B. höhere Preise für Grundnahrungsmittel), was den Widerstand der starken Gewerkschaftsverbände und der christlichen Kirchen herausforderte. Die Opposition kritisierte Nepotismus und Korruption, Misswirtschaft und eine zu starke Anlehnung an Frankreich. Im Januar 1996 hatte der Präsident *Voodoo* zur dritten anerkannten Religion (neben Christentum und Islam) erklärt, „was viele Beniner als unfaire Wahlkampfbeeinflussung ansahen" (Kohnert in Afrika-Jahrbuch 1996, S. 95). *Kérékou* hingegen, im Volksmund das *Caméléon* genannt, stilisierte sich im Wahlkampf als ‚Vertreter der Armen': Von den Ideen des Marxismus/Leninismus hatte er sich gelöst und war als Mitglied einer puritanischen Sekte zum Christentum konvertiert. Der Wahlverlierer *Soglo* focht das Wahlergebnis wegen angeblich massiver Wahlfälschungen an und drohte sogar mit Gewalthandlungen. Schließlich wurde *Kérékou* doch zum Präsidenten ernannt, und das Beniner Demokratiemodell hatte erneut eine Bewährungsprobe bestanden. Daran hatte die unabhängige Rechtsprechung des Verfassungsgerichts ihren maßgeblichen Anteil.

Wie labil Demokratie und Rechtsstaat nach wie vor im bitterarmen Staat *Benin* waren, zeigte sich auch bei dem *Korruptionsskandal in der Justiz* im Jahr 2002: Am Ende eines Gerichtsprozesses wurden 50 Gerichtsbeamte, darunter die Hälfte der ca. 90 Richter des Landes, wegen gefälschter Kostenabrechnungen verhaftet. Der couragierten Präsidentin des Verfassungsgerichts, *Elisabeth Pognon*, die an diesem Ergebnis maßgeblich beteiligt war, überreichte am 25.11.1996 in Bonn die *Deutsche Afrikastiftung des Deutschen Bundestages*, in Anerkennung ihres unerschrockenen persönlichen Einsatzes zur Verteidigung der Unabhängigkeit der Justiz und der Demokratie, den jährlich verliehenen Afrikapreis.

Wie schwierig es selbst für einen populären, demokratisch gewählten Parteiführer ist, in einem armen Kleinstaat bei einer rasch wachsenden Stadtbevölkerung und einer mobilisierten Zivilgesellschaft demokratische Institutionen aufrechtzuerhalten, zeigte sich deutlich auch in der Regierungszeit von 1996 bis 2006: Bei der Verteilung

9.4 Benin – Erfolgreiche demokratische Transition

der Regierungsposten alle einflussreichen Gruppen und Personen zufriedenzustellen und zugleich gegen die üble Gewohnheit der politischen Klasse anzukämpfen, den Staat und seine Ressourcen im privaten oder korporativen Interesse zu ‚melken', dies glich der Quadratur des Kreises; auch der Regierung Kérékou II gelang das nicht (Schicho 2001, S. 122). Seit 1997 führten Gewerkschaftsverbände, Parlament und Regierung eine durch Warnstreiks zugespitzte kontroverse Diskussion um die von den Gewerkschaften abgelehnte, aber von den internationalen Gebern erwartete *leistungsbezogene* Entlohnung der Arbeiter und Angestellten des öffentlichen Dienstes. Bisher war es üblich gewesen, die Löhne und Gehälter alle zwei Jahre automatisch zu erhöhen. Im März 2002 kam es deshalb zu einem monatelangen *Generalstreik* aller Gewerkschaften, welcher den öffentlichen Dienst des Landes lahm legte, und da sich auch das Parlament weder auf einen Haushalt noch auf die Pläne zur Privatisierung des Post- und Fernmeldewesens einigen konnte, versuchte *Kérékou* unter Umgehung des Parlaments *per Dekret* den Haushalt 2002 durchzusetzen!

Auf mindestens zwei Gebieten wurden Reformen durchgeführt, die eine betraf den Wildwuchs der ca. 150 politischen Parteien, die andere die Abschaffung von Frauen diskriminierenden Praktiken. Im Mai 2002 wurde im Parlament eine *Charta der politischen Parteien* Benins verabschiedet, die vorsah, dass jede Partei sowohl auf nationaler als auch auf regionaler Ebene vertreten sein musste, um somit Regionalismus und Tribalismus einen Riegel vorschieben zu können. Nach jahrelangen kontroversen Debatten verabschiedete das Parlament im Juni 2002 ein neues *Familiengesetz*, das wesentlich zur Stärkung der *Rolle der Frau* in der Gesellschaft beitragen sollte. Dementsprechend waren nur noch standesamtlich geschlossene Ehen rechtlich verbindlich (z. B. in Bezug auf das Erbrecht), bei denen die Frau ein Mindestalter von 18 Jahren erreicht haben musste. Die traditionelle, von den Eltern arrangierte Heirat minderjähriger Mädchen wurde ebenso verboten wie die Praxis des *Lévirats*, d. h. der Zwangsverheiratung der Witwe eines Verstorbenen mit dessen Bruder oder Sohn. Gleichzeitig sollte Polygamie durch die Bestimmung eingeschränkt werden, dass dazu die schriftliche Einwilligung aller Ehepartner notwendig wäre. Auch die übliche Zahlung des *Brautpreises*, der die Herrschaft des Familienoberhauptes über seinen zukünftigen Schwiegersohn und dessen Braut zementierte, wurde aufgehoben und auf einen symbolischen Beitrag reduziert. Die neuen Familienbestimmungen fanden allerdings in der patriarchalisch dominierten Gesellschaft Benins, vor allem in den nördlichen Regionen, nur wenig Zustimmung (Kohnert in Afrika-Jahrbuch 2002, S. 93-95).

Da Präsident *Mathieu Kérékou* inzwischen die Altersgrenze von 70 Jahren überschritten hatte (wie auch Oppositionsführer *Nicéphore Soglo*) und die Verfassung eine dritte Amtszeit untersagte, kam es im Jahr 2006 zu Neuwahlen ohne die alten Herren. Gewählt wurde im März 2006 überraschenderweise im zweiten Wahlgang aus einer Liste von 26 Kandidaten ein Außenseiter namens *Yayi Boni*, ein Banker, – immerhin mit einer Mehrheit von 74,5 % der abgegebenen Stimmen. Er hatte in Frankreich den Doktorgrad erworben und dann als Banker an der *Westafrican Development Bank* gearbeitet. Als Präsident berief er ein Kabinett, das überwiegend aus Technokraten bestand, die wirtschaftliches Wachstum ankurbeln und die Korruption bekämpfen sollten. Dem neuen Regime gewährte die Weltbank mehrere Kredite zur Bekämpfung der Armut und zum Ausbau des Bildungssektors, der öffentlichen Verwaltung und der Justiz. Aufsehen erregte der ‚Grüne Marsch' vom 7. Juli 2007, als Tausende von Demonstranten in der Regierungsstadt *Cotonou* gegen „schlechtes Regieren und Korruption, die unser Land arm machen", auf die Strasse gingen (Laurens Nijzink in Africa Yearboook 2007, S. 55).

Doch am Ende seiner ersten Amtszeit als Präsident ereignete sich ein Skandal, der seine politische Glaubwürdigkeit als Anwalt der kleinen Leute beschädigte. Im Jahr 2010 wurde bekannt, dass mehrere hohe Regierungsbeamte in einen Betrugsskandal mit einem ‚Pyramiden-Investment-Fonds' verwickelt waren, durch den 100.000 Menschen ihre Ersparnisse verloren haben sollen. Gleichwohl schaffte es Präsident *Yayi Boni* 2011, seine Wiederwahl durchzusetzen und danach die Schlüsselpositionen der Regierung wieder mit ihm ergebenen Leuten zu besetzen, – einschließlich des Verfassungsgerichts. Letzteres war wichtig, da er vorhatte, die Verfassung von 1990 zu ändern, um sich selber eine dritte Amtszeit zu ermöglichen. Der laute Protest der politischen Opposition, der Gewerkschaften, der Medien, der Kirchen und weiterer konfliktbereiter Gruppen der Zivilgesellschaft ließ nicht lange auf sich warten. Wie 2006 und 2009, als versucht worden war, ähnliche Verfassungsrevisionen durchzusetzen, entstand jetzt wieder eine *Don't touch my constitution*-Bewegung. Ab Juli 2013 wurden die so genannten *Red Wednesdays*-Straßenproteste gegen die Regierung organisiert (Banégas 2014, S. 451). Jeden Mittwoch demonstrierten Hunderte von Einwohnern in ihren roten Hemden in den Straßen der Hauptstadt *Cotonou*. Offensichtlich hatte die Regierung *Boni* die Liebe der Beniner zu ihrer 1990 erkämpften Verfassung unterschätzt. Professor *Richard Banégas*, Politikprofessor an der berühmten *Sciences Po* in Paris und Präsident des *Joint African Studies Program* (zusammen mit der Columbia University), kommentierte diese Entwicklung im Jahr 2014 wie folgt:

> „In Benin, ein Pionier der Demokratisierung, wird die Verfassung als eine Sicherung gegen Diktatur wahrgenommen und als ein Kernstück eines weiteren nationalen Narratives. Der Stolz der Bürger in ihrem Land gründet sich tatsächlich auf ihren Ruf als ‚Modell der Demokratie'. Obwohl sie sich ständig über politische Themen streiten mögen, die Beniner sind seit zwanzig Jahren durch die ‚shared religion of democracy and constitutionalism' geeint…Das Gefühl der moralischen Krise und der Erbitterung über ‚bad governance' sind spürbar. ‚Enough is enough!' lautet heute der

Schrei, der in allen südlichen Regionen des Landes zu hören ist. Sollte der Präsident weiterhin diesen revisionistischen Weg verfolgen, wird er wahrscheinlich denselben entschlossenen Widerstand erleben, wie es Präsident Abdoulaye Wade im Senegal im Juni 2011 erlebte, als sich eine ähnliche Enough is Enough!-Bewegung gebildet hatte" (Banegas 2014, S. 451; Übersetzung von RT).

Banégas sollte recht behalten: Präsident *Yayi Boni* machte „den Fehler, zu oft allein zu essen" und dies mit zunehmender Isolierung zu bezahlen (Banégas 2014, S. 457). Bei den im April 2015 durchgeführten Parlamentswahlen – die als Stimmungstest für den Präsidenten galten – musste die Regierungspartei *Force Cauris pour un Bénin Emergent (FCBE)*, aber auch die Oppositionspartei, schwere Verluste hinnehmen. Bei einer recht hohen Wahlbeteiligung von ca. 66 % erhielt die Regierungspartei nur 30,2 % der Stimmen und damit 33 (statt bisher 41) der insgesamt 83 Parlamentssitze; die größte Oppositionspartei, die *L'Union fait la Nation/UN*, erhielt 14,4 % und damit 13 Sitze (statt bisher 30). Nach diesem Wahldebakel erklärte Präsident *Yayi Boni*, dass er sich um eine dritte Amtszeit nicht mehr bewerben würde. Statt seiner ging der parteilose Kaufmann *Lionel Zinsou* in den Wahlkampf, den jener im Juni 2015 zum Regierungschef ernannt hatte. Zuvor hatte er noch – am 14. Mai 2014 – den Baumwoll-Tycoon *Patrice Talon* und weitere Personen, die eines angeblichen Putschversuchs beschuldigt worden waren, begnadigt. *Talon* war 2012 nach Erlass eines Haftbefehls gegen ihn nach Frankreich geflüchtet; nun aber kandidierte er im März 2016 als Unabhängiger für die Präsidentenwahl und erhielt im zweiten Wahlgang 65,4 % der Stimmen. Diesmal anerkannte der Wahlverlierer (Ex-Premierminister *Zinsou*) sofort seine Niederlage und gratulierte *Talon* zu seinem Sieg. Damit war der wohl reichste Mann des Landes, der im Baumwollgeschäft Millionen verdient hatte und auch den Hafen der Wirtschaftsmetropole *Cotonou* betrieb, zum 18. Staatspräsidenten Benins gewählt worden. Bei seiner Vereidigung am 6.4.2016 versprach *Präsident Talon* – wie üblich – wirtschaftlichen Aufschwung und Kampf gegen Korruption. Noch im selben Monat verkündete er, der sich auch zum Regierungschef gemacht hatte, eine *Privatisierung der Baumwollindustrie*, um sie für ausländische Investoren attraktiver zu machen. Er übergab die Kontrolle des Sektors, der ca. 40 % der Exporteinnahmen des Landes erbringt und 60 % der gesamten Industrieproduktion ausmacht, wieder an die *Association interprofessionelle du Coton (AIC)*, die vor seiner Wahl zum Präsidenten unter anderem auch von *Tolon* selbst geleitet worden war. Verständlicherweise stieß die Maßnahme auf Kritik, da vom ‚Weißen Gold' Tausende von Baumwollfarm-Familien und viele kleine Unternehmen lebten, die nun ihre Existenz durch das Quasi-Monopol der AIC gefährdet sahen (Banégas 2014, S. 455). So stellt sich die Frage, für wen sich der jahrzehntelange Kampf um demokratische Reformen gelohnt hat.

Fazit: Nach diesem Beninschen Muster der Bildung einer Nationalversammlung aus dem *Schoß der frustrierten Zivilgesellschaft* – die den Anspruch auf Souveränität erhebt und durchsetzt –, sind später auch Reformprozesse in *Kongo-Brazzaville* und *Togo* abgelaufen, die aber beide jeweils am militanten Widerstand der bislang vorherrschenden Kräfte – der strategischen Gruppen im Besitz der Staatsmacht – scheiterten. Dass sich in Benin (das in den 1960er Jahren durch politische Turbulenzen gekennzeichnet war) die *demokratische Transition* auf der Grundlage einer von der Zivilgesellschaft geschaffenen und verteidigten Verfassung vollenden konnte, lag vielleicht in entscheidendem Maße an dem maßvollen Umgang der Demokraten mit dem politischen Gegner: Selbst Diktator *Kérékou*, der an dem Massenelend die Hauptschuld trug, wurde *nicht* völlig degradiert und dauerhaft gedemütigt, sondern es gelang, ihn allmählich in den *nationalen Reformprozess* an Haupt und Gliedern mit einzubeziehen. Er wurde – verglichen mit allen Vorgängern und Nachfolgern – sogar zum beliebtesten Politiker des Landes. Damit hatte man demonstriert, dass der Verlust von staatlicher Macht und die Niederlage einer Partei bei Wahlen eben doch *reversible* Prozesse sein können und nicht in jedem Fall eine existentielle Katastrophe bedeuten müssen.

In Benin konnte eine Zunahme an demokratischer Substanz, auch und vor allem auf Seiten der Zivilgesellschaft, festgestellt werden – *a democratic deepening* (Gisselquist 2008, S. 809): In den Gerichten ist eine neue Generation von Richtern herangewachsen, welche die *rule of law* sehr ernst nimmt (Banégas 2014, S. 456); zahlreiche politische Aktionen sind den organisierten Interessengruppen von der ‚Liebe zur Verfassung' inspiriert und auch getragen worden. Gleichwohl ist ein Wort der Vorsicht angebracht: Es sollte nicht übersehen werden, dass jede demokratisch gewählte Regierung in einem unterentwickelten Land, in dem die existentiellen Nöte einer rasch wachsenden und von Arbeitslosigkeit geplagten Bevölkerung permanent vorhanden sind, vor kaum zu meisternden Legitimationsproblemen steht; zudem macht ein blühender Kokainhandel jeder Regierung schwer zu schaffen. Mit einem durchschnittlichen Pro-Kopf-Einkommen von heute 820 US $ (2016) im Vergleich zu 370 US-$ zu Beginn der Demokratisierung gehört das kleine Land zu den wirtschaftlich mäßig erfolgreichen Ländern Westafrikas; doch seine Abhängigkeit vom Hauptexportgut Baumwolle konnte bisher nicht überwunden werden.

9.5 Burkina Faso – Militärs an der Macht (Thomas Sankara)

Burkina Faso, ein relativ armes *land-locked country* mit 14 Millionen Einwohnern und rund 60 Ethnien, das bis 1984 *Obervolta* hieß, hat es fertig gebracht, einen Militärdiktator, der das Land dreißig Jahre lang geknebelt hatte, zu vertreiben und 2015 eine neue demokratische Verfassung auf den Weg zu bringen. Die Geschichte Burkina Fasos zeigt, wie ein Militärregime ein Land zugrunde richten kann, bis eine mutige Zivilgesellschaft aus Frustration einen friedlichen Umsturz der Verhältnisse erzwingt. Im Falle *Burkina Fasos* heißt der demokratisch gewählte Präsident *Roch Marc Christian Kaboré*, ein studierter Wirtschaftswissenschaftler, der von 2002 bis 2012 das Amt eines Präsidenten der Nationalversammlung innehatte. Er war ein Weggefährte des Diktators *Blaise Compaoré*, bis er dann in die politische Opposition ging. Aus den friedlich verlaufenden Wahlen vom 29. November 2015 ist er mit 53,5 % der Stimmen als klarer Sieger hervorgegangen. Gegen den gestürzten Ex-Diktator *Compaoré* wurde ein internationaler Haftbefehl erlassen, unter anderem aufgrund einer Anklage, seinen Vorgänger *Thomas Sankara* im Jahr 1987 ermordet zu haben.

Die Vorgeschichte: In Obervolta/Burkina Faso haben mehrfach Militärputsche stattgefunden, wobei als Rechtfertigung – hier wie überall in Afrika – der Vorwurf von *Bestechung und Korruption* der vorgängigen Zivilregierung verwandt wurde. In Obervolta fand einer der ersten Militärputsche im unabhängig gewordenen Westafrika statt (nach dem Putsch in Togo 1963); im Jahr 1966 wurde der frei gewählte erste Staatschef *Maurice Yaméogo* infolge einer Haushaltskrise (beim Versuch, die Gehälter der Staatsangestellten um 20 % zu kürzen) auf Druck der starken Gewerkschaften gewaltsam von Oberstleutnant *Aboubacar S. Lamizana* (1966-1980) abgelöst. Dieser schuf mittels einer neuen Verfassung die *Dritte Republik*, konnte aber das Ansteigen von Verbrechen (Korruption und Nepotismus) nicht aufhalten. Als *Lamizana*, der sich inzwischen zum ‚General' befördert hatte, versuchte, ins zivile Lager überzuwechseln, um so an der Macht bleiben zu können, protestierten Gewerkschaften, Studentenverbände, Lehrer und selbst Teile der Armee. Ein Militärputsch, wie alle vorangegangenen weitgehend gewaltfrei, brachte 1980 einen neuen Militärrat ans Ruder, der alle politischen Parteien verbot. Aber die Spannungen innerhalb des Offizierskorps, zwischen der älteren und der jüngeren Generation von Offizieren, verschärften sich. „Die dritte Generation war ganz eindeutig geprägt durch die Absicht, den konservativen Vertretern einer neokolonialen Abhängigkeit eine radikale Politik der Selbstbestimmung entgegen zu stellen" (Schicho 2001, S. 153). Sie bildeten einen *Conseil National de la Révolution* (Revolutionsrat), und *primus inter pares* wurde der von Jugendlichen und linken zivilgesellschaftlichen

Gruppen favorisierte *Thomas Sankara*, der sichtlich von Ghanas Militärtribun *Jerry Rawlings* (siehe unten nächstes Kapitel) inspiriert worden war.

Die Sankara-Ära: Den Offizieren der neuen afrikanischen Armeen war es anfangs schwer gefallen, gegen die Oberhäupter ihrer Staaten zu putschen. Nicht nur persönliche Hochachtung vor den ‚Vätern des Vaterlandes' war im Spiel, sondern auch die Sozialisation an den europäischen Militärschulen hatte sie politische Neutralität gelehrt. *Sankara* gehörte zu den persönlich anspruchslosen Führern, die einem sozial-revolutionären Militärregime vorstehen und demgemäß strukturelle Reformen in der Gesellschaft durchsetzen wollten. *Franz Ansprenger* hat ihn nicht ohne Sympathie wie folgt gewürdigt:

> „Sankara organisierte keinen langatmigen Klassenkampf. Er hoffte, die Volksfeinde schlagartig auszuschalten – durch zündende Reden, per Dekret, durch Ermunterung der Jugend und der Frauen zu politischer Aktion. Offenbar war für ihn der Gegner keine machterprobte Klasse, der man die Verfügung über Produktionsmittel streitig machen muss (es gibt ja auch keine Industrie im Lande!), sondern ein Haufen moralisch verdorbener Einzelmenschen. Er war realistisch genug, auf der anderen Seite das Volk als das zu erkennen, was es in Burkina Faso überdeutlich, in ganz Afrika ebenfalls ist: eine altmodische, unter Bevölkerungsdruck und Umweltzerstörung immer schlimmer verarmende Bauernschaft" (Ansprenger 1999, S. 107).

Wie *Sankara* sich die Zukunft dachte, kam schon in dem neuen Namen des Staates zum Ausdruck, den er für *Haute-Volta* (Obervolta) erfand. *Burkina Faso* bedeutet so viel wie ‚Republik der freien und gerechten Menschen', zusammengesetzt aus den Sprachen der beiden Hauptvölker des Landes, der *Mossi* und der *Fulbe*. Über Radio und Fernsehen verkündete *Sankara* am 2. Oktober 1983:

> „Das kämpfende Volk von Obervolta hat sich wie ein einziger Mensch mobilisiert, hinter dem Conseil National de la Revolution (CNR), um eine neue voltaische Gesellschaft aufzubauen – frei, unabhängig und wohlhabend, nachdem sie die jahrhundertealte Herrschaft und Ausbeutung durch den internationalen Imperialismus abgeschüttelt hat…Unsere Revolution spielt sich in einem rückständigen Agrarland ab, wo das Gewicht der Traditionen und der Ideologie, die eine Gesellschaftsorganisation feudalen Typs abgesondert hat, enorm auf den Volksmassen lastet…Sie ist eine demokratische Volksrevolution (une révolution démocratique et populaire). Sie hat als Hauptaufgaben die Liquidierung der imperialistischen Herrschaft und Ausbeutung, die Reinigung des Bauernlandes von allen sozialen, wirtschaftlichen und kulturellen Missständen, die es im Zustand der Rückständigkeit halten. Von daher stammt ihr demokratischer Charakter" (Thomas Sankara, zit. nach Ansprenger 1999, S. 107-108).

Die Politik des Revolutionsrates unter dem energischen Führer *Sankara* zeichnete sich durch eine intensive und zielgerichtete Konzentration der knappen Ressourcen des Staates auf die Förderung des ländlichen Raumes aus, verbunden mit einer Beschneidung der Vorteile für Stadtbewohner. Man kann von einem politisch gewollten *rural bias* sprechen, der sich z. B. in den begleitenden Maßnahmen zur Förderung der Getreideproduktion für den Eigenbedarf – wie z. B. den Bau von Talsperren, Landstraßen, Anti-Erosions-Wällen, Wasser-Rückhaltebecken und Baumschulen zur Regenerierung des lebenswichtigen Baumbestandes – bemerkbar machte. Darüber hinaus betätigte sich *Sankara* sowohl als Sozialreformer denn auch als Moralist. Im sozialen Bereich sind vor allem die Verbesserungen im Gesundheitswesen hervorzuheben: Durch den Aufbau von 7500 Gesundheitsposten, die in die Eigenverantwortlichkeit der Dorfbevölkerung gestellt wurden und durch eine großangelegte Impfaktion für 2,5 Mio. Kinder im Alter von sieben bis 14 Jahren gegen die wichtigsten Infektionskrankheiten (Meningitis, Masern, Gelbfieber) sind wesentliche Verbesserungen erreicht worden. Die Einschulungsquote konnte von 12 % (1984) auf 23 % (1987) fast verdoppelt werden, obwohl nach einem Streik (wegen der Absenkung der Löhne und Gehälter im öffentlichen Dienst um ca. 20 %) etwa 1400 Lehrer entlassen und durch schlechter ausgebildete ‚revolutionäre' Kräfte ersetzt worden waren (Schmitz in Afrika-Jahrbuch 1987, S 81-82). Der Verkauf von Luxusgegenständen wurde eingeschränkt, das Tragen einheimischer Baumwollkleidung wurde dekretiert, und der Alkoholverkauf wurde erheblich erschwert. Prostitution, Polygamie und Bettelei wurden verboten und Nachtlokale geschlossen – alles moralisch anspruchsvolle Maßnahmen, die bei *Professionals* und Erwerbspersonen der urbanen Mittelklasse auf wenig Verständnis stießen. Den Vorbildern von *Mahatma Gandhi* und *Julius Nyerere* folgend, ging es *Sankara* darum, den Menschen deutlich vor Augen zu führen, dass sie selbst durch Eigeninitiativen und Konsumverzicht ihre Lage deutlich verbessern könnten.

Dass dieses hoffnungsvolle sozialrevolutionäre Experiment schon nach vier Jahren scheiterte, war aus bäuerlicher Sicht eine Tragödie. Die konservative *Mossi*-Aristokratie und die urbane Mittelschicht – Angestellte des öffentlichen Dienstes, gewerkschaftlich organisierte Lehrer, ferner Händler und Kaufleute – waren eher froh, diesen unbequemen Populisten und Moralisten los geworden zu sein, der ihre sozialen Privilegien anzutasten gewagt hatte. Unmittelbarer Anlass von *Sankaras* Sturz war aber eine intraelitäre Auseinandersetzung im Revolutionsrat: Als *Sankara* gegen das Veto seiner drei Kollegen (darunter *Compaoré*) die Aufstellung einer ihm unterstellten Sicherheitspolizei von Regierung und Parlament absegnen ließ, kam es am nächsten Tag zum Coup: *Sankara* und weitere elf Menschen wurden in der Nacht vom 15. auf den 16. Oktober 1987 erschossen und auf einem Armenfriedhof am Stadtrand von *Ouagadougou* verscharrt. „Die fehlende institutionelle Vernetzung sowie klare Kompetenzabgrenzung und Zuordnung der zentralen Staatsorgane waren die entscheidenden Determinanten dafür, dass der politische

Konflikt zwischen den Führern der burkinabischen Revolution und den hinter ihnen stehenden Gruppierungen kaum noch anders als durch einen – allerdings nicht unbedingt blutigen – Putsch gelöst werden konnte" – meinte *Erich Schmitz* (Afrika-Jahrbuch 1987, S. 88). Der Historiker *Walter Schicho* urteilte, dass „trotz aller Mängel die Entwicklung der Jahre zwischen 1983 und 1987 zu einer prägenden Erfahrung für die Gesellschaft des Landes" wurde: Mit zunehmender Distanz hätte „die kollektive Erinnerung einen Mythos" geschaffen, „der bedeutender ist als die konkreten Spuren der Revolution" (Schicho 2001, S. 155). Es sollte fast dreißig Jahre dauern, bis dieser Helden-Mythos eine neue Generation junger unzufriedener Menschen gegen die erneute Diktatur auf die Straße treiben würde.

Der Populist *Sankara* wurde zum revolutionären Mythos verklärt, und die Erinnerung an seine Vision einer Politik für „das gute und ehrliche einfache Volk" im Kampf gegen Imperialismus und Feudalismus (Ansprenger 1999, S. 106) inspirierte die zivilgesellschaftlichen Akteure des Aufstands von 2014 und 2015 (Frère & Englebert 2015, S. 295f.). Heute droht der jungen Demokratie nicht in erster Linie Gefahr durch die politische Opposition (im Oktober 2016 hat es einen Putschversuch der *Compaoré*-Anhänger gegen die Regierung von Staatspräsident *Kaboré* gegeben), sondern durch *Terroranschläge islamistischer Milizen und Dschihadisten*, die die politische Stabilität der westafrikanischen Staaten *Mali, Niger, Nigeria* und eben auch *Burkina Fasos* bedrohen (siehe auch unten die Mali-Geschichte in Kapitel 12).

9.6 Ghana – auf dem Weg zur konsolidierten Demokratie

Ghana war öfters der Schauplatz neuer Entwicklungen mit einiger Relevanz für ganz Afrika. Zuerst erprobten die Engländer in der *Goldküste* die Dekolonisierung auf dem Verhandlungsweg, dann wurde das Land ein frühes Experimentierfeld der Weltbank für eine *Politik der Strukturanpassung*, um Überschuldungskrisen zu meistern, und schließlich wurde Ghana zum Liebling der internationalen Gebergemeinschaft, als es in den 1980er Jahren mit einer erfolgreichen Politik der *Demokratisierung von oben* begann. Ghana stellt den interessanten Fall einer echten institutionellen Metamorphose dar, von einer grobschlächtigen Militärdiktatur zu einem demokratisch konsolidierten Mehrparteiensystem, das seit 1992 fünfmal freie Wahlen und viermal einen Regimewechsel durch freie und faire Wahlen erlebte – letztere in den Jahren 2000, 2008, 2012 und 2017[14]. Unter mehreren zivilen

---

14 Die politischen Führer/Staatspräsidenten Ghanas waren: Kwame Nkrumah 1957-1966; General Joseph A. Ankrah 1966-1969; General Akwesi A. Afrifa 1969; Kofi A. Busia,

9.6 Ghana – auf dem Weg zur konsolidierten Demokratie

und militärischen Regierungen war Ghana nach dem Sturz *Kwame Nkrumahs*, der Ghana in die politische Unabhängigkeit geführt hatte (siehe oben Kapitel 6.3), in eine schwere Wirtschafts- und Gesellschaftskrise geraten. Auf *Nkrumah*, dessen linke Partei (CPP) die Erwartungen der Kleinbourgeoisie auf Wohlstand und Fortschritt verkörpert hatte, folgte nach einem militärischen Zwischenspiel die kurze Herrschaft der Oppositionspartei unter Professor *Kofi A. Busia* (1969-1972), die vor allem den ökonomischen Interessen der konservativen Bourgeoisie mit Schwerpunkt in der Ashanti-Region zu Diensten war.

Im Jahr 1972 war das demokratisch gewählte *Busia*-Regime mit dem riskanten Versuch gescheitert, die Wirtschaftskrise mit drastischen Sparmaßnahmen auf Kosten der urbanen Arbeiterschaft zu lösen. Unter dem auf *Busia* folgenden Militärherrscher *Oberst Ignatius K. Acheampong* (1972-1978) und seinem Nachfolger Oberst *Frederick W. Akuffo* (1978-1979) erlebte das Land sinkende Weltmarktpreise für Kakao, dem Hauptexportgut Ghanas, bei gleichzeitig steigenden Preisen für Erdöl, das in großen Mengen (damals noch) importiert werden musste. Jährlich stieg die Inflationsrate um 50%, der Schwarzmarkt blühte und die *kalabule* genannte Praxis der Markthändler, nämlich ihre knappen Waren zu erhöhten Preisen anzubieten, machte der Stadtbevölkerung das Überleben schwer. Der Militärrat kapitulierte schließlich vor der Wirtschaftsmisere und machte den Weg frei für ein erneutes *Demokratieexperiment*. Im Juli 1979 gewann Dr. *Hilla Liman* die Wahlen; seinem Amtsantritt als Regierungschef ging „ein Intermezzo voraus, das eine Warnung für die neuen Politiker hätte sein sollen. Junge Offiziere unter Führung des Fliegerleutnants *Jerry John Rawlings* übernahmen am 4. Juni 1979 die Macht, in der Absicht, Ghanas politische und wirtschaftliche Führung von korrupten und eigensüchtigen Elementen zu reinigen, um so auch der neuen Zivilregierung eine bessere Startposition zu verschaffen. Die Offiziere ließen führende Persönlichkeiten des alten Regimes öffentlich hinrichten, darunter [drei Ex-Präsidenten und Generäle] *Acheampong, Akuffo und Afrifa*. Für alle unerwartet hielten die für die Morde verantwortlichen Offiziere ihr Versprechen und übergaben im September die Macht an den gewählten Präsidenten Liman (Schicho 2001, S.204).

Der demokratisch gewählte Präsident versuchte nun eine Politik zwischen Sparsamkeit und ausreichender Versorgung des Marktes mit lebenswichtigen Gütern, konnte aber nicht verhindern, dass die alten Geschäftspraktiken des *kal-*

---

gewählt, 1969-1972; Oberst Ignatius K. Acheampong 1972-1978; Oberst Frederick W. Akuffo 1978-1979; Hilla Limann, gewählt, 1979-1981; Hauptmann Jerry John Rawlings 1979 und 1981-2001; John Agyekum Kufuor (NPP), gewählt, 2001-2009; Atta Mills (NDC), gewählt, 2009-2013; John D. Mahama (NDC), gewählt 2013-2017; Nana Addo Dankwa Akufo-Addo (NPP), seit Januar 2017.

abule (eine Form der Korruption) fortgesetzt wurden, angeordnete Preiskontrollen wirkungslos blieben und die hohe Inflation erhalten blieb. An *Ghana* zeigte sich deutlich die negative Seite der strukturellen Abhängigkeit eines Landes von ein oder zwei Rohstoffen (Kakao und Bauxit): Fielen Nachfrage und Preise für diese Güter auf dem Weltmarkt, sanken die Staatseinnahmen und damit die Chancen, die notwendigen Devisen aufzubringen, um die Wirtschaft zu diversifizieren und zu industrialisieren. *Ghana* wie auch andere afrikanische Rohstoffländer wie *Sambia, Simbabwe, Kenia* und die *Elfenbeinküste* setzten vernünftigerweise auf die Strategie der *Importsubstitutions-Industrialisierung (ISI)*, die zum Ziel hatte, die bislang aus dem Ausland importierten Konsumgüter durch den Aufbau eigener Industrien zu ersetzen (siehe oben Kapitel 2.4). Dazu bedurfte es erstens erheblichen Investitionskapitals, zweitens technischer und administrativer Geschäfts- und Fachleute sowie drittens einer klugen Politik im Umgang mit Schutzzöllen. Privates einheimisches Kapital stand wegen des *Fehlens einer nationalen Bourgeoisie* kaum zur Verfügung (Goldberg 2008, S. 185f.). Versuchte nun eine Regierung, das fehlende Eigenkapital durch Auslandskredite und Entwicklungshilfe-Darlehen zu ersetzen, geriet es leicht in den Teufelskreis der Überschuldung – zumal dann, wenn eine Regierung zu schwach war, die steigenden Konsumwünsche der Stadtbewohner sowie unangemessene Lohnforderungen ihrer öffentlich Angestellten zu zügeln. In diese *Schuldenfalle* geriet auch Ghana sowohl unter Militär- als auch unter Zivilregierungen (Körner et al. 1984).

Nicht weniger als 235 *parastatals* entstanden – das waren Industrie- und Dienstleistungsbetriebe, deren Leitung von einem Ministerium bestimmt wurde, die aber nach betriebswirtschaftlicher Rationalität arbeiten und Gewinne bringen sollten. Diese Praxis war ein fruchtbarer Nährboden für das *neo-patrimoniale System auf Regierungs- und Verwaltungsebene*, das für zahlreiche postkoloniale Länder in Afrika typisch war. Die Regierung des *Patronage-Staates* instrumentalisierte nun das *Ghana Cocoa Marketing Board,* um die steigenden Staatsausgaben und die gewünschten Investitionsfonds für die oben erwähnte *ISI-Strategie* zu erhalten: Den Kakao-Farmern wurden für ihre Ernte Aufkaufpreise geboten, die weit niedriger als die Weltmarktpreise waren, was auf die Dauer den Schmuggel von Kakao über die Grenzen nach *Elfenbeinküste* beförderte sowie zur Verlagerung der Erwerbsarbeit auf andere Aktivitäten animierte. Hatte *Ghana* im Jahr 1965 noch 560.000 t Kakao exportiert, war die (offiziell registrierte) Ernte 1981 auf 150.000 t gefallen. Eine ähnliche fatale Entwicklung zeigte sich auch bei der Gewinnung von Holz und der Förderung von Bauxit, Ghanas wichtigstem Erz (aus dem Aluminium hergestellt wird) (nach Thomson 2010, S. 206).

Angesichts der ausweglos gewordenen Wirtschaftslage übernahm *Jerry Rawlings* am 31. Dezember 1981 erneut die Macht, hob die Verfassung auf und verbot politische Parteien. Mit ihm und durch ihn begann das ‚ghanaische Wunder' – die von oben orchestrierte Wandlung eines gescheiterten Modernisierungsstaates zum demokratischen Mehrparteienstaat auf der Grundlage einer staatlicherseits sanierten Wirtschaft. Zunächst ging es Rawlings vor allem darum, dem sozialen Krebsgeschwür der Korruption – *kalabule* – ein Ende zu bereiten, das den von *Nkrumah* geschlossenen Gesellschaftsvertrag mit den Massen im Kern angegriffen hatte. *Kalabule* war ein bei Afrikanern beliebter Ausdruck des Essens als Metapher für die unsittliche Akkumulation von Reichtum weniger auf Kosten der Mehrheit (Bayart 2009); er bezog sich auf das Gewinne machen, „entweder mittels der Maschinerie des Staates oder mittels des Unterlassens von Kontrollen der Händler durch den Staat" (Nugent 1995, S. 27). *Francois Bayart* hat die Raffgier afrikanischer Politiker mit *Politik des Bauches* (einer kamerunischen Metapher) umschrieben, und in Fortführung dieser Herangehensweise hat *Paul Nugent* detailliert aufgezeigt, wie sich bei Ghanaern die kulturelle Wertschätzung von Reichtum – das Essen – auf Politik ausgewirkt hatte. *Kalabule* hätte nicht allein das Verhalten von Politikern gekennzeichnet, sondern sei in Zeiten großer materieller Not auch von Marktfrauen und Händlern praktiziert worden. Daher hätte *Rawlings* seinen Feldzug der Volksrevolution mit dem Kampf sowohl gegen die *big men* als auch gegen die *small boys* auf den Märkten im ganzen Land begonnen (Nugent 1995, S. 79f.). Im Ghana-Roman *The Beautiful Ones Are Not Yet Born* (‚Die Schönen sind noch nicht geboren') hat der ghanaische Schriftsteller *Ayi Kwei Armah* dieses Thema einfühlsam geschildert (Armah 1982; Utley 2009).

Der *Historiker Martin Meredith* würdigte den Luftwaffen-Leutnant *Jerry Rawlings* als „Star" unter den afrikanischen Reform-Präsidenten, der es geschafft hätte, Ghana aus der schweren Regierungs- und vor allem Wirtschaftskrise herauszuholen:

„Rawlings betrat die politische Bühne im Jahr 1982, umringt von marxistischen Beratern; er gab seiner Bewunderung für Leute wie Castro und Gaddafi Ausdruck und schimpfte über die schädlichen Wirkungen des ‚Imperialismus'. Aber nachdem er eine Reihe von populistischen Experimenten auf den Weg gebracht hatte, anerkannte er die Notwendigkeit für einen anderen Kurs. Um 1983 stand Ghana vor dem Kollaps. Das Angebot an Nahrungsmitteln war unberechenbar; das Produktionsniveau war so niedrig wie nie zuvor; der Wert der Ausgaben für Gesundheit betrug ein Viertel von dem, was sie 1976 betragen hatten; ärztliche Versorgung war nicht vorhanden; innerhalb von sieben Jahren war die Kindersterblichkeit von 80 pro Tausend auf 120 pro Tausend angewachsen; Straßen waren unpassierbar; die Inflation erreichte 123 %; Verluste machende para-staatliche Organisationen verschlangen 10 % der Regierungsausgaben; im Jahr 1983 beschäftigte der Ghana Cocoa Marketing Board mehr als 130.000 Menschen, die eine Ernte von der Hälfte der Menge verwalteten, die zwanzig Jahre vorher effizienter von 50.000 Angestellten gemanagt worden war; das Brutto-Nationalprodukt pro Kopf war jährlich um 7 % gefallen. Was die Krise verschlimmerte waren die eine Million Ghanaer, die aus Nigeria vertrieben worden waren sowie eine schwere Dürre, die Stromausfälle und Buschbrände zur Folge hatte" (Meredith 2005, S. 371-372).

Nach seiner pragmatischen Wende schloss *Rawlings* Abkommen mit Weltbank und IWF, die dem Land die üblichen *Strukturanpassungsmaßnahmen* (siehe oben Kapitel 2.4) aufoktroyierten. Der Staatschef ließ niemanden darüber im Unklaren, dass die Sanierung der Wirtschaft mittels drastischer Disziplin, von oben angeordnet und durchgesetzt, absolute Priorität vor der Demokratisierung haben würde. *Rawlings* ließ überschuldete Staatsbetriebe schließen oder privatisieren; staatliche Subventionen von Konsumgütern wurden reduziert; gleichzeitig wurde die Unsitte von *kalabule* per Dekret beendet, indem der Preis für das Grundnahrungsmittel Mais um 37 % und der für Speiseöl um 69 % herabgesetzt wurden. Ferner initiierte Rawlings' *Provisional National Defence Council (PNDC)* ein *job inspection program* mit 60 Inspektoren, die dafür sorgten, dass die Zahl der öffentlichen Angestellten innerhalb von zwei Jahren um 24.000 Mitarbeiter reduziert wurde (das betraf auch zahlreiche Namen längst verstorbener Mitarbeiter). Die nationale Währung, der *Cedi*, wurde abgewertet und dessen Wechselkurs über Auktionen an das internationale Niveau angeglichen. Die bis dahin üblich gewordene Politik der Diskriminierung der Kakao-Farmer, indem die Aufkaufpreise für deren Ernte extrem niedrig festgelegt wurden, wurde noch zwei Jahre fortgesetzt, dann aber, auf Anraten der Weltbank sowie auf Druck der Öffentlichkeit, ins Gegenteil verkehrt: Kernstück der Reformen waren diverse Programme zur Wiederbelebung der Wirtschaft, wobei auch wieder die Weltbank mit Stabilisierungskrediten zur Seite stand (Brown 1995, S. 65-82).

Dabei handelte es sich um ein wirtschaftliches Liberalisierungsprogramm, das unter anderem die Förderung der neokolonialen Exportwirtschaft, die Privatisierung von Staatsbetrieben, die Verschlankung der staatlichen Verwaltung (Entlassung von *civil servants*), die Reduktion der Sozialausgaben für Bildung und Gesundheit und die strikte Einhaltung der Haushaltsdisziplin umfasste. Als die Sparmaßnahmen bei der städtischen Bevölkerung verständlicherweise auf Ablehnung stießen, beschloss die Regierung in Accra, in Absprache mit Weltbank-Beratern, ein modifiziertes Reformprogramm: *The Programme of Action to Mitigate the Social Costs of Adjustmant (PAMSCAD: Das Aktionsprogramm zur Abmilderung der sozialen Anpassungskosten)* aufzulegen. Es hatte sowohl die Dezentralisierung der Entwicklungsplanung und Durchführung von Projekten zum Ziel, als auch die Reduzierung der Armut in Ghana, z. B. durch *food for work*-Straßenbauarbeiten. Später folgten weitere Zuwendungen von Seiten der internationalen Gebergemeinschaft, die das reformwillige *Ghana* zum Flaggschiff ihrer neuen armutsorientierten neo-liberalen Entwicklungspolitik machen wollte. Im Zuge der von der *Weltbank* beschlossenen *Highly Indebted Poor Countries* (HIPC)-Initiative wurde dem Land erstmals 2002

9.6 Ghana – auf dem Weg zur konsolidierten Demokratie

(und danach des Öfteren) ein großer Teil der Auslandsschulden erlassen, verbunden mit dessen Versprechen, dass die Regierung in Zukunft die Armut im Land nachhaltig mittels *Ghana Poverty Reduction Programmes* bekämpfen würde (Tetzlaff 2012).

Bald stellten sich erste Erfolge bei der Armutsbekämpfung ein. Zwischen 1991 und 2006 soll der Anteil der Armen an der Bevölkerung Ghanas von 51,7 % auf 28,5 % gesunken sein. Problematisch blieb allerdings die regional ungleiche Verteilung der Entwicklungserfolge: Während der Anteil der Armen in den Städten zwischen 11 % und 14 % lag, blieb der Prozentsatz in den drei nördlichen Provinzen des Landes stets über 70 % (Apusigah 2009, S. 25 – S. 28). Zwischen 1992 und 2006 konnten 2,5 Millionen Ghanaer im südlichen Ghana aus der Armut befreit werden, während im gleichen Zeitraum die Zahl der Armen im nördlichen Ghana um beinahe eine Million zunahm (Eberlei 2009, S. 94). *Rawlings* Erfolg beruhte auf einem pragmatischen Bündnis aus *erstens* einem starken zuverlässigen Staat, der in die Infrastruktur (Elektrizitätsversorgung bis in die Dörfer, Bau von Schulen und Straßen) investierte, aus *zweitens* einem effizienten, gebildeten Bürgertum sowie erfahrenen nationalen Geschäftsleuten, die die neuen Chancen nutzten, und *drittens* aus ausländischen Firmen, die bereit waren, in diese ‚Friedensinsel' zu investieren, die sich wohltuend von den *failing states* in der Nachbarschaft abhob (Nigeria, Sierra Leone, Liberia). Erst diese Beruhigung der Lage ermöglichte es den politischen Parteien – „nach dem doppelten Schock durch Militärregime und Strukturanpassung" (Schicho 2001, S. 208) – sich zu erneuern und nach einer Lernphase endlich faire und freie Wahlen abzuhalten.

Die *Ära Rawlings* kann als die entscheidende Voraussetzung für Ghanas Aufstieg zum *ersten middle-income country* Westafrikas bezeichnet werden – einen hohen Reifegrad vorweisend, den es nach Weltbank-Bewertung im Jahr 2011 erreicht hatte (ein PKE von über 1045 US$). Im Jahr 2016 stand der PKE-Wert schon bei 1380 US$. Wirtschaftlicher Aufschwung und politische Demokratisierung gingen hier Hand in Hand, wenn auch begleitet von politischen Turbulenzen und wirtschaftlichen Rückschlägen. Dennoch sollte nicht übersehen werden, dass *Ghana* auch als Partnerland *Chinas* den strukturellen Wandel von der Rohstoff-Ökonomie zur *Diversifizierung und Industrialisierung* noch nicht geschafft hat. Manche Ökonomen sprechen daher von einem *ghanaischen Paradox*: Trotz der soliden Transition zur Demokratie und trotz der beachtlichen wirtschaftlichen Erholung des Landes gäbe es immer noch strukturelle und personelle Schwächen bei der Transition zu einem ‚Schwellenland' asiatischen Typs. Der neo-patrimoniale Staat hätte es versäumt, in hinreichendem Maße öffentliche Güter (*public goods*) zum Nutzen aller bereit zu stellen (Killick 2008, S. 27).

Seitdem sind zehn Jahre vergangen, und *Ghana* ist inzwischen zu den Erdöl-exportierenden Staaten aufgerückt. Aber Ghana ist nicht zum Rentier-Staat oder gar zu einem ‚Vampire-Staat' geworden – vergleichbar mit der *DR Kongo, dem Sudan, Simbabwe, Angola oder Äquatorial-Guinea*. Mit der *culture of silence* – ein häufig verwendeter Ausdruck für mangelnde Verantwortlichkeit repressiver Regierungen –, war es nun vorbei: Die christlichen Kirchen, die unter Rawlings zu leiden hatten, die an den Rand gedrängten Gewerkschaften und zivilgesellschaftliche Gruppen erhöhten den Druck auf das Regime, zum Mehrparteiensystem zurückzukehren, was auch die westlichen Geberstaaten wünschten. In dieser heiklen Situation war Rawlings klug genug, sich einer Öffnung des politischen Systems nicht zu verweigern. Ein *Movement for Freedom and Justice (MFJ)* unter der Leitung von *Hilla Liman* und eine *New Patriotic Party* unter ihrem Gründer *Adu Boahen* beteiligten sich an den Präsidentenwahlen von 1992, an der auch im letzten Moment Rawlings selbst teilnahm. Zur Überraschung vieler gewannen nicht die Kandidaten der alt-etablierten politischen Parteien der *Danquah-Busia*-Tradition, sondern der starke, unberechenbare Mann des Regimes in der Tradition Nkrumahs: *Rawlings* gewann mit 58,3 % der Stimmen vor seinen Rivalen *Boahen* mit 30,4 % und *Liman* mit 6,7 %, bei einer Wahlbeteiligung von 48,3 % (3,989 Mio. Wähler) (Nugent 1995, S. 233). Vier Jahre später wiederholte sich das Wahlszenario: 1996 siegte der Amtsinhaber *Rawlings* bereits im ersten Durchgang mit 57,4 % der Stimmen in den Präsidentschaftswahlen vor seinem Herausforderer von der NPP (*New Patriotic Party*), *John Kufuor*. Das Ergebnis der Parlamentswahlen bestätigte den Trend: auf *Rawlings* Partei NDC, dem *National Democratic Congress*, entfielen 132 der 200 Sitze, auf die Oppositionspartei NPP immerhin 60 Sitze.

Doch das *Rawlings*-Regime hatte seinen anfänglichen Reformschwung eingebüßt, da ein struktureller Industriewandel nicht nachhaltig in Gang gekommen war. Das Buhlen um ausländische Investoren und der Verkauf der Staatsanteile an der Bergwerksgesellschaft *Ashanti Goldfields* zeigten jedoch, dass die Lösung der heimischen Wirtschaftsprobleme immer noch in der Inanspruchnahme westlichen Kapitals und immer noch in der Hoffnung auf großzügige Entwicklungshilfe gesucht wurde. „Von den 55 registrierten Minengesellschaften war der größte Teil in fremder Hand. 74 % der Investitionen zwischen 1994 und 1998 kamen aus dem Ausland – und der größte Teil davon aus den USA... Die Verbindung eines effizienten Bürgertums, einer autoritären Regierung und ausländischen Kapitals bürgte für Erfolg, wenn gleich dieser Erfolg keineswegs gleichzusetzen war mit einem besseren Leben für alle" (Schicho 2001, S. 207-208). Da die Verfassung keine Wiederwahl erlaubte und *Rawlings* sich an die Spielregeln hielt, kandidierte das nächste Mal seine Vizepräsident Professor *John Atta Mills*. Dieser verlor in den Präsidentschaftswahlen vom Dezember 2000 klar gegen den Konkurrenten von der NPP, *John Kufuor*, der mit 3,6 Mio. Stimmen und einem Anteil von 56,9 % der abgegebenen Stimmen (beim zweiten Wahlgang) einen deutlichen Vorsprung vor *Rawlings* Favoriten hatte. Die großzügige finanzielle Unterstützung der Wahlkommission, besonders seitens der EU, hatte den Wahlmarathon ermöglicht und somit die Durchführung freier und fairer Wahlen garantiert (Afrika-Jahrbuch 2000, Ghana, S. 104-105).

Seitdem ist *Ghana* auf dem Weg zu *Demokratie und Marktwirtschaft* ein gutes Stück weit vorangekommen. Der *Bertelsmann-Transformations-Index (BTI)* plazierte Ghana auf Platz eins aller westafrikanischen Länder. Das *Freedom House* gab dem Land die Bestnoten für die *Gewährung politischer und ziviler Rechte*. Man kann die beiden Machtgruppierungen unterschiedlicher ideologischer Orientierung im Sinne des *SKOG-Ansatzes* als rivalisierende strategische Gruppen verstehen (siehe oben Kapitel 9.2): Jede politische Gruppe versuchte, ihre Aneignungschancen über den *Zugang zu Staatsressourcen* zu vergrößern und so ihre Netzwerke zu alimentieren. Dadurch hat sich in Ghana ein politisch ziemlich *stabiles Zwei-Parteien-System* entwickelt: Auf der einen Seite steht die *Danquah-Busia-Tradition* (*Danquah* war der politische konservativ-bedächtige Gegenspieler von *Nkrumah*), die mit den wohlhabenden Geschäftseliten und der Bildungselite im südlichen Ghana assoziiert wurde, wobei die Mehrheit zur ethnischen *Akan*-Familie gehörte. In Opposition zu diesem Bündnis hat sich seit Nkrumah eine linke, eher sozialdemokratisch orientierte Parteientradition formiert, die sich verbal durch eine anti-elitäre Orientierung auszeichnet und starke Sympathien in der ländlichen Bevölkerung genießt. Dieses Muster eines Zwei-Parteien-Systems, in dem sich zwei numerisch fast gleichstarke Politik-Traditionen mit jeweils starker Stammwählerschaft gegenüberstehen, hat den Demokratisierungsprozess stark begünstigt (Osei 2015). Beide vereinte das gleiche Ziel – die Eroberung der Staatsmacht und ihrer Ressourcen. Beide politischen Lager teilen heute die Überzeugung, dass der Weg zur Macht nur über freie und faire Wahlen zu erfolgen hat. *Osei* spricht von *consensually united elites*, die gelernt hätten, sich wechselseitig als vertrauenswürdige Konkurrenten um Macht (*trustworthy competitors*) zu begreifen. Dabei hätten *soziale Netzwerke* der Parlamentsabgeordneten eine wichtige Rolle gespielt: die Parlamentarier beider Parteien hätten nicht nur untereinander, der Parteilogik folgend, sondern auch über Parteigrenzen hinweg intensive Kommunikation gepflegt, wobei auch ethnische Solidarität förderlich gewesen sei, um Misstrauen abzubauen. „We disagree on politics, but we eat together" (Osei 2015, S. 546; siehe auch Cooter & Schäfer 2012).

Was aber auf der Strecke geblieben ist, das ist die Öffnung dieses Systems, vor allem für das untere Viertel der Bevölkerung, das unterhalb der Armutsgrenze lebt. Im August 2016 veröffentlichten AU- und UN-Experten in *Accra* einen Bericht, demzufolge 37 % der Erwachsenen an den Folgen von Wachstums- und Entwicklungsstörungen aufgrund von Unterernährung in der Kindheit litten, was zu einer Reduzierung des Arbeitskräftepotentials um 7,3 % geführt hätte. Und aufgrund der hohen Unterernährungsrate bei Kindern würde Ghana jährlich ca.

2,6 Mrd. US$ verlieren, was ca. 6 % des Brutto-Inlandsprodukts entspräche (Der neue Fischer-Weltalmanach 2018, S. 176). Diese erschreckende Sozialstatistik in einem wirtschaftlichen und politischen Erfolgsstaat führt noch einmal vor Augen, wie tief verwurzelt das *Armutsproblem* in postkolonialen afrikanischen Staaten ist.

9.7 Äthiopien – Kulturelle Grenzen für Demokratisierung

Nach einem Vierteljahrhundert scheint die ‚dritte globale Welle der Demokratisierung' (Samuel Huntington) offensichtlich erst einmal an ihr Ende gekommen zu sein. Die jüngsten Zahlen des hierfür einschlägigen US-amerikanischen *Freedom House* präzisierten diesen Trend abnehmender Demokratisierungserfolge als Konsequenz eines Machtzuwachses von „Populisten und Autokraten". Das Jahr 2016 war das elfte Jahr in Folge mit einer Verschlechterung der Demokratiewerte in der Welt: Von 195 Ländern galten nur noch 87 Länder (45 %) als ‚frei', 59 (30 %) wurden als ‚teilweise frei' und 49 (25 %) als ‚unfrei' qualifiziert (Freedom House 2017, S. 1). Als Bestätigung dieser Thesen kann gegenwärtig auch *Algerien* angesehen werden: Im April 2014 wählte die Bevölkerung den autoritär regierenden 77-jährigen Präsidenten *Abdelaziz Bouteflika* mit überwältigender Mehrheit zum vierten Mal – mit 73,8 % der abgegebenen Stimmen und bei einer Wahlbeteiligung von 61 %. Der Orient-Wissenschaftler *Hanspeter Mattes* begründete die Popularität des mit harter Hand regierenden Präsidenten „mit dem Festhalten der Bevölkerung an einem politischen Führer, dem nach dem Bürgerkrieg in den 1990er Jahren die Wiederherstellung von Stabilität zugeschrieben wird" (Mattes 2014, S. 1).

Am Beispiel *Äthiopiens* soll nun in idealtypischer Weise illustriert werden, dass das demokratische Modell westlicher Provenienz nicht bei allen *critical juncture*-Fällen[15] in Entwicklungsländern anwendbar ist. Nach Jahrzehnte langem bewaffneten Kampf mit zahlreichen Opfern in den eigenen Reihen gelingt es im Jahr 1989 einer nationalen Befreiungsbewegung (den Tigray), den politischen Tyrannen (Militär-Diktator Mengistu) in die Flucht zu schlagen, der mittels einer brutalen Militärdiktatur die Bevölkerung des Landes unterdrückt und an einer gedeihlichen Entwicklung strukturell behindert hatte. Die Befreiungsbewegung, die sich auf eine regional begrenzte ethnische Minderheit stützte, die nur etwa

---

15 Mit *Critical juncture*-Situationen werden die Wendepunkte, d. h. die seltenen Augenblicke im Leben eines Volkes oder eines Staates, bezeichnet, in denen sich politische Optionen auftun und politisch Verantwortliche zukunftsbestimmende Entscheidungen zu treffen haben; siehe Acemoglu & Robinson 2012.

sechs Prozent des Vielvölkerstaates ausmachte (Tigray), fühlte sich durch den militärischen Sieg über die Diktatur legitimiert, eine neue föderale Verfassung zu erarbeiten und auch die nächste nationale Regierung zu stellen. Es war eine *critical juncture*-Situation, wie sie sich nur selten in der Geschichte eines Landes bietet: Wie konnte die traditionelle Vorherrschaft einer repressiven ethno-kulturellen Gruppe (des Volkes der Amharen mit ca. 27 % Anteil an der Gesamtbevölkerung) friedlich beendet und eine neue legitime Ordnung errichtet werden? Die triumphierende Militärregierung, die sich im Besitz eines historischen Mandats glaubte, wurde nun von den USA und den EU-Staaten zur Abhaltung von ‚freien und fairen‘ Wahlen gedrängt, was als Voraussetzung für die Bewilligung einer internationalen Aufbauhilfe galt. Die Regierung befand sich in einer heiklen Situation – d.h. ohne einen *demokratie-verträglichen* Ausweg: Würde sie tatsächlich dafür sorgen, dass die Regional- und Parlamentswahlen frei und fair durchgeführt würden, würde sie mit Sicherheit keine eigene Mehrheit für die Regierungsbildung zustande bekommen, da zwei ethnisch-regionale Machtblöcke (*Amharen* und *Oromo*), aufgrund Jahrhunderte langer Erfahrungen, in Opposition zu ihr stehen würden (Oromo mit einem Anteil von ca. 35 % an der Gesamtbevölkerung). Um also nicht von der dringend benötigten Entwicklungshilfe aus dem westlichen Ausland abgeschnitten zu werden, blieb der siegreichen TPLF kaum etwas anderes übrig, als – wie vom Ausland gefordert – formal die Wahlen abhalten zu lassen und gleichzeitig dafür zu sorgen, dass ihr nicht die militärisch erworbene Macht im Lande durch Wahlen entgleiten würde. Es war die Geburtsstunde des *elektoralen Autoritarismus* in Äthiopien – eine gewaltbasierte Regime-Form, die Wahlen organisiert, ohne dem politischem Konkurrenten eine faire Chance zulassen. Dieser Herrschaftstyp hat bis heute überlebt, was ohne staatliche Gewalt nicht möglich war, ohne aber die Völker Äthiopiens zu einer geeinten Nation zusammenführen zu können.

So geschah was kommen musste: Im Jahr 1992 gewann die Regierungspartei mit ihren sorgfältig ausgewählten regionalen Ableger-Parteien und Wahl-Kandidaten mittels Manipulationen und unfairer Behandlung der oppositionellen Konkurrenz-Parteien die Parlamentswahlen; von den internationalen Wahlbeobachtern der Vereinten Nationen, der Geberstaaten sowie der deutschen Regierung wurden sie jedoch nicht als ‚frei und fair‘ anerkannt. Während idealistisch gestimmte Nicht-Regierungsorganisationen von einer „verpassten Chance" sprachen und die neue Regierung als „undemokratisch" anprangerten, gingen die Regierungen der internationalen Staatengemeinschaft zur Tagesordnung über und gewährten großzügige Finanz- und technische Hilfen von 1,3 Milliarde Dollar für das Jahr 1993 (Niggli 1992).

Was hier im Jahr 1992 in *Äthiopien* geschah, verdeutlicht nur das generelle Dilemma ausländischer Interventionen in Gesellschaften mit anderer Kultur und unterschiedlichem Entwicklungsniveau: Wie kann man erwarten, dass sich in einem Vielvölkerstaat mit ca. 80 Ethnien die Vertreter unterschiedlicher Volksgruppen, die sich teilweise seit Jahrhunderten bekriegten, in wenigen Monaten oder Jahren zu einer demokratischen Verfassungsordnung friedlich zusammenfinden würden? Erinnert sei an die Erkenntnis aus der Theoriediskussion, dass „ein Mindestmaß an demokratischer Integrität und moderatem Konfliktverhalten der zivilen Eliten, vor allem der Regierenden" notwendig sei, damit eine „demokratieverträgliche politische Kultur" als Voraussetzung für politische Demokratie heranreifen könnte (Basedau 2003, S. 442 und S. 467). Kurz nach Ende des Bürgerkriegs 1989 waren diese kulturellen Voraussetzungen nicht vorhanden; von einer „verpassten Chance" (Niggli 1992) der Demokratie konnte deshalb nicht die Rede sein. Tradierte Konfliktmuster, Weltbilder und historische Erfahrungen allein determinieren zwar nicht die Entscheidungen von Politikern, aber sie machen ein bestimmtes Akteursverhalten wahrscheinlicher, weil es als *kontextabhängig* und als kulturell eingebettet in gesellschaftliche Wertbezüge begriffen werden muss.

Aus dem einstigen Kaiserreich Äthiopien wurde unter der noch heute regierenden Staatspartei EPRDF ein *föderativer* Staat mit neun Regionen (und zwei Städten mit Sonderstatus) aufgebaut, denen aber nur scheinbar regionale Autonomie-Rechte verliehen wurden. In den 1990 Jahren erschienen Aufbau und Stabilisierung eines *autoritären* Regimes einer ethnisch-politischen Minderheit im Zentrum der Staatsmacht nicht nur aus der Siegerperspektive als alternativlos. Was allerdings in einer politischen Anfangsphase als Hilfsmittel zur Herbeiführung politischer Stabilität gerechtfertigt erscheinen mochte, konnte nicht als *politische Normalität* auf Dauer akzeptiert werden. Auf Dauer lassen sich Zweidrittel der Bürger (Oromo plus Amharen plus Somalier plus Sidama etc.) nicht von der Macht ausschließen (Lefort 2016)[16]. Sich dieser Illusion hingegeben zu haben, ist als der Strukturfehler des politischen Regimes unter *Meles Zenawi* (Ministerpräsident von 1995 – 2012) anzusehen. Statt mittels einer ernst gemeinten *Dezentralisierung* der Macht und der Investitionen eine partizipative *Demokratie von unten* über lokale Wahlen aufzubauen, versteifte sich das von marxistischen Ex-Studenten gegründete Regime, in dem die *Tigrer* das Sagen hatten und behielten, auf Repression, Exklusion und eine Spirale der Gewalt. Politische Wahlen wurden zwar regelmäßig abgehalten, gerieten aber immer mehr zur Farce. Auch unter dem Nachfolger von Meles Zenawi – dem Bauingenieur *Hailemariam Desallegn* – bemüht sich das Regime in der Rolle des

---

16 „This is the original sin of federalism ‚Ethiopian style'", zit. In René Lefort: „The ‚Ethiopian Spring': „Killing is not an answer to our grievances". https://www.opendemocracy.net/ren-lefort/ethiopian-spring-killing-is-not-answer-to-our-grievances. Heruntergeladen am 2.10.2016

developmental state (siehe oben Kapitel 2), durch wirtschaftliche Modernisierung ein hinreichendes Maß an *Output-Legitimation* zu gewinnen. Aber die politische Legitimationskrise schwelt fort. Seit 2005 werden politische Proteste – meist nach manipulierten Wahlen und angesichts von Enteignung von Bauernland – niedergeknüppelt: Hunderte sind ermordet, Tausende inhaftiert worden. Seitdem stieg die Zahl der Flüchtlinge; die Zahl der Äthiopier, die in den Diasporas in den USA und in europäischen Zufluchtsländern leben, hat die 4-Millionen-Grenze überschritten (siehe auch Uhlig et al 2017).

Seit 2015 befindet sich das Land erneut in einer Legitimationskrise mit ungewissem Ausgang. In den von *Oromo* und von *Amharen* bewohnten Gebieten ist es zu Monate langen Demonstrationen und Aufständen gegen die Regierung gekommen, angeführt von Sprechern einer neuen Mittelschicht und von jungen Menschen mit guter Schulbildung, aber ohne Perspektive und frustriert über das offenkundige Staatsversagen. Im Oktober 2016 verhängte die Regierung den Ausnahmezustand, nachdem es zu Straßenschlachten, Plünderungen, Fabrikbränden und Übergriffen gegen Ausländer gekommen war. In den rebellierenden Städten wurden Hunderte von Bürgern getötet, Tausende inhaftiert, während in den Dörfern der südöstlichen Landesteile mehr als 5 Millionen Menschen von Dürre und Hungersnot bedroht waren. Ein Repräsentant der Demonstranten kommentierte den Aufstand mit dem Satz: „*Killing is not an answer to our grievances*" (Lefort 2016, S. 5).

Die Jugend, auch die akademische, litt und leidet an beruflicher Perspektivlosigkeit. Dank einer expansiven Bildungspolitik des Regimes hat Äthiopien heute etwa 700.000 Studentinnen und Studenten an den zwanzig Universitäten des Landes und 13,6 Millionen Internet-Nutzer. Im Jahr 2012 gab es „ca. 35.000 Graduierte, die ihr Studium mit einem Bachelor abgeschlossen hatten, aber nur fünf Prozent von ihnen konnten in ihrem Land in Lohn und Brot gebracht werden" (Asserate 2016, S. 32). Wen wundert es da, dass ihnen Migration nach Europa als attraktive Alternative zu einem Leben in der Heimat erscheint?

9.8 Bilanz: Wahlen und politische Parteien

Eine Bilanz nach 25 Jahren Parteien-Aktivitäten ergibt das Bild einer zunehmend virulenter werdenden Szene des Machtwettbewerbs: Es gab einige Erfolge, mehrere Fehlschläge oder auch Rückschläge, aber beinahe überall entstanden mobilisierte konfliktbereite Gruppen, die sich für politische Reformen und gegen diktatorische Präsidialregime zur Wehr setzten (Vorrath 2013; Cheeseman 2015; Becher 2016; Smidt 2017; Heyl 2017). Bilanzierende Verallgemeinerungen sind kaum möglich, aber folgende *normativ-institutionelle Innovationen* betreffen eine Mehrzahl der Länder, die sich auf den Weg zu einer Demokratie gemacht haben:

- Erstens wird heute im 21. Jahrhundert politische *Legitimation* zum Regieren mit der ethischen *Norm der ‚freien und fairen'* Wahlen im Rahmen einer demokratischen Verfassung verbunden (Engel, Hofmeier, Kohnert & Mehler 1994; Becher 2016).
- Zweitens hat sich das alte demokratische Ideal der *zeitlichen Machtbegrenzung der Regierenden* in der weithin verankerten Verfassungsnorm (nach US-Vorbild) niedergeschlagen, nämlich dass ein gewählter Präsident nur *einmal* wieder gewählt werden darf. In der Regel versucht zwar der Amtsinhaber, sich durch eine illegale Verfassungsänderung eine dritte Amtszeit zu erschleichen, trifft dabei aber immer häufiger auf eine *zivilgesellschaftliche Protestwelle*, die sich für Respekt vor der Verfassung stark macht (Tagou 2006; Grauvogel & Heyl 2017).
- Drittens ermöglicht die mit Demokratisierung verbundene Öffnung des politischen Wettbewerbs auch den ethnisch-kulturellen, religiösen oder sozialen *Minderheiten*, die sich bislang kein Gehör verschaffen konnten, den politischen Raum, ihre Interessen zu artikulieren, was allerdings auch die Gelegenheiten erhöht, auf *gewaltsamen* Widerstand anderer Wahlkämpfer zu stoßen. Ist das der Preis für breitere soziale Partizipation? (Collier 2009; Smidt 2017).
- Viertens förderten Präsidentschafts- und Parlamentswahlen oft den Trend zur Hervorhebung nationaler Identitätsmerkmale, um so politische Konkurrenten mit ‚fremder' Herkunft zu schwächen. Die Politik der *Exklusion ‚Fremder'* – vor allem in den multi-ethnischen Städten – konstruierte oder instrumentalisierte kulturelle Differenzen, die nicht selten im Kontext einer *politics of belonging* zu fremdenfeindlichen Gewaltausbrüchen und ethnischen Vertreibungen geführt haben (Chabal 2009, S. 57-64).
- Fünftens spielt das *institutional heritage of previous regimes* (Bratton & van de Walle 1997) bei der Formierung der Parteienlandschaft eine prägende Rolle. Stets sind politische Parteien stark auf einen *big man* bezogen, die dann im Falle seines Sturzes wie Kartenhäuser zusammenfallen können (Riedl 2014).
- Sechstens gibt es bei Präsidentschaftswahlen angesichts meistens nicht vorhandener öffentlicher *Wahlkampf-Finanzierung* den Trend, dass Parteien zum Überleben auf Geldspenden weniger reicher Geschäftsleute angewiesen sind, die dann natürlich einen nicht immer segensreichen Einfluss auf die Kandidatenaufstellung haben (Basedau, Erdmann & Mehler 2007, S. 281).

9.8 Bilanz: Wahlen und politische Parteien

Aufgaben

1. Diskutieren Sie die unterschiedlichen postkolonialen Entwicklungspfade der sechs hier dargestellten Länder *Somalia, Simbabwe, Ruanda* zum einen, *Benin, Burkina Faso, Ghana* zum anderen! Was erklärt den Unterschied zwischen Staatszerfall hier, demokratischer Entwicklung dort?
2. Beschreiben Sie die konfliktfähigen Gruppen (gemäß des SKOG-Modells), die an den entscheidenden Wendepunkten im politischen Leben Benins seit 1989 mitgewirkt haben.
3. Worin bestehen die „Grenzen der Demokratisierung"? Können autoritäre Regime einer Gesellschaft – wie das *äthiopische* – auch wirtschaftlichen Fortschritt und Frieden bringen?

Bevölkerungswachstum, Armut, Hunger 10

Diesem Kapitel liegt die *erkenntnisleitende Frage* zugrunde: Gibt es einen kausalen Zusammenhang zwischen *Entwicklungsfortschritt und Bevölkerungswachstum?* Welche Rolle spielt dabei Hunger als Ausdruck von Nahrungsmittelknappheit, Ernährungsunsicherheit und Mangelernährung? Ist die häufig geäußerte These zutreffend, dass Entwicklung das beste Verhütungsmittel sei? (vgl. z. B. Sen 2000, S. 257). Entwicklungspolitiker und -helfer fragen besorgt: Welchen Sinn und Nutzen hat die Entwicklungshilfepolitik der Industrieländer, wenn jeglicher Produktionsfortschritt durch ein überproportional hohes Bevölkerungswachstum zunichte gemacht wird? Denn das erwirtschaftete Mehrprodukt (der *surplus*), das lediglich für die einfache Reproduktion der größer werdenden Gesellschaft konsumiert wird, kann nicht mehr produktiv investiert werden, was aber als eine zentrale Voraussetzung jeglicher Entwicklung angesehen werden muss (Hein 1998; Schrader et al. 2001; Szirmai 2005; Barret, Carter & Little 2008).

Im Jahr 2011 erklärte die Europäische Union, dass die Ernährungssicherheit ein Menschenrecht sei. Sie sei dann gewährleistet, „wenn alle Menschen jederzeit in physischer, sozialer und wirtschaftlicher Hinsicht Zugang zu ausreichenden, unbedenklichen und nahrhaften Nahrungsmitteln" hätten, die ihren Ernährungsbedarf und ihren Ernährungsgewohnheiten „im Hinblick auf ein aktives und gesundes Leben entsprechen" würden (Europäisches Parlament, zit. nach Brüntrup 2015, S. 6). In der Aufbruchsstimmung der Jahrtausendwende verabschiedeten die Staats- und Regierungschef im Jahr 2000 eine *Millenniums-Erklärung* und acht Millenniumsziele mit dem Zeithorizont 2015. Bis dahin sollte die Zahl der Hungernden in der Welt halbiert werden. Erfolge wurden erzielt – vor allem in China –, aber das globale Ziel wurde verfehlt; ein nachhaltiger Durchbruch wurde bislang nicht erreicht. Die Schere zwischen Arm und Reich öffnete sich weiter; und noch immer mussten im Jahr 2016 mindestens *795 Millionen* Menschen auf der Welt hungern. In Fortführung der Millenniumsziele verkündeten nun im Jahr 2015 die Vereinten Nationen die *Sustainable Development Goals (SDG)*. Demnach soll bis zum Jahr

2030 der Hunger in der Welt vollständig überwunden sein, was für Afrika bedeuten würde, dass ein Viertel der Gesamtbevölkerung oder 220 Millionen, die im Jahr 2015 noch zu den Hungernden gezählt wurden (FAO-Statistiken 2015), innerhalb von wenigen Jahren aus der Armutsfalle befreit werden würde bzw. würden. Wie realistisch ist eine solche Programmatik?

10.1 Bevölkerungswachstum und Theorie des demographischen Übergangs

Das Leben, das wir Menschen des 21. Jahrhunderts führen, unterscheidet sich beträchtlich von dem Leben, das unsere Vorfahren im 19. Jahrhundert führten, und zwar hat es sich in vielem zum Positiven gewendet. Dafür gibt es einen ziemlich objektiven Maßstab, den nur wenige Menschen abstreiten würden: die längere Lebensdauer und die verlängerte Lebenserwartung des Menschen bei Geburt. Wenn Leben als ein schützenswertes Gut anerkannt wird, dann ist längeres Leben wertvoller als ein kürzeres, zumal die Überlebensbedingungen dank der Fortschritte der Medizin, des Gesundheitswesens und der Volksbildung weithin besser geworden sind. Auch die Qualität des Lebens hat sich für viele Menschen in den gemäigten Klimazonen der Erde verbessert. Während die weltweite Lebenserwartung 1970 noch bei durchschnittlich 58 Jahren lag, wird ein Mensch, der heute geboren wird, durchschnittlich 71 Jahre alt. Selbst in afrikanischen Armuts-Ländern wie *Mali, Niger und Senegal* ist die Lebenserwartung im selben Zeitraum von nicht einmal 40 Jahren auf über 55 Jahre gestiegen; und nur halb so viele Säuglinge sterben heute im ersten Lebensjahr verglichen mit der Sterberate von Babys im Jahr 1970. (Deutsche Stiftung Weltbevölkerung 2014, abgerufen im Internet am 02.03.2015).

Was Afrika angeht, so hat sich im Verlauf des 20.Jahrhunderts (1900 bis 2000) die Bevölkerungszahl in etwa versiebenfacht. Die Fertilitätsrate bei afrikanischen Frauen ist mit durchschnittlich 3-4 Kindern noch immer höher als die von asiatischen oder europäischen Frauen, so dass in Ländern wie *Niger oder Uganda* die Hälfte der Bevölkerung jünger ist als 15 Jahre. Damit ist auch die sogenannte *Abhängigkeits-Quote* (*dependency ratio*) hoch: Sie misst den Anteil der jungen Bevölkerung, der zu Altersgruppen gehört, die (noch) keinen Beitrag zu wirtschaftlich produktiven Tätigkeiten der Gesellschaft erarbeiten (können). Änderungen dieser Strukturen nehmen viel Zeit in Anspruch; denn „die demographische Entwicklung ist ein träger Dampfer, weil sie auf Grund der heutigen Altersstruktur über Jahrzehnte vorbestimmt ist" (Berliner Institut für Bevölkerung und Entwicklung: Afrikas demographische Herausforderung 2011, S. 4).

10.1 Bevölkerungswachstum und demographischer Übergang

Während der ersten drei nachkolonialen Dekaden hat die *Nahrungsmittelproduktion* in Subsahara-Afrika um magere 1,6 % pro Kopf und Jahr gesteigert werden können, während die Bevölkerung im selben Zeitraum jährlich aber um 3,1 % wuchs, was auf eine *prekäre Ernährungssicherheit* hindeutet. Bei diesem Thema unterscheiden Experten vier Aspekte: Verfügbarkeit, Zugang, Nutzung und Stabilität (Nachhaltigkeit). Was das Defizit an Verfügbarkeit von Nahrungsmitteln angeht, so ist eine zentrale Ursache dieser Misere die *geringe Agrarproduktivität* in Subsahara-Afrika: Anfang des 21. Jahrhunderts warf ein Hektar Ackerland jährlich etwa 700 Kilo Getreide ab, und jeder Bauer konnte durchschnittlich einen Hektar bestellen. Damit produzierte er weniger als ein Bauer im Römischen Reich (der auf drei Hektar etwa eine Tonne Getreide hatte ernten können) und weniger als ein Bauer im europäischen Mittelalter, der jährlich auf vier Hektar zweieinhalb Tonnen Getreide hatte erzeugen können. In den Vereinigten Staaten warf Mitte des 20. Jahrhunderts ein Hektar Land zwei Tonnen Getreide ab, und jeder Bauer konnte mittels seiner Maschinen durchschnittlich 25 Hektar bestellen, was 50 Tonnen Getreide pro Farm ergab. „Auf wenigen Gebieten zeigt sich die Ungleichheit so eklatant wie in der Landwirtschaft, unserer Nahrungsquelle", kommentierte der argentinische Publizist Martín Caparrós (Caparrós 2015, S. 64).

Die Formel *Die Reichen werden reicher, und die Armen kriegen Kinder* (die als Abbild gesellschaftlicher Verhältnisse im Zuge von Industrialisierung und Urbanisierung in Europa geprägt wurde) trifft auf Afrika nicht zu. Was ‚reich' bedeutet, hängt von den kulturellen Werten einer Gesellschaft ab. In Afrika gilt oftmals als ‚reich', wer zahlreiche Nachkommen hat, und materiell begüterte Männer und Frauen sind in aller Regel stolz auf eine hohe Kinderzahl; denn sie wird als sichtbarer Ausdruck der Fruchtbarkeit der Frau und der Potenz des Mannes wahrgenommen und geschätzt. Bei orthodox muslimischen Familien mag zusätzlich der Mythos von Mohammed als potentem Ehemann eine Rolle spielen, der nach dem Tod seiner ersten Frau Khadidscha noch elf weitere Frauen heiratete. Aber auch ein praktischer Grund spricht für das Ideal der hohen Fertilität der Familie in vor-modernen Sozialmilieus: Dort, wo es keine staatliche Altersvorsorge gibt (Renten), fungieren Kinder in der Wahrnehmung ihrer Eltern als Garanten ihrer *eigenen Sicherheit im Alter*. Je höher dabei die Kinderzahl, desto größer die Chance, dass eins der Kinder später einmal ein genügend hohes Einkommen erzielen wird, um davon auch die Versorgung der Eltern bestreiten zu können. Allerdings muss heute zwischen der Rolle von Kindern in der Stadt und ihrer Rolle auf dem Land, wenn die Familie von der Bewirtschaftung des Bodens lebt, unterschieden werden: Im bäuerlichen Betrieb fungiert jedes gesunde Kind als eine reale oder potentiell einsetzbare *Arbeitskraft*, die beim Jäten und Ernten der Felder gebraucht wird und so zum familiären Haushaltseinkommen beiträgt. In der Stadtwohnung hingegen, wo die Familie in der Regel von dem schmalen Einkommen des Vaters oder der Mutter lebt, ist eine hohe Kinderzahl eher eine *pekuniäre Belastung*: Je mehr junge Mäuler gestopft werden müssen, desto geringer sind Konsumniveau und Sparquote der Familie. Bei Arbeitslosigkeit des Ernährers wird die häusliche Situation prekär und das Abrutschen in Altersarmut und Verelendung ist kaum aufzuhalten. Nicht selten landen Kinder dann in verwahrlostem Zustand sprichwörtlich in der Gosse – zum Beispiel als Mitglied einer Jugend-Gang oder sie werden aus Not in die Prostitution verkauft.

In der bis heute aktuell gebliebenen Debatte um die ‚Bevölkerungsexplosion' in der Welt spielte der englische Pfarrer und Autor *Thomas R. Malthus* (1766-1834) eine zentrale Rolle. Der einflussreiche Ökonom *Adam Smith* (1723-1790) hatte in seinem Bestseller *The Wealth of Nations* vom Jahr 1776 die traditionellen Hindernisse für eine freie Marktwirtschaft wie Zünfte, Gilden und königliche Handelsmonopole kritisiert. Er propagierte den Nutzen einer Gesellschaftsordnung, die den Wirtschaftssubjekten freie Hand ließ, ihren Eigeninteressen zu folgen. Je mehr dies geschehen würde, desto eher und desto nachhaltiger könnte die *unsichtbare Hand des Marktes* das Allgemeinwohl der Gesellschaft fördern. *Malthus* hingegen war pessimistisch und gab zu bedenken, dass das rasche Bevölkerungswachstum der sich modernisierenden Gesellschaft als Folge wirtschaftlichen Wachstums zu einer Verelendung der Unterschichten führen müsste. Im Jahr 1798 hatte er den *Essay on the Principle of Population*, der im Deutschen Sprach- und Schriftgut als das Malthusische Bevölkerungsgesetz bekannt wurde, veröffentlicht. Darin versuchte er zu belegen, dass sich die Bevölkerung bisher in der Weltgeschichte in einer geometrischen Reihe (1, 2, 4, 8, 16, 32 etc.) vermehrt hätte (was wir heute *exponentielles Wachstum* nennen), während gleichzeitig die Nahrungsmittelproduktion nur im Rhythmus einer „arithmetischen Reihe" (1,2,3,4 etc.) zugenommen hätte (*lineares Wachstum*). Dadurch würde zwangsläufig eine Schere zwischen Nahrungsmittelbedarf und Nahrungsmittelangebot entstehen, was unweigerlich Hungersnöte und schließlich Rebellion und Krieg heraufbeschwören müsste. Daher predigte Malthus – quasi als Rezeptur gegen die kommende Katastrophe – sexuelle Enthaltsamkeit und Geburtenbeschränkung. *Malthus* selbst hielt diesen wünschenswerten Mentalitätswandel der Bevölkerung aber für wenig realistisch, weil nach seinem ‚Bevölkerungs-Gesetz' jede Verbesserung der Versorgung mit Nahrungsmitteln wieder weiteres Bevölkerungswachstum anregen würde (Nuscheler 2010, S. 269 f.).

Die Jahrhunderte alte Malthus-Sorge hat für Afrika bis heute ihre Brisanz nicht verloren, worauf der *Club of Rom* nicht müde wurde hinzuweisen. Die von ihm beauftragten Natur- und Gesellschaftswissenschaftler bestätigten in gut verständlichen Publikationen die fatale Wechselwirkung von Bevölkerungswachstum, Ressourcenverbrauch, Umweltzerstörung und wachsender Armut, an der auch alle internationalen Bemühungen um Entwicklungshilfe für Armutsländer wenig ändern könnten. Die Menschheit laufe Gefahr – so die These –, dass die *natürlichen Grenzen* eines gesunden, nachhaltigen Wachstums überschritten würden, was dann das Überleben der Menschen stark gefährden müsste, solange nicht das „exponentielle Wachstum" auf allen Gebieten menschlicher Aktivität unterbunden sein würde: „Unablässig wachsen auf der Erde [seit der Industriellen Revolution] die Bevölkerung, die Produktion von Nahrungsmitteln und Industriegütern, der Rohstoffverbrauch und die Belastung der Umwelt" (Meadows 1992, S. 35). Als Resultat dieser Veränderungsprozesse wurde für Afrika eine *Bevölkerungs-Armuts-Falle* diagnostiziert: „Armut schafft Bevölkerung, und Bevölkerung schafft Armut", – eine Feststellung, die auf eine menschliche und eine ökologische Tragödie hinweisen sollte: „Die menschliche Tragödie: eine landwirtschaftliche Errungenschaft, eine früher unvorstellbare Erhöhung der Nahrungsmittelproduktion reichte gleichwohl nicht aus, um hungernden Menschen mehr zu geben; sie hielt nur mehr Menschen hungrig am Leben. Und die ökologische Tragödie: die größere Nahrungsmittelproduktion wurde mit großen Schädigungen der Böden erkauft. Diese machen es jetzt schwieriger, die Ernteerträge künftig weiter zu steigern. Mehr hungernde Menschen und größere Wüsten: das sind die Folgen der Armutsfalle über zwei Jahrzehnte" (Meadows 1992, S. 65-66). Einschränkend ist darauf hinzuweisen, dass ein starkes Bevölkerungswachstum auch die Zahl der verfügbaren Arbeitskräfte anwachsen lässt, was auch ein Vorteil sein kann, wenn nämlich die erhöhte Menge an Arbeitskräften zum wirtschaftlichen Wachstum beiträgt. Dieser Erfahrungswert aus der Geschichte der Industrialisierung in Europa und Asien gilt aber nur dann, wenn die ‚überzählig' gewordenen Arbeitskräfte auf dem Lande in den gleichzeitig expandierenden Industriezweigen Verwendung finden können (Szirmai 2005, S. 307 f., Nuscheler 2010, S. 269, Fukuyama 2012, S. 464f) – was in der Regel in Afrika nicht der Fall ist. Heute findet nur einer von fünf Menschen, die in SSA die Landwirtschaft verlassen (müssen), in der Industrie oder einem anderen Sektor der formellen Wirtschaft einen Arbeitsplatz (Scherrer 2018).

Heute favorisieren Demographen die Theorie des *demographischen Übergangs*, die das Verhältnis des Bevölkerungswachstums in Abhängigkeit vom steigenden Wohlstand der Gesellschaft im zeitlichen Verlauf von *vier Phasen* abzubilden vermag. Nach der Theorie des demographischen Übergangs folgt einer *ersten* Phase mit hohen Geburtenraten und hohen Sterberaten eine *zweite* Phase sinkender Sterblichkeit (als Folge verbesserter Gesundheitsfürsorge) bei weiterhin hoher Geburtenrate. In dieser Phase entsteht ein hohes Bevölkerungswachstum in Folge des Geburtenüberschusses – bei gleichbleibender Sterberate. In der darauf folgenden *dritten* Phase sinkt die Geburtenrate (als Resultat des höheren Lebensstandards und der veränderten Einstellung der Paare zu Fertilität und Berufskarriere) stärker als die

Sterberate, so dass der Geburtenüberschuss laufend abnimmt. In der *vierten und letzten* Phase haben sich Geburtenrate und Sterberate erneut angeglichen, – diesmal aber auf niedrigem Niveau, so dass es nur zu einem geringen Bevölkerungswachstum (oder gar zu einem negativen) kommen wird (wenn Migration ausbleibt). Dieses Vier-Stadien-Modell ist nur eine grobe Annäherung an die reale Entwicklung der europäischen Gesellschaften und kann kaum verallgemeinert werden, weil zahlreiche Variablen und soziale Eigentümlichkeiten (Wertschätzung von Frauenarbeit, von Kindersegen und Karrieremustern; der jeweilige Stand der technisch-wissenschaftlichen Entwicklung etc.) als kulturabhängig angesehen werden müssen.

Halten wir fest: Obwohl die pessimistische Malthus-Theorie einige Plausibilität beanspruchen kann, ist sie als ‚ehernes Gesetz' der Menschheitsentwicklung abzulehnen. Zu Recht kann als Einwand vorgebracht werden, dass künstlicher Dünger, der Einsatz von Maschinen im Rahmen der ‚Grünen Revolution' oder die künstliche Produktion von Nahrungsmitten aus dem Meer (mittels Fischfarmen) das Angebot von Nahrungsmitteln enorm steigern könnten, ganz unabhängig vom Wachstum der Bevölkerungszahlen. Der Schweizer Publizist *Jean Ziegler* meinte dazu: „Ein Kind, das an Hunger stirbt, wird ermordet", womit er seiner Überzeugung Nachdruck verleihen wollte, dass eine Welt ohne Hunger möglich sei; denn der Planet könnte bei heutiger Produktionsweise 12 Milliarden Menschen ernähren (Ziegler, in: Caparros 2015, S. 12). Tatsächlich schlägt sich die wachsende Nachfrage nach Fleisch und Fisch bei den Begüterten dieser Welt in einer beängstigend schnellen Ausdehnung der Felder für Futtermittel wie Mais und Soja nieder (auf Kosten von Urwäldern, den ‚Lungen der Erde') sowie in den (oftmals illegalen) Fischzügen der EU-Länder vor den Küsten Afrikas. Unaufhaltsam steuern wir auf eine globale Verknappung der Rohstoffe zu, die wir für die Herstellung unserer Lebensmittel benötigen (Hirn 2009). Werden die Lebensmittel auch noch teurer, dann wird auch die Versorgung der Hungergebiete der Welt mit ausreichender Nahrungsmittelhilfe (*food aid*) durch internationale Organisationen immer schwieriger werden (Clay & Stokke 2000; Caparros 2015).

10.2 Niger – ein muslimisches Land in der Armuts-Bevölkerungs-Falle

Am Beispiel des westafrikanischen Binnenstaates Niger – das Haupttransitland für Flüchtlinge aus Westafrika in Richtung Europa – soll der Zusammenhang von Bevölkerungswachstum, Armut und Migration näher betrachtet werden. Das hohe Bevölkerungswachstum führt regelmäßig zu Ernährungskrisen; Übernutzung von

10.2 Niger – ein muslimisches Land in der Armuts-Bevölkerungs-Falle

Böden und Erosion der Felder und Weiden gefährden beständig die landwirtschaftliche Produktion. Nur 15 Prozent des Landes sind heute landwirtschaftlich nutzbar (Seitz 2016). Das muslimische Land hat die am schnellsten wachsende Bevölkerung der Welt: Im Jahr 2017 lebten dort 20,7 Millionen Einwohner, davon drei Millionen Kinder unter fünf Jahren. Jedes Jahr sterben Hunderttausende von ihnen, ein Großteil an den Folgen von Unterernährung (Capaross 2015, S. 81). Das BNE pro Kopf beträgt 370 US$, und es ist auch das Land, in dem Frankreich eines der größten Uran-Vorkommen der Welt ausbeutet. Uran ist der begehrte Rohstoff für die französischen Atomkraftwerke und Atomraketen, die *force de frappe*. In diesem bitterarmen Land der *Sahelzone* (diese umfasst 11 Staaten, von Mauretanien im Westen bis Äthiopien, Eritrea und Somalia im Osten) ist der Hunger so gut wie immer gegenwärtig. *Sahel* ist arabisch und bedeutet „Küste" – Küste der großen Sahara-Wüste. Brutal wird der Hunger, wenn die Periode beginnt, die die Franzosen als *soudure*, die Angelsachsen als *hunger gap* bezeichnen. Es sind die Monate ab Juni, „in denen die vorherige Ernte aufgebraucht ist und die nächste sich mühsam aus dem kargen Boden kämpft. Dann bitten die Regierungen um Hilfe oder auch nicht, die internationalen Organisationen warnen vor der Gefahr und entsenden ihre Hilfsgüter oder auch nicht, Millionen von Menschen haben zu essen oder auch nicht" (Caparros 2015, S. 17). Das größte Problem – sagt der argentinische Publizist *Martín Caparrós* – sei die *Mangelernährung*, selbst wenn es mal genug Hirsebrei gäbe. Weltweit leiden darunter etwa zwei Milliarden Menschen. Selbst wenn die Armen essen, nehmen sie meist nicht genügend nährstoffreiche Nahrung auf – wie Fleisch, Eier, Fisch, Milch, Obst und Gemüse. Blutarmut durch Eisenmangel sei daher eine häufige Folge.

Einerseits wird Afrika mit dem Verlust an Menschen in Millionenhöhe durch den transatlantischen Sklavenhandel assoziiert, andererseits aber auch mit ‚Kinderreichtum' und ‚Überbevölkerung' in Verbindung gebracht. Evolutionsgeschichtlich sind Afrikaner „Grenzlandpioniere", also besonders robuste Großfamilienverbände, „die eine besonders unwirtliche Region der Welt für die menschliche Spezies insgesamt erschlossen haben. Dies ist ihr wichtigster Beitrag zur Geschichte der Menschheit. Dafür verdienen sie Bewunderung, Unterstützung und sorgfältige wissenschaftliche Beachtung" (Iliffe 2000, S. 9). Doch die kolonialpolitische Penetration Afrikas durch westliche Missionare, Mediziner, Militärs und Kolonialbeamte veränderte das über Jahrhunderte entstandene fragile Gleichgewicht zwischen der Zahl der Menschen und ihren Möglichkeiten, sich im Lande und vom Lande selbst zu ernähren: Die Bekämpfung der endemischen Tropenkrankheiten mittels der modernen Medizin (Schutzimpfungen) ließ die Geburtenraten steigen und die Sterberaten sinken, *ohne dass parallel dazu* die Land- und Viehwirtschaftssysteme ertragsreicher gemacht worden wären. Die Verbesserung der Ernährungssicherheit der afrikanischen Landbevölkerung war für europäische Kolonialverwaltungen kein Thema von Belang.

Wie komplex die kausalen Zusammenhänge der Lebensverhältnisse in einem der ärmsten Länder Afrikas sind, ist dem folgendem Bericht des ehemaligen deutschen Botschafters *Volker Seitz* zu entnehmen; er schrieb über *Niger* als „das Land auf der Kippe":

> „Nirgendwo auf der Welt wächst die Bevölkerung so schnell wie im Niger. Die Einwohnerzahl hat sich seit der Unabhängigkeit im Jahr 1960 versechsfacht – auf mittlerweile an die 20 Millionen. Jede Frau hat im Durchschnitt 7,6 Kinder. Jährlich wächst die Bevölkerung um 3,9 Prozent, weltweiter Rekord. Dies führt unvermeidlich zu Armut und Hunger. In der Rangliste der UNDP, die die menschliche Entwicklung abbildet, ist das Land auf dem letzten Rang. Solange aber die Bevölkerung in diesem rasantem Tempo wächst, gibt es keine Besserung. Das Land lebt dazu auf einer Zeitbombe, und die heißt Arbeitslosigkeit. Die hohen Geburtenraten gehen nicht mit der Schaffung von Arbeitsplätzen einher, das ist neben der fehlenden Bildung ein Nährboden für Radikalisierung und Extremismus. Viele Menschen haben kaum Chancen auf ein geregeltes Einkommen. Vor Jahren als ich im Niger tätig war, ging mindestens die Hälfte der Menschen in der Hauptstadt Niamey keiner bestimmten Beschäftigung nach, hatte keine beständige Arbeit. Sie verdingten sich als Tagelöhner, trieben mit irgendetwas Handel oder bewachten etwas. Daran hat sich nichts geändert…Niger hat weltweit die höchste Analphabeten-Rate. Dort können etwa 80 Prozent der Männer und Frauen über 15 Jahre weder lesen noch schreiben. Laut Elke Erlecke, der Leiterin des Regionalprogramms Politischer Dialog Westafrika der Konrad-Adenauer-Stiftung gibt es „70 Prozent Analphabeten im Parlament im Niger". Die Bildungssituation im Niger ist sehr beunruhigend. Die Bildungsanstrengungen können nicht mit dem schnellen Bevölkerungswachstum Schritt halten. Lehrer werden oft miserabel ausgebildet und schlecht bezahlt. Zwar bemüht sich der seit 2011 gewählte Präsident mehr als bisher zu tun, aber Bildungsqualität und Alphabetisierung Erwachsener bekommen noch nicht genügend Aufmerksamkeit. Wichtig für den langfristigen Erfolg von Alphabetisierungskampagnen ist aber auch, dass sie von Maßnahmen zur Verbesserung der reproduktiven Gesundheit und Familienplanung begleitet werden" (Volker Seitz 31.03. 2016: www/achgut.com/artikel/ein_land_auf_der_kipp_bericht_aus_niger).

Martín Caparrós hat noch auf einen weiteren Aspekt des Hunger-Problems hingewiesen – auf kulturelle Tabus. Dazu würde beispielsweise auch die *muslimische* Vorschrift gehören, im Monat Ramadan von Sonnenaufgang bis Sonnenuntergang weder zu essen noch zu trinken. Aus eigener Erfahrung schrieb *Martín Caparrós* aus *Madaoua* in Niger:

> „Zwölf Stunden am Tag ohne Essen, bei vierzig Grad im Schatten, ohne einen Tropfen Wasser. Ich kenne keinen brutaleren Ausdruck der Macht eines Führers, eines Gottes, eines Diktators: Schau, wie ich dich dazu bringe, das Äußerste zu tun, das, was wider die Natur ist. Schau, wie ich dich zwinge: Glaube, gehorche mir, unterwirft

dich meinem Gesetz, ganz gleich, wie willkürlich es ist...Aber wie bei jeder Machtbeziehung handelt es sich auch hierbei um ein Tauschgeschäft: Fasten heißt einem geschätzten Gott etwas geben – auf etwas verzichten, woran einem liegt – um etwas dafür zu bekommen. Indem wir Lust und Befriedigung opfern, verzichten, zahlen wir für etwas, das uns wichtig ist: das Wohlergehen eines Angehörigen, eine ertragreiche Ernte, ein siegreicher Kampf, die Garantie, das wir Essen haben, die Rettung einer Seele" (Caparrós 2015, S. 93-94).

So wie einst Präsident *Bourghiba* von Tunesien per Dekret verfügte, dass schwer arbeitende Personen von der Einhaltung der Fastenregel ausgenommen werden könnten, um ihre Gesundheit und ihr Leistungsvermögen nicht zu gefährden, so könnten auch anderswo Ausnahmeregeln geschaffen werden: Mit Unterstützung von Moscheen könnten verantwortungsvolle Politiker in dürregefährdeten Ländern zum Schutz der Gesundheit von Risiko-Gruppen, vor allem von Familien mit unterernährten Kindern und von Jugendlichen, Sonderregelungen verfügen.

Wo sollte internationale Entwicklungshilfe in diesem Land mit einer sehr armen Bevölkerung, die zu 98 % muslimischen Glaubens ist, ansetzen? Sollte erst in *Bildung* investiert werden oder erst in eine bessere *Gesundheitsversorgung*, um die Zahl der Fehlgeburten zu reduzieren und die Fertilitätsraten zu senken? Oder sollte die Regierung von Staatspräsident *Mahamadou Issoufou*, im Jahr 2011 ins Amt gewählt und 2016 mit 92,5 % der Stimmen (im zweiten Wahlgang) wiedergewählt, der *Sicherheitsfrage* oberste Priorität einräumen? Die Region um die Stadt *Diffa* gilt seit Jahren als Rückzugsort der Terrororganisation von *Boko Haram*, die hier Hunderttausende von Einwohnern in die Flucht getrieben hat. Der Terror verschärfte die humanitäre Krise in der abgelegenen Grenzregion, in der rund 150.000 Flüchtlinge aus Nigeria leben. Die nigrische Stadt *Agadez* ist eine der am stärksten frequentierten Transitstädte für Flüchtlinge auf dem Weg von Westafrika nach Europa via Libyen und gleichzeitig eine Hochburg der Menschenschmuggler und Schlepper, – ein Brennpunkt sozialer und politischer Konflikte und ein klassischer ‚sozialer Raum begrenzter Staatlichkeit', in denen zahlreiche *Non-state-actors* ihrem Geschäft nachgehen. Wie soll hier ‚Entwicklung' und Fluchtursachen-Bekämpfung in Gang kommen? Zudem hat auch der Niger wie das benachbarte Mali seit Jahrzehnten militärische und politische Konflikte mit den *Tuareg*, die mehr Selbstbestimmung und Teilhabe am nationalen Reichtum, speziell den Einnahmen aus dem lukrativen Uran-Abbau, fordern (siehe dazu unten Kapitel 12). Hier gibt es mehr drängende Fragen als überzeugende Antworten. Der indische Wirtschaftswissenschaftler *Amartya Sen* jedoch beansprucht mit seinen Studien, eine Lösung für das Armutsproblem gefunden zu haben. Überprüfen wir dessen Behauptung.

Neue Perspektiven auf den Zusammenhang von Bevölkerungswachstum und gesamtgesellschaftlicher Entwicklung ermöglichen die Studien des indischen

Wirtschaftswissenschaftlers und Philosophen *Amartya Sen* (1933 geboren), der im Jahr 1998 den Nobelpreis für Wirtschaftswissenschaften für seine Studien zur Theorie der wirtschaftlichen Entwicklung (Wohlfahrtsökonomie) erhalten hat. Es sei sein Anliegen, den malthusianischen Pessimismus bezüglich der Hungersnöte als Folge von angeblich nicht steuerbarem Bevölkerungswachstum zu überwinden (Sen 2000, S. 249-250). Als die wichtigste Ursache von Hungersnot hat er den Verlust von *Zugangsrechten* armer Menschen zu überlebenswichtigen Ressourcen identifiziert, wofür es zwei Szenarien gäbe: Vom Hunger bedrohte oder hungernde Menschen in prekären Notsituationen sind nicht in der Lage, sich Nahrungsmittel zu kaufen, weil ihre Einkünfte gesunken, die Lebensmittelpreise gestiegen und/oder andere Lohnarbeitsplätze nicht vorhanden sind. Oder aber die Not entsteht, weil die Verfügbarkeit von Nahrungsmitteln regional nicht gegeben ist (z. B. wegen Hortung oder Export der Waren), obwohl in anderen Regionen des Landes Nahrungsmittelüberschüsse vorhanden sind und zu den üblichen Marktpreisen angeboten werden. Wolle man in Zukunft Hungersnöte (in Afrika) vermeiden, solle man auf dem Wege der „Hungerprävention" erstens die Ökonomie diversifizieren, um die einseitige Abhängigkeit von nur wenigen Nahrungsmitteln zu reduzieren (Risiko-Minimierung) und zweitens politische Anreize für eine Demokratisierung der Gesellschaft schaffen; denn „in einer funktionierenden Mehrparteiendemokratie" hätte es „noch nie eine Hungersnot gegeben" (Sen 2000, S. 217). Er argumentierte: „Wenn es keine Wahlen gibt, keine Oppositionsparteien, keinen Raum für unzensierte öffentliche Kritik, müssen die Herrschenden die politischen Konsequenzen ihrer Unfähigkeit, den Hunger zu verhindern, nicht tragen" (Sen 2000, S. 220; siehe auch Sen 2010: 347f). Die großen Dürren und Hungerkrisen seit den 1970er Jahren in 1980er, Äthiopien, Somalia, Sudan sowie in den Ländern der Sahel-Zone seien Beispiele dafür, „wie schlimm alles werden kann, wenn Oppositionsparteien und die Nachrichtenmedien die Regierung nicht zur Ordnung rufen können" (Sen 2000, S. 222-223).

Hier werden die strukturellen Ursachen von Armut in unproduktiven Volkswirtschaften unterschätzt; monokausale Rezepte – Demokratieförderung – werden der Komplexität der ökologischen Dauerkrise nicht gerecht. Empirische Erfahrung spricht gegen den naiven Glauben, dass in der Sahelzone Hungersnöte durch oppositionelle „Ordnungsrufe" vermieden werden könnten (siehe dazu Calderesi 2006; Stockmann, Menzel & Nuscheler 2010, S. 253f.). Auch Menschen in Demokratien wie Mali, Benin, Ghana oder Senegal, hungern des Öfteren, wenn sie beispielsweise in abgelegenen oder klimatisch fragilen Regionen leben. Wie sollen sich politische Systeme auf Dauer demokratisch legitimieren können, in denen die Hälfte der Bevölkerung unterhalb der Armutsgrenze lebt und von internationalen Hilfsorganisationen abhängig geworden ist (Seitz 2016)? Auch das zentrale Argument des US-amerikanischen Ökonomen *Jeffrey Sachs* kann nicht überzeugen, dass zuerst einmal die "Kapitallücke" mittels massiv erhöhter Auslandshilfe geschlossen werden müsse, um den Armutsländern den Ausstieg aus der „Armutsfalle" zu ermöglichen (Sachs 2005). Die endemisch gewordene *Korruption* innerhalb der patrimonial agierenden Staatsklasse – ob der Präsident nun demokratisch gewählt wurde oder nicht – blockiert jegliche nachhaltige Lösung des Armutsproblems mittels Geldtransfers aus dem Ausland. *Harouna Siduku*, Soziologe an der Universität von *Niamey*, der Hauptstadt Nigers, beklagte, „dass alle wüssten, dass sein Land mit der regelmäßigen Wiederkehr von Nahrungsmittelkrisen rechnen müsse, nur hätten sich weder die Regierenden noch die Hilfsorganisationen darauf eingestellt. Es gäbe weder eine echte Landwirtschaftspolitik noch Investitionen in Agrartechnik oder in erneuerbare Energien oder gar in die Ausbildung von Agraringenieuren (zit. nach Seitz 2016).

10.3 Agrarmodernisierung und ‚Landgrabbing' in Äthiopien

Seit Jahrhunderten ist Äthiopien ein von periodisch eintretenden Dürren und Hungersnöten gekennzeichnetes Agrarland. Von seinen über 100 Millionen Menschen leben Dreiviertel von der Landwirtschaft. Ca. 7 Millionen Menschen erhalten mehr oder weniger regelmäßig Nahrungsmittelhilfe von internationalen Hilfsorganisationen. Unter Premierminister *Meles Zenawi*, der sich in seiner langen Amtszeit (1991-2015) vom marxistisch-leninistisch inspirierten Guerilla-Kämpfer zum pragmatischen Modernisierer wandelte, hat die äthiopische Bevölkerung erneut eine turbulente Phase ihrer Geschichte durchlebt. Sie ist geprägt von drei Dingen: Erstens von *politischer Stabilität*, erzwungen durch eine martialische *Fassaden-Demokratie* im Dienste einer ethnischen Minderheit; zweitens von einer ehrgeizigen Wirtschafts- und Entwicklungspolitik eines autoritären *Entwicklungsstaats* (developmental state) und drittens von einer weitgehend missglückten Politik des *ethnischen Föderalismus*, der den neun ethnischen Provinzen zwar formal Autonomie zugestand, ohne aber substanziell demokratische Mitbestimmung einzuräumen, was zu einer latenten Destabilisierung durch regionale Oppositionsgruppen geführt hat. Im Folgenden konzentriert sich die Analyse auf die Frage nach den hier verfolgten Strategien zur Überwindung von Hunger und Nahrungsmittelknappheit.

Während der vergangenen Jahrzehnte hat Äthiopien relativ hohe Raten des wirtschaftlichen Wachstums (zwischen 7 % und 11 % jährlich) erreicht. Durch öffentliche Investitionen in das Straßensystem, die Elektrizitätsversorgung und in Märkte ist es gelungen, Bauern von der Subsistenzwirtschaft in die Markt- und Geldwirtschaft zu integrieren. Laut UNCTAD-Statistiken stiegen die *ausländischen Direktinvestitionen* zwischen 2012 und 2013 um 240 % auf 953 Mio. $, wobei asiatische Unternehmen besonders aktiv waren. Dabei gehören niedrige Löhne – ca. 40 US $ pro Monat für Farmarbeiter – zu den materiellen Anreizen für ausländische Geschäftsleute. Auch im industriellen Sektor (Lederverarbeitung, Textilien) werden Monatslöhne von etwa 40 US$ bezahlt, was nur ein Viertel dessen beträgt, was inzwischen in China bezahlt werden muss (nach Jean-Pierre Kapp, Addis Abeba: „Der lange Marsch Äthiopiens", in: NZZ vom 14.03.2015). „Paradoxerweise haben es gerade Äthiopiens sozialistische Vergangenheit und die Verstaatlichung des gesamten Bodens ermöglicht, dass jetzt ausländische Kapitalisten Fuß fassen können" (Pearce 2012, S. 23). Der Fünfjahresplan der Regierung sah vor, dass bis 2015 drei Millionen ha für mechanische Landwirtschaft im großen Stil zur Verpachtung angeboten werden könnten.

Gleichzeitig war die *Getreideproduktion* des Landes hinter den Erwartungen der staatlichen Entwicklungsplaner zurückgeblieben (Pearce 2012, S. 23). Offenbar spielte dabei die mangelnde Eignung der Hauptgetreideart *tef (Eragrostis tef, Eragrostis abyssinica)* als Hauptnahrungsmittel eine Rolle, das auf der Hälfte allen bepflanzten Landes angebaut wird: Es beansprucht äußerst viel Arbeit für Unkrautjäten, ist aber eines der am wenigsten ergiebigen Getreidearten der Welt; denn *tef* erbringt Hektarerträge von nur 0,5 bis 1,2 Tonnen, verglichen mit Weizen, der auf gleichem Boden ca. 1,7 Tonnen erbringen könnte. Würde der Anbau von *tef* – meinte ein Agrarexperte der *Welthungerhilfe* – das als Grundlage für das nationale Stammgericht *injera* verwendet wird, durch den Anbau von z. B. Kartoffeln ersetzt, könnten Hunger und Fehlernährung stark reduziert werden. Aber kulturelle Widerstände der Bauern und Konsumenten ließen die Realisierung einer vernünftigen Problemlösung als wenig aussichtsreich erscheinen. Auch Mangel an verfügbarem Ackerland und die Fragmentierung des Landbesitzes – im Durchschnitt haben Kleinbauern und Pächter nicht mehr als 0,5 bis 1 Hektar Land zur Bearbeitung zur Verfügung (als Folge der traditionellen Erbteilung) – verhindern höhere Ernteerträge und blockieren den Einsatz von Traktoren (und damit die Mechanisierung der Landwirtschaft). Schließlich sind auch die Unsicherheit der Landbesitz-Titel, der Mangel an Düngemitteln und an Bewässerungsvorrichtungen wichtige Ursachen für die Erklärung der geringen Ergiebigkeit der äthiopischen Bauernwirtschaft (Meier zu Biesen 2009).

Die äthiopische Regierung investierte in leistungsstarke *Staudämme*, doch viele kleine Rückhaltebecken und Kanalsysteme auf dem Land fehlen. Überdies ist die künstliche Bewässerung der Großfarmen ausländischer Pächter politisch hochbrisant: Zum einen werden oft Großprojekte wie Blumen-, Gemüse- oder Zuckerrohrfarmen derart bewässert, dass viele lokale Bauern in deren Umgebung den gewohnten Zugang zu Brunnen und natürlichen Wasserreservoiren verlieren,

10.3 Agrarmodernisierung und ‚Landgrabbing' in Äthiopien

weil sich der Grundwasserspiegel gesenkt hat. Nach neunjähriger Bauzeit konnte im Oktober 2016 die Regierung den mit einer Höhe von 243 Meter dritthöchsten Staudamm Afrikas (*Gilgel-Gibe-III*) in Betrieb nehmen, der – mit chinesischer Unterstützung gebaut – die nationale Stromerzeugung verdoppeln soll. Die Stauung des *Blauen Nils* an der Grenze zum Sudan – der *African Renaissance Staudamm* – soll der Bewässerung des äthiopischen Hochlandes dienen, – ein ökologisch riskantes Mammut-Projekt, das auch zu anhaltenden Protesten der Nachbarstaaten geführt hat. Insbesondere Ägypten und Sudan sind auf die Wassermassen des Blauen Nils angewiesen, der im äthiopischen Tana-See entspringt. Wie eine ‚gerechte' Aufteilung des Nilwassers zwischen den acht Anrainer-Staaten des Nils aussehen könnte, gehört zu den großen ungelösten Schicksalsfragen des Kontinents (Ibrahim & Ibrahim 2006; Leiseder 2016).

Man kann der äthiopischen Regierung nicht den Vorwurf machen, die Diversifizierung, Modernisierung und Industrialisierung des Landes nicht energisch in Angriff genommen zu haben. Es fragt sich nur, ob die gewählten Mittel und Methoden angemessen waren und sind, – angemessen für die Lösung der akuten Probleme Bevölkerungswachstum und Arbeitslosigkeit. Statt eine privatwirtschaftliche Entwicklung nach dem Vorbild der asiatischen Schwellenländer zuzulassen (Privatisierung von Landbesitz und Zulassung von privaten Kredit- und Entwicklungsbanken) setzte die Regierung *Meles* auf staatlich gelenkte Modernisierung mittels ausländischer Kapitalinvestitionen. So wurde beispielsweise im Tiefland (*Gambella*) der Staat aktiv, indem er traditionelle politische, rechtliche und physische Hindernisse für eine zügige marktwirtschaftliche ‚Erschließung' dieser bislang als ‚unbesiedelt' geltenden Regionen aus dem Weg räumte. Zwischen 1990 und 2008 sollen so etwa 3,5 Millionen ha neu verpachtet worden sein (Fana Gebresenbet 2016, S. 12). Nutznießer waren kapitalintensive Investoren, die mit Unterstützung des Staates, der als Türöffner für private Investoren fungierte, einen forcierten Strukturwandel in der Agrarproduktion auslösten: Subsistenzbauern und Hirten wurden von der Regionalregierung registriert, kontrolliert und oftmals gewaltsam enteignet, was der äthiopische Forscher *Fana Gebresenbet* als ein „Projekt des Staatsumbaus auf der Basis einer Enteignungs-Ökonomie" bezeichnet hat (Fana Gebresenbet 2016, S. 28; siehe auch Kress 2012; Pearce 2012).

In *Gambella* im Süden des Landes sind im Zeitraum von 2003/4 bis Juni 2014 nicht weniger als 420 Landkäufe (*land deals*) vorgenommen worden, die ca. 545.000 ha umfassten. Daran haben zwölf ausländische Investoren teilgenommen, darunter der indische Konzern *Karaturi Global* mit 100.000 ha, *BHO BIO* mit 27.000 ha, *Rucci* mit 25.000 ha, *Saudi Star Agricultural Development* mit 10.000 ha und *Bazen Agricultural Industry* mit 10.000 ha (Fana Gebresenbet 2016, S. 13). Die Mehrzahl der Pächter aber sind finanzstarke Äthiopier und zwar meistens aus Tigray, der Heimat der siegreichen Befreiungsbewegung TPLF, die bis heute in der Regierung den Ton angibt. Anträge auf *land-deals* seitens der lokalen Bevölkerung und von Mitgliedern der äthiopischen Diaspora-Gemeinden wurden von der Regionalregierung (die unter Kontrolle der Zentralregierung arbeitet) meistens abgelehnt. Profiteure waren einheimische Mitglieder der politisch einflussreichen und wohlhabenderen Schichten, die hier im ursprünglichen Sinne die *Akkumulation von Kapital* durch politisch-rechtliche Trennung der Produzenten (Bauern) von ihren Produktionsmitteln (Land und Wasser) betrieben, – nach der Art und Weise, wie Karl Marx die Kapitalisierung des frühmodernen Englands beschrieben hatte. Hätte es dazu im heutigen Äthiopien eine Alternative gegeben? Die Vertreibung der Bauern von ‚ihrem' Land (das rechtlich dem Staat gehört) ist in jedem Fall ein sehr hoher Preis für eine *sozial unverträgliche* Landnutzung und Agrarmodernisierung: Denn selbst wenn mehr Nahrungsmittel erzeugt werden würden und diese dann als Waren auf lokalen Märkten angeboten würden, hätten entwurzelte Landbewohner ohne Jobs und gesicherte Einkommen keine Kaufkraft, um diese zu erwerben (Rauch 2016, S. 8).

Wie aus der Problemanalyse zu ersehen ist, wären auch hier *monokausale* Erklärungsansätze für Äthiopiens Status als Dauerempfänger von internationaler Nahrungsmittelhilfe fehl am Platz. Seit den Zeiten der Monarchie haben alle Regierungen auf unterschiedliche Weise versucht, Teilen der äthiopischen Bevölkerung mittels *Landreformen* ein besseres Leben zu ermöglichen. Das zentrale Problem der *Ernährungsunsicherheit* konnte nicht gelöst werden, auch deshalb nicht, weil stets gewaltsame politische Maßnahmen von oben (Zwangsumsiedlung, Kollektivierung; *land grabbing*-Methoden) angewandt wurden, die die eigentlichen Bodenbearbeiter stets als Mittel zum Zweck behandelten. Kreativpotentiale der Bauern wurden nicht aktiviert, im Gegenteil: Ihnen wurde das Land zur Nutzung zumeist von lokalen Kooperativen zugewiesen, und diese nutzten nicht selten ihre Verteilungsmacht zu politischen Zwecken. Wer sich nicht parteikonform verhält, läuft Gefahr, sein Recht auf Bodennutzung zu verlieren. Durch diese Regelung hat die Staatsklasse die Bauern fest im Griff, und diese Unsicherheit ist als ein maßgeblicher Grund dafür anzusehen, dass Bauern keine Anreize haben, in die Fruchtbarkeit ihrer Äcker zu investieren. Auch haben alle Regierungen dem *Bevölkerungswachstum* tatenlos zugesehen; welchen Anteil daran möglicherweise die religiösen Autoritäten im Lande – die Orthodoxe Kirche, Islam-Verbände, traditionelle Ältestenräte – hatten und haben, ist eine berechtigte Frage, die hier aber nicht beantwortet werden kann (Smidt & Abraham 2007; Saleh, Hirt, Smidt & Tetzlaff 2008).

Aus dieser schwierigen Situation hat ein in Äthiopien forschender Sozialgeograph – *Friedrich von Schönfeld* – die Schlussfolgerung gezogen, dass die Regierungen der reichen Länder – trotz aller entwicklungspolitischen Skrupel – fortfahren sollten, die Hilfszahlung von jährlich ca. 1 Mrd. $ Katastrophenhilfe an Äthiopien aufrechtzuerhalten. Er begründete seine Forderung mit der Warnung: „Was würden wir machen, wenn die 730.000 Flüchtlinge in Äthiopien [die sich aus den Nachbarländer hinüber gerettet haben] zusammen mit einem Teil der 18 Millionen notleidenden Äthiopier vor dem Hunger gen Norden fliehen würden?" (von Schönfeld 2016, S. 24).

10.4 Familienplanung – ein entwicklungspolitischer Imperativ

Noch immer wächst die Zahl der Kinder in der Welt schneller als die der ausgebildeten Hebammen, Kindergärtnerinnen, Ärzte, Lehrer und Industrieunternehmer. Damit tut sich eine wachsende Diskrepanz auf zwischen dem Bedarf an menschlicher Daseinsfürsorge und den vorhandenen Kapazitäten zur Befriedigung dieser dringenden Nachfrage. Diese Problematik der relativen Überbevölkerung – relativ angesichts der globalen Produktions- und Konsumverhältnisse – könnte entschärft werden, wenn die Politik der *Familienplanung* nicht von zahlreichen religiösen, ideologischen und nationalistischen Bedenkenträgern in Industrie- und Entwicklungsländern gebremst oder konterkariert würde. Zu dieser *Allianz der Ignoranten* gehören der Vatikan, der Abtreibung verteufelt, ebenso wie muslimische Imame und Mullahs, evangelikale Fundamentalisten in den USA sowie einige Feministinnen in Europa oder afrikanische Präsidenten (wie Ugandas Präsident *Yoweri Museveni*, der im starken Bevölkerungswachstum seiner Nation ein Zeichen von Macht und Stärke sieht). Beispielsweise reichte der politische Einfluss der lobbystarken protestantischen Evangelikalen in den USA aus, um die US-Regierung unter *George W. Bush* zu bewegen, die Mittel für den Bevölkerungsfonds der Vereinten Nationen zu blockieren. Gemeinsam mit den Vertretern konservativer islamischer Länder wie Iran oder Libyen schmiedeten diese Gruppen ebenso überraschende wie unheilige Allianzen, die auf UNO-Gipfeln immer wieder die Thematisierung des Bevölkerungswachstums verhinderten.

Daher ist an den französischen Aufklärer *Marquis de Condorcet* (1743-1794) zu erinnern, der als einer der Ersten für die allgemeine Schulbildung der Frauen plädierte, weil er erkannt hatte, „dass die Stimmen von Frauen in öffentlichen Angelegenheiten genauso gebraucht werden wie in der Familie und im gesellschaftlichen Leben". Im Unterschied zu *Malthus* war er davon überzeugt, „dass eine besser ausgebildete Gesellschaft mittels sozialer Aufklärung, öffentlicher Diskussion und weit verbreiteter Frauenbildung das Bevölkerungswachstum erheblich verlangsamen, vielleicht sogar zum Stillstand bringen oder rückläufig machen könnte" (Condorcet, zit. nach Sen 2010, S. 139-140). Heute – mehr als zweihundert Jahre später – bekräftigen moderne Bevölkerungswissenschaftler die Bedeutung der Frauenbildung. „Alles, was zu kleineren Familien führt, ist hier von Vorteil, und der strategische Angelpunkt für entwicklungskonforme Familienplanung sind Investitionen in die Bildung von Frauen. Da in aller Regel sich Frauen weniger Kinder wünschen als Männer dies tun, führt der Weg zu niedrigeren Kinderzahlen vor allem über die Stärkung der Frauen durch mehr Bildung. Bei einer Untersuchung von 103 Ländern konnte nachgewiesen werden, dass sich kein einziges Land sozio-ökonomisch entwickelt hat, ohne das parallel dazu die Geburtenrate zurückgegangen ist" (Berliner Institut für Bevölkerung und Entwicklung 2011, S. 6). Daher versicherte kürzlich das *Berliner-Institut für Bevölkerung und Entwicklung*, in Kooperation mit der *Stiftung Weltbevölkerung*, dass Familienplanung und Frauenförderung der beste Ansatz seien, mit dem der malthusische Zirkel aufgebrochen werden könnte; denn nachweislich sänken die Geburtenraten,

- „wenn Frauen in Familie und Gesellschaft mehr Mitspracherechte erhalten und sich ihnen Alternativen zur reinen Mutterrolle eröffnen;
- wenn Mädchen und Frauen einen ungehinderten Zugang zu Sexualaufklärung, Familienplanung und Verhütungsmitteln haben;
- wenn Mädchen und Frauen eine bessere Bildung erlangen". Insbesondere der Besuch einer weiterführenden Schule führe dazu, „dass Frauen später Kinder bekämen und Familienplanung aktiver betreiben würden";
- „wenn sich neue Lebensperspektiven ergeben, etwa durch einen Umzug vom Land in die Stadt, durch bessere Verdienstmöglichkeiten oder durch neue Familienbilder, die von den Medien transportiert werden";
- wenn die Kindersterblichkeit verringert wird. „Denn Paare sind erst bereit, weniger Nachwuchs zu bekommen, wenn sich die Überlebenschance für jedes einzelne Kind erhöht" (Berlin-Institut für Bevölkerung und Entwicklung: Afrikas demographische Herausforderung, Berlin 2011, S. 6).

Aufgaben

1. Wie viele unterschiedliche Ursachen von Hunger und Elend in *Niger und Äthiopien* können Sie dem Text entnehmen? Sortieren Sie die gefundenen Ursachen nach der Typologie: strukturell, endogen oder exogen verursacht.
2. Ist die Malthus-These für Äthiopien heute noch von Relevanz?
3. Worin werden plausible Möglichkeiten gesehen, Armut und Unterentwicklung in den beiden Armutsländern (*Niger und Äthiopien*) zu überwinden?

Rohstoffreichtum – Fluch oder Segen? 11

11.1 Das *Paradox of Plenty*: Länder im Besitz von Coltan, Uran, Eisen, Bauxit

Die Wirkung von Rohstoffvorkommen – als Fluch oder als Segen – hängt von zahlreichen Kontext-Faktoren ab: a) von der Beschaffenheit der (mineralischen) Ressourcen; b) von der geographischen Lage ihrer Lagerstätten (an der Oberfläche oder tief unter der Erde); c) von der Nachfrage und den Preisen auf den in- und ausländischen Verbrauchermärkten etc. (siehe oben Kapitel 2. 9). Seit Jahrhunderten ist der Reichtum Afrikas an *natürlichen Ressourcen* – an Gold, Elfenbein, Kautschuk, Sisal, Kaffee; aber auch an Kupfer, Phosphat, Uran, Erdöl und Erdgas – Segen und Fluch zugleich. Aus afrikanischer Sicht bedeutete die Gier der Weißen nach Afrikas Rohstoffen ein Martyrium, bis sich mit der Dekolonisation die Dinge mancherorts änderten. Aus globaler Sicht gehört der ungehinderte Zugang zu Afrikas Rohstoffen zu den wichtigsten Bestandteilen der nationalen Sicherheitspolitik der Industrieländer (Burgis 2017), und die Balgerei um Afrikas Rohstoffe ist noch heute im vollem Gange, was am Beispiel von *Coltan* demonstriert werden soll. Ebenso wie Kobalt ist *Coltan* ein unabdingbarer Rohstoff für die Hightechindustrie. *Coltan* ist ein Kunstwort und steht für die Mineraliengruppe *Columbit-Tantalit*, die aus den Elementen *Tantal* und *Niob* besteht. Das aus dem *Coltanerz* gewonnene *Tantal* ist aus modernen elektrischen Geräten nicht mehr wegzudenken; es wird für Kondensatoren in Mobiltelefonen, Laptops, Spielekonsolen, Digitalkameras und Flachbildschirmen verwendet. Im zentralafrikanischen Regenwald liegen rund 80 % der weltweit bekannten Coltan-Reserven (nach Dennin 2013, S. 199-200). Um den Zugriff auf dieses rare Metall ist international ein anhaltender Konkurrenzkampf zwischen den global aktiven Rohstoffkonzernen entbrannt, wobei chinesische Unternehmen sehr erfolgreich sind. Zu Beginn der Nuller Jahre des 21. Jahunderts verfünffachte sich der Koltanpreis pro Tonne von 80 auf über 400 US$.

© Springer Fachmedien Wiesbaden GmbH, ein Teil von Springer Nature 2018
R. Tetzlaff, *Afrika*, Grundwissen Politik,
https://doi.org/10.1007/978-3-658-20253-8_11

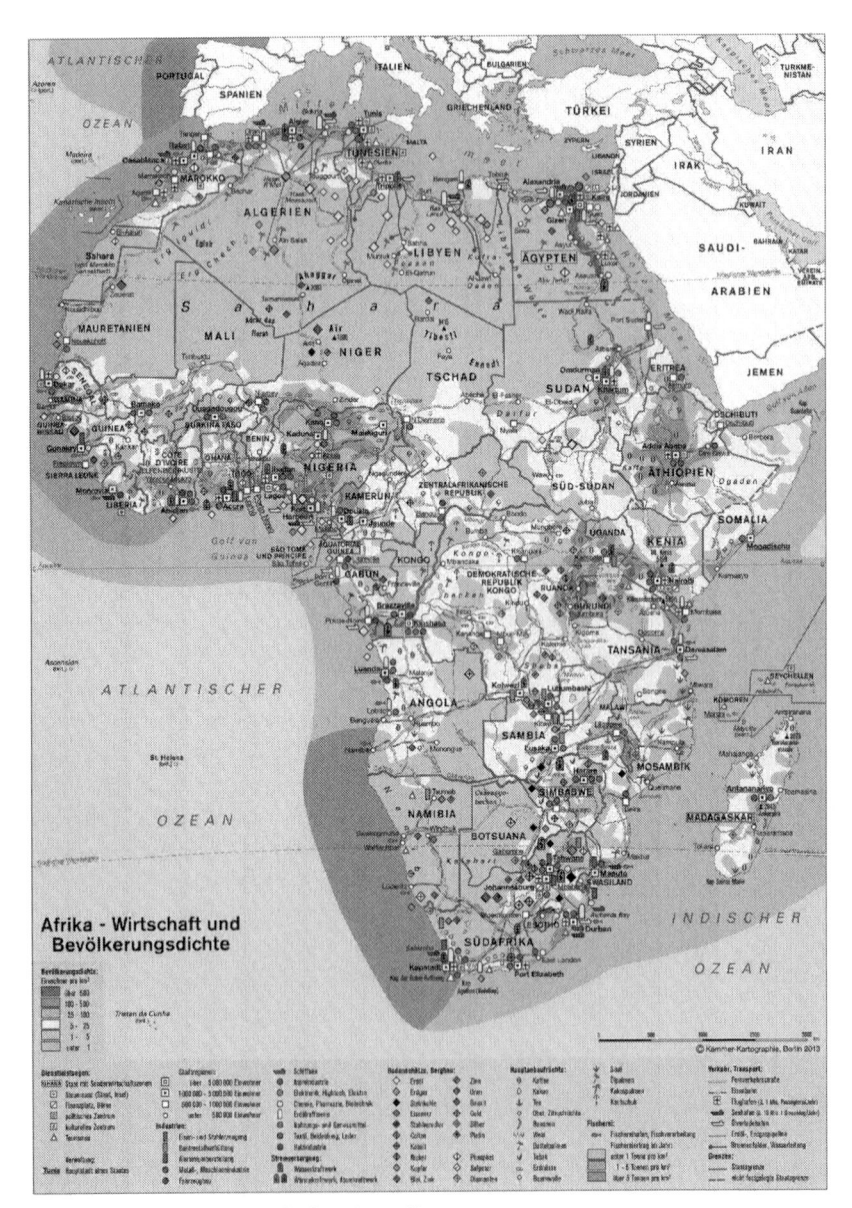

Abb. 11.1 Afrika – Wirtschaft und Bevölkerung
Quelle: Kämmer Kartographie, Berlin 2013

11.1 Das Paradox of Plenty

Dass der *Coltan*-Abbau zu sozialen und ökologischen Schäden führt, ist allen Beteiligten bekannt, wird aber von den politisch verantwortlichen Behörden in DR Kongo sowie von den internationalen Bergbauunternehmen achtlos hingenommen. Der Abbau in der DR Kongo (ehemals Zaire) läuft nach einem über die Jahre gleich gebliebenen Muster ab: In den Dschungelgebieten im Osten des Kongos schürfen kleine Gruppen in Handarbeit das begehrte Metall – im Durchschnitt kann so täglich von einem Arbeiter der Erde etwa ein Kilogramm abgerungen werden. Für eine Handvoll US-Dollar gelangt das Metall über zahllose Zwischenhändler in die Provinzstädte *Goma* und *Kisangani* oder wird von den Kindersoldaten der *Maji-Maji* [wegen ihrer Grausamkeit berüchtigte ethnische Milizen] erbeutet. Von hier wird das Coltanerz per Lastwagen über *Ruanda* nach *Daressalaam/ Tansania* transportiert, von wo aus die Fracht in alle Welt verschifft wird. „Die Arbeitsbedingungen sind dabei denkbar schlecht. Gewalt, Kinder- und Zwangsarbeit sind an der Tagesordnung. Weil im Kleinstbergbau trotzdem mehr Geld als in der Landwirtschft verdient wird, verlassen viele Menschen ihre Felder, und Lebensmittelknappheit ist die Folge" (Dennin 2013, S. 201). Hauptprofiteure des illegalen Coltan-Handels in der Kriegszone Ostkongo sind die Regierungen von *Ruanda* und *Uganda*. Einem UN-Report von Panel-Experten aus dem Jahr 2001 zufolge soll die *Rwandan Patriotic Army* der Regierung von *Paul Kagame* in 18 Monaten der Jahre 1999 und 2000 monatlich 30 Tonnen Coltan im Wert von 250 Millionen US$ aus dem Kongo geschafft haben. Daran waren 27 Gesellschaften beteiligt, die im Kongo mit dem heiß begehrten Metall handelten – allen UN-Sanktionen zum Trotz. Im November 1998 ließen ausländische Minengesellschaften das kongolesische SOMINKI-Unternehmen (*Kivu Mining and Industrial Company*, ein Zusammenschluss von neun lokalen Bergwerksgesellschaften) ca. 1000 Tonnen Coltan von *Kivu* nach *Kigali*, der Hauptstadt Ruandas, transportieren. Von *Kigali* wurde die Fracht nach Amsterdam, Deutschland und Südostasien transportiert (*UN-Report, Panel of Experts on the Illegal Exploitation of National Recources of the Congo, April 2001, paragraph 130*, zit. in: French 2010, S. 488). Im Jahr 2006 exportierte *Ruanda* Coltan im Werte von 10 Millionen US$. Ebenso wie *Paul Kagame* in Ruanda war *Yoweri Museveni*, Präsident Ugandas, in den kriminellen Coltan-Handel verstrickt. Mitglieder seiner Familie sollen Aktienanteile an einigen Schürfgesellschaften im Kongo besessen haben (*UN-Report von 2001, paragraph 205*, zit. in: French 2010, S. 488). Neben dem vorherrschenden lokalen Abbbau verfolgt der Schweizer Rohstoffhandelskonzern *Glencore* den Plan, über die Tochter-Gesellschaft *Katanga Mining* zum weltgrößten Förderer von Coltan aufzusteigen.

Auch *Uran* gehört zu den Afrika-Rohstoffen, nach denen die globale Nachfrage steigt. Im Jahr 2011 waren weltweit 440 Atomkraftwerke in über 30 Ländern in

Betrieb, die zusammen knapp 15 % der weltweiten Elektrizität erzeugten. Nicht in diese Statistik fielen rund 250 Forschungsreaktoren und ca. 200 nuklear betriebene Schiffe und U-Boote. Gleichzeitig waren weltweit 60 neue Kernreaktoren im Bau, die Hälfte davon in China. Bereits 2011 stammten 20 % des vor allem in den USA, China, Russland und in Europa verbrauchten Urans aus afrikanischen Bergwerken. *Namibia, Niger, Malawi* und *Südafrika* waren bisher die Hauptförderländer; diese vier Länder produzierten knapp 10.000 Tonnen Uran und belegten damit Platz 2 hinter Kasachstan und vor Kanada und Australien. Die *Rössing-Mine* in *Namibia* (nahe *Swakopmund*) ist mit einer Produktion von 3.00 bis 4.000 Tonnen die drittgrößte Uranmine der Welt. Allerdings ist der Wasserverbrauch heute schon so erheblich, dass es zu Protesten der Bevölkerung gekommen ist. Die *Rössing-Mine* verbraucht im Monat genauso viel Wasser wie die Hauptstadt *Windhoek* mit über 300.000 Einwohnern (nach Dennin 2013, S. 135-144), und Wasser gehört zu den knappsten Gütern auf dem Kontinent.

Neue *Uran-Bergwerke* werden in *Tansania, der ZAR* und in *Sambia* vorangetrieben. *Niger* liefert seit über 40 Jahren Uran für französische Atomkraftwerke. Der französische Staatskonzern *Areva* plant, in Zusammenarbeit mit der Regierung in *Niamey*, in der *Imouraren*-Lagerstätte (südlich von Arlit und Akokan gelegen) das größte Bergbauprojekt des Landes zu etablieren; es soll 35 Jahre lang jährlich 5.000 Tonnen Uran liefern. Ähnliche Ziele verfolgen chinesische Konzerne: bis 2020 soll die jährliche Förderung auf 5.000 Tonnen verdoppelt werden. An dem Projekt beteiligt sich auch der kanadische Branchenführer *Cameco*. Bei der Vergabe von Abbaulizenzen war der nigrische Staat nicht besonders zimperlich: So rührten die Aufstände der *Tuareg* vor einigen Jahren daher, dass diese ihre traditionellen Weideflächen durch die Vergabe von Uran-Abbaulizenzen nicht mehr nutzen konnten und an den Gewinnen aus dem Uranbergbau nicht beteiligt worden waren (nach Dennin 2013; Burgis 2017, S. 164-193; siehe auch unten Kap. 12.4).

Seit einigen Jahren investiert die Volksrepublik China vermehrt in den Abbau von *Eisenerz* – und zwar in *Südafrika, Sierra Leone, Guinea, Liberia, Gabun, Kamerun* und in der *DR Kongo*. Westafrika soll das Potential haben, über 400 Millionen Tonnen Eisenerz pro Jahr zu fördern, „was einem Viertel der aktuellen weltweiten Nachfrage entsprechen würde" (Dennin 2013, S. 162; Burgis 2017, S. 178). Auch der kleine westafrikanische Staat *Sierra Leone* (71.740 qkm) mit seiner Bevölkerung von 7,4 Mio. Einwohnern und einem durchschnittlichen Jahreseinkommen von 490 US$ (2016) ist reich an Bodenschätzen, aber der Naturreichtum hat der Bevölkerung kein Glück gebracht, im Gegenteil. Unter der Führung seines Präsidenten *Siaka Stevens* (1968-1985) hatten Korruption und ethnische Konflikte so zugenommen, dass das Land von unseriösen Unternehmen systematisch ausgeplündert werden konnte. Auch Regierungsmitglieder konnten sich an den staatlich kontrollierten

11.1 Das Paradox of Plenty

Diamantenminen bereichern. Langsam erholt sich heute das Land von den Folgen eines zehnjährigen Bürgerkrieges (1992-2002), das wegen der Gräueltaten seiner Rebellen traurige Berühmtheit erlangte. Präsident *Ernest Bai Koroma* (2007 ins Amt gewählt und 2012 wiedergewählt) hofft nun, mittels der Erschließung neuer Eisenerz-Minen Wirtschaft und Gesellschaft voranbringen zu können. Der in London gelistete Konzern *African Minerals* und der chinesische Stahlproddzent *Shandong Iron & Steel* beteiligen sich mit Milliarden-Investitionen an den Plänen, die Eisenerzproduktion in Sierra Leone von heute etwa 15 Mio. Tonnen schrittweise auf über 80 Mio. Tonnen zu steigern und es damit endgültig zum größten Exporteur von Eisenerz in Westafrika werden zu lassen (Dennin 2013, S. 168).

Auch *Guinea* – ein Küstenland mit 12,4 Millionen Einwohnern (2016) und einem bescheidenen Brutto-Nationaleinkommen pro Kopf von 490 US$ jährlich – zählt zu den rohstoffreichsten Ländern des afrikanischen Kontinents. Es ist der Welt größter Exporteur von *Bauxit*, dem Rohstoff zur Herstellung von Aluminium. Die Vorkommen an Bauxit werden auf über zehn Milliarden Tonnen geschätzt, was mehr als einem Drittel der weltweiten Reserven entspricht. Außerdem wurden kürzlich bedeutende Uran- und Eisenerzvorkommen entdeckt. Im September 2011 verabschiedete die Regierung unter Präsident *Alpha Condé* (2010 gewählt und 2015 wiedergewählt) ein neues Bergbaugesetz, das vorsieht, dass der Staat einen Anteil von 15 % bis 20 % an allen Bergbauprojekten erhalten soll und dass einheimische Unternehmen bei der Vergabe von Abbaurechten bevorzugt behandelt werden sollen.

Seit Generationen gehört *Liberia* – ein kleines armes Land mit heute 4,6 Mio. Einwohnern und einem BSP von 370 US$ (2016) pro Kopf – zu den Roffstofflieferanten Afrikas. Bereits 1847 hatte es seine Unabhängigkeit erlangt, als sich hier an der westafrikanischen Küste freigelassene Sklaven aus den USA ansiedelten. Bis zum Jahr 1980 wurden die Liberianer von einer konservativen Partei (*True Whig Party*) regiert; dann aber stürzte das Militär den für Korruption und Gier bekannten Präsidenten *William R. Tolbert jr.*, was das Land in einen desaströsen Bürgerkrieg (mit über 200.000 Toten) trieb. Erst 2005 konnten erstmalig reguläre demokratische Wahlen stattfinden, aus denen die erfahrene Ex-Ministerin und Bankerin *Ellen Johnson Sirleaf* als Siegerin hervorgehen sollte. Im Jahr 2011 wurde die populäre Präsidentin wiedergewählt, die im selben Jahr für ihre Versöhnungsarbeit den Friedensnobelpreis erhielt und deren Regierung sich seitdem bemühte, mit Hilfe ausländischer Investoren die reichlich vorhandenen Eisenerze (bei Mount Nimba) zu fördern. Somit erfuhr Liberias Rohstoffwirtschaft eine erste willkommene Diversifizierung, war doch das Land seit Beginn des 20. Jahrhunderts zu einer informellen Kolonie der US-amerikanischen Firmen *Firestone* und *Goodrich* geworden, die hier umfangreiche Kautschuk-Plantagen angelegt hatten. So hatte *Firestone* schon im Jahr 1926 in *Harbel* die größte Kautschuk-Plantage der Welt eröffnet, nachdem ein Pachtvertrag über eine Million Hektar Land (zum Preis von 0,06 US-Dollar pro Hektar für 99 Jahre) zustandegekommen war. *Firestone* konnte 2005 seinen Pachtvertrag mit der liberianischen Übergangsregierung über einen Zeitraum von 37 Jahren für eine Pacht von 0,50 US-Dollar je Hektar erneuern (nach Dennin 2013, S. 238-239). aber die große Mehrheit der Bevölkerung ist arm geblieben oder emigrierte ins Ausland. Knapp ein Drittel (31 %) des Brutto-Inlandsprodukts wird heute durch Geldüberweisungen von im Ausland lebenden Liberianern bestritten (Der neue Fischer Weltalmanach 2018, S. 287).

11.2 Schattenseiten des Rohstoff-Booms: Verdrängung der Nahrungsmittelproduktion

Das Thema *Fluch oder Segen der Rohstoffe* wird in Zukunft für Afrika eine noch größere Rolle spielen als bisher (siehe oben Kapitel 2), da zu erwarten steht, dass nicht weniger als zwölf Länder zur Gruppe der Erdöl und Erdgas produzierenden Länder neu dazustoßen werden: sechs in Ostafrika (*Äthiopien, Kenia, Uganda, Tansania, Malawi und Mauritius*) und sechs in Westafrika (*Gambia, Ghana, Liberia, Sao Tomé und Príncipe, Senegal und Sierra Leone*) (nach Mosbacher 2016, S. 294), wobei in einigen Ländern die Ölförderung schon begonnen hat. So könnten innerhalb einer Dekade ein Drittel der afrikanischen Staaten oder gar mehr den Löwenanteil ihrer Exporteinnahmen aus den Verkäufen von Erdöl und Erdgas beziehen, was die Aussichten auf eine nachhaltige breit gefächerte Entwicklung – sollte es bei der bisher in Afrika vorherrschenden Praxis bleiben – eher verdüstern als erhellen würde (Mosbacher 2016, S. 294). *Ressourcenreiche* Länder hatten bisher ein geringeres wirtschaftliches Wachstum aufzuweisen als *rohstoffarme* Länder – ein scheinbares Paradox, das es zu ergründen gilt.

Während des europäischen Kolonialismus ist es bekanntlich zu einer wirtschaftlichen Transformation afrikanischer Länder gekommen: Sie wandelten sich vom Zustand der wirtschaftlichen Selbstversorgung (Subsistenz-Ökonomie) in einen Prozess der partiellen Integration afrikanischer Produkte in kapitalistische Markt- und Geldkreisläufe, wobei als Wirtschaftsformen Plantagenwirtschaft und Bergbau dominierten (siehe oben Kapitel 4 und 5). Mittels brutaler Gewalt gegenüber den ‚Eingeborenen', die zur Zahlung von Kopf- und Hüttensteuern genötigt wurden, ist diese Transformation von der Subsistenz- zur Markt-Ökonomie (von den Kolonialherren *In-Wert-Setzung* genannt) durchgesetzt worden. Den Nutzen aus dieser Handelspolitik hatten überwiegend Europäer in den kolonialen ‚Mutterländern' (Szirmai 2005, S. 278-288). Die Tatsache, dass heute noch immer mehr

11.2 Schattenseiten des Rohstoff-Booms

als 60 % der Exporte aus den Ländern des sub-saharischen Afrika aus unverarbeiteten Rohstoffen (mit geringer Wertschöpfung) bestehen, weist darauf hin, dass das entwicklungspolitische Potential, das logischerweise im Export von begehrten Rohstoffen steckt, seit Generationen nicht oder nicht genügend zum Vorteil der Herkunftsländer genutzt worden ist. Das Muster der *kolonialwirtschaftlichen Arbeitsteilung* – Peripherie-Länder (Kolonien) liefern Rohstoffe und Zentrums-Nationen (Industriestaaten) liefern industrielle Fertigwaren und moderne Dienstleistungen – hat sich lange Zeit erhalten können.

Der Kupfer exportierende Staat *Sambia* ist dafür ein gutes Beispiel. Der *Copperbelt* (der Kupfergürtel) ist die bedeutendste Bergbauregion Zentralafrikas und neben dem *Bushveld*-Komplex in Südafrika das größte Industriegebiet des Kontinents. Das Bergbaurevier erstreckt sich über 800 Km Länge und 250 Km Breite vom Zentrum Sambias bis in den Südosten der DR Kongo, nach *Katanga*. Anfang der 1970er Jahre war die *Zambia Consolidated Copper Mines (ZCCM)* unter dem Vorstandsvorsitz des Staatspräsidenten *Kenneth Kaunda* zum größten Unternehmen Schwarzafrikas geworden – durch die Verstaatlichung ausländischer Bergbauunternehmen, die gegen Entschädigungszahlungen vorgenommen wurde. Da es der jungen Nation an erfahrenen eigenen *Professionals* und Managern fehlte, gerieten die sambischen Bergwerke rasch in die Insolvenz. Im Rahmen der bald darauf fälligen Privatisierungen erwarb das australische Bergbauunternehmen *Equinox Minerals* einige Minen, später kamen chinesische und kanadische Firmen und der größte Bergbaukonzern Kasachstans *EurasianNatural Resources* hinzu, die sich auch den Kupferboom der Nullerjahre zunutze machen wollten. Der *Kupferpeis* hatte sich von 2000 US$ pro Tonne im Jahr 2000 auf ca. 10.000 US$ pro Tonre im Jahr 2011 verfünffacht. So stieg die Kupferproduktion *Sambias*, im Verbund mit der im benachbarten *Zaire (DR Kongo)*, wieder an und machte Sambia vorübergehend zu einem der am schnellsten wachsenden Rohstoffländern der Welt. Dabei spielte der weltgrößte Rohstoffhändler *Glencore* (mit Sitz in der Schweiz und einem Umsatz von 153 Mrd. € (2016)) eine aktive Rolle, der sich die Besitzrechte an ergiebigen Kupferminen in *Sambia und Katanga* sichern konnte. Dabei haben meistens private *Mittelsmänner* mit guten persönlichen Kontakten zu Präsidenten und seinen Ministern (wie der Israeli Dan Gertler) eine dubiose Rolle gespielt (Burgis 2017). Ermöglicht wurden bei diesen Geschäften Milliarden-Gewinne für Glencore und Co., aber zur *Diversifizierung* der sambischen Wirtschaft ist es nicht gekommen: Auch nach fünfzig Jahren Unabhängigkeit machen die NE-Metalle noch immer 74 % der Exporteinnahmen des Landes aus (2016), mit der Folge, dass die Masse der Bevölkerung eines an natürlichen Ressourcen sehr reichen Landes wirtschaftlich arm geblieben ist: 60 % der Bevölkerung leben heute (im Jahr 2016) unter der Armutsgrenze. (Siehe auch Martin Vetterli https://www.

beobachter.ch./wirtschaft/bodenscätze-wie-glencore-afrika-ausnimmt,16.07.2012, abgerufen am 11.01.2018).

Bemerkenswert ist der Befund, dass *ressourcenarme* Länder in Afrika südlich der Sahara in den vergangenen drei Jahrzehnten um durchschnittlich zwei bis drei Prozent stärker gewachsen sind als die zwölf größten erdölexportierenden Länder, nämlich: *Angola, Kamerun, Tschad, Kongo (Zaire), Republik Kongo, Elfenbeinküste, Äquatorial-Guinea, Gabun, Nigeria, Südafrika, Sudan und Süd-Sudan* (Buchberger 2012). Aggressive Steuervermeidung ausländischer Konzerne ist dafür eine Erklärung. Außerdem geht in klassischen Rohstoffexportländern (*Rentier-Staaten*) der Anbau von Nahrungsmitteln zur eigenen Versorgung der Bevölkerung zurück, *weil eine rentseeking society* alle Energien zur Optimierung der Renten-Einkommen verausgabt. Hohe Deviseneinnahmen unterminieren die Notwendigkeit, die Wirtschaft zu diversifizieren, die Infrastruktur auszubauen oder Arbeitsplätze außerhalb des Rohstoffsektors zu schaffen (siehe oben Kapitel 2.9).

Auch die Plantagenwirtschaft, die bis heute noch von ausländischen Investoren und Vermarktungsgesellschaften geprägt ist, hat es nicht vermocht, das *paradox of plenty* aufzulösen und der Mehrheit der Bevölkerung afrikanischer Agrarstaaten ein besseres Leben zu ermöglichen. Während einige wenige Arbeiter und Angestellte bei den großen Nahrungsmittelkonzernen dauerhafte Beschäftigung fanden, wurden ansässige Bodenbewirtschafter durch die Expansion der Agrarkonzerne an den Rand gedrängt oder verloren gar ihr angestammtes Recht des Anbaus von Feldfrüchten für den Eigenbedarf. So haben Umweltorganisationen den französischen *Michelin*-Konzern, der Kautschuk-Plantagen in *Nigeria, Côte d'Ivoire, Ghana und Benin* unterhält, vorgeworfen, bei der Ausdehnung seiner Kautschuk-Plantagen (in der Edo-Provinz im Südwesten Nigerias) um 3500 Hektar Ackerland die Nutzungsrechte der 20.000 dort lebenden Menschen ignoriert zu haben. Insgesamt werden in *Nigeria* rund 300.000 Hektar Fläche für den Anbau von Kautschuk genutzt, – eine Fläche von der vierfachen Größe von Berlin. Auch in der *Côte d'Ivoire* wurde die mit Kautschuk bepflanzte Agrarfläche (von ca. 100.000 Tonnen Produktionsleistung im Jahr 2000) mehr als verdreifacht – ebenfalls auf Kosten einheimischer Subsistenz-Bauern. So kam *Torsten Dennin* zu dem Fazit: „Kautschuk ist zwar für die jeweiligen Länder eine wichtige Quelle für Deviseneinnahmen, doch ist kritisch anzumerken, dass für diese Flächen zugunsten großer Monokulturen natürliche Bepflanzungen gerodet werden müssen und diese Flächen auch nicht für die Produktion von Lebensmitteln zur Verfügung stehen" (Dennin 20013, S. 240).

Die politischen Auswirkungen der Mega-Investitionen ausländischer Agro-Unternehmen und Rohstoffkonzerne auf die jeweilige afrikanische Regierung, die mit

11.2 Schattenseiten des Rohstoff-Booms

ihnen Pacht- und Handelsverträge abschließt, sind als ambivalent zu bewerten. Zum einen *stabilisieren* sie die bestehenden Machtverhältnisse (z. B. in Angola, DR Kongo, Simbabwe, Sudan), indem sie den mächtigsten Repräsentanten der nationalen Regierungen hohe Deviseneinnahmen aus dem Rohstoff-Exporten sowie die fälligen Bestechungsgelder (von 5 % bis 10 % des Vertragswertes) zukommen lassen, zum anderen können sie aber auch das gesellschaftlich-politische Gefüge eines Landes *destabilisieren*. Letzteres geschieht, wenn sich die Opfer der transnationalen Komplizenschaft von Auslandsinvestoren, kleptokratischen Regierungen und den global aktiven Mittelsmännern (die legale wie illegale Finanz- und Handelskontrakte, aufgrund ihrer Kenntnisse geschäftlicher Netzwerke, einfädeln und vermitteln) zum Widerstand provoziert fühlen. Der wohl krasseste Fall dieser Art ereignete sich bislang auf *Madagaskar*, wo unsittliche Pachtverträge zum Sturz einer Staatsregierung führten. So war im Jahr 2008 bekannt geworden, dass das südkoreanische Unternehmen *Daewo Logistics* Pachtverträge mit der Staatsregierung von *Marc Ravalomana* (der im Jahr 2002 ins Amt gewählt worden war) über 1,3 Millionen Hektar Land (über einen Zeitraum von 99 Jahren) abgeschlossen hatte, was mehr als der Hälfte des fruchtbaren Bodens des Inselstaates entsprach. Die Direktoren von *Daewo Logistics* planten den Anbau von Mais und Palmöl primär für den Eigenbedarf Koreas, was in den Augen einer großen Zahl notleidender Menschen, die von internationalen Nahrungsmittelhilfen abhängig waren, wie Hohn erscheinen musste. Gegen diesen Ausverkauf nationalen Bodens in Zeiten einer Hungerkrise formierte sich eine politische Opposition unter *Andry Rajoelina*, die schließlich nach einem kurzen, aber blutigen Machtkampf den amtierenden Präsidenten stürzte und der Protestbewegung zur Macht verhalf. *Rajoelina* wurde der nächste Staatspräsident (2009-2014), der als eine seiner ersten Amtshandlungen die Aufkündigung des skandalösen Pachtvertrages mit dem *Daewo*-Konzern vornahm, woraufhin sich dieser aus Madagaskar zurückzog (nach Dennin 2013). Doch auch danach kamen die verarmten Bewohner dieses Inselstaates nicht zur Ruhe, weil verheerende Klimaphänomene wie *El Nino* (im Jahr 2016) und *Zyklon Enawo* (im Jahr 2017) erneut Hungerkrisen und Verwüstungen von Wohn- und Erntegebieten anrichteten, so dass große Teile der Inselbewohner nur durch internationale Katastrophen- und Wirtschaftshilfe überleben konnten (Witt 2016).

Einigen Regierungen der afrikanischen Rohstoff-Länder kann man zugutehalten, dass sie bei ihren dubiosen Deals mit ausländischen Unternehmungen wohl auch das Interesse verfolgen, in ihre politisch und wirtschaftlich fragilen Länder gezielt einen Strukturwandel durch *ausländische Direktinvestitionen* herbeizuführen. Im Folgenden soll anhand von drei weiteren Länderbeispielen – *Gabun, Nigeria* und

Botsuana – aufgezeigt werden, wie der Mythos vom ‚Fluch der Rohstoffe' entstehen konnte.

11.3 Der Erdölstaat Gabun – Beispiel für einen neokolonialen Rentierstaat

In Afrika gibt es heute kaum ein Land, in dem nicht die Exporterlöse von einem Rohstoff oder von mehreren ganz wesentlich zum Staatshaushalt beitragen. Da Grund und Boden in aller Regel zum Staatseigentum erklärt worden sind, fließen die Einnahmen aus den Rohstoffexporten denen zu, die die Staatsmacht verkörpern – also der Zentralbank und dem Finanzministerium, wenn es sich um eine Demokratie handelt, und dem Staatspräsidenten, wenn es sich um einen Patronage-Staat, eine ‚defekte Demokratie' oder eine Diktatur handelt. Im Jahr 2016 exportierte Gabun für 4,5 Mrd. US-$ Erdöl, Holz und Mangan, hauptsächlich an die USA, Frankreich und die VR China. In diesem Jahr erzielte der kleine westafrikanische Küstenstaat mit zwei Millionen Einwohnern, die zu 70 % christlichen Glaubens sind, ein durchschnittliches *Pro-Kopf-Einkommen* von beachtlichen 7210 US$ bzw. 16.720 PPP-$, womit Gabun zu einem der reichsten Länder des Kontinents geworden ist – auf Augenhöhe mit dem ‚Vorzeige-Staat' *Botsuana* (mit 16.380 PPP-$). Aber noch immer lebt ein Drittel der gabunischen Bevölkerung unterhalb der Armutsschwelle (im Durchschnitt der Jahre 2008-2015).

Die ‚*paradox-of-plenty*'-Thematik soll im Folgenden am Beispiel des *Erdölstaates Gabun* illustriert werden. Dabei stützt sich das Narrativ auf Beobachtungen des Journalisten *Thomas Scheen*, die dieser als Afrika Korrespondenz der *Frankfurter Allgemeinen Zeitung* am 2. September 2016 unter der Überschrift veröffentlichte: „*Chaos in Frankreichs Hinterhof. Im ölreichen Gabun regiert die Clique der Bongos seit fast 50 Jahren. Nun wehrt sich die Opposition gegen einen Wahlsieg des Amtsinhabers Ali Bongo Ondimba*":

> „In Gabun ist es nach der Verkündung des vorläufigen Endergebnisses der Präsidentenwahl zu schweren Krawallen zwischen Anhängern der beiden Spitzenkandidaten Ali Bongo Ondimba und Jean Ping gekommen. Dabei sollen nach ersten Informationen zwei Menschen ums Leben gekommen sein, als die Präsidentengarde am Mittwochabend das Hauptquartier der Opposition stürmte. Zuvor hatten Unbekannte das Parlamentsgebäude in der Hauptstadt Libreville in Brand gesteckt. Der Generalsekretär der Vereinten Nationen, Ban Ki-moon, mahnte beide Seiten am Donnerstag zur Mäßigung. Amtsinhaber Alo Bongo Ondimba war am Mittwochabend von der nationalen Wahlkommission mit hauchdünnem Vorsprung zum vorläufigen Sieger erklärt worden. Auf ihn entfielen nach offiziellen Angaben

11.3 Der Erdölstaat Gabun – ein neokolonialer Rentierstaat

49,8 Prozent der Stimmen. Sein Gegner Jean Ping erzielte demnach 48,23 Prozent. Ping hatte schon vorab angekündigt, das Ergebnis aufgrund angeblich massiver Fälschungen nicht anzuerkennen. Die Wahlbeobachter der Europäischen Union hatten von zahlreichen Unregelmäßigkeiten beim Auszählen der Stimmen berichtet und gefordert, dass die Ergebnisse aller 2500 Wahlbüros veröffentlicht würden. Dieser Forderung schlossen sich am Donnerstag die Wahlbeobachter der Afrikanischen Union sowie des amerikanischen Außenministeriums an. Die ehemalige Kolonialmacht Frankreich zeigte sich ‚sehr besorgt' über die Krawalle in Libreville und der zweitgrößten Stadt Port-Gentil."

Weiter heißt es bei Thomas Scheen:

„Auf den ersten Blick verwundert dieser Gewaltausbruch, weil Gabun mit seinen 1,7 Millionen Einwohnern lange Zeit als Hort der Stabilität galt. Das kleine Land ist dank seiner großen Ölvorkommen vergleichsweise wohlhabend. Gleichzeitig aber trifft auf kein anderes Land der Begriff der ‚**Francafrique**' so zu wie auf Gabun. ‚La Francafrique', das ist die Kungelei zwischen Paris und seinen ehemaligen Kolonien in Afrika, die schwarzen Autokraten politische Rückendeckung gewährt im Austausch für lukrative Aufträge für französische Konzerne. Aus Sicht der Opposition in Ländern wie Côte d'Ivoire, Tschad, Togo, Kamerun oder eben Gabun ist diese Patronage der maßgebliche Grund dafür, dass demokratische Reformen auf der Stelle treten (siehe auch Mbembe 2010, S. 58).

42 Jahre lang – von 1967 bis zu seinem Tod 2009 – regierte der Vater des jetzigen Präsidenten, Omar Bongo, Gabun mit Hilfe des staatlichen französischen Erdölkonzerns Elf Aquitaine. Weil Geld im Überfluss vorhanden war, mussten Oppositionelle in Gabun allerdings nie um ihr Leben fürchten. Bongo pflegte seine Gegner zu kaufen. Als Omar Bongo 2009 im Amt verstarb, trat sein Sohn Ali Bongo Ondimba wie selbstverständlich die Thronfolge an. Das Wahlergebnis war vermutlich gefälscht. Doch die Proteste fielen schon deshalb nicht allzu forsch aus, weil niemand den relativen Wohlstand gegen bürgerkriegsähnliche Verhältnisse eintauschen mochte. Dass die Quelle dieses Wohlstands, das Öl, einige Jahre später ursächlich für die größte Krise in der Geschichte des Landes sein würde, ahnte damals niemand. Ende 2014 fiel der Preis für ein Fass Rohöl von knapp 120 Dollar auf 45 Dollar. Das Bruttosozialprodukt des nahezu vollständig vom Rohöl abhängigen Gabun halbierte sich. In Port-Gentil, dem Wirtschaftszentrum des Landes, ergriffen die Ölkonzerne und deren Zulieferer drastische Sparmaßnahmen. Der amerikanische Konzern Halliburton stellte sein Engagement in Gabun komplett ein. Mehr als 4000 Arbeitsplätze gingen allein in Port-Gentil innerhalb weniger Monate verloren. Dabei ernährt jeder feste Job in Schwarzafrika im Schnitt zehn Familienmitglieder, womit aus den 4000 verlorengegangenen Arbeitsplätzen 40.000 betroffene Menschen wurden. Das ist knapp die Hälfte der Einwohnerschaft von Port-Gentil.

Dabei hatte Ali Bongo Ondimba schon länger vor der Abhängigkeit vom Öl gewarnt und sich ernsthaft um eine Diversifizierung der heimischen Industrie bemüht. Die Auslandsinvestitionen jenseits der Ölindustrie sind nach Angaben der Weltbank seit seinem Amtsantritt um 66 % gestiegen. Doch das ist ein Tropfen auf dem heißen Stein im Vergleich zu den Steuerzahlungen der Ölindustrie. Der Anteil dieser

Auslandsinvestitionen am gabunischen Bruttosozialprodukt liegt bei lediglich 7,6 %. Auf die Entlassungen in der Ölindustrie hat die Regierung unter Bongo Ondimba ebenfalls lehrbuchartig reagiert und die Investitionen in Infrastrukturmaßnahmen drastisch erhöht. Gabun wird gegenwärtig mit Steuergeldern regelrecht runderneuert: Brücken, Straßen, Flughäfen, ein Gaskraftwerk und eine neue Raffinerie sollen den Verlust an Arbeitsplätzen in der Ölbranche wettmachen. Der Erfolg hält sich allerdings in Grenzen, weil der wirtschaftspolitische Kurswechsel der vergangenen Jahre nicht die Fehler der vergangenen fünfzig Jahre auszumerzen vermag. Der größte unter ihnen heißt ‚fonction publique'. Die Verwaltung ist der mit Abstand größte Arbeitgeber in Gabun. Wer nicht in der Ölindustrie erfolgreich war, konnte immer noch Beamter werden. Der öffentliche Dienst dient in Gabun seit jeher als Auffangbecken für arbeitslose Schulabgänger, ist deshalb grotesk aufgeblasen und unendlich langsam. Doch seit dem Zusammenbruch der Öleinnahme herrscht im öffentlichen Dienst ein Einstellungsstopp, was viele Gabuner, vor allem die Jugend, verärgert hat. 60 % der gabunischen Bevölkerung sind jünger als 25 Jahre. Jeder Dritte unter ihnen ist inzwischen arbeitslos. Das hat zu der paradoxen Situation geführt, dass Gabun zwar als ein Land mit mittlerem Durchschnittseinkommen gilt, ein Drittel seiner Bevölkerung aber unter der offiziellen Armutsgrenze von zwei Dollar am Tag lebt.

Jean Ping, der Herausforderer von Ali Bongo Ondimba bei der Präsidentenwahl, hatte versprochen, das alles zu ändern. Ping hat sich dabei den Verdruss der Bürger über die inzwischen 47 Jahre dauernde Regentschaft der Bongos zunutze gemacht und über dem damit verbundenen System der Francafrique. Dabei war der 73 Jahre alte Sohn einer Gabunerin und eines chinesischen Holzhändlers selbst immer mittendrin. Pings erste Frau, mit der er zwei Kinder hat, heißt Pascaline Bongo und ist die Tochter von Omar Bongo und die Schwester des gegenwärtigen Präsidenten. Unter Omar Bongo war Ping Minister für Planung, Umwelt und Tourismus [gewesen], dann Minister für Bergbau, Energie und Rohöl. Es folgte eine Verwendung als Außenminister (1998 bis 2008), bevor Omar Bongo ihn auf den Sessel des Präsidenten der Kommission der Afrikanischen Union (AU) hievte. Der vermeintliche Hoffnungsträger Ping ist dem alten Bongo vermutlich ähnlicher als dessen eigener Sohn.

Ein Sprecher Bongos warf dem Oppositionskandidaten am Donnerstag im französischen Auslandsrundfunk RFI vor, die Unruhen von langer Hand geplant zu haben. Ping dagegen erklärte dem Sender zufolge, er fürchte um seine Freiheit und körperliche Unversehrtheit und halte sich deshalb versteckt. Er rief die EU und Frankreich auf, zu seinen Gunsten zu intervenieren" (Thomas Scheen, Chaos in Frankreichs Hinterhof, in: Frankfurter Allgemeinen Zeitung, Nr. 205, vom 2.9.2016, S. 5).

Somit ist *Gabun* geradezu ein Lehrstück für die externe Verwundbarkeit einer Renten-Ökonomie. Infolge der abstürzenden Erdölpreise und der damit verbundenen politischen Turbulenzen im Lande verringerte sich das Renteneinkommen des Staates und damit auch das Pro-Kopf-Einkommen von 9956 US-$ (2014) auf 7741 US-$ im Jahr 2016. Die für Oktober 2016 vorgesehenen Parlamentswahlen wurden mit der Begründung, dem Staatshaushalt fehle es an Geld, auf Juli 2017 verschoben (Der neue Fischer-Weltalmanach 2018, S. 171). Um die Abhängigkeit des Landes von einem Rohstoff zu überwinden, hat sich die Regierung auf Verhandlungen mit Rohstoff-Konzernen aus China und anderen Ländern eingelassen. Zum Beispiel hat der in Singapur gelistete Agro-Konzern *Olam International* einen Pachtvertrag über 300.000 Hektar abgeschlossen, um dort Palmöl anbauen zu können – unter anderem für die Verwendung als Bio-Treibstoff (Dennin 2013, S. 247).

11.4 Nigeria – Turbulente Geschichte eines Erdöl-Staates

> *„The trouble with Nigeria is simply and squarely a failure of leadership"*
> (Chinua Achebe, nigerianischer Nobelpreisträger, zit. in Burgis 2015, S. 207).

Nigeria gilt als das klassische afrikanische Beispiel für den sogenannten *Ressourcen-Fluch*, mehr noch als *Angola* und *DR Kongo/Zaire*, – die drei Rohstoffgiganten Afrikas. Der unverhoffte, sehr große Ölreichtum hat die Bevölkerung gespalten, in eine winzige Minderheit von Profiteuren, die sich über die Besetzung von Staatsämtern mit allen legalen und illegalen Mitteln die Rohstoff-Rente aneignet (Alberts 2013, S. 228f.), und in eine Mehrheit, die im Verlaufe von fünf Dekaden durchschnittlich ärmer geworden ist – ärmer als am Ende der Kolonialzeit. Worin liegen die Ursachen für diese Fehlentwicklung?

11.4.1 Nigeria – ein schwer regierbares Land

Mit 923 768 km² ist Nigeria eines der großen Flächenstaaten Afrikas. Zu Beginn des 20. Jahrhunderts hatten in dem Gebiet des heutigen Nigeria schätzungsweise erst 15 bis 16 Millionen Menschen gelebt – heute sind es mehr als zehnmal so viele: 186 Mio. (im Jahr 2016). Die Bevölkerung setzt sich aus rund *430 Ethnien* mit unterschiedlichen Kulturen und Glaubensbekenntnissen zusammen. Nigerias Markenzeichen ist seine große völkische Pluralität und kulturelle Vielfalt. Seit der Kolonialzeit bestimmt eine grobe Dreigliederung der Territorien und Völker das Schicksal des Landes, die künstlich und gewaltsam in einen Bundesstaat gepresst wurden: Im Norden dominieren die *Hausa/Fulani* (ca. 21 % der Gesamtbevölkerung) und andere hamitische Ethnien wie die *Kanuri* und *Tuareg*; im Südwesten des Staates dominieren die *Yoruba* (ca. 21 %) und im Südosten die *Igbo* und *Ibibio* (zusammen ca. 21 %). Die restlichen 37 % der Nigerianer setzen sich aus einer Vielzahl kleinerer Ethnien im *Middle Belt* (mit *Bauchi* und *Jos* als zentrale Orte) und in Randzonen zusammen, darunter die *Fulbe-Nomaden*. Aus den drei Großregionen zur Zeit der britischen Kolonialherrschaft sind inzwischen 36 Bundesstaaten entstanden.

Etwa 45 bis 50 % der Nigerianer sind muslimischen Glaubens, mehrheitlich Sunniten. Sie folgen den Anweisungen ihrer feudalistischen Oberhäupter, des *Emirs von Kano* und des *Sultans von Sokoto*. Beide stehen auf der Gehaltsliste der Regierung und ihre Ämter sind verfassungsrechtlich geschützt. Der Emir von Kano (namens *Lamido Sanusi*) ist ein ehemaliger Wallstreet-Banker, der als Zentralbankchef seine Behörde einer dringend gebotenen Reform unterzog. Die kleine Gruppe von Schiiten verbindet ihren Glauben mit politischen Forderungen und strebt einen Gottesstaat nach iranischem Vorbild an. Jährlich kommt es in mehreren Bundesstaaten zu Morden und manchmal Massakern: Christen gegen Muslime, Muslime gegen Christen, oft aus nichtig scheinenden Anlässen. Die Konflikte sind ursächlich eher ethnisch-politischer und sozio-ökonomischer Natur, als religiöser Natur, wobei die Trennlinien zwischen den Konfliktursachen äußerst unscharf sind.

Bei seiner Unabhängigkeit am 1. Oktober 1960 war Nigeria eine Föderation dreier großer Bundesstaaten, die eine schwache Zentralregierung zusammenhalten sollte. Sie besaß eine nach England orientierte Elite, ein Regierungs-, Parteien- und Gewerkschaftssystem, das sich weitgehend dem englischen Vorbild verpflichtet fühlte, und eine Wirtschaft, die maßgeblich durch ausländische Firmen und Banken kontrolliert wurde (Schicho 2001, S. 82). Aber dieses System war eine Kopfgeburt derer, die die notwendig gewordene Dekolonisation rasch hinter sich bringen wollten: Angesichts der Vorgeschichte des Landes konnte es kaum eine friedliche Entwicklung geben. Vor allem war keine Verständigung über die *nigerianische Schicksalsfrage* in Sicht: Wie ließen sich die Staatseinnahmen aus der Produktion von Erdöl, das seit 1958 reichlich im Osten des Landes zu sprudeln begann, *fair und gerecht* auf die vielen Landes-Regionen, die nicht über Erdöl verfügten, *aufteilen*? Die Kontrolle der Erdölfelder wurde zum „*key goal, propelling the country toward civil war*" (Meredith 2005, S. 202).

Heute konzentrieren sich die gewaltsam ausgetragenen Konflikte (bei unterschiedlichen Ursachen) erstens auf das ölreiche *Niger-Delta*, wo die Interessengegensätze zwischen ethnischen Gruppen, tribalen Milizen, Jugend-Banden und staatlichen Verwaltungsstellen ständig zu Attacken und Gegenattacken Anlass geben (Traub-Merz & Yates 2004); zweitens auf den Mittelgürtel (mit den Staaten Plateau, Benue, Gombe, Nasarawa, Taraba und Kaduna), wo Christen und Muslime ihre Interessenkonflikte um Landbesitz, Führungsämter und Zugang zu Finanz-Ressourcen austragen; und drittens im bettelarmen Nordosten des Landes (Bundesstaat *Borno*), der seit Jahren von den Politikern in sozio-ökonomischer

Hinsicht sträflich vernachlässigt worden ist. Darin ist eine Ursache der Entstehung einer der brutalsten Terrororganisationen Afrikas zu sehen: der islamistischen Sekte *Boko Haram* (Smith 2015, Sändig 2016). Ihr Gründer und Anführer war ein mittellos gewordener Theologiestudent. Weltweite Aufmerksamkeit erregte *Boko Haram* (es bedeutet: ‚Westliche Bildung ist Sünde') durch die Entführung der 270 Schulmädchen von *Chibok* im Jahr 2014. *Chibok* ist zu einer Chiffre für die unglaubliche Brutalität geworden, mit der diese Sekte eine ganze Region destabilisiert hat, ferner zu einer Chiffre für die fassungslos machende Inkompetenz der nigerianischen Sicherheitskräfte, die ihr Versagen bei der Befreiung der Geiseln von Chibok zu vertuschen suchten. Dabei hat Nigeria nominell eine Streitmacht von ca. 90.000 Soldaten, die aber schlecht ausgerüstet und wenig motiviert sind, ihren Offizieren zu gehorchen, deren Bestechlichkeit landesweit bekannt ist (Sändig 2016, S. 34). Von 2009 bis Anfang 2016 sollen insgesamt 17.000 Menschen dem Terror von *Boko Haram* zum Opfer gefallen sein, und ein Ende dieses islamistischen *Dschihads* gegen den nigerianischen Zentralstaat und gegen Andersgläubige ist nicht abzusehen.

Die folgende Analyse soll zeigen, dass der ‚Fluch der Rohstoffe' nicht etwa vom Himmel fällt oder aus der Hölle aufsteigt, sondern von Menschen fabriziert wird. Wenn er aber einmal eine Gesellschaft ergriffen hat, dann scheint es sehr schwer zu sein, sich von ihm wieder zu befreien.

11.4.2 Nigeria: Kämpfe um die Erdöl-Rente

Den ersten Putsch von Armee-Offizieren erlebte das Land schon im Jahr 1966; angeblich zielten die Putschisten darauf ab, die bereits grassierende Korruption in der Staatsklasse zu beenden. So wurden *Sir Ahmadu Bello*, der Herrscher (mit dem Titel *Sardauna von Sokoto*) und gleichzeitig Premier der Nordregierung, sowie führende Politiker der Westregion (*Chief Akintola* und Premier *Tafawa Balewa*) umgebracht. Die Putschisten scheiterten jedoch bald, und *General Ironsi*, ein Igbo, übernahm die Macht, was wiederum im Norden zur Vertreibung und zu Massakern an den dort Handel treibenden *Igbo* führte. *Ironsi* provozierte mit einem Dekret, das die Abschaffung der Bundesverfassung vorsah, was die Ängste der Bevölkerung im Norden vergrößerte, bei der Verteilung von Staatsämtern und Staatseinnahmen von den beiden Süd-Ethnien (*Igbos und Yoruba*) ausgeschlossen zu werden. Daraufhin erklärte der Militär-Gouverneur der Ost-Region, der in Großbritannien ausgebildete Armeeoffizier Lieutenant Colonel *Emeka Ojukwu*, der Sohn eines reichen Ibo-Geschäftsmannes, im Mai 1967 die Unabhängigkeit seiner Region und nannte den neuen ‚Staat' *Biafra*. Er porträtierte sein Land als

„eine Nation, die vom Genozid bedroht" wäre und mobilisierte im westlichen Ausland durch geschickte Propaganda starke politische und materielle Unterstützung (einschließlich einer Luftbrücke), die es ihm ermöglichte, seinen aussichtslosen Kampf noch ein Jahr bis zur Kapitulation weiterzuführen – zu Lasten einer hungernden verzweifelten Bevölkerung. Im Januar 1970 floh *Ojukwu* ins Ausland und hinterließ einen Scherbenhaufen: die Mehrheit der Nigerianer präferierte die politische Einheit des Landes.

Nachdem der Bürgerkrieg um Biafra 1969 zu Ende gegangen war, wurde die Erdölförderung endgültig zum dominanten Faktor von Politik und Wirtschaft in Nigeria (Bergstresser 2010, Duruji 2012, Ellis 2016). Die Produktion von Erdöl erreichte 1974 bereits 112 Mio. t (im Vergleich zu 20 Mio. t im Jahr 1966), womit der Staatshaushalt zu 90 % vom Erdöl bestritten wurde. Das Land profitierte von der Steigerung der Erdölpreise, die das Kartell der ölproduzierenden Staaten (OPEC) im Oktober 1973 durchsetzen konnte: 14,69 US $ für einen Barrel Öl im November 1973 war nahezu das Siebenfache des Preises vom November 1967. Die 1971 gegründete *Nigerian National Petroleum Corporation* löste die aus der Kolonialzeit stammenden *Marketing Boards* bei der Finanzierung des Bundeshaushalts ab. Im Zuge der Nationalisierung fast aller Industriebetriebe wurden dem nigerianischen Privatkapital profitable Anlagemöglichkeiten geboten, während die Unternehmenspolitik weitgehend Sache des Auslandskapitals blieb. Korruption und Misswirtschaft blühten unter der Militärregierung *Gowon* wie ehedem unter den politischen Parteien, die inzwischen verboten worden waren.

> Gigantisches Ausmaß erreichte der *Zementskandal* in den 1970er Jahren: Weil alle Minister (Generäle) bei der Bestellung von Zement im Ausland eine außerlegale Provision (meist von 10 % des Import-Wertes) kassieren wollten (vor allem die Leiter des Verteidigungsministeriums), gaben sie überdimensionierte Mengen in Auftrag, mit der Folge, dass die Häfen des Landes von Schiffen, voll beladen mit Zement, so verstopft waren, dass der Außenhandel im Jahr 1975 zusammenbrach. Der Zement war nach einigen Monaten Liegezeit vor der Küste unbrauchbar und es dauerte Jahre, „bis die Regierung die finanziellen und rechtlichen Folgen aufgearbeitet hatte" (Schicho 2001, S. 90).

Im gleichen Zeitraum, in dem Nigeria den so-genannten *Fluch der Rohstoffe* erlebte, kam es zu einer drastischen Veränderung der *Landwirtschaft*, dem bisherigen Rückgrat der Volkswirtschaft: Zwischen 1964 und 1974 verringerte sich das Produktionsvolumen der Landwirtschaftserzeugnisse um 40 %, teilweise deshalb, weil die erhöhte Kaufkraft dazu führte, dass einheimische Nahrungsmittel durch importierte Auslandswaren ersetzt wurden, was wiederum einen Rückgang der Investitionen in die einheimische Landwirtschaft zur Folge hatte (Schicho 2001,

11.4 Nigeria – Turbulente Geschichte eines Erdöl-Staates

S. 89). Am Ende der Herrschaft der Militär-Präsidenten war die Versorgungssituation in Nigeria kaum anders als jämmerlich zu bezeichnen[17]:

> „Trotz einer Öl-Bonanza von 280 Mrd. US $ war die Wirtschaft total heruntergekommen; öffentliche Dienstleistungen waren chronisch marode; Schulen und Krankenhäuser befanden sich im Zustand des Zerfalls; höhere Bildung war praktisch kollabiert; Straßen waren mit Schlaglöchern übersät; das Telefonsystem funktionierte kaum. Es gab häufig Stromausfall; sogar Ausfälle bei häuslicher Versorgung mit Petroleum. Im Durchschnitt waren Nigerianer im Jahr 2000 ärmer als sie es zu Beginn der Erdölbooms gewesen waren. Das Einkommen pro Kopf war weniger als ein Drittel von dem im Jahr 1980. Die Hälfte der Bevölkerung lebte von 30 Cent am Tag, zentrale Einrichtungen wie die Beamtenschaft verschlangen gewaltige Summen Geldes, aber funktionierten kaum, Veruntreuung und Bestechung waren weit verbreitet… Große Summen waren für Prestige-Projekte ausgegeben worden. Nicht weniger als 8 Mrd. US $ waren für die Errichtung eines Stahlwerk-Komplexes bei Ajaokuta ausgegeben worden, ohne dass je eine Tonne Stahl produziert worden wäre. Milliarden von Dollars sind für den Bau einer ultra-modernen Hauptstadt Abuja versenkt worden… Noch stärker ins Gewicht fielen die gewaltigen Summen, die von der Korruption verschluckt wurden. Die Gier von *Abacha* überstieg die all seiner Vorgänger. Es wurde geschätzt, dass er mehr als 4 Mrd. US $ stahl, indem er das Geld direkt aus der Zentralbank nahm, oder auf dem Wege von Regierungsaufträgen kassierte oder durch Betrug, indem er beispielsweise den ‚Petroleum Trust Fund' widerrechtlich anzapfte" (Meredith 2005, S. 580-581).

Wie lässt sich der Ressourcenreichtum eines Bundesstaates mit 36 Einzelstaaten ‚gerecht' verteilen? Sollen alle Bundesstaaten gleichviel vom Zentrum erhalten oder sollen die Förderstaaten wegen der ökologischen Schäden, die die Erdölförderung dort verursacht, bevorzugt werden? Gegenwärtig spielen sich Verteilungskonflikte hauptsächlich in der Region des *Niger-Delta* am *Golf von Guinea* ab, die ein riesiges Gebiet von 70.000 km² abdeckt und sich 560 km entlang der Atlantikküste erstreckt. Hier leben etwa 20 Millionen Menschen in 3000 Gemeinden, unterteilt in mehr als 40 ethnische Gruppen, die 250 unterschiedliche Dialekte sprechen. Und ausgerechnet diese Region, die den nationalen Reichtum Nigerias produziert, ist eine der ärmsten Regionen Nigerias geblieben (Engel 2005, S. 192). Bei einer großen ethnischen Zerklüftung der Gesellschaft gibt es immer Minderheiten, die sich benachteiligt fühlen und dann versucht sind, sich mittels Einschüchterung oder gar

---

17 Die Militärherrschaft übten aus: Yakubu Gowon (1966-1975), Murtalla Mohammed (1975-1976), Olusegun Obasanjo (1976-1979), Shehu Shagari (1979-1983), Muhammed Buhari (1983-1985), Ibrahim B. Babangida (1985-1993), Chief Ernest Shonekan (1993), General Sani Abacha (1993-1998), General Abdusalami Abubakar (1998-1999), Olusegun Obasanjo (1999-2007), Umaru Yar'Adua (2007-2010), Goodluck Jonathan (2010-2015), Muhammadu Buhari (seit Mai 2015).

mit der Waffe im Anschlag ‚Gerechtigkeit' zu verschaffen. Bei diesen militanten Konflikten spielen Jugendliche ohne Berufs- und Job-Perspektive eine zunehmend größere Rolle. In Räumen mit schwacher Staatlichkeit nisten sich gewaltbereite Organisationen ein, die das Recht in die eigene Hand nehmen und sich von der Öl-Ökonomie gewaltsam holen, was ihnen ihrer Meinung nach zusteht. An vorderster Front standen eine Zeitlang die „Bakassi Boys" und das „Movement for the Emancipation of the Niger Delta" (MEND). Die Ursachen der Proteste waren eine Mischung aus existenzbedrohender Umweltverschmutzung durch Öl-Bohrlöcher und defekte, weil illegal angezapfte Öl-Pipelines, aus vernachlässigter Entwicklung der Infrastruktur sowie aus Unterschlagung von Fördermitteln durch die jeweilige regionale Verwaltung (Ellis 2016, S. 137-156)..

11.4.3 Nigeria: eine ‚strategische Konfliktanalyse'

Mit Hilfe der von dem Politologen *Ulf Engel* (Universität Leipzig) angewandten Methode der *Strategischen Konflikt-Analyse (SKA)*, die auf einem von der *British Department for International Development (DfID)* entwickelten Konzept beruht, soll der hoch komplexe Ressourcenkonflikt im nigerianischen Nigerdelta in aller Kürze nachgezeichnet werden. Dieser Ansatz verbindet Erkenntnisse über (materielle sowie kulturelle) Ressourcen eines Akteurs mit der Art seiner Handlungsstrategien. Dabei werden *zwei Narrative* verfolgt: Das eine handelt von Gewalt als Folge von Öl-Reichtum (*oil violence*), und das andere Narrativ handelt von „ethnischen Konflikten". Engel argumentiert, dass in Nigeria eine komplexe „Kultur des gewaltförmigen Konflikts" entstanden sei, der heute politische, wirtschaftliche, ethnische, kulturelle, geographische, ökologische und militärische Dimensionen umfassen würde. Zentrale Ursachen seien: die militärische Unterdrückung der lokalen Proteste von Bürgerwehren gegen Umweltzerstörung; das Bestreben nach autonomer Ressourcenkontrolle seitens der betroffenen Ölförderungs-Gemeinden; der ethnische Chauvinismus einiger im Niger-Delta lebenden Völker und die Rivalität zwischen größeren und kleineren ethnischen Gruppen einer Region bei der ‚gerechten' Verteilung von Schadenersatz-Zahlungen.

Beim *Conflict Mapping* stechen als erste die internationalen Erdöl-Konzerne hervor: Ganz oben steht *British Shell*, die seit den 1930ern im Golf von Guinea Erdöl und Erdgas prospektiert, gefolgt von *Royal Dutch/Shell* mit ihrem Fördermonopol bis 1965. Im Jahr 1971 kam die *Nigerian National Petrol Corporation (NNPC)* hinzu, die seitdem zahlreiche weitere Konzessionen an *Elf* (Frankreich), *AGIP* (Italien), *Chevron* (USA) und andere Interessenten vergeben hat. Seit den 1970er Jahren haben die USA eine „strategische Partnerschaft" mit Nigeria entwickelt, bei der es um drei Hauptziele geht: (1) Reduktion der Abhängigkeit der USA von Erdöl aus der unsicheren Nahost-Region; (2) militärische Absicherung der Lieferquellen durch Aufrüstung Nigerias und Aufbau von AFRICOM (Africa Command, das dem Pentagon untersteht); (3) Eindämmung des Einflusses der VR China, die ihr Handelsvolumen mit Nigeria von 2,3 Mrd. US$ in 2007 auf „wenigstens 7,5 Mrd. US$ in 2010" erhöhte (Raphael & Stokes 2011, S. 912).

An *zweiter* Stelle der Konfliktanalyse rangieren die nigerianischen *Bundes- und Landesbehörden*, deren Strategie in der Maximierung der Erdölrenten besteht – auf Kosten der lokalen Bevölkerungen in den Fördergebieten, die den *dritten* Akteur bilden. Dieser ist primär wegen der ökologischen Schäden besorgt und kämpft für Schadensbegrenzung und Kompensationszahlungen. Und *viertens* treten lokale Organisationen wie ethnische Minderheiten, studentische Geheimbünde und Jugend-Gangs als gewaltbereite Akteure auf, die einen Ausweg aus einer hoffnungslos anmutenden Situation ihrer Marginalisierung suchen und sich nicht selten auf Drogenschmuggel und Öldiebstahl spezialisieren (Ellis 2016, S. 150). Die organisierte Kriminalität der Öl-Diebe hat solche Ausmaße erreicht, dass dem Land und den Konzernen großer materieller Schaden entstanden ist und weiterhin entsteht. So gab die *Shell Petroleum Development Company* im Jahr 2004 bekannt, dass sie täglich 40.000 Fass Öl durch Diebstahl verlieren würde; denn ihre mehr als 1000 Erdöl-Quellen und 6.200 km langen Ölleitungen in Nigeria seien eine leichte Beute für lokale Diebe. In den ersten sieben Monaten des Jahres 2016 verlor Shell 250.000 bis 300.000 bpd (barrel per day), „was sich bei einem Preis von 45 US$ pro Fass auf 3 Mrd. US$ beläuft" (Africa Confidential vom 23.9.2016, S. 3). Die stärksten Verluste kommen dadurch zustande, dass organisierte Öl-Diebe auch die Unterwasserleitungen der Öl-Multis zu attackieren gelernt haben. Jeden Tag würden „etwa 232.000 Fass Öl auf diesem Weg verschwinden, was den Staat jährlich 6,7 Milliarden Dollar an entgangenen Einnahmen kosten würde: 232.000 Fass Öl von einer Tagesproduktion von ca. 2 Millionen Fass" (Ellis 2016, S. 151), d. h. mehr als ein Zehntel der täglichen Fördermenge von Shell wird gestohlen.

Die Methode des *conflict mappings* ist auch geeignet, das Phänomen des *oil violence* genauer zu analysieren. Im Nigerdelta fand 1990 eine friedliche Demonstration der *Etche Local Government Authority* im Bundesstaat *River State* (bei Port Harcourt) statt, die gegen die Verschmutzung ihres Landstrichs durch Ölkonzerne protestierte. Die besorgte *Shell Petroleum Development Company* rief daraufhin zu ihrem Schutz para-militärische Polizeikräfte herbei, die einige 80 unbewaffnete Demonstranten erschossen und 495 Häuser zerstörten. Eine andere ethnische Protestbewegung gegen das ruinöse Ölgeschäft startete im selben Jahr seitens der kleinen ethnischen Minderheit der *Ogoni: the Movement for the Survival of the Ogoni People (MOSOP)*. Ihr Sprecher *Ken Saro-Wiwa* verfasste eine

Ogoni Bill of Rights, die auch von lokalen Häuptlingen gebilligt worden war und in der „ein gerechter Anteil an dem Ölreichtum", der auf ihrem Land entstand, gefordert wurde. Man erwartete 6 Mrd. US $ als Beteiligungsgewinn und weitere 4 Mrd. US $ als Kompensation für schwere ökologische Schäden als Folge der Erdölförderung (Engel 2005, S. 196-197). Da keine angemessene Reaktion der angesprochenen Politiker erfolgte, gingen nun auch die *Ogoni* und andere Ethnien wie die *Ijaw* zum gewaltsamen Widerstand über, plünderten und kidnappten Mitarbeiter der Ölgesellschaft. Daraufhin ließ die Militärregierung unter *Präsident Sani Abacha* den Bürgerrechtler *Ken Saro-Wiwa,* den charismatischen Führer des Ogoni-Volkes, und acht seiner Mitangeklagten im November 1995 verhaften und trotz weltweiter Proteste im Gefängnis ermorden. „Der Hinrichtung folgte ein weltweiter Boykott Nigerias. Der Commonwealth und die EU froren ihre Beziehungen bzw. Entwicklungshilfeleistungen ein, aber die Rücksicht auf laufende Geschäfte ließ den Diskurs um die Verletzung der Menschenrechte bald wieder sehr durchscheinend werden: Shell machte Geschäfte und brauchte dazu keine weiße Weste" (Schicho 2001, S. 99). Immerhin zog es die Direktion von *Shell* bald danach vor, das Ölgeschäft im aufgewühlten *Ogoni*-Land erst einmal einzustellen: die Verluste, die auch durch illegales Anzapfen der Erdölleitungen („das Bunkern') entstanden waren, schlugen zu Buch; man verlagerte die Ölförderung nun vor die Küste, *off-shore.*

Mit dem US-amerikanischen Präsidenten *Barak Obama* wurde während eines Staatsbesuchs Buharis im März 2016 eine enge Kooperation in der Terrorbekämpfung vereinbart, u. a. durch US-amerikanische Militärausbilder und Unterstützung eines regionalen Sicherheitskonzepts unter Einbeziehung der westafrikanischen Nachbarstaaten. Aber schon im Juli 2016 verübten wieder mehrere neu gegründete gewaltbereite örtliche Milizen Sprengstoffanschläge auf Erdölförderanalagen des *Chevron-Konzerns* und der nigerianischen Ölgesellschaften; und im Mai 2017 kündigte eine *New Delta Avengers* einen „Erdölkrieg" an (Der neue Fischer Weltalmanach 2018, S. 336). Als Ergebnis der strategischen Konfliktanalyse von *Ulf Engel* kann festgehalten werden, dass in Nigerias Ölfördergebieten eine „öffentliche Kultur der Gewalt" entstanden ist, die sich tief in den Repertoires von kollektiven Optionen (*choices*) und von Überwindung von Hindernissen (*constraints*) verwurzelt hat: Gewalt sei „für viele Akteure zu einem legitimen, sprich erfolgreichen Mittel zur Interessendurchsetzung geworden" (Engel 2005, S. 214; siehe auch de Oliveira 2006, S. 83). Dazu zählte auch die „organisierte Staatskriminalität" (Ellis 2016, S. 217).

Als Staatspräsident *Goodluck Jonathan* im Mai 2015 abgewählt wurde, dessen Patronage-Staat als die Inkarnation von *Staatsversagen in Sicherheitsfragen, von wirtschaftspolitischer Inkompetenz und von Grand Corruption* gelten konnte, hinterließ er ein Haushaltsdefizit von 15 Mrd. US-Dollar (auch infolge des Verfalls der Weltmarktpreise für Erdöl um 70 % seit Mitte 2014) und eine politisch destabilisierte Nord-Region, in der *Boko Haram* fast täglich Attentate, Geiselnahmen und Selbstmordattacken unternehmen konnte. *Jonathan*, ein Mann aus dem Niger-Delta, wurde von einem Oppositionsbündnis namens *All Progressive Congress* unter Führung von *Muhammadu Buhari* abgelöst – einem Ex-General und bekennenden Muslim aus dem Norden. Als eine seiner ersten Amtshandlungen entließ er 93 Botschafter, die mutmaßlich durch Begünstigung ins Amt gekommen waren, und ebenso den Chef der staatlichen Erdölgesellschaft (*NNPC*). *Buhari* warf der Regierung seines Vorgängers die Veruntreuung von Staatsvermögen in Höhe von rund 150 Mrd. US $ vor. Im November 2015 belastete eine Untersuchungskommission Jonathans Rüstungsberater *Dasuki* mit dem Vorwurf, bei der Vergabe fiktiver Rüstungsaufträge mutmaßlich 2 Mrd. US $ veruntreut zu haben. Laut Angaben der Kommission habe er zudem über Zahlungsbefehle an die Notenbank rund 150 Mio. US $ u. a. auf Konten in den USA und Großbritannien verschoben. Bei seiner Verhaftung machte *Dasukis* den Präsidenten verantwortlich, die kriminellen Verträge gebilligt zu haben (Der neue Fischer Weltalmanach 2017, S. 330-332).

In den Zeiten hoher Erdölpreise waren keine finanziellen Rücklagen gebildet worden. Als die Öl-Preise auf dem Weltmarkt stark fluktuierten und dann einbrachen, wurden Ausgabenkürzungen und Preiserhöhungen (für Grundnahrungsmittel) vorgenommen, die vor allem die armen Schichten des Volkes trafen. Auch wurden leichtsinnigerweise hohe Kredite im Ausland aufgenommen, die Nigeria weiter in die *Verschuldungsspirale* trieben: Während im Jahr 2000 die Verschuldung 24 Mrd. US $ betragen hatte, waren die Schulden 2015 – trotz mehrfacher Umschuldungen mit Hilfe von IWF und Weltbank – auf insgesamt 69,6 Mrd. US $ angewachsen (des Hauptstadt-Territoriums Abuja plus der 36 Bundesstaaten; Bergstresser 2016).

Es sieht nicht so aus, dass *The Present Darkness* in Nigeria – um *Stephen Ellis* Buchtitel aufzugreifen (Ellis 2016) – schon dem Ende zugehen würde. Die Bevölkerung des an natürlichen Ressourcen so reichen Staates ist mehrheitlich arm geblieben; genauer gesagt, durch Politikversagen in die *soziale Armut* getrieben worden. Dabei haben sich bezüglich der Versorgung mit öffentlichen Dienstleistungen (Gesundheitsdienste, Schulen) große *soziale Unterschiede* in der Lebensqualität zwischen urbanen und ländlichen Regionen entwickelt: Während 75 % der Nigerianer in den Städten Zugang zu *sauberem Trinkwasser* haben, sind es auf dem Land nur 45 %. Während 60 % der Kinder in städtischen Gebieten eine *Sekundarschule* besuchen können, sind es nur 36 % auf dem Lande. Die soziale und regionale Ungleichheit des Landes als eine *Hauptursache politischer Machtkämpfe* spiegelt sich heute in folgender Einkommens- bzw. Armutsstatistik, aufgeteilt nach den *sechs geo-politischen Zonen*, wider: Die ölreiche *South-South-Zone* hat das höchste Brutto-Sozialprodukt

(BSP) pro Kopf von 3.617 US $, gefolgt von der *North-West-Zone* mit 1.899 US $, der *North-Central-Zone* 1.320 US $ und der *South-West-Zone* mit 1.309 US $. Im *Nord-Osten* (der Herkunftszone der terroristischen *Boko-Haram*-Sekte) beträgt hingegen das BSP pro Kopf nur 343 US $ und im *Süd-Osten* sogar nur 292,2 US $. (African Economic Outlook 2015, S. 184). Kann eine so zerrisene Nation *friedlich* zusammenleben? Kann man überhaupt noch von *einer* Nation sprechen?

11.5 Botsuana – Ressourcen-Management statt ‚Ressourcenfluch'

11.5.1 Die demokratische Kontinuität

Das häufig zitierte, insofern klassische afrikanische Beispiel für die Widerlegung der These vom *Ressourcenfluch* – die einen in der Geschichte wirkenden Determinismus suggeriert – ist Botsuana, ein Binnenstaat im südlichen Afrika mit heute 2,3 Millionen Einwohnern. Erst 1966 unabhängig geworden, entwickelte sich das koloniale Protektorat unter britischer Herrschaft mit Namen *Bechuana-Land* seit den 70er Jahren von einem der ärmsten Länder der Welt zum Land mit dem höchsten Pro-Kopf-Einkommen Afrikas: 6510 US $ im Jahr 2016 (oder 16.380 PPP$). Rund 80 % der Bevölkerung Botsuanas wohnen in einem schmalen Streifen entlang der Ostgrenze, der Rest besteht aus Wüste und Sümpfen. Vierfünftel der Einwohner sind Bodenbewirtschafter (,Bauern'). Ethnisch gesehen, ist Botsuana relativ homogen: Von den illegalen Immigranten aus Nachbarländern (geschätzt 20 % der heutigen Bevölkerung) abgesehen, gehören 80 bis 90 % der Bevölkerung zum Volk der *Tswana*, die auf acht ethnische Unter-Gruppen aufgeteilt sind. Daneben gibt es noch andere Bantu-Gruppen, ferner etwa 15.000 Europäer und 40.000 bis 100.000 *San bzw. Koe (,Buschmänner')*. Was die *strukturellen* Faktoren der Entwicklung betrifft, so gehört das riesige Gebiet (582.000 km²) nicht zu den von der Natur und Geographie begünstigten Ländern. Mit einem durchschnittlichen Niederschlag von 416 mm im Jahr gilt Botsuana als das zweittrockenste Land des südlichen Afrikas, nach Namibia. Rund 84 % der Landfläche bestehen aus dem Sand der *Kalahari-Wüste*. Reich ist Botsuana allerdings – außer an Kohle – an *Diamanten-Vorkommen*, die im Jahr 1967 entdeckt wurden und seit Jahren ca. 70 % der Exporteinnahmen bestreiten. Davor machten Vieh und Fleisch 78 % der gesamten Exporte des Landes aus, die meist in die benachbarte Republik von Südafrika transportiert wurden, mit der Botsuana als Juniorpartner eine enge Zoll- und Wirtschaftsunion eingegangen war. Eigentümer der Herden waren Angehörige der Oberschicht (die Chiefs und ihr Gefolge): etwa 4 % der Bevölkerung besaßen 30 % des Rinderbestands, und die Weißen (Kolonial-Europäer) besaßen 20 % des Bestandes.

Im Jahr 1966 erlangte das britisch geprägte *Protektorat Bechuana-Land/Botsuana* seine Unabhängigkeit: Die *Betchuanaland Democratic Party, BDP* unter Führung von *Seretse Khama* hatte die Landbevölkerung mobilisieren können und erreichte so bei den Parlamentswahlen 80 % der Stimmen, was gemäß des britischen Verfassungsmodells 28 Sitze im 35-köpfigen Parlament ergab. Die radikalere Oppositionspartei *Bechuanaland People's Party (BPP)*, die in ihrem Programm die politische und wirtschaftliche Entmachtung der traditionellen Oberschicht forderte, erzielte hingegen nur 14 % der Stimmen (vor allem in den Städten). Der Wahlsieger *Seretse Khama* wurde – nicht zuletzt wegen seiner patriotischen Gesinnung und seiner pragmatischen Wirtschaftspolitik – bis zu seinem Tod im Jahr 1980 dreimal wiedergewählt. Dieses politische Erfolgsmuster einer *stabilen Hegemonie* mittels einer demokratisch gewählten Staatspartei (bei einer gleichzeitig bestehenden fast chancenlosen Opposition) wiederholte sich bei allen folgenden elf Wahlen bis heute.

Für die Entwicklung Botsuanas ist die Persönlichkeit von *Seretse Khama* von großer Bedeutung gewesen. Im Jahr 1921 geboren, Sohn eines Chiefs einer einflussreichen Ethnie (*Ngwato*), heiratete er 1951 die Engländerin Ruth Williams, was dem Thronerben der *Ngwato* den Verlust des Amtes und ein fünfjähriges Aufenthaltsverbot in seiner Heimat und somit das Exil in England einbrachte. Als er 1956 mit Frau und Kindern nach *Bechuana-Land* zurückkehrte, wurde er stellvertretender Vorsitzender des *Ngwato Tribal Advisory Council* und bald die Leitfigur der nationalen politischen Befreiungsbewegung seines Landes. 1962 gründete er die gemäßigte *Bechuana Democratic Party (BDP)*, die das aus der traditionellen Oberschicht hervorgegangene Bürgertum repräsentierte. Die Ablehnung der Apartheids-Regierung in Südafrika sicherte ihm die Unterstützung der aufstrebenden neuen Elite und die Sympathien der einfachen Leute. *Seretse Khama* „verband traditionelle Legitimität und die Unterstützung durch die Bauern mit moderner Erziehung und modernem Lebensstil" (Schicho 1999, S. 129). Seine drei Nachfolger im Amt des Staatchefs – *Sir Ketumile Masire* (1980-1998), *Festus Mogae* (1998-2008) und sein Sohn *Ian Khama* (seit 2008, 2014 wiedergewählt) – setzten im Wesentlichen die umsichtige pragmatische Politik des Staatsgründers – mit einem Wort *good governance* -fort. Die Gerichte des Landes arbeiten bis heute effektiv und sind unabhängig; die Presse genießt im Allgemeinen eine bemerkenswerte Freiheit (solange nicht der Staatspräsident kritisiert wird), und nach Ansicht des deutschen Ex-Botschafters *Volker Seitz* ist Botsuana das einzige Land in Afrika, in dem noch nie ein politischer Gegner im Gefängnis gesessen hat (Seitz 2016).

11.5.2 Botsuana – ein Modell nachhaltiger Entwicklung?

Das Glanzstück der politischen Diplomatie Botsuanas ist das Verhandlungs- und Vertragssystem zwischen dem botsuanischen Staat, der formal die Rechte auf alle Bodenschätze beansprucht, und der südafrikanischen Minengesellschaft *De Beers*, die lange Zeit der Familie *Oppenheimer* gehörte, die als Weltmarktführer für Produktion und Vermarktung von Diamanten agierte. Schon 1967 überließ *De Beers* dem botsuanischen Staat 15 % der Anteile am ersten Diamanten-Bergwerk (*Orapa*), „was dem Staat unter Einschluss der Steuern und Lizenzgebühren in den ersten Jahren etwa 52 % des Bruttogewinns einbrachte. Mitte der 70er Jahre einigten sich die Partner dann auf eine Erhöhung des staatlichen Firmenanteils auf 50 %, was den Gewinnanteil des Staates auf 65 bis 70 % steigerte, ohne dass De Beers bei diesem Handel Schaden erwachsen wäre" (Schicho 1999, S. 131). Ein *Joint Venture* namens *DEBSWANA (De Beers Botsuana Mining Company)*, das beiden Partnern zu gleichen Teilen gehört, vermarktet heute den größten Teil der Diamanten-Produktion von *De Beers*, – einem Unternehmen, das inzwischen zu einer Tochter des global tätigen *Anglo-American*-Konzerns geworden ist. *De Beers* produzierte im Jahr 2013 weltweit Diamanten von 27,9 Mio. Karat, wovon der Löwenanteil aus den vier Diamanten-Minen Botsuanas stammte (20,2 Mio. Karat). Dadurch bekamen Afrikaner erstmals Zugang zur Geschäftsleitung und zum Aufsichtsrat des Weltkonzerns und konnten somit auch über Arbeiterlöhne und Streikschlichtung mitbestimmen.

Der bisherige Höhepunkt dieser profitablen multi-nationalen Partnerschaft ereignete sich im Jahr 2012, als sich der Konzern auf Drängen seines botsuanischen Partners bereit erklärte, die Konzernzentrale von London nach *Gaborone* zu verlegen und dort auch die Weiterverarbeitung der Rohsteine vornehmen zu lassen. *De Beers* lässt nun sein gesamtes Angebot an Rohdiamanten aus aller Welt in *Gaborone* sortieren und vermarkten. Der genaue Verteilungsschlüssel der Gewinne zwischen *De Beers* und dem botsuanischen Staat wird als Staatsgeheimnis behandelt, wird aber auf 25:75 zugunsten von Botsuana geschätzt (Mokhawa 2005, S. 111). Ohne Zweifel ist die Abhängigkeit Botsuanas von seinen Rohstoffvorkommen sehr hoch, stammen doch ca. 83 % seiner Gesamteinnahmen aus dem Export von Diamanten (2015); aber der Staat ist dem ‚Ressourcen-Fluch' entgangen, was auch daran abzulesen ist, dass die staatlichen Importe (2016: 6,1 Mrd. US$) niemals die Export-Einnahmen (2016: 7,4 Mrd. US$) überstiegen.

Wie ist es zu erklären, dass Botsuana dem *Fluch der Rohstoffe* offenbar entkommen konnte? Haben die politischen Führer Botsuanas ihr Wunschziel *diamonds for development* realisieren können? Zweifellos hat hier eine günstige Kombination von endogenen und exogenen Faktoren den Ausschlag gegeben, wobei wohl eine

11.5 Botsuana – Ressourcen-Management statt ‚Ressourcenfluch'

intelligente Führung, eine verantwortungsvolle Verwaltung und funktionierende Verfassungsorgane das Exzeptionelle des botsuanischen Falles begründeten (Mogae 2010). Im Einzelnen gab es eine ganze Anzahl von richtigen makro-ökonomischen Entscheidungen des *Joint-Venture*-Führungspersonals, einschließlich einer Reihe von Anpassungsmaßnahmen, die den Wechselkurs, die Höhe der Bankzinsen, die Löhne im öffentlichen Sektor sowie die Maßnahmen, die die Inflationsrate in Schach hielten, betrafen (Mokhawa 2005, S. 110). So konnte es gelingen, dass seit 1970 die Regierungsausgaben jährlich um 11 % und mehr stiegen, ohne das nennenswerte Staats-Schulden entstanden wären (der Schuldendienstquotient lag 2015 bei 1,7 %). Für militärische Zwecke gab der Staat 2,7 % des BIP aus, oder 514 Mio US$ bei Staatseinnahmen aus dem Rohstoff-Export von 7,4 Mrd. US$ (2016).

Die Gewinne aus dem Bergbau wurden investiert: *erstens* zum Ausbau der Infrastruktur (Bildung, Gesundheit, Verkehr, Tourismus); *zweitens* zum Schaffen von Arbeitsplätzen und zur Diversifizierung der öffentlich geförderten Wirtschaft; *drittens* in ein Kreditsystem zum Ausbau des sozialen Wohnungsbaus und *viertens* zur Alimentierung von diversen Sozialprogrammen. Für das Jahr 2014 betrug der Sozialetat – als Wegbereiter einer *Botsuana Poverty Eradication Strategy* – 2.381 Mrd. *Pula* oder ca. 300 Mio. €, und zwar zugunsten von 35.236 Waisen und Kindern in Notlagen, von 34.845 Bettlern, von 99.000 älteren Menschen und von 1.161 Kranken, die zuhause versorgt werden. Außerdem wurden 66.757 Personen in arbeitsintensiven Sonderprogrammen (Straßenbau) eingesetzt, und 20.636 Bürger kamen in den Genuss weitere Sozialhilfe-Aktionen (Zahlen für November 2014; Sebudubudu & Bodilenyane in Africa Yearbook 2015, Botsuana, S. 6). Zwischen 2002 und 2016 ist die *Armutsquote* von 31 % auf 19 % gesunken. Der *Gini-Koeffizient* als Maßstab für die soziale Ungleichheit liegt allerdings bei 0.61 – ein relativ hoher (ungünstiger) Wert. Die Regierung verfolgt weiterhin das Ziel, neue Arbeitsplätze im digitalen Wirtschaftssektor zu schaffen – was nicht ganz einfach zu bewerkstelligen ist. Denn die relativ hohen Sozialtransfers des Staates haben ein Patronage-Netzwerk entstehen lassen, welches die Leistungsbereitschaft in weiten Kreisen der Bevölkerung hat sinken lassen. Ein noch ungelöstes Problem ist auch die Einigung mit den *San/Basarwa* („*bushmen*") – die aus ihren traditionellen Lebensräumen Reservaten vertrieben und umgesiedelt wurden, um Platz für die Anlage weiterer Diamanten-Minen zu schaffen. Die Reservat-Bewohner fordern heute vom Staat hohe Entschädigungssummen.

Positiv hebt sich die Regierung Botsuanas von anderen Regierungen Afrikas dadurch ab, dass hier die *Nachhaltigkeits-Frage* ernst genommen wird. Ein Teil der nationalen Einnahmen aus dem Rohstoff-Verkäufen wird in einen Spar-Topf bzw. Zukunftsfonds (nach norwegischem Vorbild, der 2016 etwa 75 Mrd. US$ angehäuft hatte) zur Berücksichtigung der Interessen späterer Generationen eingezahlt, in den so genannten *Pula-Fund*. Er wurde 1994 als ein *Sovereign Wealth Fund* (SWF) gegründet, der die *Santiago-Principles* akzeptiert, die das Ergebnis einer internationalen Übereinkunft über *General Accepted Principles and Practices for SWF* sind. Er hat bis heute schätzungsweise 5,7 Mrd. US$ angehäuft, die in ausländischer Währung angelegten Finanzreserven (z. B. in VW-Aktien) werden auch schon mal für Ausgabenbedürfnisse in der Gegenwart verwendet, so z. B. während der globalen Finanzkrise 2008 oder zur Einrichtung des *Public Officers Pension Fund* (Sebudubudu & Bodilenyane 2015). Aber im großen Ganzen ist der Eindruck entstanden, dass die Staatsbank die Gelder sorgfältig verwaltet und für die Zeit nach dem Ende der Diamanten-Bonanza treuhänderisch für spätere Generationen zur Verfügung hält.

Trotz der anhaltenden politischen Stabilität Botsuanas und seinen hohen wirtschaftlichen Wachstumsraten ist das Land noch nicht ‚über dem Berg', wenn darunter die strukturelle Transformation zu einem nachhaltigen und wettbewerbsfähigen Entwicklungsstaat verstanden wird. Problematisch ist nach wie vor, dass im Bergbausektor nur etwa 5000 Menschen eine dauerhafte Arbeit fanden, was nur 5,6 % der Zahl aller Angestellten in privaten und para-staatlichen Betrieben und Unternehmen entspricht (Motlhabane 2015, in Africa Yearbook, Botsuana, S. 6). Es liegt offensichtlich an Faktoren wie Ausbildung und Motivation, dass in Botsuana nur ca. 3.000 Diamanten-Schleifer einen festen Job gefunden haben, während im indischen *Surat* – einer Stadt in einem Land ohne Diamantenvorkommen – beinahe eine Million Diamanten-Schleifer am Werke sind (Motlhabane 2015, S. 13).

Es gibt Beobachter die meinen, dass die *politische Korruption* zu einem Teil der politischen Kultur Botsuanas werden könnte (Good 1993, Schicho 1999, S. 134; Motlhabane 2015, S. 12). Das wird im Zusammenhang mit der paternalistischen Rolle des Staates und seiner Vielzahl von *Parastatals* gesehen, die für alle Bedürfnisse der Gesellschaften eigene Versorgungsbetriebe geschaffen haben, ohne allerdings das kompetente Personal dafür zu haben (*Global Competitiveness Report* 2015/2016, zit. nach Motlhabane 2015, S. 15). Wie die 50 % der Bevölkerung, die heute im Genuss eines hohen Lebensstandards gekommen sind, diesen wird aufrechterhalten können, ist eine berechtigte, aber heute nicht schlüssig zu beantwortende Frage. Die strukturelle Transformation zu einem sich industrialisierenden Land, das wirksam in internationale Wertschöpfungsketten von *Global Players* eingebunden wäre (heute eine Voraussetzung für nachhaltigen Wirtschaftserfolg jenseits der Rohstoff-Ökonomie), steht noch ganz in den Anfängen. Dazu müsste die große Herausforderung der strukturellen Diversifikation der botsuanischen Volkswirtschaft in Angriff genommen werden, mit anderen Worten der Abschied von der Fokussierung auf die Diamanten-Produktion (die ohnehin in 20 bis 30 Jahren wegen der Erschöpfung der Vorkommen beendet sein wird). Notwendig wäre die Erschließung neuer Wege der Herstellung industrieller Erzeugnisse in einer weltoffenen Geschäftsatmosphäre, der es heute noch in Botsuana zu fehlen scheint. Nach Ansicht des Landeskenners *Motlhanane* ließen es auch private Geschäftsleute, verwöhnt vom alimentierenden Staat, an Unternehmungsgeist mangeln, weil sie stärker am schnellen Geschäftemachen interessiert seien als an der Ausweitung und zukunftstauglichen Modernisierung ihrer Unternehmen (Motlhanane 2015, S. 16).

11.6 Der internationale Kampf gegen ‚Blutdiamanten'

Auch aus Botsuana werden ‚Blutdiamanten' geschmuggelt – wenn auch in geringem Umfang, verglichen mit denen aus *Sierra Leone, Liberia* oder den beiden *Kongos*. Als ‚Blutdiamanten' werden geschmuggelte Diamanten bezeichnet, durch die Bürgerkriege in Afrika (*Angola, Sierra Leone, Liberia, DR Kongo, Tschad* etc.) finanziert wurden bzw. werden (*Ost-Kongo*). Leicht abbaubare Edelsteine werden von Rebellengruppen und *Warlords* gestohlen und mittels international tätiger Aufkäufer außer Landes geschmuggelt, wobei dieselben Preise erzielt werden wie für legal gehandelte Diamanten. Mit den Verkaufserlösen aus diesen illegalen Geschäften können aufs neue Waffen gekauft und die Länder weiter politisch destabilisiert werden – auch eine Variante des „Fluchs der Rohstoffe" (Mokhawa 2005, S. 115f.).

Gegen das fatale Geschäft mit ‚Blutdiamanten' von Rebellengruppen und War-Lords als Anführer ethnischer Milizen hat sich eine internationale Initiative gebildet: Im Mai 2000 trafen sich im südafrikanischen *Kimberley* (der Heimatstadt des *De Beers*-Konzerns) Repräsentanten sowohl von mehreren Diamanten produzierenden Ländern, als auch von Industrie und Zivilgesellschaft, die eine Serie von Konferenzen initiierten, die als der *Kimberley-Prozess* bekannt wurde. Man kreierte im Jahr 2002 – nach einer Einigung auf dem 29. Kongress des *World Diamond Organisation* in *Antwerpen* und einer weiteren Konferenz in *Interlaken* in der Schweiz – ein internationales Regime der Verhaltensordnung, das *Kimberley Process Certification Scheme (KPCS)*. Im Kern besteht es darin, dass nur solche Diamanten in den Handel gebracht werden dürften, für die offizielle Herkunftszertifikate des jeweiligen Ursprungslandes vorliegen würden. Von der Förderung bis zum Transport zum Hafen oder Flughafen muss nun eine Reihe von Garantien bezüglich der Echtheit jeder Förderungsmenge erbracht werden. Ferner ist es nur zertifizierten Bergwerksbetreibern und Händlern mit einer speziellen Lizenz erlaubt, an diesem Geschäft teilzunehmen. Entwicklungsländern können dabei technische Hilfen des *World Diamond Council* in Anspruch nehmen. Auch Kontrollmechanismen wurden verabredet. Nachdem sich die UN-Generalversammlung dieser Initiative angeschlossen hatte, ist der *Kimberley-Prozess* seit 1. September 2003 in Kraft getreten. Ihm haben sich inzwischen mehr als 80 Staaten (darunter alle afrikanischen und alle EU-Länder) angeschlossen, aber seine Wirksamkeit ist wegen der latenten Gefahr des Missbrauchs (gefälschte Zertifikate, Korruption) umstritten. *Kongo-Brazzaville* war das erste Land, das der Fälschung von Zertifikaten überführt wurde und das geschmuggelte Diamanten aus Nachbarstaaten in den Handel gebracht hatte (Paes 2005, S. 314-318).

Ungeklärt ist die Praxis der vielen *Klein- und Kleinstunternehmer*, die auf eigene Faust und mittels einfachster Technologien im Ost-Kongo, in Simbabwe, in der Elfenbeinküste, in Sierra Leone und anderswo leicht abbaubare Diamanten schürfen – unter unmenschlichen Produktionsbedingungen. Die so gewonnenen ‚Blutdiamanten' werden dann von unseriösen Zwischenhändlern illegal auf den Markt gebracht. Der Anteil dieser handwerklich geförderten Rohdiamanten soll 25 % des Welthandels betragen – und wäre damit ein Geschäftsmodell, das vielen armen Afrikanern Lohn und Brot geben würde. Grundsätzlich ist das internationale Regime des *Diamond World Council* zur Verrechtlichung eines weltweit operierenden Handels mit einem hochwertigen und begehrten Rohstoff positiv zu bewerten, aber es würde wenig Sinn machen, einen Wirtschaftszweig zu kriminalisieren, an dem so viele Einkommen armer Familien hängen.

Daher hat das zehnköpfige *Africa Progress Panel* unter Leitung von Ex-Generalsekretär der Vereinten Nationen *Kofi Annan* in seinem *Africa Progress Report* aus dem Jahr 2013 einen alternativen Vorschlag gemacht: Während der jüngsten Dekade sei zwar ein beeindruckendes Wirtschaftswachstum aufgrund der starken Nachfrage nach Rohstoffen erreicht worden, aber dieses hätte doch vergleichsweise „geringe Verbesserungen" für die Menschen bewirkt, und zwar vor allem auf den drei Lebensbereichen „Gesundheit, Bildung und Ernährung". Bisher hätte wirtschaftliches Wachstum ohne breite gesellschaftliche Entwicklung stattgefunden, obwohl nicht nur ausländische Bergwerkunternehmen daran beteiligt waren, sondern auch ca. *8 Millionen afrikanische Handwerker und Kleinunternehmer,* die unter frühkapitalistischen Bedingungen Rohstoffe wie Gold in Mali und Tansania, Diamanten in Sierra Leone und Liberia, Kobalt und Coltan in Kongo (Zaire) fördern würden. *Artisanal mining* sei „eine von Afrikas am schnellsten wachsenden Industrien und eine wichtige Quelle der Beschäftigung". Daher müssten in Zukunft neue Politiken der Rohstoffförderung entwickelt werden, die die Ausbeutung der Rohstoffe wirksam *mit der lokalen Wirtschaft* zu verknüpfen hätten (Africa Progress Report 2013, S. 35). Nur so könnten Armut reduziert und *inklusives Wachstum* erzielt werden, worunter nachhaltiges sozial-wirtschaftliches Wachstum zugunsten der Unter- und Mittelschichten verstanden wird.

11.6 Der internationale Kampf gegen ‚Blutdiamanten'

Diskussion

1. Wann kann man vom ‚Fluch der Rohstoffe' sprechen?
2. Welche sozialen Folgen hatte die Erdöl-Förderung in Nigerias Nigerdelta?
3. Warum und wie konnte Botsuana dem ‚Fluch der Rohstoffe' entgehen?

Krieg und Frieden: Kriegsursachen und Friedensbemühungen

12.1 Kriege im postkolonialen Afrika

Krieg und Frieden, Zerstörung und Wiederaufbau gehören zu den wichtigsten Themen afrikanischer Geschichte und Politik (Münkler 2002; Debiel 2003; Matthies 2005; Schäfer 2008; Falola & Njoku 2010; Ansorg 2013; Boas & Dunn 2017). Zwischen 1952 und 2012 hat es in Afrika 88 erfolgreiche Militärcoups gegeben, wovon sich knapp Zweidrittel (63) *vor* dem Jahr 1990 ereignet hatten. Nach Gründung der *Afrikanischen Union (AU)*, der Rechtsnachfolgerin der handlungsschwachen OAU im Jahr 2002, hat es nur noch wenige Militärcoups gegeben (Souaré 2014, S. 69; Tetzlaff 2015), wohl auch deshalb, weil die Leitungsgremien der AU nun den Putschisten die Anerkennung ihrer Aktionen als legitim verweigerten. Das lange gültige Prinzip der *Nicht-Einmischung* in innere Angelegenheiten (*non-intervention*) ist vom Prinzip der Nicht-Gleichgültigkeit gegenüber politischen Missständen (*non-indifference*) abgelöst worden (Murithi 2009).

Politische Stabilität ist kein Wert an sich, denn es kommt darauf an, wofür sie genutzt wird und ob die politische Nachfolgefrage verfassungsmäßig geregelt werden kann. *Kamerun* ist ein gutes Beispiel für das Phänomen ‚politische Stabilität ohne Entwicklung und ohne Nachhaltigkeit'. Seit 32 Jahren wird das Land von einem Kleptokraten unterdrückt (Präsident *Paul Biya*), der seine inzwischen sklerotische Herrschaft auf die Unterstützung von Militär und Polizei, manipulierte Wahlen und auf die heimtückische Repression von Opposition sowie auf die Unterdrückung der Freiheitsrechte stützt. Frankreich und Deutschland alimentierten dieses Regime (das zu den korruptesten Afrikas zählt) von 1990 bis 2008 mit insgesamt 6,293 Mrd. US $ bzw. mit 330 Millionen US $ jährlich (Africa Yearbook 2009; Nguébong-Ngatat 2017). Nach dem Ableben des kränkelnden Diktators, der den beruflichen Aufstieg einer Generation jüngerer Funktionäre bis heute blockiert, werden politische Unruhen erwartet. Aus denselben Gründen schlidderte 1993 die *Elfenbeinküste* nach dem Ableben des ‚Vaters der Nation' *Felix Houphouet-Boigny*, der das Land

33 Jahre autoritär regiert hatte, ohne dass die Nachfolge geregelt war, ins politische Chaos, – mit Militärputschen, viel „electoral violence" und einem Bürgerkrieg, der „auf eine Politik ethnischer Patronage, eines gegen Einwanderer gerichteten Populismus und auf soziale Exklusion" zurückzuführen war (Smidt 2017, S. 207).

Im Jahr 2016 hatte es 226 gewaltsame politische Konflikte auf der Welt gegeben, darunter 18 Kriege und 20 ‚begrenzte Kriege' (nach dem *vom Heidelberger Institut für Internationale Konfliktforschung* (HIIK) am 24.2.2017 herausgegebenem *Conflict Barometer*). Unter der Bezeichnung ‚begrenzter Krieg' wird ein Gewaltkonflikt verstanden, bei dem es wiederholt und organisiert zum Einsatz organisierter Gewalt kommt, während es sich um einen ‚*Krieg*' dann handelt, wenn es zu einem kontinuierlichen und systematischen Einsatz von Gewalt sowie nachhaltiger Zerstörung kommt. Für den Zeitraum 1960 bis 2017 sind *sieben Typen von ‚Kriegen'* (und ‚begrenzten Kriegen') zu identifizieren (Nugent 2004, S. 204-259; Matthies 205; Zeleza 2008; Deegan 2009, S. 148-197; Falola & Njoku 2010):

1. der *antikoloniale* nationale Befreiungskrieg (gegen eine Kolonialmacht)
2. der *zwischenstaatliche* Krieg (um Grenzgebiete)
3. der *Sezessions*-Krieg (Abspaltung einer Region vom Staatsverband)
4. der *Anti-Regime*-Krieg, auch ‚*innerer Krieg*' genannt (gegen die amtierende Regierung)
5. der *asymmetrische* Krieg, in dem ein subnationaler Akteur gegen den Staat rebelliert, auf Raub und Plünderung angewiesen ist, wobei sich eine Kriegsökonomie herausbildet.
6. der begrenzte Krieg rivalisierender politischer Ethno-Parteien (‚*Parteien-Kriege*' um politische Hegemonie).
7. Krieg *islamistischer* Terroristen, in dem es um eine grundsätzliche neue Gesellschaftsordnung geht, nicht um einen fälschlicherweise so genannten Religionskrieg.

Im Zuge der Dekolonisation gewannen afrikanische Länder als Verbündete im Kalten Krieg Bedeutung, weil mit der Gründung der *Vereinten Nationen* eine auch für Afrikaner wichtige Plattform entstand, um eigene Interessen zu artikulieren und zu bündeln. So gelang es den afrikanischen Befreiungsbewegungen im *südlichen Afrika*, Unterstützung von der UdSSR und der Volksrepublik China für ihre Ziele zu erhalten. Das war nicht unproblematisch, da sich auf diese Weise *lokale* Konflikte – auch am Horn von Afrika, in Namibia und in den portugiesischen Kolonien Angola, Mosambik und Guinea-Bissau – zu sogenannten *Stellvertreterkriegen* des globalen Ost-West-Konflikts auswuchsen. So haben der *algerische Befreiungskrieg* (1954-1962), die *Suez-Kanal-Krise* von 1956 (in Ägypten), die *Kongo*-Kriege (1960-

1965), der *Biafra*-Krieg (1967-70) (in Nigeria) sowie der Jahrzehnte lange Kampf gegen das südafrikanische *Apartheidregime* – um nur die wichtigsten Regionalkonflikte mit internationaler Verwicklung zu erwähnen – für Schlagzeilen in der Weltpresse gesorgt (zu Namibia siehe Nujoma 2001, S. 251f.; allgemein zu Kriegen und Aufstandsbewegungen siehe Boas & Dunn 2017). *Zwischenstaatliche Kriege* sind indessen selten geworden; dazu gehören der äthiopisch-eritreische Krieg 1998-2000 (Matthies 2005) oder der ‚große Krieg in und um Zaire/DR Kongo 1996-2002, an dem acht Nachbarstaaten beteiligt waren (Prunier 2009).

In der *Kriegsursachen-Forschung* gibt es seit langem eine Debatte darüber, ob Kriege und begrenzte Kriege eher der materiellen Not der Bevölkerung (*poverty*) oder eher ihrer Unterdrückung (*grievance*) geschuldet seien oder aber der Gier von *war lords* und Führern ethnischer Milizen nach Macht, Prestige und schnellem Reichtum (*greed*) (Sahm, Sapper & Weichsel 2002; Tetzlaff & Jakobeit 2005, S. 113-115; Matthies 2005; Collier 2009; Falola & Njoku 2010). Dazu haben *Paul Collier* und *Anke Hoeffler* einen wichtigen Beitrag geleistet, in dem sie auf die Bedeutung von *opportunities* hingewiesen haben: Die schwache interne Sicherheitsarchitektur des Staates und die Leichtigkeit des Aufwands, sich in den Besitz wertvoller (leicht zu plündernder) Ressourcen zu bringen, würden einen Anreiz für begrenzte Kriege darstellen. Die Anwendung politisierter Gewalt gegen Repräsentanten des Staates außerhalb der großen Städte würde also einem rationalen Kalkül entsprechen (Collier & Hoeffler 2002; Lock 2002; siehe auch Dennin 2013, S. 242).

Diese neuen Erscheinungen politisierter Gewalt hat die Konfliktforscherin *Mary Kaldor* als *new wars* bezeichnet, – „neu" deshalb, weil sich nicht so sehr die Technologie des Krieges verändert hätte, sondern eher die soziale Basis von Kriegen: „Die neuen Kriege sind ‚globalisierte Kriege'. Sie gehen mit der Fragmentierung und Dezentralisierung des Staates einher (Braml, Risse & Sandschneider 2010)" (Kaldor 1999, S. 10). In ihrem umfassenden Sammelband zum Thema *War and Peace in Africa* haben die nigerianischen Herausgeber *Toyin Falola* und *Raphael Chijioke Njoku* angemerkt, dass bewaffnete Konflikte, Rebellionen, sezessionistische Bewegungen und zivile Streitigkeiten, die seit der Zeit der Dekolonisation in Afrika zu konstatieren waren, als Ausdruck der Massen verstanden werden können, durch den sie ihre Enttäuschung sowohl über den einstigen Kolonialstaat als auch über den ihm nachfolgenden postkolonialen Staat zum Ausdruck bringen wollten (zum frankophonen Afrika siehe Mehler 2007, S. 200f.).

Nicht selten wachsen sich (lösbare) *Verteilungskonflikte* um Macht und Ressourcen zu (kaum noch friedlich regelbaren) *Identitätskonflikten* um Ethnizität und Religion aus. Dieser *Eskalationsmechanismus* lag dem 50-jährigen Krieg zwischen dem arabisch-islamischen *Nordsudan* und dem christlich-animistischem *Südsudan* zugrunde. Bei der Zuteilung von Geld und Posten diskriminierte die Regierung

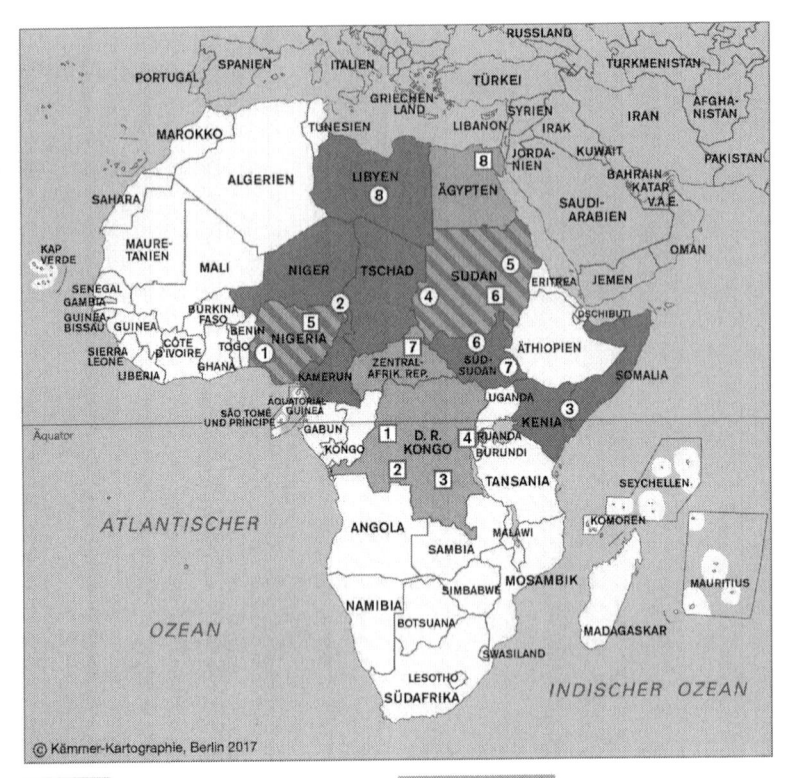

Kriege 2016:

① **Nigeria** (Farmer – Viehhirten):
Regionale Vorherrschaft, Ressourcen
② **Nigeria / Kamerun / Niger / Tschad** (Boko Haram):
System / Ideologie
③ **Somalia / Kenia** (Al-Shabaad):
System / Ideologie, nationale Macht
④ **Sudan** (Darfur):
Autonomie, Ressourcen
⑤ **Sudan** (SPLM / A-North / Südkordofan / Blue Nile):
Autonomie, Ressourcen
⑥ **Südsudan** (Verschiedene Ethnien):
Regionale Vorherrschaft, Ressourcen
⑦ **Südsudan** (SPLM / A-IO):
System / Ideologie, nationale Macht, Ressourcen
⑧ **Libyen** (Opposition):
System / Ideologie, nationale Macht

Begrenzte Kriege 2016:

[1] **D.R. Kongo** (ADF):
Regionale Vorherrschaft, Ressourcen
[2] **D.R. Kongo** (Bantu – Twa):
Regionale Vorherrschaft
[3] **D.R. Kongo** (Mai-Maï u.a.):
Regionale Vorherrschaft, Ressourcen
[4] **D.R. Kongo / Ruanda** (FDLR):
Nationale Macht, regionale Vorherrschaft, Ressourcen
[5] **Nigeria** (Norden – Süden):
System / Ideologie, nationale Macht
[6] **Sudan** (Verschiedene Ethnien):
Regionale Vorherrschaft, Ressourcen
[7] **Zentralafrikanische Republik** (Anti-Balaka – Ex-Séléka):
Nationale Macht, Ressourcen
[8] **Ägypten** (Islamisten / Sinai-Halbinsel):
System / Ideologie

FDLR = Demokratische Kräfte zur Befreiung Ruandas; SPLM = Sudanesische Volksbefreiungsbewegung
Quellen: Heidelberger Institut für Internationale Konfliktforschung (HIIK), 2017; Der neue Fischer Weltalmanach 2018

Abb. 12.1 Kriege und begrenzte Kriege in Afrika 2016
Quelle: Kämmer-Kartographie, Berlin 2017

12.1 Kriege im postkolonialen Afrika

von Staatspräsident *Gaafar Numeiri* (1969-1985) permanent den Süden; und als dann auch noch gewaltsam die Scharia-Gesetze eingeführt wurden (1983), kam es zum zweiten Bürgerkrieg, der schließlich zur Abspaltung des Südens (2011) führte (Tetzlaff 1998, Rottenburg 2002; Thielke 2006, Cockett 2010; Mamdani 2011).

Es ist nicht auszuschließen, dass es in Zukunft zu gewaltsam ausgetragenen Konflikten, vielleicht sogar Kriegen, um die kostbarste Ressource geben wird – *Wasser*. Flusswasser ist nicht nur in Afrika ein „regionaler Konfliktstoff mit weltweiter Bedeutung" (Barandat 1997). Vor allem spitzt sich seit Jahren der Verteilungskonflikt um das *Nilwasser* zu, und zwar hauptsächlich zwischen Ägypten, Sudan, Äthiopien und Südsudan. Im Kern geht es dabei um die Schwierigkeit, eine gerechte Verteilung des knappen Guts zwischen den elf Ländern zu finden, die sich das Nilwasser teilen. Von diesen Ländern liegen Eritrea, Tansania, Uganda, Südsudan, Burundi, Ruanda, DR Kongo und Kenia im Süden und haben *Wasserüberschuss*, während Ägypten, Sudan und Teile Äthiopiens im Norden liegen und (mit Ausnahme Äthiopiens, in dem der Blaue Nil entspringt) akuten *Wassermangel* haben. Der Nil verbindet also den Wasserüberschussbereich des Südens und des Ostens (der Blaue Nil speist zu 90 % den Weißen Nil) mit Ägypten und Sudan im trockenen Norden, der selbst fast keine Wasserzufuhr durch Niederschäge hat (Mauser 2010, S. 77f.). Nachdem Äthiopien in den vergangenen Jahren intensiv das Wasser des Blauen Nils auf seinem Territorium staut, so dass sich die Wasserknappheit in Ägypten weiter verschärft hat, haben ägyptische Präsidenten der Regierung in Addis Abeba gedroht, ihre alten Rechte auf privilegierte Wasserentnahme notfalls militärisch durchzusetzen (Leiseder 2016). Bevölkerungswachstum und Klimawandel verschärfen noch die Knappheitsproblematik (Ibrahim & Ibrahim 2006; Welzer 2008).

Auch Afrika ist von militanten *religiösen* Konflikten nicht verschont geblieben. Wo gilt noch das Tötungsverbot von Gläubigen, wie es in den Zehn Geboten der Bibel und an einigen Stellen des Korans (‚Es sei kein Zwang in der Religion') verankert ist? Die Lehrgebäude der Religionen haben offenkundig sowohl ein Eskalationspotenzial für Gewalt als auch ein Potential für sozialen Frieden, wobei je nach den spezifischen historischen Kontexten mal die eine, mal die andere Seite aktualisiert wird (Graf 2014). Im Jahr 2014 hat es weltweit nicht weniger als 32 „Gewaltkonflikte" gegeben (Globale Trends, 2015, S. 41), wobei religiöse Konflikte oder *clashes of civilizations* (Huntington) eine prominente Rolle spielten. In den politisch instabilen Regionen der Welt, in denen staatliche Autorität mehr und mehr verfällt und Gesellschaften unter großer Armut und Perspektivlosigkeit der Jugendlichen leiden, treten heute verstärkt religiös verbrämte Gewaltorgien gegen ‚Ungläubige' („Religionskriege") in Erscheinung, d. h. kollektive Gewalthandlungen gegen Andere im Namen eines ‚einzig gültigen' religiösen Glaubensbekenntnisses. Dabei dienen sie oft nur als Ventil für soziale Frustration. In *Libyen und Ägypten, in Sudan und Südsudan, in Somalia und Nigeria*, und in mehr als acht Staaten Zentral- und Westafrikas bekämpften sich Gläubige untereinander, Muslime gegen Muslime, Muslime gegen Christen, Christen gegen Muslime und dschihadistische Gruppen in Zentral- und Nordafrika (als Ableger der global wirksamen islamistischen Terrororganisationen *al Kaida* und „*IS*") gegen anders denkende Afrikaner (siehe die Fallstudien in Boas & Dunn 2017; ferner Beumler 2017; Smidt 2017).

Gewaltsame Ressourcenkonflikte (wie die in der *DR Kongo und im Sudan*) führen auch zu einer *Militarisierung* der Zivilgesellschaft: Da sie der schwache Staat nicht – schon gar nicht eine *Kleptokratie* – vor brutaler männlicher Kriegsgewalt schützen kann, wird die Selbstverteidigung der Bürgerinnen und Bürger zu einer Überlebensnotwendigkeit. Der Kongo-Experte *David Van Reybrouck* kam zu dem Urteil: „Die ethnisch motivierte Gewalt in *Ituri* war kein Atavismus, kein primitiver Reflex, sondern die logische Folge von Bodenknappheit in einer Kriegsökonomie, die der Globalisierung diente – und in diesem Sinne eine Vorankündigung dessen, was einem überbevölkerten Planeten noch bevorsteht. Der Kongo ist nicht in der Geschichte zurückgeblieben – er ist der Geschichte voraus" (Van Reybrouck 2012, S. 554).

12.2 Frauen – Opfer von Krieg und politischer Unsicherheit (Gender-Forschung)

Gender ist heute zu einem Begriff geworden, mit dem das Geschlechterverhältnis in einem sozialen Kontext angesprochen und analysiert werden soll (Luig 2001; Schäfer 2008; Verschuur, Guérin & Buétat-Bernard 2014). Da Frauen rechtlich meistens Männern nicht gleichgestellt sind, haben sie auch nur sehr begrenzten Zugang zu Bankkrediten und Landbesitzrechten (Boone 2014; FAO. Statistical Yearbook 2014-2016: Africa food and agriculture). Solcher Art Diskriminierung hemmt Entwicklung, weil Frauen zu umsichtigen Unternehmerinnen werden (können), wenn sie Gelegenheit dazu bekommen, wie aus der Forschung über die Nutzung von Mikro-Krediten bekannt ist. Frauen der urbanen Unterschichten, die vom Lande kommen und keine Ausbildung genossen haben, sind in besonderer Weise ungeschützt Gewalt und Erniedrigung durch Männer ausgesetzt. Vielen bleibt nur die Prostitution als Mittel zum Überleben (Deegan 2009, S. 96). Hinzu kommt, dass Frauen noch immer durch kulturelle Traditionen daran gehindert werden, die Anzahl ihrer Kinder selbst bestimmen zu können. So wird geschätzt, dass nur etwa 17 % der afrikanischen Frauen Zugang zu modernen Verhütungsmitteln haben. Meistens sind es die Ehemänner, die ihre Frauen daran hindern, an Familienplanungsprojekten teilzunehmen.

12.2 Frauen – Opfer von Krieg und politischer Unsicherheit

Schon in der Kolonialzeit wurden gesellschaftliche Machtstrukturen durch kulturelle Begründungsmuster gerechtfertigt, wobei *martialische Maskulinitäts-Konstrukte* bestehende soziale und regionale Differenzen noch verstärkten. Vor allem in den Siedlerkolonien wurden durch wirtschaftliche Eingriffe (Landenteignung, Zwangsumsiedlung, Plantagen- und Wanderarbeit) Veränderungen der Geschlechter- und Generationsbeziehungen auf Kosten der Frauenrollen hervorgerufen. ‚Schwarze Arbeiter' auf Plantagen und in Bergwerken wurden als unmündig betrachtet und in ihrem sozialen Status als ‚boys' herabgestuft. „Diese Formen der Entmännlichung hatten gravierende Veränderungen der maskulinen Selbstbilder in afrikanischen Gesellschaften zur Folge. Nicht selten nutzten schwarze Männer häusliche Gewalt als Instrument zur Selbstvergewisserung in ihrem häuslichen Machtrefugium" (Schäfer 2008, S. 506; zu Namibia siehe O. Ruppel 2008).

In nationalen Befreiungsbewegungen haben Frauen als Kämpferinnen, Trägerinnen, Nachrichtenübermittlerinnen oder als Logistikerinnen eine tragende Rolle gespielt. Nach Beendigung der Kämpfe wurden sie oftmals wieder in alte, überwunden geglaubte Rollenmuster zurückgedrängt. Da sie wegen der aktiven Teilnahme am Kriegsgeschehen keine Zeit und Gelegenheit hatten, sich fortzubilden (im Unterschied zu ihren Kameraden im Exil), gingen sie bei der später erfolgten Postenverteilung meist leer aus. Hinzu kam die gesellschaftliche Ächtung, weil die ‚Busch-Frauen' unverheiratet mit einem oder mehreren Kindern in ihre Dörfer und Stadtviertel zurückkehrten. Zwar haben die postkolonialen Regierungen von *Mosambik, Angola, Sierra Leone, Liberia oder Simbabwe* fortschrittliche Frauenrechte in ihre Verfassungen aufgenommen, aber die *Lebenswirklichkeit* der Ex-Kombattantinnen ist heute weit von den proklamierten Gleichberechtigungsnormen entfernt. Rasch haben sich alte und neue Geschlechter-Hierarchien im privaten und öffentlichen Leben wieder etabliert. Gleichwohl ist der Emanzipationskampf ehemaliger Guerilla-Kriegerinnen nach Erlangung der Unabhängigkeit vereinzelt fortgeführt worden. So wusste die Ethnologin *Rita Schäfer* über den postkolonialen Emanzipationskampf einst kolonisierter Frauen zu berichten:

> „Sie hatten in den Guerillakriegen nicht nur für die politische Unabhängigkeit und die Absetzung der rassistischen Siedlerregime ihr Leben riskiert. Darüber hinaus kämpften sie für die Überwindung der häuslichen Gewalt, für mehr Egalität im privaten und öffentlichen Leben, für eigene Landrechte und bessere Bildungs- und Berufsperspektiven. Denn die beschränkten, von viktorianischen Frauenbildern eingefärbten Hausfrauenrollen, die ihnen wohlwollende weiße Farmersfrauen und betuliche Missionarinnen in Kursen zum Wollsockenstricken und Tischdeckenhäkeln vorexerzierten und die sie mit mütterlicher Autorität aufoktroyieren wollten, lehnten viele schwarze Frauen und Mädchen kategorisch ab. Mehrheitlich verstanden sie sich – ähnlich wie ihre eigenen Groß- und Urgroßmütter – als landwirtschaftliche Produzentinnen und als Versorgerinnen ihrer Familien. Als solche wollten sie ihre

überlieferten agrar-ökonomischen Kenntnisse in die Tat umsetzen und deshalb forderten sie das Land zurück. Darüber hinaus verlangten sie mehr Gleichberechtigung in allen Lebensbereichen" (Schäfer 2008, 506).

Damit brachten sie die verschütteten Praktiken matrilinearer Gesellschaften in Erinnerungen, die es im vorkolonialen Afrika zu Hauf gegeben hatte. Da Frauen die verantwortlichen Bodenbewirtschafterinnen in der Landwirtschaft waren und ihnen auch die Fürsorge und Erziehung des Nachwuchses anvertraut war, hatten sie auch bei der Regelung der Gemeinschaftsaufgaben eine führende Position. Weibliche Häuptlinge (*chiefs*) waren keine Seltenheit, wie der senegalesische Historiker *Cheikh Anta Diop* (1923-1986) zu berichten wusste. Er hat die anhaltende Bedeutung des *Matriarchats* bei den Berbern und anderen Ethnien des islamisierten Nordafrika aufgezeigt (Diop 1959). Er glaubte sogar im Matriarchat den „Kernpunkt" zu sehen, „um den sich alle Gemeinsamkeiten [der afrikanischen Kulturen] ranken und auf den sie zurückgehen" (Harding 1999, S. 201). Die Produkte erwerbstätiger Frauen verkörperten den kollektiven Reichtum einer Agrargesellschaft. Der Historikerin *Marsha R. Robinson* zufolge, sollen Gesellschaften des Matriarchats kontinuierlich Jahrhunderte lang existiert haben, meistens viel dauerhafter als aggressiv-expansive Gesellschaft mit patriarchalischer Herrschaftsordnung. Erst unter dem Einfluss westlicher Weltbilder und kolonialherrschaftlicher Gender-Konstrukte (der Vater als Oberhaupt der Familie mit allen Besitzrechten auf Frau und Kinder) sei das Matriarchat als hegemoniale Ordnungsnorm verdrängt und ersetzt worden – sehr zum Schaden afrikanischer Völker (Robinson 2010, S. 108f.).

Das *Gender-Konzept* bietet auch einen analytischen Schlüssel, um ein besseres Verständnis für die Dynamik und Folgen von *Kriegen in Afrika* zu bekommen. *Massenvergewaltigung* von Frauen ist zu einem der destruktivsten Kriegshandlungen geworden, weil sie langfristig ethnisch-kulturell geprägte Gemeinschaften zerstören. In dem Mädchen und Frauen vor den Augen ihrer Verwandten geschändet werden, verhöhnen sie gewissermaßen die Männer der Feindesgruppe als ‚Versager', weil diese angeblich unfähig waren, das Leben und die Ehre ihrer Frauen zu schützen. Das bedeutete gleichzeitig einen massiven Angriff auf das maskuline Selbstverständnis eines Mannes. „Den Männern wurde die Kontrolle über die Sexualität und Fruchtbarkeit durch öffentliche und rituell inszenierte Vergewaltigungen entzogen. In einigen Kriegen, in den politische Ethnizität oder ein aggressiver Nationalismus kriegstreibend waren, ging es auch darum, die Frauen als Hüterinnen der ethnischen Einheit, von Kultur und Nation anzugreifen" (Schäfer 2008, S. 510). Die schwedische UN-Sonderbeauftragte für sexuelle Gewalt, *Margot Wallström*, berichtete, dass 70 % aller Vergewaltigungen weltweit im *Ostkongo* stattfänden – d. h. 1000 Vergewaltigungen in einem Monat. An den Gräueln während des großen zentralafrikanischen

Krieges (seit 1993) seien alle Kriegsgruppen beteiligt gewesen: die ethnischen Milizen, die kongolesische Armee, die ehemaligen Kämpfer der *Tutsi*-Rebellen, die aus Ruanda vertriebenen *Hutu*-Milizen sowie auch Blauhelm-Soldaten der Vereinten Nationen. 700.000 Menschen waren als Flüchtlinge in Lagern untergekommen, wo sie aber auch dort nicht vor Vergewaltigungen geschützt werden konnten (Augenzeugenberichte in Schaeffer 2012, S. 101f.). Was Frauen in Kriegsgebieten zusätzlich bekümmert ist ihre Erfahrung, dass sie von ihrer jeweiligen Regierung keinerlei Schutz erwarten können. Täter werden von ihren Vorgesetzten nicht gemeldet, und Regierungsvertreter zeigen kein Interesse, den schweren Menschenrechtsverbrechen an der Zivilbevölkerung Einhalt zu gebieten – aus Angst, dass sie im Ausland in einem schlechten Licht erscheinen könnten.

12.3 Die Afrikanische Union: eine panafrikanische Organisation im Wandel

Frieden zu wahren und Frieden herzustellen, gehört – laut Satzung – zu den vornehmsten Aufgaben der 2001 neu gegründeten *Afrikanischen Union (AU)*, die selbst ein Ausdruck des wiedererstarkten Panafrikanismus ist, der *African Renaissance*. Die AU ist die Nachfolgeorganisation der 1963 *gegründeten Organisation of African Unity (OAU)*, die sich für die Befreiung aller afrikanischen Kolonien (vor allem im südlichen Afrika) stark gemacht hatte. Ein spezielles Befreiungs-Komitee der OAU mit Sitz in Daressalam/Tansania unterstützte die kämpfenden Befreiungsbewegungen im südlichen Afrika. Eine zentrale Ursache für die Neugründung der Union war die politische Selbstlähmung durch das Festhalten am Prinzip der nationalstaatlichen Souveränität der Staaten. Mit ihrem schwachen, unterfinanzierten Sekretariats handelte die OAU nach dem Grundsatz der ‚Nichteinmischung in die inneren Angelegenheiten' ihrer Mitgliedsstaaten. Dieser ist heute durch das Prinzip der *kollektiven Verantwortung* der afrikanischen Staaten für die Lösung afrikanischer Probleme ersetzt worden: ‚No indifference'. Das hat sich bereits in der Entsendung von AU-mandatierten *Friedensmissionen* in Länder wie Burundi, Sudan, Süd-Sudan, Tschad und Mali niedergeschlagen. Die Gründungsakte der AU enthält die wichtige Klausel, dass „angesichts gravierender Umstände" Interventionen in einen Mitgliedsstaat vorgenommen werden können (nicht müssen), und zwar auch gegen dessen Willen.

Die AU ist eine regionale Organisation im Sinne des Kapitels VIII der UN-Charta; sie bildet das Dach verschiedener subregionaler Organisationen, zu dessen wichtigsten die *SADC (Southern African Development Community)*, die *ECOWAS (Economic Community of West African States), IGAD (Inter-Governmental Authority on De-*

velopment) und die *UMA* (*L' Union du Maghreb arabe*) zählen. Die Gründungsväter und -mütter der AU orientierten sich am institutionellen Modell der Europäischen Union, obwohl die institutionellen und politischen Voraussetzungen in beiden Kulturräumen nicht vergleichbar waren. An der Spitze steht die *Versammlung der Union* (*Assembly of the Union*), d. h. der Staats- und Regierungschefs der Mitgliedsstaaten, mit Sitz in *Addis Abeba/Äthiopien*. Sie treffen sich mindestens einmal im Jahr, unter jährlich wechselndem Vorsitz. Es existiert auch ein *pan-afrikanische Parlament* mit Sitz in Midrand/Südafrika, das sich aus 265 von den Parlamenten der AU-Mitgliedstaaten gewählten Vertretern zusammensetzt und nur beratende Funktionen hat. Die Umsetzung politischer Entscheidungen der Staats- und Regierungschefs obliegt der politisch wichtigen *Kommission der Afrikanischen Union* (*Commission*) mit Sitz in Addis Abeba. Die Judikative der AU ist der *Afrikanischer Gerichtshof für Menschenrechte* (*African Court of Justice and Human Rights*) mit Sitz in Arusha/Tansania. Anders als der Europäische Gesichtshof für Menschenrechte sieht er keine Individualklagen vor, sondern erlaubt nur Mitgliedsstaaten Klage zu erheben (Leininger 2012; Tetzlaff 2015).

Das wichtigste Organ der neuen afrikanischen Friedens- und Sicherheitsarchitektur (*African Peace and Security Architecture, APSA*) ist der Friedens- und Sicherheitsrat: *Peace and Security Council, PSC*. Pro Subregion (Ost-, West-, Zentral-, Nord- und Südafrika) werden von den Außenministern jeweils drei Vertreter gewählt. Für die Auswahl kommen nur die Staaten in Frage, die einen Beitrag zu jüngeren Friedensmissionen, ihren finanziellen Beitrag zur AU und zum Friedensfonds (*Peace Fund*) geleistet haben (Debiel 2003). Eine *African Standby Force (ASF)* ist seit einigen Jahren im Aufbau begriffen – eine *Peacekeeping*-Truppe mit militärischen, polizeilichen und zivilen Kontingenten unter der direkten Leitung der AU. Fünf im Aufbau befindliche regionale *Standby Brigade Forces* sollen von den regionalen Sicherheitsgemeinschaften des Kontinents in Krisengebieten eingesetzt werden und so allmählich die Abhängigkeit von den früheren Kolonialmächten Frankreich, England und Portugal reduzieren helfen. Realisiert wurde von diesen Plänen kollektiver Sicherheit noch recht wenig.

Im Jahr 2016 beliefen sich die Militärausgaben ganz Afrikas auf 37,9 Mrd. US$, was einen Anstieg seit 2006 um etwa 70 % bedeutete. Auf Nordafrika entfielen 18,7 Mrd. US$ und auf SSA 19,2 Mrd. US$. Zu den Ländern mit den *höchsten Zuwachsraten* zwischen 2006 und 2015 gehörten Gambia (380 %), R. Kongo (287 %), Ghana (227 %), Libyen 225 % , Algerien (210 %), Namibia (200 %), Mali (185 %) und Simbabwe (184 %) (SIPRI Fact Sheet: Military Expenditures 2015, Stockholm 2016, S. 6).

Regionale wirtschaftliche Integration hat in weiten Teilen des Kontinents eine in die Kolonialzeit zurückreichende Tradition.

12.3 Die Afrikanische Union

„Die in Addis Abeba ansässige UN *Wirtschaftskommission für Afrika (UN-ECA)* entwickelte unter dem Eindruck der dominierenden entwicklungspolitischen Ansätze von *self-reliance* und *Süd-Süd-Kooperation* ehrgeizige Modelle, den Kontinent, inklusive der bereits bestehenden *Regional Economic Communities (RECs),* in einem gemeinsamen Markt zusammenzuführen. „Zunächst der *Lagos Plan of Action* der OAU (1980) und später der *Abuja Treaty* (1991) stehen für die – wohlwollend ausgedrückt – überoptimistischen oder – kritisch betrachtet – unrealistischen Träume der Pan-Afrikanisten, Afrika ökonomisch zu vereinen. Diese Konzepte gelangten auch kaum jemals über ein allgemein-plakatives und deskriptives Stadium hinaus. Eine entwicklungspolitische Neu-Orientierung von regionaler Integration fand nicht statt – stattdessen wurde das traditionelle *neo-klassische Fünf-Stufen Modell* einer handels-inspirierten Integration auch von den afrikanischen Staatschefs für die kontinentale wirtschaftliche Einigung festgeschrieben: Auf eine erste Stufe der *Freihandelszone* (Abschaffung der Binnenzölle; strikte Anwendung des ‚rule-of-origin'-Prinzips) folgt als zweiter Schritt die Einrichtung einer *Zollunion* (einheitlicher Außenzolltarif mit offenem Binnenmarkt). Die nächsten Stufen eines *Gemeinsamen Marktes,* einer *Währungsunion* und schließlich einer *politischen Union* beruhen alle auf der erfolgreichen Umsetzung der Zollunion. Für dieses Modell stand (und steht) der europäische Integrationsprozess als erfolgreich leuchtendes Beispiel. Im afrikanischen Kontext erwies sich der neo-klassische Ansatz jedoch rasch als untauglich: Zum einen waren (und sind) die afrikanischen Volkswirtschaften stark auf den Export von Rohstoffen und den Import von Investitions- und Konsumgütern ausgerichtet, während kaum regional handelbare Güter und Dienstleistungen produziert werden, so dass das Potential für intra-afrikanischen Handel (der heute etwa 10 % beträgt) überschaubar gering blieb. Zum anderen fürchten die zumeist politisch nur schwach legitimierten nationalen Eliten nichts mehr als politischen Kontrollverlust. Sie unterlaufen daher kontinuierlich die den regionalen Vereinbarungen und Verträgen entspringenden Verpflichtungen, nationale Zuständigkeiten (etwa Erhebung von Zöllen, Verbote von nicht-tarifären Handelshemmnissen) an eine regionale, also supra-nationale Instanz außerhalb ihrer direkten Kontrolle abzugeben" (Peters 2016).

Parallel zur Debatte über die institutionelle Revitalisierung der OAU und ihrer Ersetzung durch die effizientere AU bemühte sich eine Gruppe von 15 Staaten um eine programmatische Neuausrichtung der afrikanischen *Entwicklungs-Kooperation.* Eine „Neue Partnerschaft für Afrikanische Entwicklung" (*New Partnership for Africa's Development, NEPAD*) sollte ins Leben gerufen werden. Die Gruppe wurde von den fünf politischen Schwergewichten der AU angeführt: nämlich den Präsidenten von Südafrika (Thabo Mbeki), Nigeria (Olusegun Obasanjo), Algerien (Abdelasis Boutefliska), Ägypten (Hosni Mubarak) und Senegal (Abdoulaye Wade). Das übergeordnete Ziel von NEPAD war „die Schaffung und Förderung eines von Afrika entworfenen, geführten und gestalteten Rahmens für beschleunigtes und nachhaltiges Wachstum und Entwicklung des afrikanischen Kontinents". Dies sei „erreichbar durch signifikante Verbesserung im Management der nationalen Ressourcen und durch die Erhöhung der Wettbewerbsfähigkeit Afrikas auf globalen Märkten. Die Förderung und Aufrechterhaltung von guter wirtschaftlicher und korporativer Regierungsführung, ergänzt durch ‚good political governance'", seien „notwendige Bestandteile zur Erreichung dieses Ziels" (UN ECA 2014: „Summary of NEPAD Action Plans"). Der Kernpunkt des NEPAD-Programms, das den neoliberalen Zielvorstellungen der Weltbank sehr nahe kam, war die Schaffung eines *African Peer Review Mechanism (APRM)*.

Der *APRM* ist eine Art Selbstüberprüfung der erbrachten Governance-Leistungen auf freiwilliger Basis, um so der demütigenden Kritik seitens der International Finance Organizations wie dem IWF, der Weltbank und der EU-Kommission in Zukunft entgehen zu können (Grimm et al. 2009). Der Lackmus-Test für die Ernsthaftigkeit der NEPAD-Architekten kam schon im Jahr 2002, als sich die neu gegründete AU unter Leitung des südafrikanischen Präsidenten *Tabor Mbeki* weigerte, die ruinöse Politik des Diktators von Simbabwe, *Robert Mugabe*, öffentlich zu kritisieren, dessen korrupter Regierungsapparat allen Gelöbnissen von ‚good governnance' und ‚rule of law' Hohn sprach. Auch danach führte die Praxis der NEPAD-Politik zu Enttäuschungen; denn bis Januar 2011 waren erst dreißig afrikanische Staaten dem APRM-Mechanismus beigetreten und nur 14 Regierungen waren bereit gewesen, sich prüfen zu lassen (Leininger 2012, S. 77; ausführlicher dazu Peters 2016).

12.4 Mali: der Teufelskreis von Rebellion und gebrochenen Versprechungen des Staates

Im Folgenden soll an einem wichtigen und aktuellen Beispiel die Komplexität eines nationalen und internationalen Versuchs der politischen Stabilisierung eines *failing state* dargestellt werden. Da es sich bei Mali um einen *Jahrhundertkonflikt* handelt, der sich um die friedliche Koexistenz kulturell heterogener Völker dreht, bietet erst die *long-durée*-Perspektive der Konfliktanalyse einen realistischen Eindruck von der Schwierigkeit einer Stabilisierung des Landes durch primär *externe* Interventionsmächte.

Mali – flächenmäßig der zweitgrößte Staat der Sahelzone (nach Niger) – befindet sich, mit Unterbrechungen, seit 2011 im Bürgerkrieg. Es ist zum Symbol für einen *multiplen Interessenkonflikt* geworden, an dem sowohl lokale Akteure (vor allem diverse *Tuareg-Gruppen)*, als auch regionale Nachbarn (wie Algerien, Niger, Libyen und Nigeria) und multinationale Akteure (ECOWAS, Afrikanischen Union, UNO und Europäische Union) militärisch und politisch beteiligt sind (Hofbauer & Münch 2016; Beumler 2017). Seine besondere Dramatik erhält er durch die Konfrontation zwischen *islamistischen* Organisationen der Region, die im Bündnis mit unzufriedenen lokalen *Tuareg*-Clans mit Gewalt einen Scharia-basierten separaten Staat (mit Namen *Azawad*) errichten wollen, und einer demokratisch gewählten Regierung im Süden des Landes mit Sitz in der Hauptstadt Bamako, die um den territorialen Erhalt des Staates kämpft (Klute und Lecocq 2013).

Mali ist ein Binnenstaat mit 18 Mio. Einwohnern (2016), von denen knapp die Hälfte (48 %) unter 15 Jahren ist. Mit einer Fruchtbarkeitsrate von 6,1 (Geburtenrate 43, Sterberate 10) gehört Mali zu den Staaten der Welt, deren Bevölkerung sich am schnellsten vermehrt (zusammen mit Niger 7,6 und Tschad 6,1). Das Brutto-Nationaleinkommen je Einwohner beträgt 790 US$ bzw. 2040 PPP-$, wobei 44 % der Bevölkerung unterhalb der Armutsgrenze leben. 37 % der Bevölkerung gehören zum Volk der *Bambara*, 14 % sind *Fulbe* (auch *Peul* genannt), 9,5 % *Senufo*, 9 % *Soninké*, 8 % *Dogon*, 7 % *Songhai*, 7 % *Malinké*, 3 % *Diola*, 2 % *Bobo* und *Oulé* und nur 2 % (oder 300.000 Menschen) gehören zu einem der *Tuareg-Clans*. Als Mali 1960 unabhängig wurde, fanden sich die *Tuareg*-Clans als Bürger eines sogenannten Nationalstaates wieder, dessen neue Herren sie mit Verachtung straften, gehörten diese doch zu Völkern, die früher einmal Sklavendienste für die Tuareg geleistet hatten.

In Mali sind mehrere Versuche des *Nation-building* gescheitert. Nur zwei Jahre nach der staatlichen Unabhängigkeit im Jahr 1960 war es zum ersten Aufstand der *Tuareg* in Nord-Mali gegen die gewählte Regierung von *Modibo Keita* gekommen. In dessen Ministerien dominierten Gruppierungen, die mit den *Tuareg* von alters her in Spannung lebten und die nun ihre politische Macht missbrauchten, um die unbequemen Landsleute im fernen Norden mittels hoher Viehsteuern wirtschaftlich zu drangsalieren, während in die Infrastruktur des Nordens kaum etwas investiert wurde. Die Rebellion bei *Gao* und *Timbuktu* wurde mit brutalen Mitteln unterdrückt, wozu die Vergiftung von Brunnen und die Bombardierung aus der Luft und öffentliche Hinrichtungen der Führer gehörten (Brüne 2014, S. 87). Das postkoloniale Mali machte in politischer Hinsicht während der ersten drei Jahrzehnte eine ähnlich turbulente Entwicklung durch wie Ghana. Der erste frei gewählte Präsident des Landes war *Modibo Keita* (1960-1968), der sich rasch durch Aktionen und Pläne, aus dem Land einen sozialistischen Staat mit Verstaatlichung der Produktionsmittel und des Handels zu machen, bei der Bevölkerung unbeliebt machte. Für den Nomadismus der *Tuareg* und ihren ‚autonomen Tribalismus' hatte die sozialistische Regierung wenig Verständnis. Im Jahr 1968 wurde sie durch einen Militärputsch entmachtet; neuer Präsident wurde *Moussa Traoré* (1968-1991), – für die nächsten 23 Jahre! In seine Amtszeit fielen die großen *Sahel-Dürren* (der 1970er und 1980er Jahre), die den Viehbestand der Tuareg und der Mauren zu 40 % bis 50 % zugrunde gehen ließen. Zahlreiche Bewohner des Nordens flüchteten in die

Nachbarländer Libyen und Algerien, wo sie Arbeit fanden oder sich als Soldaten rekrutieren ließen.

Als *Traorés* Sozialismus-Experiment das Land in eine Sackgasse geführt hatte – Rückgang der Wirtschaftsleistung bei steigender Auslandsverschuldung –, rebellierten Schüler und Studenten, Gewerkschaftler und zivilgesellschaftliche Gruppen gegen den Diktator. So wurde *Moussa Traoré* am 26. März 1991 von Militäroffizieren abgesetzt und verhaftet. Bei seinem Sturz schrieb man dem Präsidenten ein Vermögen von 1.000 Mrd. Francs CFA (20 Mrd. Französische Francs) zu, von denen, als ihm 1998 der Prozess gemacht wurde, nur noch 2 Mrd. zutage gefördert werden konnten (Jeune Afrique vom 22.09.1998, S. 26, zit. in: Schicho 2001, S. 281). Dem Sturz des Diktators war im Juli 1990 eine erneute *Rebellion der Tuareg* vorausgegangen, weil deren Forderung, ihre Gebiete unter Selbstverwaltung zu stellen, unerfüllt geblieben war. *Tuareg*-Gruppen griffen die malische Armee an, was dazu führte, dass erneut Tausende von *Tuareg* nach Mauretanien, Algerien und Burkina Faso vertrieben wurden. Schließlich kam es im algerischen *Tamanrasset* wieder einmal zu einem Waffenstillstandsabkommen zwischen Staat und den Rebellen (1991). Es sah den Rückzug der malischen Streitkräfte von einigen Stützpunkten im Norden vor sowie die Verabschiedung eines Gesetzes, das für die Provinzen *Timbuktu, Kidal und Gao* Autonomie gewähren sollte. Auch wirtschaftliche Konzessionen wurden in Aussicht gestellt: 47,3 % der Gelder für das vierte nationale Investitionsprogramm sollten für den Norden bereitgestellt werden (Humphreys & Ag Mohamed 2005, S. 256, zit. in: Kétouré 2009, S. 103). Nachdem zwei Monate später Präsident *Moussa Traoré* gestürzt und die Übergangsregierung unter Oberstleutnant *Amadou Toumani Touré* installiert war, konnte mit den vier maßgeblichen *Tuareg*-Verbänden erneut ein *Pacte Nationale* ausgehandelt werden, der den Nordregionen zum wiederholten Male einen (unklar definierten) *Sonderstatus* zugestand. Außerdem wurde vereinbart, dass eine begrenzte Anzahl von *Tuareg*-Kriegern in die nationale Armee eingegliedert werden sollte und dass Programme zur Reintegration der Flüchtlinge implementiert werden sollten (nach Brüne 2005, S. 102-103).

Das Regime in Bamako setzte nur Weniges von den getroffenen Vereinbarungen durch, so dass der Eskalationsmechanismus von gebrochenen Zusagen, Gegenwehr der Geprellten und neuen Verträgen nicht zum Stillstand kam. Im März 1997 gelobten mehrere Rebellenorganisationen ihre Auflösung und stimmten zu, dass in einer Versöhnungsfeier in *Timbuktu* im Beisein des ECOWAS-Vorsitzenden Jerry Rawlings, Ghanas Präsidenten, ihre Waffen symbolisch verbrannt wurden. Was aus den nicht-integrierbaren Kombattanten geschehen sollte, blieb zunächst strittig, zumal die Regierung deren Zahl auf ca. 1000 bezifferte, während die *Mouvement et Fronts unifiés de l'Azawad (MFUA)* von 4.000, später sogar von 7.000 demobilisierten Kämpfern sprach (Brüne 2005, S. 103). UNDP und andere internationale Geberorganisationen finanzierten wirtschaftliche Integrationsprojekte für diese Ex-Kombattanten, – beispielsweise mit ca. 10-12 Mio. US-$ im Jahr 1997 (Kétouré 2009, S. 151). Da die vereinbarten Integrationsmaßnahmen nur schleppend umgesetzt wurden, brach nach zehn Jahren Friedensbemühungen am 23. Mai 2006 erneut eine Rebellion aus. Die bis dahin in die malische Armee integrierten *Tuareg*-Soldaten desertierten mit Waffen und Fahrzeugen, überfielen Militärkasernen der Regierungsarmee in den nördlichen Städten *Kidal, Ménaka und Tessaliten* und flüchteten schließlich in Gebiete an der Grenze zu Algerien (nach Kétouré 2009, S. 160).

Mit der Libyenkrise im Jahr 2011 und dem Sturz Gaddafis verschärften sich die sozialen Spannungen auch in Nord-Mali: Frustrierte Tuareg, im Gebrauch moderner Waffen erprobte Krieger, kehrten aus Libyen heim und bildeten das *National Mouvement for the Liberation of Azawad (MNLA)*. Es handelte sich um die erste Gruppe, die öffentlich die Gründung eines unabhängigen Staates *Azawad* forderte. Die soziale Basis dieser Gruppe war der *Ifoghas*-Stamm, aber deren politische säkulare Ziele repräsentierten nicht den Willen der Mehrheit der Tuareg (Beumler 2017, S. 102f.). Um die malischen Regierungstruppen aus dem Norden zu vertreiben, schloss die MNLA ein Zweckbündnis mit *AQIM, Ansar Dine* und *MUJAO* – drei islamistischen Gruppierungen. Kaum hatte dieses 2012 ihr Ziel erreicht, wandten sich die drei islamistischen Gruppen gegen die MNLA. Tonangebend wurde nun *AQIM (Al Qaeda in the Islamic Maghreb)*, eine in Algerien gegründete islamische Widerstandsbewegung, die als Ergebnis der Repressionspolitik des algerischen Staates gegen Islamisten nach Mali ausgewichen war. Seitdem betrieb diese in Nord-Mali eine Strategie des *winning hearts and minds* der lokalen Bevölkerung. AQIM-Krieger unterstützten Entwicklungsprojekte und heiraten in die lokalen *Tuareg*-Familien ein, um breit angelegte soziale Netzwerke zu festigen, was durch die Praxis der Polygamie erleichtert wurde. Die *Tuareg* der Kidal-Region sahen die AQIM-Mitglieder nicht als Feinde an (obwohl sie deren salafistische Ideologie ablehnten), sondern „als Brüder, die ihnen mit sozialen Dienstleistungen helfen und Geld in Entwicklungsprojekte investieren" (Beumler 2017, S. 86).

Nachdem MNLA-Kämpfer und islamistische Rebellen *Kidal, Timbuktu, Ménaka und Konna* erobert hatten, putschten im März 2012 Militär-Offiziere unter Führung von Hauptmann *Amadou Haya Sanogo* gegen den Staatspräsidenten *Touré*, dem Untätigkeit im Kampf gegen die Rebellen vorgeworfen wurde. Daraufhin verhängte die *Afrikanische Union* Sanktionen gegen das Putsch-Regime, und *Frankreich, ECOWAS* und die *Europäische Union* leisteten in den folgenden Monaten (bis heute) Mali militärischen Beistand. Mali drohte in zwei Teile gespalten zu werden. Im April 2012 proklamierte die MNLA – säkular orientierte Tuareg – den unabhängigen Staat *Azawad*, der aber international nicht anerkannt wurde. *Timbuktu*, eine traditionsreiche Gelehrten-Stadt mit ehrwürdigen Bibliotheken, Gräbern und Moscheen, wurde von islamistischen Rebellen besetzt und teilweise zerstört. Die Übergangs-Regierung in Bamako bat im September 2012 die ECOWAS um militärische Hilfe, und der UN-Sicherheitsrat beschloss im Dezember 2012 die Entsendung einer internationalen Eingreiftruppe *AFISMA (African-led International Support Mission to Mali)* unter der Auflage, dass die Regierung mit den *Tuareg*-Rebellen „einen glaubhaften Dialog" führen müßte. Es gelang französischen Truppen, den Marsch der Rebellen auf die Hauptstadt Bamako zu stoppen. Der Westen und die Afrikanische Union drangen nun auf rasche Neuwahlen, und im August 2015 wurde *Ibrahim Boubacar Keita* mit 77,6 % der Stimmen im zweiten Wahlgang zum Präsidenten gewählt.

Finanziell stand die neue Regierung vor dem Staatsbankrott und wurde nur durch IWF-Kredite und Spenden aus der Wiederaufbauhilfe der EU (die EU hatte im Juni 2013 bereits 3,25 Mrd. US$ zugesagt) leidlich über Wasser gehalten. Die Regierung von Staatspräsident *Keita* geriet gleich zu Beginn in eine moralische Schieflage, nachdem bekannt wurde, dass der Präsident heimlich mittels eines korsischen Geschäftsmannes mit Kontakten zur internationalen Kriminalität (Michel Tomi) einen Jet für schätzungsweise 20 Mio. US Dollar bestellt sowie verschiedene dubiose Käufe von Militärgerät in Auftrag gegeben hatte – ein Skandal, der die IWF-Präsidentin *Christine Lagarde* veranlasste, nach Bamako zu fliegen, um die Aufträge stornieren zu lassen (*Bruce Whitehouse* in Africa Yearbook 2015, Mali, S. 2 und 4). Trotz aller militärischen Unterstützung durch 3000 französische Soldaten und Tausende von ECOWAS-Soldaten und obwohl immer wieder Waffenruhen vereinbart wurden und in Algier sogar ein Friedensabkommen zwischen der Regierung in Bamako und mehreren separatistischen und islamistischen Rebellengruppen geschlossen wurde (März 2015), eskalierte weiterhin die Gewalt im nördlichen, mittleren und sogar im südlichen Mali. Im Jahr 2017 war die *Sicherheitslage in Mali* immer noch höchst prekär: Attentate, Entführungen, Selbstmordanschläge, Raketen-Angriffe auf Armeeposten und Tötung von UN-Blauhelmen wurden gemeldet – Aktionen, die von Seiten verschiedenster Rebellengruppen begangen wurden. Am 18. Januar 2017 kamen bei einem Anschlag in Gao auf einem der wichtigsten Militärstützpunkte des Landes 77 Menschen ums Leben; aus *Gao, Mopti* und *Timbuktu* mussten rund 57.000 Malier in andere Regionen des Landes fliehen (seit April 2015), womit die Zahl der Binnenflüchtlinge auf über 100.000 angestieg (Der neue Fischer Weltalmanach 2017, S. 298). Mali drohte, endgültig zum *failing state* zu werden; denn die Zentralregierung verlor an Macht und Einfluss bei allen drei Prinzipien: an Autorität, an Legitimität und an der Kapazität, das ganze Land zu regieren. Als Ergebnis kann festgehalten werden, dass es im Laufe der vergangenen 67 Jahre als Folge von Politikversagen zu einer *Militarisierung und Ideologisierung* eines politischen Verteilungskonflikts gekommen ist, der heute zu einem mehrere Staaten umfassenden Kriegsgeschehen eskaliert ist und der alle intervenierenden Kräfte vor enorme Herausforderungen stellt.

12.4 Fazit: Frieden in Afrika durch externe Interventionsmächte?

Sollten sich EU-Staaten dauerhaft an einem solchen afrikanischen Dauerkonflikt als Friedensstifter beteiligen? Die immense Weite des Raumes in Nord-Mali, der vor allem aus Wüste und dem gebirgigen Rückzugsraum an der Grenze zu Algerien besteht und nur wenige Städte (Gao, Kidal, Taoudenni) und kaum eine militärisch nutzbare Infrastruktur umfasst, macht es extrem schwierig und kostspielig, militärische Gegner aufzuspüren und den eigenen Nachschub an Nahrungsmitteln und Kriegsgerät zu organisieren (Beumler 2017). Hinzu kommt, dass Frankreich keineswegs uneigennützig interveniert und wegen seiner Rohstoffinteressen (Uran) seinen politischen Einfluss in Westafrika nicht einbüßen möchte (Ehrhart 2014, S. 84-85). Es wurde auch vom NATO-Partner USA beeinflusst, der seit nine/eleven in Afrika eine neue Front im sogenannten *Global War on Terror* eröffnet (Präsident Obama hatte im Niger eine US-Drohnenbasis eröffnet und betrieb Aufklärung aus der Luft); aber wie groß sind die Chancen einer militärischen Konfliktbefriedung?

Auch die *Bundesrepublik Deutschland* beteiligt sich nun seit fünf Jahren an dem UN-gestützten Versuch, Mali wieder zu einem stabilen und funktionierenden Staat zu machen. Das deutsche Kontingent ist im Rahmen der UN-Friedensmission *MINUSMA (Mission Multidimensionnelle Intégrée des Nations Unies pour la Stabilisation au Mali)* mit derzeit rund 400 Soldaten vor Ort. Seit 2013 beteiligt sich Deutschland an der *European Union Training Mission (EUTM)*, die malische Soldaten ausbildet, damit diese sich in Zukunft selbst gegen die gefürchteten Islamisten verteidigen könnten. Bis Anfang 2016 waren etwa 8000 malische Soldaten von den europäischen Ausbildern geschult worden, d. h. fast die Hälfte der rund 15.000 Mann starken Truppe. Angesichts der Größe des Landes – es ist zweieinhalb Mal so groß wie Afghanistan, wo mehr als 300.000 Soldaten und Polizisten für Sicherheit sorgen – scheint das personelle Engagement nicht ausreichend zu sein. Verteidigungsministerin *Ursula von der Leyen* kündigte im September 2016 eine Erhöhung des Verteidigungsetats von 34,29 Mrd. € für 2016 auf 36,61 Mrd. € für 2017 an (11,1 % des Gesamtetats des Bundes), die sie auch mit den zusätzlichen Aufgaben der Bundeswehr bei der Bekämpfung islamistischer Gruppen von Afghanistan bis Mali rechtfertigte (Das Parlament Nr. 37-38 vom 12.09.2016, S. 8). Parlamentarier der Grünen und der Linken kritisierten die Bundesregierung wegen der ‚Militarisierung der Sicherheits- und Entwicklungspolitik' und forderten dagegen eine stärkere Finanzierung *humanitärer Projekte*. Das neue militärische Engagement Deutschlands (und der Europäischen Union) in Westafrika ist auch im aktuellen Kontext der politischen Bemühungen zu sehen, einen Beitrag zur Bekämpfung der *Fluchtursachen* in Afrika zu leisten.

Als begrenzt sinnvoll sind die Bemühungen der in Afrika militärisch engagierten NATO-Länder zu qualifizieren, den afrikanischen Regierungen der Region und deren *Counterinsurgency*-Kräften dabei zu helfen, den islamistischen Terroristen im Rahmen einer konzertierten Strategie des *Regional Security Complex* entgegenzutreten (Näheres dazu bei Beumler 2017). Auch wenn die Annahme berechtigt erscheint, dass ohne externe Unterstützung eine solche Strategie kaum nachhaltigen Erfolg haben könnte, ist doch die These plausibel, dass der Schlüssel zu einer Konfliktlösung nicht in Brüssel, Paris, Berlin oder in Washington liegt, sondern in *Addis Abeba (Afrikanische Union), Bamako (Mali), Niamey (Niger), Abuja (ECOWAS) und Kidal (Nord-Mali).* Solange Entwicklungsplaner, Politiker und Militärs der afrikanischen Staatsklassen bei der Umsetzung von Friedensabkommen mit Rebellen und Separatisten nicht *glaubwürdig und vertragstreu* handeln, – das lehrt die Vergangenheit mit den vielen verspielten Chancen eines fairen Interessenausgleichs mit Rebellen –, werden die *zentrifugalen* Kräfte nicht in staatserhaltende Strategien einzubinden sein (wenn das überhaupt noch möglich ist). Es gilt den *Dschihadisten* das Wasser abzugraben, indem die Politik des *rural neglect* aufgegeben und umgekehrt wird: Möglicherweise liegt der Schlüssel zu einer Konfliktlösung in einer Politik, die speziell auch im bislang vernachlässigten Norden ein Mindestmaß an Dienstleistungen in Form eines Zugangs der Lokalbevölkerung zu Wasser, Elektrizität, Bildung und Gesundheit schafft. Das würde sehr viel Geld kosten; aber das glaubwürdige Angebot an sozio-ökonomischen Alternativen kann als notwendige, wenn nicht entscheidende Voraussetzung angesehen werden, um den ehemaligen Kombattanten die Rückkehr ins Zivilleben zu ermöglichen. Dazu bedarf es eines „Mentalitätswandels" der malischen Elite, „welche die Hauptverantwortung in diesem Prozess trägt" *(Konopka 2016, S. 112-113).*

Aufgaben

1. Beschreiben Sie die ‚Muster' von Kriegsursachen an drei selbst gewählten Beispielen.
2. Werhalb leiden Frauen durch Kriegsgeschehen in besonderer Weise?
3. Halten Sie den militärischen Einsatz von Deutschland und anderen EU-Staaten in Mali a) für notwendig, b) für erfolgversprechend oder c) für unangebracht?

Korruption und Bad Governance

13.1 Korruption – ein universelles Übel mit kulturspezifischen Kontexten

Korruption ist ein globales Phänomen; es ist so alt und so vielfältig wie die Menschheit. Der Kampf gegen Korruption und der Lobpreis des moralisch korrekten Verhaltens begleiten die Entwicklung der Zivilisationen von der jüdisch-griechisch-lateinischen Antike bis zur Gegenwart. Im Zweiten Buch Mose 23,8 heißt es: „Du sollst dich nicht durch Geschenke bestechen lassen, denn Geschenke machen den Sehenden blind und verdrehen die Sache derer, die im Recht sind" (zit. in von Alemann 2006, S. 22). Die internationale Organisation, die sich weltweit mit der Erfassung und Ächtung dieses Phänomens beschäftigt, nämlich *Transparency International (TI)*, definiert Korruption ganz allgemein als „Missbrauch öffentlicher Macht für private Zwecke". Die Schäden, die durch Korruption einer Gesellschaft entstehen, können erheblich sein; denn Korruption im Handel verhindert eine marktkonforme Preisbildung, die im Ergebnis real bestehende Knappheitsverhältnisse widerspiegeln sollte. „Korruption zementiert Machtverhältnisse und Abhängigkeiten, wo Initiative und Engagement gefordert wären, Korruption reduziert öffentliche Einnahmen zu Gunsten privater Gewinne, Korruption schafft Unsicherheit und Misstrauen statt Berechenbarkeit und Verlässlichkeit, Korruption stellt die staatliche Legitimation in Frage, Korruption untergräbt die Voraussetzungen für wirtschaftliches Wachstum. Der Sinn von Korruption ist es, Politik zu pervertieren, also falsche Entscheidungen zu kaufen. Projekte werden mit den Hintergedanken ausgesucht, wie viele Korruptionsgelder man verdienen kann" (Seitz 2009, S. 93).

Der größte gesellschaftliche Schaden entsteht zweifellos durch die bewusste Form des Sich-Vergreifens an Staatseinnahmen und öffentlichen Besitztümern durch Regierungschefs, Staatsminister und ihre Unterstützer zum eigenen Nutzen. Was an öffentlichen Einnahmen von einer gierigen Elite konsumiert wird, geht den potentiellen Investitionen in produktive Bereiche verloren. Dabei kooperieren sie mit international tätigen Mittelsmännern, die als Scharniere zwischen lokaler Produktion und internationaler Vermarktung für Schwarzmarktgeschäfte unverzichtbar sind. Ein wechselseitiger Interessenschutz verbindet sie, weil hier Bestechung, Geldunterschlagung, Rentenaneignung, Drogen- und Waffenschmuggel sowie Ausschaltung politischer Konkurrenten und Gegner zu einem *kriminellen Gemeinschaftsunternehmen* verschmolzen sind: zu „*markets of protection*". Eine Durchdringung von Politik, Business und Verbrechen (*„intersection of politics, business, and crime"*, Ellis & Shaw 2015, S. 528) auf höchster Staatsebene findet statt. In solche „*Schutzmärkte*" sind auch Staatsverträge mit ausländischen Bergbau- und Ölfirmen sowie die Aneignung von Entwicklungshilfegeldern einbezogen, was auf mangelhafte Durchsetzung von Rechtsnormen (*lack of effective law enforcement*) zurückgeführt wird (Cooter & Schäfer 2012; Alberts 2013).

Ein weit verbreitetes Übel in Afrika ist die Unterschlagung des Gehalts bei den Angestellten von Polizei und Armee durch deren Vorgesetzte. In einer patriarchalischen Gesellschaft ohne eine Tradition der Rechtsstaatlichkeit ist es für einen geprellten Angestellten kaum möglich, gegen einen Vorgesetzten seine Rechte einzuklagen. Vielerorts ist auch die Unsitte der illegalen ‚Abzocke' von ‚Gebühren' entstanden, die Autofahrer auf Straßen und an Grenzübergängen an Soldaten und Zöllner zu entrichten haben. Diese Praxis des illegalen Wegezolls erhöht somit auch die Transportkosten in Afrika, wodurch die internationale Wettbewerbsfähigkeit afrikanischer Volkswirtschaften weiter beeinträchtigt wird. Grenzbeamte befinden sich nicht selten in Rollenkonflikten, da sie als Teil der örtlichen Gemeinschaft unterschiedliche Moralnormen beachten müssen, wobei nicht nur Gesetzestreue sondern auch Solidarität mit den Nöten und Erwartungen der Frauen und Männer aus ihrem eigenen Sozialmilieu eine Rolle spielen (Howson 2012, S. 421-445).

Staatliche Würdenträger sind zuweilen nicht nur an Korruptionspraktiken beteiligt, sondern auch an *organisierter Kriminalität*. Darunter versteht man in der Regel eine auf Dauer angelegte kriminelle Unternehmung mit dem Ziel der systematischen Gewinnerzielung aus illegalen Aktivitäten, deren Existenz durch Gewaltanwendung, Bedrohung, Monopolkontrolle und/oder Korruption abgesichert wird. Wenn diese grenzüberschreitend stattfindet, spricht man von *Transnationaler Organisierter Kriminalität (TOK)*. TOK ist ein Sammelbegriff für eine Reihe von Aktivitäten, die in Verbindung mit höchst unterschiedlichen illegalen Märkten und Wertschöpfungsketten stehen. Zum Thema *Kapitalflucht und Schattenwirtschaft* formulierte der deutsche Ex-Botschafter *Volker Seitz* folgendes Fazit: „Wenn es um systematische Ausplünderung der Bürger und desaströs schlechte Verwaltungsorganisation geht, dann kann diese Präsenz des Staates oft jetzt schon als erdrückend bezeichnet werden. Von einem Rückzug des Staates aus dem Wirtschaftsalltag kann in den meisten Ländern keine Rede sein. Ein unübersichtliches Chaos von gesetzlichen

Bestimmungen gibt staatlichen Funktionären immer einen Vorwand, Gelder von privaten Firmen abzuschöpfen. Das führt zu einer ausgeprägten Schattenwirtschaft und zwingt zahlreiche Unternehmer in eine prekäre Existenz zwischen Legalität und Illegalität" (Seitz 2009, S. 128). Wenn der Staat seinen Gesetzen keine Geltung verschaffen will oder kann, entstehen Hohlräume staatlicher Macht, die von kriminellen *Nicht-Staatlichen Akteuren* benutzt und vergrößert werden können. „Sind Regierung und Justiz so korrumpiert, dass sie den Parteien nicht helfen können, Rechte aus einem Vertrag geltend zu machen, bleibt als vollstreckende Macht nur die Mafia. In diesem Sinn ist organisiertes Verbrechen sowohl als Ursache als auch als Ergebnis zunehmender Korruption zu betrachten" (Kratev 2006, S. 16).

Wie *endemische Korruption* eine Gesellschaft auch *moralisch* zerrüttet, hat *Dudu Musway* (Professor für Medizin und einst Rektor der Medizinischen Hochschule in der DR Kongo) am Beispiel *Zaires* unter Präsident *Mobutu* und seinem Nachfolger *Kabila* beschrieben: „Bei der Korruption nicht mitzuspielen, können sich praktisch nur Leute leisten, die genügend Geld aus dem Ausland bekommen und dadurch unabhängiger sind. Aber völlig benachteiligt sind diejenigen, die nicht mitspielen können, weil sie nichts genehmigen oder unterschreiben können, die armen Kleinbauern oder Straßenhändler oder kleinen Handwerker im informellen Sektor. Sie können nur eines verkaufen: Ihre Stimme in der Politik. Wählerstimmenkauf ist die eine Sache, aber schon Mobutu hatte ein wohlfeiles System, ganze Oppositionsparteien zu kaufen oder sie gar mit seinem Geld zu gründen, oft nur damit die Opposition zersplittert würde (Musway, zit. in: der überblick, 2/2006, S. 9). Etwas anders gelagert war der jüngste Korruptionsskandal in *Mosambik*: Nachdem im Oktober 2014 ein neuer Präsident gewählt worden war (*Filipe Jacinto Nyusi* von der Frelimo), kam ans Tageslicht, dass dessen Vorgänger *Armando Guebuza* zuvor verheimlichte Staatsschulden in Höhe von 1,4 Mrd. US$ angehäuft und diverse illegale Privatgeschäfte getätigt hatte. „Der öffentliche Abscheu über die Selbstbereicherung Guebazas und seiner Familie, die aus diesem armen Land an die Spitze der reichsten Personen Afrikas gelangt sein sollen" (Adam 2015, S. 3), hatte zu seinem Sturz beigetragen. Auch hier waren „die Grenzen zwischen Teilen der Politik, der Polizei und der Organisierten Kriminalität" zum Schaden der Bevölkerung so verschwommen (Adam 2015, S. 2), dass mehrere Geber ihre Finanzhilfen suspendierten und die Oppositionspartei *Renamo* mit der Wiederaufnahme des Bürgerkriegs drohte.

Die Angaben über die Höhe der *Kapitalflucht* aus Afrika sind naturgemäß nur Schätzungen. Im *Africa Progress Report* für das Jahr 2013, herausgegeben vom zehnköpfigen *Africa Progress Panel* unter Leitung von *Kofi Annan*, wurde beklagt, dass „Afrika zweimal so viel durch illegalen Abfluss von Kapital als es an internationaler Hilfe erhält", verlieren würde (S. 7). Damit bezifferte er den Verlust an potentiellen

Staatseinnahmen als Folge von illegaler Staatsflucht auf etwa 200 Mrd. US $ jährlich. Erstaunlicherweise nannte der *African Progress Report* als einen Beleg für die amtliche Korruption die im Ausland erworbenen Vermögen der Staatspräsidenten von Gabun, Äquatorial-Guinea und Republik Kongo: zahlreiche Luxuskarossen, Landgüter und Villen. Er schließt mit dem Appell an die internationale Gemeinschaft, auch ihrerseits Verantwortung bei der Herstellung von Transparenz und Ehrlichkeit beim Rohstoffhandel zu übernehmen: „Wir appellieren an die G8 und G20, bei der Entwicklung eines glaubwürdigen und wirksamen Regimes an führender Stelle mitzumachen, um Steuerflucht und Steuerhinterziehung zu bekämpfen" (ebd.). Im sogenannten *Marshall-Plan* des deutschen Entwicklungshilfe-Ministers *Gerd Müller* wurden die „illegalen Finanzströme", die jährlich aus Afrika abfließen, auf 50 Milliarden US Dollar beziffert, wobei 60 % des Schadens auf „aggressive Steuervermeidung internationaler Konzerne" zurückzuführen seien (basierend auf Angaben von UN und ECA; BMZ 2017, S. 8). In *Tansania* eskalierte im Jahr 2017 ein Konflikt zwischen der tansanischen Regierung unter Präsident *John Magufuli* und dem internationalen Rohstoffkonzern *Acacia*, dem eine tansanische Untersuchungskommission vorgeworfen hat, zwischen 1998 und 2017 das tansanische Finanzamt um 48 Mrd. US$ betrogen zu haben. Auch korrupte Angestellte und tansanische Minister seien an der Praxis der Steuervermeidung beteiligt, – eine Straftat, die durch falsche Deklarierung des Goldgehalts der ausgeführten Gold-Mengen zustandekommen konnte (Africa Confidential, 23.6.2017, S. 7).

Wann *Korruption* im Sinne der privaten Aneignung öffentlichen Reichtums vorliegt, ist unter afrikanischen Wissenschaftlern umstritten, zumal die Grenzen zwischen ‚öffentlich' und ‚privat' als unbestimmt und fließend beurteilt werden. Wissenschaftler wie *P. Ekeh, W. De Maria, J. De Sardan und D. Smith* (alle in *M. F. Murove 2009*) wehrten sich gegen das nach ihrer Meinung euro-zentrische Verständnis von Korruption und gaben zu bedenken, dass in den „kulturellen Lebenswirklichkeiten" angeblich ‚korruptes' Verhalten seinen berechtigten Platz als ein moralischer Bestandteil kommunalen Zusammenhalts hätte. So hat *J. De Sardan* fünf *traditionelle Handlungslogiken* im Zusammenhang mit dem Korruptionsvorwurf herausgearbeitet, die zu begreifen notwendig wären, um heute etwas dem kleptokratischen Verhalten auf Staatsebene entgegensetzen zu können: (1) *Negotiations*: Der Pluralismus verschiedener Rechtssysteme (lokal-traditional, Sharia-gemäß, westlich-geprägt etc) bietet Gelegenheit, in Verhandlungen über die jeweils anzuwendende Moralnorm einzutreten. (2) *Gift giving*: Die traditionelle moralische Verpflichtung zur Dankerweisung für ein erhaltenes Geschenk kann schnell mit der Bestechung eines Beamten verschmelzen. (3) *Solidarity*: Jedes Individuum ist in ein weites Netz von Verpflichtungen eingespannt, das zu solidarischem Verhalten nötigt sowie zu Zwängen, Gefälligkeiten anzunehmen und zu erwidern. (4) *Predatory au-*

thority: Wo seit langem gewohnheitsmäßige Praktiken bestehen, können öffentliche Autoritätspersonen ein ‚Recht' in Anspruch nehmen, Abgaben zu verlangen und spezielle Privilegien zu genießen. (5) *Redistribution*: Der Patrimonialismus befähigt den Höherstehenden, akkumulierten Reichtum an Mitglieder der Großfamilie, an Geschäftspartner und Untergebene umzuverteilen, um so der Pflicht zur Zurschaustellung kardinaler Tugenden wie Großzügigkeit und Dankbarkeit genüge zu tun (nach De Sardan 1999, zit. in De Maria 2009, S. 368). Aufgrund dieses Narratives wird vielleicht auch verständlicher, dass Afrikanerinnen und Afrikaner im Prozess der Transition zur Moderne auch leicht in ethische Interessen- und Zielkonflikte geraten, wenn sie zwischen *Gerechtigkeitsvorstellungen und Friedensnormen* zu wählen haben, zwischen *justice* und *peace* (Sriram & Pillay 2009).

Ein Schlüssel zum Verständnis von alltäglicher „Korruption" in den Sozialbeziehungen afrikanischer Gemeinschaften liegt im Verständnis der kulturellen Tradition des *giving of gifts* für Honoratioren. Mit der Übergabe von Geschenken wird Respekt vor Alter und Erfahrung zum Ausdruck gebracht. Der Zweck des Geschenks ist „nicht nur ein sozialer Schutz gegen mögliche Schicksalsschläge in der Zukunft", sondern auch „gleichermaßen ein Kernelement der Selbstbestimmung und eine Bestätigung der moralischen Integrität des ‚anderen'" (Chabal 2009, S. 73). Diese kulturelle Deutung von Geschenken als *Kitt der Gemeinschaft* kann verständlich machen, dass in einem solchen sozialen Milieu die moralische Grenze zwischen erlaubter Vorteilnahme und gesetzwidriger Bestechung verschwimmt, aber es kann keine Rechtfertigung für das sein, was *kleptokratische* Staatspräsidenten ihrer eigenen Bevölkerung an Lebenschancen und Entwicklungshoffnungen durch oft schamlose Selbstbereicherung verweigern.

13.2 Kenia – Das Krebsgeschwür der politischen Korruption (1963–2017)

Auf Grund seines milden Klimas und seiner fruchtbaren *Highlands* besaß Kenia schon seit Ende des 19. Jahrhunderts eine große Attraktion für weiße Kolonisten. Zum Zeitpunkt der Unabhängigkeit des Landes (Dezember 1963) waren etwa 30.000 Siedler (*settlers*) im Lande ansässig, die sich die fruchtbarsten Landstriche in Mittelkenia angeeignet und dort Viehfarmen, Kaffee- und Teeplantagen errichtet hatten. Die dänische Baronin *Tania (Karen) Blixen* war eine von ihnen, die durch ihren Roman *Out of Africa* (auf Deutsch *Jenseits von Afrika*), der 1985 mit Meryl Streep, Robert Redford und Klaus Maria Brandauer von Sidney Pollack verfilmt wurde, literarischen Weltruhm erlangte. So wie es Baronin Blixen ergangen war – 1931 ging ihre Kaffeefarm am Fuße der *Ngong*-Berge pleite –, erging es zahlreichen weißen *settlers*. Was der Film nicht deutlich zeigte, das war das Drama der Vertreibung der ansässigen Kikuyu, Massai und anderer Ethnien, die auf der kenianischen Hochebene seit Jahrhunderten als Pflanzer und Rindernomaden gelebt hatten und die dann von der britischen Kolonialverwaltung in *Eingeborenen-Reservate* abgedrängt worden waren. Seitdem durchzieht die *Landfrage*, d. h. der wechselvolle Kampf um das Recht, siedeln und Feldbau betreiben zu dürfen (geschützt vor den Ansprüchen von Rivalen und Vorbesitzern), die konfliktreiche Geschichte Kenias: Wer politisch die Macht hatte – erst traditioneller Weise die Stämme, dann die Kolonialeuropäer, dann abwechselnd einzelne Clans von *Kikuyu, Massai, Luhya, Kamba, Kalenji und Luo*, und schließlich wieder seit 2013 eine Fraktion der *Kikuyu* unter dem heutigen Präsidenten *Uhuru Kenyatta*, dem Sohn des ersten Staatspräsidenten, der hatte gute Chancen, sich ein großes Stück vom Land-‚Kuchen' abzuschneiden, dessen Besitz Wohlstand jenseits der Unwägbarkeiten einer politischen Karriere versprach (Boone 2014, S. 139-156). Die *Landfrage* war auch die eigentliche Ursache der Rebellion von unzufriedenen *Kikuyu* gewesen, die 1952 mit der Forderung nach „Freiheit und Boden" die englischen Kolonialbehörden aufgeschreckt hatten. Die daraus entstandene Bewegung – als *Mau-Mau-Rebellion* bekannt geworden – wurde mit verstärkter Unterdrückung seitens der Behörden beantwortet: Sie verhängten den Ausnahmezustand über die Kolonie, internierten zahlreiche Menschen in ‚Wehrdörfer' oder verpflichteten sie zu Zwangsarbeit.

Im Kern war der Aufstand eine Verzweiflungstat der in ihrer Existenz bedrohten Afrikaner, die durch die egoistisch-rassistische Landpolitik der Kolonialverwaltung im Interesse der weißen Siedler in eine prekäre Situation getrieben worden waren. In dem dreijährigen Kampf (1952-55) wurden 13.500 Afrikaner getötet, 95 Europäer und 29 Asiaten. Es wäre klüger gewesen, die Kolonialverwaltung hätte ein Ansiedlungsprogramm für landlose Bauern durchgeführt, als weitere Menschen in die ohnehin schon überfüllten Reservate abdrängen zu wollen. Im Jahr 1963 musste auch Kenia in die Unabhängigkeit entlassen werden, und Jomo Kenyatta wurde sein erster Präsident. Er verzichtete auf Racheakte; im Gegenteil, er garantierte den weißen Siedlern ihren Besitz und forderte sie gleichzeitig auf, ihre Plantagen und Landwirtschaftsbetriebe gegen sehr üppige Entschädigungen (für die Großbritannien aufkam) zum Kauf anzubieten. Danach konnte er daran gehen, die politische Macht bei sich und seiner Partei, der *Kenya African National Union (KANU)*, zu monopolisieren. Die Verfassung wurde abgeschafft, politische Gegner wurden kalt gestellt und die außerlegale Zentralisierung der Macht wurde auch in Kenia zum Charakteristikum des *Patronage-Staates*.

Der Präsident wurde direkt nur selten der Korruption und Misswirtschaft bezichtigt. Im Zentrum der öffentlichen Kritik standen seine vierte Frau, die junge

Ngina Kenyatta, die durch den Erwerb von Plantagen, Ranches, Hotels und Grundbesitz zu einer der reichsten Frauen des Landes wurde, und Tochter *Margaret*, die Bürgermeisterin der Hauptstadt. Beide Frauen des Kenyatta-Clans waren auch in dem Elfenbeinhandel involviert und dadurch Bestandteil der *high-level corruption*, der die Hälfte der Elefanten-Herden Kenias zum Opfer fiel, – es handelte sich um wenigstens 70.000 abgeschlachtete Tiere (Meredith 2005, S. 267). Wer die *royal family* kritisierte, musste mit drastischen Strafen – bis hin zur Ermordung durch einen fingierten Verkehrsunfall – rechnen. Unter den Kritikern, die liquidiert wurden, war der junge Kikuyu-Politiker *J.M. Kariuki*, der einst von den Briten während der Mau Mau-Rebellion inhaftiert gewesen war und der sich danach zum Anwalt der armen und landlosen Kenianer gemacht hatte. Selbst lebte er als Besitzer von zwei Farmen und mehrerer Autos ein luxuriöses Leben, aber wegen seines politischen Einsatzes für die Armen wurde er fast so populär wie der Präsident. Opponent *Kariuki* erklärte, dass eine stabile politische Ordnung nicht auf der Armut von Millionen von Menschen errichtet werden könnte; denn Frustration als Resultat von Armut brächte Unruhe und Gewalt hervor. Er forderte (ganz im Sinne von Etounga-Manguelle; s. o. Kapitel 2.11) eine „vollständige Erneuerung des bestehenden sozialen, wirtschaftlichen und politischen Systems in Kenia" und behauptete, „dass eine kleine, aber machtvolle Elite von gierigen, selbstsüchtigen Menschen in Form von Politikern, Staatsbeamten und Geschäftsleuten stetig und sicher die Früchte der Unabhängigkeit monopolisiert hätte, was zur Exklusion von der Mehrheit der Bevölkerung geführt hätte…Wir wollen kein Kenia mit zehn Millionären und zehn Millionen Bettlern" (zit. nach Meredith 2005, S. 267-268). Im März 1975 wurde der unbequeme Kritiker auf offener Straße ermordet. Wie gewöhnlich, fand die Polizei keine eindeutigen Beweise, aber Spuren führten zum inneren Machtkreis des Präsidenten.

Nach Kenyattas plötzlichem Tod im August 1978 gelang es dem Vizepräsidenten *Daniel arap Moi* (Repräsentant der *Kalenji*) mit Unterstützung von *Mwai Kibaki* und *Charles Njonjo* (beide Kikuyu), sich gegen den Widerstand des Kenyatta-Cousins *Njorogo Mungai* als Präsident und Parteiführer durchzusetzen. Beim Amtsantritt von Moi schwenkte das unter Kenyatta eingeführt politische „Patronage-Verteilungs-System" von der Orientierung an den Interessen der *Kikuyu* um zur Orientierung an den *Kalenjin* und anderen ethnischen Gruppen, die Moi unterstützt hatten. Während in Tansania die Einheitspartei TANU die Ressourcen von den Reichen zu den Armen umzulenken versuchte, umverteilte die politische Klasse Kenias die Ressourcen von einer ethnisch geprägten Interessenallianz zur nächsten Interessenallianz. Diese offene Instrumentalisierung des Patronage-Systems durch ethnische Gruppen bei Erlangung der Macht ist mit der Redewendung „*It is our turn to eat*" umschrieben worden (Wrong 2009, Fukuyama 2015, S. 331-332). Die

Idee des nation-building (d. h. die gleichzeitige Modernisierung von Staat, Wirtschaft und Gesellschaft) verkümmerte so zur Praxis der Selbstermächtigung und Selbstsicherung einer Allianz von ethnischen Netzwerken.

Die Moi-Jahre bedeuteten eine Zeit der Rückentwicklung, die von politischer Repression, wirtschaftspolitischer Inkompetenz und grassierender Korruption geprägt war. Im Jahr 1982 wurde die Verfassung abgeschafft und das Einparteiensystem eingeführt. Ein Jahr später entledigte sich Moi in einem Schauprozess des einflussreichen Verfassungsministers *Njonjo*, der ihm zur Macht verholfen hatte; andere Spitzenfunktionäre wurden im Umfeld der Wahlen von 1983 und 1988 entmachtet. Die Ermordung von Außenminister *Robert Ouko* im Februar 1990 löste heftige Demonstrationen aus, und im August 1990 kam der anglikanische Bischof *Alexander Muge* durch einen inszenierten Autounfall ums Leben. Zusammen mit prominenten Rechtsanwälten, Schriftstellern (wie Ngugi wa Thiong'o) und anderen Kirchenvertretern hatte Bischof *Muge* zu den bekanntesten Kritikern des Moi-Regimes gehört, die unermüdlich die Rückkehr zum Mehrparteiensystem und die Einhaltung der Menschenrechte forderten. Westliche Regierungen hielten sich mit weiteren Entwicklungshilfe-Zahlungen zurück und trugen so dazu bei, dass Ende 1991 Präsident *arap Moi* den Wechsel zum Mehrparteiensystem schließlich doch noch akzeptieren musste.

Die *Wahlen vom Dezember 1992* konnte die regierende KANU-Partei gewinnen, weil sich die heillos zerstrittenen oppositionellen Ethno-Parteien nicht auf eine gemeinsame Strategie hatten einigen können. Zwischen 1991 und 1994 wurden 1500 als ‚*foreigners*' verunglimpfte *Kikuyu*, die sich während der *Kenyatta*-Ära im fruchtbaren *Rift Valley* angesiedelt hatten, ermordet. „Der Minister für *Local government*, ein Massai, griff im Parlament ganz offen in die tribalistische Diskussion ein und verlangte, die Kikuyu sollten das Land verlassen, das sie den Massai einmal abgekauft hatten" (Schicho 2004, S. 282; Wrong 2009, S. 114; Boone 2014, S. 261-267). Auch die Wahlen von 1997 brachten nicht den erhofften Macht- und Regimewechsel. Oppositionsführer *Mwai Kibaki* (ein Kikuyu) konnte immerhin mit 31 % der Stimmen gegenüber 40,1 % für den Amtsinhaber *arap Moi* einen Achtungserfolg erringen; aber es folgten weitere fünf Jahre des wirtschaftlichen Stillstands und der grassierenden Korruption in den Ämtern, bis endlich im Jahr 2002 – nach 25 Jahren – das inkompetente *arap-Moi*-Regime abgewählt werden konnte. Überlegener Sieger der *Parlaments- und Präsidialwahlen von 2002* wurde *Mwai Kibaki*, – Kandidat der oppositionellen *National Rainbow Coalition (NARC)*, einem Zweckbündnis aus 14 Parteien. Bei seiner Amtseinführungsrede in Nairobis Uhuru-Park sagte Wahlsieger *Kibaki* in Anwesenheit des scheidenden Präsidenten *arap Moi*: „Ich habe ein Land geerbt, das über Jahre hindurch durch Misswirtschaft und Unfähigkeit verwüstet worden ist…Korruption wird ab jetzt nicht mehr in

Kenia eine Art des Lebens sein" (zit. in Wrong 2009, S. 5). Wenige Wochen später genehmigten sich die Parlamentarier als eine ihrer ersten Maßnahmen eine Gehaltserhöhung von monatlich 100.000 Kenianischen Schillingen (ca. 1050 €) und eine einmalige Prämie von 3,3 Mio. Schillingen (ca. 34.650 €) für den Kauf eines Autos. „Nur gut bezahlte Politiker seien nicht gefährdet, durch Versuchung der Korruption anheim zu fallen, hieß es zur Rechtfertigung" (New African 418, Mai 2003, S. 23, zit. nach Schicho 2004, S. 284).

Um sein Wahlversprechen einzuhalten – Bekämpfung der Korruption – ernannte Präsident Kibaki den Journalisten *John Githongo*, ebenfalls ein Kikuyu, zum *Permanent Secretary for Governance and Ethics*. Der junge Mann machte sich an die Arbeit und entdeckte Dinge, die ihm umgehend Todesdrohungen einbrachten: Bei Durchsicht der Akten war er dahinter gekommen, dass seine eigenen Stammesbrüder in hohen Regierungspositionen die Diebe waren, die sich auf kriminelle Weise üppige Teile des Volksvermögens aneigneten (Wrong 2009). Im Januar 2005 blieb dem Anti-Korruptionsminister nichts anderes übrig, als ins Exil nach London zu fliehen, mit den heimlich aufgenommenen Sitzungsprotokollen im Gepäck. Durch sie konnte der Geflüchtete die eindeutige Urheberschaft der *Gran Corruption* in Kenia bezeugen; Githongo publizierte Anfang 2006 die Hintergründe des *Anglo Leasing Scandal*: Demnach waren Vize-Präsident *Moody Awori* sowie mehrere Minister maßgeblich an dem Betrugsgeschäft beteiligt. Bei dem *Anglo-Leasing* Skandal ging es um fingierte Lieferverträge mit einer *Anglo Leasing and Finance Company Ltd.* – einer Scheinfirma, mit der mindestens 18 solche Verträge über die Lieferung von Kommunikationssystemen im Werte von 751 Mio. US $ geschlossen worden waren. Die aus der Staatskasse entwendeten Gelder wurden heimlich auf private Auslandskosten und in schwarze Kassen der Regierungspartei transferiert, was vom Generalstaatsanwalt sowie dem damals zuständigen Chef der Anti-Korruptionsbehörde stillschweigend geduldet worden war (Africa Yearbook 2007, S. 341).

Die Aufdeckung des Skandals war durch die mutige Haltung des *Whistle Blowers John Githongo* möglich geworden; mutig deshalb, weil er es als Angehöriger der Kikuyu-Ethnie fertig gebracht hatte, seinem Gewissen folgend, seine eigenen Regierungskollegen und ‚Stammesbrüder' öffentlich der Korruption zu bezichtigen. Bis dahin galt es als unvorstellbar, dass ein Kikuyu, der sozialisiert worden war, um dem ‚Ruf seines Stammes zu folgen' (Wrong 2009, S. 99ff.), seine einflussreichen Stammesgenossen durch das Bekanntmachen ihrer kriminellen Geschäfte ‚verraten' würde. Letztere hatten ja ‚nur' von ihrem Gewohnheitsrecht Gebrauch gemacht und nach der Devise „*Its our turn to eat*" gehandelt (Wrong 2009, S. 163). Das westliche Ausland reagierte auf den Skandal mit der Zurückhaltung von Entwicklungshilfezusagen (für eine begrenzte Zeit); da aber Kenia im Kampf gegen die islamistische *El Shabaab*-Miliz in Somalia gebraucht wurde, werteten die USA ihre Sicherheitsinteressen höher als die Sorge um Demokratie und Menschenrechte der Kenianer und kooperierten weiter mit dem diskreditierten *Kibaki*-Regime.

Mit großen Reform-Erwartungen ging daher die Bevölkerung in die nächsten Parlaments- und Präsidialwahlen im Jahr 2007. Angesichts der wachsenden Armut im Land und der grassierenden Korruption in Regierungskreisen, die dem Ansehen des Landes in der Welt geschadet hatte, hofften die Oppositionsparteien unter Führung von *Raila Odinga* (Sohn von Oginga Odinga), die korrupte *Kikuyu*-Mannschaft unter *Kibakis* Führung besiegen zu können. Auch mehrere Meinungsumfragen ließen einen Vorsprung des Oppositionsbündnisses erwarten. Als dann die Wahlergebnisse am 30. Dezember 2007 vom Wahlleiter *Kivuitu* verkündet wurden – 4.584.721 Stimmen für Präsident *Kibaki* und 4.352.993 für seinen Herausforderer *Odinga* – waren die Oppositionsparteien und ihre Anhänger schockiert. *Odinga* sprach von Wahlbetrug in mindestens 48 von 210 Wahlkreisen und verweigerte die Anerkennung des Wahlergebnisses, zumal selbst der Wahlleiter zugeben musste, nicht genau zu wissen, wer die Wahl gewonnen hätte. Eine Stunde nach Bekanntgabe der vorläufigen Wahlergebnisse ließ sich der bisherige Präsident *Kibaki* in Windeseile im *State House* erneut zum Staatspräsidenten vereidigen, woraufhin in zahlreichen Regionen enttäuschte Wähler protestierend auf die Straße zogen, in dem Gefühl, um den Sieg und damit um den erhofften Machtwechsel betrogen worden zu sein. Die berüchtigte *Mungiki*-Sekte (*Mungiki* bedeutet *crowd of ordinary people*) nutzte die chaotische Situation und griff mit Waffen diejenigen Landsleute an, die sie für ihre Gegner hielten – allen voran *Kikuyu*. Da der Spitzenpolitiker der *Kikuyu*, Präsident *Kibaki*, für den ‚Wahlbetrug' verantwortlich gemacht wurde, entlud sich die Wut hauptsächlich in den Wahlkreisen, die vermutlich *Kibaki* unterstützt hatten, was wiederum scharfe Reaktionen der Polizei provozierte. So kam es zu einer Orgie von Plünderungen, Vertreibungen, Vergewaltigungen und Hausbränden. Später wurde amtlich festgestellt, dass während der Krawalle 3661 Menschen verletzt, in 117.216 Fällen Eigentum und Häuser zerstört und 1133 Bürger getötet worden waren. Bei 405 Leichen hatte man Gewehrfeuer-Wunden festgestellt, die dem Eingreifen von Polizei-Verbänden zuzuschreiben waren (Africa Yearbook 2008, S. 327). Als Reaktion auf den Wahlbetrug wurden mehr als 300.000 Menschen von ihrem Land vertrieben.

Auch in der EU war man enttäuscht von einem Land, das man aufgrund seiner wirtschaftlichen Potentiale als strategischen Partner zu gewinnen gehofft hatte, und der Londoner *Economist* sprach verächtlich von „einem typischen afrikanischen Coup": „Es ist wirklich sowohl ärgerlich als auch bedrückend, dass afrikanische Führer ständig die demokratischen Werte verraten, von denen sie behaupten, dass sie sie wertschätzen würden. Das gilt besonders auch für Kenia [neben Nigeria und

DR Kongo], das eine lange Tradition des Abhaltens von Wahlen hat, ebenso wie eine lebendige politische Kultur, eine relativ freie Presse und eine hochentwickelte Wirtschaft. Angesichts all dieser Vorteile, die wir vor den Wahlen herausgestellt hatten, hatte Kenia eine Gelegenheit gehabt, für Afrika ein Beispiel zu geben und freie und faire Wahlen abzuhalten. Aber das Land hat sie verspielt; bzw. die politische Elite hat sie ungenutzt verstreichen lassen, um genau zu sein. Eine kleine Clique von Politikern hat, das ist beinahe ganz sicher, das Wahlergebnis durch Betrug gestohlen" (The Economist, January 5th, 2008, p. 8. Übersetzung von RT).

Die ‚kenianische Krise' wurde nach Monaten zäher Verhandlungen mit einem *power-sharing*-Übereinkommen beendet: *Mwai Kibaki* blieb Präsident, und Oppositionsführer *Raila Odinga* erhielt den neu geschaffenen Posten eines Premierministers, dem als seinem Stellvertreter *Uhuru Kenyatta*, ein Kikuyu, an die Seite gestellt wurde. Im Parlament waren nun 23 politische Parteien vertreten, aufgeteilt in zwei fast gleichstarke Blöcke, die sich gegenseitig misstrauisch beäugten. Desto erstaunlicher war die Tatsache, dass bei den folgenden *Parlamentswahlen 2013* und *2017* jeweils mehr als Dreiviertel der wahlberechtigten Bevölkerung von ihrem Wahlrecht Gebrauch machten. Mit einer knappen Mehrheit von 50,7 % der Stimmen konnte *Uhuru Kenyatta* die Wahlen von 2013 für sich entscheiden, während *Raila Odinga* diesmal nur 43,7 % der Stimmen erhielt. Peinlich war allerdings, dass der Wahlsieger *Uhuru Kenyatta* im Jahr zuvor (2012) vom *Internationalen Strafgerichtshof (IStGH)* wegen Verbrechen gegen die Menschlichkeit (während der Unruhen 2007/08) angeklagt worden war. Dessen ungeachtet wurde der Wahlsieger *Uhuru Kenyatta* am 9. April 2013 als Präsident vereidigt. Sein Stellvertreter wurde *William arap Ruto*, ein Repräsentant des Volkes der *Kalenjin*. Auch er wurde vom IStGH in Den Haag als Drahtzieher der blutigen Unruhen nach den Wahlen von 2007/08 wegen Verbrechen gegen die Menschlichkeit angeklagt. Gegen den amtierenden Staatspräsidenten wurde das Strafverfahren dann aber ausgesetzt, während sich sein Stellvertreter in Den Haag verantworten musste. Deshalb kam es zu Drohungen einiger afrikanischer Regierungen, die Mitgliedschaft ihres Landes im Internationalen Strafgerichtshof aufzukündigen, dem groteskerweise ‚neo-kolonialistische Praktiken' vorgeworfen wurden.

Die Amtszeit von Präsident Uhuru Kenyatta (2013-2017) war gekennzeichnet von einer fortgesetzten Politik ethnisch orientierter Privilegienwirtschaft. Die eingeleitete *Politik der Dezentralisierung* machte Wahlen von Distriktregierungen notwendig, die den politischen Parteien neue Chancen bot, viele neue Stellen mit Anhängern zu besetzen und ihnen Staatsaufträge zuzuschanzen. So stieg der Anteil der Staatsausgaben für Löhne, Gehälter und Zuwendungen an staatliche Mitarbeiter auf 55 % vom Staatshaushalt, was ca. 13 % des Brutto-Nationalprodukts entsprach (Africa Yearbook 2014,Kenya, S. 9). Es kam immer wieder zu öffentlichen Demonstrationen gegen die grassierende Korruption der Staatsklasse; und immerhin konnte der Plan der Kenyatta-Regierung vereitelt werden, die Diäten für Abgeordnete von 4900 € auf 7800 € monatlich zu erhöhen. *Transparency International* stufte das Land auf dem *Corruption Perception Index* von Platz 136 auf Platz 145 runter (2016). Bei den nächsten Wahlen – im Jahr 2017 – wiederholte sich das hässliche Spektakel von Wahlen, Wahlbetrug, ethnic violence und aufgehetzten Anhängern der rivalisierenden Ethno-Parteien, die zu keinen power-sharing-Arrangements mehr willens oder fähig waren (Smidt 2017). Auf Druck der Opposition musste die Wahl wegen erwiesener Fälschungen wiederholt werden; brachte aber erneut dem Amtsinhaber Kenyatta eine Mehrheit, weil Oppositionsführer Odinga zum Wahlboykott aufgerufen hatte. Im Januar 2018 ernannte er sich selbst zum ‚Präsidenten von Kenia', womit das politisch gespaltene Land nun zwei Präsidenten hat! Kenia ist – trotz all seiner wirtschaftlichen Dynamik – zu einem instabilen Patronage-Staat verkommen, dessen korrupte Staatsklasse auch die Entwicklungschancen der jungen Generation unnötigerweise beeinträchtigt.

13.3 Südafrika: Starke Wirtschaft, schwacher Staat

In der afrikanischen Chronik ist das Jahr 1994 ein sehr erinnerungswürdiges: Während am 6. April in *Ruanda* nach dem (bis heute nicht aufgeklärten) Absturz des Flugzeugs des Staatspräsidenten *Habyarimana* ein Genozid entfesselt wurde, dem 800.000 Menschen zum Opfer fielen, gewann in der Republik *Südafrika* im selben Monat (am 27. April) die Partei *Nelson Mandelas* die ersten demokratischen Wahlen, die dem Apartheid-Staat ein Ende setzten. Am 9. Mai wurde *Mandela*, der 27 Jahre als politischer Gefangener des Apartheid-Regimes in Haft gehalten worden war, vom neuen Parlament zum ersten schwarzen Präsidenten Südafrikas gewählt. Wenige Wochen zuvor hatte *Mandela* am Tag seiner Freilassung aus der Haft (11. Februar 1990) im Stadium von Soweto (dem großen *Township* von Johannesburg) vor 120.000 jubelnden Zuhörern seine berühmt gewordene *Versöhnungs-Rede* gehalten, in der er alle Menschen, die die diskriminierende Politik der Apartheid aufgegeben hatten, zur Mitarbeit an einem „nicht-rassistischen, geeinten und demokratischen Südafrika mit allgemeinen, freien Wahlen und Stimmrecht für alle" aufforderte. Damit begann eine kulturelle Transformation, die die Welt zur Bewunderung nötigte: der friedliche Übergang von einem gewaltsamen politischen System, das auf der angeblichen Überlegenheit einer ‚Rasse' über andere Völker beruhte, zu einer *multi-rassischen ‚Regenbogen-Nation'*, die statt Diskriminierung und Ungleichheit Aussöhnung (*reconciliation*) und Gleichheit in den Mittelpunkt stellte.

13.3 Südafrika: Starke Wirtschaft, schwacher Staat

Heute – eine Generation später – bietet sich wieder ein stark verändertes Bild: Während die Regierung *Ruandas* unter ihrem Präsidenten *Paul Kagame* trotz aller Demokratiedefizite eine neue politische und wirtschaftliche Ordnung geschaffen hat, die der jungen Generation hoffnungsvolle Perspektiven eröffnet, hat die südafrikanische Regierung unter ihrem Präsidenten *Jacob Zuma* das wirtschaftlich entwickeltste Land des Kontinents durch Korruption und *bad governance* soweit heruntergewirtschaftet, dass es 2017 von zwei internationalen Rating Agenturen auf Ramschniveau eingestuft wurde. Große Gefahren gehen heute von sozialer Ungleichheit, grassierender Korruption (vor allem in Regierungskreisen), von illegaler Zuwanderung, hoher Jugendarbeitslosigkeit sowie von hoher Kriminalität aus.

Trotz der gegenwärtig prekären politischen Situation sollte nicht Südafrikas großes Potential als afrikanisches *power horse* verkannt werden. Das südafrikanische BIP macht über zwei Drittel des BIP im südlichen Afrika aus, mehr als ein Drittel des BIP von Afrika südlich der Sahara und mehr als ein Fünftel ganz Afrikas (Zahlen für 2007). Ähnlich hoch sind die Prozentsätze für den Anteil Südafrikas am regionalen und kontinentalen Handel sowie an den ausländischen Direktinvestitionen. Südafrika verfügt auf dem Kontinent über die mit Abstand am stärksten diversifizierte und industrialisierte Volkswirtschaft und besitzt – mit der Ausnahme von Erdöl und Erdgas – die breiteste Palette strategisch bedeutsamer Ressourcen. Im Jahr 2007 war das Land im Besitz von 88 % der Weltreserven der Platingruppe, 80 % an Mangan, 72 % an Chrom, jeweils 40 % an Vermiculit (Schichtsilikat) und Gold sowie 32 % an Vanadium. Südafrikanische Unternehmen haben massiv in andere afrikanische Länder investiert, dort zum Teil marktbeherrschende Stellungen erlangt und sich den Zugang zu wichtigen Ressourcen gesichert. Es ist das Land mit dem höchsten Bildungsniveau und besitzt „technologische und Innovationsfähigkeiten, die ihm einen Rang weit vor jedem anderen bedeutsamen afrikanischen Staat verschaffen" (Mair 2007, S. 27-28). Mit der Überwindung des *Apartheid*-Systems wurde schließlich auch das Potential nicht-weißer Arbeitskräfte und Bildungsträger befreit.

Das burisch-britische *Apartheid*-System in Südafrika (1948-1994) ist als ein Extremfall kolonialer Herrschaft anzusehen. *Apartheid* ist afrikaans und beutet in der Sprache der Buren ‚getrennte Entwicklung' – getrennt nach ‚Rassen'. Diese Praxis begann nach dem ‚Burenkrieg' (1899-1902; siehe oben Kapitel 4), als sich Engländer und Buren im Jahr 1910 zur *Union Südafrika*, Mitglied im Commonwealth of Nations, zusammenschlossen und dann Gesetze der Diskriminierung der schwarzen Mehrheit beschlossen hatten. Es begann 1911 mit der Reservierung der leitenden Positionen im Bergbau für Weiße (*job reservation*) und erstreckte sich bald auf alle Bereiche des täglichen Lebens: getrennte Wohngebiete, Beschränkung der Landrechte (Reservate), sukzessive Aberkennung des Wahlrechts der Nicht-Weißen (speziell der *Coloureds* in der Kap-Kolonie), Passzwang für Wanderarbeiter etc. Von nachhaltiger

Bedeutung wurde das *Landgesetz* von 1913, das bestimmte, dass Schwarze Land nur noch in eigens ausgewiesenen Reservaten erwerben durften, die insgesamt nicht mehr als etwa 7 % der Gesamtfläche Südafrikas ausmachten. Im Jahr 1948 gelangte die burische Mehrheit mit ihrer *National Party (NP)* an die Macht; sie löste die weniger rassistische Vorherrschaft des britischen Bevölkerungsteils ab und baute die Rassentrennung systematisch mittels Gesetzen und praktischen Schikanen weiter aus. Die südafrikanische Bevölkerung wurde nun – nach Hautfarbe und Herkunft – in die Hierarchie von vier ‚Rassen' eingeteilt: An der Spitze standen die Weißen, unabhängig von individueller Leistung privilegiert in allen Dingen; gefolgt von *Asians* (meistens Indern), *Coloureds* und schließlich von Afrikanern, die wiederum in diverse *tribes* unterteilt wurden. Ein Afrikaner, der keine Beschäftigung in den Minen oder als Dienstleister in der Stadt nachweisen konnte, wurde in eins der neun eingerichteten Reservate, *Bantustans* genannt (später *Homelands*), verbannt, wo er auf Grund mangelhafter oder gar fehlender Infrastruktur ein kümmerliches Dasein fristete. Der *Immorality Act* stellte die Heirat zwischen den ‚Rassen' unter Strafe; die Nutzung von Restaurants und öffentlichen Waschräumen wurde ebenfalls nach ‚Rassen' getrennt; die Schilder vor Gebäuden und auf Rasenflächen ‚*Whites only*' waren an der Tagesordnung. Auch das Bildungssystem wurde der Rassentrennung unterworfen (*Bantu Education*); für ein weißes Schulkind wurden zehnmal so viele Steuergelder aufgewandt wie für ein schwarzes.

Es besteht kein Zweifel, dass das rassistische System der Apartheid zur Absicherung der weißen Minderheitsherrschaft in einer prosperierenden Rohstoff-Kolonie erfunden und praktiziert worden ist. Es stellt eine der schwerwiegendsten Menschenrechtsverletzungen im 20. Jahrhundert dar – „ein Verbrechen gegen die Menschenwürde" (Rothe 1989, S. 5f.; Bösl & Diescho 2009). Die irrationale Kausalverknüpfung von Biologie und Kultur, von Abstammung und Leistungsvermögen – stellte eine kolossale Verirrung weißer Fremdherrschaft dar, die ohne ihren religiösen, alt-testamentarischen Hintergrund kaum zu erklären wäre. Von christlichen Missionaren ist zu diesem Zweck die *calvinistische Glaubenslehre* so verdreht worden, dass diese (in Gestalt der biblischen Geschichte von *Sen* und *Ham* – der ungleichen Söhne von *Noah*) als Legitimation der weißen gottgewollten Herrschaft benutzt werden konnte. Demnach seien angeblich Schwarz-Afrikaner die Nachkommen des verfluchten *Ham*, den sein Vater *Noah* wegen Fehlverhaltens zum Knechtsein verurteilt hatte. Verstärkt wurde dieser christliche Irrglaube noch nach der Entdeckung der Gold- und Diamanten-Lagerstätten, als man einheimische Arbeitskräfte in großer Zahl benötigte, die ohne Zwang nicht zu beschaffen waren. Mit der *Ham*-Hypothese fiel es leichter, sich und anderen einzureden, dass Gewalt gegen ‚unzivilisierte' Schwarzafrikaner nicht nur dem materiellen Wohl der Weißen diente, sondern letztlich auch die Bildung der Schwarzen fördern würde.

13.3 Südafrika: Starke Wirtschaft, schwacher Staat

Auch die *Nederduitse Gereformeerte Kerk (NGK)* beteiligte sich an der Praxis der rassistischen Trennung der Kirchen (seit 1956 freie Religionsausübung, aber jeweils in ihren eigenen Kirchen) und rechtfertigte noch 1974 in einem Synodalbeschluss theologisch die Politik der Apartheid (Roberts 2014).

Dabei sollte nicht übersehen werden, dass die weiße südafrikanische Gesellschaft unter dem politischen Regime der Apartheid alles andere als homogen war; denn es gab beispielsweise sowohl verbohrte Konservative und unverbesserliche Rassisten, als auch liberale Weiße wie die Parlamentsabgeordnete *Helen Suzman* oder den Befreiungstheologen *Allan Boesak*, die gegen den Rassenwahn ihrer Landsleute angingen. Dass christliche Kirchen in den Industriestaaten – auch die lutherischen, wenn auch in geringerem Maße – die Unterdrückungspraxis des Apartheidstaates mit ihrer ‚reformierten' Staatskirche bis in die 1970er Jahre meist tatenlos hinnahmen, gehört nicht gerade zu den Ruhmesblättern der christlichen Glaubensgemeinschaft. Nur der *Südafrikanische Kirchenrat,* dessen Mitglieder zu 90 % schwarze Christen waren, entwickelte sich aus liberaler Opposition zum radikalen Widerstand, wobei das *Kairos*-Dokument von 1985 als „Dokument des Volkes" eine zentrale Rolle spielte: In der Tradition der Befreiungstheologie deklarierte es die Apartheid-Regierung als „ungerechte", gottlose Herrschaft, gegen die militanter Widerstand auch dem Christen erlaubt sei. Auch der *Weltkirchenrat* in Genf hat schließlich die Apartheid als „Sünde" deklariert, was einen international wahrgenommenen Konsumenten-Boykott unter dem Motto ‚Kauft keine Früchte aus Südafrika' auslöste (Rothe 1990; Roberts 2014).

Es sollte sich bald zeigen, dass der rassistische Apartheitstaat nicht reformierbar war. Im September 1966 war Premierminister *Verwoerd* – der so-genannte *Mastermind des Apartheidsystems* – von einem angeblich geisteskranken Parlamentsdiener mit vier Messerstichen getötet worden. Sein Nachfolger wurde der Bure *Balthasar John Vorster* von der Nationalen Partei, der sogleich ein ‚Terrorismus-Gesetz' verabschieden ließ, das die unbegrenzte Festnahme politischer Gegner ohne Haftbefehl erlaubte (*Detention without Trial*), „was systematischen Folterungen Tor und Tür öffnete" (Marx 2012, S. 254). Seine Regierung war rein defensiv auf den Erhalt der bestehenden Ordnung im Zeichen eines paranoiden Antikommunismus gerichtet. Als sich Schüler von Soweto im Juni 1976 gegen eine Erziehungsverordnung wehrten (sie sollten Examina in Afrikaans ablegen anstelle in Englisch), erstickte die Polizei die Demonstration der Unbewaffneten: Im Kugelhagel der Polizei starben mehr als einhundert Kinder während der ersten Tage der Revolte. Ein Jahr nach dem Schüler-Aufstand von Soweto starb in einem Untersuchungsgefängnis *Steve Biko,* der Gründer der *Black Consciousness*-Bewegung, die angetreten war, um das ‚schwarze Selbstbewusstsein' unter Studenten und anderen Apartheid-Gegnern zu fördern.

Premierminister *Vorster* stolperte über eine Korruptionsaffäre und wurde 1978 von *P. W. Botha*, dem bisherigen Verteidigungsminister, abgelöst. In dessen Amtszeit formierte sich neben der radikalen Opposition auch eine zivilgesellschaftliche Opposition, zu der die *United Democratic Front (UDF)*, ein Dachverband von Kirchen, Frauen- und Jugendorganisationen, gehörten sowie auch *der Congress of South African Trade Unions (Cosatu)* und der anglikanische Bischof *Desmond Tutu*. Letzterem war 1984 der Friedensnobelpreis für seinen gewaltfreien Widerstand gegen das Apartheid-Regime verliehen worden. Fünf Jahre Ausnahmezustand von 1985 bis 1990, während dessen sich ein allmächtiger Staatssicherheitsrat gegen die Aufstände in den schwarzen *Townships* und gegen den Niedergang der Wirtschaft brutal zur Wehr setzte, erschütterte auch das Vertrauen der internationalen Banken und Konzerne in den an sich attraktiven Investitionsstandort Südafrika. Die von der UN verhängten Waffenexport- und Wirtschaftssanktionen taten ein Übriges, um das wankende Apartheidregime zu Geheimverhandlungen mit dem noch immer gebannten *African National Congress (ANC)* zu bewegen. Doch erst nach dem von seiner eigenen Partei erzwungenen Abgang von Präsident *P. W. Botha* und nach seiner Ablösung durch *F. W. de Klerk* als dem neuen Staatspräsidenten Ende 1989 konnte das Land schrittweise aus der politischen Sackgasse geführt werden.

Unter dem beherzten Reformer *de Klerk* gelang relativ zügig die Abwicklung der Apartheidgesetze; alle inhaftierten ANC-Mitglieder wurden freigelassen, und mit *Nelson Mandela* und seinen Beratern wurden die Modalitäten des Übergangs zur Demokratie und die Kernelemente der neuen Verfassung beraten. Rechtsanwalt und Freiheitskämpfer *Mandela*, ein überzeugter Christ, der 18 Jahre auf *Robben Island* wegen seiner Überzeugungen in Haft gehalten worden war (1964-1982) und acht weitere Jahre im *Pollsmoor*-Gefängnis (Lapierre 2009), war inzwischen 72 Jahre alt geworden, hatte aber physisch wie psychisch die lange Haft ungebrochen überstanden (Mandela 1994). Wie konnte das Misstrauen der weißen Minderheit, die ja noch immer über die Schlüsselpositionen in Politik, Militär und Wirtschaft verfügte, überwunden, wie konnte das verständliche Bedürfnis nach Rache und Sühne auf Seiten der gedemütigten und unterdrückten schwarzen Bevölkerung gemäßigt werden; wie konnten die Spannungen zwischen den unterschiedlichen Parteien und Fraktionen innerhalb der schwarzen Mehrheitsbevölkerung abgebaut werden? Mit der militanten *Inkatha*-Bewegung unter Führung von *Zulu*-Chief *Mangosuthu Buthelezi* war der ANC-Partei *Mandelas* in der Provinz Natal ein gefährlicher Rivale erwachsen. Es ist wohl unbestreitbar, dass ohne den persönlichen Einsatz des ANC-Präsidenten *Mandela* während der risiko-reichen Übergangszeit von 1990 bis 1994 der keimende Bürgerkrieg zwischen den Zulus der Inkatha-Bewegung und den Anhängern des African National Congress nicht hätte erstickt werden können. *De Klerk* und *Mandela* waren sich ihrer wechselseitigen Abhängigkeit bewusst und brachten das „südafrikanische Wunder" zustande (Sparks 2003), für das sie beide im Jahr 1993 den Friedensnobelpreis bekamen. *Mandelas* großherzige Politik der Vergebung und der Aussöhnung zwischen den Feinden von gestern machte es möglich, dass man sich schließlich auf einen graduellen *friedlichen Machttransfer* und eine demokratische rechtsstaatliche Verfassung einigen konnte. Zwei Besonderheiten sollen wegen ihrer friedensstiftenden Qualität hervorgehoben werden: So wurde vereinbart, dass alle großen Parteien im künftigen Parlament beteiligt sein sollten und dass erst nach einer fünfjährigen Übergangszeit eine wirkliche Mehrheitsregierung gewählt werden sollte. Ferner einigte man sich darauf, dass die weißen Angestellten im öffentlichen Dienst ihre Stellen (und Pensionen) behalten würden; beide Maßnahmen trugen zur Beruhigung der verängstigten Gemüter bei.

Nachdem *Nelson Mandela* am 10. Mai 1994 zum ersten demokratisch gewählten Präsidenten Südafrikas gewählt worden war, gehörten die Sicherung des internen Friedens und der vom Versöhnungsgedanken getragene Aufbau der ‚Regenbogen-Nation' – Symbol für die Vielheit in der Einheit – zu seinen wichtigsten Anliegen. Unter Vorsitz von Erzbischof *Desmond Tutu* nahm Anfang 1996 die Wahrheits- und Versöhnungskommission ihre Arbeit auf. Mit öffentlichen Anhörungen von etwa 2000 Opfern staatlicher Gewalt wie auch der Guerillabewegungen wurde die Wahrheitskommission ein Medienereignis, das „wesentlich dazu beitrug, dass viele Opfer anschließend größere Anerkennung in ihren lokalen Gemeinschaften fanden. Die Zahl der Amnestien war ebenfalls sehr hoch, wenn man bedenkt, dass von etwa 7000 Anträgen überhaupt nur 1200 zugelassen wurden, von denen etwa 700 mit Amnestierungen endeten. Gleichwohl beantragten vergleichsweise wenige Täter Amnestie, die meisten aus dem Polizeiapparat" (Marx 2012, S. 294).

Als problematisch wurde vielfach angesehen, dass die *Tutu-Kommission* bekennende Täter, die ihre Verbrechen gestanden hatten, danach nicht einem Gericht überweisen durfte und dass sie Opfern des Apartheidregimes keine Entschädigungszahlungen bewilligen konnte. So fand die *Wahrheitskommission* in der Öffentlichkeit nicht die breite Resonanz, die man sich von ihr erhofft hatte; denn eine Mehrheit der Südafrikaner hatte „ein anderes Gerechtigkeitsempfinden, in dem für die Amnestierung von Folterern und Mördern kein Platz war" (Marx 2012, S. 295). Andererseits sollte zur Erklärung der erstaunlichen Friedfertigkeit vieler Opfer und ihrer Familien die heilende Tradition von *Ubuntu* nicht verkannt werden: Selbst Väter, deren Töchter einem Verbrechen zum Opfer gefallen waren, plädierten im Namen von *Ubuntu (‚humaneness')* für Vergebung im Interesse eines friedlichen Zusammenlebens in der Gemeinschaft (Ntsebeza 2009, S. 375; Bösl & Diescho 2009, S. 33f.; Sriram & Pillay 2009). Bischof *Tutu* rechtfertigte die Friedensarbeit des neuen Südafrika mit den Worten: „Es ist doch erstaunlich, welchen Grad an Stabilität wir erreicht haben. Schauen wir nach Nord-Irland und Jugoslawien. Wir hätten auch so leicht auf diesen Weg abgleiten können" (Sparks 2003, S. 329).

Im Jahr 1997 überließ *Mandela* seinem Nachfolger *Thabo Mbeki* das Präsidentenamt. Dieser hatte als Student sieben Jahre im englischen Exil und danach weitere Jahre im afrikanischen Exil verbracht, in denen er wenig mit demokratischen Prozeduren zu tun hatte (Schleicher 2004, S. 124-136). Als elitärer Intellektueller beschwor er mit seinen „*African Renaissance*"-Reden den Geist panafrikanischer Wiedergeburt (Tetzlaff 2016, S. 101f), in der Praxis jedoch schuf er ein kaltes bürokratisches „Klima der Furcht vor der freien Rede, so dass seine Minister lieber kuschten, als politische Initiativen zu ergreifen" (Marx 2012, S, 303). Dabei wurde deutlich, „wie leicht es war, vom asketischen Leben des Berufsrevolutionärs auf den opulenten Lebensstil eines Angehörigen einer neuen Bohème umzuschalten". Die Legitimation lag in der gelungenen ‚Befreiung', wobei leicht vergessen wurde, dass der ANC keineswegs allein gesiegt hatte, sondern auf dem Wege eines Verhandlungsprozesses und mittels Kompromissen an die Macht gekommen war. Die Politik *Thabo Mbekis*, die wirtschaftlichem *Empowerment* für wenige Glückliche den Vorzug vor einer allgemeinen Umverteilung und sozialer Gerechtigkeit gab, „hatte zur Folge, dass diese Machtelite zunehmend das Gespür für die Bedürfnisse ihrer meist bitterarmen Wähler verlor und angesichts des Reichtumsgefälles im Land einen geradezu obszönen Lebensstil vorexerzierte" (Marx 2012, S. 302). Internationales Aufsehen erregte auch seine Aids-Politik (Rüb 2007), die vom Leugnen der Tatsache gespeist war, dass das HI-Virus der Auslöser von Aids sei. Seine Fehleinschätzungen, – er vermutete, dass internationale Pharma-Konzerne Südafrika überteuerte Medikamente aufzwingen wollten – „kosteten vermutlich 300.000 Menschen das Leben" (Marx 2012, S. 306).

Die mit *Mbeki* unzufriedenen ANC-Politiker versammelten sich hinter seinem Vize-Präsidenten *Jacob Zuma*, Chef des ANC-internen Geheimdienstes. Als Mann aus einfachen Verhältnissen und ohne Schulbildung wurde er nicht als ernsthafte Konkurrenz um Führungsposten angesehen, weshalb ihn Mbeki 1999 ins Amt des Vizepräsidenten berief. Wegen des Verdachts der Bestechung und Unterschlagung in 783 Fällen wurde er bald angeklagt (Grill 2017, S. 90); und im Jahr 2006 geriet er erneut in die Schlagzeilen, als eine junge Frau ihm vorwarf, sie vergewaltigt zu haben. Der dubiose Freispruch warf Zweifel an der Seriosität des Gerichts auf, denn damit trug der verantwortliche Richter zur Bagatellisierung eines der gravierendsten Verbrechen bei – „den bis zu 50.000 offiziell registrierten Vergewaltigungen pro Jahr". Trotz intensiver Ermittlungen gelangte die Klage wegen Korruption nicht vor Gericht, weil der Fall *Zuma* inzwischen zum politischen Spielball innerparteilicher Rivalitäten geworden war. Im Dezember 2007 kam es zur Abwahl *Mbekis* als *ANC*-Präsident, dessen Amtszeit als Staatspräsident ohnehin fünf Monate später abgelaufen wäre (eine dritte Amtszeit verbot die Verfassung). So geschah das Unbegreifliche, dass der skandalumwitterte *Jacob Zuma* nicht nur *ANC*-Präsident, sondern auch im Mai 2009 Staatspräsident Südafrikas wurde. Dabei hätte Südafrika während der Finanzkrise „einen starken Präsidenten dringend gebraucht", denn durch Misswirtschaft und Korruption kam es immer wieder zu ernsthaften Versorgungsengpässen bei der Elektrizität (Marx 2012, S. 310). Außerdem waren 2008 heftige fremdenfeindliche Unruhen ausgebrochen, worunter vor allem Mosambikaner und Simbabwer, die vor *Mugabes* Terror geflüchtet waren, zu leiden hatten. Gut ausgebildete Fachkräfte wanderten in Scharen aus.

Schwere Korruptionsvorwürfe überschatteten seit 2012 die Amtszeit von Präsident *Zuma*. Dem Polygamisten wurde vorgeworfen, dass er sich sein privates Anwesen in der Gemeinde *Nkandla* mit Hilfe staatlicher Gelder in Höhe von ca. 20 Millionen € durch den Bau eines Theaters, eines Swimmingpools und durch Gebäude für seine vier Frauen erweitert hätte. Der Präsident rechtfertigte die hohen Ausgaben mit dem Argument, dass diese schließlich seiner Sicherheit dienen würden. Nicht nur die Oppositionsführerin *Helen Zille* bezichtigte *Zuma* der Korruption, sondern auch die Gruppe der *Economic Freedom Fighters* unter Führung des ANC-Rebellen *Julius Malema*, die den zum Gespött gewordenen Präsidenten zur Rückzahlung eines Großteils der entwendeten Staatsgelder und auch zum Rücktritt aufforderten. Im Februar 2016 stellte das Verfassungsgericht fest, dass *Zuma* gegen die Verfassung verstoßen habe, so dass er zu einer Buße in Höhe von 7, 8 Millionen Rand (13 Rand entsprechen einem Euro) verurteilt wurde. Empörung löste auch die Bekanntgabe aus, dass aus dem Budget der Polizei Geld für *Zumas* vier Ehefrauen zur Anschaffung von elf Mittelklassewagen genommen worden sei. Das wurde in einer Zeit publik, als die Studiengebühren an der Universität von *Witwatersrand* um 10,5 % erhöht worden waren, was zu landesweiten Studentenprotesten führte. Ferner wurde dem Präsidenten seine enge Beziehung zur einflussreichen indischen Familie *Gupta* zur Last gelegt, die sich in die Berufung und Abberufung von Fachministern eingemischt haben soll – zwecks Beförderung ihrer eigenen neoliberalen Wirtschaftsinteressen (Melber in Africa Yearbook 2015). Auf Druck seiner Partei musste Zuma am 15.2.2018 sein Amt als Staatspräsident niederlegen, um einem Impeachment des Parlaments zuvorzukommen. Sein Nachfolger als ANC-Vorsitzender und Staatspräsident wurde Cyril Ramaphosa.

Gut zwanzig Jahre nach den ersten demokratischen Wahlen in Südafrika befinden sich Staat und Wirtschaft in keiner guten Verfassung. Zwischen 1994 und 2017 sind rund drei Millionen Häuser gebaut, zahlreiche Townships elektrifiziert und sozialstaatliche Maßnahmen eingeführt worden, demzufolge 17 Millionen bedürftige Bürger staatliche Unterstützung erhielten (Grill 2017, S. 91). Das wirtschaftliche Wachstum hat aber nachgelassen, 54 % der Bevölkerung lebten in den

Jahren 2008 bis 2015 immer noch unterhalb der Armutsgrenze; die Arbeitslosigkeit war auf 35 % gestiegen, und die Jugendarbeitslosigkeit lag sogar bei erschreckenden 63 % (*Sanusha Naidu* in Africa Yearbook 2015). Die HIV-Infektionsrate lag bei 19,2 %; die soziale Ungleichheit in der Bevölkerung konnte nicht gesenkt werden: der *Gini*-Koeffizient lag bei 57,8 % (im Vergleich zu 38,2 % in Tansania, 28,9 % in Ruanda und 28,3 % in Deutschland). „Zehn Prozent der 56 Millionen Südafrikaner, überwiegend Weiße, verfügen über 90 % des Landes, des Kapitals, der Wohlstandsgüter. 80 % der Schwarzen besitzen gar nichts, mehr als die Hälfte der jungen Männer und Frauen haben keine Arbeit" (Grill 2017, S. 91). Seit Jahren verstärkt sich der Eindruck, dass das moralische Kapital, das der *ANC* zurzeit von *Nelson Mandela* noch besessen hatte, von einer skrupellosen Machtelite unter *Thabor Mbeki* und *Jacob Zuma* verspielt worden sei. Beide unterstützten die *Kleptokratie* im benachbarten *Simbabwe*, dessen Misswirtschaft das ganze südliche Afrika in Mitleidenschaft zog, und beide haben die afrikanische Mittelklasse Südafrikas an der Realisierung einer kreativen industriellen Entwicklung gehindert (nach Meinung des Bruders von Staatspräsident *Tabor Mbeki, Moeletsi Mbeki* 2009). Das demokratische Südafrika ist trotz aller *African Renaissance*-Rhetorik leider *nicht* zum Modell für eine neue Gesellschaft in Afrika geworden, das den Weg in eine globalisierungstaugliche und soziale gerechtere Zukunft weist. Südafrika ist dafür aber auch ein Lehrstück zu der Erkenntnis, dass für den Fortschritt eines Landes eine *entwicklungsorientierte Staatsführung* eine unverzichtbare Voraussetzung darstellt.

Diskussion

1. Definieren Sie die unterschiedlichen Definitionen von ‚*Korruption*'.
2. Welche Rolle spielte ‚*politisierte Ethnizität*' in der Entwicklung Kenias und wodurch wurde sie speziell gefördert?
3. Was wird hier unter dem ‚*südafrikanischen Wunder*' verstanden und wie erklärt sich die Erschöpfung des ‚*moralischen Kapitals*' bei den Nachfolgern von Nelson Mandela?

Internationale Entwicklungskooperation in Afrika

14.1 Strategische Partnerschaften

An dem aktuellen Wettbewerb um Rohstoffe, Märkte und politischen Einfluss in Afrika beteiligen sich insgesamt mindestens sechs *global players* mit unterschiedlichen Interessen und Strategien: *Erstens* die beiden Weltorganisationen *Weltbank und IWF* (neben den UN-Organisationen); *zweitens* die *Europäische Union (EU)* mit drei wirtschaftlich starken Ländern, die neben der gemeinsamen Afrikapolitik der Europäischen Kommission auch noch jeweils eine *bilaterale* Interessenpolitik in Afrika verfolgen: *England und Frankreich* als zwei ehemalige koloniale ‚Mutterländer' und *Deutschland* als global orientierter Industrie- und Handelsstaat (Staack & Krause 2014); *drittens* die einstige westliche Supermacht *USA* mit deutlich gestiegenen Sicherheits- und Rohstoff-Interessen an Afrika; *viertens* die inzwischen allgegenwärtige *Volksrepublik China*, ein wirtschaftliches Schwergewicht mit einem Anteil von über 40 % an der Weltnachfrage nach Rohstoffen; *fünftens* die neuen regionalen Führungsmächte *Indien und Brasilien*; und *sechstens* eine große Anzahl von *Transnationalen Unternehmen und Nicht-Regierungsorganisationen (NGOs)*, einschließlich der *politischen Stiftungen* Deutschlands und der kirchlichen Organisationenen (World Bank 1989; Stehnken et al. 2010; Mamdani 2011).

Das Afrika-Engagement der Staaten richtet sich nach *innenpolitischen* Prioritäten und *sicherheitspolitischen* globalen Herausforderungen; es verändert sich auch in der Kommunikation miteinander, was kurz angedeutet werden soll: Die früheren Kolonialmächte Frankreich und England mit ihren zunehmend weniger ergiebigen ‚besonderen Beziehungen' (vor allem Politik-, Wirtschafts- und Kulturkontakte) zu ihren früheren Kolonialgebieten bringen sich stärker in die europäische Gesamtpolitik gegenüber Afrika ein als andere Industriestaaten. *Frankreich* unterhält noch vereinzelt militärische Stützpunkte in Afrika zur Stabilisierung kooperationswilliger Regime, baut diese Präsenz aber aus Kostengründen stetig ab – mit Ausnahme in *Mali*. Der größte und finanzstärkste EU-Staat, die Bundesrepublik Deutschland, ist seit den 90er Jahren vermehrt bemüht, mit einigen Schwerpunktländern ‚strategische Partnerschaften' abzuschließen (Bundesregierung 2014; BMZ 2017). Durch Beteiligung auch an militärischen Einsätzen zur Stabilisierung von Krisenstaaten und Krisenregionen (im Bereich der großen Seen, am Horn von Afrika, in Mali) wandelt sich das Rollenverständnis Deutschlands von der reinen Zivilmacht zu einer ‚normalen' europäischen Großmacht, die mehr und mehr politische Verantwortung und Finanzlasten im Rahmen einer Politik der europäischen Krisenprävention und Stabilisierungspolitik zu übernehmen bereit ist (Stehnken et al 2010; Staack & Krause 2014; Steinberg & Weber 2015). Im Folgenden sollen drei Themenfelder näher betrachtet werden: Die Entwicklungspolitik der Europäischen Union, die Entwicklungspolitik der Weltbank in Afrika und das Afrika-Engagement der VR China.

14.2 Die Entwicklungspolitik der Europäischen Union (EU)

Seit den 1960er Jahren versucht die Europäische Gemeinschaft bzw. Union durch spezielle Handelsbeziehungen die Entwicklung in den ehemaligen Kolonien Europas – d. h. in den Ländern *Afrikas, der Karibik und des Pazifik (AKP-Staaten)* – zu fördern. Dabei spielten zugleich immer auch wirtschaftliche und politische Eigeninteressen eine zentrale Rolle, vor allem der gesicherte Zugang zu Rohstoffen und Märkten. Frankreich war die treibende Kraft hinter diesen Plänen der *Assoziierung*, die im Prinzip schon bei der Verabschiedung der *Römischen Verträge* 1957 Bestandteil der Europapolitik geworden war. Dazu schloss die *Europäische Wirtschaftsgemeinschaft (EWG)* im Jahr 1963 mit der *Yaoundé Konvention* (Yaoundé ist die Hauptstadt Kameruns) ein erstes Assoziierungsabkommen, das eine Freihandelszone zwischen EWG und AKP-Staaten zum Ziel hatte. Ein aus Steuermitteln der Mitgliedsstaaten gespeister *European Development Fund (EDF)* diente dabei als Instrument, um wirtschaftliche und soziale Projekte anzuschieben. Als dann auch die Kolonialmacht Großbritannien Mitglied der EWG wurde, musste ein neues Handelsabkommen geschlossen werden, um auch die britischen Kolonien an die EWG assoziieren zu können. In der Agrarpolitik gewährten die EU-Staaten ihren Ex-Kolonien imperialistische ‚Präferenzen', „damit diese Grundnahrungsmittel (Rindfleisch, Bananen, Zucker usw.) für Europa produzierten – zu Garantiepreisen, die höher lagen als der jeweilige Weltmarktpreis. Damit sollte vor dem Hintergrund des Kalten Krieges die Ernährungssicherheit Europas geschützt werden" – kommentierte *Yash Tandon*, der in Uganda geborene Wirtschaftswissenschaftler und langjährige Wirtschaftsberater ostafrikanischer Regierungen (Tandon 2016, S. 106). Das 1973 in Kraft getretene *Lomé-Abkommen* (Lomé ist die Hauptstadt von Togo) mit zunächst 46 AKP-Ländern

14.2 Die Entwicklungspolitik der Europäischen Union

wurde von einigen Regierungen in der Hoffnung begrüsst, die bislang neo-kolonialen Beziehungen zugunsten eines konstruktiven Beitrags zu einer ‚Neuen Internationalen Wirtschaftsordnung' (NiWO) überwinden zu können. Das war die zentrale Forderung des *Non-Alignment-Movement (NAM)* der Dritte-Welt-Staaten in den 1970er und 1980er Jahren: Die ‚*blockfreien' (non-aligned)* Staaten kämpften auf der internationalen Bühne der Diplomatie für eine ‚gerechtere' Wirtschaftsordnung, die mehr Handelsgewinne für die Entwicklungsländer abwerfen würde.

Obwohl die Regierungen der EWG-Länder dirigistische Eingriffe in die ‚freie' Weltmarktordnung offiziell ablehnten (obwohl sie mit ihrer Politik des Agrarprotektionismus selbst permanent gegen diesen Grundsatz verstießen), ließen sie sich dazu herab, den *AKP-Ländern* bei der Frage der *Stabilisierung der Exporterlöse (STABEX)* aus Rohstoffverkäufen in die EWG entgegenzukommen. So wurde der STABEX-Mechanismus geschaffen, der für AKP-Länder, die nicht selbst verschuldete Einnahmeverluste aus pflanzlichen Rohstoffverkäufen (wie z. B. Baumwolle, Kaffee, Tee) in EU-Länder erleiden mussten, Ausgleichszahlungen vorsah. Insgesamt hat die Europäische Kommission zwischen 1958 und 2013 Mittel in Höhe von 77, 671 Mrd. € US$ aufgebracht (Hill & Smith 2011, S. 327). Diese erheblichen Summen reichten aber nicht aus, um damit 77 AKP-Länder nachhaltig in ihrem Bestreben zu unterstützen, von ihrer strukturellen Abhängigkeit von wenigen Exportgütern wegzukommen – im Gegenteil: anachronistisch gewordene Handelsstrukturen wurden durch die von der EU gewährten ‚Präferenzen' für Rohstoffexporte zementiert (Tandon 2016, S. 103f.).

Im Jahr 2000 wurde das Lomé-Vertragswerk durch das *Abkommen von Cotonou* (benannt nach der Hauptstadt von Benin) ersetzt, das eine Geltungsdauer von 20 Jahren hat. Die zentrale Neuerung waren die bis heute umstrittenen *Economic Partnership Agreements (EPAs)*, die das Ziel verfolgten, den nicht-reziproken Handel zwischen EU-Ländern und AKP-Staaten (nur die AKP-Regierungen durften bislang *Importzölle* auf Waren aus der EU erheben) zugunsten einer echten Freihandelszone aufzugeben (Asche & Engel 2008). Es drehte sich dabei um Handels- und Zusammenarbeits-Abkommen zwischen der EU und insgesamt sechs *regionalen Wirtschaftsgemeinschaften*. Zentrale Neuerungen bestanden darin, dass zukünftig die Märkte der EU-Länder nicht mehr exklusiv zollfrei für afrikanische Exporte offenstehen würden und dass nun im Sinne der *Reziprozität* die AKP-Regierungen ihre Importzölle auf Waren aus der EU im Laufe von zwölf Jahren abzubauen verpflichtet werden sollten. Speziell dieses Ansinnen der EU löste in afrikanischen Ländern Ängste aus, weil die Einfuhr subventionierter Agrarprodukte (europäischer Großbauern) das Überleben der einheimischen kleinbäuerlichen Nahrungsmittelproduktion gefährden würde (Goldberg 2008; Tandon 2016, S. 112f.).

Die ursprüngliche Forderung der EU, im Rahmen der *EPAs* auch den Handel mit Dienstleistungen zu liberalisieren und die Rechte von Investoren zu schützen, wurde wegen des Widerstandes der afrikanischen Regierungen fallen gelassen. Diese befürchten nicht ohne Grund, durch die *Liberalisierung* des Handels und die Befolgung von EU-Standards bei Umwelt-, Arbeitsrechts- und Menschenrechtsfragen die Kontrolle über ihre Wirtschaft zu verlieren, vor allem die Kontrolle über ihre wichtigsten Einnahmequellen: die Lizenzgebühren, Handelssteuern und Abgaben auf Rohstoffausfuhren. So stellte auf einer NGO-Veranstaltung in Berlin im Juni 2017 *Kenneth Ukaoha* von der *National Association of Nigerian Traders* fest: „Die für die EPAS formulierten Ziele – regionale Integration, Wirtschaftswachstum und Armutsbekämpfung – schlagen sich nicht in den bisher verhandelten Texten für die Abkommen nieder". Stattdessen zementierten die Verträge die Kontrolle afrikanischer Märkte und Ressourcen durch europäische Konzerne. „Wir in Nigeria wollen unser Land transformieren, wegkommen von der einseitigen Abhängigkeit vom Öl und unsere Rohstoffe selbst kontrollieren" – die *EPAs* stünden dem im Wege (Konferenzbericht von *Tobias Reichert* von ‚Germanwatch': „Afrikanische Expertinnen fordern einen Neustart für die Handelsbeziehungen mit der EU", in: Einblick, Nr. 2/2017, S. 9). Obwohl die *EPAs* bis 2007 hätten abgeschlossen werden sollen, wurde bis heute erst ein Abkommen mit der EU geschlossen.

Aus Sicht der Entwicklungsländer kann der Handels- und Entwicklungspolitik der Europäischen Union nicht gerade ein positives Zeugnis ausgestellt werden (Asche & Engel 2008; Goldberg 2008, Odopade 2014, Kappel 2015, Tandon 2016; Jacob & Schlindwein 2017). Die Fakten zwingen zu der Erkenntnis, dass die ökonomischen und politischen Eigeninteressen der EU-Länder so stark sind und so rücksichtslos gegen schwächere Handelspartner verteidigt und durchgesetzt werden, dass sie mehr Schaden anrichten als Nutzen erbringen. Der nicht erklärte, aber praktizierte *Handelskrieg* der EU gegen afrikanische Länder hat nicht nur zur Folge, dass dort die Ernährungssicherheit weiter abnimmt, sondern dass auch das Gegenteil von Fluchtursachen-Bekämpfung bewirkt wird: Europa erzeugt einen Teil seiner ‚illegalen' Immigranten selbst (Asserate 2015; Nour & Münzig 2015; Jacob & Schlindwein 2017).

14.3 Die Entwicklungspolitik der Weltbank

Entwicklungspolitik in Afrika und für Afrika ist ohne die Rolle der Weltbank kaum zu verstehen; denn sie ist seit sechzig Jahren die globale Leitorganisation für Entwicklungsfinanzierung. Sie besaß Jahrzehnte lang so etwas wie eine *Definitionsmacht*: ein verschuldetes Land, das international kreditwürdig bleiben wollte, musste seine Finanz- und Wirtschaftspolitik mit der Weltbank und dem

Internationalen Währungsfonds abstimmen, um so nach oftmals peinvollen Verhandlungen zwischen Regierung und Weltbank-Experten den begehrten *stamp of approval* für seine Haushaltspolitik zu erhalten (Tetzlaff 1980; Cassen 1990; Brown 1995; Easterly 2006). Die Weltbank ist eine Organisation im Besitze von 189 Staaten und hat seit ihrer Gründung 1944/45 mehrfach ihre Aufgabenfelder erweitert. Ihr historischer Auftrag bestand darin, Kapital von reicheren Industriestaaten für „produktive Projekte" in Entwicklungsländern aufzubringen und dort sicher zu investieren. In mehr als fünf entwicklungspolitischen Phasen hat sie diesen ‚Entwicklungs'-Auftrag zu erfüllen versucht, freilich auf ihre Weise (Tetzlaff & Nord 1996; Calderesi 2006). In der *ersten* Phase (1947-1969) wurden primär große Infrastrukturprojekte in Lateinamerika und Asien, ab 1960 auch in Afrika südlich der Sahara, mitfinanziert: vor allem der Bau von Staudämmen, Stauseen, Kraftwerken, Häfen, Flughäfen und von Straßen. Man setzte also fort, was Briten und Franzosen während der Kolonialzeit an entwicklungspolitischer Modernisierung begonnen hatten. Die *zweite Phase* ist hauptsächlich mit dem Namen *Robert McNamara* (ehemaliger US-Verteidigungsminister) verbunden, der Weltbankpräsident von 1969 bis 1981 war. Unter seiner Ägide lag ein zusätzlicher Schwerpunkt der Aktivitäten in den Bereichen ländliche Entwicklung, Familienplanung und Armutsüberwindung, gemäß der Parole *investment in the poor*. Durch subventionierte Düngemittel und verbessertes Saatgut sollte wirtschaftliches Wachstum mittels Förderung von *cash crop*-Exporten erzielt werden. Die 1980er Jahre – oftmals als die ‚verlorene Entwicklungsdekade' bezeichnet – bildeten die *dritte Phase* entwicklungspolitischer Versuche. Es war die Phase, in der die gestiegenen Energiepreise als Folge der Preispolitik des Erdölkartells OPEC verkraftet werden mussten – mittels *structural adjustment policies (SAPs)*. Nur den wenigsten Ländern sollte es gelingen, mittels der empfohlenen Rohstoff-Exportpolitik plus der Sparprogramme aus ‚dem Teufelskreis der Verschuldung herauszuwachsen' (Körner et al. 1984; Tetzlaff 1993; Halper 2010).

Im *Washington Konsens* brachte die Weltbank die neue neoliberale Heilslehre der *getting the prices right* auf den Begriff. Damit war die Trias von *Deregulierung* der Wirtschaft, *Privatisierung* der maroden (Staats-)Betriebe und *Liberalisierung* der Finanz- und Wirtschaftspolitik gemeint, was konkret eine Politikreform in mehreren Punkten bedeutete: (1) Ausgabendisziplin; (2) Besteuerung von Besitz und Einkommen; (3) Senkung der Zinsraten; (4) Erhöhung notwendiger Ausgaben für Gesundheit und Bildung; (5) Garantie von Eigentumsrechten; (6) Einführung eines wettbewerbsfähigen Wechselkurses (Abwertung) (7) Beseitigung von Hindernissen für ausländische Direktinvestitionen (Williamson zit. nach Halper 2010, S. 17). Angewandt auf Afrika, bezog sich ein Großteil der empfohlenen Maßnahmen auf die Abschaffung oder Reduktion von staatlichen Subventionen für Mehl, Brot und andere Grundnahrungsmittel und auch auf die Entlassung von Staatsangestellten. Das aber waren genau die Sozialmaßnahmen, mit denen die afrikanischen Regierungen Unterstützung und Loyalität seitens ihrer Bevölkerung zu erhalten hoffen konnten. Deshalb hat die Bank ab 1993 die ‚SAPs der zweiten Generation' aufgelegt, die dieselben makro-ökonomischen Ziele mit sozial sanfteren Methoden (z. B. Schaffung alternativer Beschäftigungsmöglichkeiten für entlassene Staatsdiener) zu erreichen versuchten (Easterly 2006, S. 128f.; Tetzlaff 2012).

Das Jahr 1989 – Beginn der *vierten* Entwicklungsphase der Weltbank – markiert auch einen entwicklungspolitischen Wendepunkt der Nachkriegsgeschichte. Das qualitativ neue Leitbild von *good governance* – gute Regierungsführung – prägte die Marschroute der internationalen EZ. Weltbank-Berater propagierten nun drei Ziele: Ende der Fehlallokation knapper öffentlicher Ressourcen (Verschwendung); Beendigung von Korruption durch Demokratisierung des politischen Systems; und konsequente Liberalisierung der Märkte im Sinne des Washington Konsenses (Nuscheler 2006). Damit war ein Tabu-Bruch eingeleitet worden: Denn laut Satzung ist die Weltbank eine *neutrale* Institution, die sich politischer Bewertungen zu enthalten hat; sie darf Kredite nur nach streng sachlichen Kriterien der Nützlichkeit vergeben. Öffentlich zu monieren, dass die Nicht- oder Fehlentwicklung in so vielen kreditnehmenden Ländern *politische Ursachen* hätten, die auf Regierungsversagen zurückzuführen wären, entsprach zwar oftmals der Wirklichkeit (Calderisi 2006, Easterley 2006, Seitz 2009), brachte in Afrika aber die Weltbank in Verruf. Beim *good governance*-Konzept der Weltbank liegt eine Betonung auf der aktiven Verbesserung des *Public Sector Managements*, um die bisherigen internen Störfaktoren für Entwicklung ausmerzen zu können: fehlende Haushaltsdisziplin, mangelnde Kontrolle der Staatsausgaben, eine übergroße, korruptionsanfällige Beamtenschaft und ein wirtschaftlich ineffizienter para-staatlicher Sektor (Gehring & Kerler 2007). Die Kritik von außen war oftmals sachlich berechtigt, widersprach aber dem gleichzeitig hochgehaltenen Ideal von *ownership*: als entwicklungsförderlich gilt eigentlich nur das, was sich ein Entwicklungsstaat selbst zueigen macht (Messner & Wolff 2005, Hennings 2009, Faust & Neubert 2010).

Mit der Verkündung der *Millennium Development Goals* seitens der Vereinten Nationen im Jahr 2000 begann die gegenwärtig noch andauernde *fünfte* Phase in der Entwicklungsgeschichte der Weltbank. Das Konzept der *Armutsbekämpfung* wurde wieder in den Mittelpunkt ihrer Aktivitäten gerückt (Barrett, Carter & Little 2008, Eberle 2009), was afrikanischen Regierungen oftmals wenig plausibel erscheint. Aber diesmal handelte es sich um eine intelligente Erweiterung der *Poverty Reduction Strategy* (PRS) der Weltbank für hoch verschuldete Länder, – ein Ansatz, der in der Theorie mit dem Prinzip der *Hilfe zur Selbsthilfe* ernst macht: Ein hoch verschuldetes armes Land (*Highly Indebted Poor Country* – die Gruppe der

HIPC-Länder bildend) erhält erst dann Schuldenerlass und eine neue Kreditlinie, wenn seine Regierung glaubhaft nachweisen kann, auf das Ziel der Armutsreduzierung hinzuarbeiten. Dazu gehört der Nachweis, dass sie auch zivilgesellschaftliche Gruppen an Planung und Implementierung von Entwicklungsprojekten mit Armutskomponenten beteiligt hat. Um solche *good governance*-Orientierung in vergleichender Sicht zu beurteilen, hat die Weltbank mit den *Worldwide Governance Indicators (WGI)* ein nützliches Analyseinstrument geschaffen. Denn die *WGI* bestehen aus mehreren Indizes, die auf folgende sechs Dimensionen von *Governance* zurückzuführen sind: Partizipation und Rechenschaftspflicht (*voice and accountability*), politische Stabilität, effektives Regierungshandeln, Regulierungsqualität, Rechtsstaatlichkeit (*rule of law*) und Korruptionskontrolle (World Bank 2008). Sehr erfolgreich war auch diese Strategie nicht, weil es nicht einmal in dem Musterland Ghana gelungen ist, die soziale Kluft zwischen Arm und Reich wesentlich zu verringern (Aryeetey & Kambur 2017, S. 296f.). Das mag auch daran gelegen haben, dass bei der Agrarförderung der Weltbank die Interessen Multinationaler Agro-Konzerne einseitig auf Kosten von *small-holders* (Kleinbauern) berücksichtigt wurden (Nordiska Afrikainstitutet 2007; Calderesi 2006 ; Stiglitz 2006; Goldberg 2008, S. 185-196; Pearce 2012, S. 257f.).

Der amtierende Weltbankpräsident, der amerikanisch-südkoreanische Arzt *Jim Yong Kim*, 1959 in Seoul geboren, wurde im Sommer 2012 von US-Präsident Obama ernannt – gegen den Willen einer Mehrheit von Entwicklungsländern, die die nigerianische Finanzministerin *Ngozi Okonjo-Iweala* favorisiert hatte. Auch *Präsident Kim*, der 2016 für eine zweite Amtszeit bestellt wurde, hat sich die Reform der Weltbank auf die Fahnen geschrieben, konnte bislang aber nicht viel gegen den politischen Widerstand aus den USA und anderer Industriestaaten ausrichten. Ein Hauptmanko der heutigen Weltbankarchitektur ist die *anachronistische Unterrepräsentation der Schwellenländer in den Entscheidungsgremien*. Seitdem die chinesische Regierung 2015 eine *Asian Infrastructure Investment Bank (AIIB)* gegründet hat, der sich auch westliche Länder wie Großbritannien, Deutschland, Frankreich, Australien, Italien und Südkorea als Mitglieder angeschlossen haben, – gegen den Wunsch der US-Regierung –, ist die Weltbank erneut unter Anpassungsdruck geraten. Denn nun ist eine Parallelorganisation im Entstehen, die Infrastrukturkredite zu günstigeren Bedingungen vergibt als es die Weltbank bisher getan hat, und afrikanische Regierungen, die mit den Hilfe-Konditionen der Weltbank unzufrieden sind, können nun Hoffnung schöpfen, mit der *AIIB* eine Alternative zu bekommen. Zusammenfassend kann man wohl sagen, dass die Weltbank in ihrer langen Geschichte als Finanzier von Infrastrukturprojekten und Förderer von exportwirtschaftlichen Betrieben die Verflechtung Afrikas mit den globalen Märkten erheblich vorangebracht hat; aber die Wachstumserfolge ließen sich nur selten in nachhaltige Entwicklungsfortschritte überführen.

14.4 China in Afrika: Seine fünf Machtwährungen

Der wirtschaftliche und politische Aufstieg der Volksrepublik China seit den Reformen von *Deng Xiaoping* in den 1980er Jahren gehört zu den wichtigsten weltpolitischen Entwicklungen der jüngeren Zeit. Aus chinesischer Sicht handelt es sich dabei um eine Rückkehr zum ‚Normalzustand' des internationalen Systems; denn in achtzehn von zwanzig der letzten Jahrhunderte stellte China die größte (aber nicht leistungsstärkste) Volkswirtschaft der Welt dar und war – als *Reich der Mitte* und *Herr der Seidenstraße* – unbestrittene Vormacht einer sino-zentrischen Welt, die schon vor der neuzeitlichen Globalisierung im Zuge ihrer *Politik der Seidenstraße* internationale Handelskontakte bis nach Afrika hatte (Frankopan 2016). Seit einigen Jahren befindet sich China in einer Zwischenposition zwischen ostasiatischer Regionalmacht einerseits und rasch wachsender Weltmacht andererseits, – mithin als Macht mit *multiplen Rollen und Identitäten*. Man könnte sagen: China ist gleichzeitig Entwicklungsland, Schwellenland, Regionalmacht, werdende Weltmacht, expandierende Handelsnation, wachsende Militärmacht, strategischer Partner wichtiger Rohstoff-Exportländer und außenpolitische Veto-Macht (in seiner Rolle als Ständiges Mitglied im UN-Sicherheit). Seine Volkswirtschaft steht für eine seltsame Mischung aus Manchester-Kapitalismus und staatlich gelenkter Planwirtschaft unter der Kontrolle eines hegemonialen Zentralkomitees. Größere Auslandsinvestitionen chinesischer Unternehmen, ob privater oder staatlicher Art, sind ohne Wissen und Duldung der Staatspartei nicht denkbar. Der Kapitalverkehr wird streng kontrolliert, das Bankensystem ist staatlich reglementiert, auch die Zinsen setzt der Staat fest und der Wechselkurs darf ebenfalls nicht frei nach Angebot und Nachfrage schwanken, was China im Vergleich zu westlichen Ländern einen erheblichen finanziellen Konkurrenzvorteil verschafft.

Chinas Afrikapolitik ist so vielgestaltig, dass man daher – je nach Standpunkt – fünf Dimensionen unterscheiden kann (Alden 2007; Manji & Marks 2007; Bräutigam 2009; Halper 2010; Zeleza 2014; Moyo 2016; Nguébong-Ngatat 2018). Eine *erste* mögliche Interpretation lobt China als *nützlichen und selbstlosen Entwicklungspartner*, der den afrikanischen Ländern mit Krediten, Direktinvestitionen, Stipendien und Geschenken hilft, ihren Entwicklungsrückstand aufzuholen. Eine *zweite* Interpretation unterstellt Peking *neo-koloniale Absichten* in dem Sinne, dass Chinas primäres Interesse der eigenen Versorgung mit afrikanischen Rohstoffen gelte und dass ihm deshalb die Folgen seiner Ausbeutungspolitik gleichgültig seien. Außerdem sei Afrika als Kontinent mit noch ungenutztem Siedlungsland attraktiv für auswanderungsbereite chinesische Bauern. Eine *dritte* Interpretation stellt die *opportunistische Stabilisierung von korrupten Diktaturen* (wie in Angola und Nigeria) oder von rohstoffreichen Paria-Staaten wie Sudan, Südsudan und Simbabwe in den Mittelpunkt. Eine *vierte* Interpretation sieht China in erster Linie als *unfairen Wettbewerber*, der mit billigen Konsumwaren die Märkte in afrikanischen Ländern zu überschwemmen und somit deren eigene Industrieproduktion zu ersticken drohe; denn mit der kostengünstigen Massenproduktion aus China könnten die afrikanischen Industrien in den Textil, Schuh- und Nahrungsmittelbranchen, die erst im Aufbau gegriffen wären, nicht mithalten. Eine *fünfte* Interpretation sieht China *als alternative globale Ordnungsmacht*, die im Rahmen ihrer *Kuluroffensive und ihrer globalen South-South-Kooperationspolitik* der westlichen Hegemonie Paroli zu bieten beabsichtigte.

Jedes dieser Argumente enthält ‚ein Körnchen Wahrheit', was nicht zuletzt damit zusammenhängt, dass Chinas Afrikapolitik keineswegs als homogen oder starr zu bezeichnen ist, sondern dass es mit unterschiedlich ‚interessanten' Ländern unterschiedlich intensive ‚Partnerschaften' zu unterhalten versteht (McKinsey 2017). Gemeinsam ist allen Beziehungsmustern, dass sie auf dem Prinzip des wechselseitigen Nutzens basieren, wobei der Schutz der Menschenrechte keine Rolle spielt. Im Folgenden soll anhand von fünf „Machtwährungen" (in Anlehnung an die Terminologie von Michael *Staack 2013, S. 27*) die Struktur und Dynamik dieser Beziehungen genauer beleuchtet werden.

Machtwährung 1: Wirtschaft und Handel. Seit Jahren gehört die Volksrepublik China zu den am stärksten prosperierenden großen Volkswirtschaften der Welt, – mit jährlichen Wachstumsraten zwischen 6 % und 12 %. Auch Chinas *Handel* mit Afrika hat sich während der vergangenen zwanzig Jahre um mehr als das 60-fache gesteigert: von 3,86 Mrd. US\$ im Jahr 1995 auf mehr als 200 Mrd. US\$ im Jahr 2016/17. Afrika exportierte 2014 34 % seiner Ausfuhren in die Europäische Union, 18 % nach China, 6 % nach Indien, und nur noch 5,5 % seiner Güterausfuhr gelangten in die USA (nach Kappel, Pfeiffer & Reihen, www.oekonomenstimmen. org). *Ausländische Direktinvestitionen (FDI)* sind ein anderer Indikator für wirtschaftliche Stärke. Auch hier hat China in kurzer Zeit eine Spitzenposition erreicht. Nach UNCTAD-Angaben wuchsen sie von 9,33 Mrd. US\$ im Jahr 2009 um das 2,3-fache auf 21,23 Mrd. US\$ im Jahr 2012 (Zeleza 2014, S. 153). Bekannt sind auch Chinas *Package Deals*: So nennt man Rohstoffgeschäfte der Volksrepublik, bei welchem Dienstleistungen (z. B. Straßen- und Brückenbau) gegen das Recht an zukünftigen Rohstoff-Importen getauscht werden. Aber nicht nur chinesische Staatsbetriebe kaufen in Afrika Rohstoffe ein, sondern auch privatwirtschaftliche

Betriebe. Im Jahr 2017 waren rund 10.000 chinesische Unternehmen in Afrika aktiv, wovon etwa 90 % private Firmen waren (McKinsey 2017, S. 10). Chinesische Unternehmen haben auf dem afrikanischen Markt für Gewerbeerzeugnisse einen Anteil von 12 % erobert, was einem Handelswert von etwa 500 Mrd. US$ jährlich entspricht. Sie produzieren nicht nur für asiatische Märkte, sondern zunehmend auch für afrikanische Konsumenten. Hält die gegenwärtige Expansion an, dann könnte der Umsatz chinesischer Firmen in Afrika von gegenwärtig 180 Mrd. US$ in den nächsten acht Jahren auf 440 Mrd. $ steigen, prognostizierte eine McKinsey-Studie (McKinsey 2017, S. 13). Deren Geschäftserfolg beruht offensichtlich auf einer Politik der günstigen Preise und der Anpassung an Bedürfnisse der lokalen Bevölkerung sowie auf dem politischen Rückhalt durch die chinesische Regierung. Mit den Regierungen von Kenia, Angola, Tansania, Sambia sowie weiteren Partner-Staaten wurden bilaterale Handels- und Niederlassungs-Erleichterungen für Landsleute ausgehandelt sowie Garantien für die *Repatriierung von Gewinnen.*

Machtwährung 2: Entwicklungszusammenarbeit. Was Chinas *Entwicklungsfinanzierung* in Afrika angeht, so ist zwischen zweierlei Arten von Finanzhilfen zu unterscheiden: Zum einen werden Finanzmittel bereitgestellt, die den Vergabezwecken und -bedingungen des *DAC (Development Assistance Committee)* der OECD-Staaten) entsprechen oder zumindest ähneln, da sie entwicklungspolitisch motiviert sind und ein konzessionäres Element enthalten. Hierzu zählen auch die vom chinesischen Handelsministerium verwalteten Zuschüsse und zinsfreien Kredite sowie zinsvergünstigte Kredite der EXIMBANK (Export-Import-Bank). Zum anderen bietet China aber auch kommerzielle Kredite der *China Development Bank (CDB)* an, was in naher Zukunft auch wieder für afrikanische Länder neue Überschuldungsprobleme mit sich bringen könnte.

Machtwährung 3: Waffenlieferungen. Auch *militärisch* gehört China zu den großen Mächten der Welt. Verglichen mit den fünf ‚klassischen' Waffenexporteuren USA, Sowjetunion/Russland, Frankreich, England und seit kurzem auch Deutschland rangiert China noch auf einem der hinteren Plätze; aber bemerkenswert ist der Trend, dass auch auf diesem Gebiet China schnell aufholt und den politischen Raum einzunehmen bestrebt ist, der ihm von westlichen Ländern, die sich teilweise zurückziehen, eröffnet wird. Zwischen 2006 und 2010 ist China zum größten Waffenlieferanten von Subsahara-Afrika aufgestiegen und belieferte 16 Länder, allen voran das devisenreiche *Nigeria,* auf das 35 % aller chinesischen Waffenlieferungen für Afrika entfielen, was von einigen besorgten Beobachtern als „Gift des Drachens" beargwöhnt wird (Brautigam 2009, S. 287f.). *Simbabwe* unter Präsident Mugabe galt einst als das „bekannteste afrikanische Beispiel für einen Diktator, der von China am Leben gehalten wird" (Halper 2010, S. 85). Peking verhinderte nicht nur UN-Resolutionen für ein Waffenembargo gegen Simbabwe, sondern es belieferte das Regime auch selbst angeblich „zur Vorbereitung der kommenden Wahlen" mit Tausenden von chinesischen AK47-Gewehren (Taylor & Wu 2013, S. 466.). Insgesamt wurden Waffen und Transportmittel im Wert von 240 Mio. US$ geliefert – unter anderem auch zwölf Jet-Kampfflugzeuge und hundert Militärfahrzeuge (Taylor & Wu 2013, S. 467).

Machtwährung 4: Kulturelle Ausstrahlung: Auswärtige Kulturpolitik hat sich als ein unverzichtbarer Bestandteil für die Gestaltung der Außenbeziehungen moderner Großmächte erwiesen. Schon zu den Zeiten von *Mao Tse-tung* (1893-1976) und *Zhou En Lai* (1898-1976) hat sich die Volksrepublik solchen Ländern eng verbunden gefühlt, die eine *blockfreie* Außenpolitik betrieben – wie z. B. Tansania zur Zeit von Präsident Nyerere. Der Bau der 1860 km-langen TANZAM-Eisenbahn, die – in den 1970er Jahren von den Chinesen fertiggestellt – Kupfererz aus Sambia zum tansanischen Hafen Daressalam beförderte (weil portugiesische Kolonialkriege die Südrouten blockierten), war propagandistisch ein großer Erfolg. Aber erst in den 1990er Jahren startete China eine Kulturoffensive, die ihresgleichen sucht: Seitdem werden in immer größerem Umfang finanzielle Mittel eingesetzt, um den wirtschaftlichen und politischen Aufstieg Chinas auch kulturpolitisch mit attraktiven Angeboten ans Ausland zu flankieren bzw. zu fördern.

Sichtbarstes Symbol dieser Strategie sind die mittlerweile mehr als 430 *Konfuzius-Institute* in über 100 Ländern; aber auch der Aufbau und Ausbau von Korrespondentennetzwerken sowie Stipendienprogrammen für Studierende aus Entwicklungsländern gehören heute zur ‚Machtwährung Kultur' (Hefele, Merkle & Zhivkov 2015, S. 58f.). Programmatisch weisen die staatlich organisierten Konfuzius-Institute Ähnlichkeiten mit den spanischen Cervantes-Instituten auf, da beide einen starken Fokus auf Sprachunterricht legen. Im Jahr 2007 hatte die kommunistische Führung unter *Hu Jintao* auf dem 17. nationalen Volkskongress das Ziel verkündet: „*to enhance culture as a part of the soft power of our country*" (zit. nach Hefele, Merkle & Zhivkov 2015, S. 62). *Soft power* kann als ‚Ausübung von Macht durch Überzeugung anderer' übersetzt werden, wobei im Falle Chinas die verbalen Überzeugungskünste durchaus auch mit materiellen Wohltaten garniert werden. Berühmt geworden ist China auch durch seine Großzügigkeit, die Realisierung von Prestige- und Lieblingsprojekten afrikanischer Staatspräsidenten wie Stadien, Paläste, Volkshallen oder Vergnügungsparks zu ermöglichen. Im Dienste von *soft power* ist ferner die *mediale* Präsenz Chinas in Afrika stark ausgeweitet worden. Seit 2012 unterhält der Fernsehsender *CCTV Africa* sein Hauptbüro in Nairobi/Kenia; die staatliche Nachrichtenagentur *Xinhua* verfügte 2012 über zwanzig Büros in Afrika. „Die Regierung eröffnet zunehmend chinesischen Telekommunikationsfirmen spezielle Investitionsanreize für Afrika, bietet afrikanischen Medien technisches Know-how und lädt seit 2004 afrikanische Journalisten zu Schulungen nach China ein.... Chinas Stimme findet so zunehmend Gehör und ist auf dem Weg, zu einem einflussreichen Wettbewerber in der internationalen Medienwelt zu werden" (Hefele, Merkle & Zhivkov 2015, S. 70-71).

Auch die *Reisediplomatie* des chinesischen Staates kann als Teil der Kulturpolitik angesehen werden, verknüpft mit wirtschaftlichen Eigeninteressen. Die zahlreichen und hochrangigen Afrika-Besuche von Spitzenpolitikern aus China sollen die Botschaft vermitteln, dass Peking – im Gegensatz etwa zu den USA – afrikanische Regierungen als geschätzte Partner ernst nimmt, auch wenn diese ansonsten international isoliert sein mögen. Jedes afrikanische Land stellt für China, so die offizielle Doktrin, einen wichtigen souveränen Partner dar, der mit Respekt und Toleranz behandelt wird. Dass dadurch die Interessen der Zivilgesellschaft und die Anliegen der für Menschenrechte kämpfenden Oppositionsgruppen geschwächt werden, wird billigend in Kauf genommen (Manji & Marks 2007, S. 71f; Zeleza 2014; Moyo 2016). Diese opportunistische Haltung Chinas hat dann für die afrikanischen Bevölkerungen besonders gravierende Auswirkungen, wenn im *Menschenrechtsausschuss der Vereinten Nationen (UN-Human Rights Council)* die von westlichen Staaten ins Spiel gebrachten Resolutionen gegen politische Länder (wie Sudan, Tschad oder Simbabwe), die sich *ethnic cleansing* oder andere genozidale Verbrechen hatten zu Schulden kommen lassen, abgewürgt werden (Halper 2010, S. 115).

Chinas Image als wohlwollender Hegemon Afrikas im Geiste internationaler Solidarität wird nicht zuletzt durch die Gipfeltreffen und Konferenzen gepflegt, die seit der Jahrtausendwende regelmäßig alle drei Jahre, mal in Peking, mal in Afrika, stattfinden. Das erste *Forum on China-Africa-Cooperation (FOCAC)* hatte im Oktober 2000 in Peking im Beisein von vier afrikanischen Präsidenten stattgefunden; beim fünften Treffen in Peking im Jahr 2012 sprach der Gastgeber vor 50 afrikanischen Staats- und Regierungschefs und sagte ihnen Wirtschaftskredite in Höhe von *20 Mrd. US$* für die nächsten Jahre zu. Im Rahmen des *African Talents Program* wurde die Schulung von 30.000 Personen versprochen sowie die Gewährung von Regierungsstipendien für 18.000 Studierende. (Zeleza 2014, S. 150). Beim sechsten FOCAC-Treffen im Dezember 2015 erhöhte Staatspräsident *Xi Jin-Ping* die finanzielle Unterstützung auf *60 Mrd. US$* für zinsfreie Kredite, zusätzlich zu Lebensmittelhilfen an notleidende Menschen in Simbabwe. Kein westliches Land hat jemals eine vergleichbare politisch schwergewichtige Veranstaltung mit afrikanischen Staats- und Regierungschefs inszenieren können – auch die Commonwealth-Gipfeltreffen in London oder die Frankophonie-Gipfel in Paris können sich mit Chinas FOCACs-Konferenzen nicht messen.

Die Übergabe des neuen Hauptquartiers der *Afrikanischen Union* in Addis Abeba im Jahr 2013 stellte den vorläufigen Höhepunkt der chinesischen Charmeoffensive dar: Zum 50-jährigen Bestehen der *Organisation of African Unity (OAU)*, dem

Vorläufer der *Afrikanischen Union*, wurden die prunkvollen Regierungspaläste im Wert von 200 Mio. US$ den afrikanischen Staats- und Regierungschefs feierlich übergeben. Drei Jahre später, Oktober 2016, weihte Bundeskanzlerin *Angela Merkel* das von Deutschland mit 20 Mio. US$ finanzierte neue Parlamentsgebäude der Afrikanischen Union ein – das Parlament, in dem Parlamentarier nur debattieren, aber nicht Gesetze erlassen dürfen!

Machtwährung 5: Konsens- und Vetomacht. Als ständiges Mitglied im *UN-Sicherheitsrat* weiß Peking sein Vetorecht auch für seine Rohstoffinteressen in Afrika einzusetzen. Bei den Kontroversen über die Frage, ob angesichts des Genozidvorwurfs im Darfur-Krieg gegen den Sudan UN-Sanktionen verhängt werden sollten, hielt Peking seine schützende Hand über das verbrecherische Regime von Präsident *Mohamed Bashir*, – mit Erfolg: Der Genozid-Vorwurf, obwohl sachlich berechtigt, wurde fallen gelassen. Sudan war zu Chinas strategischem Partner bei der Ölversorgung aufgestiegen; ein Drittel seiner afrikanischen Ölimporte bezog Peking aus dem (damals noch ungeteilten) Sudan und hatte seit 1996 fünfzehn Milliarden US$ in dieses Land investiert (Alden 2007, S. 61). Gleichwohl hat Peking später eingelenkt und einen Beschluss im Sicherheitsrat, den Staatspräsidenten vom *Internationalen Strafgerichtshof* wegen Kriegsverbrechen und Verbrechen gegen die Menschlichkeit anklagen zu lassen, passieren lassen. Insgesamt genießen die Chinesen heute in Afrika bei der Bevölkerung mehrerer Länder einen überwiegend guten Ruf – als großzügige Entwicklungshelfer (wie eine *Gallup-Umfrage* und eine *PEW Global Attitude-Umfrage* von 2013 ergaben; Zeleza 2014, S. 158).

Fazit: China wird auch bis weit in das 21. Jahrhundert hinein eine Weltmacht *sui generis* sein, „die sich vor allem auf die innere Entwicklung konzentriert und Außenpolitik vorrangig betreibt, um diese Entwicklung zu fördern und zu gewährleisten" (Staack 2013, S. 15). Dass China auf der Jagd nach Rohstoffen und strategischen Partnern große Anstrengungen unternimmt und dabei seinen nationalen Interessen folgt, ist für eine Großmacht als ‚normal' zu werten. Speziell ist jedoch die Strategie, den Afrikanern eine Alternative zur neoliberalen Entwicklungspolitik der westlichen Industriestaaten zu eröffnen, den *Beijing Consensus*. Er basiert auf dem Dreiklang von gelenkter Marktwirtschaft, Staatsinterventionismus und autoritärer Staatlichkeit, wobei der Schutz der Menschenrechte nicht zur Debatte steht. Peking kann dem Vorwurf von Seiten der Menschenrechtsorganisationen wenig entgegensetzen, wenn diese kritisieren, dass die blinde Unterstützung von *Paria-Staaten* einer Lizenz zum ungestörten Morden politischer Gegner in diesen Ländern gleichkommen würde. Aber fraglos begrüßen afrikanische Regierungen das großzügige und vielseitige Hilfsangebot der Volksrepublik China, weil es ihren außenpolitischen Handlungsspielraum vergrößert (Nguébong-Ngatat 2018).

Diskussion

1. Welche historische Rolle spielte und spielt die Weltbank für die Entwicklung afrikanischer Länder?
2. Erläutern Sie die Einwände afrikanischer Regierungen gegen die *Economic Partnership Agreements (EPAs)* der Europäischen Union und beurteilen Sie die diversen Standpunkte.
3. Worin unterscheidet sich Chinas Afrikapolitik von der Afrikapolitik westlicher Industriestaaten? Beziehen Sie sich dabei auf das Konzept der ‚Machtwährungen'.

Resümee und Ausblick: entwicklungspolitische Perspektiven

15.1 Afrika als fragmentierter Kontinent: sieben Regional-Welten

Afrika ist ein Kontinent im raschen Wandel: Für die Menschen vor Ort türmen sich die Probleme aller Art, aber es gibt auch positive Entwicklungen. Verglichen mit dem Zustand der afrikanischen Länder um 1960 hat sich der afrikanische Kontinent zwei Generationen später stark in Ländergruppen mit unterschiedlichen Entwicklungsverläufen differenziert: Es stellt heute ein **zentrifugales Ensemble von sieben regionalen Länder-Welten** mit jeweils unterschiedlichen Entwicklungsperspektiven dar. Gleichzeitig hat sich die Bevölkerung in den einzelnen Ländern und Regionen sozialstrukturell stark differenziert. Beginnen wir mit den Ländergruppen:

Erstens ist die Gruppe der **fünf nordafrikanischen Länder** zu nennen (die **Maghreb-Staaten**), die noch mit den Folgen des ‚Arabischen Frühlings' zu kämpfen haben (Ausnahme Marokko). Im Januar 2011 hatten Volksproteste den *tunesischen Diktator Ben Ali* zum Verlassen seines Landes gezwungen – eine Folge der Selbstanzündung des von den lokalen Behörden misshandelten Kleinhändlers *Mohamed Bouazizi* in der Stadt *Sidi Bouzid*. Der ‚Arabische Frühling', der in Wahrheit nur ein ‚Nordafrikanischer Frühling' war und bald in einen ‚Nordarabischen Herbst' umschlug, begann ausgerechnet in einem relativ weit fortgeschrittenen, modernen Land, „das vielerorts in Afrika als Vorbild angesehen worden war: wegen seines relativen Wohlstands, seiner Stabilität, seiner aufstrebenden Mittelschicht, seiner guten Volksbildung und fortschrittlichen Frauenrechte". Damit waren paradoxerweise genau die Faktoren benannt, „die Afrika nach dem Konsens seiner aufgeklärten Eliten endlich voranbringen sollten" (Johnson 2013, S. 115). Auf den Sturz des Diktators von Tunesien folgte der Kollaps der Gewaltherrscher in **Ägypten** und *Libyen,* von *Präsident Mubarak* und *Präsident Gaddafi*. Das Bürgerkriegsland **Libyen** befindet sich im Jahr 2017 im Zustand eines *failing state* mit militanten rivalisierenden Machtgruppen, während **Tunesien** zwar noch politisch labil ist, aber bereits einen demokratischen Aufbruch begonnen hat. **Ägypten** wird seit Mai 2014 von Präsident *Abdelfattach al-Sisi* regiert, der im Juli 2013 den gewählten Präsidenten *Mohamed Mursi* gestürzt hatte. Seitdem findet am Nil eine Restauration der repressiven Verhältnisse statt, die bereits vor dem ‚Arabischen Frühling' unter Präsident *Husni Mubarak* geherrscht hatten. Der hoch gerüstete Erdöl- und Erdgas-Staat **Algerien** (dessen Bevölkerung in den 1990er Jahren einen Bürgerkrieg mit 150.000 Toten zu erleiden gehabt hatte) wird von dem seit 1999 amtierenden Präsidenten *Abdel al-Aziz Bouteflika* (seit Jahren schwer erkrankt) ‚regiert'. Das instabile Land kämpft mit großen Herausforderungen wie hoher Jugendarbeitslosigkeit, Überschuldung und Korruption in der allgegenwärtigen Staatspartei *Front de Libération National (FLN)*.

Zweitens ist die kleine Gruppe der neun relativ **erfolgreichen** Länder mit **demokratischer Transition** und gelenkter **Marktwirtschaft** zu nennen: *Benin, Botsuana, Ghana, Kapverden, Mauritius, Namibia, Senegal, Seychellen und Südafrika*. Es handelt sich um Länder, die auch schon beachtliche Fortschritte bei der Entwicklung der nationalen Produktivkräfte erzielt haben. Vier Länder wurden von internationalen Ratingagenturen mit einem *Investment Grade* versehen: *Mauritius, Botsuana, Namibia und Südafrika*. Letzterer ist der einzige Staat Afrikas, der nicht nur über bedeutende strategische Rohstoffressourcen verfügt, sondern auch wettbewerbsfähige Industrien hervorgebracht hat. Unter dem Schlagwort *Black Economic Empowerment (BEE)* hat die ANC-Regierung ein Wirtschafts- und Investitionsprogramm aufgelegt, das hauptsächlich der neuen schwarzen Mittelschicht Aufstiegschancen ermöglichen soll.

Drittens ist die große Gruppe der **defekten Demokratien** mit **autoritären Patronage-Regimen** zu nennen, in denen der Staat nicht Teil der Lösung, sondern eher Teil des Problems darstellt. Entwicklungschancen sind davon abhängig, ob es den **zivilgesellschaftlichen** Kräften und einer konfliktfähigen Mittelschicht gelingt, demokratische Reformen gegen staatlichen Widerstand durchzusetzen. Erkennbare Ansätze dazu gibt es namentlich in *Burkina Faso, Côte d'Ivoire, Guinea, Kamerun, Kenia, Mali, Malawi und Tansania*. Von internationalen Investoren werden folgende Länder als Märkte mit spekulativen Gewinnchancen eingestuft: *Äthiopien, Angola, Côte d'Ivoire, Gabun, Ghana, Kamerun, Kenia, Mosambik, Nigeria, Sambia, Senegal und Tansania* (nach World Bank: Africa's Pulse, Washington, April 2016, S. 25).

Viertens ist die Gruppe der **Staatszerfallsländer** oder **Failing States** hervorzuheben: *Somalia, Süd-Sudan, ZAR, Tschad, DR Kongo, Libyen, Sudan, Burundi, Simbabwe (?) und Mali (?)*. Derzeit zählen Weltbank und IWF 19 Länder in Subsahara Afrika zu den **fragilen Staaten**, – das sind 40 % aller Länder der Region mit einem Viertel von Afrikas Gesamtbevölkerung von 1,216 Mrd. Menschen (2016). Dabei ist im Auge zu behalten, dass es kein Naturgesetz in dem Sinne gibt, dass *failing states* etwa für immer in diesem Zustand des Verfalls verharren müssten. Die **Ex-Bürgerkriegsstaaten** *Angola, Liberia, Mosambik, Sierra Leone und Ruanda* haben gezeigt, dass sich mit tatkräftiger Unterstützung aus dem Ausland zerstörte Nachkriegs-Gesellschaften erneuern und stabilisieren können. Allerdings hat die *Kriegsursachenforschung* auch herausgefunden, dass Länder, die schon einmal einen Bürgerkrieg erlitten hatten, mit einiger Wahrscheinlichkeit wieder zum Schauplatz militant ausgetragener Konflikte werden können (was auf *Sudan, Uganda, Burundi und Mali* zutrifft).

Fünftens ist die Sondergruppe der fünf **territorial großen erdölexportierenden Länder** zu nennen: *Algerien, Angola, DR Kongo, Nigeria und Sudan*. Gemeinsam ist ihnen, dass deren Regierungen die beträchtlichen Rohstoffrenten bisher nicht zum Wohle ihrer jeweiligen Bevölkerung zu investieren wussten ('Fluch der Rohstoffe'), aber hohe Rüstungsausgaben tätigten. Sie alle hatten oder haben mit **regional-sezessionistischen Tendenzen** zu kämpfen oder gar mit Anti-Regime-Kriegen. Die schiere Größe der Staaten, die infrastrukturell und administrativ zu entwickeln, extrem große Anstrengungen und Finanzmittel erforderlich macht, ist als strukturelles Entwicklungshindernis (ein koloniales Erbe) nicht zu unterschätzen. Als Problemlösung wäre eine Politik der graduellen **Dezentralisierung und Föderalisierung** angemessen, jedoch steht deren Realisierung die weit verbreitete *Kontrollsucht der Zentralstaaten* entgegen, die der Logik folgt: Wer hohe Staatsrevenuen zu vergeben hat, kann sich und seine Klientelnetze üppig bedienen und auf politische Loyalität der Begünstigten hoffen.

Sechstens gibt es die Untergruppe von **autoritär regierten Ländern mit entwicklungspolitisch orientierter Staatsführung**, die dem Ideal des *developmental state* nahe kommen. Inspiriert vom chinesischen Vorbild, wird das Ziel des wirtschaftlichen Fortschritts über das Gebot des Respekts vor Demokratie und Menschenrechten gesetzt. Dazu gehören vor allem: *Äthiopien, Kenia, Ruanda und Uganda*. Als eher ressourcenarme Länder verbindet sie das Streben nach Diversifizierung der Wirtschaft und partieller Integration in internationale Wertschöpfungsketten.

Und siebentens ist die Gruppe der Länder mit besonderen **strukturellen Nachteilen** zu nennen – Nachteile aufgrund geringer Binnenmarktgröße (*Lesotho und Swasiland*), geographisch ungünstiger Lage (*land-locked countries* der *Sahel-Zone*), einschließlich der kleinen Inseln (*Sao Tomé and Principe und Komoren*). Nur 'kleine Länder' mit Spezialisierung auf den Tourismus (*Seychellen*) haben begründete Chancen auf ein gedeihliches Wirtschaftswachstum und einen relativen Wohlstand.

Werden die *vier Typen wirtschaftlicher Systeme* (siehe oben Kap. 2.14) mit denen der politischen Systeme kombiniert, so ergibt sich eine Ländertypologie mit *13 Staaten-Gruppen*, wie in *Tabelle 15.1* illustriert:

15.2 Afrika – eine Ländertypologie

Tab. 15.1 Afrika – eine Ländertypologie

Ökonomisches System	Politisches System			
	I Demokrat. Rechtsstaat	II Patronagestaat	III Diktatur: militärisch/zivil	IV Staatszerfall
Gelenkte Marktwirtschaft	(1) Profit + Entwicklung z. B. Mauritius	(2) Profit + Entwicklung z. B. Südafrika	(3) Profit + Renten z. B. Ägypten	(4) –
Rentenökonomie	(5) Rente: Diamanten z. B. Botsuana	(6) Rente: Bergbau z. B. Angola	(7) Rente: Rohöl + Baumwolle z. B. Sudan	(8) Rente: Rohöl + Metalle z. B. DR Kongo
Postkoloniale Rohstoffökonomie	(9) Staatsrevenuen: Export von Mineralien + Nahrungsmitteln + EH z. B. Namibia	(10) Staatsrevenuen: Export von Rohstoffen + Nahrungsmitteln + EH z. B. Kamerun	(11) Staatsrevenuen: Export von Rohstoffen + Nahrungsmitteln + EH z. B. Ruanda	(12) Staatsrevenuen: Export von Rohstoffen + Nahrungsmitteln + EH z. B. ZAR
Gewaltökonomie	(13) –	(14) –	(15) Subsistenz; Nahrungsmittel-Export; Migrationssteuer z. B. Eritrea	(16) Subsistenz; Schutzgeld; Katastrophen-EH z. B. Somalia

Quelle: Eigene Darstellung; Legende: EH = Entwicklungshilfe; ZAR = Zentralafrikanische Republik

Eine Konsequenz dieser *regionalen und politischen Fragmentierung* Afrikas ist die Tatsache, dass die Einrichtung *regionaler* Wirtschafts- und Entwicklungsgemeinschaften, wie sie auch die Europäische Kommission mit den regionalen *Economic Partnership Agreements (EPAs)* zu fördern beabsichtigt, immer schwieriger zu erreichen sein wird. Auch für *panafrikanische* Gemeinschaftsinitiativen gibt es kaum mehr eine materielle Basis.

Was die **sozio-kulturelle Binnendifferenzierung** der afrikanischen Gesellschaften angeht, so sind folgende **fünf Veränderungstrends** hervorzuheben: (a) eine zunehmende soziale Polarisierung zwischen *Stadt und Land*, wobei die Urbanisierung im Sinne der ‚Ruralisierung' der Städte rasch voranschreitet; (b) der Aufstieg der afrikanischen *Mittelschichten (middle classes)* in den wirtschaftlich erfolgreicheren Ländern (Ländergruppen 2, 6 und 10); (c) die wachsende Bedeutung von *Religion* und Ethnizität als Mittel der Identifikations-Konstruktion; (d) die Sichtbarwerdung der Diskrimierung von *Frauen* und von *Gender-Verhältnissen*; (e) Zunahme der ethnisch-kulturell-sozialen Spannungen und Konflikte um den wirtschaftlichen Zugang zu Land-, Weide- und Wasser-Ressourcen, was als die in Afrika *allgegenwärtige Konfliktfolie* in dichter besiedelten Regionen anzusehen ist.

Die Zahl der zu **Mittelschichten** gehörenden Afrikaner wird im *Global Wealth Report* auf 18,8 Millionen veranschlagt. Ihnen wird ein Einkommen von 2 bis 13 US$ pro Kopf und Tag zugerechnet (Melber 2016, S. 53). Angehörige der Mittelschichten haben mehr Wahlmöglichkeiten, ihre etwas höheren Einkommen nach individuellen Präferenzen (für Konsum oder für Kultur) auszugeben; aber sie gehören aufgrund ihrer besseren Verbindungen zu globalen Kommunikationsmärkten paradoxerweise auch zu den Gruppen, aus denen sich mit Vorliebe *migrationswillige* Wirtschaftsflüchtlinge rekrutieren.

Religion ist speziell für Menschen mit Zukunftshoffnungen ein wichtiges Ausdrucksmittel geworden (Chidester, Tayob & Weisse 2004). Zahl und Bedeutung christlicher Pfingstkirchen (Nigeria) und muslimischer Moschee-Gemeinden (Sudan, Mali) nehmen zu, wobei die *religiöse Selbstbehauptung* auch als ein Mittel sozialer Abgrenzung von anderen ‚Wir-Gruppen' funktioniert. Die anhaltende Diskriminierung von **Mädchen und Frauen im Erwerbsleben** behinderte aber Entwicklungsfortschritte, allerdings ist das Bewußtsein über Gender-Ungerechtigkeit in den urbanen Zivilgesellschaften gewachsen (UNIFEM 1995; Kihiu 2010, Schäfer 2008, Verschuur, Guérin & Guéttat-Bernard 2014).

15.3 Befunde und Entwicklungsperspektiven

In diesem letzten Kapitel sollen einige zentrale Erkenntnisse der behandelten Themen zur postkolonialen Entwicklung afrikanischer Länder in **zehn Punkten** zusammengefasst werden:

I. Seit der Unabhängigkeit (1960) haben einige Ländergruppen Afrikas teilweise große **wirtschaftliche Wachstumserfolge** vorzuweisen; aber der strukturelle Wandel in Richtung auf Industrialisierung und systemische Wettbewerbsfähigkeit ist weitgehend ausgeblieben (Wachstum ohne Entwicklung; Kappel & Reisen 2017). Afrikas Anteil an der Weltbevölkerung beträgt ca. 13 %, sein Anteil am Welthandel aber beläuft sich nur auf etwa 3 %. Diese **wirtschaftliche Marginalisierung** des Kontinents hat viele Ursachen; eine zentrale Ursache ist seit langem die in Jahrhunderten entstandene *asymmetrische, unfaire* Struktur der Handelsbeziehungen zwischen politisch starken Industrieländern (den einstigen Kolonialmächten plus Nordamerika) und den Ländern der Dritten Welt. Sie ist deshalb als ‚*unfair*' zu bezeichnen, weil die Kluft in den Einkommen nicht in erster Linie das Leistungsergebnis eines wirtschaftlichen Wettbewerbs war, sondern Resultat politischer Gewalt in den Zeiten von Imperialismus und Kolonialismus. Gleichwohl haben es afrikanische Gesellschaften wie beispielsweise Simbabwe, Nigeria oder Kamerun – im Unterschied zu asiatischen Schwellenländern – aufgrund von Staatsversagen versäumt, endogene Entwicklungspotentiale besser zu nutzen. Hinweise auf das ‚*koloniale Erbe*' können folglich immer weniger als Erklärung für ausbleibende eigene Entwicklungsfortschritte Glaubwürdigkeit beanspruchen.

Etwa Dreiviertel aller Exporte bestehen immer noch aus **natürlichen Rohstoffen**, wobei Erdöl und Erdgas einen prominenten Platz als Devisenbringer einnehmen (neben Gold, Diamanten, Kupfer, Chrom, Coltan, Bauxit und Tropenholz). Gleichzeitig bedingt das **Schwanken der Weltmarktpreise** eine unvermeidliche Unsicherheit bei der Planung von Staatsausgaben und Entwicklungsinvestitionen. Der starke Anstieg der Rohstoffexporte hat afrikanischen Gesellschaften als Ganzes keinen Segen gebracht, was nicht zuletzt auf die ruinöse Politik der **aggressiven Steuervermeidung** global tätiger **Rohstoffkonzerne** (wie beispielsweise bei *Glencore*) zurückzuführen ist. Lange überdeckte der **Rohstoffboom** die Tatsache, dass Afrikas wirtschaftliches Hauptproblem, die geringe Teilnahme der **verarbeitenden Wirtschaft an internationalen Wertschöpfungsketten**, bis heute noch nicht gelöst ist. Afrika ist zwar im Kapitalismus angekommen, der Kapitalismus aber noch nicht überall in Afrika (siehe Goldberg 2008, S. 17).

II. Konzessionäre und kommerzielle **Kapitalzuflüsse**, einschließlich der Direktinvestitionen, haben sich zwischen 2000 bis 2015 in etwa vervierfacht (von 25 Mrd. US\$ auf über 90 Mrd. US\$), – nicht zuletzt auch wegen des Engagements der VR China. Internationale Geschäftsbanken haben im Jahr 2014 in etwa 7,7 Mrd. US\$ an Nettokrediten und 4,5 Mrd. US\$ an Portfolio-Investitionen bereitgestellt, was auf eine erhöhte Risikobereitschaft der Anlage suchenden Firmen schließen lässt (Raschen 2016, S. 3). Noch in den 1990er Jahren waren afrikanische Länder hoch verschuldet: Während damals die **Außenverschuldung** im Verhältnis zur nationalen Wirtschaftsleistung oftmals 80 % getragen hatte, beläuft sich heute der Schuldenquotient nur noch auf etwa 20 % – 25 %, – dank der Schuldenerlasse seitens der Gläubiger und dank nationaler fiskalpolitischer Reformen.

III. Die **geringe Produktivität des Agrarsektors** vereitelt die Erzielung von Ernährungssicherheit. Der landwirtschaftliche Anteil an der nationalen Wirtschaftsleistung beträgt nur etwa 22 %. Der Anteil der **ländlichen Bevölkerung** in Subsahara-Afrika ist von 87 % (1961) auf heute unter 60 % gesunken, doch hat sich deren absolute Zahl verdreifacht und damit zugleich die ländliche Bevölkerungsdichte. Die **landwirtschaftliche Produktion** ist zwar weniger als die Gesamtbevölkerung gewachsen, aber deutlich stärker als die ländliche Bevölkerung. Etwa 60 % des Produktionsanstiegs sind hierbei auf *Flächenausweitung* und etwa 40 % auf eine Erhöhung der *Flächenproduktivität* zurückzuführen. Als Crux der afrikanischen Landwirtschaft ist die immer noch zu **niedrige Produktivität** zu beklagen: „Kein Pflug, kaum Tieranspannung, extensive Bodennutzung, wenig Einsatz von Agrarchemie, keine Mechanisierung, wenig Tierdüngung, dazu kommen ungünstige natürliche Bedingungen wie nährstoffarme Böden, unregelmäßige Niederschläge und die Belastung durch Krankheiten wie die von der Tse-Tse-Fliege verbreitete Schlafkrankheit" (Goldberg 2010, S. 120). Die Betriebsgrößen blieben über Jahrzehnte weitgehend unverändert. Daher verspräche die Förderung der **Innovationsfähigkeit** und der **Markteinbindung** der Kleinbauern die größten Fortschritte im Kampf für Ernährungssicherheit (Nour & Münzig 2015; Rauch et al. 2016). Offensichtlich verträgt sich dieser Ansatz jedoch nicht mit der heute weit verbreiteten Strategie des **Land Grabbing** (Pearce 2012, Kress 2012, Schlimmer 2017). Empirische Untersuchungen haben gezeigt, dass Investitionen im Rahmen von *Land Grabbing* „der Nahrungsmittelsicherheit, dem Einkommen, den Lebensbedingungen und der Umwelt der lokalen Menschen schaden" (*Committee on World Food Security: Report of the High Level Panel of Experts on Food Security and Nutrition, 2011, S. 8*).

IV. **Hunger, Mangelernährung und Ernährungsunsicherheit** werden noch sehr lange das Leben in mindestens 15 strukturschwachen afrikanischen Ländern prägen. Die Konflikte um Eigentums- und Nutzungsrechte an Land nehmen zu (Boone 2014), nicht zuletzt wegen des ungesteuerten Bevölkerungswachstums. Laut *Welthungerhilfe-Index 2017 (WHH)* ist in acht Ländern weltweit (davon in 7 afrikanischen) die Hungersituation ‚gravierend' oder ‚sehr ernst': in der *ZAR, im Tschad, in Liberia, Madagaskar, Sierra Leone, Sambia, im Sudan* sowie im Bürgerkriegsland *Jemen*. Dazu kamen 13 Länder, für die keine WHH-Werte für 2017 errechnet werden konnten, in denen aber die **Ernährungsunsicherheit** als sehr hoch eingeschätzt wurde: *Burundi, Komoren, DR Kongo, Eritrea, Libyen, Somalia und Süd-Sudan*. Meistens leiden jene Menschen und Gruppen unter Hunger und Fehlernährung am meisten, die über die geringste **soziale, wirtschaftliche** oder **politische Macht** verfügen. Das Machtgefälle ist auch Ausdruck **sozialer Einkommensungleichheit**, die in den afrikanischen *Middle Income Countries* (Südafrika, Ghana, Botsuana, Kenia) sowie in den Öl-Exportländern (Angola, Nigeria, Gabun) besonders hoch ist. Bei der Suche nach den Ursachen ist die „zentrale Rolle der transnationalen Konzerne wie Monsanto, DuPont und Syngenta im Welternährungssystem zu beachten" (Naomi Hossain, Institute of Development Studies, in: WHH: Welthunger-Index 2017. Wie Ungleichheit Hunger schafft, Oktober 2017, S. 25 – 26).

V: **Armut** konnte in einigen afrikanischen Ländern reduziert werden, in anderen jedoch nahm die Zahl der Armen noch zu (vor allem in den Staatszerfallsländern). Im Jahr 2000 gehörte Subsahara Afrika mit einem durchschnittlichen **Prokopf-Einkommen (PKE)** von 502 US$, zusammen mit Südasien, zu den weltweit ärmsten Regionen der Welt: Ein großer Teil (58 %) der afrikanischen Bevölkerung lebte seinerzeit unterhalb der **Armutsgrenze**; heute (2017) liegt der Wert bei knapp unter 50 % (2012: 43 %). Der Agrar- und Rohstoff-Kontinent Afrika muss noch immer einen Großteil seiner **Nahrungsmittel importieren** (2010 im Werte von 70 Mrd. US$)! Das zentrale Ziel der **UN Millennium Development Goals** einer Halbierung der Armutsquote wurde in Afrika (nicht aber weltweit) klar verfehlt; und nichts spricht für die Annahme, dass sich daran in naher Zukunft grundsätzlich viel ändern würde. Dafür gibt es mindestens drei Gründe. *Erstens*: Im gleichen Zeitraum (2000 bis 2015) stand dem Wirtschaftswachstum (ca. 2 % pro Kopf) eine Bevölkerungszunahme von 50 % (absolut) bzw. von 2,7 % pro Jahr (relativ) gegenüber, was bedeutet, dass die Konsumrate höher als die Produktions- und Produktivitätsrate war. *Zweitens*: macht sich die **Knappheit an natürlichen Ressourcen**, die für Erhalt und Weiterentwicklung sowohl der *afrikanischen Subsistenzökonomie* als auch der *Exportwirtschaft* notwendig wären, zunehmend bemerkbar, zum Beispiel an Hand der hohen Zahl lokaler **Landkonflikte**. Dies betrifft in erster Linie die *Land-, Weide- und Wasserknappheit* für pastorale Gruppen und Kleinbauern, die zusätzlich durch häufig auftretende **Dürren** (in östlichem und südlichem Afrika) geschwächt und die durch großflächige Agrarinvestitionen Ortsfremder (*land-grabbing*) marginalisiert zu werden drohen. Und *drittens* gibt es angesichts noch fehlender **Industrialisierung** im großen Stil und mangelnder agrarwirtschaftlicher Produktivitätssteigerung noch keine überzeugende Lösung für das gravierende **Job-Problem**: das Millionenheer von Unterbeschäftigten und einkommenslosen Männern und Frauen auf der Suche nach bezahlter Arbeit.

VI: Das immer noch viel zu **starke Bevölkerungswachstum** (im Verhältnis zu den verfügbaren Wirtschaftsressourcen) blockiert Afrikas Entwicklung wie kein anderer einzelner Faktor. Bis 2050 wird Afrikas Bevölkerung möglicherweise von heute 1,216 Mrd. Menschen auf 2,47 Mrd. Menschen angewachsen sein. Während seit 60 Jahren die Geburtenrate weltweit von ca. 5 auf 2,5 Kinder pro Frau halbiert werden konnte, ist die Rate in Afrika nur geringfügig gesunken: auf 4,7 im Jahr 2015. Jedes Jahr wachsen ca. **20 Millionen Jugendliche** heran, die einen Job suchen, aber nur etwa zwei Millionen junge Menschen können jährlich in formellen Wirtschaftssektoren eine Arbeit finden. Die große Mehrheit des wachsenden Arbeitskräftepotentials von jährlich 18 Millionen wird also weiterhin in ungesicherte Tätigkeiten mit jeweils sehr niedrigem Produktivitäts- und Einkommensniveau gedrängt. Junge Männer und Frauen werden im Zuge der von der Not erzwungenen Landflucht in *Afrikas überquellende Megacities* abwandern und sich dort irgendwie durchzuschlagen versuchen. Ein Teil von ihnen wird an den Folgen **struktureller Gewalt** in den Slums der Millionenstädte frühzeitig sterben. Wen wundert es dann, dass Jugendlichen ohne Perspektive daheim die vage Aussicht auf ein Leben in Europa (oder in Nordamerika) verlockend erscheint? **Flucht und Migration** erscheinen ihnen als rationaler Ausweg aus ihrer selbst nicht verschuldeten Misere. Dabei ist ein politisch schwer lösbarer Interessenkonflikt entstanden: afrikanische Regierungen und Gesellschaften plädieren für geschützte Binnenmärkte und offene Grenzen zwischen Afrika und Europa, während sich Politiker in EU-Staaten mehrheitlich für offene Märkte in Afrika und bewachte Grenzen an den Rändern der ‚Festung Europa' einsetzen.

VII. Der **ländliche Agrarraum** als **Überlebensraum** für die große Mehrheit der Bevölkerung ist an seine Leistungsgrenzen gestoßen: Solange sich afrikanische Familien dorthin zurückzuziehen vermochten, konnten sie mit Hilfe weitverzweigter Verwandtschaftsbeziehungen überleben und dem sozialen Abstieg in ein *Lumpenproletariat* entgehen. Nicht das Motiv der Profitmaximierung bestimmte bei ihnen die Logik ihres Handelns, sondern das Interesse am Erhalt der familiären Produktionseinheit. Angesichts einer durchschnittlichen **Verdoppelung der Bevölkerung** alle 25 bis 28 Jahre (seit 1960) ist die vormoderne afrikanische Produktionsweise überfordert und aus den Fugen geraten. Dringend erforderlich ist daher in allen Ländern eine **Modernisierung** und **Kapitalisierung** der bäuerlichen Landwirtschaft (Mills, Herbst, Obasanjo & Davis 2017).

VIII. **Afrikanische Länder verlieren ihre Entwicklungspotentiale ans Ausland.** Es kommt einer ‚Selbstverstümmelung' gleich, wenn der afrikanische Kontinent Jahr für Jahr drei seiner zentral wichtigen Schätze an das Ausland verliert: (1) **Produktivkräfte** wie junge tatkräftige Frauen und Männer, die als Kriegs-, Wirtschafts- und Klimaflüchtlinge ihre Heimat verlassen müssen (*Migranten*); (2) **Fluchtkapital**, ca. 60 Mrd. US\$ jährlich, das somit für produktive Investitionen in den Heimatländern verlorengeht; (3) **Sozialkapital**, d.h. Fachleute, kritische

Intellektuelle, Oppositionspolitiker und Künstler, die wegen politischer Repression oder niedriger Gehälter ins Exil getrieben werden.

Als wirkungsvollste **Gegenmaßnahmen** werden die Vermeidung ungeplanter Schwangerschaften durch Familienplanung sowie die Förderung von Bildung und Erwerbstätigkeit von Mädchen und Frauen angesehen. *Langfristig* liegt deshalb die Lösung des ‚Überbevölkerungsproblems' in einer Politik, die **Familienplanung in großem Stil** mit der arbeitsintensiven **Produktivitätssteigerung im Agrarsektor** kombiniert.

IX: Nicht Geld ist der Schlüssel zur Entwicklung, sondern **politische Entschlossenheit und fachliche Kompetenz bei den staatlich Verantwortlichen.** Die hier präsentierten empirischen Fallstudien bestätigen die Erkenntnisse der Theorie des Entwicklungsstaates (**developmental state**). Der postkoloniale **Patronage-Staat**, welcher auf *extraktive Praktiken* zum Zwecke der Selbstbegünstigung seiner unproduktiven Kaste (Staatsklasse) abzielt, blockiert mit seiner positionellen **Verhinderungsmacht** die Entstehung einer einheimischen Unternehmerklasse: Als **gate-keeper** (Türhüter) von Einnahmen und Ausgaben, von Importen und Exporten kontrolliert er Handel und Wirtschaft und entwickelt sich im Extremfall (Simbabwe, DR Kongo, Angola, Nigeria) zu einer ‚Plünderungsmaschine' (**looting machine** im Sinne von Burgis 2015). Bei den Rohstoffexportländern bestimmt die Mentalität des **rent-seeking** die Politik und lähmt dadurch die Rationalität des **profit-seeking** auf Seiten der nationalen *business community*. Der verführerische Reichtum an natürlichen **Rohstoffen** hat dazu beigetragen, dass sich vielerorts ein solches **akkumulationsfeindliches politisches Milieu** entwickeln konnte (‚Fluch der Rohstoffe'). Dazu gehört eine vielerorts endemisch gewordene **Korruption** auf der Ebene der Staatsbürokratie, die die volkswirtschaftliche Leistung erheblich drosselt.

X. Vieles spricht für die These, dass die bisher üblichen Verfahren der internationalen **Entwicklungszusammenarbeit (EZ)** den Entwicklungsprozess afrikanischer Länder (besonders in den oben genannten Ländergruppen 3 und 4) nicht wesentlich gefördert haben (insgesamt hat das postkoloniale Afrika ca. 1,2 Billionen US $ an öffentlicher und privater ‚Entwicklungshilfe' erhalten). Während auf der **lokalen Mikro-Ebene** bei einzelnen Entwicklungshilfe-Projekten Erfolge erzielt wurden (Ausbau der Infrastruktur, Hebung des Bildungs- und Gesundheitsniveaus, Erhöhung der Ernährungssicherheit), sind die erhofften positiven Wirkungen auf der **nationalen Makro-Ebene** weitgehend ausgeblieben. Stattdessen ist ein zu Recht viel beklagtes **Abhängigkeitssyndrom** bei den bürokratischen Eliten der begünstigten Staaten entstanden, das Reformwillen und Eigeninitiativen lähmt. Die **EZ-Mittel** für das sub-saharische Afrika haben sich in den vergangenen 15 Jahren auf ca.

50 Mrd. US$ jährlich erhöht (Official Development Aid), und 16 Länder erhielten mehr als 10 % ihres Brutto-Nationaleinkommens durch ODA-Mittel, was der administrativen Korruption Tür und Tor öffnete, wie afrikanische Autoren beklagen (Moyo 2009; Shikwati 2011; Nebe 2011). Gleichwohl soll nicht in Abrede gestellt werden, dass auch dieser *Policy*-Bereich als ein **permanenter Lernprozess** zu verstehen ist, in dem sich kluge und engagierte Wissenschaftler und Praktiker seit Jahrzehnten um Verbesserung der angewandten Methoden bemühen. „Die Suche nach den Stellschrauben zur Steigerung der Wirksamkeit der Entwicklungspolitik" (Faust & Neubert 2010, S. 78), wie das Mantra der offiziellen EZ seit Jahrzehnten lautet, ist verständlich, aber möglicherweise auf den viel befahrenen Wegen wenig ergiebig, wenn nicht sogar kontraproduktiv (Illy 2007). Eine ‚Entgiftung' der **internationalen Entwicklungszusammenarbeit** täte not (Kölner Memorandum zur Entwicklungspolitik 2016; Deaton 2016).

Auch in Afrika können Gesellschaften **nicht von außen** entwickelt werden, wenn der nationale Wille auf oberster Regierungsebene (das Bekenntnis zu **ownership**) dazu fehlt. Die Rezepturen der Weltbank und anderer Geberorganisationen haben meistens deshalb nicht gewirkt, weil die Märkte in Afrika „unvollkommen, oligopolistisch, exklusiv und zersplittert" sind (Molt 2010, S. 33). Ohne eine effiziente, relativ eigenständig operierende **Verwaltung durch Professionals**, die geeignete *politische und rechtliche Rahmenbedingungen* für die Entfaltung von kleinen und mittleren Unternehmen zu setzen in der Lage ist (die auch befolgt werden!), kann Entwicklung im Sinne der **Selbstermächtigung** der Gesellschaft nicht gelingen. Jedes afrikanische Land bräuchte seine eigene **Reformagenda** (Olopade 2014; Mills, Herbst, Obasanjo & Davis 2017, S. 262f.). Gefördert werden sollten daher **Mitsprache und Respekt vor den Prioritäten der lokalen Bevölkerung**, zu denen die Schaffung eines nachhaltigen Einkommens aus **Erwerbsarbeit** als höchste Priorität gehört. Dem Tansania-gebürtigen Präsidenten der *Society for International Development (SID),* **Juma V. Mwapachu**, Ex-Generalsekretär der Ostafrikanischen Gemeinschaft (2006-2011), soll das letzte Wort gehören. Befragt nach einem Ratschlag für die **Zukunft Afrikas** antwortete er:

> „Ich denke, dass das Narrativ von einer neuen Führungsschicht kommen sollte (a new breed of leadership). Der Ausdruck ‚Führung' wird meines Erachtens zu sehr mit politischer Führung assoziiert. Die neue Führung muss aus der ganzen Gesellschaft erwachsen. Wir müssen die Energien von Afrikas jungen Menschen nutzen…Das Narrativ sollte das afrikanische Denken wieder auf die afrikanische Einheit und Afrikas wirtschaftliche Transformation als Kontinent fokussieren…Ich denke, dass es wichtig ist, die Rolle des developmental state wieder herzustellen, nicht etwa nach sozialistischen, ideologischen Prinzipien, sondern als Entwicklungsstaat innerhalb einer sich wandelnden globalen wirtschaftlichen Landschaft, in der er zuerst die nationalen Interessen festlegt" (Mwapachu 2012, S. 443 und 448).

Literaturverzeichnis

Abbing, J. (2016). Eastern Africa. In Africa Yearbook 2016, S. 258-273
Acemoglu, D. & Robinson, J. A. (Eds.) (2012). *Why Nations Fail. The Origins of Power, Prosperity, and Poverty.* New York: Crown Business
Adam, E. (2015). *Machtwechsel in Mosambik. Die ersten 100 Tage des Filipe Nyusi.* Berlin: Friedrich-Ebert-Stiftung
Adick, C. (2009). Bildung. In P. Meyns (Hrsg.), Handbuch Eine Welt, S. 26-33
Adukele, W. (2016). *Flucht. Was Afrikaner außer Landes treibt.* Berlin: Verlag Das Neue Berlin
Afoláyan, M. O. (2007). *Higher Education in Postcolonial Africa. Paradigms of Development, Decline and Dilemmas.* Trenton & Asmara: Africa World Press
AFROBAROMETER (2006). *Citizens and the State in Africa: New Results from Afrobarometer, Round 3.* Cape Town/South Africa, Legon-Accra/Ghana/ East Lansing/Michigan/USA
AFROBAROMETER (2016). By R. Mattes & M. Bratton. Policy Paper 36
Alden, C. 2007. *China in Africa. African Arguments.* London/New York: Zed Books
Albertini, R. von (1966). *Dekolonisation. Die Diskussion über Verwaltung und Zukunft der Kolonien 1919-1960.* Köln und Oplanden: Westdeutscher Verlag
Albertini, R. von (1976). *Europäische Kolonialherrschaft 1880-1940.* Zürich und Freiburg i. Br. : Atlantis
Alberts, N. (2013). *Die Effektivität verschiedener Initiativen und Konzepte zur Korruptionsbekämpfung in Staaten mit Erdölvorkommen.* Berlin & Münster: Lit
Alemann, U. von (2015). Korruption. In: D. Nohlen & F. Grotz (Hrsg.), *Kleines Lexikon der Politik* (S. 346-347).
Al-Kiki, M. (1997). *Taking Gifts from Women Where the Fair Ruler is Absend.* In: A. Tawfiq. Dar al-Gharb al-Islami. Beyrouth: Libanon
Altvater, E. & Mahnkopf, B. (1996). *Grenzen der Globalisierung. Ökonomie, Ökologie und Politik in der Weltgesellschaft.* Münster: Westfälisches Dampfboot
Amin, S. (1974). Zur Theorie von Akkumulation und Entwicklung in der gegenwärtigen Weltgesellschaft, in: D. Senghaas (Hrsg.), *Peripher Kapitalismus* (S. 71-97). Frankfurt am Main: Suhrkamp
Amsden, A.(2001). *The Rise of „The Rest". Challenges to the West from Late-Industrializing Econies.* Oxford: OUP
Andersen, U. (Hrsg.) (2012). *Entwicklungspolitik. Standortbestimmung, Kritik und Perspektiven.* Schwalbach im Taunus: Wochenschau-Verlag
Ansorg, N. (2013). *Kriege ohne Grenzen. Ursachen regionaler Konfliktsysteme in Sub-Sahara Afrika.* Research. Wiesbaden: VS Springer

Ansprenger, F. (1961). *Politik im Schwarzen Afrika. Die modernen politischen Bewegungen in Afrika französischer Prägung.* Köln und Opladen: Westdeutscher Verlag

Ansprenger, F. (1999). *Politische Geschichte Afrikas im 20. Jahrhundert.* München: Beck

Ansprenger, F. (2002). *Geschichte Afrikas.* München: Beck'sche Reihe

Apusigah, A. (2009). Poverty Reduction in Ghana: Myth or Reality? In VENRO (Verband Entwicklungspolitik Deutscher Nicht-Regierungsorganisationen e. V.) (Hrsg.), *Zehn Jahre strategische Armutsbekämpfung – Zwischenbilanz und Perspektiven. Armutsbekämpfung braucht Beteiligung.* Berlin

Armah, A. K. (1982). *The Beautiful Ones Are not Yet Born.* London: Heinemann

Armstrong, K. (2001). *Kleine Geschichte des Islam.* Berlin: Berlin Taschenbuch Verlag

Aryeetey, E. & Kanbur, R. (Eds.) (2008). *The Economy of Ghana. Analytical Perspectives on Stability, Growth and Poverty.* Woodbridge/UK & Accra/Ghana: James Currey

Asche, H. & Engel, U. (Eds.) (2008). *Negotiating Regions: The EU, Africa and the Economic Partnership Agreements.* Leipzig: Leipziger Universitätsverlag

Asche, H. (2015). *Down to Earth Again: The Third Stage of African Growth Perceptions.* Africa Spectrum. 50 Years, S. 123-138. Hamburg: GIGA

Ashcroft, B., Griffiths, G. & Tiffin, H. (2007). *Post-Colonial Studies. The Key Concepts.* London & New York: Routledge

Askew, K. M. (2003). As Plato Duly Warned: Music, Politics, and Social Change in Coastal East Africa. *Anthropological Quarterly*, Vol. 76 No.4, S. 609-638

Asserate, A.-W. (2010). *Afrika. Die 101 wichtigsten Fragen und Antworten.* München: C. H. Beck

Asserate, A.-W. (2014). *Der letzte Kaiser von Afrika. Triumph und Tragödie des Haile Selassie.* Berlin: Propyläen

Ayittey, G. B. N. (2005). *Africa Unchained. The Blueprint for Africa's Future.* New York: palgrave

Bahru Zewde (2001). *A History of Modern Ethiopia: 1855-1991.* Oxford: Currey

Bakari, M. A. (2001). *The Democratisation Process in Zanzibar: A Retarded Transition.* Hamburg: IAK

Bandura, A. (1997). *Self-Efficacy. The Exercise of Control.* New York: Freeman

Banegas, R. (2014). Benin: Challenges for Democracy. *African Affairs*, Oxford, Vol. 113, Nr. 452, S. 449-459

Bank, A. & Josua, M. (2017). *Gemeinsam stabiler: wie autoritäre Regime zusammenarbeiten.* GIGA Focus. Global 2

Barandat, J. (Hrsg.) (1997). *Wasser – Konfrontation oder Kooperation.* Baden-Baden: Nomos

Barret, C. B., Carter, M. R. & Little, P. D. (Eds.) (2008). *Understanding and Reducing Persistent Poverty in Africa.* London & New York: Routledge

Basedau, M., Erdmann, G. & Mehler, A. (Eds.) (2007). *Votes, Money and Violence. Political Parties and Elections in Sub-Saharan Africa.* Uppsala/Sweden and Scottsville/South Africa: Nordiska Afrikainstitutet

Basedau, M. & Mehler, A. (Hrsg.), *Resource Politics in Sub-Saharan Africa.* Hamburg: GIGA

Bashford, A. & Chaplin, J. E. (2016). *The New Worlds of Thomas Robert Malthus: Rereading the Principles of Population.* Princeton: Princeton University Press

Bayart, J.-F. (2009). *The Politics of the Belly*, 2. Aufl., London und New York: Polity Press

Bayart, J.-F., Ellis, S. & Hibou, B. (1999). *The Criminalization of the State in Africa.* Oxford & Bloomington.

Bayly, C. A. (2004). *The Birth of the Modern World. 1780-1914*. Malden/USA & Oxford/UK: Blackwell
Becher, A. (2016). *Explaining Ethnic and Election Violence. Kenya and Malawi in Comparison*. Baden-Baden: Nomos
Becker, F. & Beez, J. (Hrsg.) (2005). *Der Maji-Maji-Krieg in Deutsch-Ostafrika 1905-1907*. Berlin: Ch. Links Verlag
Bedasso, B. (2015). Ethnicity, intra-elite differentiation and political stability in Kenya. *African Affairs, Vol. 114, Nr. 456, pp. 361-381*
Beer, B. (2017). Kultur und Ethnizität. In B. Beer, H. Fischer & J. Pauli (Hrsg.). *Ethnologie*, S. 71-88
Beer, B., Fischer, H. & Pauli, J. (Hrsg.) (2017). *Ethnologie. Einführung in die Erforschung kultureller Vielfalt*. 9. Auflage. Berlin: Reimer
Behrens, M. (Hrsg.) (2005). *Globalisierung als politische Herausforderung. Global Governance zwischen Utopie und Realität*. Wiesbaden: Verlag für Sozialwissenschaften
Beier, U. (1999). *Auf dem Auge Gottes wächst kein Grass. Zur Religion, Kunst und Politik der Yoruba*. Wuppertal: Edition Trickster im Peter Hammer Verlag
Bellows, A. & Valtente, F. (2016). *Gender, Nutrition, and the Human Right to Adequate Food*. London: Routledge
Bendel, P., Croissant, A. & Rüb, F. W. (Hrsg.) (2002). *Zwischen Diktatur und Demokratie. Zur Konzeption und Empirie demokratischer Grauzonen*. Opladen: Leske und Budrich
Bennholdt-Thomsen, V. & Mies, M. (1997 bzw. 2008). Eine Kuh für Hillary: Die Subsistenzperspektive. In K. Fischer et al. (Hrsg.), Klassiker der Entwicklungstheorie (S. 248-262).
Berg-Schlosser, D. (1997). *Demokratie und Entwicklung in Afrika*. Opladen: Jaeger
Bergstresser, H. (2010). *Nigeria. Macht und Ohnmacht am Golf von Guinea,*. Frankfurt a. M.: Brandes & Apsel
Berlin-Institut für Bevölkerung und Entwicklung in Kooperation mit der Stiftung Weltbevölkerung (Hrsg.) (2011). *Afrikas demographische Herausforderung*. L. Sippel, T. Kiziak, F. Woellert & R. Klingholz. Berlin
Bertelsmann Stiftung (Ed.) (2016). *Transformations-Index BTI 2016. Political Management in International Comparison*. Gütersloh: Verlag Bertelsmann Stiftung
Berwouts, K. (2017). *Congo's Violent Peace. Conflict and Struggle since the Great African War*. London: ZED Books
Beumler, M.-T. (2017). *Regional Insecurity and State Weakness as Harbinger of Terrorism and Insecurity in Mali*. (noch unveröffentlichte Diss.) Hamburg
Beyer, P. (2006). *Religions in Global Society*. London: Routledge
Bierschenk, T., Chaveau, J.-P. & Olivier de Sadan, J.-P. (2001). *Lokale Entwicklungsmakler. Zur Soziologie von Zivilgesellschaft und Partizipativer Entwicklungshilfe in Afrika*. In H. Schrader, M. Kaiser & R. Korff (Hrsg.), Markt, Kultur und Gesellschaft, S. 211-238
Bleck, J. & Michelitch, K. (2015). The 2012 Crisis in Mali: Ongoing Empirical State Failure. *African Affairs* (pp. 598-623). Jg. 114, No. 457
Bley, H. (1968). *Kolonialherrschaft und Sozialstruktur in Deutsch-Südwestafrika 1894-1914*. Hamburg: Leibnitz
Bleischwitz, R. & Pfeil, F. (Hrsg.) (2009). *Globale Rohstoffpolitik. Herausforderungen für Sicherheit, Entwicklung und Umwelt*. Baden-Baden: Nomos
Bliss, F. (2013). *Ethik in der Praxis der Entwicklungszusammenarbeit*. Bonn: PAS
Boehler, K. & Hoeren, J. (Hrsg.) (2003). *Afrika. Mythos und Zukunft*. Bonn: Bundeszentrale für politische Bildung

Bommarius, C. (2015). *Der gute Deutsche. Die Ermordung Manga Bells in Kamerun 1914.* Berlin: Berenberg

Boone, C. (2014). *Property and Political Order in Africa: Land Rights and the Structure of Politics.* Cambridge: CUP

Booth, D. & Golooba-Mutebi (2011). Developmental patrimonialism? The case of Rwanda. *Africa power and politics.* Working paper 16, published by UKAID and Irish Aid. Brigthon/Sussex

Boserup, E. (2008). Die ökonomische Rolle der Frau in Afrika, Asien, Lateinamerika (1970). In K. Fischer et al. (Hrsg.), *Klassiker der Entwicklungstheorie* (S. 111-129). Wien: Mandelbaum Verlag

Bösl, A. & Diescho, J. (Eds.) (2009). *Human Rights in Africa. Legal Perspectives on their Protection and Promotion.* Konrad-Adenauer-Stiftung. Windhoek: Macmillan Education Namibia

Boulaga, F. E. (2003). *La crise du Muntu. Authenticité africaine et philosophie.* Paris: Présence africaine

Braml, J., Risse, T. & Sandschneider, E. (Hrsg.) (2010). Einsatz für den Frieden. München: R. Oldenbourg

Brandstetter, A-M. & Neubert, D. (Hrsg.) (2002). *Postkoloniale Transformation in Afrika. Zur Neubestimmung der Soziologie der Dekolonisation.* Mainzer Beiträge zur Afrika-Forschung, Band 6. Münster

Brandt, M., Paeth, H. & Samini, C. (2013). Vegetationsveränderungen in Westafrika – Spiegel von Klimawandel und Landnutzung. *Geographische Rundschau*, Jg. 65, S. 36-43

Bratton, M. & van de Walle, N. (1997). *Democratic Experiments in Africa. Regime Transitions in Comparative Perspective.* Cambridge: University Press

Bratton, M. & Mattes, R. (2001). Africa's Surprising Universalism. *Journal of Democracy*, 12 (1), pp. 107–121

Braudel, F. (1993). *A History of Civilizations.* New York: Penguin

Braudel, F. (1986) *Sozialgeschichte des 15.-18. Jahrhunderts. Aufbruch zur Weltwirtschaft.* München: Kindler

Braun, J. von (2011). Combining Growth with Social Protection in Africa, in J. M. Nebe (Hrsg.), *Herausforderung Afrika. Gesellschaft in Raum und Wandel*, S. 173-192

Braun, J. von, Teklu, T. & Webb, P. (1998). *Famine in Africa. Causes, Responses, and Prevention.* Published for the International Food Policy Research Institute. Baltimore & London: John Hopkins

Brautigam, D. (2009). *The Dragon's Gift. The Real Story of China in Africa.* Oxford: University Press

Bretthauer, J. M. (2017). *Climate Change and Resource Conflict. The Role of Scarcity.* London & New York: Routledge

Brons, M. (2001). *Society, Security, Sovereignity and the State in Somalia. From Statelessness to Statelessness?* Utrecht (Diss.).

Brown, M. B. (1995). *Africa's Choices. After Thirty Years of the World Bank.* London: Penguin Books

Brüne, S. (1986). *Äthiopien – Unterentwicklung und radikale Militärherrschaft. Zur Ambivalenz einer scheinheiligen Revolution.* Hamburg: Institut für Afrika-Kunde

Brüne, S. (1995). *Die französische Afrikapolitik. Hegemonialinteressen und Entwicklungsanspruch.* Baden-Baden: Nomos

Brüne, S. (2005). Der "Tuareg-Konflikt". Friedenskonsolidierung durch Entwicklungszusammenarbeit. In: U. Engel et al. (Hrsg.), *Navigieren in der Weltgesellschaft* (S. 99-111).

Brüne, S. (2014). Problemregion Mali Nord – ein entwicklungspolitischer Rückblick. *Sicherheit und Frieden* S. 86-90. Hamburg: Institut für Friedensforschung und Sicherheitspolitik, 32. Jg., Heft 2

Brüntrup, M. (2015). *Welthunger und Welternährung.* Aus Politik und Zeitgeschichte, 65 Jg., H. 49, S. 6-13

Brunold, G. (1994). *Afrika gibt es nicht. Korrespondenzen aus drei Dutzend Ländern.* Frankfurt a. M.: Eichborn

Buchberger, C. (2012). *Ressourcenreichtum und demokratische Konsolidierung im Fall Ghana.* Berlin: Lit

Bundesministerium für wirtschaftliche Zusammenarbeit und Entwicklung (2017). Afrika und Europa – Neue Partnerschaft für Entwicklung, Frieden und Zukunft. Eckpunkte für einen Marshallplan mit Afrika. Berlin

Bundesregierung (2014). *Afrikapolitische Leitlinien der Bundesregierung.* Berlin

Burchardt, H.-J. & Tuider, E. (2014). Das vermachtete Subjekt: Feministische-postkoloniale Perspektiven auf Entwicklung. In: F. Müller et al. (Hrsg.), *Entwicklungstheorien.* PVS-Sonderheft 48, S. 381-404

Burgis, T. (2015). *The Looting Machine. Warlords, tycoons, smugglers and systematic theft of Africa's wealth.* London: William Collins. Auf Deutsch (2017): *Der Fluch des Reichtums.* Frankfurt a. Main: Westend

Calderisi, R. (2006). *The Trouble with Africa. Why Foreign Aid Isn't Working.* New York: Palgrave

Caparros, M. (2015). Der Hunger. Aus dem Spanischen. Berlin: Suhrkamp

Cardoso, F. H. (1974). Abhängigkeit und Entwicklung in Lateinamerika. In D. Senghaas (Hrsg.), *Peripherer Kapitalismus. Analysen über Abhängigkeit und Unterentwicklung* (S. 201-220). Frankfurt a. M.: Suhrkamp

Carmody, P. (2016). *The New Scramble for Africa.* Cambridge: Polity Press

Cassen, R. (1990). *Entwicklungszusammenarbeit. Fakten, Erfahrungen, Lehren.* Bern & Stuttgart: Verlag Paul Haupt

Castryck, G., Strickrodt & Wertmann, K. (Ed.) (2016). *Sources and Methods for African History and Culture.* Essays in Honour of Adam Jones. Leipzig: University Press

Chabal, P. (2009). *Africa. The Politics of Suffering and Smiling.* London & New York: ZED Books

Chabal, P. & Daloz, J. P. (1999). *Africa Works. Disorder as Political Instrument.* Bloomington: Indiana UP

Chang, H-J. (2006). *East Asian Development Experience. The Miracle, the Crisis and the Future.* London: ZED Books

Cheeseman, N. (2015). *Democracy in Africa: Successes, Failures and the Struggle for Political Reform.* Cambridge

Chidester, D., Tayob, A. & Weisse, W. (Eds.) (2004). *Religion, Politics, and Identity in a Changing South Africa.* Münster, New York. München, Berlin: Waxmann

Cichon, P., Hosch, R. & Kirsch, P. (Hrsg.) (2010). *Der undankbare Kontinent? Afrikanische Antworten auf europäische Bevormundung.* Hamburg: Argument Verlag

Clapham, C. (1996). *Africa and the International System. The Politics of State Survival.* Cambridge University Press

Clay, E. & Stokke, O. (2000). *Food Aid and Human Security.* London: Frank Cass

Cobbah, J. A. M. (1987). African Values and the Human Rights Debate. *Human Rights Quarterley*, Jg. 9, Heft 3

Cockett, R. (2010). *Sudan. Darfur and the Failure of an African State*. New Haven and London: Yale UP

Collier, P. (2007). *The Bottom Billion. Why the Poorest Countries Are Failing and What Can Be Done About It*. Oxford: OUP

Collier, P. (2009). *Wars, Guns, and Votes. Democracy in Dangerous Places*. New York: Harper Perennial

Collier, P. (2010). *Der hungrige Planet*. München: Siedler

Collier, P. & Hoeffler, A. (Hrsg.) (2006). Economic Causes and Consequences of Civil War: A Discussion of the Public Policy Interventions. In M. Dauderstädt & A. Schildberg (Eds.), *Dead Ends of Transition* (S. 151-158).

Conrad, S. & Randeria, S. (Hrsg.)(2002). *Jenseits des Eurozentrismus. Postkoloniale Perspektiven in den Geschichts- und Kulturwissenschaften*. Frankfurt/New York: Campus

Cooper, F. (2006). *Africa Since 1940. The Past of the Present*. Cambridge: University Press

Cooter, R. D. & Schäfer, H. - B. (2012). *Solomon's Knot. How Law Can End the Poverty of Nations*. Princeton & Oxford: Princeton University Press

Coquery-Vidrowitch, C. (1997). Afrikanische Produktionsweise. In W. F. Haug (Hrsg.), *Historisch-kritisches Wörterbuch des Marxismus*, Band 1. Hamburg & Berlin

Currey, J. (2008). *Africa Writes Back. The African Writers Series & the Launch of African Literature*. Oxford

Dahl, R. (1989). *Democracy and its Critics*. New Haven: Yale University Press

D'Aprile, M. (2014). *Die Poverty Reduction Strategy der Weltbank. Bedeutung der Institutionen für die Primarschulbildung in Sub-Sahara Afrika. Eine institutionen-ökonomische Evaluation am Beispiel Äthiopien und Nigeria*. Berlin: Lit

Daniel, A., Müller, S., Stoll, F. & Öhlschläger, R. (Hrsg.) (2016). *Mittelklassen, Mittelschichten oder Milieus in Afrika?* Baden-Baden: Nomos

Danner, H. (2012). *Das Ende der Arroganz. Afrika und der Westen – Ihre Unterschichten verstehen*. Frankfurt am Main: Brandes & Apsel

Danner, H. (2011). Dambisa Moyo's 'Dead Aid'. – Ein Kommentar und die afrikanische Reaktion. In J. M. Nebe (Hrsg.), *Herausforderung Afrika* (S.393-410), Baden-Baden: Nomos

D'Arcy, M. & Cornell, A. (2016). Devolution and Corruption in Kenya: Everyone's Turn to Eat. African Affairs, 115/459, pp. 246-273

Davidson, B. (1992). *The Black Man's Burden: Africa and the Curse of the Nation-State*. London: James Curray

Dauerstädt, M. & Schildberg, A. (Eds.) (2005). *Dead Ends of Transition. Rentier Economies and Protectorates*. Frankfurt & New York: Campus

Davis, M. (2004). *Die Geburt der Dritten Welt. Hungerkatastrophen und Massenvernichtung im imperialistischen Zeitalter*. Berlin, Hamburg, Göttingen: Assoziation A

Davidson, B. (1992). *The Black Man's Burden: Africa and the Curse of Nation State*. Oxford: James Curry

Deaton, A. (2013). *The Great Escape: Health, Wealth and the Origins of Inequality*. Princeton University Press

Debiel, T. (2003). *UN-Friedensoperationen in Afrika. Weltinnenpolitik und die Realität von Bürgerkriegen*. Stftung Entwicklung und Frieden. Bonn: Dietz

Debiel, T. (2005). *Dealing with fragile states. Entry points and approaches for development cooperation*. ZEF-Discussion Papers, Number 101. Bonn: Zentrum für Entwicklungsforschung

Deegan, H. (2009). *Africa Today. Culture, economics, religion, security*. London & New York: Routledge

Deitelhoff, N. & Zürn, M. (2016). *Lehrbuch der Internationalen Beziehungen. Per Anhalter durch die IB-Galaxis*. München: C. H. Beck

De Maria, W. (2009). Does African ‚Corruption' Exist? In: M. F. Murove (Ed.). *African Ethics*, 357-374

Dembélé, D. M. (2010). Unkenntnis, Unverständnis oder bewusste Provokation? In: P. Cichon et al., *Der undankbare Kontinent? Afrikanische Antworten auf europäische Bevormundung* (S. 153 – 185).

Demirag, U. (2004). *Handlungsräume agropastoraler Fulbe in Nordostnigeria*. Hamburg: Institut für Afrika-Kunde

Dennin, T. (2013). *Kontinent der Chancen. Wettlauf der Rohstoffe des Schwarzen Kontinents*. Kulmbach: Börsen und Medien AG

De Sardan, J. P. O. (1999). A moral economy of corruption in Africa. *Journal of Modern African Studies*, 37 Jg., H. 1, pp 25-52

Des Forges, A. (2002). *Kein Zeuge darf überleben. Der Genozid in Ruanda*. Hamburg: Hamburger Edition

Deutsch, J.-G. (2006). *Emancipation without Abolition in German East Africa, c. 1884 – 1914*. Oxford: OUP

Deutsche Welthungerhilfe (2009). *Root causes of low food production and hunger in Ethiopia. The cases of tef, religious holidays and other factors*. Autor: B. Meier zu Biesen (Regional Director Horn of Africa), Bonn

De Witte, L. (2001). *Regierungsauftrag Mord. Der Tod Lumumbas und die Kongo-Krise*. Leipzig: Forum Verlag

Diamond, J. (1999). *Guns, Germs, and Steel. The Fates of Human Societie*. New Yoork & London: W.W. Norton

Diamond, L., Plattner, M. & Walker, C. (2016). *Authoritarianism Goes Global. Challenge to Democracy*. New York

Dilger, H. & Luig, U. (Hrsg.) (2010). *Morality, Hope and Grief*. Oxford & New York: Berghahn Books

Diop, Cheikh Anta (1959). *L' Unité culturelle de l'Afrique Noire; domaines du patriarcat et du matriarcat dans l' antiquité classique*. Paris: Presence africaine

Diouf, M. (Ed.) (2013). *Tolerance, Democracy, and Sufis in Senegal*. New York: Columbia Press

Dirmoser, D., Gronemeyer, R. & Rakelmann, G. (Hrsg.) (1991). *Mythos Entwicklungshilfe. Entwicklungsruinen: Analysen und Dossiers zu einem Irrweg*. Giessen: Focus

Donner, F. (2004). Was ist ‚Fortschritt'? Ein interkultureller Näherungsversuch. *Internationale Politik*, Berlin, Nr. 11-12/2004, S. 40-46

Donner-Reichle, C. (2005). Ujamaa-Politik in Tansania – 25 years later. In: U. Engel, C. Jakobeit, A. Mehler & G. Schubert (Hrsg.), *Navigieren in der Weltgesellschaft* (S. 27-35). Münster: Lit

Drosten, B. (2018). *Self-Efficacy and Modernization. On the Origin of Change*. Hamburg (Dissertation)

Duruji, M. M. (2012). Two Nigerian Ethnonationalist Movements: A Comparison of the OPC and MASSOB. *Studies in Ethnicity and Nationalism*, Vol. 12, No. 3, pp. 534-544

Easterly, W. (2006). *Wir retten die Welt zu Tode. Für eine professionelleres Management im Kampf gegen die Armut*. Frankfurt & New York: Campus

Eberlei, W. (2009). *Afrikas Weg aus der Armutsfalle*. Frankfurt am Main: Brandes & Apsel

Eblinghaus, H. & Stickler, A. (1996). *Nachhaltigkeit und Macht. Zur Kritik von Sustainable Development*, Frankfurt am Main: IKO

Eckert, A. (2010). Transatlantischer Sklavenhandel und Sklaverei in Westafrika. In A. Eckert/I. Grau & A. Sonderegger (Hrsg.), *Afrika 1500 – 1900. Geschichte und Gesellschaft* (S. 72-88). Wien: ProMedia

Eckert, A. (2013). Die Berliner Afrika-Konferenz (1884/85). In: J. Zimmerer (Hrsg.), *Kein Platz an der Sonne* (S. 137-149). Frankfurt & New York: Campus

Eckert, A. (2015). *Kolonialismus*. Reprint von 2006. Fischer Kompakt. Frankfurt am Main: Fischer

Eckert, A., Grau, I. & Sonderegger, A. (Hrsg.)(2010). *Afrika 1500 – 1900. Geschichte und Gesellschaft*. Edition Weltregionen, Band 19. Universität Wien: ProMedia

Ehrhart, H.-G. (2014). Aufstandsbekämpfung *revisited?* Zum Formenwandel der Gewalt am Beispiel Mali. *Sicherheit und Frieden,* hrsg. vom Institut für Friedensforschung und Sicherheitspolitik Hamburg, 32. Jg., Heft 2

Elias, N. (1978 und 1979). *Über den Prozess der Zivilisation*. 2 Bände. Frankfurt am Main: Suhrkamp

Elischer, S. (2008). Do African Parties contribute to democracy? – Some findings from Kenya, Ghana and Nigeria. *Afrika-Spektrum* (S. 175-202), Nr. 2/2008. Hamburg

Elischer, S. (2015). Autocratic legacies and state management of Islamic activism in Niger. *African Affairs*, Vol. 114, Number 457, S. 577-597

Ellis, S. (2016). *This Present Darkness. A History of Nigerian Organised Crime*. London: Hurst & Company

Ellis, S. & Shaw, M. (2015). Does organized crime exist in Africa? *African Affairs*, Vol. 14, No 457, S. 505-528

Elsenhans, H. (1974). *Frankreichs Algerienkrieg 1954-1962. Entkolonialisierungsversuch einer kapitalistischen Metropole. Zum Zusammenbruch der Kolonialreiche*. München: Carl Hanser

Elsenhans, H. (1981). *Abhängiger Kapitalismus oder bürokratische Entwicklungsgesellschaft. Versuch über den Staat in der Dritten Welt*. Frankfurt am Main: Campus

Elsenhans, H. (2005). Staatsklasse und Entwicklung *revisited*. In: U. Engel, C. Jakobeit, A. Mehler & G. Schubert (Hrsg.), *Navigieren in der Weltgesellschaft* (S. 155-167). Münster: Lit

Elwert, G. (1997). Schmückendes Gerede und reale Entwicklungsbedingungen – Über soziokulturelle Bedingungen der Entwicklung. In: M. Schulz (Hrsg.), Entwicklung (S. 261-290)

Elwert, G. (1997a). Gewaltmärkte. Beobachtungen zur Zweckrationalität der Gewalt. In T. von Trotha (Hrsg.), *Soziologie der Gewalt*. Kölner Zeitschrift für Soziologie und Sozialpsychologie. Sonderheft 37, S. 86–101

Elwert, G. (1989). Nationalismus, Ethnizität und Nativismus – über die Bildung von Wir-Gruppen. In P. Waldmann & G. Elwert (Hrsg.), *Ethnizität im Wandel* (S. 21- 60)

Elwert, G.(1995*)*. Traditionelle Sozialstrukturen Afrikas und die Chance der Demokratie. In U. Steinbach & V. Nienhaus (Hrsg.), *Entwicklungszusammenarbeit in Kultur, Recht und Wirtschaft* (S. 179–192)

Emmott, S. (2014). *Zehn Milliarden*. Aus dem Englischen. Berlin: Suhrkamp

Engel, U. (2005). The Niger Delta Region – A Strategic Conflict Analysis of Conflicts around Oil. In M. Basedau & A. Mehler (Hrsg.), *Resource Politics in Sub-Saharan Africa* (S. 191-222). Hamburg: GIGA

Engel, U. (2014). The African Union. The African Peace and Security Architecture, and Maritime Security. In *African Security*, 7/22014, pp. 207-227

Engel, U., Hofmeier, R., Kohnert, D. & Mehler, A. (1994). *Wahlbeobachtung in Afrika: Erfahrungen deutscher Wahlbeobachter, Analysen und Lehren für die Zukunft*. Hamburg: Institut für Afrika-Kunde

Engel, U., Jakobeit, C., Mehler, A. & Schubert, G. (Hrsg.) (2005). *Navigieren in der Weltgesellschaft*. Festschrift für Rainer Tetzlaff. Münster: Lit

Erdmann, G. (1999). Parteien in Afrika – Versuch eines Neuanfangs in der Parteienforschung. *afrika spektrum* 34 (3), S. 375-393

Erdmann, G. (2002). Neopatrimoniale Herrschaft – oder Warum es in Afrika soviele Hybridgeregime gibt. In P. Bendel, A. Croissant, F. Rüb (Hrsg.), *Zwischen Demokratie und Diktatur* (S. 323-342)

Etounga-Manguelle, D. (2002). Benötigt Afrika ein kulturelles Anpassungsprogramm? In S. Huntington & L. Harrison (Hrsg.), *Streit um Werte (S. 103-119)*

European Union (2014). *EU-Africa Summit. Fourth EU-Africa Summit*. Declaration, 2.-3-April 2014, Brussels

Evers, H.-D. (1987). Subsistenzproduktion, Markt und Staat. Der sogenannte Bielefelder Verflechtungsansatz. *Geographische Rundschau* Jg. 39, Heft 3, S. 136-140

Evers, H.-D. & T. Schiel (1988). *Strategische Gruppen. Vergleichende Studien zu Staat, Bürokratie und Klassenbildung in der Dritten Welt*. Berlin: Dietrich Reimer

Fage, J. D. & Oliver, R. (2002). Kurze Geschichte Afrikas. Wuppertal: P. Hammer

Fana Gebresenbet (2016). Land-Acquisitions, the Politics of Dispossession, and State-Remaking in Gambella. *Africa Spectrum* 1/2016, S. 5-28

Fanon, F. (1966). *Die Verdammten dieser Erde*. Frankfurt am Main: Suhrkamp

Fanon, F. (1980). *Schwarze Haut, Weiße Masken*. Frankfurt am Main: Syndikat

Farah, Nuruddin (1980). Staatseigentum. Roman. Aus dem Englischen, Königstein: Athenäum

Farrell, J. G. (2017). *Singapur im Würgegriff*. Roman. Berlin: Matthes & Seitz

Fatheuer, T., Fuhr, L. & Unmüßig, B. (2015). *Kritik der Grünen Ökonomie*. Heinrich-Böll-Stiftung: Oekom

Faust, J. & Neubert, S. (Hrsg.) (2010). *Wirksamere Entwicklungspolitik. Befunde, Reformen*. Baden-Baden: Nomos

Feinstein, C. H. (2005). *An Economic History of South Africa*. Cambridge: Cambridge University Press

Ferdowsi, M. (Hrsg.) (2008). *Afrika – ein verlorener Kontinent?* UTB. München: Wilhelm Fink Verlag

Ferguson, J. (2006). *Global Shadows. Africa in the Neo-Liberal World Order*. Durham & London: Duke UP

Ferguson, N. (2011). *Civilization. The West and the Rest*. London: Penguin Books

Fischer, H. (2017), Ethnologie als wissenschaftliche Disziplin. In B. Beer, H. Fischer & J. Pauli (Hrsg.), *Ethnologie*, S. 15-32

Fischer, K,.Hödl, G., Maral-Hanak, I. & Parnreiter, C. (Hrsg.) (2007). *Entwicklung und Unterentwicklung. Eine Einführung in Probleme, Theorien und Strategien*. Wien 3. Auflage: Mandelbaum Verlag

Fischer, K., Hödl, G. & Sievers, W. (Hrsg.) (2008). *Klassiker der Entwicklungstheorie. Von Modernisierung bis Post-Development*. Wien: Mandelbaum Verlag

Flint, A. The End of a ‚Special Relationship'? The New EU-ACP Economic Partnership Agreements. *Review of African Political Economy No. 119; pp. 79-92*

Förster, T. (2017). Kunst und visuelle Kultur, in B. Beer, H. Fischer & J. Pauli (Hrsg.). *Ethnologie*, S. 385-403

Frank, A. G. (2008). Die Entwicklung der Unterentwicklung. In Fischer, K. et al. (Hrsg.) (2008), *Klassiker der Entwicklungstheorie* (S. 147-167)

Frankopan, P. (2016). *Licht aus dem Osten. Eine neue Geschichte der Welt*. Berlin: Rowohlt

Freedom House (2006). *Africa at the Crossroads 2006. A Special Edition*. New York & Washington

French, ??: (2010). The Coltan Conflict in the DR of the Congo. In: T. Falola & R. C. Njoku (Eds.), *War and Peace in Africa*. Durham, pp. 483-493

Frère, M.-S. & Englebert, P. (2015). Briefing: Burkina Faso. The Fall of Blaise Compaoré. *African Affairs*, 114/4555, pp.295-307

Freistein, K. & Leininger, J. (Hrsg.) (2012). *Handbuch Internationale Organisationen. Theoretische Grundlagen und Akteure*. München: Oldenbourg Verlag

Friedrich-Ebert-Stiftung (Hrsg.) (2003). Schwerpunktheft zum Thema *Krieg und Staatszerfall*. Internationale Politik und Gesellschaft, 2/2003. Bonn: Dietz Verlag

Fritz, P, Huber, J. & Levi, H. W. (1995). *Nachhaltigkeit in naturwissenschaftlicher und sozialwissenschaftlicher Perspektive*. Edition Universitas. Stuttgart: S. Hirzel

Fuko, A. (2005). Die schwierige Suche nach historischer Wahrheit. Ansichten eines Nachgeborenen. In F. Becker & J. Beetz (Hrsg.), *Der Maji-Maji-Krieg in Deutsch-Ostafrika 1905-1907* (S. 179-183), Berlin: Ch. Links Verlag

Fukuyama, F. (2015). *Political Order and Political Decay. From the Industrial Revolution to the Globalization of Democracy*. London: Profile Books

Galtung, J. (1972). Eine strukturelle Theorie des Imperialismus. In D. Senghaas (Hrsg.), *Imperialismus und strukturelle Gewalt* (S. 29-104)

Gareis, S. B. (2013). Auf dem Sprung zur Weltmacht? Chinas außenpolitische ‚Grand Strategy'. In M. Staack (Hrsg.), *Asiens Aufstieg in der Weltpolitik* (S. 49-66). Opladen: Verlag Barbara Budrich

Gatti, F. (2010). *Bilal. Als Ilegaler auf dem Weg nach Europa*. München: Kunstmann

Gaus, B. (2011). *Der unterschätzte Kontinent. Reise zur Mittelschicht Afrikas*. Frankfurt am Main: Eichborn

Gebauer, C. (2015). Klimawandelanpassung in Ruanda. In G. Obermaier & C. Samini (Eds.), *Folgen des Klimawandels* (125-137). Bayreuther Kontaktstudium Geographie, Band 8

Geertz, C. (Hrsg.) (1987). *Dichte Beschreibung: Beiträge zum Verstehen kultureller Systeme*. Frankfurt: Suhrkkamp

Geertz, C. (1973/2000). *The Interpretation of Cultures*. Selected Essays. New York: Basic Books

Gehring, T. & Kerler, M. A. (2007). Neue Entscheidungsverfahren in der Weltbank. *Zeitschrift für Internationale Beziehungen 2/2007, 14. Jg., H. 2, S. 217-252*

Gerhardt, K. (2011). Warum die Entwicklungshilfe in Afrika gescheitert ist. In J. M. Nebe (Hrsg.), *Herausforderung Afrika* (S. 363-376). Baden-Baden: Nomos

Geiss, I. (1968). *Panafrikanismus. Zur Geschichte der Dekolonisation*. Frankfurt a. M.: Europäische Verlagsanstalt

Gill, P. (2012). *Famine and Foreigners. Ethopia Since Live Aid*. Oxford: Oxford University Press

Gisselquist, R. (2008). Democratic Transition and Democratic Survival in Benin. In *Democratization, vol. 15, No.4, S. 789-814*
Go, D. S. & Page, J. (Ed.) (2008). *Africa at a Turning Point? Growth, Aid, and External Shocks*. Washington: Worldbank
Goetze, D. (1997). Zum Standort der Entwicklungssoziologie. In M. Schulz (Hrsg.), *Entwicklung* (S. 427-437).
Goldberg, J. (2008). *Überleben im Goldland. Afrika im globalen Kapitalismus*. Köln: PapyRossa Verlag
Good, K. (2008). *Diamonds, Dispossessions, and Democracy in Botswana*. Woodbridge: James Currey
Graf, A. (2016). Auf der Suche nach der gesellschaftlichen Mitte. In A. Daniel et al. (Hrsg.), *Mittelklassen, Mittelschichten oder Milieus in Afrika* (S. 29-47)
Graf, F. W. (2014). *Götter global. Wie die Welt zum Supermarkt der Religionen wird*. München: C. H. Beck
Graichen, G. & Gründer, H. (2005). *Deutsche Kolonien. Traum und Trauma*. Mit Holger Dietrich. Berlin:
Gravert, E. (Hrsg.) (1994). *Wandern oder bleiben? Veränderungen der Lebenssituation von Frauen im Sahel durch die Arbeitsmigration der Männer*. Bremer Afrika-Studien Band 8. Münster: Lit
Gray, H. (2015). Political economy of gran corruption in Tanzania. *African Affairs*, Vol. 114, Nr. 456, pp. 382-403
Gray, H. & Khan, M. (2010). Good governance and growth in Africa: what can we learn from Tanzania? In V. Padayachee (Ed.). *The Political Economy of Africa*, S. 339-356
Grill, B. (2003). *Ach, Afrika. Berichte aus dem Inneren eines Kontinents*. Berlin: Siedler
Grill, B. (2017). Südafrika: Die gestohlene Demokratie. *Der Spiegel* 51/2017, S. 88-92
Grimm, S. (2010). Zur Wirksamkeit der europäischen Entwicklungspolitik. In J. Faust & S. Neubert (Hrsg.), *Wirksamere Entwicklungspolitik* (S. 381-402)
Grimm, S. et al. (2009). *The African Peer Review Mechanism (APRM) as a Tool to Improve Governance? Experience in Ghana*. Bonn: DIE-Studie
Grimmel, A. & Jakobeit, C. (Hrsg.) (2015). *Regionale Integration. Erklärungsansätze und Analysen zu den wichtigsten Integrationszusammenschlüssen in der Welt*. Baden-Baden: Nomos
Grinker, R. R., Lubkeman, S. & Steiner, C. B. (2010). *African Perspectives. A Reader in Culture, History and Representation*. Chichester/Sussex/UK & Malden/USA, 2. ed.
Grohs, G. (1967). *Stufen afrikanischer Emanzipation*. Stuttgart: Kohlhammer
Grohs, G. & Tibi, B. (Hrsg.) (1973). *Zur Soziologie der Dekolonisation in Afrika*. Frankfurt am Main: Fischer
Gründer, H. (1985). *Geschichte der deutschen Kolonien*. UNI-Taschenbücher 1332. Paderborn: Schöningh
Guichard, M., Graetz, T. & Diallo, Y. (Eds.) (2013). *Friendship, Descent and Alliance in Africa*. London: Berghan
Gwassa, G. C. K. (1973). *The Outbreak and Development of the Maji Maji War 1905-1907* (Diss.). Dar es Salaam
Habermas, J. (1988). *Der philosophische Diskurs der Moderne. Zwölf Vorlesungen*. Frankfurt am Main: Suhrkamp
Habte, M. (2011). *Nationenbildung in einem multiethnischen Staat*. Münster: Lit

Hadenwang, C. v. (2012). Gibt es den ‚Ressourcenfluch' nicht mehr? *Die aktuelle Kolumne.* Bonn: DIE

Haidara, A. K. Y. (1992). *Ländliche Entwicklung und die ‚Tòn'-Strategie in Mali. Möglichkeiten und Grenzen des endogenen Entwicklungsansatzes in Afrika.* Diss. Hamburg: Institut für Afrika-Kunde

Hall, S. (1996). When was the ‚post-colonial'? Thinking at the limit'. In I. Chambers & L. Curti (Eds.), *The Post-Colonial Question* (S. 242-260). London & New York: Routledge

Halper, S. (2010). *The Beijing Consensus. How China's Authoritarian Model Will Dominate the Twenty-First Century.* New York: Basic Books. Perseus Book Group

Hamburgisches Weltwirtschafts-Institut (HWWI) & Berenberg Bank (2010). *Afrika. Strategie 2030. Vermögen und Leben der nächsten Generation.* Hamburg

Harnischfeger, J. (2006). *Demokratisierung & islamisches Recht. Der Scharia-Konflikt in Nigeria.* Frankfurt: Campus

Hanf, T., Weiler, H. & Dickow, H. (Hrsg.) (2009). *Entwicklung als Beruf.* Molt-Festschrift. Baden-Baden: Nomos

Hanisch, R. & Tetzlaff, R. (1981). *Staat und Entwicklung. Studien zum Verhältnis von Herrschaft und Gesellschaft in Entwicklungsländern.* Frankfurt & New York: Campus

Hanke, S. (2001). *Systemwechsel in Mali.* Hamburg: Institut für Afrika-Kunde

Hankel, G. (2004). „Ich habe doch nichts gemacht". Ruandas Abschied von der Kultur der Straflosigkeit. *Mittelweg 36,* 1/2004 (S. 28-51). Hamburg

Hanlon, J. (2005). Bringing it All Together: Mozambique. In G. Junne & W. Verkoren (Eds.), *Postconflict Development* (S. 273-288). Boulder and London: Lynne Rienner Publishers

Hannken, H. (2004). *Internationale Migration von und nach Afrika. Der weite Weg zurück nach Eritrea.* Münster: Lit

Harborth, H. J. (1993). Sustainable Development – dauerhafte Entwicklung. In D. Nohlen & F. Nuscheler (Hrsg.), *Handbuch der Dritten Welt. Band 1: Grundprobleme, Theorien, Strategien* (S. 231-247). Bonn: Dietz

Harders, C. (2002). *Staatsanalyse von Unten. Urbane Armut und politische Partizipation in Ägypten. Mokro- und mesopolitische Analysen unterschiedlicher Kairoer Stadtteile.* Hambrg: Deutsches Orient-Institut

Harding, L. (1999). *Geschichte Afrikas im 19. und 20. Jahrhundert.* München: Oldenbourg

Harding, L. (2005). Der Völkermord in Rwanda – Versuche das Unverständliche zu verstehen. In U. Engel et al. (Hrsg.), *Navigieren in der Weltgesellschaft* (S. 60-73)

Harnischfeger, J. (2006). *Demokratisierung und islamisches Recht. Der Scharia-Konflikt in Nigeria.* Frankfurt a. M.: Campus

Harrison, G. (2008). From the global to the local? Governance and development at the local level: reflections from Tanzania. *The Journal of Modern African Studies,* 46, 2, pp. 169-189

Hartmann, C. (2002). Defekte, nicht-konsolidierte oder gar keine Demokratie? Systemwechsel und -wandel in Westafrika. In P. Bendel, A. Croissant & F. Rüb (Hrsg.), *Zwischen Demokratie und Diktatur* (S. 309–322)

Hartmann, C. (2012). ECOWAS. Wirtschaftliche Gemeinschaft Westafrikas, in K. Freistein & J. Leininger (Hrsg.). *Handbuch Internationaler Organisationen,* S. 85-93

Hatzfeld, J. (2014*). Plötzlich umgab uns Stille. Das Leben des Englebert Munyambonwa.* Berlin: Klaus Wagenbach

Hauck, G. (2001). *Gesellschaft und Staat in Afrika.* Frankfurt am Main

Hauck, G. (2014). Die Aktualität der ‚großen' entwicklungstheoretischen Debatten der 1970er/80er Jahre. In F. Müller et al. (Hrsg.), *Entwicklungstheorien* (S. 353-380)

Häußler, M. & von Trotha, T. (2012). Brutalisierung ‚von unten'. Kleiner Krieg, Entgrenzung der Gewalt und Genozid im kolonialen Südwestafrika. *Mittelweg 36, Juni/Juli 2012, S. 57-89*
Hefele, P., Merkle, D. & Zhivkov, S. (2015). Mit Konfuzius nach Afrika: Wie auswärtige Kulturpolitik Chinas Stimme und Sicht der Welt vermitteln soll. In *KAS Auslandsinformationen 5/15, S. 58-75*
Heidemann, F. (2011). *Ethnologie. Eine Einführung.* UTB basics. Göttingen: Vandenhoeck & Ruprecht
Hein, W. (1998). *Unterentwicklung. Krise der Peripherie.* Opladen: Leske und Budrich
Hennings, A. (2016). Das Konfliktpotential exklusiver Landgrabbing-Praktiken. Eine Herausforderung für den regionalen Frieden. In *Zeitschrift für Friedens- und Konfliktforschung Nr. 2, 5. Jg., S. 221-248 2*
Hennings, W. (2009). *Entwicklungsforschung. Eine Bestandsaufnahme am Beispiel Samoa.* Frankfurt & New York: Campus
Herbst, J. (2000). *States and Power in Afrika.* Princeton: Princeton UP
Hess, N. M. (2010). Südafrika – begehrter Partner externer Akteure am Beispiel der USA, Chinas und der Europäischen Union. In F. Stehnken et al. (Hrsg.), *Afrika – externe Akteure – Partner auf Augenhöhe?* (S. 177-200).
Heuser, A. (Hrsg.) (2015). *Pastures of Plenty: Tracing Religio-Scapes of Prosperity Gospel in Africa and Beyond.* Studien zur interkulturellen Geschichte des Christentums. Frankfurt am Main: Peter Lang
Hirn, W. (2009). *Der Kampf ums Brot.* Frankfurt am Main: S. Fischer
Hirt, N. (2017). *Die Afrika-Strategie der EU: Abschottung statt Fluchtursachenbekämpfung*: Hamburg GIGA Focus Afrika, Nr. 3
Hobsbawm, E. (1994). *The Age of Extremes. The Short Twenties Century 1914-1991.* London: Abacus
Hobsbawm, E. & Ranger, T. O. (Eds.) (1983). *The Invention of Tradition.* Cambridge: Cambridge University Press
Hochschild, A. (2002). *Schatten über dem Kongo. Die Geschichte eines der großen, fast vergessenen Menschheitsverbrechens.* Reinbek bei Hamburg: Rowohlt
Hofbauer, M. & Münch, P. (2016). *Wegweiser zur Geschichte. Mali.* Herausgegeben vom Zentrum für Militärgeschichte und Sozialwissenschaften der Bundeswehr. Paderborn: Schöningh
Hofmeier, R. & Matthies, V. (Hrsg.) (1992). *Vergessene Kriege in* Afrika. Göttingen
Hoerig, U. (2007). *Agrar-Kolonialismus in Afrika. Eine andere Landwirtschaft ist möglich.* Hamburg
Holtom, D. (2007). The challenge of consensus building: Tanzania's PRSP 1998-2001, *Journal of Modern African Studies,* 45, 2, pp. 233-251
Houtondji, P. J. (1993). *Afrikanische Philosophie. Mythos und Realität.* Dietz: Berlin
Howson, C. (2012). Women smuggling and the men who help them: gender, corruption and illicit networks in Senegal. *The Journal of Modern African Studies,* 50, pp. 421-445. London
Huntington, S. P. (1991). *The Third Wave. Democratiza Democratization in the Late Twentieth Century.* Norman & London: University of Oklahoma Press
Huntington, S. P. & Harrison, L. E. (Hrsg.) (2002). *Streit um Werte. Wie Kulturen den Fortschritt prägen.* Hamburg & Wien: Europa Verlag
Hyden, G. (1983). *No Shortcuts to Progress. African Development Management in Perspective.* London: Heinemann

Hyden, G. (1996). Rethinking theories. An Africanist Perspective. *Africa Insight*, Vol. 26, No 1, pp.26-34

Ibrahim, F. N. & Ibrahim, B. (2006). *Ägypten*. Darmstadt: Wissenschaftliche Buchgesellschaft

Ihne, H. & Wilhelm, J. (Hrsg.) (2006). *Einführung in die Entwicklungspolitik*. Münster: Lit

Iliffe, J. (1969). Tanganyika under German Rule 1905-1912. Cambridge: Cambridge University Press

Iliffe, J. (2000). *Geschichte Afrikas*. (Englische Ausgabe 1995). München: C. H. Beck

Illy, H., Sielaff, R. & Werz, N. (Hrsg.) (1980). *Diktatur – Staatsmodell für die Dritte Welt?* Freiburg & Würzburg: Ploetz

Illy, H. (2007). Unvollendete Entkolonialisierung und Elitenversagen? Erklärungsmuster für die persistente Unterentwicklung in Afrika südlich der Sahara, in P. Molt & H. Dickow (Hrsg.), *Kulturen und Konflikte im Vergleich*. Baden-Baden: Nomos, S. 848-860.

Imobighe, T. A. (2004). Conflict in Niger Delta: A Unique Case or a ‚Model' for Future Conflicts in Other Oil-Producing Countries? In R. Traub-Merz & D. Yates (Eds.), Oil Policy in the Gulf of Guinea, S. 101-115

Inglehart, R & Welzel, C. (2005). *Modernization, Cultural Change and Democracy.The Human Development Sequence*. Cambridge: CUP

Iyenda, G. & Simon, D. (2007). Gender Relations, Bread Winning and Family Life in Kinshasa. In: M. Murray & B. Meyers (Eds.). *Cities in Contemporary Africa, pp. 227-237*

Jackson, R. H. & Rosberg, C. G. (1985). The Marginality of African States. In G. Carter & P. O'Meara (Eds.), *African Independence* (S. 45–70).

Jackson, R. & Soerensen, G. (2007). *Introduction to International Relations. Theories and approaches*, 3. Edition. Oxford: Oxford University Press

Jakob, C. & Schlindwein, S. (2017). *Diktatoren als Türsteher Europas. Wie die EU ihre Grenzen nach Afrika verlegt*. Berlin: Ch. Links

Jakobeit, C. (2014). Einleitung: Entwicklungstheorien. In F. Müller, E. Sondermann, I. Wehr, C. Jakobeit & A. Ziai (Hrsg.), *Entwicklungstheorien* (S. 5-40). PVS Sonderheft 48

Jessen, J. (Hrsg.) (2006). *Fegefeuer des Marktes. Die Zukunft des Kapitalismus*. Die ZEIT. München: Pantheon

Johnson, C. (1999). The Developmental State. Odyssey of a Concept. In M. Woo-Cumings (Ed.), *The Developmental State* (S. 32-60). New York: Cornell University Press

Johnson, D. (2008). *Kongo. Kriege, Korruption und die Kunst des Überlebens*. Frankfurt a. M.: Brandes & Apsel

Johnson, D. (2013). *Afrika vor dem großen Sprung*. Aktualisierte Neuausgabe. Berlin: Klaus Wagenbach

Junne, G. & Verkoren, W. (Eds.) (2005). *Postconflict Development. Meeting New Challenges*. Boulder & London: Lynne Rienner Publishers

Justenhoven, H. .G. & Ehrhart, H.-G. (Hrsg.) (2008). *Intervention im Kongo. Eine kritische Analyse der Befriedungspolitik von UN und EU*. Stuttgart: Kohlhammer)

Kabou, A. (1993). *Weder arm noch ohnmächtig. Eine Streitschrift gegen schwarze Elite und weiße Helfer*. Aus dem Französischen 1991. Basel: Lenos

Kaiser, K. & H.-P. Peter Schwarz (Hrsg.) (2000). Weltpolitik im neuen Jahrhundert. Bonn: Bundeszentrale für politische Bildung

Kanza, E. S. (2012). Africa's Quiet Development Revolution. *Development. Africas Strategies for Transformation*, Vol. 55, No 4, S. 509-512

Kappel, R. (2008). *Die Economic Partnership Agreements – kein Allheilmittel für Afrika*. GIGA Focus, 2008/Nr. 6

Kappel, R. & Pohl, B. (2012). *Wie leistungsfähig sind die Ökonomien Afrikas?* GIGA Focus, 2012/Nr. 9

Kappel, R. (2013). *Afrika: weder hoffnungsloser Fall noch Aufstiegswunder.* GIGA Focus, 2013/Nr. 9

Kappel, R. (2017). Deutschlands neue Afrikapolitik vor dem Aufbruch. GIGA Focus Afrika, März 2017

Kappel, R. & Reisen, H. (2017). The G20 ‚Compact with Africa'. Unsuitable for African Low-Income Countries. Friedricht-Ebert-Stiftung

Kapuscinski, R. (1986). *König der Könige. Eine Parabel der Macht.* Frankfurt a. Main: Fischer TB

Kapuscinski, R. (1994). *Wieder ein Tag Leben. Innenansichten eines Bürgerkriegs.* Frankfurt a. Main: Eichborn

Kaul, I., Conceicao, P., le Goulven, K. & Mendoza, R. U. (Eds.) (2003). *Providing Global Public Goods. Managing Globalization.* Published for UNDP. New York & Oxford: OUP

Kennedy, P. (1988). *African Capitalism. The Struggle for Ascendency.* Cambridge: University Press

Kesselring, T. (2003). *Ethik der Entwicklungspolitik. Gerechtigkeit im Zeitalter der Globalisierung.* München: Beck

Kétouré, P. S. (2009). *Demokratisierung und Ethnizität: Ein Widerspruch? Gewaltsame Konflikte und ihre friedliche Regelung in politischen Wandlunsprozessen: Beispiele Côte d'Ivoire und Mali.* Hamburg: Verlag Dr. Kovac

Kihiu, F. (2010). *Women as Agents of Democratisation. The Role of Women's Organisations in Kenya (1990-2007).* Demokratie und Entwicklung Band 61. Berlin: Lit

Killick, T. (2008). What Drives Change in Ghana? In: E. Aryeetey & R. Kanbur (Eds.). *The Economy of Ghana.* (pp. 20-35).

Ki-zerbo, J. (1981). *Die Geschichte Schwarz-Afrikas.* Aus dem Französischen. Wuppertal: Peter Hammer

Klimisch, J.-T. (2008). Dynamik von Gewaltmärkten und Gewaltoligopolen: Ein substaatlicher Blick auf die Entwicklung von (Un)Sicherheit im Sudan, in: F. Arndt et al. (Hrsg.), *Ordnungen im Wandel.* Bielefeld: transcript

Kluthe, G. (1996). Der Tuareg-Konflikt in Mali und Niger. In J. Betz & S. Brüne (Hrsg.), *Jahrbuch Dritte Welt 1996. Daten, Übersichten, Analysen* (S. 146-161). München: Beck

Kluthe, G. & Lecorq, B. (2016). Separatistische Bestrebungen der Tuareg in Mali. In M. Hofbauer & P. Münch (Hrsg.), *Wegweiser zur Geschichte. Mali* (S.83-100). 2. Aufl. Paderborn: Schöningh

Kölner Aufruf des Bonner Memorandums (2016): *Für eine andere Entwicklungspolitik. Bloss keinen Marshallplan für Afrika!* http://www.bonner-aufruf-eu/pdf/Memorandum. Erläuterungen.pdf. Zugriff am 10.01.2018

Köhler, H. (Hrsg.) (2010). *Schicksal Afrika. Denkanstöße und Erfahrungsberichte.* Reinbek bei Hamburg: Rowohlt

Kößler, R. (2014). Entwicklung: Zur Genealogie einer toten Metapher und den Folgen. In F. Müller et al. (Hrsg.), *Entwicklungstheorien* (S. 435-463).

Kolko, G. (1999). *Das Jahrhundert der Kriege.* Frankfurt am Main: S. Fischer

Konopka, T. (2016). Zwischen innerstaatlicher Gewalt und Dschihadismus. Mali von 2013 bis in die Gegenwart, in: M. Hofbauer & P. Münch (Hrsg.), *Wegweiser zur Geschichte. Mali* (S. 101-114). Paderborn: Schöningh

Körner, P., Maaß, G., Siebold, T. & Tetzlaff, R. (1984). *Im Teufelskreis der Verschuldung. Der Internationale Währungsfonds und die Dritte Welt*. Hamburg: Junius
Korte, H. & Schäfers, B. (Hrsg.) (2002). *Einführung in die Hauptbegriffe der Soziologie*. 6. Aufl., Opladen: Leske und Budrich
Koudissa, J. (1999). *Sind zentralafrikanische Staaten zur Demokratie unfähig? Eine Fallstudie zur Republik Kongo*. Marburg: Tectum Verlag
Krastev, I. (2006). Der Kreuzzug gegen die Korruption. Wie es zu einem globalen Konsens kam. *Der Überblick 2/06*, S. 14-21. Hamburg: Dienste in Übersee
Kress, D. (2012). *Investitionen in den Hunger? Land Grabbing und Ernährungssicherheit in Subsahara-Afrika*. Wiesbaden: Springer VS
Kreuter, Marie-Luise (2010). *Äthiopien von innen und außen, gestern und heute*. Norderstedt: Books on Demand
Küper, W. (2001). Bildungswesen. In J. E. Mabe (Hrsg.), *Das Afrika-Lexikon*, S. 95-98
Kühnhardt, L. (1992). *Stufen der Souveränität. Staatsverständnis und Selbstbestimmung in der „Dritten Welt"*. Bonn & Berlin: Bouvier Verlag
Kuhn, T. (1967). *Die Struktur wissenschaftlicher Revolutionen*. Aus dem Amerikanischen. Frankfurt am Main
Kumpfmüller, K. A. (Hrsg.) (2000). *Europas langer Schatten – Afrikanische Identitäten zwischen Selbst- und Fremdbestimmung*. Frankfurt am Main: brandes & Apsel/Südwind
Lachenmann, G. (1997). Zivilgesellschaft und Entwicklung. In M. Schulz (Hrsg.), *Entwicklung* (S. 187-212)
Lachmann, W. (2004). *Entwicklungspolitik. Band 1: Grundlagen*. München & Wien: Oldenbourg
Landes, D. S. (1999). *Wohlstand und Armut der Nationen. Warum die einen reich und die anderen arm sind*. Berlin: Siedler
Lapierre, D. (2009). *A Rainbow in the Night. The Tumultuous Birth of South Africa*. Cambridge/USA: Da Capo Press
Leffler, U. (1988). *Mauritius. Abhängigkeit & Entwicklung einer Inselökonomie*. Hamburg: Institut für Afrika-Kunde
Lefort, R. (2016). The ‚Ethiopian Spring': Killing is not an answer to our grievances. https://www.opendemocracy.net/ren-lefort/ethiopian-spring-killing-is-not-answer-to-our-grievances
Leibfried, S. & Zürn, M. (Hrsg.) (2006). *Transformationen des Staates*. Frankfurt am Main: Suhrkamp
Leininger, J. (2009). Religion und Demokratisierung am Beispiel islamischer Akteure in Mali – Implikationen für internationale Demokratieförderung. In J. Wilhelm & H. Ihne (Hrsg.). *Religion und globale Entwicklung* (S. 229-260)
Leininger, J. (2012). AU – Afrikanische Union. In: K. Feinstein & J. Leininger (Hrsg.). Handbuch Internationale Organisationen. Theoretische Grundlagen und Akteure, S. 69-79
Leiseder, A. (2016). Wasserkonflikte in internationalen Flusskonflikten Afrikas: der Nil, in R. Tetzlaff. Afrika in Vergangenheit und Gegenwart. Entwicklungstheorien am Beispiel Afrikas. Lehrskript für die Fernuniversität Hagen, S. 328-333
Lenz, C. (1998). *Die Konstruktion von Ethnizität. Eine politische Geschichte Nord-West-Ghanas 1870-1990*. Köln
Lenz, C. (2001). Ethnizität. In J. E. Mabe (Hrsg.), *Das Afrika-Lexikon*, Stuttgart, S. 161-164
Lenz, I. & Luig, U. (Hrsg.) (1990). *Frauenmacht ohne Herrschaft. Geschlechterverhältnisse in nicht-patriarchalischen Gesellschaften*. Berlin: Orlanda

Lerner, D. (1971). Die Modernisierung des Lebensstils: eine Theorie. In W. Zapf (Hrsg.), Theorien des sozialen Wandels (S. 362-381). Köln

Leys, C. & Saul, J. S. (1995). *Namibia's Liberation Struggle. The Two-Edged Sword*. London: James Curry

Lewis, H. S. (1995). Democracy and Oromo Political Culture. *Life & Peace Review 4/1995, S. 26-29*

Lipset, S. M. (1959). Some Social Requisites of Democracy: Economic Development and Political Legitimation. *American Political Science Review, 53, 69–105.*

List, F. (1961). *Das natürliche System der politischen Ökonomie*. Berlin: Akademie-Verlag

Locatelli, F. & Nugent, P. (Eds.) (2009). *African Cities. Competing Claims on Urban Spaces*. Leiden & Boston: Brill

Lock, P. (2002). Ökonomien des Krieges. Ein lang vernachlässigtes Forschungsfeld von großer Bedeutung für die politische Praxis, in: A. Sahm, M. Sapper & V. Weichsel (Hrsg.), *Die Zukunft des Friedens*, S. 269-286

Loimeier, R. (2002). Gibt es einen afrikanischen Islam? Die Muslime in Afrika zwischen lokalen Lehrtraditionen und translokalen Rechtleitungsansprüchen. *Afrika Spektrum 37/2, S. 175-188*

Loimeier, R. (2010). Religiöse Gelehrte an der Macht. Die Dschihad-Bewegungen in Westafrika von 1673-1903. In A. Eckert, I. Grau & A. Sonderegger (Hrsg.), *Afrika 1500 – 1900* (S. 136-153). Wien: ProMedia

Louis, W. R. & Robinson, R. (2003). Imperialism of Decolonization. In J. D. Le Sueur (Ed.), *The Decolonization Reader* (pp. 23-44). New York & London: Routledge

Lübbe, H. (2005). *Die Zivilisationsökumene. Globalisierung kulturell, technisch und politisch.* München: W. Fink

Lugard, F. (1922/1965). *The Dual Mandate in British Tropical Africa*. London: Frank Cass

Luhmmann, N. (1992). *Beobachtungen der Moderne*. Opladen: Westdeutscher Verlag

Luig, U. (2001). Geschlechterbeziehungen. In J. E. Mabe (Hrsg.), Das Afrika-Lexikon, S. 216-219

Luig, U. (2017). Ethnologische Geschlechterforschung. In B. Beer, H. Fischer & J. Pauli (Hrsg.). *Ethnologie*, S. 201-212

Luig, U. & Seebode, J. (2003) (Hrsg.). *Ethnologie der Jugend. Soziale Praxis, moralische Diskurse*. Münster: Lit

Lule, E. & Haacker, M. (2010). The Fiscal Dimension of HIV/AIDS in Botswana, South Africa, Swaziland, and Uganda. Washington: The World Bank

Mabe, J. E. (Hrsg.) (2001). *Das Afrika-Lexikon. Ein Kontinent in 1000 Stichwörtern*. Stuttgart: Hammer & Metzler

Mair, S. (2002). *Die Globalisierung privater Gewalt. Kriegsherren, Rebellen, Terroristen und organisierte Kriminalität.* Berlin: Stiftung Wissenschaft und Politik (SWP)

Mair, S. (2010). *Südafrika. Modell für Afrika. Partner für Deutschland?* Berlin: Stiftung Wissenschaft und Politik

Majura, I. (2005). Die Schuldfrage. Das deutsch-tansanische Verhältnis 100 Jahre nach dem Maji-Maji-Krieg. In F. Becker & J. Beez (Hrsg.), *Der Maji-Maji-Krieg in Deutsch-Ostafrika 1905-1907* (S. 201-204)

Malik, J. (2009). Islam und Entwicklung. In J. Wilhelm & H. Ihne (Hrsg.). *Religion und globale Entwicklung* (S.40-50)

Mamdani, M. (1996). *Citizen and Subject. Contemporary Africa and the Legacy of Late Colonialism*. Princeton: Studies in Culture/Power/History. London: James Curry

Mamdani, M. (2011). *Blinde Retter. Über Darfur, Geopolitik und den Krieg gegen den Terror*. Hamburg: Nautilus

Mandela, N. (1994). *Der lange Weg zur Freiheit. Autobiographie*. Deutsch von G. Panske. Frankf. a. M.: S. Fischer

Manji, F. & Marks, S. (Hrsg.) (2007). *African Perspectives on China in Africa*. Cape Town: Fahamu &Pambazuka

Martel, G. (Ed.) (2010). A Companion to International History 1900 – 2001. Chichester: Wiley-Blackwell

Martin, P. (1993). *Schwarze Teufel, edle Mohren. Afrikaner im Bewusstsein der Deutschen*. Hamburg: Junius

Mattes, H. (2014). Algerien: Vielfalt politischer Reformkonzepte – schwierige Umsetzung. *GIGA Focus, Nr. 4/2014*

Marx, C. (2004). *Geschichte Afrikas. Von 1800 bis zur Gegenwart*. Paderborn etc.: Schöningh UTB

Marx, C. (2012). *Südafrika. Geschichte und Gegenwart*. Stuttgart: Verlag W. Kohlhammer

Matthies, V. (2005). *Kriege am Horn von Afrika. Historischer Befund und friedenswissenschaftliche Analyse*. Berlin: Dr. Köster

Mauser, W. (2010). *Wie lange reicht die Ressource Wasser? Vom Umgang mit dem blauen Gold*. Ffm.: Fischer TB

Mazrui, A. A. (2009). Africa's Wisdom has Two Parents and One Guardian: Africanism, Islam and the West. In: M. F. Murove (Ed.). *African Ethics, S. 33-60*

Mazrui, A. A. & Wiafe-Amoako, F. (2016). *African Institutions. Challenges to Political, Social, and Economic Foundations of Africa's Development*. Lanham, Boulder, New York, London: Rowman & Littlefield

Mbeki, M. (2009). *Architects of Poverty. Why African Capitalism Needs Changing*. Johannesburg: Picador Africa

Mbeki, M. (Ed.) (2011). *Advocates for Change. How to Overcome Africa's Challenges*. Johannesburg: Picador Africa

Mbembe, A. (2014). *Kritik der schwarzen Vernunft*. Frankfurt am Main: Suhrkamp

Mbiti, J. S. (1989). African Religions and Philosophy. Oxford: Heinemann

Mbiti, J. (1990). *African Religions and Philosophy*. 2. Edition. Oxford: Heinemann.

McGowan, P. J. & Nel, P. (2002). Power, Wealth and Global Equity. An International Relations Textbook for Africa. 2. Edition. Institute for Global Dialogue: Cape Town/South Africa: UP

McKinsey & Company (2017). *Dance of the Lions and Dragons. How are China and Africa engaging, and how will the partnership evolve?* June 2017

Meadows, D., Meadows, D. & Randers, J. (1992). *Die neuen Grenzen des Wachstums*. Stuttgart: DVA

Medhane Tedesse (1999). *The Eritrean-Ethiopian War: Retrospect and Prospects*. Addis Ababa: Mega Printing

Mehler, A. (1993). Kamerun in der Ära Biya. Hamburg: Institut für Afrika-Kunde

Meier zu Biesen, B. (2009). *Root Causes of Low Food Production and Hunger in Ethiopia*. In Bonn: Welthungerhilfe

Meißner, H. (2013). *Der ‚Ressourcenfluch' in Aserbaidschan und Turkmenistan und die Perspektiven von Effizienz- und Transparenzinitiativen*. Diss. Demokratie und Entwicklung Band 66. Berlin: Lit

Melber, H. (2013). Südwest. In J. Zimmerer (Hrsg.), *Kein Platz an der Sonne* (S. 68-80). Frankfurt & New York

Melber, H. (2013a). Der Waterberg. In J. Zimmerer (Hrsg.), *Kein Platz an der Sonne* (S.473-486)

Melber, H. (2016). Wie viel Klasse hat die afrikanische Mittelklasse? Annäherung an ein Phänomen. In A. Daniel et al. (Hrsg.), *Mittelklassen, Mittelschichten oder Milieus in Afrika* (S. 49-68)

Melvern, L. (2004). *Ruanda. Der Völkermord und die Beteiligung der westlichen Welt.* München: Diederichs

Menzel, U. (1992). *Das Ende der ‚Dritten Welt' und das Scheitern der großen Theorie.* Frankfurt a. M. Suhrkamp

Menzel, U. (1995). *Geschichte der Entwicklungstheorie. Einführung und systematische Bibliographie.* Hamburg: Schriften des Deutschen Übersse-Instututs Nr. 31

Menzel, U. (2010). Entwicklungstheorie. In R. Stockmann, U. Menzel & F. Nuscheler, *Entwicklungspolitik. Theorien – Probleme – Strategien* (S. 11-159). München: Oldenbourg Wissenschaftsverlag

Meredith, M. (2005). *The Fate of Africa. A History of Fifty Years of Independence.* New York: Public Affairs

Merkel, W. & Sandschneider, E. (Hrsg.) (1997). Systemwechsel 3. Parteien im Transformationsprozess. Opladen:

Merkel, W. (1999). Defekte Demokratien. In W. Merkel & A. Busch (Hrsg.), *Demokratie in Ost und West.* Festschrift für Klaus von Beyme. Frankfurt am Main:

Mersmann, B. & Kippenberg, Hans G. (Eds.). *The Humanities Between Global Integration and Cultural Diversity.* Concepts for the Study of Culture. Vol. 6. Berlin & Boston: De Gruyter

Messner, D. (1995). *Die Netzwerkgesellschaft. Wirtschaftliche Entwicklung und internationale Wettbewerbsfähigkeit als Probleme gesellschaftlicher Steuerung.* Schriften des DIE, Band 108. Köln: Weltforum Verlag

Messner, D. & Scholz, I.(Hrsg.) (2005). *Zukunftsfragen der Entwicklungspolitik.* Baden-Baden: Nomos

Meyer, B. (2013). Wer ein Visum für Europa braucht, geht zum Gebetstreffen. *Humboldt Kosmos: Halleluja, Afrika. Der Kontinent der boomenden Kirchen.* Bonn: Alexander von Humboldt Stiftung

Meyn, M. (2008). Economic Partnership Agreements – A preliminary review. In H. Asche & U. Engel (Hrsg.), *Negotiating Regions: The EU, Africa and the EPAs (S. 19-40).* Leipzig: Universitätsverlag

Meyns, P. (2001). Sozialismus. In J. E. Mabe (Hrsg.), *Das Afrika-Lexikon. Ein Kontinent in 1000 Stichwörtern* (S. 566-567). Stuttgart: Peter Hammer Verlag & Verlag J. B. Metzler

Meyns, P. (2009). *Handbuch Eine Welt. Entwicklung im globalen Wandel.* Wuppertal: Peter Hammer Verlag

Meyns, P. & Musamba, C. (Eds.) (2010). *The Developmental State in Africa. Problems and Prospects.* INEF-Report 101/2010. Universität Duisburg-Essen

Michels, E. (2013). Paul von Lettow-Vorbeck. In J. Zimmerer (Hrsg.), *Kein Platz an der Sonne,* S. 373-386

Mills, G. (2010). *Why Africa is Poor and what Africans can do about it.* Johannesburg: Penguin

Mitterauer, M. (2004). *Warum Europa? Mittelalterliche Grundlagen eines Sonderwegs.* München: C. H. Beck

Mkandawire, T. (2001). Thinking about developmental states in Africa. *Cambridge Journal of Economics, vol. 25, 3,* S. 289-313

Mkandawire, T. (2004). Can Africa have Developmental States? In: S. Bromley et al. (eds.), *Making the International Economic Interdependence and Political Order.* London: Pluto Press

Mogae, F. (2010). Wider den Fluch der Ressourcen. In H. Köhler (Hrsg.), *Schicksal Afrika,* S. 123-132

Möller, M. (2013). *Statebuilding im Kontext fragiler Staatlichkeit und bewaffneter Konflikte: Eine Analyse am Fallbeispiel der DR Kongo.* Lehrstuhl Internationale Politik der Universität Köln. AIPA 1/2013

Mokhawa, G. (2005). All that Glitters is not Diamond: The Politics of Diamond Dependence and Abundance in Botswana. In M. Basedau & A. Mehler (Eds.), *Resource Politics in Sub-Saharan Africa* (S. 105-120)

Molt, P. (1988). Machiavellismus und Neopatrimonialismus: Zur politischen Herrschaft in Afrika südlich der Sahara. In R. Breitling & W. Gellner (Hrsg.). *Politische Studien zu Machiavellismus.* Gerlingen, S. 90-107.

Molt, P. (2006). Deutschland: ratlos in Afrika. *Internationale Politik,* hrsg. von der Deutschen Gesellschaft für Auswärtige Politik, Berlin, November 2006, Heft 1, S. 78-89

Mommsen, W. (1977). *Imperialismustheorien.* Ein Überblick. Göttingen: Vandenhoek & Ruprecht

Monga, C. (1997). Eight Problems with African Politics. *Journal of Democracy, Vol. 8, Nr. 3, S. 157-170*

Morris, I. (2010). *Why the West Rules – For Now. The Patterns of History.* New York: Farrar, Straus and Giroux

Mosbacher, J. (2016). Petroleum to the people. Africa's coming resource curse – and how to avoid it. In L. Diamond (Ed.), *Authoritarianism Goes Global* (pp: 293-303). Journal of Democracy Book

Moss, T. (2011*). Oil to Cash: Fighting the Resource Curse through Cash Transfers.* Center for Global Development. Working Paper 237

Motlhabane, L. (2015). *Getting Unstuck. Botswana's Economic Diversification Challenge.* The Brenthurst Foundation: Discussion Paper 6/2015. Johannesburg: Oppenheimer & Sons

Moustafa, W. (2014). *Egypt. The Elusive Arab Spring.* London: Gilgamesh

Moyo, D. (2009). *Dead Aid. Why aid is not working and how there is another way for Africa.* London: Penguin

Moyo, S. *(2016).* Perspectives on South-South relations: China's presence in Africa. *Inter-Asia Cultural Studies, Vol. 17, No 1, pp. 58-67*

Müller, F., Sondermann, E., Wehr, I., Jakobeit, C. & Ziai, A. (Hrsg.) (2014). Entwicklungstheorien. Weltgesellschaftliche Transformationen, entwicklungspolitische Herausforderungen, theoretische Innovationen. *Politische Vierteljahresschrift (PVS) Sonderheft 48*

Münkler, H. (2002). *Die neuen Kriiege.* Berlin: Rowohlt

Münkler, H. (2014). *Der Große Krieg. Die Welt 1914 – 1918.* Berlin: Rowohlt

Mugambi, J. N. K. & Getui, M. N. (2004). *Religions in Eastern Africa under Globalization.* Nairobi: Action Publishers

Munyaku, M. & Motlhabi (2009). Ubuntu and its Socio-moral Significance, in M. F. Murove (Ed.) *African Ethics, pp-63-84.* University of KwaZulu-Natal

Murithi, T. (2009). The African Union's Transition from Non-Intervention to Non-Indifference: An Ad Hoc Approach to the Responsibility to Protect? FES: *Internationale Politik und Gesellschaft (IPG), pp. 90 – 106.* Bonn

Murove, M. F. (Ed.) (2009). *African Ethics. An Anthology of Comparative aand Applied Ethics*. University of KwaZulu-Natal Press

Mwangi, O. G. (2008). Political corruption, party financing and democracy in Kenya. *Journal of Modern African Studies, 46/2*, pp. 267-285

Mwapachu, J. V. (2012). Rethinking Africa. Challenges Africans to understand Africa's history as they face globalization. [Interview]. *Development. African Strategies for Transformation, Vol. 55, No 4, S.441-448*

Mwenda, A. (2011). Predators and their victims: How foreign aid props corrupt and incompetent governments and what can be done to change this? In J. Nebe (Hrsg.), *Herausforderung Afrika* (377-384). Baden-Baden

Nabarro, D. (2016). Transforming our world: How the sustainable development goals will help us achieve zero hunger. *Global Hunger Index 2016. Getting to Zero Hunger* (S. 23-27). Bonn: Welthungerhilfe

Ndikumana, L. (2017). Bekämpfung der Kapitalflucht aus Afrika. Zeit zu handeln. Friedrich-Ebert-*Stiftung, InternationalePolitikanalyse*, April 2017

Nebe, J. M. (Hrsg.).(2011). *Herausforderung Afrika. Gesellschaft und Raum im Wandel*. Baden-Baden: Nomos

Neubert, D. (2016). Soziale Differenzierungen in Afrika: Sozio-ökonomische Verkürzungen und sozial-kulturelle Heterogenität. In A. Daniel et al (Hrsg.), *Mittelklassen, Mittelschichten oder Milieus in Afrika?* (S. 69-86)

Neubert, D. & Brandstetter, A.-M. (1996). Historische und gesellschaftliche Hintergründe des Konflikts in Ruanda. In P. Meyns (Hrsg.), *Staat und Gesellschaft in Afrika* (S. 409–424)

Neubert, S. (2010). Wirkungsevaluation in der Entwicklungszusammenarbeit: Herausforderungen, Trends und gute Praxis. In Deutsches Institut für Entwicklungspolitik, *Analysen und Stellungnahmen 3/2010*. Bonn

Nguébong-Ngatat (2018). *China in Afrika: Neokolonialismus oder „pragmatische Zusammenarbeit"? Außenpolitische Instrumente Chinas und ihre Auswirkungen am Beispiel Kameruns*. Diss. i. E.

Niggli, P. (1992). *Die verpasste Chance. Äthiopien nach Mengistu. Wahlen vom Juni 1992. Bericht der deutschen Wahlbeobachtungsdelegation*. Köln: Heinrich-Böll-Stiftung

Nkrumah, K. (1958). *Schwarze Fanfare. Meine Lebensgeschichte*. München

Nkrumah, K. (1965). *Neo-Colonialism. The Last Stage of Imperialism*. London, Ibadan & Nairobi: Heinemann

Nohlen, D. (2005). Entwicklungstheorie und Transitionsforschung. Ein Theorievergleich. In U. Engel et al. (Hrsg.), *Navigieren in der Weltgesellschaft* (S. 313-336).

Nohlen, D. & Grotz, F. (2015). *Kleines Lexikon der Politik*. München: C. H. Beck

Nohlen, D. & Nuscheler, F. (Hrsg.) (1993). *Handbuch der Dritten Welt. Grundprobleme, Theorien, Strategien*. Bonn: Dietz

Nord, A. (2004). *Die Legitimation der Demokratie im südlichen Afrika. Eine vergleichende Analyse politischer Einstellungen in Namibia und Botswana*. Diss. In: Demokratie und Entwicklung Band 50. Münster: Lit

Nordiska Afrikainstitutet (2007). *African Agriculture & the World Bank. Development or Impoverishment?* Uppsala

North, D. C & Thomas, R. P. (2008). *The Rise of the Western World. A New Economic History*. Cambridge: UP

Nour, S. & Münzing, E. (Hrsg.) (2015). *Wirtschaftsmacht Afrika. Wachstumspole, Potenziale und Perspektiven*. Edition OSI Club. Frankfurt am Main: Peter Lang

Ntsebeza, D. B. (2009). Can Truth Commissions in Africa deliver justice? In: A. Bösl & J. Diescho (Eds.), Human Rights in Africa, Windhoek S. 349-374

Nugent, P. (1996). *Big Men, Small Boys and Politics in Ghana. Power, Ideology and the Burden of History, 1982-1994.* Christian Council of Ghana. Accra: Asempa Publishers

Nugent, P. (2004). *Africa since Independence. A Comparative History.* New York: Palgrave

Nujoma, S. (2001). *Where Others Wavered. My Life in SWAPO and my participation in the liberation struggle of NAMIBIA.* London: PANAF

Nuscheler, F. (1996). *Das ‚Recht auf Entwicklung'. Fortschritt oder Danaergeschenk in der Entwicklung der Menschenrechte?* Deutsche Gesellschaft für die Vereinten Nationen. Blaue Reihe Nr.67. Bonn

Nuscheler, F. (2008). *Die umstrittene Wirksamkeit der Entwicklungszusammenarbeit.* INEF-Report 93/2008. Universität Duisburg-Essen

Nuscheler, F. (2009). *Good Governance. Ein universelles Leitbild von Staatlichkeit und Entwicklung?* INEF-Report 96/2009. Universität Duisburg-Essen

Nuscheler, F. (2010). Weltprobleme. In R. Stockmann, U. Menzel & F. Nuscheler. *Entwicklungspolitik.* (S.161-350)

Nuscheler, F. (2012). *Lern- und Arbeitsbuch Entwicklungspolitik,* 7. Aufl. Bonn: Dietz

Nujoma, S. (2001). *Where Others Wavered. The Autobiography of Sam Nujoma.* London: PANAF

Nwokedi, E. (1995). *Politics of Democratization. Changing Authoritarian Regimes in Sub-Saharan Africa.* Münster und Hamburg: Lit

Nyerere, J. K. (1966). *Freedom and Unity. Uhuru na Umoja. A Selection of Writings and Speeches 1952-65.* Dar es Salaam: Oxford University Press

Nyerere, J. K. (1969). *Nyerere on Socialism.* Dar es Salaam: Oxford University Press

Obenga, T. (2010). Ein Hauptgrund für die Leiden Afrikas: die eurozentrischen Afrikadeutungen, in: P. Cichon et al. (Hrsg.). *Der undankbare Kontinent. Afrikanische Antworten auf europäische Bevormundung.* S. 233-250

Okolo, A. L. & Akwu, J. O. (2015). China's foreign direct investment in Africa's land: hallmarks of neo-colonialism or South-South cooperation? *Africa Review. Journal of African Studies Association of India,* New Delhi, Vol. 8, No 1, pp. 44-59

Olopade, D. (2014). *The Bright Continent. Breaking Rules & Making Change in Modern Africa.* London & New York: Duckworth Overlook

Osei, A. (2015). Elites and democracy in Ghana. A social network approach. *African Affairs,* Vol. 114, Nr. 457, pp. 529-554

Osmanovic, A. (Ed.). (2002). *Transforming South Africa.* Hamburg: Institut für Afrika-Kunde

Osterhammel, J. (2005). *Colonialism. A Theoretical Overview.* Princeton: Marcus Wiener Publishers

Osterhammel, J. (2009). *Die Verwandlung der Welt. Eine Geschichte des 19. Jahrhunderts.* München: C. H. Beck

Osterhammel, J. & Petersson, N. (2003). *Globalization. A short History.* Princeton & Oxford: Princeton UP

Othman, H. (Ed.) (2000). *Reflections on Leadership in Africa. Forty Years after Independence.* Institute of Development Studies, University of Dar es Salaam

Oya, C. (2010). Agro-pessimism, capitalism and agrarian change: trajectories and contradictions in Sub-Saharan Africa. In V. Padayachee (Ed.), *The Political Economy of Africa,* S. 85-109

Ozankom, C. (2011). *Begegnungen mit Jesus in Afrika. Afrikanische Glaubenswirklichkeit.* Paderborn: Schöningh

Paes, W-C. (2005). ‚Conflict Diamonds' to ‚Clean Diamonds': The Developemnt of the Kimberley Process Certification Scheme. In M. Basedau & A. Mehler (Hrsg.), *Resource Politics in Sub-Saharan Africa* (S. 305-323)

Padayachee, V. (Ed.) (2010). *The Political Economy of Africa.* London and New York: Routledge

Pankhurst, R. (1986). *The History of Famine and Epidemics in Ethiopia Prior to the Twentieth Century.* Addis Ababa

Pape, Matthias (1997). *Humanitäre Intervention. Zur Bedeutung der Menschenrechte.* Baden-Baden: Nomos

Parker, J. & Rathbone, R. (2007). *African History. A Very Short Introduction.* Oxford: Oxford University Press

Patel, N. & Wahman, M. (2015). The Presedential, Parliamentary and Local Elections in Malawi, May 2014. Hamburg: *Africa Spectrum 1/2015,* S. 79-93

Pearce, F. (2012). *Land Grabbing. Der globale Kampf um Grund und Boden.* Boston & München: Kunstmann

Perkins, D. H., Radelet, S. & Lindauer, D. (2006). *Economics of Development.* New York & London: W. W. Norton

Pesek, M. (2005). *Koloniale Herrschaft in Deutsch-Ostafrika. Expeditionen, Militär und Verwaltung seit 1880.* Frankfurt am Main & New York: Campus

Peter, M. & Lo Willa, E. (2008). Stabilität, Sicherheit und Entwicklung in Nachkriegssituationen. Der Fall Südsudan. Bonn: Brot für die Welt & Evangelischer Entwicklungsdienst

Peters, Carl. (1906). *Die Gründung von Deutsch-Ostafrika.* Berlin: C. A. Schwetschke und Söhne

Peters, Christian (2010). *The Quest for an African Economic Community. Regional Integration and its Role in Achieving African Unity – the Case of SADC.* Frankfurt am Main: Peter Lang

Peters, R.-M. (2002). Machtwechsel in Kenia – Oppositionssieg im 3. Anlauf. *Afrikaspektrum 37(2),* S. 335-350

Pleticha, H. (Hrsg.) (1981). *Der Mahdiaufstand in Augenzeugenberichten.* München: Deutscher Taschenbuchverlag

Pohl, B. & Kappel, R. (2012). *Wie leistungsfähig sind die Ökonomien Afrikas?* Hamburg: GIGA Focus, Nr. 9

Postma, J. (2003). *The Atlantic Slave Trade.* Gainesville: University Press of Florida

Prediger, S. & Zanker, F. (2016). Die Migrationspolitik der EU in Afrika braucht einen Richtungswechsel. In *GIGA Focus Afrika. Nr. 6 (Dezember 2016)*

Prunier, G. (1995). *The Rwanda Crisis – History of a Genocide.* New York: Hurst

Prunier, G. (2007). *Darfur. Der 'uneindeutige' Genozid.* Aus dem Englischen. Hamburg: Hamburger Edition

Publik-Forum (2013). Dossier: *Landraub. Der globale Kampf um Boden fordert Opfer.* MISEREOR et al.

Raphael, S. & Stokes, D. (2011). Globalizing West African oil: US 'energy security' and the global economy. *International Affairs, Vol. 87, No 4, pp. 903-921*

Raschen, M. (2016). Subsahara Afrika kann bei guter Politik weiter aufholen. *KfW Research. Fokus Volkswirtschaft, Nr. 135*

Rauch, T. (2009). *Entwicklungspolitik. Theorien, Strategien, Instrumente.* Braunschweig: Westermann

Reese-Schäfer, W. (2000). *Politische Theorie heute.* Lehrbuch. München und Wien: Oldenbourg

Reinhard, W. (2002). *Geschichte der Staatsgewalt. Eine vergleichende Verfassungsgeschichte Europas von den Anfängen bis zur Gegenwart.* München: C. H. Beck
Reinhard, W. (2013). Der Missionar. In J. Zimmerer (Hrsg.), *Kein Platz an der Sonne* (S. 282-293)
Reyntjens, F. (2014). *Congo and Regional Geopolitcs, 1996-2006.* Cambridge: University Press
Reyntjens, F. (2015). The struggle over truth – Rwanda and the BBC. *African Affairs, Vol. 114, Nr. 457, pp. 637-648*
Richburg, K. B. (1998). *Out of America. A Black Man Confronts Africa.* San Diego, New York & London: Harvest
Riedl, B. (2014). *Authoritarian origins of democratic party systems in Africa.* Cambridge: University Press
Risse, T. (2005). Governance in Räumen begrenzter Staatlichkeit. ‚Failed States' werden zum zentralen Problem der Weltpolitik. *Internationale Politik, 60. Jg., Heft 9, S. 6-12*
Robinson, M. (2010). Gender Wars: Patriarchy, Matriarchy and Conflicts. In T. Falola & R. C. Njoku (Ed.). *War and Peace in Africa, pp.101-128*
Rodney, W. (1976). *Afrika. Die Geschichte einer Unter*entwicklung. Berlin: Wagenbach
Rodnik, D. (2018). ‚An African Growth Miracle'?, in: *Journal of African Economy,* 27, (1), pp. 10-27
Roschmann, C. & Brandmeier, B. (2012). Entscheidung über den Rechtsstaat. Gründe und Folgen des Urteils ‚Mike Campbell gegen die Republik Simbabwe'. *KAS Auslandsinformationen 9/2012, S.87-105*
Ross, M. L. (2001). *Does Oil Hinder Democracy?* Princeton: Princeton University Press
Ross, M. L. (2012). *The Oil Curse. How Petroleum Wealth Shapes the Development of Nations.* Princeton: UP
Rotberg, R. I. (Ed.) (2004). *When States Fail. Causes and Consequences.* Princeton: UP
Rothe, S. (1989). *Der Südafrikanische Kirchenrat (1968-1988): Aus liberaler Opposition zum radikalen Widerstand.* Diss. Hamburg: Verlag der Ev.-luth. Mission Erlangen
Rottenburg, R. (2002). Das Inferno am Gazellenfluss: Ein afrikanisches Problem oder ein ‚schwarzes Loch' der Weltgesellschaft? *Leviathan 1/2002, S. 3-33*
Rüb, J. (o. J.) *HIV/AIDs und Aids-Politik in subsahara Afrika. Eine vergleichende Analyse von Südafrika und Uganda.* Saarbrücken: Verlag Dr. Müller
Ruppel, O. (Ed.) (2008). *Women and Custom in Namibia. Cultural Practice versus Gender Equality?* Konrad-Adenauer-Stiftung. Windhoek: McMillan Education Namibia
Ruppel, O. & Winter, G. (Hrsg.) (2011). *Recht von innen: Rechtspluralismus in Afrika.* Hamburg: Kovac
Ruppental, J. (2013). Das Hamburgische Kolonialinstitut und die Kolonialwissenschaften. In J. Zimmerer (Hrsg.), *Kein Platz an der Sonne* (257-269). Frankfurt/New York: Campus
Ruppert, Uta (1995). *Gegenwarten verbinden. Frauenarbeit und Frauenpolitik im Entwicklungsprozess Burkina Fasos.* Diss. Demokratie und Entwicklung, Band 20. Münster: Lit
Russell, A. (2010). *After Mandela. The Battle for the Soul of South Africa.* London: Windmill Books
Sabelo, J. N.-G. (2009). Africa for Africans of Africa for ‚Natives' Only? ‚New Nationalism' and Nativism in Zimbabwe and South Africa. GIGA: *Africa Spectrum 1/2009, pp. 61-78*
Sachs, J. (2005). *Das Ende der Armut. Ein Ökonomisches Programm für eine gerechtere Welt.* München: Siedler
Sachs, W. (Hrsg.) (1993). *Wie im Westen so auf Erden. Ein polemisches Handbuch zur Entwicklungspolitik.* Reinbek bei Hamburg: Rowohlt

Sachs, W. (2002). *Nach uns die Zukunft. Der globale Konflikt um Gerechtigkeit und Ökologie*. Frankfurt am Main: Brandes & Apsel

Sahm, A., Sapper, M. & Weichsel, V. (Hrsg.) (2002). *Die Zukunft des Friedens. Eine Bilanz der Friedens- und Konfliktforschung*. Wiesbaden: Westdeutscher Verlag

Sändig, J. (2016). Boko Haram: Lokaler oder transnationaler Terrorismus? *Aus Politik und Zeitgeschichte. Beilage zum ‚Parlament'*. Bonn, 66. Jg., H. 24-25/2016 vom 13. Juni 2016, S. 33-39

Sander, W. & Scheunpflug, A. (Hrsg.) (2011). *Politische Bildung in der Weltgesellschaft. Herausforderungen, Positionen, Kontroversen. Perspektiven politischer Bildung*. Bonn: Bundeszentrale für politische Bildung

Sandkühler, H. J. (Hrsg.) (2011). Recht und Kultur. Menschenrechte und Rechtskulturen in transkultureller Perspektive. Frankfurt am Main u.a.: Peter Lang

Salih, M. A. M. & Ahmad, A. G. M. (Hrsg.) (2003). *African Political Parties. Post-1990s Perspectives*. London

Saleh, A., Hirt, N., Smidt, W. & Tetzlaff, R. (2008). *Friedensräume in Eritrea und Tigray unter Druck*. Berlin: Lit

Saro-Wiwa, K. (1996). *Flammen der Hölle. Nigeria und Schell: Der schmutzige Krieg gegen die Ogoni*. Reinbek bei Hamburg: Rowohlt

Sarpong, P. (2006). *Ghana in Retrospect. Some Aspects of Ghanian Culture*. Accra: Ghana Publishing House

Schaap, F. & Werner, C. (2017). Warlord City (Mogadischu, Somalia). *Der Spiegel 43/2017*, S. 90-94

Schadomsky, L. (2010). *Afrika. Ein Kontinent im Wandel*. Würzburg: Arena Bibliothek

Schäfer, R. (2008). *Frauen und Kriege in Afrika. Ein Beitrag zur Gender.Forschung*. Frankfurt: Brandes & Apsel

Schaeffer, U. (2012). *Afrikas Macher – Afrikas Entwickler. Reportagen zur afrikanischen Gegenwart*, Frankfurt am Main: Brandes & Apsel

Schauber, A. (2008). *Armut und politische Partizipation. Die Auswirkungen informeller Überlebenssicherung und Selbstorganisation städtischer Armer auf die politische Transition Ghanas*. Diss. Hamburg: Lit

Schicho, W. (1999). *Handbuch Afrika, Band 1: Zentralafrika, Südliches Afrika und die Staaten im Indischen Ozean*. Frankfurt am Main: Brandes & Apsel/Südwind

Schicho, W. (2001). *Handbuch Afrika, Band 2: Westafrika und die Inseln im Atlantik*. Frankfurt am Main

Schicho, W. (2004). *Handbuch Afrika, Band 3: Nord- und Ostafrika*. Frankfurt am Main:

Schicho, W. (2010). Das atlantische Zeitalter. Afrikas Einbindung in eine neue Weltwirtschaft. In A. Eckert, et al. (Hrsg.), *Afrika 1500-1900, (S. 23-44)*.

Schiefer, U. (2002). Von allen guten Geistern verlassen? Guinea-Bissau. Entwicklungspolitik und der Zusammmenbruch afrikanischer Gesellschaften. Hamburg: Hamburger Beiträge zur Afrika-Kunde Nr. 70

Schlee, G. (2002*). Imagend Differences, Hatred and the Construction of Identity*. Hamburg & New York

Schleicher, H.-G. (2004). Südafrikas neue Elite. Die Prägung der ANC-Führung durch das Exil. Hamburg: IAK

Schlimmer, S. (2017). Starke Investorinnen versus schwache Staaten? Zur Komplexität öffentlichen Handelns bei Landtransaktionen am Beispiel des Agrarprojekts von *Sun Biofuels* in Tansania. In: Zeitschrift für Friedens- und Konfliktforschung, Nr. 1/2017, S. 37 - 72

Schmidt, S. (1997). Parteien und dememokratische Konsolidierung in Afrika. In W. Merkel & E. Sandschneider (Hrsg.), *Systemwechsel 3. Parteien im Transformationsprozess* (S. 251-292).

Schmieg, E. (2008). Economic Partnership Agreements as development instruments – The view of German development policy. In H. Asche & U. Engel (Hrsg.), *Negotiating Regions* (S. 15-18).

Schneckener, U. (Hrsg.) (2006). *Fragile Staatlichkeit. ‚States at Risk' zwischen Stabilität und und Scheitern*. Baden-Baden: Nomos

Schnee, H. (1926). Ostafrikanische Treue (Askaris). In Hans Zache (Hrsg.). *Das deutsche Kolonialbuch* (S. 464-467)

Schneider, I. (2011). *Der Islam und die Frauen*. München: Beck'sche Reihe

Schoenfeld, F. von (2016). *Hunger in Äthiopien*. In Frankfurter Allgemeine Sonntagszeitung vom 1.05.2016, S. 24

Scholz, F.(2005). The Theory of Fragmenting Development. *Geographische Rundschau, Vol. 1, No. 2/2005, S. 4-11*

Scholz, F. (2017). *Länder des Südens. Fragmentierte Entwicklung und Globalisierung*. Diercke Spezial. Branschweig: Westermann

Schönhuth, M. (2017). Entwicklungsethnologie. In B. Beer, H. Fischer & J. Pauli (Hrsg.). *Ethnologie* (S. 353-368).

Schulz, D. E. & Seebode, J. (Hrsg.) (2010). *Spiegel und Prisma. Ethnologie zwischen postkolonialer Kritik und Deutung der eigenen Gesellschaft*. Hamburg: Argument

Schrader, H., Kaiser, M & Korff, R. (Hrsg.) (2001). *Markt, Kultur und Gesellschaft. Zur Aktualität von 25 Jahren Entwicklungsländerforschung*. Münster und Hamburg: Lit

Schraeder, P. J. (2009). *African Politics and Society. A Mosaic in Transformation*. Boston: Macmillan Press

Schubert, G. (2005). Strategische und konfliktfähige Gruppen *revisited*. In U. Engel, C. Jakobeit, A. Mehler G. Schubert (Hrsg.), *Navigieren in der Weltgesellschaft* (S. 350-367). Münster: Lit

Schubert, G. & Tetzlaff, R. (Hrsg.) (1998). *Blockierte Demokratie in der Dritten Welt*. Opladen: Leske und Budrich

Schubert, G., Tetzlaff, R. & Vennewald, W. (Hrsg.) (1994). Demokratisierung und politischer Wandel. Theorie und Anwendung des Konzepts der strategischen und konfliktfähigen Gruppen (SKOG). Münster & Hamburg: Lit

Schulz, D. (2012). *Culture and Customs of Mali*. Santa Barbara, Denver & Oxford: Greenwood

Schulz, M. (Hrsg.)(1997). *Entwicklung. Die Perspektive der Entwicklungssoziologie*. Opladen: Westdeutscher Verlag

Schulz, M. (Hrsg.) (2008). *Entwicklungsträger in der DR Kongo. Entwicklungen in Politik, Wirtschaft, Religion, Zivilgesellschaft und Kultur*. Spektrum 100. Berlin: Lit

Schultze, R.-O. (1998). Stichwort Korruption. In D. Nohlen et al. (Hrsg.). *Lexikon der Politik: Politische Begriffe*. Band 7 (S. 336-337). Frankfurt am Main: Büchergilde Gutenberg

Schulze, R. (2006). Zwischen Demokratie und Scharia? Die Rolle des Politischen Islam in Westafrika. Dokumentation der Friedrich-Ebert-Stiftung. Berlin

Schwabe, K. (1907). *Der Krieg in Deutsch-Südwestafrika 1904-1906*. Berlin

Schwefel, D. (1997). Grundbedürfnisbefriedigung durch Entwicklungspolitik? Sisyphos und der Großinquisitor als entwicklungspolitische Leitbilder. In M. Schulz (Hrsg.), *Entwicklung* (S. 331-356). Opladen: Westdeutscher V.

Seiler-Dietrich, A. (2007). *Afrika interpretieren. 50 Jahre Unabhängigkeit. 50 Jahre Literatur.* Heidelberg: Books on African Studies Jerry Bedu-Addo

Seitz, V. (2009). *Afrika wird arm regiert oder wie man Afrika wirklich helfen kann.* 3. Aufl. München: dtv premium

Seitz, V. (2013). Niger – ein Land auf der Kippe. www.achgut.com/artikel/ein_land_auf_der_kippe_bericht_aus_niger

Sen, A. (1999). *Development as Freedom.* New York: Ransom House, Anchor Books

Sen, A. (2000). *Ökonomie für den Menschen. Wege zu Gerechtigkeit und Solidarität in der Marktwirtschaft.* München & Wien: Carl Hanser

Sen, A. (2009). *Die Idee der Gerechtigkeit.* München: C. H. Beck

Senghaas, D. (Hrsg.) (1972). *Imperialismus und strukturelle Gewalt. Analysen über abhängige Reproduktion.* Frankfurt am Main: Edition Suhrkamp

Senghaas, D. (1974). Elemente einer Theorie des peripheren Kapitalismus. In D. Senghaas (Hrsg.), *Peripherer Kapitalismus. Analysen über Abhängigkeit und Unterentwicklung* (S. 7-36). Frankfurt am Main: E. Suhrkamp

Senghaas, D. (Hrsg.) (1998). *Zivilisierung wider Willen.* Frankfurt am Main: Edition Suhrkamp

Senghaas, D. (1979). Dissoziation und autozentrierte Entwicklung. Eine entwicklungspolitische Alternative für die Dritte Welt. In D. Senghaas (Hrsg.), *Kapitalistische Weltökonomie. Kontroversen über ihren Ursprung und ihre Entwicklungsdynamik* (S. 376- 412).

Senghor, L. S. (1967). *Négritude und Humanismus.* Düsseldorf & Köln: Eugen Diederichs Verlag

Seitz, V. (2014). *Afrika wird armregiert oder Wie man Afrika wirklich helfen kann.* 7. Aufl. (2009 erschein die 1. Aufl.). München: dtv premium

Speitkamp (2009). Kolonialgeschichte.

Shikwati, J. (2011). *Stop Aid to Africa and Save the Africans.* In J. Nebe (Hrsg.), *Herausforderung Afrika* (S. 385-392)

Shipway, M. (2008). *Decolonization and its Impact. A Comparative Approach to the End of the Colonial Empires.* Malden/USA, Oxford & Carlton/Australia: Blackwell

Shutte, A. (2009). Politics and the Ethic of Ubuntu, in: M. F. Murove (Ed.), *African Ethics,* S. 375-390

Siebold, T. (1988). *Ghana 1957-1987. Entwicklung und Rückentwicklung.* Hamburg: IAK

Signer, D. (2004). *Die Ökonomie der Hexerei.* Wuppertal: Edition Trickster im Peter Hammer Verlag

Sissoko, I. F. (2004). *Der Demokratisierungsprozess in Afrika am Beispiel von Mali.* Hamburg: Dr. Kovac

Smidt, H. (2017). *UN Peacekeeping and Electoral Violence in Conflict-Affected Countries.* Diss.

Smith, H. (2015). *Boko Haram. Der Vormarsch des Terror-Kalifats.* München: C. H. Beck

Smidt, W. & Abraham, K. (Eds.) (2007). *Discussing Conflict in Ethiopia. Conflict Management and Resultion.* Berlin: Lit

Solf, W. (1926). Der deutsche koloniale Gedanke. In H. Zache (Hrsg.). *Das deutsche Kolonialbuch* (S. 12-19).

Sontheimer, M. (2016). Brutales Herrentum (Südwestafrika). *Der Spiegel Geschichte: Die Kolonialzeit. Als Europa die Welt beherrschte. Ausgabe 1/2016, S. 100-104*

Souaré, I. K. (2014).The African Union as a norm entrepreneur on military coups d'état in Africa (1952-2012): an empirical assessment. *Journal of Modern African Studies, 52/1,* pp. 69-94

Soyinka, W. (1988). *Diese Vergangenheit muss sich ihrer Gegenwart stellen.* Zürich: Amman Verlag
Soyinka, W. (2001). *Die Last des Erinnerns. Was Europa Afrika schuldet – und was Afrika sich selbst schuldet.* Düsseldorf: Patmos Verlag
Soysa, I. de (2006). The ‚Resource Curse': An Empirical Overview. In M. Dauderstädt & A. Schildberg (Eds.), *Dead Ends of Transition. Rentier Economies and Protectorates* (S. 48-58).
Sparks, A. (2003). *Beyond the Miracle. Inside the new South Africa.* Johannesburg: Jonathan Ball Publishers
Speitkamp, W. (2005). *Deutsche Kolonialgeschichte.* Stuttgart: Reclam
Sriram, C. L. & Pillay, S. (Eds.) (2009). *Peace versus Justice? The Dilemma of Transitional Justice in Cape Town:* rica. University of KwaZulu-Natal Press
Staack, M. (Hrsg.) (2013). *Asiens Aufstieg in die Weltpolitik.* Opladen: Barbara Budrich
Staack, M. & Krause, D. (Hrsg.) (2014). *Europa als sicherheitspolitischer Akteur.* Opladen: B. Budrich
Stehnken, F., Daniel, A., Asche, H. & Öhlschläger, R. (Hrsg.) (2010). *Afrika und externe Akteure – Partner auf Augenhöhe?* Baden-Baden: Nomos
Steinberg, G. & Weber, A. (Hrsg.) (2015). *Jihadismus in Afrika. Lokale Ursachen, regionale Ausbreitung, internationale Verbindungen.* SWP-Studie. Berlin: Stiftung Wissenschaft und Politik
Steinweg, R. (1987). *Kriegsursachen.* Frankfurt a. M.: edition suhrkamp Neue Folge Band 238
Steltzer, H. G. (1984). Die Deutschen und ihr Kolonialreich 1884-1919. In: *Hundert Jahre Afrika und die Deutschen* (S. 13-26). Eine Veröffentlichung der Deutschen Afrika-Stiftung. Pfullingen: Neske
Stiftung Entwicklung und Frieden (SEF; 2006). *Global Governance für Entwicklung und Frieden. Perspektiven nach einem Jahrzehnt.* Sonderband zum 20-jährigen Bestehen der SEF. Bonn: Dietz
Stiglitz, J. (2002). *Die Schatten der Globalisierung.* Berlin: Siedler
Stiglitz, J. (2006). *Die Chancen der Globalisierung.* Berlin: Siedler
Stockmann, R., Menzel, U. & Nuscheler, F. (2010). *Entwicklungspolitik. Theorien – Probleme – Strategien.* München: Oldenbourg
Streck, B. (2007). *Sudan. Ansichten eines zerrissenen Landes.* Wuppertal: Peter Hammer
Strizek, H. (1996). *Ruanda und Burundi. Von der Unabhängigkeit zum Staatszerfall.* Afrika-Studien Nr. 124 des ifo Instituts München. München, Köln & London: Weltforum Verlag
Stroh, A. (2014). *Erfolgsbedingungen politischer Parteien im frankophonen Afrika. Benin und Burkina Faso seit der Rückkehr zum Mehrparteiensystem.* Opladen: Barbara Budrich
Szirmai, A. (2005). *The Dynamics of Socio-Economic Development. An Introduction.* Cambridge: UP
Sy, O. (2010). *Vorwärts Afrika. Plädoyer für einen Wandel von unten.* Bad Honnef: Horlemann
Tadesse Medhane (1999). *The Eritrean-Ethiopian War: Retrospect and Prospects.* Addis Abeba: Mega Printing
Tagou, C. (2006). *Demokratisches Rotationsprinzip. Eine Lösung für politische Integration in Kamerun zwischen Nationsbildung und Ethnizität.* Göttingen: Cuvillier
Tandon, Y. (2009). *Development and Globalisation: Dare to think differently.* Oxford: UP
Tandon, Y. (2014). *Handel ist Krieg. Nur eine neue Wirtschaftsordnung kann die Flüchtlingskrise stoppen.* Köln
Taylor, C. (1993). *Multikulturalismus und die Politik der Anerkennung.* Frankfurt am Main: Suhrkamp

Taylor, I. (2008). Sino-African relations and the problem of human rights. *African Affairs*, Vol. 107, No 426, 63-88

Taylor, I. & Wu, Z. (2013). China's Arms Transfers to Africa and Political Violence. *Terrorism and Political Violence, Vol. 25, No 3, pp. 457-475*

Tekülve, M. & Rauch, T. (2017). *Alles neu, neu, neu! In Afrika. Vier Jahrzehnte Kontinuität und Wandel in der sambischen Provinz.* Berlin und Tübingen: Verlag Hans Schiler

Temelli, S. Y. (1999). *Demokratisierung im subsaharischen Afrika. Formen und Faktoren einer politischen Landkarte.* Demokratie und Entwicklung Band 33. Münster: Lit

Tetzlaff, R. (1970). *Koloniale Entwicklung und Ausbeutung. Deutsch-Ostafrika 1885 bis 1914.* Berlin: Dunker & Humblot

Tetzlaff, R. (1973). Ghana - Fehlgeschlagene Versuche der Befreiung, in G. Gohs & B. Tibi (Hrsg.) *Zur Soziologie der Dekolonisation in Afrika*, S. 219-264

Tetzlaff, R. (1980). *Die Weltbank: Machtinstrument der USA oder Hilfe für Entwicklungsländer? Zur Geschichte und Struktur der modernen Weltgesellschaft.* München & London: Weltforum-Verlag

Tetzlaff, R. (1992). Politicized Ethnicity – An Underestimated Reality in Post-Colonial Africa. *Law and State. A Biannual Collection of Recent German Contributions to these Fields* (Vol. 46, pp. 24-53) Tübingen: Institute for Scientific Coopeartion

Tetzlaff, R. (1993). Strukturanpassung – das kontroverse entwicklungspolitische Paradigma. In D. Nohlen & F. Nuscheler (Hrsg.), *Handbuch 3. Welt. Band 1: Grundprobleme, Theorien, Strategien* (S. 420-445). Bonn Dietz

Tetzlaff, R. (2008). *Afrika in der Globalisierungsfalle.* Wiesbaden: VS Verlag für Sozialwissenschaften

Tetzlaff, R.(2008a). Ökonomie und Kultur in Afrika: Entwicklungspolitische Handlungsspielräume im Zeitalter der Globalisierung. In J. Wallacher, K. Scharpenseel & M. Kiefer (Hrsg.), *Kultur und Ökonomie* (S. 117-148).

Tetzlaff, R. (2008b). Afrika und die Sicherheits- und Entwicklungspolitik der OECD-Welt – Wissen wir wirklich, was wir anderen empfehlen? In S. Bröchler & H.-J. Lauth (Hrsg.), Politikwissenschaftliche Perspektiven, S. 167-192. Wiesbaden: VS Verlag für Sozialwissenschaften

Tetzlaff, R. (2011). Die kulturelle Dimension der Globalisierung: Kulturen in der Weltgesellschaft. In W. Sander & A. Scheunpflug (Hrsg.). *Politische Bildung in der Weltgesellschaft* (89-110). Bonn: Bundesz. für polit. Bildung

Tetzlaff, R. (2012). Weltbank. In K. Freistein & J. Leininger (Hrsg.), *Handbuch Internationale Institutionen. Theoretische Grundlagen und Akteure* (S. 261-273). München: Oldenbourg

Tetzlaff, R.(2015). Afrikanische Union. In A. Grimmel & C. Jakobeit (Hrsg.), *Regionale Integration* (S. 234-251).

Tetzlaff, R. (2016). *Der Islam, die Rolle Europas und die Flüchtlingsfrage. Islamische Gesellschaften und der Aufstieg Europas in Geschichte und Gegenwart.* Opladen, Berlin & Toronto: Barbara Budrich

Tetzlaff, R. (2016a). Zur Friedensfähigkeit von Diktaturen und autoritären Regimen. In *Hanbuch Friedensethik* (S. 663-673), hrsg. von I. J. Werkner für FEST Heidelberg: Springer VS

Tetzlaff, R. & Jakobeit, C. (Hrsg.) (2005). *Das nachkoloniale Afrika. Politik – Wissenschaft – Gesellschaft.* Lehrbuch. Grundwissen Politik. Wiesbaden: Verlag für Sozialwissenschaften

Tetzlaff, R. & Nord, A. (1996). *Weltbank und Währungsfonds.* Opladen: Leske und Budrich

Theroux, P. (2017). *Ein letztes Mal in Afrika.* Hamburg: Hoffmann und Campe

Thiel, R. E. (Hrsg.) (1999). *Neue Ansätze zur Entwicklungstheorie*. Bonn: Deutsche Stiftung für Internationale Entwicklung (DSE)

Thielke, T. (2006). *Krieg im Lande des Mahdi. Darfur und der Zerfall des Sudan*. Essen: Magnus Verlag

Thomson, A. (2010). *An Introduction to African Politics*. 3. Edition. London & New York: Routledge

Todaro, M. P.& Smith, S. C. (2009). *Economic Development*. 10. Edition. Harlow/Essex

Traub-Merz, R. & Yates, D. (Hrsg.) (2004). *Oil Policy in the Gulf of Guinea. Security & Conflict, Economic Growth, Social Development*. Proceedings of an International Conference of Friedrich-Ebert-Stiftung. Bonn

Tröger, S. (2004). *Handeln zur Ernährungssicherheit im Zeichen gesellschaftlichen Umbruchs. Untersuchungen auf dem Ufipa-Plateau im Südwesten Tansanias*. Saarbrücken: Verlag für Entwicklungspolitik

Tull, D. M. (2005). *The Reconfiguration of Political Order in Africa: A Case Study of North Kivu (DR Congo)*. Diss. Hamburg: Institut für Afrika-Kunde

Tull, D. M. (2011). *Schwache Staaten, erfolgreiche Eliten. Außenpolitische Strategien afrikanischer Krisenländer*. Berlin: Stiftung Wissenschaft und Politik. SWP-Studie 15

Tull, D. M. & Lacher, W. (2012). *Die Folgen des Libyen-Konflikts für Afrika. Gräben zwischen der AU und dem Westen, Destabilisierung der Sahelzone*. Berlin: Stiftung Wissenschaft und Politik. SWP-Studie 8

Tull, D. M. & Mehler, A. (2005). The Hidden Costs of Power-Sharing: Reproducing Insurgent Violence in Africa. *African Affairs 104/16*, S. 375-398

Tull, D. M. & Weber, A. (2016). *Afrika und der Internationale Strafgerichtshof. Vom Konflikt zur politischen Selbstbehauptung*. Berlin: SWP-Studie

Uhlig, S., Appleyard, D., Bausi, A., Hahn, W. & Kaplan, S. (2017). *Ethiopia. History, Culture and Challenges*. Münster & Michigan: Lit Verlag

UNCTAD (2007). *Economic Development in Africa. Reclaiming Policy Space*. New York & Genf

UNIFEM (United Nations Developmend Fund for Women) (1995). A Commitment to the Worlds's Women. Perspectives on Development for Beijing and Beyond. Edited by Noeleen Heyzer. New York

Universität Hamburg. Sonderforschungsbereich 520. *Umbrüche in afrikanischen Gesellschaften und ihre Bewältigung"*. Abschlussbericht 2002-2003. Redaktion: Ludwig Gerhard & Heiko Möhle

Utley, J. (2009). *Ghana. Culture Smart*. London: Kuperand

Van der Heyden, U. & Zeller, J. (Hrsg.) (2002). *Kolonialmetropole hierzulande. Eine Spurensuche in Deutschland.*, Erfurt: Sutton Verlag

Van Reybrouck, D.(2012). *Kongo. Eine Geschichte*. Frankfurt am Main: Suhrkamp

Vernon, J. (2007). *Hunger. A Modern History*. Cambridge/USA & London: Harvard UP

Verschuur, C., Guérin, I, & Guétat-Bernard, H. (Eds.).(2014). *Under Development: Gender*. Houndsmill: Palgrave

Vorrath, J. (2013). *Wahlen in Subsahara-Afrika: Segen oder Fluch?* Berlin: SWP-Studie

Waldmann, P. & Elwert, G. (1989). *Ethnizität im Wandel*. Saarbrücken & Fort Lauderdale: Breitenbach

Wallacher, J., Scharpenseel, K. & Kiefer, M. (Hrsg.), (2008). *Kultur und Ökonomie. Globales Wirtschaften im Spannungsfeld kultureller Vielfalt*. Stuttgart: Kohlhammer

Wallerstein, I. (1974). *The Modern World System*. New York: Academic Press

Weltbank (1990): *Armut. Kennzahlen der Weltentwicklung. Weltentwicklungsbericht 1900.* Washington: Weltbank

Weltbank (2001): *Bekämpfung der Armut. Weltentwicklungsbericht 2000/2001.* Washington: UNO-Verlag

Weltbank (2003). *Nachhaltige Entwicklung in einer dynamischen Welt. Institutionen, Wachstum, Lebensqualität verbessern. Weltentwicklungsbericht 2003.* Washington: Weltbank

Weber, M.(1976). Wirtschaft und Gesellschaft. Studienausgabe, Tübingen: J.C.B. Mohr

Wehler, H.-U. (1969). *Bismarck und der Imperialismus.* München: Deutscher Taschenbuch-Verlag: Wiss. Reihe

Wehler, H.-U. (1998). Die Herausforderung der Kulturgeschichte. München: Beck'sche Reihe

Welthungerhilfe (2016). *Welthunger-Index. Die Verpflichtung, den Hunger zu beenden,* Berlin

Welthungerhilfe (2017). *Welthunger-Index. Wie Ungleichheit Hunger schafft.* Berlin

Welzer, H. (2008). *Klimakriege. Wofür im 21. Jahrhundert getötet wird.* Frankfurt a. Main: S. Fischer

Werkner, J. I. & Ebeling, K. (Hrsg.) (2017). *Friedensethik.* Wiesbaden: Springer VS

Werthmann, K. & Castrick, G. (Eds.) (2016). *Sources and Methods for African History and Culture.* Leipzig: Universitätsverlag

Wiese, E. (2010). *Piraterie. Neue Dimensionen eines alten Phänomens.* Hamburg: Koehler

Wilhelm, J. & Ihne, H. (Hrsg.) (2009). *Religion und globale Entwicklung* (S. 229-260). Berlin: Berlin UP

Wilke-Launer, R. (Hrsg.) (2010). *Südafrika. Katerstimmung am Kap.* Frankfurt am Main: Brandes & Apsel

Winkler, H.-A. (2000). *Der lange Weg nach Westen. Deutsche Geschichte vom Ende des Alten Reiches bis zum Untergang der Weimarer Republik.* München: C. H. Beck

Winkler, H. A. (2011). *Geschichte des Westens. Die Zeit der Weltkriege 1914 - 1945.* München: C. H. Beck

Wimmelbücker, L. (2005). Verbrannte Erde. Zu den Bevölkerungsverlusten als Folge des Maji-Maji-Krieges. In F. Becker & J. Beez (Hrsg.), *Der Maji-Maji-Krieg in Deutsch-Ostafrika* (S. 87-99). Berlin: Ch. Links

Wimmer, A., Goldstone, R., Horowitz, D., Joras, U. & Schetter, C. (Eds.) (2004). *Facing Ethnic Conflicts. Toward a New Realism.* Center for Develoment Research, University Bonn. Lanham: Rowman & Littlefield

Wirz, A. (1984). *Sklavenhandel und kapitalistisches Weltsystem.* Frankfurt am Main: Suhrkamp

Witt, A. (2016). *Ordering by default. The politics and power of post-coup interventions in Africa.* Diss. Leipzig

Wohlmuth, K.(2013). *Wissenschaft, Technologie, Innovation und die Agroindustrien in Afrika. GIGA Focus Nr. 8*

Wohlmuth, K. (2016). *African Lions, African Tigers, and Emerging African Middle Classes* - Unveröff. Mskt.

World Bank (1989). *Sub-Saharan Africa. From Crisis to Sustainable Growth. A Long-Term Perspective Study.*

World Bank (1996). *Implementing Projects for the Poor. What has Been Learned?* Washington D.C.

World Bank (seit 1990 fortlaufend jährlich). *World Deveoplment Report.* Washington D. C.

Wrong, M. (2001). *In the Footsteps of Mr Kurtz. Living on the Brink of Disaster in the Congo.* London: Fourth Estate

Wrong, M. (2009). 'It's Our Turn to Eat'. The Story of a Kenyan Whistle Blower. London: Fourth Estate

Yoka, L. M. (2010). Frankophonie: das zweifelhafte Alibi, in P. Cichon et al. (Hrsg.), *Der undankbare Kontinent?*, S. 187-196

Yunus, M. (1999). *Banker To The Poor. Micro-Lending and the Battle against World Poverty.* New York: Public Affairs. Deutsch 2006: *Für eine Welt ohne Armut.* Bergisch-Gladbach: Bastei Lübbe

Yunus, M. (2007). *Creating a World without Poverty. Social Business and the Future of Capitalism.* New York: Public Affairs

Zache, H. (Hrsg.) (1926). *Das deutsche Kolonialbuch.* Berlin & Leipzig, 2. Aufl.: Wilhelm Andermann Verlag

Zapotoczky, K. & Gruber, P. C. (1997). *Entwicklungstheorien im Widerspruch.* Frankf. a. M.: Brandes & Apsel

Zdunnek, G. (1997). „Mainstreaming Gender' – Entwicklungsprozesse und Geschlechterverhältnisse. In M. Schulz (Hrsg.), *Entwicklung. Perspektive der Entwicklungssoziologie* (S. 243-258).

Zeleza, P. T. (2008). The Causes & Costs of War in Africa. From Liberation Struggles to the 'War on Terror', in A. Nhema & P. T. Zeleza (Eds.), *The Roots of African Conflicts. The Causes and Costs*, pp. 1-35

Zeleza, P. T. (2014). The African-China relationship: challenges and opportunities. *Canadian Journal of African Studies, Vol. 48, No.1*, pp. 145-169

Zeller, J. (2008). *Koloniale Bilderwelten. Zwischen Klischee und Faszination.* Augsburg: Weltbild

Zeller, J. & Zimmerer, J. (Hrsg.) (2016). *Völkermord in Deutsch-Südwestafrika. Der Kolonialkrieg und seine Folgen.* 3. Aufl., Berlin: Chr. Links Verlag

Ziai, A. (2010). Postkoloniale Perspektiven auf „Entwicklung". *Peripherie, Nr. 120 (November 2010)*, S. 399-426

Ziai, A. (2014). Post-Development-Ansätze: Konsequenzen für die Entwicklungstheorie. In F. Müller, E. Sondermann, I. Wehr, C. Jakobeit & A. Ziai (Hrsg.). *Entwicklungstheorien*, S. 405-434. PVS Sonderheft 48

Ziegler, J. (2005). *Das Imperium der Schande. Der Kampf gegen Armut und Unterdrückung.*, München: C. Bertelsmann

Zimmerer, J. (2013). Kolonialismus und kollektive Identität: Erinnerungsorte der deutschen Kolonialgeschichte. (S. 9-40). In J. Zimmerer (Hrsg.), *Kein Platz an der Sonne.* Frankfurt & New York: Campus

Zimmerer, J. (Hrsg.) (2014). Einheimische Primärdokumente, Geschichte. „Ein Platz an der afrikanischen Sonne" von P. Reed-Anderson – Druckversion Geschichte, S. 1- 5. http://www.bpb.de/themen/KB4UAN.html)

Zitelmann, T. (1989). Die Konstruktion einer Nation der Oromo. In P. Waldmann & G. Elwert (Hrsg.), *Ethnizität im Wandel* (S. 61-80). Saarbrücken & Fort Lauderdale: Breitenbach

Printed in Poland
by Amazon Fulfillment
Poland Sp. z o.o., Wrocław